칼 마르크스

## 마르크스의 초기 유고

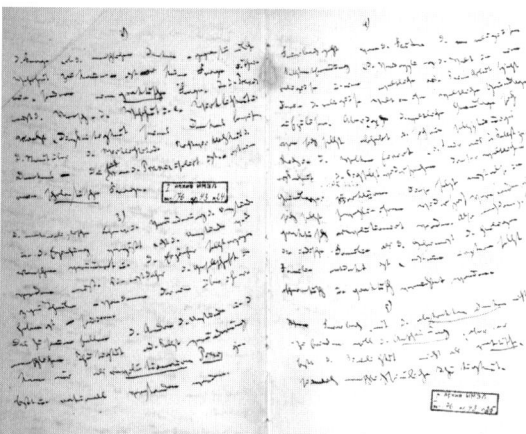

1 『경제학·철학 초고』(1844): 제1초고의 S. XXII의 "소외된 노동"이 시작되는 곳.
2 「포이어바흐에 관한 11개의 명제」: 1844~1847에 사용한 비망록, S. 54~55에 제2, 3, 4, 5의 명제가 기록되어 있다.
3 마르크스의 『공산당 선언』의 최초의 초안.
4 『독일 이데올로기』 「I. 포이어바흐」의 초고 중 가장 복잡한 S. 19: 왼쪽은 엥겔스가, 오른쪽은 마르크스가 집필했다.

## 마르크스의 가족 Ⅱ

둘째 딸 라우라 라파르그(1845~1911)_좌
막내딸 엘리노 마르크스-에이블링(1856~1898)_우

부인 예니 마르크스(1814~1881)와 맏딸 예니(1844~1883)

런던을 방문한 엥겔스가 마르크스의 가족들과 찍은 사진(1866년 5월)

프리드리히 엥겔스(쇼이Heinrich Scheu의 목판화)

## 엥겔스의 유고와 캐리커처 II

1 『독일 이데올로기』 「I. 포이어바흐」 장 초고의 큰 묶음 제1페이지. 왼쪽에는 엥겔스의 텍스트가, 오른쪽에는 마르크스의 수정과 엥겔스의 낙서가 보인다.
2 『자연변증법』 초고의 첫 페이지.
3 베를린 히펠 주점에 모인 청년헤겔파의 캐리커처.

병석에 누워 『자본론』 제2권의 원고를 구술하는 엥겔스(1883년 10월~1884년 6월)

『자본론』과 관련된 유고들 Ⅱ

1 『자본론』의 완성을 가능하도록 도와준 엥겔스에게 고마움을 표한 마르크스의 편지. 1867년 8월 16일자.
2 마르크스의 1861~1863년 경제학 초고 XX의 S. 1273.
3 엥겔스가 편집하고 필사한 『자본론』 제2권 초고의 한 페이지.
4 엥겔스의 조수가 필사한 『자본론』 제3권의 한 페이지: 상단에 엥겔스의 수정이 보인다.

# 『자본론』 각 권의 판본들

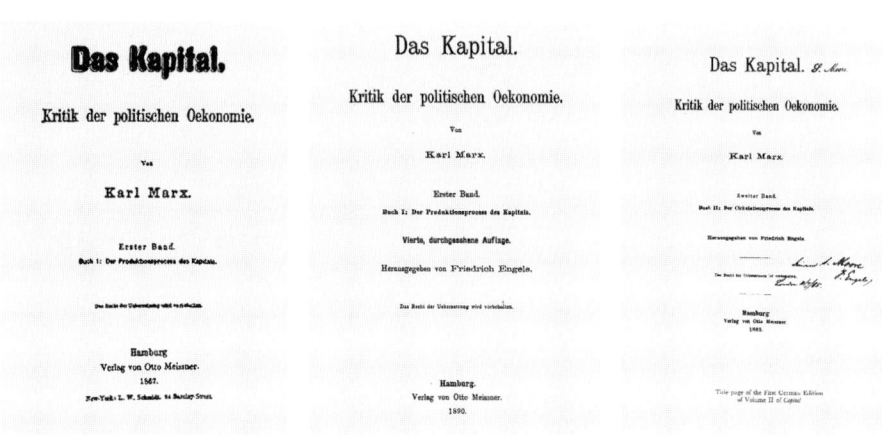

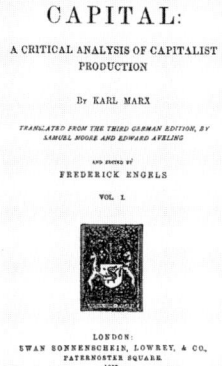

1  1867년에 출판된 제I권 제1판.
2  일반적으로 표준판으로 인정, 번역의 저본으로 이용되는 1890년 엥겔스가 수정한 제I권의 제4판.
3  1893년에 엥겔스에 의해 편집·출판된 제II권의 제2판(제1판은 1885년에 출판되었다). 편자인 엥겔스가 새뮤얼 무어에게 보낸 헌사가 보인다.
4  1894년에 출판된 제III권의 제1부. 편자인 엥겔스가 아우구스트 베벨에게 보낸 헌사가 보인다.
5  1872~1875년에 르와Joseph Roy에 의해 번역되고 마르크스 자신이 감수한 프랑스어판의 제I권 제1책.
6  1887년에 무어Samuel Moor와 에이블링Edward Aveling이 번역하고 엥겔스가 편집한 제I권의 영어판.

마르크스가 1875년 3월부터 1883년 3월 사망할 때까지 살았던 집(좌)과 마르크스의 부인이 시집오면서 같이 온 집사 헬레네 데무트(우).

엥겔스가 1870년 9월부터 1894년 10월까지 거주한 그의 말년 집(좌)과 엥겔스가 70세가 되는 1890년 11월에 그의 집에 집사로 들어와 노년의 그를 돌본 카우츠키의 전 부인 루이제 카우츠키(우).

1 독일사민당의 정치적 지도자 베벨. 그는 베른슈타인과 더불어 엥겔스가 소유한 마르크스-엥겔스 유고의 법정 상속자였다.
2 오스트리아 태생으로 독일사민당의 이론적 지도자인 카우츠키.
3 독일사민당의 이론적 지도자로 망명지에서 사민당 기관지 『소치알데모크라트』를 편집한 베른슈타인.
4 카우츠키와 베른슈타인이 1884년 11월 26일 엥겔스의 생일을 맞아 그에게 보낸 생일 기념 카드(그림은 카우츠키가 그린 것이다).

### 1910년대와 20년대에 출판된 마르크스와 엥겔스의 저작집 II

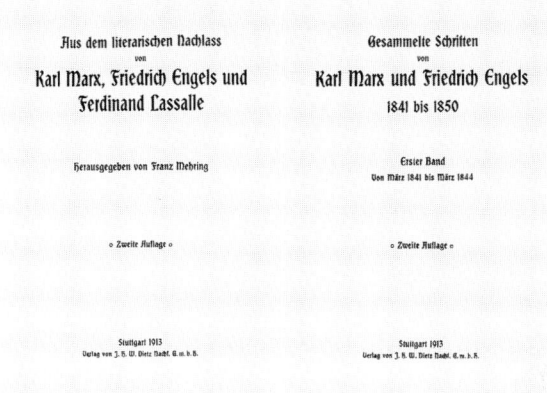

1

2

3

4

5

1 메링이 편집한 『마르크스-엥겔스-라살레 유고집』은 제1판(1902)에서는 제4권에 라살레와 주고받은 왕복서간을 게재했으나, 제3판(1920) 이후에는 제4권을 제외한 세 권짜리의 『마르크스-엥겔스 유고집』으로 출판되었다. 사진은 1913년에 출판된 제2판이다.

2 칼 카우츠키가 편집한 『잉여가치 학설사』. 제1권은 1905년에, 마지막 제4권은 1910년에 출판되었다.

3 베벨과 베른슈타인이 편집한 네 권으로 된 『마르크스-엥겔스 왕복서간집』(1913). 사진은 1921년 중쇄본이다.

4 리야자노프가 편집한 1852~1862년의 『마르크스-엥겔스 저작집』은 1917년에 출판되었다.

5 구스타프 마이어는 『엥겔스 전기』(1920)의 보권 Ergänzungsband으로 『엥겔스 초기 저작집』을 1920년에 출판했다.

## 구MEGA 출판의 주역

1 마르크스-엥겔스 연구소의 초대 소장으로 구MEGA를 기획·출판한 리야자노프.
2 리야자노프를 대신하여 마르크스-엥겔스-레닌 연구소의 소장이 된 아도라츠키.

## 마르크스-엥겔스 문자 해독의 전문가들

3 마르크스와 엥겔스 유고의 문자 해독 전문가인 모스크바 연구소의 네폼냐스차야.
4 마르크스-엥겔스의 문자 해독에 필수적인 『뮐러 교본』을 만든 동독의 뮐러. 배경은 『뮐러 교본』의 일부.

## 신구MEGA의 타이틀 페이지 ‖

**1**

KARL MARX
FRIEDRICH ENGELS
HISTORISCH-KRITISCHE GESAMTAUSGABE
WERKE / SCHRIFTEN / BRIEFE

IM AUFTRAGE DES
MARX-ENGELS-INSTITUTS
MOSKAU
HERAUSGEGEBEN
VON
D. RJAZANOV

KARL MARX
WERKE UND SCHRIFTEN
BIS ANFANG 1844
NEBST BRIEFEN UND DOKUMENTEN

MARX / ENGELS
GESAMTAUSGABE
ERSTE ABTEILUNG
BAND 1
ERSTER HALBBAND

Verlag Detlev Auvermann KG
Glashütten im Taunus
1970

**2**

KARL MARX
FRIEDRICH ENGELS
GESAMTAUSGABE
(MEGA)
PROBEBAND

Herausgegeben vom Institut für Marxismus-Leninismus
beim Zentralkomitee der
Kommunistischen Partei der Sowjetunion
und vom Institut für Marxismus-Leninismus
beim Zentralkomitee der
Sozialistischen Einheitspartei Deutschlands

KARL MARX
FRIEDRICH ENGELS
GESAMTAUSGABE
(MEGA)
EDITIONSGRUNDSÄTZE
UND PROBESTÜCKE

DIETZ VERLAG BERLIN
1972

**3**

KARL MARX
FRIEDRICH ENGELS
GESAMTAUSGABE
(MEGA)
ERSTE ABTEILUNG
WERKE · ARTIKEL · ENTWÜRFE
BAND 1

Herausgegeben vom Institut für Marxismus-Leninismus
beim Zentralkomitee der
Kommunistischen Partei der Sowjetunion
und vom Institut für Marxismus-Leninismus
beim Zentralkomitee der
Sozialistischen Einheitspartei Deutschlands

KARL MARX
WERKE · ARTIKEL
LITERARISCHE
VERSUCHE
BIS MÄRZ 1843
TEXT

DIETZ VERLAG BERLIN
1975

1 모스크바 마르크스-엥겔스 연구소의 리야자노프가 출판한 구MEGA I/1.1(1927). 사진은 1970년의 복각판.
2 구MEGA와 구별되는 편집 기준에 맞춰 시험적으로 출판된 신MEGA 시쇄판(1972).
3 신MEGA I/1(1975).

## 마르크스의 장서 목록

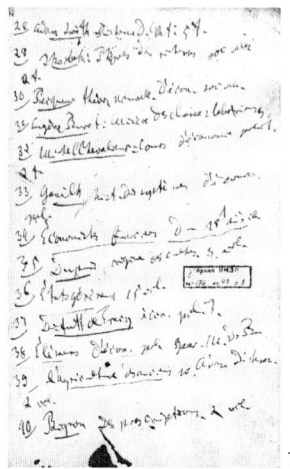

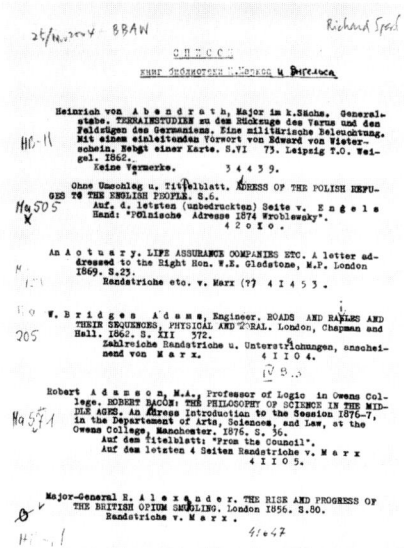

1 1844~1847년의 비망록에 기재된 마르크스의 개인 장서 목록.
2 마르크스가 『신라인 신문』이 폐간된 뒤 영국으로 망명하면서 맡겨둔 장서를 정리한 다니엘스의 장서 목록(1850).
3 마르크스가 작성한 자신의 러시아어 장서 목록(1881~1882).
4 니콜라예프스키의 마르크스-엥겔스 장서 목록 제1페이지(1929).

## 마르크스-엥겔스의 장서에 나타난 장서인(藏書印)과 방주 ‖

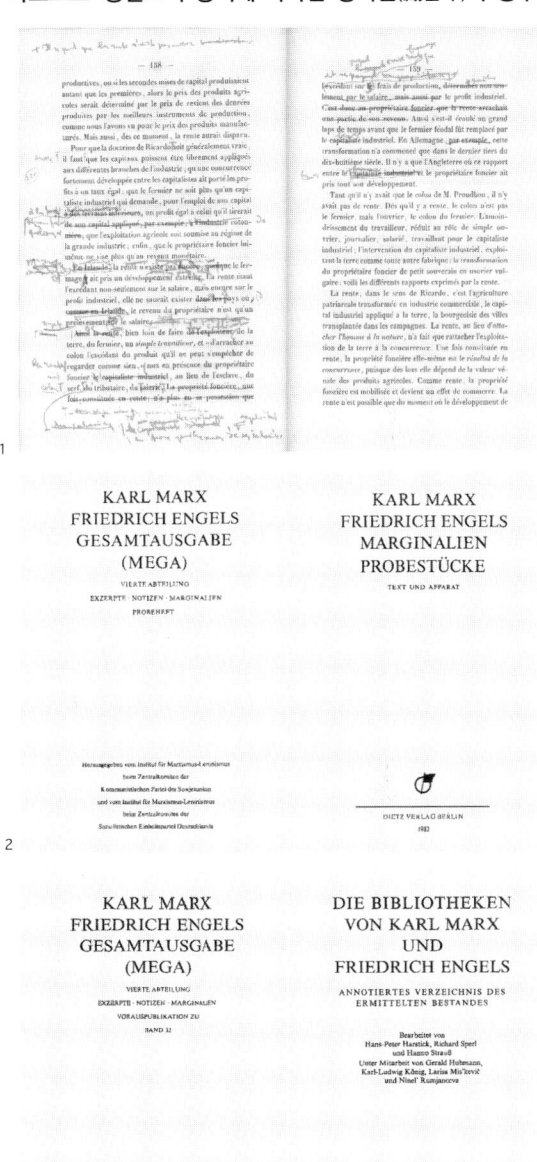

1. 일본의 토호쿠 대학 도서관이 소장한 마르크스의 『철학의 빈곤』. 저자 자용본(自用本), S. 158~59에 보이는 마르크스의 방주.
2. 1983년에 발간된 신MEGA의 『발췌, 메모, 방주의 시쇄본』.
3. 1999년에 출판된 신MEGA IV/32 『마르크스-엥겔스의 장서』(선행판).
4. 장서의 유전을 증언하는 각 도서의 장서인: 장서의 타이틀 페이지에 "마르크스-엥겔스 장서" "사민당 장서" "트리어의 칼-마르크스-하우스" 등의 장서인이 보인다.

## MEGA의 출판과 병행하여 발간된 동반(同伴) 잡지들

1　2　3

4

1 『마르크스-엥겔스 아키브』(1926~1927, 전 2권): 모스크바의 마르크스-엥겔스 연구소가 구MEGA를 발간하면서 러시아어와 독일어로 동시에 발간한 연간 잡지이나 그 내용이 반드시 일치하는 것은 아니었다. 러시아어판은 1924~1930년 사이에 다섯 권이 발간되었다.

2 『마르크스-엥겔스 연지』(1978~1991, 전 13권): 소련공산당과 독일사회주의통일당 산하의 모스크바와 베를린의 마르크스-레닌주의 연구소가 발간한 신MEGA의 동반 잡지로 연간이다. 베를린 장벽이 붕괴된 해인 1989년호가 결권이다.

3 『MEGA 연구』(1994~2001, 전 13권): 신MEGA의 발행권이 국제 마르크스-엥겔스 재단으로 이양된 후 반연간으로 출판된 신MEGA의 동반지로 IMES의 사무국이 위치한 암스테르담에서 발간. 1999년 이후 연 1권씩 출판됨.

4 『마르크스-엥겔스 연지』(2003~ , 연간): IMES의 사무국이 베를린의 BBAW로 옮겨오면서 연간으로 발행 중.

니벨룽의 보물

**정문길**

고려대학교 명예교수. 서울대학교 대학원에서 「소외론 연구」로 박사학위를 받았다. 저서로 『소외론 연구』(1978, 월봉저작상 수상), 『에피고넨의 시대』(1987, 한국정치학회 학술상 수상), 『마르크스의 사상 형성과 초기 저작』(1994), 『한국 마르크스학의 지평: 마르크스-엥겔스 텍스트의 편찬과 연구』(2004), *Die deutsche Ideologie und MEGA-Arbeit*(2007)와 산문집 『정문길 교수의 보쿰 통신』(1998)이 있으며, 역서로는 『포이에르바하』(1986) 등이 있다.

현대의 지성 129
니벨룽의 보물
마르크스-엥겔스의 문서로 된 유산과 그 출판

제1판 제1쇄 2008년 6월 27일

지은이 정문길
펴낸이 채호기
펴낸곳 ㈜문학과지성사

등록 1993년 12월 16일 등록 제 10-918호
주소 121-840 서울 마포구 서교동 395-2
전화 02)338-7224
팩스 02)323-4180(편집) 02)338-7221(영업)
전자메일 moonji@moonji.com
홈페이지 www.moonji.com

ⓒ 정문길, 2008. Printed in Seoul, Korea.

ISBN 978-89-320-1871-3

\* 이 책의 판권은 지은이와 ㈜문학과지성사에 있습니다.
  양측의 서면 동의 없는 무단 전재 및 복제를 금합니다.

현대의 지성 129

# 니벨룽의 보물

정문길 지음

마르크스 – 엥겔스의 문서로 된 유산과 그 출판

문학과지성사
2008

현석과 진경
그리고
재원에게

## 책머리에

 이 책은 저자가 마르크스와 그의 초고 오리지널의 연구 과정에서 덤으로 얻은 성과이다.
 저자는 1960년대 초 소외이론과 관련해서 마르크스의 초기 저작을 접하고, 1980년대 중반 이후에는 『경제학·철학 초고』와 『독일 이데올로기』 초고의 형성사와 초고 오리지널의 편집·간행 문제를 집중적으로 검토해왔다. 특히 저자의 이 같은 관심은 1970년대 이래 진행되어온 신 『마르크스-엥겔스 전집MEGA²』의 출판과 맞물려 전자의 경우 이미 발간된 텍스트MEGA² I/2(1982)에 대한 비판적 검토로, 그리고 후자에 대해서는 미구에 구체화될 텍스트의 MEGA판에의 재현 문제를 집중적으로 다루는 논문들의 발표로 이어졌다. 이러한 과정에서 저자는 신구MEGA를 포함하여 마르크스-엥겔스 저작의 출판과 관련된 몇 편의 글들을 발표하게 되었는데, 이 같은 관심이 결국 이 책을 집필하는 계기가 되었다.
 저자가 마르크스-엥겔스의 저작을 처음으로 접한 1960년대 이래 20여 년 동안, 한국에서는 그들의 저작이 금서목록의 가장 앞에 열거되었기에 이의 소지(所持)는 물론이고 열람조차도 철저히 금지되었다. 따라서 그들 저작의 부정확한 인용이나 이미 위작(僞作)으로 판명된 그들의 글을 이렇다 할 천착도 없이 이용하는 일은 큰 허물이 아니기도 했다. 그러나 저자는 1970년대 말 이래 외국 대학의 도서관에 널려 있던 그들의 저작집이나 전집을 보면서 사상사 연구에 있어서 기초 자료의 중요성을 새삼 확인하게 되었다. 특히 저자는 1985년 이래 암스테르담에서 마르크스-엥겔스의 초고 포토코피를 검토하면서 미간행 유고와 그 출판이 갖는 중요성을 인식하고, 당시 모스크바와 동베를린을 중심으로 진행되고 있던 마르크스-엥겔스의 전집 출판 사업에 관심을 갖게 되었던 것이다.

2004년 초 이 책을 쓸 때는, 마르크스와 엥겔스의 유고를 "니벨룽의 보물"에 비유한 카우츠키Karl Kautsky의 짧은 글에서 아이디어를 얻어, 선행 연구를 바탕으로 그들이 남긴 문서로 된 유산과 그 출판에 관한 역사를 가벼운 읽을거리로 정리해볼 생각이었다. 따라서 본문은 쉽게 서술하고, 주석은 꼭 필요한 것만 책의 말미에 달아 독자들이 재미있게 읽을 수 있도록 배려하고자 했다. 그러나 이 계획은, 먼저 이런 종류의 글을 연재하겠다는 잡지사를 만나지 못했고, 다음으로는 집필이 진행되면서 이러한 소재가 흥미로만 다룰 성질의 것이 아니라는 쪽으로 마음이 기울면서 지금과 같은 형식의 책으로 바뀌게 되었다. 다시 말하면 저자는, 마르크스와 엥겔스의 문서로 된 유산의 전승과 간행의 역사를 다루는 책이 우리나라에서는 앞으로 상당 기간 동안 쉽사리 출판될 수 없을 것이라 판단하여, 책의 형식을 전반적으로 재구성하기로 한 것이다.

모두 여덟 개 부로 구성된 이 책은 앞에서도 언급한 것처럼 마르크스와 엥겔스의 문서로 된 유산의 전승 과정과 그 간행사(刊行史)를 정리한 것이다. 먼저 이 책의 제1부는 마르크스가 필생의 대작 『자본론』을 미완성으로 남겨두고 사망하자, 그의 문서로 된 유산의 최초 상속자인 엥겔스가 이를 바탕으로『자본론』제2, 3권을 완성하기 위해 죽는 순간까지 10여 년을 헌신하는 과정을 담고 있다. 그러나 엥겔스의 말년, 그들 두 사람의 유고를 획득하려는 마르크스의 딸 엘리노와 독일사민당 간의 미묘한 갈등이 전개되면서, 이들 문서로 된 유산의 상속을 둘러싼 드라마는 그 숙명적 서막을 열게 된다. 그리고 제2부에서는 엥겔스 사후 1920년까지 엘리노와 독일사민당으로 양분된 그들의 문서로 된 유산이 어떤 과정을 통해 저작집으로 출판될 수 있었는지를 살펴보았다.

그러나 20세기 초두에 출판된 마르크스-엥겔스의 저작은 체계는 물론이요 내용 면에서도 지극히 불완전한 채로 마르크스의 저작권이 만료되는 1913년을 경과하게 된다. 이 책의 제3부와 4부는 초기에 출판된 마르크스-엥겔스의 저작집이 갖는 결함을 극복하고자 마르크스-엥겔스의 "역사적-비판적" 전집을 기획·출판한 모스크바 마르크스-엥겔스 연구소의 전집 출판 사업을 서술하고 있다.

이 책의 제5부와 6부는 독일에서 히틀러가 집권한 1930년대부터 제2차 세계대전 이후의 10여 년을 다루고 있다. 1933년 히틀러에 의한 나치스 정권의 등장은 마르크스-엥겔스의 문서로 된 유산의 안위를 크게 위협하는 사건이었다. 따라서 독일사민당은 우선 마르크스와 엥겔스의 유고를 코펜하겐과 파리로 소개시키고 망명지 프라하에서 반나치 운동을 전개했다. 그러나 시간이 지나면서 더욱 강퍅해지는 나치의 정치적 압박과 전시 중의 핍박한 재정 형편은 독일사민당의 망명 지도부로 하여금 마르크스-엥겔스의 유고를 포함한 사민당-아키브를 암스테르담의 국제사회사연구소에 매각하지 않을 수 없게 만들었다. 따라서 제2차 세계대전 후의 독일은 동서독의 분리라는 정치적 불행을 겪게 되었을 뿐 아니라 마르크스-엥겔스의 문서로 된 거의 모든 유산을 상실하고 말았던 것이다. 그러나 불행 중 다행인 것은 독일이 전후의 수습 과정에서 사민당-아키브의 일부 장서를 회수하는 한편, 동독의 경우 모스크바 연구소의 협력을 얻어 러시아어판 『마르크스-엥겔스 저작집 Sočinenija²』에 근거한 『마르크스-엥겔스 저작집 MEW』을 출판할 수 있었다는 점이다.

그러나 동독에서 출판된 마르크스-엥겔스의 저작집은 마르크스와 엥겔스의 저작 대부분을 포괄하고 있다는 장점에도 불구하고, 편찬상의 이데올로기적 편향과 전집으로서의 완전성에는 크게 못 미쳤다. 따라서 제1차 MEGA의 편집 정신에 입각한 새로운 "역사적-비판적" 전집에 대한 요구가 전기한 저작집의 편찬 과정에서 제기되었는데, 이는 스탈린 사망 이후의 정치적 해빙 무드와 궤를 같이한다고 하겠다. 이 책 제7부는 모스크바와 베를린의 마르크스-레닌주의 연구소가 오랜 준비 기간을 거쳐 신MEGA를 발간하는 과정을 살펴보고, 제8부에서는 1989년 베를린 장벽의 붕괴로 그때까지 순조롭게 진행되어오던 신MEGA 출판 사업이 1930년대의 구MEGA처럼 중단 위기에 처하게 되자 이의 발행권을 위양 받은 국제 마르크스-엥겔스 재단 IMES이 MEGA 프로젝트를 어떻게 계승·발전시키고 있는가를 구체적으로 검토하고 있다.

원래 이 책의 주제는 저자의 일차적인 관심 분야가 아니기에, 여기에 동원된 대부분의 1차 자료는 저자가 직접 발굴하고 조사한 것이 아니라, 마르크스와 엥겔스의 문서로 된 유산의 전승이나 간행과 관련된 선행 연구의 성과를 재인용한 것이다. 그럼에도 불구하고 저자가 이들 선행 연구가 발굴한 중요한 자료들을 가급적 많이 제시하고 그 전거(典據)를 일일이 밝힌 것은 관심 있는 독자나 연구자들이 원자료에 접근할 수 있는 통로를 열어두려는 것이다. 따라서 이 책은 애초에 후주(後註) 형식을 취했던 주석을 각주(脚註)로 바꾸고 정기간행물의 연재에서 올 수 있는 여러 가지 제약을 피하기 위해 전작(全作)의 형식을 택하게 되었다(이 책의 제1~3부는 『마르크스주의 연구』 제6, 7, 8호에 게재되었으나 이는 이미 집필이 끝난 부분을 순차적으로 수록한 것이다).

저자는 이 책의 저술 과정에서 많은 선행 연구의 성과를 광범하게 이용했는데, 그 가운데서 가장 중요한 것은 종전 후 서독사민당-아키브의 제2대 소장을 지낸 마이어Paul Mayer의 기념비적 논문이다. 그리고 1950년대와 60년대의 MEW와, 1970년대 이래 신MEGA의 편찬에 참여했던 들루벡Rolf Dlubek, 훈트Martin Hundt, 슈페를Richard Sperl, 로얀Jürgen Rojahn 등의 MEGA 편찬 경험에 근거한 연구 성과와 최근 베를린 MEGA 촉진재단Berliner Verein zur Förderung der MEGA-Edition e.V.이 헤커Rolf Hecker를 중심으로 기관지 『마르크스-엥겔스 연구 논집 Beiträge zur Marx-Engels-Forschung』(신판 Neue Folge)을 통해 추진하는 MEGA의 역사에 대한 학문적 천착은 이 책이 자료의 공백으로 제외했거나 무시했을 시기와 사건을 새롭게 조명하는 데 크게 도움이 되었음을 밝힌다. 그 밖에도 저자는 본문의 각주를 통해 언급하는 여러 동료 연구자들에 대해서도 깊은 감사를 표한다.

2008년 3월<br>
뚝섬 우거에서<br>
정문길

니벨룽의 보물

|차례|

책머리에 _7
약어 일람 _17
일러두기 _20

**프롤로그** _21

**제1부 미완의 『자본론』과 이의 완성을 위한 유고의 상속** _25

**1장 마르크스의 『자본론』과 그의 유고** _27
   1. 마르크스 필생의 대작, 『자본론』 | 2. 마르크스의 말년과 사망 | 3. 마르크스 사후의 서재 정리 | 4. 마르크스의 문서로 된 유산: 저작, 논설, 유고, 서간, 그리고 장서

**2장 프리드리히 엥겔스: 마르크스 유고의 최초 상속자** _43
   1. 엥겔스의 『자본론』 제2권의 편집과 발행 | 2. 『자본론』 제3권과 엥겔스의 말년 | 3. 『자본론』 제4권과 마르크스의 난해한 상형문자 해독 방법의 전수 | 4. 1890년: 독일 정치사의 분수령 | 5. 니미의 사망과 루이제의 등장: 유고를 둘러싼 새로운 분쟁의 씨앗 | 6. 엥겔스 최후의 대륙 여행

**3장 엥겔스의 최후와 유고를 둘러싼 작은 소동** _70
   1. 『자본론』 제3권의 완성 | 2. 루이제와 엘리노(투시)의 불화 | 3. 니미의 사생아 프레디 문제

## 제2부 엥겔스의 사망과 마르크스-엥겔스 유고의 행방 _87

**1장 엥겔스 사후의 유고의 행방 _89**
  1. 엥겔스의 유언서 집행 | 2. 모울의 저작을 출판하려는 엘리노의 정력적 노력 | 3. 엘리노의 사망과 마르크스 유고의 행방

**2장 독일사민당-아키브 _102**
  1. 망명지에서 설립된 사민당-아키브 | 2. 마르크스-엥겔스 장서의 사민당-아키브 편입 | 3. 니콜라예프스키의 마르크스-엥겔스 장서 목록 작성 | 4. 마르크스-엥겔스 유고의 사민당-아키브 도착

**3장 "역사적-비판적" 전집 이전의 마르크스-엥겔스 저작의 출판 _125**
  1. 사상가의 문서로 된 유산과 전집의 의미 | 2. 미완성으로 끝난 마르크스의 최초의 저작집 | 3. 마르크스 사후의 전집 출판에 대한 엥겔스의 입장 | 4. 엥겔스 사후의 저작집 및 서간집 출판 | 5. 오스트리아-마르크스주의자들의 전집 출판 계획

## 제3부 새로운 연구 중심으로 떠오른 모스크바 마르크스-엥겔스 연구소 _147

**1장 베를린의 사민당과 모스크바의 볼셰비키 _149**

**2장 10월 혁명 이전의 리야자노프의 마르크스-엥겔스 연구 _152**
  1. 마르크스의 『동방 문제』와 관련된 연구: 대영박물관에서의 자료 수집 | 2. 『인터내셔널 관련 문서집』 편찬과 마르크스-엥겔스 유고의 열람 | 3. 전집 출판에 대한 리야자노프의 집념

**3장 모스크바의 마르크스-엥겔스 연구소 _175**
  1. 연구소의 설립 | 2. 레닌의 사피스키: 전폭적 지원의 단서 | 3. 개인 장서의 매입과 연구실 중심의 도서 배치 | 4. 아키브의 구축과 마르크스-엥겔스 관련 문서와 유고의 복사

**4장 전집 출판을 위한 사민당-아키브 소장 유고의 복사 _189**
  1. 독일사민당-아키브 소장 유고의 복사와 저작권 교섭 | 2. 정치적 긴장의 고조와 사민당-아키브 자료의 복사 금지

**5장 『독일 이데올로기』 유고를 둘러싼 스캔들 _206**
  1. 리야자노프와 구스타프 마이어의 논쟁 | 2. 『독일 이데올로기』 초고 일부의 독일 내 출판을 둘러싼 당내 논쟁

6장 파국: 마르크스-엥겔스 연구소와 사민당-아키브의 결별 _216

## 제4부 마르크스-엥겔스 연구소 최초의 "역사적-비판적" 전집 발행 _227

### 1장 최초의 "역사적-비판적" 전집의 발행 _229
1. 마르크스-엥겔스 공동 전집의 문제 | 2. MEGA¹ 편찬의 기본 원칙 | 3. MEGA¹ 각 부의 권별 구성의 구체화 | 4. MEGA¹의 발간

### 2장 리야자노프와 스탈린의 알력 _250
1. 1930년의 리야자노프: 생애의 정점 | 2. 리야자노프의 숙청

### 3장 아도라츠키에 의한 MEGA의 속간과 중단 _258
1. 마르크스-엥겔스-레닌 연구소: 마르크스-엥겔스 연구소의 레닌 연구소에의 합병 | 2. 연구원의 숙청과 조직의 개편 | 3. 마르크스-엥겔스-레닌 연구소의 MEGA 속간 | 4. 제1차 MEGA 프로젝트의 종언

## 제5부 파시즘의 대두와 마르크스-엥겔스 유고의 소개, 그리고 매각 _277

### 1장 독일에서의 파시즘 대두 _279

### 2장 독일사민당-아키브와 마르크스-엥겔스 유고의 소개 _285
1. 마르크스-엥겔스 유고의 덴마크로의 소개 | 2. 독일사민당-아키브의 실질적 중심 자료의 파리 이송 | 3. 제3의 경로를 거친 사민당-아키브 소장 자료의 유출과 소개

### 3장 망명 독일사민당의 재정적 압박과 당-아키브의 매각에 대한 유혹 _309
1. 사민당-아키브의 매각, 혹은 대여와 관련된 최초의 제안 | 2. 센세이셔널한 러시아의 사민당-아키브 매입 제의 | 3. 사민당-아키브의 대여와 관련한 교섭 주체의 변경 | 4. 부하린의 파리 출현: 파국으로 치닫는 러시아 측 유고 임대 교섭 | 5. 모스크바의 정치 재판과 유고 매각 교섭의 결렬

### 4장 망명 독일사민당의 재정 악화와 당-아키브의 매각 _348
1. 스웨덴 사민당 및 미국 버클리 대학과의 매각 교섭 | 2. 네덜란드 국제사회사연구소에의 당-아키브 매각

## 제6부 종전 후 자료의 수복과 『마르크스-엥겔스 저작집』의 출판 _363

### 1장 제2차 세계대전의 종언과 분산된 자료의 수복·정리 _365
1. 마르크스-엥겔스의 유고를 포함한 독일사민당-아키브의 암스테르담 '복귀' | 2. 모스크바 마르크스-엥겔스-레닌 연구소의 우파 소개와 복귀, 그리고 전후의 자료 수집 | 3. 동베를린 연구소의 사민당-아키브 장서 복원 사업 | 4. 서독 지역의 사민당-아키브 복원 작업 | 5. 마르크스-엥겔스 개인 장서의 복원과 목록화

### 2장 신MEGA 이전의 마르크스-엥겔스 저작집의 출판 _398
1. 종전 직후 소련 점령 지역의 정치적 정세 | 2. 전후 독일에서의 마르크스-엥겔스 저작의 출판과 마르크스-레닌주의 연구소의 설립

### 3장 동독에서의 마르크스-엥겔스 저작집 출판 계획과 러시아어판 저작집 _411
1. "1953년, 칼 마르크스의 해" | 2. 모스크바 마르크스-엥겔스-레닌 연구소의 제1, 제2 소치네니야 출판

### 4장 독일어판 마르크스-엥겔스 저작집의 편집과 출판 _422
1. MEW의 출판 경과 | 2. MEW의 특징과 정치적·학문적 성과


## 제7부 새로운 마르크스-엥겔스 전집의 기획과 출판 _445

### 1장 1950년대와 60년대의 신MEGA 발간 기획 _447
1. 스탈린의 사망과 신MEGA의 태동(1955~1964) | 2. 신MEGA의 출판을 위한 기본적 프레임의 구축(1965~1968)

### 2장 신MEGA 시쇄판(1972): 신MEGA 출판의 신호탄 _473
1. 서구의 마르크스-엥겔스 저작집 출판 | 2. 베를린 MEGA 작업팀의 인적 충원과 조직의 확대 | 3. 신MEGA 프로스펙트의 구체화 | 4. 편집 원칙의 상세화와 신MEGA 시쇄판의 발행

### 3장 신MEGA 정규권의 출판과 성과 _497
1. 신MEGA의 출판과 이를 지원하는 제도적 장치 | 2. 신MEGA 정규권의 출판과 중단 | 3. 동독 시대에 발행된 MEGA와 그 학문적 성과 | 4. 양날의 칼: 아카데미즘과 정치적 이데올로기의 갈등

## 제8부 국제 마르크스-엥겔스 재단의 창설과 신MEGA의 학술화와 국제화 _517

### 1장 베를린 장벽의 붕괴와 국제 마르크스-엥겔스 재단의 결성 _519
1. 공산권의 붕괴와 마르크스-레닌주의 연구소의 해체 | 2. 국제 마르크스-엥겔스 재단의 설립

### 2장 MEGA의 지속적 발간을 촉구하는 국제적 호소와 지원 _540
1. MEGA의 지속적 발간을 요구하는 국제 학계의 호소 | 2. 베를린 MEGA 재단의 구좌 폐쇄에 반대하는 지식인의 호소 | 3. 통독 이후의 대학의 정리와 MEGA 사업의 축소 및 폐지

### 3장 변화된 환경에서의 새로운 편집 기준의 수립 _554
1. MEGA 사업의 아카데미로의 편입 | 2. 국제 마르크스-엥겔스 재단의 새로운 편집 기준: 엑상프로방스 회의

### 4장 MEGA 계획의 조정: 새로운 프로스펙트의 작성 _564
1. MEGA 플랜의 개정을 위한 전제 | 2. 제I부: 저서·논설·초안 | 3. 제II부: 『자본론』과 그 준비 초고 | 4. 제III부: 왕복서간 | 5. 제IV부: 발췌노트와 메모

### 5장 IMES의 신MEGA 편집과 출판 현황 _587
1. 편집 그룹의 국제적 확대 | 2. 신MEGA의 출판 현황

### 6장 요약: 국제 마르크스-엥겔스 재단에 의한 신MEGA의 발행과 전망 _611

**에필로그 _619**

참고문헌 _634
감사의 말 _648
찾아보기 _650

## 약어 일람

**니미**Nimmy: 마르크스 집안의 가정부 데무트Helene Lenchen Demuth의 별칭.
**모올**Mohr: 마르크스의 별칭.
**장군**General: 엥겔스의 별칭.
**투시**Tussy: 마르크스의 막내딸 엘리노Eleanor Marx의 별칭.

**ABM** Arbeitsbeschaffungsmaßnahme: 실업자 고용촉진조치.
**AdsD** Archiv der sozialen Demokratie: 1969년 이후의 프리드리히-에베르트 재단 FES 산하에 들어간 독일사민당-아키브의 명칭.
**BBAW** Berlin-Brandenburgische Akademie der Wissenschaften: 베를린-브란덴부르크 과학아카데미. 독일 통일 이후 1993년 베를린 지역에 설립된 과학아카데미.
**FES** Friedrich-Ebert-Stiftung: 독일사민당 계열의 연구 기관인 프리드리히-에베르트 재단.
**IAA** Internationale Arbeiterassoziation: 런던에서 조직된 국제노동자연맹(1864~1876).
**IGB** Internationaler Gewerkschaftsbund: 국제노동조합연맹.
**IISG** Internationaal Instituut voor Sociale Geschiedenis: 1935년에 창설된 네덜란드 암스테르담에 소재하는 국제사회사연구소.
**IMEL/B** Marx-Engels-Lenin-Institut: 마르크스-엥겔스-레닌 연구소. 1946년 9월에 발족한 베를린 소재의 연구소.
**IMEL/M** Marx-Engels-Lenin-Institut: 마르크스-엥겔스-레닌 연구소. 1931년 4월, 레닌 연구소Lenin Institut가 리야자노프의 마르크스-엥겔스 연구소MEI를 합병한 것. MELI라고도 표기한다.
**IML/B** Institut für Marxismus-Leninismus beim Zentralkomitee der Sozialistischen Einheitspartei Deutschlands: 독일사회주의통일당 중앙위원회 산하의 마르크스-레닌주의 연구소(베를린).
**IML/M** Institut für Marxismus-Leninismus beim Zentralkomitee der Kommunistischen Partei der Sowjetunion: 소련공산당 중앙위원회 산하의 마르크스-레닌주의 연구소(모스크바).
**IMES** Interntionale Marx-Engels-Stiftung: 국제 마르크스-엥겔스 재단. 1990년 이래 동독과 소련의 IML이 붕괴된 뒤 MEGA의 발행권을 이양받은 암스테르담 소재의 국제기구.

**ITGS** Institut teorii i istorii socializma CK KPSS(Institut für Theorie und Geschichte des Sozialismus) : 소련공산당 중앙위원회 부설 사회주의 이론·역사 연구소. 1991년 초 모스크바의 마르크스-레닌주의 연구소IML가 개칭된 것.

**KMH** Karl-Marx-Haus Trier : 트리어 소재의 칼-마르크스-하우스. 독일의 에베르트 재단 산하 기관이다.

**Komintern** Kommunistische Internationale : 소련공산당이 주도하는 공산주의 인터내셔널, 제3인터내셔널이라고도 한다.

**KPD** Kommunistische Partei Deutschlands : 독일공산당.

**LI** Lenin-Institut : 레닌 연구소.

**MEA/B** Marx-Engels-Abteilung : 마르크스-엥겔스 부. IML/B의 마르크스-엥겔스 연구부.

**MEAV** Marx-Engels-Archiv Verlagsgesellschaft m.b.H. : 마르크스-엥겔스-아키브 출판사. 모스크바의 마르크스-엥겔스 연구소가 마르크스-엥겔스 전집 출판을 위해 프랑크푸르트 사회조사연구소와 공동으로 설립한 출판사. 뒤에 소재지를 베를린으로 옮겨 마르크스-엥겔스 출판사MEV로 바뀐다.

**MEGA** Karl Marx/Friedrich Engels, *Gesamtausgabe* : MEGA는 신구MEGA를 포괄한 마르크스-엥겔스 전집을 의미한다.

**MEGA$^1$** Karl Marx/Friedrich Engels, *Historisch-kritische Gesamtausgabe. Werke/ Schriften/Briefe*. Im Auftrag des Marx-Engels-Instituts, Moskau. Herausgegeben von D. Rjazanov, 1927~1935) : 구MEGA. "MEGA$^1$ I/1.2"는 구MEGA 제I부 제1권 2책을 의미한다.

**MEGA$^2$** Karl Marx/Friedrich Engels, *Gesamtausgabe(MEGA)*. Herausgegeben vom Institut für Marxismus-Leninismus beim Zentralkomitee der Kommunistischen Partei der Sowjetunion und vom Institut für Marxismus-Leninismus beim Zentralkomitee der Sozialistischen Einheitspartei Deutschlands(Dietz Verlag, Berlin 1975~1990) und Herausgegeben von der Internationalen Marx-Engels-Stiftung, Amsterdam(Dietz Verlag, Berlin 1991~1992/Akademie Verlag, Berlin 1998~ ) : 신MEGA. "MEGA$^2$ I/1"은 신MEGA 제I부 1권을 의미한다.

**MEI** Marx-Engels-Institut : 1922년에 설립된 모스크바 소재의 최초의 마르크스-엥겔스-연구소. 일명 리야자노프 연구소로 불리기도 한다.

**MELI** Marx-Engels-Lenin-Institut : 마르크스-엥겔스-레닌 연구소. 1931년 4월, 레닌 연구소Lenin-Institut가 리야자노프의 마르크스-엥겔스 연구소MEI를 합병한 것. IMEL로도 표기한다.

**MELSI** Marx-Engels-Lenin-Stalin-Institut : 마르크스-엥겔스-레닌-스탈린 연구소.

**MES/M** Marx-Engels-Sektor : 마르크스-엥겔스 부. IML/M의 마르크스-엥겔스 연구부.

**MEW** Marx-Engels-Werke(Dietz Verlag, Berlin 1956~1983): 『마르크스-엥겔스 저작집』. 본문이나 각주에서 "MEW, Bd. 31, S. 291"은 MEW, 제31권 291쪽이다.
**MEV** Marx-Engels-Verlag: 베를린에 소재한 마르크스-엥겔스 출판사. MEAV의 후신
**NEHA** Netherlandsch Economisch-Historische Archief: 네덜란드 경제사-아키브. IISG의 전신으로 포스트후무스가 설립했다.
**PDS** Partei des Demokratischen Sozialismus: 민주사회주의당. 베를린 장벽 붕괴 이후 그때까지 동독의 지배 정당이던 사회주의통일당SED을 승계한 독일의 정당.
**RC** Rossijskij centr chranenija i izučenija dokumentova novejšej istorii(Russisches Zentrum für die Bewahrung und das Studium von Dokumenten der neueren Geschichte): 현대사 제문서 관리-연구 러시아 센터. 1991년 IML에서 분리된 공산당 중앙-아키브의 새 명칭. 러시아 센터로 부르기도 한다.
**RGASPI** Rossijskij gosdarstvennyi archiv social'no-politiceskoj istorii, Moskva(Rußlandische Staatliche Archiv für Sozial-und Politikgeschichte, Moskau): 러시아 국립 사회-정치사 문서고. 1992년 초 RNI의 상당수 MEGA 편집자들이 소속을 바꾸어, 바가투리아를 팀장으로 한 MEGA 작업 그룹을 형성하고 있다. 일반적으로 RGA로 부르기도 한다.
**RNI** Rossijskij nezavisimyj institut social'nych i nacional'nych probleme(Russisches unabhängiges Institut für die Erforschung sozialer und nationaler Probleme): 사회-민족 문제 러시아 독립연구소. 1991년 8월 정변 이후 사회주의 이론-역사 연구소ITGS가 개칭된 것으로 IML/M의 후신이다. 아르샤노바를 중심으로 한 MEGA 작업팀이 형성되어 있다.
**SAI** Sozialistische Arbeiter-Internationale: 사회주의 노동자 인터내셔널. 제2인터내셔널이라고도 부른다.
**SAPD** Sozialistische Arbeiterpartei Deutschlands: 독일사회주의노동자당. 1890년 10월 이전의 독일사민당의 명칭.
**SAPUG** Sozialistische Archiv-und Publikationsgesellschaft: 사회주의-아키브 및 출판사.
**SED** Sozialistische Einheitspartei Deutschlands: 동독의 사회주의통일당. 제2차 세계대전 이후 동독 지역의 지배 정당.
**SMAD** Sowjetische Militäradministration in Deutschland: 제2차 세계대전 후 독일의 소련 점령 지역을 관할한 소련의 군정청.
**SOPADE** Exilvorstand der SPD: 1933년 이래 프라하로 망명한 독일사민당 망명 지도부.
**SPD** Sozialdemokratische Partei Deutschlands: 독일사회민주당(독일사민당).
**SPD-Archiv** Archiv des Sozialdemokratischen Partei Deutschlands: 독일사민당-아키브.

**일러두기**

1. 자주 언급되는 단체나 저서 등은 본문 가운데서도 약자를 사용했다. 앞부분의 약어 일람을 보라.
2. 인명의 경우도 애칭을 사용한 경우가 있는데 역시 앞부분의 약어 일람을 보라.
3. 각주를 비롯한 인용처와 참고문헌에서의 쪽수 표시는 독일어 문헌의 경우 "S"eite로 표시하고, 그 외의 경우는 모두 "p"age로 표시했다.
4. 같은 인물, 같은 단어임에도 불구하고 알파벳 표기가 다른 것은 출전에 따라 달리 표기된 것을 관례상 수정하지 않았기 때문이다. 이런 경우는 러시아 인명이나 단체명의 경우가 대부분이다.
5. 외국 자료의 경우 단행본은 이탤릭체로, 논문은 " "로, 번역문 혹은 우리말 자료의 경우 단행본은 『 』로, 논문은 「 」로 표기했다.
6. 본문 내용 중 인용문은 " "로, 강조는 ' '나 볼드체를 사용했다.

# 프롤로그

### 유고와의 첫 대면

1988년 1월 22일, 네덜란드 암스테르담 카벨벡 51번지의 국제사회사연구소의 서고. 저자는 이곳에서 처음으로 칼 마르크스의 유고 『경제학·철학 초고』(일명 『파리 초고』)의 오리지널을 열람하는 안복(眼福)을 누릴 수 있었다.

1960년대 초 대학 재학 시절, 마르크스의 이 초고 단편을 접하면서 느낀 높은 감정의 파고를 생각하면, 그로부터 벌써 사반세기가 지난 이날의 감동은 비교적 절제된 것이었다. 하기야 저자는 그 사반세기 동안 —한국에서의 이 기간은 반공적인 군사정권의 '이적(利敵) 문헌'에 대한 검열이 가장 첨예한 시기이기도 했다— 이러저러한 경로로 마르크스의 저작들을 구입·연구하여 이를 논문과 저서로 발표했고, 또 1985년에는 암스테르담의 국제사회사연구소에 2개월간 체재하면서 바로 이 『경제학·철학 초고』의 포토코피Fotokopie를 검토하여『경제학·철학 초고』의 텍스트를 비판하는 논문을 발표하기도 했다.[1] 따라서 그동안의 연구 과정을 염두에 둔다면 이날의『경제학·철학 초고』오리지널의 열람이 저자에게는 망외(望外)의 행운이긴 했지만 가슴에 넘치는 감동을 불러일으키는 사건은 아니었다.

그러나 이『경제학·철학 초고』오리지널 열람은 저자로 하여금 마르크스가 남긴 유고의 기구한 유전(流轉)의 역사를 되새기게 하면서 역사적 사건의 고비고비에서 유고가 직면한 역경들을 반추하게 했다.

### 국제사회사연구소와의 인연

네덜란드 암스테르담의 '국제사회사연구소'와의 인연은 저자가 1985년 5월과 6월, 2개월에 걸쳐 동 연구소에서 행한『경제학·철학 초고』포토코피의 연구로 구체화되었다. 그러나 이 연구소에 대한 관심은 1983년 저자가 접한 일본 잡지『시소(思想)』에 번역·게재된 이 연구소 연구원 로얀Jürgen Rojahn의 논문「소위 1844년『경제학·철학 초고』문제─마르크스 몰후(歿後) 100년 기념 린츠 집회 보고」에서 비롯되었다.[2] 저자는 1960년대 이래 마르크스의 미완성 유고 『경제학·철학 초고』에 지속적인 관심을 가지고 있었으며, 이 저작은 저자의 석사논문과 박사논문의 핵심적 문헌이기도 했다. 그러나

---

1) 정문길,「마르크스,『경제학·철학 초고』의 텍스트 비판─집필 순서와 일부 문제에 대한 최근의 논쟁을 중심으로」,『에피고넨의 시대: 청년헤겔파와 칼 마르크스』, 문학과지성사, 서울 1987, pp. 191~266.
2) J. ローヤン,「いわゆる『一八四四年經濟學·哲學草稿』問題─マルクス沒後一〇〇年記念リンツ集會報告」, 山中隆次(譯),『思想』, 710號(1983年 8月), pp. 102~57.
이의 원문은 뒤에 Jürgen Rojahn, "Marxismus-Marx-Geschichtswissenschaft. Der Fall der sog. 'ökonomisch-philosophischen Manuskripte aus dem Jahre 1844'," *International Review of Social History*, XXVIII/1, 1983, S. 2~49에 게재되었다.

이 유고의 오리지널을 구체적으로 검토·연구한다는 일은 상상할 수가 없었다. 그런데 막상 로얀의 이 논문을 읽은 후에 저자는 오리지널의 검토 없는 『경제학·철학 초고』의 연구는 사상누각에 불과하다는 강박감에 사로잡히게 되었다. 따라서 저자는 암스테르담에서 마르크스의 유고를 검토하는 것을 1984~1985년 독일 체재 연구의 가장 중요한 과제 중 하나로 예정했던 것이다.

그러나 국제사회사연구소에 접근하는 일이 쉽지만은 않았다. 1984년 여름, 독일에 도착한 저자는 마르크스의 유고와 관련된 글들을 읽으며 이 연구소에 접근할 방도를 모색하고 있었다.[3] 저자는 우선 독일 체재 연구 기회를 제공해준 훔볼트 재단에 독일 이외의 유럽 내 저명 연구소에서의 연구를 지원하는 연구비를 신청하고, 다른 한편으로는 해당 연구소에 서신을 보내 연구소 및 자료에 대한 접근 가능성, 그리고 체재에 필요한 숙박시설 등을 문의했다. 그러나 11월 초에 보낸 저자의 편지에 대해 연구소 측은 해가 바뀌어도 답장을 주지 않았다. 이처럼 안달하던 저자에게 답장이 도착한 것은 거의 4개월이 지난 3월 초였다. 연구소로부터 '갑작스런' 회신을 받고 놀란 저자는 편지 봉투에 쓰인 발신지의 주소를 보고서야 연구소와의 교신에 왜 4개월이나 필요했는지를 새삼 확인하게 되었다. 저자가 편지를 부친 연구소는 카이제르그라흐트 264번지의 낡은 주소였다. 이 연구소는 1969년에는 헤렌그라흐트 262-266으로, 1981년에는 바로 당시의 주소지였던 암스테르담 서쪽 항구의 상업지역인 카벨벡

---

3) 이때 저자가 읽은 두 편의 글은 다음과 같다. Paul Mayer, "Die Geschichte des sozialdemokratischen Parteiarchivs und das Schicksal des Marx-Engels-Nachlasses," *Archiv für Sozialgeschichte*, VI./VII. Band(1966/67), S. 5~198; Heinz Stern und Dieter Wolf, *Das große Erbe. Eine historische Reportage um den literarischen Nachlaß von Karl Marx und Friedrich Engels*, Dietz Verlag, Berlin 1972.

51로 이전했던 것이다. 다시 말하면 저자의 편지는 국제사회사연구소를 찾아 암스테르담 시내를 4개월이나 헤맨 꼴이었다.[4]

어쨌든 국제사회사연구소로부터 연구 자료 이용에 대해 긍정적 회답을 얻은 저자는 연구소의 소재지와 연구소가 소개한 숙소를 확인하기 위해 승용차로 암스테르담을 방문했다.

그러나 마르크스의 유고를 보기 위해 저자가 겪어야 했던 이 같은 지체는 마르크스가 그의 유고와 장서를 엥겔스에게 유증하고, 그것이 다시 독일사민당의 아키브를 거쳐 암스테르담의 국제사회사연구소에 안착(安着)되기까지의 기구한 역정을 생각한다면 한숨의 순간에 지나지 않는다. 저자는 '니벨룽의 보물'이라고 불리는 마르크스 유고의 특징과 그 유고가 겪은 기구한 유전의 역사를 그의 사망과 그 최초 상속자인 엥겔스의 경우에서부터 살펴보고자 한다.

---

4) 암스테르담의 국제사회사연구소에 대한 소개와 저자와 동 연구소와의 인연에 대해서는 다음을 보라. 정문길, 「국제사회사연구소와 소장 콜렉션—마르크스-엥겔스 아키브와 네틀라우 콜렉션」, 『한국정치학회보』, 제20권 1호(1986)〔정문길, 『에피고넨의 시대: 청년헤겔파와 칼 마르크스』, 문학과지성사, 서울 1987, pp. 267~94에 수록〕; 정문길, 「연구노트—서울, 보훔, 암스테르담, 그리고 센다이」, 『사회비평』, 제10호(1993), 정문길, 『마르크스의 사상 형성과 초기 저작—"독일 이데올로기"와 "마르크스-엥겔스 전집" 연구』, 문학과지성사, 서울 1994, pp. 469~509에 수록, 특히 pp. 483~84, 490, 492~97을 보라.

제1부

# 미완의 『자본론』과 이의 완성을 위한 유고의 상속

# 1장
# 마르크스의 『자본론』과 그의 유고

## 1. 마르크스 필생의 대작, 『자본론』

마르크스는 엄청난 양의 문서로 된 유산을 남겼지만, 그가 생존해 있는 동안 출판된 저작은 그렇게 많지 않았다. 헤겔과 청년헤겔파로부터의 사상적 독립을 위한 지적 투쟁의 궤적으로 남아 있는『헤겔 법철학 비판 서설』(1844)이나『신성가족』(1845), 프루동과의 이론적 차이를 명료히 하려 한『철학의 빈곤』(1847), 유물주의적 역사관을 거시적으로 개진한『공산당 선언』(1848)이 1840년대에 출판된 그의 저작이다. 그리고 후기의 저작은 급진적 저널리스트로 당대의 역사를 직접적으로 다룬『신라인 신문』(1848~1849)을 비롯한『뉴욕 데일리 트리뷴』(1852~1861)과 빈의『디 프레세 Die Presse』(1861) 등에의 기고를 통해 구체화된 신문 논설, 국제사회주의 운동의 이론적 선구자로서 국제노동자 인터내셔널(제1인터내셔널)의 개회 연설을 비롯한 당대의 정치적 사건에 대한 각종 연설문, 프랑스 혁명과 관련된 세 개의 저작 『프랑스에서의 계급투쟁 1848~1850』(1850), 『루이 보나파르트의 브뤼메르 18일』(1852), 『프랑스의 내전』(1871) 등이 있다. 그러나 후기 마르크스의 지적 노력은 1859년에 출판된 『정치경제학 비판을 위하여 Zur Kritik der politischen Ökonomie』 제1책 Erstes Heft을 통해 시도되고, 1867년 마침내 『자본론』 제1권으로 구체화된 필생의 대작 『자본론』의 완성에 집중되었다.

마르크스가 그의 생애에 걸쳐 단심(丹心)으로 완성하고자 한 저작이 『자본론』이었음은 췌언을 필요로 하지 않는다. 『자본론』을 향한 마르크스의 집념은 『자본론』 제1권에 앞서 이의 몇 개 장절을 다룬 1859년의 『정치경제학 비판을 위하여』 제1책에만 소급되는 것이 아니다. 사실 자본주의적 생산 원리를 추구(追究)하는 그의 정치경제학 비판은 멀리 1844년 파리에서 집필된 미완성의 『경제학·철학 초고』에까지 거슬러 올라간다고 할 수 있다.[5] 그리고 바로 이 "정치경제학 비판"을 출간하기 위해 출판사를 물색하던 마르크스의 노력이나 이의 출간을 독려하는 주변의 독촉도 그의 편지 곳곳에서 발견되고 있다. 특히 그는 이러한 주변의 독려에 대해 1848년 이전부터 이미 자본주의 경제에 대한 비판적 입장을 확고히 정리하고 있었기에 책의 집필에는 5주의 시간이면 충분하다고 1851년에 술회한 적이 있으며, 1858년에도 『정치경제학 비판을 위하여』의 출판에 대해 언급하면서 탈고까지 4주면 충분하다는 뜻을 표명한 적이 있다.[6] 다시

---

[5] Werner Blumenberg, *Karl Marx. In Selbstzeugnissen und Bilddokumenten*, Rowohlt Taschenbuch Verlag GmbH, Reinbeck bei Hamburg 1962, S. 144.
[6] Marx an Engels, 2. April 1851, *Marx-Engels Werke*, Dietz Verlag, Berlin 1956~1983(이하 MEW로 표시함), Band 27, S. 228; Marx an Ferdinand Lassalle, 12. Nov. 1858, MEW, Bd. 29, S. 267.

말하면 그는 기왕에 만들어진 초고를 근거로 짧은 기간 내에 원고를 완성할 수 있노라 다짐했으나, 이러한 다짐은 스스로에 대한 가혹한 학문적 비판과 비할 바 없는 지적 성실성 때문에 계속 지연될 수밖에 없었다. 여기에다 극심한 가난과 질병에 시달리는 가족들을 위해 생계비를 벌어야 했던 그는 주된 연구를 제쳐둔 채 신문에 청탁 원고를 쓰지 않을 수 없었고, 이는 원고의 완성을 더욱 지연시키는 요인이 되었다.

이미 『정치경제학 비판을 위하여』를 출판하면서 『자본론』의 전체적 구도를 수정할 필요성을 느낀 마르크스는 1865년 말 이 새로운 구도에 근거하여 『자본론』 제1권의 원고를 탈고했다. 이 원고는 1866년 1월부터 1867년 3월 사이에 오늘날 전해지는 "예술적 전모 ein artistisches Ganzes"를 가진 고전적 형태로 완성되었다.[7] 일단 『자본론』 제1권을 출판한 마르크스는 제2권과 3권도 머지않아 탈고하리라 기대했다.[8] 그러나 제2권과 3권의 집필도 제1권과 같은 이유로 천연(遷延)되어 결국에는 그의 생전에 출판되지 못하였다. 다시 말하면 우리는 마르크스의 손으로 쓰인 『자본론』 제2, 3권을 더 이상 기대할 수 없게 된 셈이다.

---

[7] 마르크스가 『자본론』 제1권의 최종 교정을 마친 것은 1867년 8월 16일 새벽 2시로 기록되어 있다. Marx an Engels, 2 Uhr Nacht, 16. Aug. 1867, MEW, Bd. 31, S. 323. 한편 본문 중에 나타나는 "예술적 전모"란 표현은 메링의 것이다. Franz Mehring, *Karl Marx. Geschichte seines Lebens*, Dietz Verlag, Berlin 1964, S. 358.

[8] 1867년 7월 25일에 쓰인 『자본론』 제1권의 서문에 의하면 『자본론』의 구성은 제1권이 제1부 "자본의 생산 과정"이고, 제2권이 제2부 "자본의 유통 과정"과 제3부 "자본의 총 과정의 제형태"이고, 제3권은 제4부 "경제학설사"를 다루는 것으로 되어 있다. MEW, Bd. 23, S. 17; Marx an Ludwig Kugelmann, 13. Okt. 1866, MEW, Bd. 31, S. 534에도 같은 내용의 글이 보인다. 그러나 후자의 경우에는 제1권에 제1부 "자본의 생산 과정"과 제2부 "자본의 유통 과정"이, 제2권에 제3부 "총 과정의 제형태"가, 그리고 제3권에 제4부 "학설사"가 귀속될 것이라고 쓰고 있다.

이처럼 원저자의 손을 떠난 『자본론』 제2권과 3권의 편집과 집필은 마르크스 사후 엥겔스에 의해 제2권이 "자본의 유통 과정"이란 부제로 1885년에, 그리고 제3권이 "자본주의적 생산의 총 과정"이란 부제로 엥겔스 사망 전해인 1894년에 출판되었다. 그런가 하면 1905년과 1910년 사이에는 당초 마르크스에 의해 『자본론』 제3권으로 예정되었던 제4부 『잉여가치 학설사』 3책이 출판되었다.

마르크스는 『자본론』 제1권의 완결에 즈음하여 그의 생애에 걸친 지적 동반자인 엥겔스에게 "이 책이 완성될 수 있었던 것은 모두 당신 덕분이오. 나를 위한 당신의 희생이 없었더라면 나는 이 세 권의 책을 저술키 위한 엄청난 작업을 감당할 수가 없었을 거요. 감사에 충만한 마음으로 당신을 포옹하오"라는 편지를 보냈다.[9] 그러나 마르크스가 겪는 모든 불행, 즉 가난과 병고의 원인인 '이 몹쓸 놈의 책dies verdammt Buch'(『자본론』 제1권을 지칭함)을 하루빨리 완결하라는 엥겔스의 충고[10]에도 불구하고 그가 곡진(曲盡)한 이론, 완벽한 구성과 표현을 위해 끊임없이 탐구하고 퇴고한 것은 '학자'로서의 양심 때문이었다. "구체적 문제에 오래 침잠하면 할수록 마르크스가 검토해야 할 자료는 더욱더 복잡해졌는데, 이는 불가피한 일이었다. 왜냐하면 마르크스 스스로 자신이 완벽하게 이해하지 못하는 사항에 대해 거론하는 것은 과학자로서 무책임한 일이라고 생각했기 때문이다."[11] 따라서 그의 『자본론』 집필 계획은 끊임없이 수정될 수밖에 없었다. 그 결과 구체적 사안에 대한 메모와 간단한 노트는 물론이요, 엄청난 초고와 초고의 여기저기에 첨부된 긴 문장들이 탄생하게

---

9) Marx an Engels, 16. Aug. 1867, MEW, Bd. 31, S. 323.
10) Engels an Marx, 27. April 1867, MEW, Bd. 31, S. 292.
11) 이 표현은 Blumenberg, 앞의 책, S. 150에서 인용한 것이다.

되었다. 비록 간헐적으로 중단되기는 했지만 1861년부터 1878년에 이르는 이른바 『자본론』과 관련된 마르크스의 방대한 연구 노트는 바로 이와 같은 그의 끊임없는 탐구의 소산이었다. 그리고 바로 이러한 유고의 존재가 엥겔스와 카우츠키로 하여금 『자본론』 제2, 3권과 『잉여가치 학설사』라는 마르크스 필생의 대작을 비록 만족한 결과는 아닐지라도 완성하게 한 원동력이 되었다.

## 2. 마르크스의 말년과 사망

1883년 3월 14일 오후, 마르크스는 서재의 안락의자에 앉아 조용히, 그리고 평화롭게 영면했다. 마르크스의 마지막 10년은 그가 만성적인 두통, 기관지염, 위와 간의 질환, 늑막염과 신경쇠약 등의 고통으로 '서서히 죽어가고ein langsames Sterben' 있던 기간으로 여겨지는 게 일반적이다.[12] 그러나 이는 사실과 다르다. 당시 55세의 나이에 접어들었던 마르크스는 주기적으로 병마에 시달리기는 했지만, 더 이상 정치의 질풍노도 속에 몸을 맡기기보다 학자로서 평온한 만년을 누리고 있었다.

1870년 엥겔스가 맨체스터에서 런던으로 이주하면서 그들의 인간적 관계는 더욱 돈독해졌고, 마르크스의 가족 역시 1875년 봄, 메이트랜드 파크로드41, Maitland Park Road, Haverstock Hill로 이주함으로써 더욱 안정된 생활을 누렸다. 게다가 두 딸 예니Jenny와 라우라Laura가 프랑스의 사회주의자 롱게Charles Longuet, 라파르그Paul Lafargue와

---

12) Mehring, 앞의 책, S. 500.

결혼하면서 자녀들과의 관계도 좋아졌다. 더욱이 1872년에는 『자본론』의 제2판이 출간되고, 잇달아 프랑스어판(1872~1875)과 러시아어판(1872)이 발행됨으로써 사회주의 운동의 지도자로서, 그리고 학자로서 그의 이름이 사회주의 신문에 자주 언급되었다. 『고타강령 비판』(1875)을 집필하고, 엥겔스의 『반뒤링론』(1877)의 저작에 조력한 것도 바로 이 시기의 일이다.

그러나 문제는 그가 스스로 필생의 대작이라고 생각하는 『자본론』의 완성을 위해 전력을 바치기에는 외적 환경이나 건강이 충분치 못했다는 점이다. 그는 말년에 의사의 지시에 따라 독일이나 스위스의 휴양지로 정양을 떠나야 했으며, 1878년 독일에서 사회주의자 단속법이 통과되자 모로코로 정양지를 옮기기도 했다. 그럼에도 마르크스는 1878년 이후 체계적인 저작에 전념할 수 없었다. 부인 예니의 건강이 악화되면서 생활의 지주를 잃게 된 것이다. 특히 그녀가 불치의 암에 시달리고 있다는 사실이 확인된 이후에는 마르크스는 자신을 추스를 겨를도 없었다.[13] 1881년 여름 부인 예니는 마지막으로 파리의 두 딸을 방문하고 돌아와 그해 12월 2일 숨을 거두었다.

부인 예니의 죽음은 마르크스를 이중으로 무력하게 만들었다. 부인이 사망한 지 10여 일이 지난 시점에 친구 조르게에게 보낸 편지는, 이제 막 병고에서 벗어난 자신이 도덕적으로나 육체적으로 완전히 무기력해졌음을 술회하고 있다.[14] 따라서 이 시기의 마르크스는 서서히 죽어가고 있었다. 그러나 마르크스를 죽음으로 몰고 간 최후

---

13) Marx an Friedrich Adolph Sorge, 4. September 1878, MEW, Bd. 34, S. 340; Marx an Friedrich Adolph Sorge, 14. November 1879, MEW, Bd. 34, S. 422.
14) Marx an Friedrich Adolph Sorge, 15. Dezember 1881, MEW, Bd. 35, S. 247.

의 일격은 1883년 1월 11일, 큰딸 예니 롱게Jenny Longuet의 죽음이 었다. 예니의 사망 소식을 듣고 런던으로 돌아온 마르크스는 다시 기관지염과 후두염의 병발로 고생하다가 같은 해 3월 14일 오후 폐농양으로 사망한다.[15]

새삼스러운 점은 마르크스가 이 같은 병고에다 가장 가까운 부인과 딸의 죽음에도 불구하고 언제 어떻게 쓰일지도 모르는 발췌노트를 지치지 않고 만들어나갔다는 점이다. 말년에 해당하는 1877년 이후에 작성된 수학, 지리학, 광물학, 농업 및 농업통계, 인종학, 세계사 연표, 유기 및 무기화학 등의 저서로부터의 발췌노트가 바로 그것으로, 이는 신MEGA 제IV부의 마지막 일곱 권(제25권에서 31권)에 게재될 정도로 방대하다.

## 3. 마르크스 사후의 서재 정리

마르크스 사후 그의 서재를 정리하는 일은 엥겔스와 가정부인 니미, 그리고 마르크스의 막내딸 엘리노(일상적으로 투시라고 불렀다)의 일이었다.[16] 그의 둘째 사위 폴 라파르그는 1875년 이래 마르크

---

15) 마르크스가 말년에 겪은 병고(病苦)와 요양 생활, 그리고 큰딸 예니의 악화된 건강과 죽음이 그들 가족에게 미친 영향, 특히 마르크스의 죽음에 직접적 원인이 되었다는 사실은 다음에도 잘 서술되어 있다. Friedrich Engels, "Zum Tode von Karl Marx," *Der Sozialdemokrat*, Nr. 19 vom 3. Mai 1883, MEW, Bd. 19, S. 341~43; Chushichi Tsuzuki, *The Life of Eleanor Marx, 1855~1898: A Socialist Tragedy*, Clarendon Press, Oxford 1967, pp. 68~70.
16) 마르크스, 엥겔스와 그의 주변 인물들은 일상이나 편지에서 서로를 애칭Spitznamen으로 부르고 있다. 마르크스는 그의 피부가 무어인을 닮았다고 모올Mohr로, 또 필명으로는 윌리엄스Williams로, 그리고 찰리Challey(이는 Charley에서 나온 것으로 Karl, 즉 Charles를 축약한 것이다), 또는 올드 닉old Nick(귀신)이라고도 했다. 엥겔스

스가 말년을 보낸 런던의 메이트랜드 파크로드 41번지의 서재를 다음과 같이 묘사한다.

이 서재는 역사적이다. 따라서 우리가 마르크스의 정신적 생활을 그의 깊숙한 내면에서 살펴보려고 한다면 우리는 이 서재를 알아야 한다. 이 서재는 2층에 위치해 있다. 방 안으로 풍부한 빛이 들어올 수 있도록 넓은 창이 공원을 향해 나 있다. 벽난로의 양쪽, 즉 창문의 반대쪽 벽에는 서가가 있고 거기에는 책들이 빼곡히 차 있으며, 신문 꾸러미와 원고가 천장에 이르기까지 쌓여 있다. 난로의 반대쪽, 즉 창의 한 켠에는 서류와 책, 신문들이 가득 쌓인 두 개의 책상이 놓여 있다. 그리고 서재의 한복판, 조명이 적절한 곳에는 그리 크지 않은 단순한 형태의 집필용 책상(길이 3피트, 폭 2피트)과 나무로 된 안락의자가 놓여 있다. 안락의자와 서가 사이, 즉 창문의 반대쪽에는 마르크스가 가끔 쉬기 위해 다리를 뻗을 수 있는 가죽으로 된 소파가 배치되어 있다. 벽난로 위에도 책들이 놓여 있으며 그 사이사이에 여송연과 성냥, 파이프와 타바코 통, 문진(文鎭), 그의 딸들과 부인, 빌

---

는 군사학에 대한 해박한 지식 때문에 1870년 이래 장군(將軍)을 의미하는 게네랄 General로, 마르크스의 부인 예니Jenny Marx는 뫼메Möme, 또는 묌첸Möhmchen으로, 그들 집안의 오랜 가정부로 마르크스의 부인 예니가 시집오면서 같이 온 헬레네 Helene Lenchen Demuth는 여러 가지 애칭으로 불리다가 마침내 님Nim, 또는 니미 Nimmy로 불렸다. 그리고 큰딸 예니Jenny Longuet는 중국의 황제 퀴퀴Qui-qui Kaiser von China나 다이Di, 또는 돈키호테Don Quichotte로, 둘째 딸 라우라Laura Lafargue는 호텐토트Hottentot나 카카두Kakadu, 또는 뢰르Löhr로, 막내딸 엘리노 Eleanor Marx-Aveling는 중국의 황태자 코코Quo-quo Kronprinz von China나 니벨룽의 노래에 나오는 난장이 알버리히Zwerg Alberich를 거쳐 마침내 투시Tussy로 불리게 되었다. Eleanor Marx-Aveling, "Karl Marx. Lose Blätter," *Mohr und General. Erinnerungen an Marx und Engels*, Herausgegeben vom Institut für Marxismus-Leninismus beim ZK der SED, Dietz Verlag, Berlin 1964, S. 272. 佐藤金三郎, 『マルクス遺稿物語』, 岩波書店, 東京 1989, pp. 25~26.

헬름 볼프와 프리드리히 엥겔스의 사진들이 진열되어 있다. 그는 대단한 흡연가로 "내가 『자본론』을 집필하면서 피운 담뱃값에 비하면 그 인세는 별것이 아니다"고 내게 말한 적이 있었다. 〔……〕

마르크스는 어느 누구도 자신의 책이나 서류를 정리하거나 흩트리지 못하게 했다. 그의 서재를 지배하는 무질서는 그저 무질서처럼 보일 뿐, 그가 책이나 노트를 필요로 할 때에는 굳이 찾아 헤맬 필요 없이 원하는 장소에서 가져다 쓸 수 있도록 모든 것이 배치되어 있다. 〔……〕 그는 그의 서재와 일체화되어 있다. 그에게 있어서 서재의 책과 서류는 그의 팔다리처럼 그의 명령에 따라 움직인다.[17]

엥겔스는 바로 이 서재에서 마르크스의 유고와 편지, 그리고 장서를 정리했다. 우선 엥겔스의 최대 관심사는 마르크스가 남긴 『자본론』 제2, 3권의 원고를 찾는 일이었다. 왜냐하면 그는 마르크스 사후 그의 필생의 대작인 『자본론』의 완성에 신명을 바치기로 했기 때문이다. 마르크스는 말년에 이르러 『자본론』이 생전에 완간되기 어렵다는 점을 인식하고, 엥겔스에게 그가 남긴 원고를 근거로 이의 속간을 의탁할 수밖에 없다는 점을 막내딸 엘리노에게 밝힌 바 있다.[18] 그리고 독일과 러시아를 비롯한 여러 나라에서 『자본론』의 속간을 원하는 편지들이 엥겔스에게 쇄도했다.[19] 그러나 이 시기의 엥

---

17) Paul Lafargue, "Persönliche Erinnerungen an Karl Marx," IML beim ZK der SED, Hrsg., *Mohr und General*, S. 321~22. 이 글은 원래 *Die Neue Zeit*, 9. Jahrg., 1. Bd. 1890/1891, S. 10~17, 37~42에 게재되었다.
18) Engels an August Bebel, 30. August 1883, MEW, Bd. 36, S. 56. Friedrich Engels, "Vorwort," In: Karl Marx, *Kapital*, II. Band. MEW, Bd. 26, S. 12. Riazanov, *Karl Marx and Friedrich Engels*, International Publishers, New York 1927, p. 217.
19) August Bebel an Engels, 17. März 1883. 러시아의 라브로프Pjotr Lawrowitsch Lawrow, 영국의 하니Julian Harney, 프랑스의 더빌Gabriel Deville 등이 열거되고

겔스는 병마에 시달려 침대에 누워 있을 수밖에 없었다. 따라서 초기의 원고 정리는 자연 엘리노와 니미가 맡게 되었다.

그런데 3월 25일, 서재 정리를 시작한 지 얼마 되지 않아서 "마르크스의 커다란 원고 뭉치 가운데서 2절판(二折判)Folio으로 500페이지가 넘는 『자본론』 제2권의 전부, 아니면 그 대부분에 해당하는 초고"를 니미가 발견했다. 일주일 뒤에는 『자본론』 제3권에 해당하는 "총 과정의 제형태"의 초고까지 합해 모두 1,000여 페이지가 발견되었다고 전하고 있다.[20] 그런가 하면 같은 해 6월에는 1848년 이전에 쓰인 마르크스의 방대한 원고——그 가운데는 마르크스와 엥겔스가 공동으로 집필한 『독일 이데올로기』의 초고도 포함되어 있다——를 모올(마르크스)의 서류 가운데서 발견했다.[21]

이처럼 애초에 서재 정리는 엘리노와 니미가 주로 맡았다. 그리고 엘리노가 나중에 그의 남편이 된 에이블링Edward B. Aveling이 편집 책임자로 있던 진보적 성향의 잡지 『프로그레스Progress』에 본격적인 기고문을 쓰기 시작하면서 독립하게 되자 이 일은 엥겔스와 니미가 이어갔다.[22] 당초 6개월 정도로 예정했던 서재 정리는 같은 해 5월에 엥겔스가 언급한 것처럼 "상자와 꾸러미, 소포, 그리고 책 등으로 가득 찬 다락방의 비밀을 밝혀내는 데는 아직도 상당한 시간이 더 필요"했다.[23] 엥겔스가 마르크스의 서재를 정리하는 데는 실제로 1년

있다. 佐藤金三郎, 『マルワス遺稿物語』, pp. 52~53.
20) Engels an Laura Lafargue, 25. März 1883, MEW, Bd. 35, S. 465; Eleanor Marx to Laura Lafargue, 26 March, 1883, Bottigelli Collection, Tsuzuki, 앞의 책, p. 71에서 재인용; Engels an Pjotr Lawrowitsch Lawrow, 2. April 1983, MEW, Bd. 36, S. 3.
21) Engels an Laura Lafargue, 2. Juni 1883, MEW, Bd. 36, S. 33~34.
22) Eleanor Marx to Laura Lafargue, 26 March 1883, Tsuzuki, 앞의 책, p. 71. 같은 책, pp. 73~74, 97도 보라.
23) Engels an Laura Lafargue, 22. Mai 1883, MEW, Bd. 36, S. 32.

이나 걸려, 메이트랜드 파크로드의 임대가 끝나는 1884년 3월에야 마칠 수 있었다.

우리는 이상과 같은 마르크스의 서재 정리 과정에서 생긴 일 가운데서 다음의 두 가지 '사건'을 언급할 필요가 있다. 우선 첫째는 마르크스의 서간문의 처리 문제이다. 엘리노는 아버지의 유고를 정리하면서 적어도 『자본론』과 관련된 유고는 모두 엥겔스에게로 넘어갈 것이라는 점을 잘 알고 있었다. 그러나 엘리노와 라우라에게 중요한 일은 아버지가 보관하고 있던 편지들 가운데서 엥겔스를 괴롭힐지도 모르는 내용의 편지를 정리하는 것이었다. 특히 그들 부모의 편지들이 그럴 가능성이 높았기 때문에 그들, 특히 서류 정리를 맡은 엘리노는 이러한 편지가 엥겔스의 눈에 띄지 않도록 신경을 썼다.[24]

다음으로 우리가 언급할 사건은 마르크스의 유언 집행과 관련하여 여기서 제외된 둘째 딸 라우라의 불평이다. 엥겔스는 1883년 5월 3일자로 독일사회민주당의 중앙기관지인 『소치알데모크라트 *Der Sozialdemokrat*』에 「마르크스의 죽음에 관하여」란 글을 발표하면서 그 말미에 "마르크스는 구두 유언을 통해 문서로 된 저작의 유언집행자 literarische Exekutoren로 막내딸 엘리노와 나를 지명했다"고 서술했다.[25] 그러나 파리에서 이 글을 읽은 둘째 딸 라우라는 아버지의 유언집행자로서 둘째 딸인 자기가 제외되고 막내인 엘리노가 지명되었다는

---

24) Gustav Mayer, *Friedrich Engels. Eine Biographie*, Zweiter Band: *Engels und der Aufstieg der Arbeiterbewegung in Europa*, Martinus Nijhoff, Haag 1934, S. 356; Tsuzuki, 앞의 책, p. 73. 엥겔스의 기분을 상하게 할 편지가 마르크스 부부간의 왕복 서간 가운데 보인다는 보고는, 1910년대 파리의 라파르그 부부가 보관한 편지를 읽은 바 있는 리야자노프와 『마르크스-엥겔스 왕복서간집』의 편자인 베른슈타인에 의해서도 확인되고 있다. 佐藤金三郎, 『マルクス遺稿物語』, pp. 34~35.

25) Friedrich Engels, "Zum Tode von Karl Marx"(*Der Sozialdemokrat*, Nr. 19 vom 3. Mai 1883), MEW, Bd. 19, S. 343.

사실에 실망하여, 이러한 점을 엥겔스에게 원망 어린 어조로 호소하고 있다.[26] 이 같은 내용의 라우라의 편지를 받은 엥겔스는 곧장 답신을 통해 다음과 같이 사과하고 있다.

> 이미 고인이 된 모올[마르크스]의 사후, 나의 물음에 대해 투시[엘리노]는 그녀의 아버지가 그녀와 나에게 그의 모든 유고를 이용하여 그것을 출판토록, 특히 [『자본론』] 제2권과 수학적 저작을 출판토록 일임했다고 말했다. [……] 만약 네가 모올이 말한 바를 정확히 알려고 했다면 투시가 너에게 그 사실을 알려주었을 것이다.
> 이러한 사실에 대해 우리는 폴[라우라의 남편]이 여기에 있을 때 서로 이야기했으며, 그도 이를 기억하고 있을 것이다.
> 그리고 문서로 된 유산의 유언집행자란 표현은 전적으로 나의 책임이다. 나로서는 당시 다른 적합한 표현을 찾을 수 없었단다. 만약 그 표현이 너의 마음을 아프게 했다면 너에게 용서를 빈다.[27]

이어서 엥겔스는 영국법에 따르면 모올의 상속과 관련해서는 영국에서 엘리노가 유일한 법정대리인임을 지적하고 있다. 다시 말하면

---

26) Laura Lafargue to Engels, 2 June 1883; Laura Lafargue to Engels, 20 June 1883, Engels-Lafargue, *Correspondence*, I, Paris 1956, pp. 126, 132. Tsuzuki, 앞의 책, p. 72에서 재인용. 마르크스의 문서로 된 유산의 상속 과정에서 제외된 듯 느끼는 이 시기의 라우라의 심정은 당시 그녀가 처한 객관적 환경과도 연결된다고 하겠다. 우선 그녀는 아버지의 장례식에도 참석지 못했으며, 남편 폴은 "내란 음모 및 선동죄"로 쥘 게드Jules Geusde와 더불어 파리의 생 페라지 형무소에 수감되어 있어(1883년 5월 21일부터 11월까지) 그녀는 남편의 옥바라지에 매달려 있었다. 게다가 마르크스가 생존 중 그녀에게 『자본론』제1권의 영역(英譯)을 부탁했던 사실이 전혀 고려되지 않고 있다는 사실에도 그녀의 불편한 심기의 원인이 있었던 것이다. 佐藤, 앞의 책, pp. 36~42 참조.
27) Engels an Laura Lafargue, 24. Juni 1883, MEW, Bd. 36, S. 42. [ ] 안은 저자.

영국에서 유산관리장Erbberechtigungspapiere을 교부받을 수 있는 사람은 "영국 내에 거주하는 고인의 최근친(最近親)"이라는 점을 상기시키고 있다.

어쨌든 우리는 마르크스의 사망 직후, 그의 문서로 된 유산의 정리 과정에서 일어난 이 같은 사소한 사건들이 실은 그것을 둘러싼 이후의 분쟁을 예언적으로 암시하고 있다는 점에 유념할 필요가 있다고 하겠다.

## 4. 마르크스의 문서로 된 유산: 저작, 논설, 유고, 서간, 그리고 장서

마르크스의 문서로 된 유산은 크게 보아 그가 남긴 출판된 저서 및 논문과 평론, 초고Manuskripte, 발췌Exzerpte, 서간문, 각종 문건Dokumente, 그리고 장서들로 구성된다. 먼저 마르크스 생전에 출판된 저서는 『자본론』 제1권을 비롯한 수권의 저서에 한정되어 있으나 잡지와 신문에 발표된 논문이나 평론, 그리고 기사는 상당히 방대한 양에 이른다. 특히 그가 주관한 1843~1844년의 『라인 신문』이나 1844년의 『독불 연지』, 1848~1849년의 『신라인 신문』, 그리고 1852~1861년 동안 거의 10년에 걸쳐 『뉴욕 데일리 트리뷴』에 기고한 글, 국제사회주의 운동을 주도하면서 쓴 연설문이나 논박서 등은 중요한 의미를 갖는다. 그리고 이들 저서나 출판물의 자용본(自用本)Hand-exemplar에 기재된 각종 수정 지시나 난외방주 및 밑줄, 옆줄 등은 그의 사상적 발전을 추적하는 데 중요한 공헌을 한다.

한편 마르크스의 초고는 출판을 위해 집필된 원고이거나, 퇴고를 위한 초기 단계의 원고, 혹은 초안들로 구성되어 있다. 그가 『자본론』의 집필을 위해 준비한 1857년 이래의 방대한 경제학 노트가 대표적이고, 『그룬트리세』로 지칭되는 1857~1858년의 경제학 초고, 『정치경제학 비판을 위하여』의 원초고Urtext를 포함하는 1858~1861년의 경제학 초고, 『잉여가치 학설사』가 포함된 1861~1863년의 초고, "정치경제학 비판"이라 불리는 1863~1867년의 경제학 초고, 『자본론』 제2권을 위한 초고와 제3권의 초고 등이 그것이다. 여기에다 그의 생전에 출판되지 않은 학위논문, 1844년의 『경제학·철학 초고』, 1845~1846년에 집필된 방대한『독일 이데올로기』초고, 그리고 엥겔스의 편지에서 이미 언급된 수학 초고 mathematische Arbeiten 등이 포함된다.

마르크스의 발췌노트는 그가 학창 시절 이래 읽은 각종 서적의 발췌 초록이나 메모들로 모두 180권에 달하며,[28] 이는 그의 개별적 저작에 대한 비판적 분석을 위해 중요한 근거가 되고 있다. 그러나 그의 평생에 걸쳐 작성된 이처럼 방대한 발췌노트가 반드시 일관적일 수는 없다. 그의 발췌노트는 대개 다음과 같은 3단계의 작업 과정에 걸쳐 있다. 우선 첫 단계는 단순한 발췌나 요점을 정리한 것으로 이

---

28) 발췌노트의 숫자에 대한 보고는 서로 상이하다. 1922~1929년 사이 독일사민당-아키브SPD-Archiv에 소장되어 있던 마르크스-엥겔스의 유고를 최초로 체계적으로 정리하면서 이를 복사한 모스크바의 마르크스-엥겔스 연구소Marx-Engels-Institut의 리야자노프는 이를 250권으로, 그리고 현재 이 발췌노트의 대부분을 소장하고 있는 국제사회사연구소와 연계를 가지고 연구한 하르스틱은 2개의 단편을 포함하여 172권이 있다고 보고하고 있다. 특히 그는 모스크바의 마르크스-레닌주의 연구소IML에는 분실된 오리지널을 포함하여 1920년대의 포토코피를 합하면 더 많은 발췌노트가 있을 수 있다고 덧붙이고 있다. MEGA¹(Karl Marx/Friedrich Engels, *Historisch-kritische Gesamtausgabe. Werke/Schriften/Briefe*, Im Auftrag des Marx-Engels-Instituts, Moskau. Herausgegeben von D. Rjazanov, 1927~1935), I/1.2, 1929, Einleitung, S. XVII; Hans-Peter Harstick, "Zum Schicksal der Marxchen Privatbibliothek," *International Review of Social History*, XVIII, 1973, S. 203 Anm. 2.

는 정확하고도 완벽하게 원고의 작성에 이용된다. 이러한 형태는 통상 그가 처음으로 작업하는 영역에서 이루어지고 있다. 다음으로 그는 이 첫째 단계에 근거하여 주석적 메모를 붙이고, 이에 따라 내용을 부연하거나 그가 원하는 논의의 방향으로 이를 재해석하고 있다. 그리고 마지막으로는 기왕의 자료를 충분히 소화하여 노트를 만듦으로써 그의 발췌를 간결한 문장으로 압축하여 정리하고 있다.[29]

한편 발췌노트와 더불어 마르크스의 정신적 작업의 산실을 들여다볼 수 있는 기회는 그의 개인 장서를 일별하는 일이다. 마르크스는 사위 폴 라파르그가 지적한 것처럼 자신의 장서를 마치 팔다리처럼 명령에 절대 복종케 했다. 따라서 그의 장서는 정신적 작업을 위한 도구일 뿐 사치스런 장식품이 아니었다. 따라서 마르크스는 자신의 장서가 "나의 노예이기에 내 의지에 복종하지 않으면 안 된다"고 했다. 그는 크기나 제본의 형태, 또는 종이질이나 인쇄의 차이를 가리지 않고 책의 귀를 접거나, 난외에 연필로 글을 쓰거나 줄을 긋고 일정한 기호를 달았다.[30] 그리고 몇 년이 지난 뒤 다시 그 발췌노트나 책을 꺼내 필요한 정보를 찾아내곤 했다. 따라서 마르크스의 개인 장서를 복원하는 일은 발췌노트에 못지않은 중요성을 갖는다. 특히 우리가 여기서 주목해야 할 것은 마르크스의 이 같은 독서법이 발췌노트를 만드는 것보다 훨씬 시간을 절약하는 방법이라는 점이다. 그러므로 경제적으로 어려웠던 상황에서 그가 구입한 필수적인 책들에

---

29) Fred E. Schrader, "Abstraktion und Geschichte. Bemerkungen zur Arbeitsweise von Karl Marx anhand einiger Motive in seinen Nachgelassenen Hefte," *IWK* (*Internationale wissenschaftliche Korrespondenz zur Geschichte der Deutschen Arbeiterbewegung*), 19. Jahrg., Heft 4, Dezember 1983, S. 501~17. 특히 S. 503을 보라.
30) Paul Lafargue, "Persönlichen Erinnerungen an Karl Marx," 앞의 책, S. 322~23.

남긴 독서의 흔적Lesespuren은 지극히 중요한 그의 문서로 된 유산의 하나라고 하겠다.[31]

---

31) 정문길, 「마르크스-엥겔스의 장서에 쓰인 난외방주의 의의와 출판 문제―마르크스-엥겔스 전집, 제IV부/32권(선행판)의 발간에 즈음하여」, 『현상과 인식』, 제27권 1/2호, 통권 89호(2003년 봄/여름호), pp. 143~59, 특히 pp. 146~51을 보라. 정문길, 『한국 마르크스학의 지평: 마르크스-엥겔스 텍스트의 편찬과 연구』, 문학과지성사, 서울 2004, pp. 155~76; 특히 pp. 158~64.

2장
# 프리드리히 엥겔스: 마르크스 유고의 최초 상속자

## 1. 엥겔스의 『자본론』 제2권의 편집과 발행

앞에서도 언급한 바와 같이 마르크스는 그가 생전에 완성하지 못한 필생의 대작 『자본론』의 완성자로 엥겔스를 지목했다. 이는 마르크스가 살아 있을 당시 두 사람이 주고받은 편지를 통해 『자본론』의 내용과 그 진행 상황을 상세히 알리고 자문을 구했다는 사실로도 확인된다.[32] 덧붙여 엥겔스는 1840년대에 마르크스로 하여금 정치경제학의 중요성을 일깨운 「국민경제학 비판 강요Umrisse zu Kritik der Nationalökonomie」(1844)와 『영국 노동계급의 상태Die Lage der arbeitenden Klasse in England』(1845)의 저자일 뿐만 아니라 당대의 자본주의적 경제

---

[32] Engels an August Bebel, 30. August 1883, MEW, Bd. 36, S. 56. Friedrich Engels, "Vorwort," In: Karl Marx, *Kapital*, II. Band, MEW, Bd. 26, S. 12. Riazanov, *Karl Marx and Friedrich Engels*, p. 217.

에 정통한 사업가요 사상가로서 마르크스의 『자본론』을 그의 의도에 맞추어 전개시킬 수 있는 최적임자이기도 했다. 그리고 마르크스가 그에게 자신의 『자본론』 초고에 근거하여 그것을 완성토록 부탁한 또 다른 중요한 이유는, 그가 마르크스의 그 난해한 상형문자(象形文字)Hieroglyphe를 부담 없이 읽을 수 있는 극히 한정된 사람들 중의 하나였기 때문이다.

사실 마르크스의 초고는 악필로도 유명하다. 특히 그의 속필(速筆)을 보장해주는 약자(略字)와 축자(縮字)법은 엥겔스에게도 가끔 독해에 고통을 느끼게 하는 원인이 되었다.[33]

지금의 나에게 절대적으로 필요한 것은 『자본론』의 마지막 수권(數卷)Schlußbände을 인쇄될 수 있는 문장으로, 읽을 수 있는 필적으로 만들어내는 것이다. 이 두 가지 일을 해낼 수 있는 자는 살아 있는 인간 가운데서 오직 나밖에 없다. 따라서 내가 이를 먼저 고쳐놓지 않으면 그 누구도 이들 수고(手稿)를 해독(解讀)할 수 없다. 마르크스 자신도 잘 읽을 수 없는 것을 마르크스의 부인과 나는 읽을 수 있다.[34]

일단 이처럼 마르크스의 유지에 따른 『자본론』의 완성을 그만이 할 수 있는 사명으로 생각하고 강한 자신감을 보인 엥겔스가 막상 작업에 착수한 시기는 마르크스 사후 1년이 훨씬 지나서였다. 그가

---

33) "나는 유존하는 『자본론』 제2부의 두터운 원고를 먼저 통독한 뒤에라야(**그 난삽한 필적!**) 그것이 어느 정도로 인쇄 가능한 것인지를 말할 수 있겠다. [······]" Engels an Ferdinand Domela Nieuwenhuis, 11. April 1883, MEW, Bd. 36, S. 7(인용문 중의 강조는 저자). Engels an Pjotr Lawrowitsch Lawrow, 5. Februar 1884, MEW, Bd. 36, S. 99에도 같은 내용의 술회가 발견된다.
34) Engels an Johann Philipp Becker, 20. Juni 1884, MEW, Bd. 36, S. 163.

『자본론』제2권의 편집에 곧장 착수할 수 없었던 이유로는 이미 앞에서도 지적한 바와 같이 마르크스 사후 그의 서재 정리에 거의 1년이 소요되었고, 국제사회주의나 노동운동에서 마르크스가 남긴 공백을 그가 채우지 않으면 안 되었기 때문이다. 마르크스가 생존해 있는 동안에는 제1바이올린 주자(奏者)의 자리를 마르크스에게 내준 채 제2바이올린 주자로 만족했으나, 이제는 그 자신이 제1바이올린을 연주치 않을 수 없는 상황에 직면하게 된 것이다.[35] 여기에 덧붙여 엥겔스는 자신의 저서 『가족, 사유재산 및 국가의 기원 Der Ursprung der Familie, des Privateigentums und des Staats』(1884)의 완결을 위한 집필, 마르크스가 『자본론』제1권 제2판(1872~1873)의 재수정을 위해 준비해 놓은 연구 성과와 『자본론』프랑스어판의 성과를 모아 제3판을 새로이 편집, 발간하는 일 등으로 시간적 여유를 얻을 수 없었다. 게다가 건강 상태까지 악화되어 제2권의 편집이 지연될 수밖에 없었던 것이다.[36]

이 같은 사정 때문에 엥겔스의 『자본론』제2권의 편집 작업은 실제로 1884년 5월 말이나 6월 초에 시작된 것으로 판단된다. 우선 엥겔스의 편집 작업은 일차적으로 마르크스의 유고를 작업이 가능한 상태로 만드는 것, 즉 『자본론』제2부 "자본의 유통 과정"에 관련된 마르크스의 초고에서 필요한 부분을 골라 작업이 가능하도록 별도의 용지에 해당 부분을 필사하여 편집 원고를 작성하는 것이었다. 원래

---

35) 제1바이올린erste Violine, 제2바이올린zweite Violine은 마르크스가 생존해 있던 시기, 엥겔스 자신이 비유로 한 표현이다. Eleanor Marx-Aveling, "Friedrich Engels," IML beim ZK der SED, Hrsg., *Mohr und General*. S. 453.
36) Engels an Friedrich Adolph Sorge, 29. Juni 1883, MEW, Bd. 36, S. 45. Engels an August Bebel, 30. August 1883, MEW, Bd. 36, S. 56. 大村泉 等, 「日本人硏究者によるMEGA²編集」, 『硏究年報: 經濟學』, 東北大學, 64/4, 2003, p. 101 참조.

『자본론』 제2부와 관련된 마르크스의 "초고는 4, 5개이지만 그중 최초의 것만 완성된 것이고, 뒤의 것들은 이제 막 시작 단계에 있는 것이다." 마르크스는 "몇 번이나 이 초고에 손을 댔지만 그때마다 병으로 인해 최종적인 교정을 할 수 없었다." 따라서 초고는 "완벽하게 완성된 부분도 있지만 다른 것들은 스케치에 지나지 않는다. 두 개의 장 정도를 제외하면 모두가 최초 초안Brouillon에 불과하다. 전거의 인용은 정리되지 않은 상태로 난폭하게 산적(山積)되어, 나중에 취사선택할 수 있도록 쌓여 있을 뿐이다. 게다가 나(엥겔스)로서도 읽을 수 없는―그것도 애를 써서 읽으려 해도―필적"까지 포함될 경우 편집 원고의 작성은 지극히 어려운 작업이었다.[37]

그러나 『자본론』 속권의 완성이 엥겔스 자신의 사명감에서만이 아니라 객관적으로도 긴급히 요망되므로 그는 건강이 허락하는 한에서 작업을 강행하지 않을 수 없었다. 의사의 지시에 따라 예외적인 경우를 제외하고는 책상에 앉아 일하는 대신 햇빛 아래서만 독서를 하도록 허락받은 엥겔스는 작업의 능률을 위해 6월 중순부터 아이젠가르텐Oscar Eisengarten을 조수로 고용하여 구술필기를 시작했다. 부활절 이래 매일 8시간에서 10시간 동안 책상에 앉아 작업을 한 탓에 과거의 고질이 도져 책상에 앉아 일하지 못하도록 다시 제재당했던 것이다. 따라서 이 구술필기 작업은 엥겔스가 소파에 누워 마르크스의 초고를 구술하고, 아이젠가르텐이 이를 받아쓰는 형식으로 매일 아침 10시부터 저녁 5시까지 진행되는 강행군이었다.[38] 그리고 엥겔스는 6월 말에는 아이젠가르텐으로 하여금 1878년의 마르크스 수고

---

37) 인용은 순서대로 Engels an Johann Philipp Becker, 22. Mai 1883, MEW, Bd. 36, S. 28; Engels an Friedrich Adolph Sorge, 29. Juni 1883, MEW, Bd. 36, S. 45~46; Engels an August Bebel, 30. August 1883, MEW, Bd. 36, S. 56.
38) Engels an Karl Kautsky, 21. Juni 1884, MEW, Bd. 36, S. 164.

를 필사케 하여 제2권의 편집 속도를 높였다. 이는 "아이젠가르텐이 지식도 있고 부지런하며, 일을 즐기며 하고 있다"는 엥겔스의 긍정적 평가의 결과이기도 했다.[39]

어쨌든 이러한 과정을 거친 『자본론』 제2권의 편집 원고는 엥겔스 자신이 누누이 얘기한 '연말'보다는 조금 늦은 1885년 1월 초에 완성되었고, 인쇄를 위한 최후의 원고도 2월 하순에 출판사로 발송함으로써 이후 제3권을 시작할 차비를 할 수 있었다.[40]

당초 마르크스의 『자본론』 권별 구성은 앞에서도 언급한 바와 같이 1867년에 집필된 『자본론』 제1권의 서문에 명시되어 있다. 이에 따르면 제1권은 "자본의 생산 과정"(제1부 Buch)이고, 제2권은 "자본의 유통 과정"(제2부)과 "자본의 총 과정의 제형태"(제3부)이고 제3권은 "학설사"(제4부)로 구성되어 있다. 그러나 이 같은 권별 구성은 마르크스 사후 엥겔스가 출판사 마이스너 Verlag von Otto Meissner와 『자본론』 속권의 출판을 위한 계약을 맺을 때는 제2부 "자본의 유통

---

39) Engels an Eduard Bernstein, 29. Juni 1884, MEW, Bd. 36, S. 172. 인용은 Engels an Karl Kautsky, 21. Juni 1884, MEW, Bd. 36, S. 164. 아이젠가르텐의 일대기에 대해서는 Keizo Hayasaka, "Oscar Eisengarten - Eine Lebensskizze. Sein Beitrag zur Redaktionen von Band II des Kapitals," *Beiträge zur Marx-Engels-Forschung*, Neue Folge 2001, S. 83~110을 보라.

40) Engels an Pjotr Lawrowitsch Lawrow, 12. Februar 1885, MEW, Bd. 36, S. 282; Engels an Hermann Schlüter, 22. Februar 1885, MEW, Bd. 36, S. 285. 한편 엥겔스가 마르크스의 초고를 취사선택하여 구술 작성한 『자본론』 제2권의 편집 원고가 그것이 근거하고 있는 마르크스의 원래의 초고와 얼마나 거리가 있느냐의 문제는 학술적으로도 흥미 있는 문제이다. 따라서 2005년에 발간된 센다이 그룹의 『자본론』 제2권(MEGA² II/12)에 게재될 "채용개소일람(採用個所一覽)"(Eine Übersicht zu den Engels in das Redaktionsmanuskript aufgenommenen Passagen aus Marx' einzelnen Entwürfen)과 "괴리일람(乖離一覽)"(Ein vollständiges Verzeichnis der Abweichungen des Redaktionsmanuskripts von den Marxschen Texte im einzelnen)은 우리의 관심의 대상이 되고 있다. 大村泉 等, 앞의 글, pp. 99~135, 특히 pp. 109~113 참조. MEGA² II/12, 2005, S. 896~934; 934~1205를 보라.

과정"을 제2권 제1분책으로, 제3부 "자본의 총 과정의 제형태"와 제4부 "잉여가치 학설사"를 제2권 제2분책으로 변경 출판할 계획이었던 것으로 추측된다. 그러나 엥겔스의 이러한 권별 구성은 애초 원고의 상태에 대한 면밀한 검토 없이 이루어진 것으로 보이는데, 이는 그가 1884년 12월 말 친구 조르게에게 보낸 편지에서 이들 각 부의 양을 구체적으로 제시함으로써 새로운 권별 구성을 암시하는 문면이 보이기 때문이다.

『자본론』의 제2부(인쇄로 약 600페이지)가 1월에 인쇄에 들어갈 것이네. 〔……〕

그리고 중간에 급한 일들을 마무리하면 제3부에 착수하겠네. 여기에는 두 개의 완전한 편집 텍스트와 한 권의 방정식 표가 있는데, 이는 600~700페이지가 될 것으로 보이네.

마지막으로 제4부는 1859~1861년 사이에 작성된 가장 오랜 초고에 속하는 '잉여가치 학설사'이네.[41] 이 초고는 내용이 아직 분명치는 않지만 이를 다루려면 우선 다른 일들이 끝나야 하겠네. 이 초고는 4절판 1,000여 쪽에 촘촘히 기록되어 있네.[42]

---

41) 이 초고는 『정치경제학 비판을 위하여』를 의미한다. 이 초고는 1861년 8월에서 1863년 6월 사이에 집필된 23권의 노트로서 4절판Quartseite 1,472쪽에 이른다. 엥겔스가 여기서 "1859~1861년 사이"라고 말한 것은 이 노트를 1859년 베를린에서 출판된 『정치경제학 비판을 위하여』 제1책(*Zur Kritik der politischen Ökonomie*, Heft 1, Berlin 1959)의 속편이라고 여겼기 때문으로 보인다. 이 초고의 중심을 이루는 것은 "잉여가치 학설사"로서 이 부분은 가장 방대하고 작업이 가장 많이 진척되었기에 엥겔스는 이를 『자본론』 제4권으로 출판할 예정이었으나 이를 실현하지 못했다. MEW, Bd. 36, S. 764 후주 170; MEW, Bd. 24, S. 8; MEW, Bd. 13, S. VI.
42) Engels an Friedrich Adolph Sorge, 31. Dezember 1884, MEW, Bd. 36, S. 264.

따라서 『자본론』의 제2부Buch를 제2권Band으로, 제3부를 제3권으로 하는 계획은 이 시점에서 점차 구체화된 것으로 보이며, 제4부는 마르크스에 의해서도 별권(제3권)으로 되어 있으므로 엥겔스에 의해서도 별도의 권Band, 즉 제4권으로 분류된 것 같다.[43]

## 2. 『자본론』 제3권과 엥겔스의 말년

『자본론』 제2권의 출판은 1885년 말이었으나 『자본론』 제3권에 대한 엥겔스의 편집 작업은 1885년 2월 말경에 시작된 것으로 보인다.[44] 그리고 4월에는 베벨August Bebel에게 『자본론』 제3권의 작업이 진행 중임을 밝히면서 "자본주의적 생산의 총 과정"을 다룬 이 제3부는 "정녕 특별히 탁월한 저작"이라고 격찬하고 있다. 왜냐하면 이 제3권은 "지금까지의 경제학을 이처럼 전복시킨 예는 일찍이 들어본 적이 없다. 우선 이를 통해 우리의 이론은 확고한 기반을 획득하여, 우리로 하여금 전방위적인 승리의 전선을 형성할 수 있는 능력을 갖게 할 것"이라고 지적하고 있다.[45]

그러나 이 같은 이론적인 탁월함과 혁명성에도 불구하고 『자본론』

---

43) 佐藤, 앞의 책, pp. 59~60 참조.
44) Engels an Hermann Schlüter, 22. Februar 1885, MEW, Bd. 36, S. 285.
45) Engels an August Bebel, 4. April 1885, MEW, Bd. 36, S. 293~94. 같은 맥락에서 『자본론』 제3권에 대한 엥겔스의 기대는 다음과 같은 표현에서도 읽을 수 있다. "제3부는 즐겁게 진행되고 있지만 이는 상당한 시간이 걸릴 것으로 보인다. 그러나 그것은 제2권이 먼저 이해를 필요로 하는 것과는 다르다. 제2권은 전적으로 학술적이어서 선동적인 부분이 거의 없었기 때문에 실망스럽기까지 하다. 그러나 제3권은 다시 벼락같은 영향을 미치게 될 것이다. 왜냐하면 자본주의적 생산의 전모가 상호연관 속에서 다루어질 것이며, 따라서 모든 공인된 자본주의 경제학이 일거에 붕괴될 것이기 때문이다." Engels an Friedrich Adolph Sorge, 3. Juni 1885, MEW, Bd. 36, S. 324.

제3권 초고의 완성도는 제2권에 비하면 지극히 낮은 초안의 단계였다. 다시 말하면 이 초고는 "각 장의 서두는 비교적 깔끔하게 완성되어 있으며, 대부분의 경우 형식적으로도 완성되어 있다. 그러나 분석이 진행되면 진행될수록 논의는 더욱더 개략적이고 불완전해지고 있다. 그리고 연구의 진행 과정에서 본론을 벗어난 여론(餘論)이 많아질수록 부가적 논점 Nebenpunkte이 나타나는데, 이의 종국적인 삽입 위치는 이후의 정리 과정에 맡겨지고 있다. 그리고 형성기의 사유가 담긴 문장은 더욱더 길고 복잡하다."[46] 따라서 이 같은 초고의 편집 과정을 엥겔스는 다음과 같이 서술하고 있다.

나의 작업은 먼저 나로서도 읽기 어려운 모든 초고를 구술하여 읽을 수 있는 원고로 바꾸는 것인데, 이 작업만 해도 상당한 시간이 소요된다. 그리고 이 작업이 끝난 후에야 실질적인 편집 작업에 들어가게 된다. 나의 편집 작업은 불가결한 것에 한정된다. 나는 최초의 초고가 그 내용이 명료하기만 하다면 그 특징을 살리려고 했다. 나는 반복되는 문장조차도 그것이 마르크스가 언제나 그랬듯이 주제를 다른 각도에서 파악하거나 같은 생각을 다른 용어로 표현했을 때는 이를 삭제하지 않았다. 그리고 내가 가능한 한 마르크스의 정신에 충실하려 함에도 불구하고 나의 수정이나 첨가가 편집의 한계를 벗어날 경우나 내가 마르크스가 남긴 실제적인 자료를 나 자신의 독자적 결론으로 이용했을 경우에는 이 구절 전부를 괄호 안에 넣고 ["F. E."라는] 나의 이니셜을 붙였다. 한편 내가 붙인 각주 가운데 이처럼 괄호 안에 넣지 않은 경우도 있으나 어쨌든 내 이니셜이 붙어 있는 각주

---
46) F. Engels, "Vorwort zum dritten Band des Kapitals," MEW, Bd. 25, S. 10~11.

전부에 대한 책임은 나에게 있다.[47]

이처럼 『자본론』 제3권의 편집 작업은 제2권이 수개월 만에 완성된 것과는 달리 그 출발부터 쉽지 않아 보였다. 다시 말하면 『자본론』 제3권의 완성은 몇 개월 후의 일이라기보다 몇 년 후에나 가능한 일로 비춰지고 있다.

게다가 엥겔스의 『자본론』 제3권의 편집 작업이 지연된 것은 마르크스와 엥겔스 자신의 저작, 그리고 그들의 공동 저작의 신판이 출간되거나 세계 각국어로 번역되면서 그에 대한 엥겔스의 새로운 서문을 요구하는 일이 많아졌기 때문이다. 특히 마르크스와 더불어 그들의 이론적 과업이 정치적 투쟁과 연결되어야 한다고 생각한 엥겔스 역시 이러한 요구를 긍정적으로 수용하면서, 그 기회를 각국의 구체적 상황과 연계하여 노동자 정당의 과제를 제시하는 데 적극적으로 이용했다. 다시 말하면 그의 이론적 작업은 정치적 투쟁과 직접적으로 연결되어 있었던 것이다.

특히 1880년대 말에 이르러 각국의 노동자 정당이 성장하여 국제적 연합을 추구하려 함에 따라 엥겔스는 이 국제적 연합체의 중심이 '기회주의자'가 아닌 마르크스주의자들이어야 한다고 주장하면서 제2인터내셔널의 창설을 주도하기에 이른다. 1889년 7월에 창설된 국제사회주의노동자회의 Der Internationale Sozialistische Arbeiterkongreß가 바로 그 성과이며, 이를 위해 그는 『자본론』 제3권의 편집 작업조차도 뒤로 미뤘던 것이다.[48]

---

47) 같은 책, S. 11.
48) 사실 엥겔스는 68세의 나이에도 불구하고 제2인터내셔널의 창설에 매진함으로써 1889년 2월 이래 『자본론』 제3권의 편집 작업에 신경 쓸 수 없었음을 토로하고 있다.

그러나 제2인터내셔널의 창설이라는 엄청난 정치적 성과에도 불구하고 그의 뇌리를 무겁게 지배했던 것은 『자본론』 제3권의 완성이었다. 특히 제3권은 제2권과 달리 작업을 완결하지 못할지도 모른다는 불안이 그를 엄습했던 것이다. 더 이상 악화되지는 않았으나 고질적인 안질(眼疾) 때문에 책상에서 하루 3시간 이상의 작업이 금지된 데다 곧 다가올 겨울 두 달 동안의 짙은 안개와 어둠이 그를 더욱 조바심하게 만들었다.[49]

특히 그의 학술적 과업이 눈앞의 『자본론』 제3권의 편집 발간에 그치지 않고, 제4권에 해당하는 "잉여가치 학설사"를 포함하여 미구(未久)에 ― 설사 그의 사후에라도 ― 마르크스와 그 자신의 저작집을 구상하고 있던 엥겔스로서는 이상과 같은 객관적 상황과 자신의 건강상의 조건을 감안하여 새로운 돌파구를 찾지 않을 수 없었다.[50] 여기에서 그가 생각해낸 아이디어가 바로 사민당의 젊은 당원들 가운데서 학문적으로 유능한 동지를 찾아내어 그들을 지적 파트너로 훈련시키는 일이었다. 『자본론』 제2권의 경우 그는 아이젠가르텐이라는 필사자를 고용하여 자신의 구술을 필기토록 했다. 그러나 이 시점에서 그가 필요로 하는 것은 단순한 필사자가 아니라 그가 죽은 후에도 이 작업을 계속할 수 있는 지적 동반자였다. 그리하여 그는 1888년 말에 이 과업을 수행할 동반자로서 런던에 거주하고 있던 베른슈타인 Eduard Bernstein(1850~1932)과 빈에 있는 카우츠키 Karl Kautsky(1854~1938)를 지목했다.

---

Engels an Karl Kautsky, 15. September 1889, MEW, Bd. 37, S. 273~74.
49) 같은 편지.
50) 이 시점에서 엥겔스는 이미 『자본론』 제4부의 구술필기가 가까운 장래에는 이루어질 수 없음을 분명히 하고 있다. Engels an Karl Kautsky, 28. Januar 1889, MEW, Bd. 37, S. 143~44.

## 3. 『자본론』 제4권과 마르크스의 난해한 상형문자 해독 방법의 전수

엥겔스에 의해 '에데Ede'와 '바론Baron'이란 애칭으로 불리는[51] 베른슈타인과 카우츠키는 이미 그로부터 발군의 능력을 인정받은 바 있다. 1885년 의회 내의 사민당 의원들 간에 이념상의 갈등이 야기되었을 때, 엥겔스는 베벨에게 당내의 이념적 중추인 1)취리히의 출판부와 서점, 2)독일사민당의 중앙기관지 『소치알데모크라트』와 3)이론기관지 『노이에 차이트Neue Zeit』의 편집권을 확보할 것을 강력히 권고하고 있다. 사회주의자 단속법이 효력을 발휘하고 있는 시기에도 이들 기관을 장악한다면, 독일 내의 당과 지속적으로 소통할 수 있기 때문이다. 그런데 이 3개 기관 중 『소치알데모크라트』와 『노이에 차이트』의 편집자가 바로 에데와 바론이었다. 엥겔스는 "이들 두 사람은 매우 유능하고 우리에게 불가결한 인재다. 이론적인 면에서 에데는 매우 명석한 두뇌를 가지고 있으며, 게다가 기지와 재치가 넘치는 인물이지만 자신감이 결여되어 있다. 〔……〕카우츠키는 대학에서 배운 쓸데없는 지식들로 머리를 채우고 있으나 지금은 이를 일소하려고 노력하는 인물이다. 어쨌든 이들 두 사람은 진솔한 비판을 용인하며, 사물의 요체를 정확히 파악하는 능력을 가진 믿을 만한 인재이다. 당에 소속된 엄청난 신세대의 문사(文士)들 가운데서 이들 두 사람은 진정 소중한 진주(眞珠)이다"고 지적한 바 있다.[52]

---

51) "에데"는 에두아르트 베른슈타인Eduard Bernstein의 첫째 이름을 축약한 것이고, "바론"은 카우츠키의 부인 루이제Louise Kautsky가 오스트리아의 왕실과 관계가 있는 가문 출신이기에 그를 남작(男爵)이란 별칭으로 불렀다.

따라서 엥겔스는 이들 두 사람을 『자본론』 편찬 작업의 동반자로 결정하고 그들에게 이러한 계획을 통고하기로 했다. 1888년 봄에 스위스에서 추방되어 런던에 망명, 엥겔스의 집 가까이에 거주하고 있던 베른슈타인은 그로부터 이 같은 계획을 듣고 크게 기뻐했다. 그리고 엥겔스는 그의 계획을 엘리노와도 의논한 뒤 동의를 얻어 1889년 1월에 이러한 사실을 카우츠키에게도 서신으로 통고했다.[53] 특히 엥겔스는 베른슈타인이 『소치알데모크라트』를 편집하느라 늘 시간에 쫓기므로 비교적 한가한 카우츠키에게 1861~1863년의 초고에 근거한 『자본론』 제4부, 즉 『잉여가치 학설사』를 해독, 필사하는 작업을 시작하자고 제안했다. 그리고 750쪽에 달하는 원고의 해독과 필사에 그의 부인 루이제가 구술필기에 조력할 경우 약 2년의 기간이 걸릴 것이므로, 이 작업이 완성되면 100파운드의 대가를 지불할 것이라고 제안했다.[54]

마르크스의 난해한 상형문자를 해독하기 위한 카우츠키와 베른슈타인의 학습은 1889년 말에나 이루어졌다. 이는 엥겔스 자신의 바쁜 일정 때문이기도 했지만 베른슈타인과 카우츠키의 개인적 사정도 없지 않았다. 먼저 베른슈타인은 당시 런던에서 발간되던 독일사회주의노동자당(1890년 10월 이전까지의 사민당의 명칭)의 망명 기관지 『소치알데모크라트』의 편집에 매달려 있었던 데다, 카우츠키는 부인 루이제Louise Kautsky와의 파경과 이혼 소송에 휘말려 있었기 때문이

---

52) Engels an August Bebel, 22. Juni 1885, MEW, Bd. 6, S. 335~36.
53) Engels an Karl Kautsky, 28. Januar 1889, MEW, Bd. 37, S. 143.
54) 100파운드의 산출 근거는 엥겔스가 『자본론』 제2권의 편집 과정에서 아이젠가르텐을 고용하면서 하루 5시간의 작업을 1주간 계산하여 주당 2파운드를 지불한 데 근거한다. 따라서 100파운드를 2년으로 분할하여 매년 50파운드씩 지급하고, 작업이 빨리 끝날 경우 잔액을 모두 지불한다는 조건이었다. 같은 편지, S. 143~44.

다. 카우츠키의 이혼은 어떻게 보면 단순한 개인적 사건에 불과하지만, 그것이 엥겔스 말년의 중대한 관심사였다는 점에서 엥겔스 사후 마르크스-엥겔스 유고의 행방과 관련하여 우리의 주의를 끈다.

카우츠키는 일찍이 1885년 2월부터 1888년 6월까지 부인 루이제와 함께 런던에 머물면서 엥겔스의 일요 저녁 집회에 초대받아 그의 가장 가까운 친구나 '자식과 같은' 따뜻한 대접을 받은 바 있다. 런던의 리젠츠 파크로드 Regent's Park Road에 위치한 엥겔스의 집은 일요일 오후마다 그의 친구들을 위해 개방되었다. 특히 사회주의 운동의 국제적인 성격을 보여주듯 이 모임의 내방객 가운데는 영국인, 독일인, 프랑스인, 이탈리아인은 물론이요 러시아인, 미국인들까지 포함되어 있었다. 그러나 이 모임의 단골손님은 엥겔스와 그의 주변 인물들로, 니미, 엘리노와 남편 에이블링, 엥겔스의 처조카인 펌프스 Pumps or Mary Ellen와 그녀의 남편 로셔 Percy Rosher 등이었다. 그리고 1881년과 1883년 두 차례에 걸쳐 런던에 단기간 체재하며 엥겔스를 방문한 적이 있는 카우츠키가 1885년에는 '깔끔하고도 예쁘장한 빈 출신의 젊은 부인'[55]을 동반하고 나타나면서, 카우츠키와 루이제 부부도 이 일요 집회의 단골손님이 되었던 것이다. 따라서 1888년 6월에 런던을 떠난 카우츠키 내외의 파경설은 이들에게, 특히 엥겔스에게는 "청천벽력"과 같은 충격이었다. 특히 그들이 런던에 체재하던 동안의 교유 과정에서 엥겔스는 루이제를 높이 평가했기에 카우츠키를 엄한 자세로 꾸짖으며 이혼을 만류했다.[56] 따라서

---

55) Engels an Laura Lafargue, 8. März 1885, MEW, Bd. 36, S. 287.
56) 1888년 9월 말 미국 여행에서 갓 돌아온 엥겔스는 카우츠키 내외의 이혼과 관련하여 루이제, 카우츠키, 라우라, 베벨에게 4통의 편지를 보냈는데 모두 루이제의 "영웅적 태도와 인내"를 칭찬하고, 카우츠키의 "생애 최대의 어리석은 짓"을 나무라는 내용이었다. Engels an Louise Kautsky(Entwurf), 11. Oktober 1888, MEW, Bd. 37, S.

1889년 1월 엥겔스는 마르크스의 난해한 상형문자 해독법을 전수할 때 『자본론』 제4부의 해독과 필사를 카우츠키에게 맡기겠다는 의사를 전달하면서, 이 작업이 루이제와의 공동 작업이 되었으면 하는 자신의 강력한 희망을 피력했다. 그는 카우츠키에게 루이제와 함께 런던에 올 것을 종용했던 것이다.[57]

그러나 엥겔스를 비롯한 주변의 권유에도 불구하고 카우츠키 부부의 이혼 소송은 진행되어 1889년 가을에 수속이 완료되었다. 엥겔스는 이 과정에서 루이제가 생계를 위해 조산부로 일하고 있으며 장기간에 걸친 이혼 수속이 끝났다는 사실을 알고 1889년 9월 카우츠키에게 다음과 같은 편지를 보냈다.

〔……〕 루이제는 이 모든 과정을 통해 우리가 존경의 뜻을 충분히 표시할 수 없을 정도로 영웅적 태도와 여성다움을 보였네. 이 모든 과정을 통해 누군가 후회해야 할 사람이 있다면 이는 결코 루이제가 아닐세. 나는 지금도 자네가 어리석은 짓을 저질렀으며 살아가면서 후회할 날이 있으리라고 생각하네.

내가 이미 아들러Victor Adler에게도 말한 것처럼 이러한 자네들의 관계의 변화가 〔『자본론』〕 제4권의 초고와 관련하여 내가 자네에게 한 제안을 변경하는 일은 전혀 없을 것이네. 이 과업은 수행되어야 하고, 자네와 에데만이 이 일을 수행할 수 있는 유일한 사람들이라고 나는 믿고 있네. 〔……〕 따라서 자네가 이번 겨울에 이곳에 다시 오

---

106~107; Engels an Laura Lafargue, 13. Oktober 1888, MEW, Bd. 37, S. 108~109; Engels an Karl Kautsky, 17. Oktober 1888, MEW, Bd. 37, S. 114; Engels an August Bebel, 25. Oktober 1888, MEW, Bd. 37, S. 118. 본문에서의 "청천벽력"이란 표현은 엥겔스가 라우라에게 보낸 편지에 나온다.

57) Engels an Karl Kautsky, 28. Januar 1889, MEW, Bd. 37, S. 143.

게 된다면, 그때 무엇을 할 것인가를 의논하여 작업을 시작하도록 하세. 〔……〕[58]

카우츠키가 이상과 같은 엥겔스의 편지를 받고 런던에 도착한 것은 1889년 10월 말이나 11월 초로 보인다. 카우츠키가 런던에 도착했을 무렵 엥겔스의 『자본론』 제3권의 편집 작업은 전 7편 가운데 3분의 1에 해당하는 최초의 4편까지 진행되어 있었다. 이는 실제로 그해 2월까지의 진행분이었다. 그러나 당시의 엥겔스는 『자본론』 제3권의 편집보다 『자본론』 제1권의 4판을 마무리하는 데 신경 쓰고 있었다. 따라서 그는 1889년 12월 다니엘손에게 보낸 편지에서 "프랑스어판에서 2~3개소의 추보(追補)Zusätze를, 영문판에서는 몇 개의 인용문을 교열하는 데 도움을 받았다. 그리고 복본위제(複本位制) Bimetallismus에 관한 나 자신의 주 몇 개를 첨가했다"고 쓰고 있다.[59] 어쨌든 이 제1권의 4판은 엥겔스 생전에 교정을 본 제1권의 최종판으로 오늘날 제1권 현행판의 저본(底本)이기도 하다.

엥겔스가 에데와 바론에게 마르크스의 난해한 상형문자 해독 방법을 전수해준 곳은 리젠츠 파크로드 122번지 자신의 집이었다. 바론〔카우츠키〕의 경우 1년 반 전 부인 루이제와 격의 없이 드나들었던 엥겔스의 집이 이제는 더 이상 환대받는 편안한 집이 아니었다. 그러나 이들 두 사람은 이제 학생들처럼 책상에 앉아 엥겔스로부터 정식으로 마르크스의 난해한 상형문자의 해독법을 전수받기 시작했다. 이미 앞에서도 여러 번 언급했듯이 마르크스의 필적은 지극히 난해해 당시 이를 완벽하게 읽을 수 있는 사람은 엥겔스뿐이었다. 따라

---

58) Engels an Karl Kautsky, 15. September 1889, MEW, Bd. 37, S. 273.
59) Engels an Nikolai Franzewitsch Danielson, 5. Dezember 1889, MEW, Bd. 37, S. 319.

서 마르크스의 사위인 폴 라파르그의 다음과 같은 편지는 마르크스의 초고 상태를 가장 극적으로 표현하고 있다고 하겠다.

    귀하는 윌리엄스〔마르크스의 필명〕의 깨알 같은 필적을 잘 알고 계실 것입니다. 이러한 필적은 초고에서는 더욱 정도가 심합니다. 왜냐하면 거기에는 추측할 수밖에 없는 약어, 말소(抹消), 말소 위에 다시 해독해야만 하는 수많은 수정이 첨가되어 있습니다. 그것은 재사용을 위해 지운 양피지Palimpsest에 새로이 글자를 써서 합자(合字)Ligatur가 생긴 그리스어 사본을 읽는 것처럼 판독하기가 어렵습니다.[60]

따라서 엥겔스에 의한 마르크스 필적 해독의 비법 전수가 결코 쉬운 일이 아니었겠지만 베른슈타인과 카우츠키는 엥겔스가 선택한 독일사회주의노동자당의 젊은 문사들 중의 '진주'였으며, 그들 역시 이 막중한 사명을 맡도록 선택되었다는 사실을 결코 가볍게 생각하지 않았다. 그들이 높은 사명감과 뜨거운 열정으로 이를 땀 흘려 전수받음으로써 마르크스의 유고는 더 이상 "일곱 개의 봉인을 가진 비밀스런 책ein Buch mit sieben Sigeln"이 아니었다.[61] 이제 마르크스의 난해한 필적으로 작성된 『자본론』 제4권에 해당하는 1861~1863년의 초고, 즉 『잉여가치 학설사』는 "먼저 카우츠키가 이를 읽고 필사본을 만들면, 엥겔스는 이를 다시 읽어보고 다른 초고에서 이를 보

---

60) Paul Lafargue an Nikolai Franzewitsch Danielson, 14. Dezember 1889, MEW, Bd. 37, S. 537.
61) 이는 엥겔스 자신의 표현이다. Engels an Karl Kautsky, 28. Januar 1889, MEW, Bd. 37, S. 144. 엥겔스가 이 상형문자의 전수 과정에 어떠한 방법을 이용했는지는 알 수 없으나 마르크스의 난해한 문자 해독에 쓰인 방법은 1920년대 이래의 러시아의 경우와 1950년대 이래의 동독의 경우가 눈에 띈다. Stern und Wolf, 앞의 책, S. 97~104, 176~84. 이 책 제6부 4장 pp. 428~29도 보라.

완한다. 엥겔스는 최근의 편지에서 이와 같은 작업 방법에 만족한다고 하면서 카우츠키가 이미 윌리엄스의 필적에 익숙해 있다"고 라파르그는 전하고 있다.[62]

카우츠키가 이처럼 『자본론』 제4권의 작업을 하는 동안 『소치알데모크라트』의 편집에 바쁜 에데가 엥겔스의 집에 들를 기회는 그렇게 많지 않았다. 엥겔스의 계획은 카우츠키가 2년간 런던에 머물면서 『잉여가치 학설사』를 필사하는 것이었다. 그러나 카우츠키는 1890년 3월, 굳이 서두를 필요가 없다고 생각하고 초고(제1책)를 들고 런던을 떠났다. 애초 그는 빈에서 여름을 보낸 뒤 재혼한 부인 루이제Luise Ronsperger와 함께 런던으로 돌아와 작업을 계속하려는 계획이었다.[63] 그러나 독일에서 일어난 객관적 정세의 변화는 카우츠키를 『자본론』 제4권의 필사보다는 월간에서 주간으로 바뀐 당의 이론지 『노이에 차이트』의 편집에 매달리도록 만들었다. 따라서 『자본론』 제4권의 원고는 이렇다 할 진척이 없이 슈투트가르트에 있는 디츠 출판사Dietz Verlag의 그의 사무실 캐비닛에 묵혀 있다가 1893년 엥겔스의 요구에 따라 다시 런던의 엥겔스에게 돌아갔다.

---

62) Paul Lafargue an Nikolai Franzewitsch Danielson, 14. Dezember 1889, MEW, Bd. 37, S. 537. 카우츠키의 상형문자 해독에 대한 엥겔스의 만족감의 표현은 다음 편지에도 보인다. Engels an Conrad Schmidt, 12. April 1890, MEW, Bd. 37, S. 383.
63) 카우츠키는 어머니의 젊은 친구인 잘츠부르크 출신의 루이제Luise(그의 이혼한 부인은 Louise이다)와 사귀다가 1890년에 결혼한다. 그는 런던 체재 중에도 편지로 사랑을 나누었다. 엥겔스는 카우츠키가 귀국한 뒤 그의 약혼 사실을 알고 축하 편지를 보내고 있다. Engels an Karl Kautsky, 11. April 1890, MEW, Bd. 37, S. 379.

## 4. 1890년: 독일 정치사의 분수령

소위 '3인 왕의 해Dreikaiserjahr'인 1888년, 빌헬름 I세와 그를 계승한 프리드리히 III세의 연이은 사망으로 왕위에 오른 빌헬름 II세는, 1862년 이래 프로이사아의 수상이자, 1873년 이후로는 독일 제국의 재상으로서 왕의 권위에 도전하는 비스마르크Otto von Bismarck를 견제하다가 1890년 3월에 그를 퇴진시킨다. 이처럼 권위의 상징이던 비스마르크가 물러난 1890년은 일반적으로 독일 정치사의 분수령으로 불린다.

그러나 1890년은 독일사회민주당(독일사민당) ― 1890년 10월 이전까지는 독일사회주의노동자당Sozialistische Arbeiterpartei Deutschlands, SAPD ― 의 역사에서도 하나의 분수령을 이루는 해였다. 아우구스트 베벨은 1871년 5월 제국의회에서의 연설을 통해 파리 코뮌이 '하나의 소규모 전초전ein kleines Vorpostengefecht'이라면, 국제적 선동과 국내의 정세가 함께 만들어낼 '유럽에서의 진짜 전쟁die Hauptsache in Europa'은 바로 눈앞에 직면해 있다고 경고한 바 있다.[64] 특히 국제노동운동의 이론적 지도자인 마르크스와 엥겔스의 영향력이 독일 노동자들 가운데서 크게 확대되자 비스마르크는 귀족, 자본가, 지주, 기업가와 합세하여 '혁명의 악몽cauchemar des revolutions'에서 벗어나기 위한 방도를 모색했다. 그리하여 비스마르크는 1878년 초 두 차례에 걸친 빌헬름 I세 암살 기도를 기화로 '공안을 위협하는 사회민

---

64) Jost Dülffe, "Deutschland als Kaiserreich(1871~1918)," *Deutsche Geschichte. Von den Anfängen bis zur Wiedervereinigung*, hrsg. von Martin Vogt, Zweite Aufl, J. B. Metzlersche Verlagsbuchhandlung, Stuttgart 1991, S. 496.

주주의자들의 기도'를 막기 위한 특별법을 제정했는데, 이것이 바로 사회주의자 단속법Sozialistengesetz이다.

그런데 바로 이 사회주의자 단속법이 1890년 1월 25일 비스마르크의 강력한 연장 요구에도 불구하고 제국의회에서 부결되었다. 과거 12년에 걸쳐 '국가와 사회질서를 교란'할 목적의 사회주의적·사회민주주의적·공산주의적 방식의 결사, 집회, 출판을 금지해온 이 법의 폐기는 비스마르크와 새로 왕위에 오른 빌헬름 II세의 갈등 때문이었지만, 사회민주주의 세력이 괄목할 만큼 성장한 데도 또 다른 원인이 있었다. 특히 사회민주주의 세력의 성장을 단적으로 증명하는 것은 1890년 2월 20일의 제국의회 선거에서 거둔 독일사회주의 노동자당의 엄청난 승리였다. 그들이 획득한 총 득표수는 3월 1일의 결선투표를 합하면 142만 7,298표로, 이는 총 투표수의 19.7퍼센트에 이른다.[65] 따라서 그들은 제국의회에서 35석을 차지하는 놀라운 성과를 거두었다. 이에 따라 엥겔스는 1890년 2월 26일, 시종일관 흥분에 가득 차 "우선, 독일 혁명 만세!"라고 끝을 맺고 있는 편지를 파리의 라우라에게 보내고 있다. 그는 "1890년 2월 20일은 독일 혁명의 개시일"이라고 선언하면서 "우리는 비록 일시적이고 고통스러운 패배를 피할 수는 없지만 2~3년 내에 결정적인 시기를 맞게 될 것"이라고 쓰고 있다.[66]

바로 이 같은 독일 내의 정치 정세의 변화는 마르크스의 난해한 상형문자 해독법을 배우던 베른슈타인과 카우츠키의 신변에 상반된

---

[65] 1870년대와 80년대의 사회주의를 선택한 투표수는 다음과 같이 계속 증가하고 있다. 1871년, 12만 4,000명; 1874년, 35만 2,000명; 1877년, 49만 3,000명; 1884년, 55만 명; 1887년, 76만 3,000명. 같은 글, S. 496, 498. Gordon A, Craig, *Germany, 1866~1945*, Oxford University Press, New York 1980, pp. 174~75도 보라.

[66] Engels an Laura Lafargue, 26. Februar 1980, MEW, Bd. 37, S. 359~61.

변화를 일으켰다. 즉 지금까지 망명지인 런던에서 당 기관지 『소치알데모크라트』를 편집하는 데 여념이 없었던 베른슈타인은 이제 더 이상 이를 망명지에서 출판할 필요가 없게 되었다. 곧 『소치알데모크라트』는 1890년 9월 20일자를 최종호로 발행을 중단했다. 그러나 편집자였던 베른슈타인은 이미 독일에서 발부된 체포영장 때문에 귀국이 불가능했다. 그가 독일로 돌아간 것은 사회주의자 단속법이 폐지된 지 11년 후인 1901년이었다.

이에 반해 1883년 이래 독일의 슈투트가르트에서 월간으로 발간되던 당의 이론지 『노이에 차이트』의 편집인이었던 카우츠키는 그때까지 비교적 여유를 가지고 연구 생활을 병행할 수 있었다. 그러나 이 『노이에 차이트』가 9월 말에 폐간된 『소치알데모크라트』를 대신하여 1890년 10월부터 주간으로 바뀜에 따라 그는 주 3일은 슈투트가르트에 머물러 있어야 할 정도로 『노이에 차이트』의 편집에 매달려야만 했다. 그리하여 그는 독일 시민권을 획득하고, 빈에서 슈투트가르트로 거주지를 옮기지 않으면 안 되게 되었다. 사정이 이러했기에 카우츠키는 『자본론』 제4권의 초고 필사에 더 이상 붙잡혀 있을 수 없어 이 일을 베른슈타인에게 맡길 것을 엥겔스에게 건의했다. 엥겔스 역시 카우츠키의 사정을 고려하여 이를 베른슈타인에게 맡기려고 했으나, 카우츠키의 입장을 배려한 베른슈타인의 고사로 단념한 바 있다.[67] 그러나 엥겔스는 그해 12월 13일자 편지에서 카우츠키에게 『자본론』 제4권과 관련하여 더 이상 그에게 제2책 이후의 초고가 송부되지 않을 것이라 통고하고, 그가 이미 시작한 제1책의 필사 작업만 마무리해달라고 쓰고 있다.[68] 어쨌든 『자본론』 제4권과

---

67) 佐藤, 앞의 책, pp. 112~13.

관련된 카우츠키의 작업은 1862~1863년 초고의 제1책에 대한 성과도 지지부진한 데다 엥겔스 자신도 더 이상 그에게 작업을 맡길 생각을 거둬들이고, 자신이 직접 이를 정리하기로 함으로써 마무리되었다. 이에 엥겔스는 카우츠키에게 초고 제1책과 정서한 초고의 원고를 반환하도록 요구하고 있다. 따라서 카우츠키는 엥겔스 생전에 이미 『자본론』 제4권의 작업에서 제외되었다.[69]

## 5. 니미의 사망과 루이제의 등장: 유고를 둘러싼 새로운 분쟁의 씨앗

1890년 11월, 엥겔스와 그의 친구들, 그리고 독일사민당은 다가오는 장군(엥겔스)의 70세 생일을 어떻게 기념해야 할 것인가에 골몰해 있었다. 그런데 장군의 생일을 20여 일 앞둔 시점인 11월 4일에 헬레네 데무트Helene Lenchen Demuth, 즉 니미Nimmy가 사망했다. 니미는 마르크스의 부인 예니가 시집오면서 그녀를 따라 마르크스의 집으로 온 가정부였다. 따라서 그녀는 엥겔스가 지적한 바와 같이 "1848년 이전의 옛 친위대von der alten Garde von vor 1848 가운데 그와

---

[68] Engels an Karl Kautsky, 13. Dezember 1890, MEW, Bd. 37, S. 522. 엥겔스는 『자본론』 제4권에 해당하는 1862~1863년의 "초고 제2책 이후에는 본론과는 관련이 없는 갖가지 여론(餘論)과 많은 부분이 삭제되어 있어 가급적이면 필사하지 않았으면 한다"는 이유를 대고 있다. 그는 특히 "이 부분은 많은 논쟁이 야기될 것이므로 이러한 일은 이곳(런던)에서만 이루어져야 한다"고 부언하고 있다.

[69] Engels an Karl Kautsky, 24. Dezember 1892, MEW, Bd. 38, S. 557; Engels an Karl Kautsky, 20. März 1893, MEW, Bd. 39, S. 56. 한편 우리는 이 과정에서 카우츠키의 이혼한 부인 루이제가 엥겔스에게 영향을 미쳤으리란 가능성을 전적으로 배제할 수 없다고 하겠다. Tsuzuki, 앞의 책, p. 248.

더불어 살아남은 단 두 사람" 중의 하나였다. 니미는 가난에 찌든 마르크스 가족의 망명생활에서 없어서는 안 될 가정부요 집사였다. 그리고 마르크스 부부의 사망 후에는 엥겔스의 집으로 건너와 집안 일을 돌보는 것은 물론이요, 그의 중요한 상담역을 해냈던 것이다. 따라서 그는 니미의 사망을 알리기 위해 조르게에게 보내는 편지에서 "마르크스가 오랜 기간에 걸쳐, 그리고 내가 지난 7년간 겪은 것처럼 평안 속에서 일할 수 있었던 것은 오직 그녀 덕분이었다. 이제 나는 내가 지금부터 어떻게 해야 할지를 분간하기가 어렵다"고 술회하고 있다.[70]

한편 주변 사람들과 사민당의 간부들은 니미를 잃고 망연자실해 있는 70세의 엥겔스가 느끼는 공허를 메우지 않으면 안 되었다.[71] 바로 이러한 시점에서 엘리노는 니미가 남긴 공백을 메울 수 있는 사람으로 루이제 카우츠키의 이름을 거론했다. 카우츠키와 이혼한 뒤 빈에서 조산부로 일하고 있던 루이제는 아들러와 가깝게 지내고 있었다. 루이제는 니미의 사망 소식을 듣고 곧장 엥겔스에게 조전을 보냈는데, 이를 받은 엥겔스는 그것이 "입맞춤이나 악수처럼 몸을 따뜻하게 하고 마음을 기쁘게 했다"고 언급하고 있다.[72] 이 같은 위

---

70) Engels an Friedrich Adolph Sorge, 5. November 1890, MEW, Bd. 37, S. 498. 니미에 관한 자료는 많지 않으나 다음을 참고할 만하다. Werner Blumenberg, 앞의 책, S. 115~18; Tsuzuki, 앞의 책, pp. 241~44; Gerhard Bungert und Marlene Grund, Hrsg., *Karl Marx, Lenchen Demuth und die Saar*, Queißer Verlag, Dillingen/Saar 1983. Manfred Schöncke und Rolf Hecker, "Eine Fotographie von Helena Demuth? Zu Engels' Reise nach Heidelberg 1875," *Marx-Engels-Jahrbuch* 2004, S. 205~18.
71) 카우츠키는 베른슈타인에게 보낸 편지에서 "니미를 잃은 것은 우리들에게 있어서, 그리고 전체 당(黨)에도 최악의 사태다. 그(엥겔스)는 니미의 도움을 받아 마르크스의 사망으로 입은 상실감을 치유할 수 있었다. 그런데 이제 누가 그에게 그녀의 사망으로 생긴 공백을 메워줄 수 있을까?"라고 쓰고 있다. Gustav Mayer, 앞의 책, 2. Band, S. 474.

로에 대한 답신으로 그는 루이제에게 연문을 방불케 하는 초대의 편지를 보냈다.

> [……] 나는 이 많은 날들을 어떻게 보내야 할까? 나의 생애가 얼마나 황량하고 고독하며, 앞으로도 더욱 그럴 것이라는 점을 그대에게 더 이상 언급할 필요가 있을까. 그리고 여기에 새로이 떠오르는 질문은, 그렇다면 이제 어떻게 할 것인가라는 것이네. 그런데 사랑하는 루이제여, 나에게 생생하고도 위로가 되는 하나의 얼굴이 내 눈앞에서 밤낮으로 어른거리며 머물러 있다네. 그것이 바로 자네일세. 여기에서 나는 니미가 말하듯이 '아 내가 루이제를 여기에 머물게만 할 수 있다면'이라고 생각하네. 그러나 나는 그것이 감히 실현될 것이라고는 생각지 않네. [……] 그러나 무슨 일이 일어나건 나는 그대에게 무엇보다도 먼저, 그리고 솔직하게 이 문제에 대해 물어보지 않고서는 잠시도 편안할 수가 없다네. [……][73]

이와 같이 편지의 서두는 그녀가 런던에 올 경우 집안일을 어떻게 돌볼 것인가와, 결단이 서지 않으면 런던에 와서 우선 친구로 지낼 것을 의논할 수도 있음을 말하고 있다. 그리고 엥겔스로서는 이제 30세에 불과한 젊은 여인의 앞날을 3주 후면 70세 생일을 맞는 자신 때문에 희생시키고 싶은 생각은 추호도 없음을 누누이 강조하고 있다. 따라서 그녀의 결단을 위해서는 빈의 원로 사민당원인 아들러와도 충분히 의논하여 신중히 결정하라고 충고하고 있다.[74] 엥겔스의

---

72) 같은 곳.
73) Engels an Louise Kautsky, 9. November 1890, MEW, Bd. 37, S. 500.
74) Gustav Mayer, 앞의 책, 같은 곳.

이 편지는 그의 최초의 전기 작가인 구스타프 마이어Gustav Mayer가 표현하듯이 "그[엥겔스]의 손으로 쓰인 그 어떤 문건에서도 찾아볼 수 없는 노인의—여느 때에는 감정의 표현을 지극히 절제하는—섬세한 성격"을 보여주고 있다.[75]

어쨌든 엥겔스는 편지를 통해 루이제가 런던에 와서 몇 개월 머물면서 이 노인과 같이 머물는지, 아니면 헤어질는지를 결정하는 것이 좋겠다면서 아들러를 통해 여비를 송금하는 성의를 보이고 있다.[76] 특히 우리가 여기서 주목하는 것은 마이어도 지적하듯이 엥겔스가 정말 여러 가지 의미를 내포한 "꺼지지 않는 사랑으로In unvergänglicher Liebe"라는 말로 편지를 끝맺고 있다는 점이다. 따라서 "어떤 젊은 여성 사회주의자가 사민당의 장로Nestor로부터 이처럼 달콤한 편지를 받고서도, 진심에서 우러나온 그의 부탁을 거절하고 비서가 되라는 유혹을 뿌리칠 수 있을까"라는 마이어의 언급은 정곡을 찌른 것이라고 하겠다.[77]

1890년 11월 28일은 엥겔스의 70세 생일이었다. 그는 주변에서 권유하는 야단스런 행사를 거절하고 조촐하게 행사를 마친 뒤 저녁에는 리젠츠 파크로드의 집에서 독일에서 온 베벨, 리프크네히트Wilhelm Liebknecht, 징거Paul Singer 등을 비롯한 축하객들과 더불어 축하연을 가졌다. 이 축하연에는 이미 11월 18일에 빈에서 도착한 루이제도 참석하고 있었다.

루이제가 엥겔스의 집에 온 것은 그의 주변 인물들에게 적지 않은 파문을 일으켰다. 우선 엥겔스는 처조카 펌프스에게 루이제가 도착

---

75) 같은 곳.
76) 같은 책, S. 475; Engels an Victor Adler, 15. November 1890, MEW, Bd. 37, S. 501.
77) Gustav Mayer, 앞의 책, S. 475.

하면 조심스럽게 행동할 것을 당부함으로써 그동안 엥겔스의 집에서 여왕처럼 군림하던 그녀의 지위에 변화가 생겼다. 그런가 하면 처음에는 이혼한 루이제에게 동정을 보이던 엘리노도 엥겔스의 비서로서 루이제의 영향력이 커지면서 차차 경계의 눈초리를 보이기 시작했다. 다시 말하면 노령의 엥겔스의 유산 문제와 관련하여 이들은 점차 서로 질투와 적개심을 나타냈다. 엘리노에게는 엥겔스 사후 마르크스 유고의 운명이 어떻게 될 것인가가 최대의 관심사였다. 엘리노는 아버지의 문서로 된 유산, 특히 유고의 정당한 상속자라고 스스로 생각했지만, 당장 엥겔스가 유언을 통해 이를 어떻게 처분할 것인가에 대해서는 지극히 민감한 반응을 보였다. 물론 당시의 엘리노는, 베벨이나 아들러가 루이제를 통해 엥겔스의 유고는 물론이요 마르크스의 유고까지도 독일사민당이 유증(遺贈)받도록 은밀하게 '음모'를 꾸미고 있음을 눈치 채지는 못했으나, 엥겔스에 대한 그녀의 영향력의 증대는 엘리노에게 불안감을 주기에 충분했다.[78] 어쨌든 루이제를 매개로 한 사민당의 '음모'는 엥겔스의 대륙 여행이 끝난 뒤 더욱 첨예화되어 루이제와 엘리노 간의 감정의 폭발과 절교 소동으로까지 번지게 되었다.

## 6. 엥겔스 최후의 대륙 여행

1890년 사회주의자 단속법이 폐지된 이후 베벨과 아들러를 비롯한 독일사민당의 친우들은 엥겔스가 떠난 뒤에 엄청난 산업국가로

---

78) Tsuzuki, 앞의 책, pp. 247, 257, 255~66; 佐藤, 앞의 책, pp. 128~29, 151~55.

발전하여 이제는 유럽 사회민주주의의 중심에 우뚝 선 독일을 방문해줄 것을 엥겔스에게 요청했다. 특히 엥겔스의 경우 전 생애를 걸고 추구한 사상의 결실이 확실히 뿌리내렸다는 점을 확인하기 위해서도 유럽 대륙 방문은 의미를 갖는다고 하겠다. '당의 수장 das Haupt der Partei'으로서 엥겔스의 유럽 대륙 방문은 이미 1892년에 예정된 바 있으나, 건강상의 이유로 인해 1893년 8월 1일부터 9월 29일의 2개월에 걸쳐 이루어졌다.

엥겔스는 비서 루이제와 수행의사 프라이베르거 Ludwig Freyberger[79]를 대동하고 도버해협을 건너 17년 만에 처음으로 대륙에 발을 디뎠다. 엥겔스 일행은 쾰른에서 마중 나온 베벨 부부와 더불어 기차를 타고 라인 강을 거슬러 올라가면서 마인츠와 스트라스부르를 거쳐 스위스의 취리히에 도착했다. 그는 먼저 동생 헤르만 Hermann Engels sen.을 만나기 위해 그라우뷘덴 Graubünden 주의 투지스 Thusis에서 8일을 머문 뒤, 자신이 명예의장을 맡고 있는 제2인터내셔널의 제3차 국제사회주의노동자대회(1893년 8월 6~12일)가 그를 위해 마련한 마지막 회의 Schlußsitzung에 참석하고자 취리히에 도착해 참석자들로부터 환영을 받았다.[80] 그는 스위스에서 2주를 더 머문 뒤 뮌헨과 잘츠부르크를 거쳐 빈에 도착하여 많은 군중의 환영을 받았다. 그는 빈에서 며칠 더 머물고, 프라하를 거쳐 마침내 베를린에 도착했다. 그에게 베를린은 청년 시절에 근위대 포병으로 근무한 곳이요, 혁명적 자유

---

79) 프라이베르거는 1893년 초 연로한 엥겔스를 돌보기 위해 빈에서 런던으로 온 젊은 의사이다. 그는 빈 대학을 졸업하고 개업의로 성공한 사람으로 유명한 오스트리아 국회의원(페르너스토르프 Engelbert Pernerstorf)이 엥겔스에게 소개했다. Engels an Thomas Cook & Son in London(Entwurf), 6. März 1893, MEW, Bd. 39. S. 43.
80) Markus Bürgi, "Friedrich Engels' Aufenthalt in der Schweiz 1893," *Marx-Engels-Jahrbuch* 2004, S. 176~204.

주의자 그룹인 청년헤겔파의 일원으로 활동했던 곳이기도 했다. 당시에는 궁정과 수비대, 그리고 귀족과 관리들이 거주하던 지역이 이제는 세계에서 가장 강력한 노동자 정당이 승리를 거듭하는 수도가 되었으며, 그곳에 자신이 머물고 있다는 사실에 그는 실로 감개무량했다.[81]

그러나 금의환향에 비견될 이 여행은 불편하기만 했으니, 이 같은 그의 심정은 여행에서 돌아온 뒤 친구 조르게에게 쓴 다음의 편지에서 잘 나타난다.

……[이같이 큰 집회나 연회는] 두말할 것 없이 그들 편에서는 굉장한 호의를 갖고 베푼 일이긴 하나 나에게는 전혀 그렇지 않았네. 이제 그런 일들이 지나가버려 나는 매우 기쁘네. 그리고 다음 기회에는 대중 앞에 나서지 않고 사적 용무로 여행하겠다는 점을 문서로 약정하는 합의서를 요구할 참이네. 나는 정말 사람들이 나를 위해 그렇게 거창한 환영을 베푼 데 놀랐고, 지금도 놀라고 있네. 나로서는 이런 일은 국회의원이나 대중연설가에게 맡기는 것이 좋겠다고 생각되네. 그들이야 그렇게 하는 것이 자신들의 일이겠지만 나와 같은 방식으로 일하는 사람에겐 절대로 그런 일이 있을 수 없다네.[82]

---

81) 엥겔스의 유럽 여행의 상세한 경과는 다음에 비교적 잘 기술되어 있다. Engels an Friedrich Adolph Sorge, 7. Oktober 1893, MEW, Bd. 39, S. 131 ; Gustav Mayer, 앞의 책, S. 520~22. 마이어의 여행 경과에 대한 보고는 상세하긴 하나 앞에 인용한 조르게에게 보낸 엥겔스의 편지와는 상이한 부분이 보인다. 예를 들면 그라우뷘덴에서의 체재가 엥겔스의 편지에는 8일로 마이어의 책에는 14일로 되어 있다.
82) Engels an Friedrich Adolph Sorge, 7. Oktober 1893, MEW, Bd. 39, S. 131.

**3장**
# 엥겔스의 최후와 유고를 둘러싼 작은 소동

## 1. 『자본론』 제3권의 완성

유럽 대륙 여행에서 돌아온 엥겔스는 지체하지 않고 『자본론』 제3권의 작업에 매달렸다. 『자본론』 제3권은 총 일곱 편으로 제1~4편, 제5편, 제6~7편의 세 부분으로 나누어져 있다. 그중 전체의 3분의 1인 첫 부분에 해당하는 제1~4편은 1889년 2월에 편집 작업이 끝나 있었다. 그리고 둘째 부분에 해당하는 제5편은 화폐자본, 은행, 신용 등의 문제를 다룬 부분으로서 엥겔스가 편집 과정에서 가장 애를 먹은 부분이다. 그는 『자본론』 제3권의 서문에서 "제5편은 전권을 통해 가장 복잡한 주제를 다루고 있다. 바로 이 시점에서 마르크스는 앞에서 언급한 중병을 얻게 되었다. 따라서 여기에는 완성된 초안도 없고, 그것의 윤곽을 채울 수 있는 개요도 없다. 단지 남아 있는 것은 작업을 위한 서두Ansatz뿐인데 그것도 정리되지 않은 메모나 주석,

발췌들의 재료로서 혼잡스럽게 쌓여 있을 뿐이다." 여기에서 엥겔스는 이들 자료를 엮어 빈자리를 메우고 문장을 확장하여 저자의 의도를 살리려고 노력했으나, 이 같은 시도가 세 번이나 실패하자 지금까지와는 전혀 다른 방법, 즉 "이처럼 어려운 문제를 해결하기 위해 내가 선택한 방법은 현존하는 초고를 중심으로 이를 최대한 정리하고 불가피한 경우에만 필요한 보유Ergänzungen를 덧붙인다는 것이다." 이러한 방법으로 엥겔스가 제5편을 마무리한 것이 1893년 봄이었다. 다시 말하면 제5편의 완성에 4년의 시간이 소요되었으며, 이것이 바로 『자본론』 제3권의 완성이 늦어진 가장 큰 이유이기도 했다.[83]

유럽 여행 이후에 그가 시작한 작업은 마지막 부분인 제6~7편이었다. 이 부분의 경우 엥겔스는 여행을 떠나기 전인 7월까지 편집상의 중요한 난관은 대부분 극복했으므로, 남은 문제는 이의 완성과 인쇄를 위한 최종 편집을 마치는 일이었다. 따라서 그는 1893년 12월 말 친구 조르게에게 "내가 자네에게 알려야 할 일은——**그러나 이는 철저히 우리 둘만의 얘길세**——〔『자본론』〕 제3권의 초고 3분의 1을 어제 두꺼운 방수포로 포장하였으니 이를 근일 중에 인쇄를 위해 송부할 예정이네. 그리고 나머지 3분의 2는——대부분 기술적인 것이기는 하지만——최종 편집만이 남아 있는 셈이네. 따라서 모든 일이 순조롭게 진행된다면 이 책은 〔다음 해〕 9월에는 출판될 것이네"라는 편지를 보냈다.[84] 다시 말하면 지금까지 난항을 보이던 『자본론』 제3권의 출판이 이제 끝이 보이는 가시적 사실로 실현되게 된 것이다. 실제로 『자본론』 제3권의 최종 편집 원고는 1894년 3월 하순에

---

83) F. Engels, "Vorwort" zum dritten Band des *Kapitals*, MEW, Bd. 25, S. 12~13.
84) Engels an Friedrich Adolph Sorge, 30. Dezember 1893, MEW. Bd. 39, S. 188. 강조는 원문.

두번째의 3분의 1이 완성되었고, 5월에는 마지막 3분의 1이 함부르크의 마이스너 출판사로 송부되었다. 그리고 이 책의 서문이 쓰인 날짜가 1894년 10월 4일, 2권의 분책으로 마침내 출판된 것이 1894년 11월이었으니, 이는 『자본론』 제2권의 최종 편집 원고가 완성된 1885년 2월 하순부터 계산하면 거의 10년에 가까운 시일이 걸린 셈이다. 『자본론』의 이론 부분 전체에 해당하는 제1, 2, 3권은 마르크스의 사후 11년 만에, 그리고 엥겔스가 사망하기 8개월 전에 완성을 보게 된 것이다.[85] 단지 엥겔스는 학설사 부분에 해당하는 제4권을 아직 마치지 못했으나 『자본론』 전 3권의 완성과 조금 나아진 듯한 건강에 힘입어 1895년 초에는 그가 앞으로 5년 뒤인 1901년, 즉 새로운 세기까지만 더 살 수 있다면 모든 미진한 작업들을 마칠 수 있을 것이라는 희망을 피력하고 있다.[86] 여기에는 아직도 미진한 일로 남아 있는 『자본론』 제4권을 포함하여, 그 자신의 농민전쟁사, 마르크스의 전기, 그리고 그들 두 사람의 전집까지 마칠 수 있으리라는 희망이 포함되어 있다.

  그러나 일흔이 넘은 엥겔스의 건강이 호전될 수는 없었다. 그는 1894년 2월에 루이제와 그의 주치의 프라이베르거가 결혼하게 됨에 따라 이들 부부와 같이 살기 위해 이사를 결정했다. 그는 여름 내내 이 일로 신경 쓰다가 10월에 들어서 리젠츠 파크로드 122번지의 집에서 같은 거리의 반대편에 있는 41번지로 이사했다. 엥겔스는 이전보다 더 크고 쾌적한 이 새집을 7년간 임대키로 계약했다. 2층에는 엥겔스의 서재와 침실이, 4개의 방이 있는 3층에는 프라이베르거 부부가 거처하도록 한 이 집에서 그가 산 기간은 기껏해야 10개월에

---

85) 佐藤, 앞의 책, pp. 142~44 참조.
86) Engels an Paul Stumpf, 3. Januar 1895, MEW, Bd. 39, S. 367.

불과했다.[87]

엥겔스는 새집으로 이사하기 전에 이스트본Eastbourne의 휴양지에서 뇌졸중으로 쓰러진 적이 있는 데다 새집으로의 이사도 그의 건강에 많은 부담을 준 것으로 보인다. 특히 그의 말년, 즉 1894~1895년 사이에 마르크스의 딸 엘리노와 루이제 사이의 유고를 둘러싼 오해와 불신이 그를 심정적으로 크게 괴롭힌 것으로 보인다. 어쨌든 그는 1895년 3월에 중병을 앓았으며 5월에는 피셔에게 두피의 류머티스성 통증을 호소하는 편지를 쓸 정도였다.[88] 이러한 병세의 악화는 결국 후두암의 최초 징후로서 프라이베르거의 진단과 일치했다. 그러나 그는 환자에게 이를 끝까지 알리지 않았다.

같은 해 6월, 엥겔스는 요양을 위해 프라이베르거 부부와 더불어 그가 즐겨 찾는 휴양지 이스트본으로 갔다. 6월 말 이후 엥겔스의 병세가 악화되었다는 소식을 듣고 엘리노 부부가 런던에서, 라우라가 파리에서, 그리고 아들러가 빈에서 문병을 위해 방문했다.[89] 병세가 더욱 악화된 엥겔스는 결국 런던으로 돌아와, 7월 26일 최후의 유언보족서를 작성한 뒤 8월 5일 서재의 소파에서 영원히 잠들었다.

장례식은 5일 후인 8월 10일에 거행되었다. 가까운 친구들만 참석하라는 그의 유지에도 불구하고, 사우스-웨스턴 레일웨이의 웨스트민스터 브리지 역에는 많은 이들이 모여들었다. 독일사민당을 대표해 리프크네히트, 베벨, 징거, 베른슈타인이, 프랑스에서는 라파르그가, 그리고 벨기에, 네덜란드, 러시아, 폴란드, 영국을 대표한

---

87) 佐藤, 앞의 책, pp. 159 참조.
88) Engels an Richard Fischer, 9. Mai 1895, MEW, Bd. 39, S. 475.
89) Engels an Eduard Bernstein, 18. Juni 1895, MEW, Bd. 39, S. 489. Helmut Hirsch, *Friedrich Engels in Selbstzeugnis und Bilddokumenten*, Rowohlt, Hamburg 1968, S. 125~27; 佐藤, 앞의 책, p. 173을 보라.

인사 등 80여 명이 참석한 장례식이었다. 장례식 후 그의 유해는 워킹Woking 화장장에서 화장되었으며, 8월 27일 아침, 엘리노 부부와 40년대 공산주의자 동맹의 옛 동지였던 레스너Friedrich Leßner, 그리고 베른슈타인이 이스트본의 비치헤드Beachy Head에서 5해리 떨어진 바다 속에 유골 항아리를 안장했다. "이날은 폭풍우가 휘몰아치는 황량한 가을날이었다"고 구스타프 마이어는 적고 있다.[90]

## 2. 루이제와 엘리노(투시)의 불화

앞에서도 언급한 바와 같이 엥겔스의 집에 루이제가 비서로 입성한 것은 그 자체가 하나의 파문이었다. 루이제는 엥겔스의 간곡한 부름에 따라 빈에서 런던으로 옮겨왔으며, 엥겔스 가에서 그녀의 지위는 처음부터 엥겔스와 더불어 상석에 자리하는 것이었다. 게다가 그때까지 엥겔스의 집안에서 여왕처럼 군림하던 그의 처조카 펌프스는 루이제가 출현함에 따라 처신을 조심하도록 엥겔스에게 주의를 받기도 했다.

한편 니미의 빈자리를 채울 수 있는 인물로 루이제의 이름을 최초로 거론하고, 이혼당한 루이제의 입장에 동정을 표하던 엘리노는 루이제에 대한 엥겔스의 신임이 두터워져도 이를 탓하지 않았다. 그녀는 1893년 말까지만 하더라도 펌프스가 니미를 홀대하던 생각을 하면서 루이제가 펌프스의 코를 납작하게 만들자 오히려 이를 고소하게 생각하기도 했다.[91]

---

90) Gustav Mayer, 앞의 책, Bd. 2, S. 525~26.
91) Eleanor Marx-Aveling to Laura Lafargue, 11 November 1893, Bottigelli Collection.

그러나 루이제에 대한 투시의 의혹은 엥겔스가 유언서를 작성하던 1893년 7월 29일로 거슬러 올라간다. 엥겔스는 유럽으로 출발하기 3일 전에 유언서를 작성했는데, 입회인으로 오랜 친구인 프리드리히 레스너와 그해 초 빈에서 그의 주치의로 부임한 프라이베르거를, 그리고 유언집행자로는 새뮤얼 무어 Samuel Moor와 베른슈타인, 그리고 루이제 카우츠키를 지명했다.[92] 다시 말하면 마르크스의 문서로 된 유산을 정리하는 데 결정적 역할을 떠맡은 유언집행자에 딸인 엘리노가 아닌 루이제가 포함된 것이다. 더욱이 엥겔스의 유언서 작성 과정에서 엘리노가 전혀 의논 상대가 되지 않았다는 점은 그녀를 크게 당혹스럽게 했다.

주지하다시피 유언서의 내용은 엥겔스 사후에 공개되었으므로 그 내용을 구체적으로 알 수 없는 라우라와 엘리노는 당시 엥겔스가 소유하고 있던 아버지의 유고가 어떻게 처리될 것인가에 신경을 곤두세우고 있는 형편이었다. 특히 이즈음 루이제가 엘리노에게 "펌프스가 유고를 차지하겠다고 할지도 모르므로 나 루이제가 유고의 책임있는 소유자라는 문서에 사인을 해달라"고 요청한 바 있었다. 엘리노는 나중에, 바로 이 사건으로 인해 분명치는 않으나 자신이 모르는 사이에 이면에서 어떤 음험한 음모가 이루어지고 있다는 낌새를 최초로 느낄 수 있었다고 술회한 바 있다.[93]

---

Tsuzuki, 앞의 책, p. 249에서 재인용.
92) 그의 유언서는 다음에 실려 있다. Engels' Testament von 29. Juli 1893, MEW, Bd. 39, S. 505~506. 한편 엥겔스의 유언서 작성은 1893년이 처음은 아니었다. 마르크스의 생전에 작성된 엥겔스의 유언서는 마르크스를 그의 포괄상속인으로 지명하고 있다. 마르크스의 사후 새로이 작성된 유언서에는 마르크스의 딸들, 즉 라우라와 엘리노, 그리고 사망한 예니 롱게의 자녀와 헬레네 데무트, 즉 니미가 그의 유산을 균등히 분배받도록 되어 있다고 전해진다. 그러나 이 유언들은 1893년 7월 29일의 최종유언서에 의해 모두 폐기되었다. 佐藤, 앞의 책, pp. 144~45.

한편 엥겔스의 최측근에서 집안일과 건강을 관리하던 루이제와 프라이베르거 박사는 1894년 2월 초에 은밀히 결혼한 뒤, 엥겔스의 권유로 2월 12일부터 3월 1일까지 휴양지 이스트본에 머물렀다. 당시 루이제는 34세, 프라이베르거는 29세였다. 엥겔스를 제외한 가까운 모든 사람들은 그들의 결혼 소식을 이스트본에서 보낸 두 사람의 결혼 통지서를 보고서야 알게 되었고, 따라서 모두 어리둥절해했다. 특히 엘리노는 이들 두 사람이 늙은 장군을 그들의 신혼여행에 대동했다는 사실을 심히 '괴이'한 일로 보고 있다는 점과 자신이 프라이베르거를 마뜩찮게 생각하고 있다는 사실을 언니 라우라에게 보낸 편지에서 피력하고 있다.[94]

일단 엥겔스의 주치의와 결혼하면서 그의 두터운 신임을 받은 루이제는 엥겔스 가의 여왕으로 군림하게 되었다. 더욱이 엥겔스의 집이 이제 "프라이베르거의 세대로 바뀌어 그가 리젠츠 파크로드에 영원히 거주하게 된다는 사실은 참을 수 없는 일"이라고 엘리노는 생각했다.[95] 그런데 바로 이런 시점에서 엘리노는 루이제가 이스트본에서 보낸 편지를 받았다. 즉 루이제는 엥겔스의 요청으로 그의 집에서 살게 될 것이라고 전하면서, "언니는 '어떠한 사회에서도 결혼은 복권lottery이다'라고 쓴 적이 있지요. 그러나 나 자신의 경험에 근거하여 여기에 덧붙일 수 있는 말은 그 어떤 사회도 조소나 비난을 곁들이지 않고 남녀간의 우정을 용인하는 사회는 **없어요**"라고 토를 달았다.[96] 엘리노는 에이블링과 자신의 관계를 이처럼 무례하고 모

---

93) Tsuzuki, 앞의 책, p. 257.
94) Eleanor Marx-Aveling to Laura Lafargue, 22 February 1894, Bottigelli Collection. Tsuzuki, 앞의 책, p. 258에서 재인용.
95) 같은 곳.
96) Louise Freyberger to Eleanor Marx-Aveling, 22 February, [1894], Bottigelli Collection.

욕적으로 표현한 루이제의 언사에도 불구하고 프라이베르거에 대한 강한 불신 때문에 그와 결혼한 루이제를 오히려 "가여운 루이제"라고 표현하면서 연민을 보이고 있다.[97]

그러나 1894년 3월에 이르러 엘리노는 장군에게 갑자기 무슨 일이 일어난다면 "프라이베르거는 장군의 집에 있는 것은 무엇이든 집어다가 팔 수 있다. 그는 반유대주의자이고, 운동과는 아무런 관련이 없는 사람이다. 장군과 같이 생활하는 사람은 누구나 얼마든지 장군을 조종할 수 있다는 점을 나는 분명히 얘기할 수 있다. 이는 결코 농담이 아니다"고 강조하면서 모올의 유고를 비롯한 소장품이 결코 소홀히 다룰 물건이 아님을 라우라에게 상기시키고 있다.[98] 엘리노는 엥겔스의 이전의 유언장에 대해서는 들은 바가 있었으나 최종적인 유언장의 존재에 대해서는 아는 바가 없었다. 그런데 1894년 11월에 들어 투시는 "런던에는 '[엘리노] 에이블링 부부가 장군에게서 밀려나고 프라이베르거 부부가 모든 것을 장악하고 있다'는 소문이 파다했다. 그리고 루이제도 똑같은 얘기를 (그리고 내가 입에 담기조차 부끄러운 나에 대한 개인적 비방을) 독일 전역에 퍼트리고 있다"고 라우라에게 보고하고 있다. 사실 이즈음 엘리노는 이미 루이제와 절교 상태에 있었던 것으로 보인다. 즉 1894년 9월 15일 루이제는 엥겔스를 따라 휴양지 이스트본에 가 있는 동안 엘리노에게 두 사람의 관계가 끝났음을 선언하는 절교장을 보냈다. 루이제는 "아주 믿을 만한 관계자를 통해 언니가 나에 관해 배신 행위를 했다

---

Tsuzuki, 앞의 책, p. 258에서 재인용. 강조는 원문.
97) Eleanor Marx-Aveling to Laura Lafargue, 2 March 1894, Bottigelli Collection, Tsuzuki, 앞의 책, p. 259에서 재인용.
98) Eleanor Marx-Aveling to Laura Lafargue, 22 March 1894, Bottigelli Collection, Tsuzuki, 앞의 책, p. 259에서 재인용.

는 소식을 듣게 되었어요. 〔빌헬름〕 리프크네히트는 언니와 한 얘기를 곧장 〔파울〕 징거에게 전하고, 그는 이를 언니의 친구이기도 한 베벨에게 얘기한 거지요. 이 건 자체에 대해 쓸데없이 더 말할 필요는 없고, 단지 한 가지 분명히 밝혀야 할 것은 이후 나와 언니의 친밀한 교우 관계에 관한 한 일체의 신뢰를 상실하게 되었다는 점이에요"라고 단호하게 쓰고 있다. 이에 엘리노는 루이제의 비난이 아무런 근거도 없는 것이라고 주장하면서 "자네의 일이나 자네와 베벨과의 관계에 대해 나는 리프크네히트에게 결코 아무런 말도 하지 않았으며, 리프크네히트도 나에게 말한 바 없다"고 강력히 반발했다. 그러나 문제는 이 절교장을 통해 엘리노와 루이제 간의 시기와 불신이 이제 공개적인 싸움으로 번지게 되었다는 점이다.[99]

그런데 여기서 루이제가 엘리노에게 절교를 선언하게 된 "루이제와 베벨의 관계"란 무엇일까?

원래 루이제와 베벨의 관계란 루이제가 엥겔스의 비서로 빈에서 런던으로 오게 되었을 때, 베벨과 아들러로부터 특별한 임무를 부여받았다는 것, 다시 말하면 독일사민당이 당시에는 엥겔스가 소유하고 있지만 원래는 그 딸들에게 가야 할 마르크스의 문서로 된 유산을 엥겔스 사후 사민당이 확보할 '음모'를 꾸몄다는 것이다. 그리고 루이제는 바로 이 음모의 현장에 파견된 밀사라는 것이다. 따라서 루이제는 투시에게 돌아갈 유고를 빼앗기 위해 엥겔스 곁에 머물며 "공공연히, 그리고 솔직하게 엥겔스의 이해를 얻도록 하라"는 베벨

---

99) Louise Kautsky to Eleanor Marx-Aveling, 15. September 〔1894〕, Bottigelli Collection. Tsuzuki, 앞의 책, S. 257과 佐藤, 앞의 책, pp. 153~54에서 재인용. 이 편지의 날짜〔日附〕를 Tsuzuki는 1893년으로 추정하고 있으나 저간의 사정이나 투시에 대한 베벨의 답신 일자(1894년 9월 20일)를 고려할 때 1894년으로 보는 것이 옳을 것으로 보인다. 佐藤, 같은 책, pp. 153~54. Tsuzuki, 같은 책, p. 257.

의 지시를 받았다는 것이다. 따라서 베벨은 아들러에게 "루이제가 그곳에 머무는 한 엘리노는 크게 문제될 게 없다"면서 "루이제가 그 자신 무엇을 해야 하는지를 잘 알아야 할 것"이라고 덧붙였다.[100] 그리고 1893년 7월 엥겔스가 최후의 유언장을 작성하는 과정에서 엘리노를 배제한 것도 마르크스의 유고를 확보하려는 베벨과 아들러의 압력에 의한 것으로 추정된다.[101]

한편 루이제가 엘리노에게 절교장을 보낼 무렵 엘리노는 베벨로부터 편지(1894년 9월 20일자)를 받았는데, 거기에서 베벨은 루이제가 엘리노의 이해를 건드리거나 그녀와 엥겔스의 관계를 악화시킬 아무런 이유가 없다고 단언하며, "장군이 어떻게 너와 라우라에게 악의를 가질 수 있겠느냐. 그런 일은 감히 생각도 할 수 없는 일"이라고 언급하고 있다. 그리고 유고 문제에 관해 의문을 갖는다면 엥겔스에게 이를 직접 물어보면 되지 않느냐고 냉담하게 말한 뒤, "내가 확신하는 바로는 유고는 앞으로 **네가 충분히 신뢰할 수 있는 사람**의 손에 상속될 것"이라고 쓰고 있다.[102] 여기서 엘리노는 베벨과 같은 국외자가 마르크스 유고의 장래 행방을 알고 있는데, 당사자인 자신이 모르고 있다는 사실에 크게 당황했다.

이런 일이 있은 후 엘리노는 적극적으로 장군에게 접근하여 모올의 유고에 대한 그의 의향을 알아보려 했으나, 프라이베르거 부부 때문에 매번 자유로운 대화가 불가능했다.[103] 엘리노는 당시 엥겔스

---

100) Bebel to Adler, 20. December, 1890, *Victor Adler Briefwechsel mit August Bebel und Karl Kautsky*, Wien 1954, S. 66. Tsuzuki, 앞의 책, p. 247에서 재인용.
101) Tsuzuki, 앞의 책, p. 257.
102) 佐藤, 앞의 책, pp. 154~55. 강조는 원문. 같은 내용의 글은 투시가 라우라에게 보낸 다음 편지에도 인용되고 있다. Eleanor Marx-Aveling to Laura Lafargue, 5 November 1894, Bottigelli Collection. Tsuzuki, 앞의 책, p. 261.

의 상태를 "가엾은 노장군은 이들 괴물 같은 부부의 손아귀에서 마치 어린애처럼 다루어지고 있다"고 쓰고 있다. 때문에 그녀는 장군을 만나러 갈 때마다 고통을 느꼈다는 것이다. 장군은 그녀와 단둘이 있을 때는 그녀를 반기는 듯하다, 두 부부가 들어오면 그들과 같이 덤덤해진다고 했다.[104]

이러한 와중에 엥겔스는 1894년 11월 14일, 유언서의 일부 내용을 라우라와 엘리노에게 알려주었다. 엥겔스는 이 편지에서 먼저 "모올이 사망한 후 나와 너희들이 물려받은 모든 장서를 독일(사민)당을 위해 내가 마음대로 처분할 수 있도록 허락해주면 좋겠다"고 쓰고 있다. 왜냐하면 "이들 장서는 그 전체로서 근대 사회주의의 역사 연구뿐만 아니라 그와 관련된 모든 학문 연구를 위해 매우 특별하고도 완벽한 장서이기에 이를 다시 분산시키는 것은 매우 유감스러운 일"이라는 것이다. 이에 덧붙여 그는, 이들 장서를 한데 모아 자유로이 이용하겠다는 생각은 오래전부터 베벨을 비롯한 독일사민당의 간부들이 원하던 바이기에 그 자신도 이미 동의했고, 라우라와 엘리노도 기꺼이 동의하리라 믿는다는 것이다. 그리고 두번째로는 유산의 8분의 3씩을 그들 두 사람에게 각각 유증할 터이니 그중 8분

---

103) 사실 이 시기에 들어 엥겔스의 노환은 짙어지고, 따라서 그에 대한 프라이베르거 부부의 "의학적 감시"가 강화되었다는 점은 다음과 같은 엥겔스의 편지 가운데 역력히 나타나고 있다. "나는 이즈음 감기가 들었는데 나도 이제는 노인이 되었구나 하고 실감한다네. 〔……〕 지난 2주 동안 의학적 감시 하에 놓여 있었다네. 그리고 앞으로 2주 더 조심을 해야 한다지 뭔가. 〔……〕 프라이베르거가 〔……〕 처방을 내리면 루이제가 행동에 옮기지. 그녀는 나를 이중, 삼중으로 감시한다네 mit doppelten und dreifachen Argusaugen überwacht. 〔……〕 나는 내 생애에 있어서 지난 4주처럼 의학적으로 괴롭힘을 당하기는 처음이네. 물론 나는 그 모든 것이 나 자신을 위한 것이라고 생각하기에 그것으로 위로를 삼을 수밖에 없지만 말일세." Engels an Friedrich Adolph Sorge, 12. Mai 1894, MEW, Bd. 39, S. 243~44.

104) Eleanor Marx-Aveling to Laura Lafargue, 5 November 1894, Bottigelli Collection. Tsuzuki, 앞의 책, p. 260에서 재인용.

의 1(유증분의 3분의 1)씩을 작고한 예니의 아이들을 위해 써달라는 내용을 담고 있다.[105]

그러나 이 같은 유서 내용의 일부 공개는 아버지의 유고를 초미의 관심사로 생각하고 있는 투시에게 아무런 위안이 되지 않았다. 다시 말하면 엥겔스는 이 편지를 통해 모올의 장서를 사민당으로 넘기자는 애기뿐, 모올의 유고를 누구에게 유증한다는 아무런 언급도 하지 않았다. 더욱이 이 시점에서 사민당 기관지 『포아베르츠 Vorwärts』에 『자본론』 제4권의 발간을 포기한다는 광고가 게재되었다.[106] 이 광고를 접한 엘리노는 모올의 유고의 행방에 깊은 의구심을 보였다. 다시 말하면 그녀는 프라이베르거 부부가 유고를 차지할지도 모른다는 위기감 때문에 라우라의 도움을 받아 모올의 『자본론』 제4권의 초고를 자신이 필사하겠다고 엥겔스에게 자원하기까지 했다.[107]

한편 이처럼 공격적인 엘리노의 자세는 엥겔스로 하여금 엘리노와 라우라가 그를 믿지 못하여 음모를 꾸미고 있다고 오해하게 만들었다. 그러나 엘리노는 이러한 사태의 역전, 특히 자신에 대한 엥겔스의 불신을 정면으로 반박하는 편지를 그에게 보냈다.

모올의 유고 일반에 관해 이를 모올 자신이 어떻게 처리했을 것인가를 생각하신다면 **장군께서는** 그것이 라우라와 제게 속한다는 것을 분명히 아실 겁니다. 그리고 장군께서는 편지와 서류들이 (그중 많은 것들이 사적인 성질의 것이기에) 장군이나 저희들의 손을 떠나 다른 사람의 손으로 넘어가서는 안 된다는 사실을 똑같이 이해하실 것입니

---

105) Engels an Laura Lafargue und Eleanor Marx-Aveling, 14. November 1894, MEW, Bd. 39, S. 318.
106) 〔Zum vierten Band von Karl Marx' "Kapital"〕, MEW, Bd. 22, S. 506을 보라.
107) Engels an Laura Lafargue, 29. Dezember 1894, MEW, Bd. 39, S. 356.

다. 〔……〕 에드워드〔에이블링〕는 장군께서 무언가 은밀한 음모가 숨어 있다고 믿고 계신다고 말했습니다. 저는 장군께서 당연히 그렇게 믿으시리라고 생각합니다. 왜냐하면 장군을 우리와 등지게 하려는 음모를 제가 보지 않았더라면 저 또한 그 일을 까맣게 몰랐을 것입니다. 장군께서는 우리의 니미가 당신 곁에 있었더라면 결코 일어날 수 없는 일이라고 믿으실 것이기에 저는 결코 놀라지 않습니다. 〔……〕 장군께서 얼마나 엄청난 편견에 중독되셨기에 모올의 자식들이 감히 비열하게 장군을 배신할 것이라고 생각하셨겠습니까.[108]

이러한 과정을 거쳐 엘리노는 마침내 1894년 크리스마스에 엥겔스의 방에서 사적인 얘기를 나눌 수 있는 기회를 가졌다. 여기서 엥겔스는 마르크스의 서류〔와 유고〕는 그녀와 라우라에게 돌려줄 것이라고 약속했고, 그녀는 장군의 확언에 크게 만족했다. 그리고 며칠 후 엥겔스가 에이블링〔엘리노〕의 집에 점심을 먹으러 왔을 때 그녀는 루이제가 온갖 소문을 다 퍼트리고 있다고 지적하면서, "베벨이 루이제의 정보에 의존하고 있다면 그는 우리들로부터 가장 큰 경멸을 받을 것"이라고 말했다. 어쨌든 모올의 유고 문제는 엥겔스의 뜻과는 달리 이 같은 우여곡절을 거쳐 일단락되고, 그들의 관계는 이 같은 갈등이 생기기 이전으로 복원되었다.

따라서 엥겔스는 라우라에게 보낸 1894년 12월 29일자 편지와 1895년 1월 19일자 편지에서 거듭 마르크스의 유고가 그들 두 사람의 소유가 될 것임을 확인하고, 미진한 것이 있다면 그들의 요구에 따라 이를 유언서에 "명확히, 그리고 오해의 소지가 없도록 수정할

---

108) Eleanor Marx-Aveling to Laura Lafargue, 25. December 1894, Bottigelli Collection, Tsuzuki, 앞의 책, p. 262에서 재인용. 강조는 원문.

것"임을 약속하고 있다. 그리고 엘리노가 원한다면『자본론』제4권의 초고를 필사하도록 도와줄 준비가 되어 있다고 쓰고 있다.[109]

엥겔스 사후 루이제를 매개로 마르크스의 유고를 차지하려는 베벨과 아들러의 수년에 걸친 집요한 공작에도 불구하고, "나의 작고한 친구 칼 마르크스의 손으로 쓰인 모든 문서로 된 성격의 초고와 그에 의해 쓰였거나 그에게 보낸 가족들의 편지"의 상속자는 1893년 7월 29일, 엥겔스의 최종 유언서 작성 시에 이미 "엘리노 마르크스-에이블링"으로 확정된 바 있다.[110] 그러나 엘리노는 이러한 사실을 모르고 있었고, 유언서의 변경 가능성을 믿는 루이제 측에서는 엥겔스로부터 엘리노를 배제하려는 끈질긴 노력이 전개되었던 것이다. 아버지의 유고에 대한 정당한 소유권이 박탈되었을지도 모르는 상황에서 결국은 작고한 친구에 대한 엥겔스의 깊은 배려와 영국의 유산상속법이 엘리노를 구해주었다. 어쨌든 루이제와 엘리노 간에 갈등과 배신으로까지 번진 마르크스의 유고를 둘러싼 싸움은 일단 엘리노의 승리로 끝났다. 그러나 아직도 남아 있는 또 다른 문제는 루이제가 퍼트린 소문이 엥겔스의 말년에 그의 주변, 특히 엘리노에게 미친 엄청난 충격이다.

### 3. 니미의 사생아 프레디 문제

우리는 앞에서 엘리노가 라우라에게 보낸 편지 가운데 "루이제가 (감히 내가 입에 담을 수 없는 부끄러운) 소문을 퍼트리고 있다"는 구

---

109) Engels an Laura Lafargue, 29. Dezember 1894, MEW, Bd. 39, S. 356~57; Engels an Laura Lafargue, 19. Januar 1895, MEW, Bd. 39, S. 388.
110) Engels' Testament vom 29. Juli 1893, MEW, Bd. 39, S. 505.

절을 상기할 수 있다. 이 경우 루이제가 퍼트린 소문 가운데 엘리노로 하여금 감히 입에 담을 수조차 없도록 한 소문은 니미의 사생아인 프레디 데무트Freddy(Frederick) Demuth에 관한 것이다. 즉 루이제는 엥겔스로부터 프레디가 마르크스의 아들이라는 말을 직접 들었다고 했고, 엘리노는 그가 엥겔스의 아들이므로 일정의 유산을 상속받아야 한다고 주장했을 것으로 보인다. 그리하여 루이제는 이 문제를 다시 엥겔스에게 확인하는 과정에서 "엥겔스가 데무트를 자식으로 인정치 않는다"라는 소문을 내도 좋다는 말을 듣게 된다. 그러나 엘리노는 루이제의 이 같은 주장이 자신을 중상모략하는 행위라 하여 두 사람 간의 증오는 더욱 격화되었다.

이런 와중에 병세가 더욱 악화된 엥겔스는 1895년 7월 하순 휴양지 이스트본에서 런던으로 돌아왔다. 그리고 마침 아프리카에서 귀국한 그의 옛 친구이자 법률고문인 새뮤얼 무어의 도움을 받아 7월 26일 유언보족서를 작성했는데, 거기에는 두 개의 중요한 수정이 가해졌다. 하나는 처조카 펌프스에게 애초 3,000파운드를 유증하려 했으나 이를 2,230파운드로 삭감하고, 다음으로는 마르크스와 엥겔스의 왕복서간은 엥겔스 자신의 것이라고 간주하여 이를 엘리노에게 유증되는 문서 가운데서 빼내 독일사민당의 베벨과 베른슈타인에게 유증한다는 것이었다.[111]

그러나 이 시점에서 주의를 끄는 것은 엥겔스가 무어에게 프레디가 마르크스의 아들이라는 점을 확인해주고, 그로 하여금 오핑턴 Orpington, Kent에 살고 있는 엘리노를 찾아가 이 사실을 알리도록 했다는 것이다. 그러나 엘리노는 엥겔스가 거짓말을 한다고 우기면서 이

---

111) Nachtrag zu Engels' Testament, 26. Juli 1895, MEW, Bd. 39, S. 509~10.

를 결코 믿지 않았다. 이에 엥겔스는 무어로부터 사정을 전해 듣고 "투시〔엘리노〕가 그의 아버지를 우상으로 만들려고 한다"고 말했다는 것이다. 엘리노는 엥겔스가 사망하기 하루 전인 8월 4일(일요일) 병상의 그를 방문했는데, 이때 말하기조차 어려울 정도로 쇠약해진 엥겔스는 석판에 프레디에 관한 고통스런 진실을 써놓았다. 그리고 이같은 진실에 너무나도 놀라고 당황한 엘리노는 바깥으로 뛰쳐나와 루이제에 대한 증오도 잊고 그녀의 목에 기대어 비통하게 울었다.[112]

프레디가 마르크스의 아들이라는 사실을 증언하는 편지(루이제가 베벨에게 보낸 1898년 9월 2일자)를 처음으로 공포한 로볼트판 전기 『칼 마르크스』(1962)의 저자 블루멘베르크는, 이 사실이 1900년경의 사회주의 지도자들 사이에서는 잘 알려진 일이었다고 주장하고 있다. 그리고 그는 "설사 이러한 사실이 오늘날 새삼 알려졌다고 해서 마르크스의 이미지가 더욱 **왜소해질** 이유는 없다고 본다. 이는 디킨스 Charles Dickens가 이중적인 애정행각에도 불구하고 부르주아적 존경심에 아무런 손상을 입지 않은 거나, 베토벤이 그를 흠모하는 여인과의 사이에서 딸을 낳았다는 사실을 우리가 알고도 그를 깎아내리지 않는 거나 같다"고 덧붙이고 있다.[113] 마르크스의 딸 엘리노도 아버지의 인간적 결함에 크게 충격을 받았으나 뒤에는 '정치가로서, 사상가로서의 마르크스'에 힘을 실어주는 것으로 마음의 평정을 되찾았다.[114]

우리는 프레디 사건과 관련하여 나타난 루이제의 역할을 통해 '루이제와 엥겔스' '루이제와 베벨' 사이의 특별한 신뢰 관계를 지나칠 수 없다. 특히 우리는 이들 사이의 중간에 위치한 루이제가 독일사

---

112) Louise Freyberger an August Bebel, 2. September 1898. Werner Blumenberg, 앞의 책, S. 115~17에 인용된 편지 중에서 관련 부분을 요약.
113) Blumenberg, 앞의 책, S. 117~18. 강조는 원문.
114) Tsuzuki, 앞의 책, p. 264.

민당의 베벨과 아들러의 지시를 받아 마르크스와 엥겔스의 유고와 장서를 확보하기 위해 엥겔스의 환심을 사는 데 얼마나 노력했는가를 알 수 있다. 그런가 하면 베벨과 루이제의 '음모'를 모르고 엥겔스 사후 아버지의 유고의 행방에 노심초사한 엘리노의 노력과 이 음모를 안 이후 그들에 대한 그녀의 증오를 우리는 충분히 이해하게 된다. 특히 한때 엥겔스의 관심을 끌기 위해 저널리스트로서도 활동한 바 있는 루이제가 엥겔스의 사망 후 그로부터 적지 않은 유산을 받아 공적 생활에서 은퇴한 사정은 베벨의 '음모설'을 충분히 뒷받침해주는 하나의 단서라고 볼 수도 있을 것이다.[115]

---

[115] 루이제가 엥겔스로부터 받은 유산은 미리 규정된 증여분(유산집행인 3인[새뮤얼 무어, 베른슈타인, 루이제]에게 각각 250파운드, 독일사민당에 제국의회 선거 자금으로 유증된 1,000파운드, 그의 처조카 펌프스에게 3,000파운드[후에 유언보족서에 의해 2,230파운드로 삭감])을 제외한 잔여 재산 중 라우라와 엘리노에게 각각 8분의 3씩(이는 엥겔스가 라우라와 엘리노에게 보낸 1894년 11월 14일자 편지에서 각각 유산의 3분의 1에 해당하는 8분의 1씩을 떼어 작고한 맏언니 예니의 자식들에게 전할 것을 부탁하고 있다) 유증되고 난 나머지 8분의 2에 해당한다. 다시 말하면 루이제는 엥겔스의 유산을 마르크스의 세 딸과 똑같은 비율로 유증받았다. 그리고 루이제는 화폐와 유가증권 및 유언이나 유언보족서에서 별도로 지정한 것을 제외한 가구와 기타 동산도 유증받게 되었다. 따라서 루이제가 받은 유산 총액은 엥겔스 사후 그의 재산의 평가액이 2만 5,265파운드 11펜스였으므로 현금으로만도 5,570파운드에 이르고 있다. 한편 저널리스트로서의 루이제의 활동은 1892년 이래 엥겔스의 비호와 지도를 받아 시작되었으나, 그녀가 자신의 이름 "Louise Kautsky"를 그대로 필명으로 씀으로써 카우츠키의 새로 결혼한 부인의 이름 "Luise Kautsky"와 혼동을 일으켜 이름을 둘러싼 소동이 일어나고, 이 사건에 엥겔스가 개입하는 사태로까지 발전되었으나, 루이제가 1894년 프라이베르거와 재혼함으로써 이 문제는 해결된 바 있다. 佐藤, 앞의 책, pp. 132~36, 145~47; Tsuzuki, 앞의 책, pp. 247~48, 265. 카우츠키는 이 같은 소동을 그와 엥겔스 간의 교신(交信)을 정리한 책에서 "Der Krieg um den Kriegsnamen"이라는 제목 하에 상세히 다루고 있다. *Friedrich Engels' Briefwechsel mit Karl Kautsky*, Herausgegeben und bearbeitet von Benedikt Kautsky, Danubia-Verlag, Universitätsbuchhandlung Wilhelm Braumüller & Sohn, Wien 1955, S. 339~57.

**제2부**

# 엥겔스의 사망과 마르크스-엥겔스 유고의 행방

1장
# 엥겔스 사후의 유고의 행방

## 1. 엥겔스의 유언서 집행

 엥겔스의 유언서 집행은 그의 유골이 든 항아리를 이스트본의 비치헤드의 등대 가까이에 수장한 다음 날인 1895년 8월 28일, 런던의 엥겔스의 집에서 이루어졌다. 여기에는 엥겔스에 의해 유언집행자로 지정된 새뮤얼 무어, 베른슈타인, 그리고 루이제 프라이베르거는 물론이요 그의 유산에 관심과 이해를 가진 모든 사람들이 참석했다. 장례식에 참석차 독일에서 온 엥겔스의 동생과 조카, 아우구스트 베벨을 비롯한 독일사민당 관계자들, 마르크스의 두 딸 라우라와 엘리노, 그리고 그들의 남편 폴 라파르그와 에드워드 에이블링도 동석했다.

 고인의 친구이자 변호사인 새뮤얼 무어는 장군의 유언서를 읽기 시작했다. "**나**, 런던의 리젠츠 파크로드 122번지에 사는 **프리드리히**

**엥겔스**는 이로써 지금까지 나에 의해 작성되었던 모든 이전의 유언서[1]를 무효로 하고, 다음의 유언서를 나의 최후의 유언으로 한다〔……〕"라는 문장으로 시작된 유언서는 그의 유산을 어떻게 분배할 것인가를 상세히 기술하고 있다.

이미 앞에서도 언급한 바와 같이 엥겔스는 먼저 자신의 유언집행자인 무어, 베른슈타인, 루이제에게 수고비로 각각 250파운드를 증여하고, 동생 헤르만에게는 부친의 유화로 된 초상화를 유증했다. 그리고 독일 제국의회의 의원인 베벨과 징거에게 1,000파운드를 공동 신탁하여 제국의회의 선거 자금으로 사용토록 유증했다. 그 외에 그는 처조카 메리 엘런 로셔Mary Ellen Rosher(펌프스)에게 3,000파운드를 유증했다(그러나 펌프스에게 증여키로 한 금액은 1895년 7월 26일에 작성된 유언보족서에 의해 2,230파운드로 감액되었다). 그리고 나머지 유산은 전부를 8등분하여 8분의 3은 라우라에게, 다른 8분의 3은 엘리노에게, 나머지 8분의 2는 루이제 카우츠키에게 유증했다. 그러나 엥겔스는 이 유서가 작성된 지 1년이 훨씬 지난 시점에 라우라와 엘리노에게 그들에게 증여될 유산의 3분의 1씩을 떼어 작고한 그들의 맏언니 예니의 자식들에게 전할 것을 부탁[2]하고 있으므로 결국 엥겔스의 유산은 마르크스의 세 딸과 루이제에게 4등분된 셈이다.

그러나 중요한 것은 이상과 같은 물질적 유산의 증여보다 마르크스의 사후 그가 보관하고 있던 마르크스의 손으로 쓰인 문서로 된

---

1) 엥겔스는 마르크스가 생존해 있을 동안에 작성된 유언서에서는 마르크스를 포괄상속인 Universalerbe으로 지정했다. 그러나 마르크스 사후에 새로이 작성된 유언서에서 엥겔스는 마르크스의 딸 라우라와 엘리노, 사망한 마르크스의 장녀 예니의 자식, 그리고 헬레네 데무트에게 유산을 균등히 분배하도록 했다. MEW, Bd. 39, S. 612 Anm. 520. 강조는 원문.
2) Engels an Laura Lafargue und Eleanor Marx-Aveling, 14. Nov. 1894, MEW, Bd. 39, S. 318.

유고의 행방이다. 사실 엥겔스 사후 유고를 획득하기 위한 노력은 아버지의 지적 유업을 독자적으로 편찬·발행해보려는 엘리노와, 당의 사상적·이론적 원전을 확보하려는 독일사민당의 베벨과 아들러의 보이지 않는 암투로 전개되었다. 그리고 엥겔스 말년의 엘리노와 루이제 카우츠키의 질시와 반목도 결국은 바로 이 문서로 된 유산을 획득하기 위한 쟁투의 구체적 표현이었다. 이 문서로 된 유고의 처분과 관련된 유서의 내용을 구체적으로 보면 다음과 같다.

**나는** 작고한 나의 친구 칼 마르크스의 문서로 된 모든 초고와 나의 사망 시, 나의 소유이거나 나의 관리 아래 있는 그가 썼거나 그에게 송부된 모든 가족 간의 편지Familienbriefe를 나의 유언집행자들이 앞에 언급한 중앙 서구 그레이스 인 스퀘어 7번지의 〔……〕 칼 마르크스의 막내딸 엘리노 마르크스-에이블링에게 줄 것을 **지시한다**. **나는** 나의 사망 시, 나의 소유이거나 나의 관리 아래 있는 모든 장서와 나의 모든 저작권을 앞에 언급한 아우구스트 베벨과 파울 징거에게 **유증한다**. **나는** 나의 사망 시, 나의 소유이거나 나의 관리 아래 있는 모든 초고(앞에서 언급한 칼 마르크스의 문서로 된 초고를 제외한)와 모든 편지(앞에서 언급한 칼 마르크스의 사신을 제외한)를 앞의 아우구스트 베벨과 에두아르트 베른슈타인에게 **유증한다**.[3]

엘리노는 엥겔스가 사망하기 전인 1894년 크리스마스에 그로부터 모올의 유고를 유증받으리란 언질을 받았고, 유언서의 공개를 통해 드디어 모올의 유고를 확실히 소유하게 되었다. 그러나 그의 사후

---

3) Engels' Testament von 29. Juli 1893, MEW, Bd. 39, S. 505~506. 강조는 원문.

책상 서랍에서 발견된 유언집행자에게 보낸 편지(1894년 11월 14일 작성)나 유언보족서(1895년 7월 26일 작성)에는 유언서의 "그[마르크스]가 썼거나 그에게 송부된 모든 가족 간의 편지" 가운데서 "그[마르크스]에게 보낸 나[엥겔스]의 편지와 나에게 보낸 그의 편지," 소위 마르크스와 엥겔스의 왕복서간을 마르크스의 법정 상속인인 엘리노 마르크스-에이블링에게 주는 상속 목록에서 제외한 뒤, 이를 아우구스트 베벨과 에두아르트 베른슈타인에게 유증하고 있다.[4] 그리고 마르크스 사후 라우라와 엘리노에게 상속되었던 일부 장서는 그들에게 보낸 1894년 11월 14일자 엥겔스의 편지를 통해 엥겔스 사후 그의 장서와 통합하여 독일사민당에 양도하게 되었다.[5] 이렇게 볼 때 마르크스와 엥겔스의 문서로 된 유산은 크게 엘리노 마르크스와 독일사민당으로 양분되었다.

엥겔스의 말년, 그가 관리하고 있던 아버지 모올의 유고를 획득하려고 노심초사한 엘리노는 엥겔스의 유언서 집행을 통해 마르크스의 법정 상속자로서 아버지의 유고를 상속받았다. 엘리노는 이 기간에 '인류'의 이름으로 마르크스의 유고를 상속받아야 한다는 독일사민당의 끈질긴 공작으로 지쳐 있었던 것이 사실이다. 독일사민당의 베벨과 아들러는 수년에 걸쳐 카우츠키와의 이혼으로 엥겔스의 동정을 받고 그의 비서가 된 루이제 카우츠키를 통해 엥겔스의 유산 상속 투쟁에 개입했다. 루이제는 젊음과 엥겔스에 대한 집요한 관심을 이용해 그의 환심을 삼으로써 마침내 개인적으로는 엥겔스의 유산 상속에서 물질적으로 최대의 수혜자가 되었으며, 사민당에 대해서는

---

4) Engels an seiner Testamentsvollstrecker, MEW, Bd. 39, S. 508의 7a)와 Nachtrag zu Engels' Testament, 26. Juli 1895, MEW, Bd. 39, S. 510.
5) Engels an Laura Lafargue und Eleanor Marx-Aveling, 14. November 1894, MEW, Bd. 39, S. 318.

엥겔스의 유고를 포함한 마르크스-엥겔스의 왕복서간과 두 사람의 장서를 확보할 수 있도록 했다.

독일사민당은 마르크스의 모든 유고를 확보하지는 못했으나 가장 중요한 문서의 한 부분인 마르크스-엥겔스의 왕복서간Briefwechsel을 확보하고, 나아가 엥겔스의 권유를 통해 라우라와 엘리노로부터 마르크스의 많은 장서를 인수받아 이를 엥겔스의 그것과 통합함으로써 상당한 성과를 거두었다. 그러나 모올의 '모든' 유고를 확보치 못하고, 나아가 엥겔스의 유산 중 극히 일부분(2만 5,265파운드 중 겨우 1,000파운드)만 사민당의 정치자금으로 기탁된 사실에 대해 베벨은 강한 불만을 표시했다. 그러나 그는 마르크스-엥겔스의 왕복서간과 그들 두 사람의 통합된 장서가 갖는 학술적 가치를 이해하지 못하고, 나아가 마르크스의 자녀들에 대한 엥겔스의 깊은 애정을 간과한 채 자신의 정치적 계산만을 우선했다는 비판을 피하기 어렵다.[6]

## 2. 모올의 저작을 출판하려는 엘리노의 정력적 노력

한편 아버지 모올의 유고를 확보한 엘리노는 유고의 출판과 이를 근거로 한 저술에 강한 의욕을 보였다. 그녀는 우선 마르크스의 전기를 쓰려는 계획을 갖고, 그 전 단계로 1895년 『오스트리아의 노동자 연보Österreichische Arbeiter-Kalender』에 「마르크스에 관한 단편적 노트」를 발표한 적이 있다.[7] 그러나 한 인간의 전기를 저술하는 것은,

---

6) Chushichi Tsuzuki, *The Life of Eleanor Marx, 1855~1898: A Sociaist Tragedy*, Clarendon Press, Oxford 1967, pp. 265~66.
7) Eleanor Marx-Aveling, "Karl Marx. Lose Blätter," *Österreichische Arbeiter-Kalender*,

"특히 마르크스와 엥겔스처럼 두 사람의 생애와 저작이 한데 어우러져 서로 떼어놓을 수 없는 경우에는 '유토피아에서 과학에 이르는' 사회주의의 역사적 발전만이 아니라 거의 반세기에 걸친 전체적인 노동운동사"에 대한 해박한 지식을 전제로 하는 어려운 일임을 그녀는 1890년 엥겔스의 70회 생일을 맞아 쓴 글을 통해 인식하고 있었다.[8] 따라서 그녀는 마르크스의 전기 집필을 위해 챈서리 레인 Chancery Lane에 있는 유고 보관소에 가서 모올의 유고를 정리하는 한편, 마르크스의 편지를 받았음직한 많은 지인들에게 아버지의 편지가 있으면 이를 그녀나 언니 라우라에게 보내달라는 호소조의 편지를 띄웠다. 그러나 그녀의 호소는 이렇다 할 성과를 얻지 못했고, 단지 모올의 전기를 집필하기 위해서는 엥겔스의 유고, 특히 그의 편지에 접근하는 것이 필수적이라는 사실을 다시 확인하는 계기만 되었다.

그러나 주지하다시피 엥겔스의 유고는 이미 마르크스의 그것과 분리되어 런던에 거주하고 있는 율리우스 모틀러Julius Motteler(1838~1907)가 관리하고 있었다. 그리고 "두 개의 자물쇠가 채워진 유고 상자의 열쇠는 하나는 베른슈타인이, 또 다른 하나는 베벨의 대리인으로서 루이제 프라이베르거가 보관하고 있었다. 그런데 이 두 개 열쇠 중 하나를 가지고 있는 베른슈타인조차도 루이제와 함께 모틀러를 방문해 엥겔스의 편지를 검토하기를 꺼려하여 자신의 엥겔스 전기 집필을 연기한 마당"에 엥겔스 말년에 서로 구원(舊怨)을 쌓은 엘

---

Brünn 1895, S. 51~54. 이 글은 IML beim ZK der SED, Hrsg., *Mohr und General, Erinnerungen an Marx und Engels*, Dietz Verlag, Berlin 1964, S. 269~79에 게재되어 있다.

8) Eleannor Marx-Aveling, "Friedrich Engels," *Sozialdemokratische Monatsschrift*, 2, Jahrg., Wien, Nr. 10 vom 30. November 1890, In: *Mohr und General*, S. 442.

리노가 루이제를 찾아갔을 리가 없음은 물론이다. 따라서 그녀의 마르크스 전기 집필은 벽에 부딪힐 수밖에 없었다.[9] 게다가 그녀는 마르크스의 지적 영역이 과학에만 국한되지 않고 예술과 문학 등 다양한 영역에 걸쳐 있는 데다, 그 완성도 또한 높은 것이기에 이를 전체적으로 포용하면서 그의 전기를 집필하는 일은 그녀가 아닌 다른 여러 전문가들에 의해 이루어져야 할 일이라는 사실을 깨닫게 되었다.

한편 엘리노는 전기 집필을 위한 준비 과정에서 발견된 하이네의 편지 ─ 여기서는 하이네가 그의 시집 『독일: 겨울동화 Deutschland: Wintermärchen』와 관련하여 마르크스에게 보낸 편지 ─ 를 카우츠키를 통해 『노이에 차이트』에 발표케 하고, 네덜란드에 살고 있는 그녀의 사촌 캐롤라인 스미스 Caroline Smith가 보내준 마르크스의 긴 편지 ─ 마르크스가 아버지에게 자신의 베를린에서의 학창 생활과 예니와의 사랑에 관해 쓴 편지 ─ 를 마르크스의 전기를 기술하는 데 필요한 문건으로 역시 카우츠키의 『노이에 차이트』에 발표했다.[10]

그러나 엥겔스 사후 엘리노가 가장 큰 관심을 기울인 것은 마르크스가 영어로 쓴 글을 모아 편집하여 출판하는 일이었다. 그녀는 우선 『뉴욕 데일리 트리뷴』에 마르크스의 이름으로 기고된 20편의 연재물이 1848~1849년의 역사를 놀라우리만큼 흥미 있게 서술하고 있으므로 이를 모아 『혁명과 반혁명 Revolution and Counter-Revolution or Germany in 1848』(1896)이란 제목으로 출판했다. 그러나 1913년 『마르크스-엥겔스 왕복서간집』 전 4권이 발간됨으로써 이 연재물의 원래

---

9) Tsuzuki, 앞의 책, pp. 267~68. 인용은 Eleanor Marx-Aveling to Laura Lafargue, 2 January 1897, Bottigelli Collection. Tsuzuki, 같은 곳, 재인용.

10) 순서대로 "Heinrich Heine an Karl Marx in Paris," Hamburg, 21. September 1844, MEGA² III/1, S. 443~44; "Karl Marx an Heinrich Marx in Trier," Berlin, 10./11. November 1837, MEGA² III/1, S. 9~18. Tsuzuki, 앞의 책, pp. 268~69를 보라.

저자가 마르크스가 아닌 엥겔스였음이 밝혀진다.[11] 이는 마르크스와 엥겔스의 연구에 있어서 그들의 왕복서간이 갖는 중요성을 다시 한 번 확인해주는 것으로 마르크스-엥겔스의 유고가 양분됨으로써 엘리노가 이 왕복서간에 접근할 수 없게 된 비극적 현실을 여실히 보여주는 사례다.

한편 1897년 엘리노가 남편 에이블링과 공동으로 편집한 『동방 문제 The Eastern Question: A Reprint of Letters written 1853~1856 dealing with the Events of the Cremean War』(London 1897) 역시 마르크스가 『뉴욕 데일리 트리뷴』에 발표한 글을 모은 것이다. 우리는 이 책에서도 몇 편의 글이 나중에 엥겔스의 것으로 판명되는 경우를 보는데, 이 또한 그녀가 왕복서간에 접근할 수 없어서 생겨난 오류라 하겠다. 한편 이 시기

---

11) *Der Briefwechsel zwischen Friedrich Engels und Karl Marx, 1844~1883*, hrsg., von August Bebel und Eduard Bernstein, 4 Bände, J. H. W. Dietz Nachf. GmbH, Stuttgart 1913. 카우츠키는 이러한 사태가 발생한 이유로, 마르크스와 엥겔스의 유고가 엥겔스 사후에 엘리노와 사민당으로 양분되어 그녀가 베른슈타인과 루이제 프라이베르거가 보관하고 있던 그들의 왕복서간에 접할 수 없었던 상황을 꼽고 있다. Karl Kautsky, "Engels' Nachlass," *Friedrich Engels' Briefwechsel mit Karl Kautsky*, Zewite, durch die Briefe Karl Kautskys vollständigte Ausgabe von "Aus der Frühzeit des Marxismus," Herausgegeben und bearbeitet von Benedikt Kautsky, Danubia-Verlag, Universitätsbuchhandlung Wilhelm Braumüller & Sohn, Wien 1955, S. 447~48. 한편 이러한 사실을 확인키 위해 MEW에 수록된 마르크스-엥겔스의 왕복서간을 조사해보면, 1851년 8월부터 1852년 10월 사이에 『뉴욕 데일리 트리뷴』에 게재된 이 연재물과 관련된 언급은 모두 35회에 이르고 있다.

마르크스는 1851년 8월 초, 『뉴욕 데일리 트리뷴』의 편집자 중의 한 사람인 다나 Charles Dana와 1848~1849년에 일어난 독일 혁명과 관련한 문제를 다루는 글을 연재키로 합의했다. 그러나 당시의 마르크스는 경제학 연구에 몰두해야 했기에 이를 엥겔스에게 집필토록 하고, 이 글들에 대한 상호간의 의견을 지속적으로 교환했다. 엥겔스는 이 글을 집필하면서 마르크스가 편집인으로 있던 『신라인 신문』(1848. 6. 1~1849. 5. 19)을 주된 소스로 활용했다. 당초 20회로 예정되었던 이 연재물은 1851년 10월 25일부터 1852년 10월 23일까지 19회에 걸쳐 연재되었다. MEW, Bd. 8, S. 607 Anm. 1; S. 614~16 Anm. 43 참조. 그러나 엘리노는 『뉴욕 데일리 트리뷴』의 1852년 12월 22일자에 게재된 "쾰른에서의 공산주의자 재판The Late Trial at Cologne"을 20번째 글로 게재하고 있다.

에 그녀가 편집했으나 그녀의 사후에 출판된 책으로는 우선 『가치, 가격 및 이윤 Value, Price, and Profit, addressed to Working Men』(London 1898)이 있다.[12] 이는 마르크스가 1865년 6월 20일, 국제노동자연맹 International Working Men's Association 중앙평의회에서 낭독한 영문으로 된 원고를 그녀가 그의 유고 가운데서 발견하여 출판한 것이다. 그리고 『파머스톤의 생애 The Story of the Life of Palmerston』(London 1899), 『18세기의 외교 비사 Secret Diplomatic History of Eighteenth Century』(London 1899) 등이 그녀가 편집한 영어로 된 마르크스의 저술들이다.

우리는 앞에서 엘리노가 마르크스의 유산, 특히 그의 유고의 적법한 상속자가 바로 자신이라는 사실을 엥겔스에게 확인시키고자 마르크스의 『자본론』 제4권의 필사를 자청한 사실을 기억한다. 사실 엘리노는 베벨의 조종 아래 움직이는 루이제로부터 모올의 유고를 보호하기 위해 "당초 루이제의 열렬한 숭배자에서 그녀의 숙적으로 변했다."[13] 그리고 루이제에 대한 원한은 카우츠키와 그녀를 더욱 가깝게 하는 계기가 되었다. 엘리노는 『자본론』 제4권을 출판하기 위해 카우츠키가 엥겔스로부터 마르크스의 상형문자 해독법을 배워 필사 작업에 참여한 걸로 알고 있었는데, 말년의 엥겔스가 그의 참여를 막았다는 사실을 알고 크게 놀랐다. 사실 카우츠키는 엥겔스가 유언서에서 자신을 『자본론』 제4권의 편집자로 지명할 것을 기대했으나 그것은 허망한 꿈이 되고 말았다. 엥겔스가 그의 말년에 카우츠키로부터 『잉여가치 학설사』의 초고를 회수하고, 마침내 그를 마르크스

---

12) 엘리노가 이 책을 출판하기 직전에 베른슈타인이 번역한 독일어본이 「임금, 가격 및 이윤 Lohn, Preis und Profit」이란 제목으로 사민당의 이론적 기관지인 『노이에 차이트』, 16, Jahrg. Bd. 2, 1898, Nr. 27~31에 5회에 걸쳐 연재되었다. MEGA² II/4.1, S. 687을 보라.
13) Karl Kautsky, Briefwechsel, Tsuzuki, 앞의 책, p. 269에서 재인용.

의 유고에 접근할 수 없도록 배제한 것이 그의 전부인인 루이제 때문이었으리라고 추측할 수 있다. 엘리노는 엥겔스의 유언 집행 당시 가장 소외되었던 카우츠키로 하여금 『자본론』 제4권의 편집에 다시 착수케 하고, 자신은 출판사를 물색하는 데 앞장섰다. 그녀는 기왕에 『자본론』 제1~3권을 출판한 함부르크의 마이스너와 교섭을 벌이다 여의치 않자 카우츠키의 권고에 따라 『노이에 차이트』를 발행하는 디츠 사와도 교섭을 벌였다. 그러나 그녀는 『자본론』 제1~3권과는 별개의 저작권을 가진 제4권 단독의 출판 교섭을 마이스너와 합의하기에 이르렀다. 이처럼 우여곡절을 겪은 『자본론』 제4권, 즉 『잉여가치 학설사』는 엘리노가 사망하고 나서 훨씬 뒤인 1905~1910년 사이에 3권 4책으로 디츠 출판사를 통해 출간되었다.[14] 엘리노는 이처럼 엥겔스 사후 정력적으로 모올의 유고를 출판하는 한편, 당대의 영국 사회주의 운동과 노동운동에도 적극적으로 참여했다.[15] 이처럼 영국 노동운동사에 대한 그녀의 해박한 지식은 엥겔스가 '영국의 사회주의적 조직의 역사'를 기술할 적임자가 누구인가를 묻는 카우츠키의 질문에 대해 서슴지 않고 엘리노를 천거한 사실을 통해서도 확인된다.[16] 더욱이 그녀는 엥겔스가 남긴 유산으로 지금까지의 궁핍한 생활에서 벗어나 비교적 여유 있는 생활을 즐길 수 있었다. 그녀는 1895년 12월 런던 시든햄Sydenham에 있는 주스워크Jews Walk에

---

14) Karl Marx, *Theorien über den Mehrwert*, hrsg. von Karl Kautsky, 3Bände in 4Teilen, J. H. W. Dietz Nachf. GmbH., Stuttgart 1905~1910. Tsuzuki, 앞의 책, p. 269 참조.
15) 엘리노가 당대의 사회주의 및 노동조합운동에 적극적으로 참여한 내용은 다음에 상세히 기술되어 있다. Tsuzuki, 앞의 책, pp. 187~240, 295~314.
16) Engels an Karl Kautsky, 29. Sept. 1892, MEW, Bd. 38, S. 483. 이와 관련된 그녀의 저서는 Eleanor Marx-Aveling, *Working Class Movement in England*, London 1896가 있다. 이는 먼저 독일어로 출판되었다. *Die Arbeiterclassen-Bewegung in England*, übersetzt v. Gertrud Liebknecht, mit Vorwort v. W. Liebknecht, Nürnberg 1895.

새로운 집을 장만하고 가구를 들이는 등 남편 에이블링과의 새로운 생활을 기대했다.

그러나 엘리노는 자유연애를 통해 자신이 택한 에드워드 에이블링의 방종과 배신을 참지 못하고 1898년 3월 31일 자살한다. 그녀가 죽음을 택한 이유로 배다른 형제 프레디의 존재와 엥겔스 사후 마르크스주의 사회운동의 분열이 거론되기도 하나, 자살하기 전에 보였던 의욕적인 생활 태도가 이를 부정하고 있다. 따라서 우리는 그녀의 죽음이 남편 에이블링의 범죄적 부정과 배신에 있었다고 판단치 않을 수 없다. 그녀는 자유연애의 이상에 확신을 가지고 이에 충실하고자 했고, 그간 에이블링의 끊임없는 배신도 끈질긴 자기희생으로 견뎌왔다. 그러나 남편이 자기 몰래 새로운 여인과 법적으로 결혼함에 따라 자신은 이제 결혼한 남자의 정부로 전락하게 된 것이다. 그동안 인내와 애정으로 에이블링의 방종을 막아보려 했던 엘리노는 더 이상 이 같은 수모를 견딜 수 없어 클로로포름과 청산가리를 먹고 죽음의 길을 택하고 만다.[17]

## 3. 엘리노의 사망과 마르크스 유고의 행방

엘리노의 갑작스런 죽음은 그녀와 마르크스를 아는 이들에게 깊은 슬픔으로 다가왔다. 그리고 그녀의 죽음에 대한 애도는 곧장 '마르크스의 법정 상속인'으로서 그녀가 소유하고 있던 마르크스의 유고에 대한 우려로 연결되었다. 따라서 엘리노의 사망 소식을 들은 아

---

17) Tsuzuki, 앞의 책, pp. 317~33.

들러는 카우츠키에게 다음과 같은 편지를 보내고 있다.

> 불쌍한 투시! 〔……〕 그 건달이 그녀를 죽음으로 몰아갔음이 분명하네. 그러나 중요한 것은 유고가 어찌 되었을까 하는 점이네. 내가 알기로는 그녀는 마르크스의 많은 편지들을 가지고 있었는데.[18]

우리는 이 편지를 통해 아들러가 엘리노의 죽음보다 마르크스 유고의 행방에 더 큰 관심을 보이고 있다는 점에서 세상사의 야박함을 읽을 수 있다. 그러나 다른 한편으로는 지극히 중요한 마르크스의 유고가 돈이 된다면 무엇이든 팔아치울 수 있는 방탕하고도 후안무치한 에이블링의 수중에 놓여 있다는 사실이 카우츠키나 아들러, 그리고 베벨에게는 커다란 위협이 아닐 수 없었다는 점도 확인할 수 있다. 그러나 다행스럽게도 우리는 마르크스의 유고가 에이블링에 의해 매각되었다는 증거는 찾을 수 없으며, 이후 파리에 있는 마르크스의 둘째 딸 라우라 라파르그에게로 무사히 전달된 사실을 알고 있다. 여기에는 에이블링이 엘리노의 유산을 탕진하면서 그녀가 죽은 지 불과 4개월 후에 사망했다는 점도 영향을 미쳤을 것이다.[19]

그러나 화불단행(禍不單行)이라고 마르크스 가에 제2의 불행이 들이닥쳤으니 살아남은 유일한 혈육인 라우라가 1911년, 그녀의 남편과 함께 자살하고 만다. 라우라 부부는 엥겔스에게서 물려받은 유산으

---

18) Adler to Kautsky, 4 April 1898. Adler, *Briefwechsel*, S. 242. Tsuzuki, 앞의 책, p. 335에서 재인용.
19) 엘리노의 유언서에 적힌 전 재산은 1,909파운드 3실링 10페니로 이는 유언서 집행 시 1,467파운드 7실링 8페니였다. 이 돈은 그녀의 사후 에이블링에게 넘어갔으며, 4개월 후 에이블링이 사망하면서 남긴 그의 재산 852파운드의 많은 부분이 엘리노의 유언을 집행한 변호사에 의해 에이블링이 "법적으로 결혼한" 부인에게 돌아갔다. Tsuzuki, 앞의 책, pp. 324~26.

로 파리 근교의 드라베이유Dravéil에 대저택을 사들여 호화로운 생활을 하다 이를 탕진하자 자살했다.[20] 슬하에 자식이 없었던 라파르그 부부의 사망 후 마르크스의 유고는 대부분이 맏딸 예니의 아이들, 특히 자신의 외할아버지를 존경하던 동명의 딸 예니에 의해 수습되었다. 그리고 그사이에 카우츠키가 보관하고 있던 유고의 일부는 뒤에 사민당-아카이브로 귀속되어 엥겔스의 유고와 합쳐졌다.[21]

---

20) 1897년 9월 에이블링과 더불어 2주 동안 파리의 라우라 집을 방문한 엘리노는 이들의 호화로운 저택과 생활에 대해 매우 비판적이었다. Tsuzuki, 앞의 책, pp. 304, 355.
21) 같은 책, pp. 355~56.

## 2장
# 독일사민당-아카이브

## 1. 망명지에서 설립된 사민당-아카이브

마르크스와 엥겔스의 모든 장서와 엥겔스의 유고, 그리고 엥겔스가 생전에 별도로 정리해놓은 마르크스-엥겔스의 왕복서간을 포함한 상당수의 마르크스의 유고는 엥겔스의 유언 집행을 통해 독일사민당에 유증되었다. 물론 이들 장서와 유고는 영국의 유산상속법에 의해 개인 베벨과 베른슈타인에게 유증되었으나, 이들은 결국 1880년에 설립된 독일사민당-아카이브에 귀속되었다.

독일사민당이 당의 도서관, 또는 아카이브의 필요성을 느끼고 이의 설립을 시도한 것은 1878년 2월이었다. 독일사민당은 1863년 5월 라살레Ferdinand Lassalle(1825~1864)가 설립한 전독일노동자연맹Der Allgemeine Deutsche Arbeiter-Verein, ADAV과 1869년 8월 리프크네히트와 베벨이 창설한 사회민주주의노동자당Die Sozialdemokratische Arbeiterpartei,

SDAP(1870년부터 '독일'사회민주주의노동자당)이 1875년 고타회의를 통해 독일사회주의노동자당 Die Sozialistische Arbeiterpartei Deutschlands, SAPD으로 통합되면서 성립되었다.[22] 따라서 라살레까지 거슬러 올라가도 15년, 당이 통합된 고타회의에서부터는 겨우 3년에 불과한 1878년의 시점에서 베벨이 당 기관지『포아베르츠』에 당의 활동과 노동운동사에 지극히 중요한 문건들을 보관할 중앙기관으로 도서관이나 아카이브의 설립 필요성을 주장한 것은 탁견이 아닐 수 없다.[23]

베벨은 이 글에서 사회주의적 문건이나 신문, 문헌이 일실(逸失)되기 전에 이를 수집해 도서관을 만들 것을 당원들에게 제의하고 있다. 이 경우 그는 수집 대상을 당 관계의 지서(紙誌)나 문헌, 사회주의적·경제학적 문헌 이외에도 역사, 문화사, 통계 등 사회주의적 원리에 의한 새로운 사회 건설에 필요한 자료들까지 포함할 것을 권하면서 이의 설립 장소로 라이프치히를 거론하고 있다.[24]

---

22) Susanne Miller und Heinrich Potthoff, *Kleine Geschichte der SPD. Darstellung und Dokumentation. 1848~1980*, Verlag Neue Gesellschaft GmbH., Bonn 1981, S. 29~43. 라살레파와 아이제나흐파Eisenachern가 통합하여 고타에서 결성된 독일사회주의노동자당의 강령은 이론적으로는 마르크스주의적이고, 실천은 라살레 쪽을 따른 절충적인 것이었다. 따라서 마르크스는 그의 『고타강령 비판Kritik des Gothaer Programms』을 통해 이 강령이 자신의 이론에서 얼마나 편향되었는가를 강하게 비판하고 있다. MEW, Bd. 19, S. 11~32 참조.
23) A[ugust] B[ebel], "Die Nothwendigkeit der Gründung einer allgemeinen Parteibibliothek," *Vorwärts*, Leipzig, Nr. 21 vom 20. Februar 1878. Paul Mayer, "Die Geschichte des sozialdemokratischen Parteiarchivs und das Schicksal des Marx-Engels-Nachlasses," *Archiv für Sozialgeschichte*, VI./VII. Band, 1966/67, S. 155~57 Anhang I.
24) Mayer, 앞의 글. 이러한 아카이브의 필요성에 대한 논의는 1860년대 전반의 보르크하임 Sigismund Ludwig Borkheim(1825~1885)과 벡커Johann Philipp Becker(1829~1886)에게까지 소급된다고 마이어는 주장하고 있다. 앞의 글, S. 11~12. 실제로 최근의 연구 성과는 라살레가 창립한 전독일노동자연맹ADAV의 아카이브가 1860년대에 존재했고, 이 최초의 아카이브가 장서보다 문건(간부회의의 서류, 기록 문서, 편지 등)에 치중했다고 보고하고 있다. 이에 대해 베벨의 호소는 사회주의적 문헌이나 정기간행물을 포함하는 장서의 수집에 치중하고 있다고 평가된다. Mario Bungert, *"Zu retten, was*

그러나 이 같은 베벨의 제안은 같은 해 10월 21일의 비스마르크의 사회주의자 단속법이 발포됨에 따라 당 자체의 생존이 위기에 처하게 되면서 곧장 실현되지는 못했다. 그러다가 1880년 8월 20~23일, 스위스의 비덴 성Schloß Wyden에서 열린 사민당의 망명당 대회 Exilkongreß는 슐뤼터 Hermann Schlüter(1851~1919)를 관장으로 하는 당-아키브를 스위스의 빈터투르Winthertur에 세우기로 원칙적인 합의를 보기에 이르렀다.[25] 그러나 이 당 대회는 당-아키브의 설치를 위한 구체적 결의를 하지 않은 채 청원을 수용하고, 사후에 카우츠키와 케겔Max Kegel(1850~1902)이 이에 서명하는 데 그쳤다.[26] 당-아키브 가 본격적으로 추진된 것은 1882년 8월 19~21일 취리히에서 열린 당 회의Parteikonferenz가 슐뤼터의 당-아키브 계획에 동의하고, 곧 당-아키브의 관리를 위한 기구die Verwaltung des Parteiarchivs를 만든 시점부터였다.[27] 슐뤼터는 우선 당 기관지인 『소치알데모크라트』에 1878년 베벨이 제기한 당-아키브의 설립 계획과 방향에 따라 "우리 당의 역사와 관련된 모든 자료를 한데 모아 수집·보관하는 중앙기관"을 만들고자 하므로 당의 동지나 과거의 전사들이 점차 망실되어 가고 있는 지난날의 신문, 잡지와 문건들을 보내줄 것을 호소하는

---

sonst unwiederbringlich verloren geht," Die Archiv der deutschen Sozialdemokratie und ihre Geschichte, Friedrich-Ebert-Stiftung, Bonn 2002, S. 11~17, 24.
25) 이 시기 사회주의자 단속법에 의해 위협받는 독일의 노동운동사 관련 여러 자료의 상황과 이를 구출하기 위한 당-아키브의 설치 필요성에 대해서는 다음을 보라. Bungert, 앞의 책, S. 20~21.
26) "Antrag wegen Gründung eines Parteiarchivs in der Schweiz zur Verlesung," Bungert, 앞의 책, S. 20, 22~23.
27) Mayer, 앞의 글, S. 13~14. 한편 1880년 이래 사민당-아키브는 공식적으로 "당-아키브Parteiarchiv"라 불리고 거기에는 장서와 수집된 문서가 포함되어 있다. 그러나 당내에서는 나중에 이 "아키브-장서Archiv-Bücherei"는 수집된 문서Dokumentensammlung와 구별하여 불리게 되었다. 같은 글, S. 14.

글을 발표했다. 다시 말하면 당-아키브는 당의 역사와 노동운동사의 모든 기록과 문서의 수집처eine Sammelstelle von Urkunden und Akten였다.[28]

이처럼 취리히에 설립된 당-아키브는 출발 당시 당 기관지 『소치알데모크라트』의 편집장이었던 베른슈타인이 우선 자료 수집의 책임을 맡았다. 그러나 당-아키브의 본격적인 업무는 1883년 말 베벨의 권유로 취리히로 온 슐뤼터가 책의 출판과 판매를 위한 회사를 설립하고, 그 건물에 당-아키브를 배치함으로써 가능해졌다. 그리고 그는 1884년 8월 20일 베른슈타인으로부터 당-아키브의 업무를 정식으로 인수받고 자료 수집에 전념했다. 그는 아무런 재정적 뒷받침도 없이 당원들의 의식에 호소함으로써 사회주의의 역사나 국제노동운동과 관련된 많은 자료들, 즉 책과 신문, 귀중한 문건들을 기증받아 소장품을 확장해나갔다. 따라서 이처럼 늘어난 소장품은 1885년에만 8만 2,000스위스 프랑의 보험료가 들 정도로 방대해졌다. 이 가운데는 그가 역점을 두고 수집한 문건과 사신(私信)들, 예를 들어 라살레의 「서간과 회고Briefe und Erinnerungen」, 1886년 제네바에서 사망한 벡커의 서간문 등이 포함되어 있었다.[29]

한편 사회주의자 단속법에 의해 스위스로 망명한 사민당이 독일 내의 불법적 조직을 확대하지 않을까 하는 위구심을 갖던 베를린 정부는 1888년 초 취리히의 사민당 본부에 결정적인 타격을 가하고자 했다. 구체적인 조치로 비스마르크는 스위스 정부에 대해 엄중한 외

---

28) H[ermann] Sch[lüter], "Zur Frage eines Partei-Archivs," *Der Sozialdemokrat*, Zürich, Nr. 18 vom 27. April 1882. Mayer, 앞의 글, S. 158~60 Anhang II. Bungert, 앞의 책, S. 23~24도 보라.
29) Mayer, 앞의 글, S. 14~16; Heinz Stern und Dieter Wolf, *Das große Erbe. Eine historische Reportage um den literarischen Nachlaß von Karl Marx und Friedrich Engels*, Dietz Verlag, Berlin 1972, S. 42~43.

교적 간섭을 하게 되었고, 망명 사민당의 기관지『소치알데모크라트』를 제작하는 네 명의 대표자 — 편집인 베른슈타인, 『붉은 악마 Der Rothe Teufel』의 편집자요 출판사의 사장인 슐뤼터, 출판사의 판매 총책인 모틀러, 출판국장 타우셔Leonhard Tauscher(1840~1914) — 를 스위스에서 추방할 것을 요구했다. 스위스는 이 요구를 거절할 수 없어 1888년 4월 18일 연방의회의 결의를 통해 이들의 추방을 결정하게 된다.

1888년 5월 13일 스위스로부터 추방된 이들은 엥겔스의 조언을 받아들여『소치알데모크라트』와 당 조직을 런던으로 옮겼고, 당-아키브도 16개의 상자에 포장되어 런던으로 건너갔다.[30] 이에 따라 당-아키브는 우선 런던의 켄티시 타운로드Kentish Town Road 114번지에『소치알데모크라트』의 편집진과 공동으로 배치, 거주하게 되었다. 취리히를 떠나 런던의 좁은 공간으로 이사 온 사민당의 당료들은 공간 문제로 끊임없는 분쟁에 시달렸다. 특히 당-아키브의 책임자인 슐뤼터와 당 기관지의 판매 총책인 모틀러 사이에 심각한 알력이 일어나 종국에는 서로 교섭을 끊는 상황에까지 이르렀는데, 이는 모틀러가 새삼 당-아키브에 관심을 보임으로써 발생한 일이었다. 당시 미국으로의 이민을 계획하고 있던 슐뤼터는 그동안 당-아키브를 관리해오면서 미래의 완벽한 인명 및 사항 색인의 기초가 될 아키브의 카드색인Zettelkatalog을 만들어왔는데, 이같이 공들여온 작업을 모틀러에게 빼앗길 것을 우려해 당-아키브의 관리를 카우츠키에

---

30) 1887년 10월 1일 생트 갈렌에서 열린 제3차 망명당 대회에서의 슐뤼터의 보고에 의하면 당-아키브의 장서가 3,200권에 이른다고 한다. 그 밖에도 정기간행물이 신문 160종에 372권, 마르크스, 라살레, 바쿠닌 등의 저서와 서간, 각종 문서, 그리고 러시아어로 된 문헌까지도 존재했다고 한다. Mayer, 앞의 글, S. 17~18.

게 맡기고 미국으로 떠나게 된다.[31]

1890년 10월 1일, 비스마르크의 실각을 가져온 사회주의자 단속법의 폐지는 사민당의 여러 당 기구를 베를린으로 복귀하게 했다. 우선 1890년 9월 27일 망명지에서 11년을 버텨온 당 기관지 『소치알데모크라트』는 그 기능을 『베를리너 폴크스블라트Berliner Volksblatt』로 이양하고, 후자는 1891년 1월 1일자부터 『포아베르츠Vorwärts』로 제호를 바꾸었다. 그리고 카우츠키가 귀국한 뒤 베른슈타인의 관리 아래 있던 런던의 당-아키브는 아직도 귀국이 불허된 모틀러의 지휘 아래 1891년 2월과 3월에 걸쳐 일부의 수고본handschriftliche Materialien을 제외하고는 곧장 당 중앙위원회가 위치한 베를린의 카츠바흐 가(街)Katzbachstraße로 보내져 이 건물의 지하실 창고에 보관되었다. 그러나 당 중앙위원회의 지하실에 보관되어 있던 당-아키브의 자료는 2년 반이 지난 뒤에야 개봉되어 당 서기국에 입고되었다고 1893년에 개최된 쾰른 당 대회에서 보고된 바 있다. 물론 이 시점에서 장서의 목록화는 아직도 이루어지지 않았다. 따라서 당-아키브의 이용은 제약되었으나 장서의 수는 당원의 적극적 참여를 통해 이 시기에 이미 4,000여 권에 이르는 것으로 보고되고 있다.[32]

## 2. 마르크스-엥겔스 장서의 사민당-아키브 편입

우리는 엥겔스의 유언서 집행 과정에서 마르크스와 엥겔스의 장서

---

31) 1889년 미국으로 떠난 당-아키브의 초대 관리자였던 슐뤼터의 업적은 1925년의 하이델베르크 당 대회에서 공식적으로 인정되어 치하를 받았다. Mayer, 앞의 글, S. 19~29.
32) Mayer, 앞의 글, S. 29~31.

와 유고의 행방을 주의 깊게 살펴보았다. 먼저 마르크스-엥겔스 장서의 유증에는 엥겔스가 이미 지적한 바와 같이 "**전체로서** 근대 사회주의의 역사 연구뿐만 아니라 그와 관련된 모든 학문 연구를 위해 **매우 특별하고도 완벽한 장서**"이기에 이의 분산을 막으려는 그의 강한 열망이 내포되어 있다고 하겠다. 따라서 그는 마르크스의 사망 시에 이미 분산되었던 그들 두 사람의 장서를 한데 모으고자 1894년 11월 14일자로 마르크스의 두 딸 라우라와 투시에게 보낸 편지에서, 그들이 모올의 사후 물려받은 모든 장서까지를 그 자신의 장서에 포함하여 사민당의 아카브에 양도하자고 제의한 것이다.[33] 그리고 사민당, 특히 이의 대표인 베벨은 이들 장서의 특별한 의미, 즉 노동운동의 세속적 해방 과정에서 마르크스와 엥겔스의 장서가 갖는 문헌적 가치를 충분히 인식하고 있었기에 일찍부터 엥겔스에게 "이들 장서를

---

[33] Engels an Laura Lafargue und Eleanor Marx-Aveling, 14. Nov. 1894, MEW, Bd. 39, S. 318(인용문 중 강조 부분은 저자). 마르크스의 장서는 당초 그의 사후 이를 정리하던 엥겔스에 의해 여러 사람이나 단체에 분양되었다. 다시 말하면 엥겔스는 그가 필요로 하거나 그의 서재가 허용하는 범위를 넘어선 절반 이상의 장서를 처분하지 않을 수 없었다. 그리하여 엥겔스는 서재를 정리하던 엘리노에게는 물론이고, 파리에 있는 라파르그 부부에게는 주로 프랑스어 책들을, 러시아의 라브로프에게는 모올의 러시아어 장서를, 취리히의 당-아카브와 당 기관지 『소치알데모크라트』의 편집부 도서관에는 상당수의 복본Dubletten 등을, 새뮤얼 무어에게는 영국 의회와 외무성의 외교문서 자료로 출판된 청서Blue Books를, 그리고 런던의 노동조합에는 보급판들을 분양한다는 사실을 라우라에게 알리고 있다. Engels an Laura Lafargue, 5. Februar 1884, MEW, Bd. 36, S. 101~102. 한편 이들 분양된 자료의 구체적 내용은 라파르그 부부에게 보낸 책들의 경우 같은 책, S. 101~102에 언급되어 있다. 특히 베른슈타인의 경우 『신라인 신문』의 편집자용철Redaktionsexemplar 등이 언급되고 있다. 『신라인 신문』의 편집자용철은 마르크스 자신이 보관·사용했던 귀중본이다. Engels an Bernstein, 5. Februar 1884, MEW, Bd. 36, S. 98. Hans-Peter Harstick, "Zum Schicksal der Marxschen Bibliothek," *International Reveiw of Social History*, XVIII, 1973, S. 216~18; MEGA² Vierte Abteilung, *Exzerpte · Notizen · Marginalien. Vorauspublikation zu Band 32*, Akademie Verlag, Berlin 1999[이하 MEGA² IV/32 (Vorauspublikation)로 줄여서 표기함], S. 44~46 참조. 이 책의 제6부 주 15)도 보라.

하나의 전체로in ihrer Gesamtheit" 묶어 사민당에 양도해줄 것을 간절히 부탁했던 것이다.

엥겔스 사후, 곧장 27개의 상자에 포장되어 베를린으로 이송된 이들 장서는 1895년 10월 사민당의 간부회가 위치한 카첸바흐 가 9번지 가까이 있는 베를린의 당-아키브에 편입되었다. 그런데 문제는 이처럼 중요한 마르크스-엥겔스의 장서가 특별 장서로 분류되지 않았을뿐더러 장서의 목록조차도 만들어지지 않은 채 기왕에 당-아키브에 존재하던 약 4,000권의 책과 더불어 보관, 열람, 대출되었다는 사실이다.[34] 따라서 마르크스-엥겔스의 장서는 기왕의 다른 장서들과 뒤섞여 서서히 그 독자성을 상실함은 물론이요, 개개의 장서 중 어느 것이 마르크스와 엥겔스의 소유였느냐를 가릴 수 있는 연원 Provenienz조차도 점차 희미해지는 지경에 이르렀다. 이로 인해 마르크스-엥겔스의 장서가 당-아키브에 입고된 지 30여 년이 지난 1927년 9월, 당 지도부의 요청을 받은 아돌프 브라운Adolf Braun(1862~1929)이 엥겔스의 유언 집행에 참여한 소수의 생존자 중의 한 사람인 베른슈타인에게 이들 두 사람의 장서 목록이 존재하는지를 묻는 어처구니없는 사태에 직면하게 된 것이다.[35] 이 같은 상황을 우리는 당-

---

34) MEGA² IV/32(Vorauspublikation), S. 55~57.
35) 1927년 9월 19일, 당시 당 기관지『포아베르츠』의 편집장이었던 브라운은 당 간부회의 요청으로 베른슈타인에게 27상자에 달하는 마르크스-엥겔스 장서의 목록과 유래에 관한 문서가 있는지를 묻는 편지를 보냈다. 오늘날 이 편지에 대한 답장은 유존치 않으나 베른슈타인의 대답은 부정적이었으리라 추정된다. Adolf Braun an Eduard Bernstein, 19. September 1927; Hans-Peter Harstick, 앞의 글, S. 205~206; MEGA² Vierte Abteilung, *Marginalien · Probestücke*, S. 18*~19*; MEGA² IV/32(Vorauspublikation), S. 56; 정문길,「마르크스-엥겔스의 장서에 쓰인 난외방주의 의의와 출판 문제」,『현상과 인식』, 27권 1/2호(2003, 봄/여름), p. 149 참조(Moon-Gil Chung, "Marginalien und CD-ROM: Zur Veröffentlichung des Verzeichnisses der Bibliotheken von Marx und Engels in der Vorabpublikation zum Band IV/32 der MEGA²," *Beiträge zur Marx-Engels-Forschung*, Neue Folge 2004, S. 240~54도 보라).

아카이브의 관리가 미숙할 수밖에 없는 초창기이고, 망명에서의 귀환이라는 객관적 상황을 고려한다 할지라도 적어도 마르크스-엥겔스의 장서와 관련되는 한 그 관리가 설립 취지나 장서의 중요성을 감안할 때 너무나도 허술했다는 점을 지적하지 않을 수 없다.

당-아키브에 통합된 마르크스-엥겔스 장서의 목록화는 1899년 10월 말, 당-아키브가 하이만Hugo Heimann(1859~1951)이 알렉산더린넨 가Alexanderinnenstraße 26번지 가르텐하우스Gartenhaus에 설립한 "공공도서관과 열람실Öffentliche Bibliothek und Lesehalle"에 일정한 공간을 확보하면서부터 가능해졌다.[36] 일단 여기에 자리 잡은 당-아키브는 하이만 도서관과의 공동 장서 목록 제작이나 도서의 공동 이용에 반대하면서 당-아키브 소장 도서의 관외 대출은 당 간부회의 승인을 받은 자에 한정하는 보수성을 보이고 있다. 그러나 바로 이 시기에 당-아키브의 소장인 쉬펠Max Schippel(1859~1928)이 하이만 도서관의 훈련된 사서들의 도움을 받아 당-아키브 장서의 체계적 목록을 완성하게 된다. 거의 8,000권에 달하는 장서를 12개부Hauptabteilungen로 분류하여 카드화한 이 작업은 표제어를 알파벳순으로 정리한 것ein alphabetisches Stichwortregister으로 장서의 도서관 이용을 가능하게 하고 있다. 1901년 타자기로 찍은 이 색인은 폴리오판 421쪽에 이르는데, 이는 1903년에 인쇄되어 다시 발간되었다고 보고되어 있다.[37]

---

36) 이 도서관은 뒤에 아달베르트 가Adalbertstraße 41번지의 독립 건물로 이사한 뒤 1920년 이래로는 시립도서관으로 확대 발전되었다. MEGA² IV/32(Vorauspublikation), S. 56~57 Anm. 120.

37) *Bibliothek der Sozialdemokratischen Partei Deutschlands. Systematischer Katalog*, Berlin, September 1901, IV, 421 S.; *Bücherverzeichnis der Öffentlichen Bibliothek und Lesehalle Berlin SW. 13. Alexanrinnerstraße 26*, Berlin, Hugo Heimann, 1903¹, 8º, 687 S. 2. Aufl. 1904, 769 S. 한편 위의 1901년판 Systematischer Katalog는 1927년 개정되었는데 거기에는 더 많은 장서가 수록되어 있다. Harstick, 앞의 글, S.

쉬펠의 이 같은 당-아키브의 목록화 작업은 마르크스의 장서가 별도로 분리되지 않았고, 수많은 러시아어 장서가 언어상의 이유로 목록화에서 제외되었다는 약점이 있으나 마르크스-엥겔스 연구에 새로운 전거를 제시했다는 점에서 중요한 의미를 갖는다. 특히 당시의 당-아키브가 이 같은 체계적 목록화 과정에서 마르크스-엥겔스 장서의 경우, 이를 표시하는 스탬프를 찍고 도서기호를 부여한 점은 충분히 평가되어야 할 것이다. 그러나 이러한 정리 과정에서 많은 장서가 다시 제본되었는데, 문제는 이 제본 과정에서 책의 난외에 쓰인 마르크스와 엥겔스의 적지 않은 난외방주(欄外傍註)Randglossen가 잘려 나갔다는 점이다.[38] 특히 이들 난외방주는 그들의 사상적 발전 과정을 추적하는 최근의 문헌학적 연구에서 두 사람의 발췌노트에 못지않은 중요성이 인정됨으로써 그 손실의 막중함이 재평가되고 있다.[39]

1899년 10월 이후 하이만 도서관에 둥지를 틀었던 사민당-아키브는 1904년 10월, 린덴 가Lindenstraße 69번지에 위치한 중앙당 당사로 이주했으며, 10년 뒤인 1914년 9월에는 린덴 가 3번지에 위치한 당 기관지『포아베르츠』지 사옥 4층으로 이사하여 자리 잡았다. 그러나 당-아키브의 사민당 당사로의 이주에도 불구하고 상당수의 도서가 하이만 도서관에 대여 형식으로 남아 있었는데, 이는 모두 443 타이틀에 이른다(여기에는 경제학 142책, 역사학 121책, 철학 50타이틀, 군사학 46권, 자연과학 14책, 법률 6책, 전기문학 37책 등이 포함되어 있다). 그리고 이 가운데는 오늘날 우리가 마르크스와 엥겔스

---

207: MEGA² IV/32(Vorauspublikation), S. 58 Anm. 123 참조.
38) Harstick, 앞의 글, S. 207; MEGA² IV/32(Vorauspublikation), S. 59.
39) 정문길, 앞의 글.

의 소유였다고 판단하는 책들이 상당수 포함되어 있음이 명백하다. 모두 8,686권에 이르는 당-아카이브의 장서 중 분실된 숫자가 592권에 이르는데, 그것이 1912년에도 잔존해 있었는지는 분명치 않다.[40]

## 3. 니콜라예프스키의 마르크스-엥겔스 장서 목록 작성

사민당-아카이브의 장서 중에서 마르크스와 엥겔스가 소유하고 사용했던 책을 분류하려는 노력을 체계적으로, 그리고 철저히 수행한 이는 1920년대의 니콜라예프스키 Boris Ivanovič Nikolaevskij(1887~1966)였다. 그는 1917년 러시아 혁명운동에 참여한 멘셰비키로서, 1919~1920년에 러시아 혁명운동사 중앙-아카이브의 소장을 지냈다. 그러나 1922년 소련으로부터 추방당한 니콜라예프스키는 베를린에 머물면서 러시아 사회민주주의노동자당 Sozialdemokratische Arbeiterpartei Rußlands, SDAPR의 재외 대표로, 그리고 독일사민당-아카이브의 사서로 있으면서 같은 당-아카이브 건물에 설치된 베부토프 컬렉션 Sammlung Bebutov을 관리했다. 그러나 중요한 것은 그가 1924~1931년 사이에 모스크바의 마르크스-엥겔스 연구소 Marx-Engels-Institut, MEI의 베를린 통신원으로 있으면서 사민당-아카이브가 소장하고 있던 마르크스-엥겔스 유고의 총목록을 작성하는 일과, 더불어 마르크스-엥겔스 장서의 구체적 내용을 총체적으로 점검했다는 사실이다.[41]

---

40) 이 가운데 마르크스와 엥겔스의 장서였다고 추정되는 장서의 목록은 다음을 보라. MEGA² IV/32(Vorauspublikation), S. 59~60 Anm. 128.
41) MEGA² IV/32(Vorauspublikation), S. 61 Anm. 132; Vjačeslav Viktorovič Krylov, "D. B. Rjazanov und B. I. Nikolaevskij," *Beiträge zur Marx-Engels-Forschung*, Neue Folge, Sonderband 1, Argument Verlag, Berlin-Hamburg 1997, S. 50~54.

원래 이 작업은 모스크바의 마르크스-엥겔스 연구소의 리야자노프 David Borisovič (Gol'dendach) Rjazanov(1870~1938)가 구상하고 있던 마르크스-엥겔스 저작의 역사적-비판적 전집historisch-kritische Gesamtausgabe der Werke von Marx und Engels, MEGA 출판 계획과 밀접히 연결되어 있었다. 다시 말하면 마르크스-엥겔스의 '연대기적 발전 과정 biochronologisch'을 추적하면서 편찬될 전집을 위해서는 독일사민당이 1895년 이래 엥겔스로부터 유증받아 보유하고 있는 상당 부분의 마르크스-엥겔스 유고를 검토하지 않을 수 없었던 것이다. 그리하여 리야자노프는 우선 1924년 8월 20일 막 창립된 프랑크푸르트의 사회조사연구소Gesellschaft für Sozialforschung e.V. Frankfurt am Main와 대등한 입장에서 학술적 협력을 위한 계약을 체결하고,[42] 이어서 1924년 10월 23일에는 니콜라예프스키가 리야자노프의 조정자 자격으로 사민당 수뇌부로부터 역사적-비판적 전집 준비 작업이 가능하도록 당-아키브가 소장하고 있는 모든 마르크스-엥겔스 유고에 대한 사용 허가를 받게 될 것이다.[43]

그런데 바로 이 과정에서 우리가 주목하는 것은 니콜라예프스키가 사민당-아키브의 마르크스-엥겔스 유고와 다른 관련 문서의 목록 작성이라는 본래의 과제와 더불어, 마르크스-엥겔스의 모든 장

---

특히 S. 51~53; Rolf Hecker, "Erfolgreiche Kooperation: Das Frankfurter Institut für Sozialforschung und das Moskauer Marx-Engels-Institut(1924~1928)," *Beiträge zur Marx-Engels-Forschung*, Neue Folge, Sonderband 2, Argument Verlag, Berlin-Hamburg 2000, S. 25.

42) "Vereinbarung zwischen der Gesellschaft für Sozialforschung e.V. Frankfurt/M. und dem Marx-Engels-Institut Moskau(1924)," *David Borisovič Rjazanov und die erste MEGA. Beiträge zur Marx-Engels-Forschung*, Neue Folge, Sonderband 1, S. 46~49.

43) Nikolaevskij an Rjazanov, 25. Oktober 1924, *Beiträge zur Marx-Engels-Forschung*, Neue Folge, Sonderband 1, S. 59.

서의 목록을 만드는 작업에 착수했다는 점이다. 그는 우선 그들 두 사람이 소유했던 모든 장서의 색인카드를 만들고 개개의 카드에 마르크스와 엥겔스가 남긴 난외방주Marginalien를 기록했다. 니콜라예프스키는 그들의 장서에 나타나는 수많은 옆줄과 밑줄An- und Unterstreichungen 또한 그 중요도가 난외방주에 못지않으므로 이를 어떻게 색인카드에 남길 것인가에 대해서도 고심했다. 그러나 이들 모두를 기록하는 것은 해당 페이지를 모두 복사하지 않고서는 불가능한 일이었다.[44]

1924년 12월 3일 리야자노프는 에른스트 초벨Ernst Czóbel을 통해 그가 설정한 과제의 중요성은 이해하나 일의 순서로 보아 이를 총체적으로 완수하기는 쉽지 않다는 점을 지적하고 있다. 그리고 현재의 전집 출판 계획상 더욱 화급한 일은 발췌노트와 초고, 서간 등을 체크하는 일이며, 특히 초기 작품에 작업을 집중하도록 부탁하고 있다. 또한 마르크스-엥겔스의 난외방주의 경우 우선은 1847년 이전까지의 장서에 국한하여 정리하도록 지시했다.[45] 한편 마르크스-엥겔스의 장서와 관련된 모스크바의 지시에 대해 니콜라예프스키는 1847년 이전까지의 장서는 극히 일부만 남아 있을뿐더러, 이를 가려내기 위해서는 이미 1만 6,000권으로 늘어난 당-아키브의 모든 장서(앞에서도 언급했듯이 마르크스-엥겔스의 장서는 별도로 분리되어 있지 않고 다른 도서들과 섞여 있었다)를 체크해야 하기에 극히 어려운 일임을 지적하고 있다. 더욱이 이처럼 방대한 사민당-아키브의 장서는 한곳에 모여 있는 것이 아니라 그 일부가 다른 곳에 비치되

---

44) Nikolaevskij an Rjazanov, 25. Oktober 1924, *Beiträge zur Marx-Engels-Forschung*, N. F., Sonderband 1, S. 60~61.
45) Czóbel an Nikolaevskij, 3. Dezember 1924, *Beiträge zur Marx-Engels-Forschung*, N. F., Sonderband 1, S. 64.

어 있어 작업은 더욱 어려울 수밖에 없었다.[46]

어쨌든 마르크스-엥겔스의 장서를 정리하려는 니콜라예프스키의 집념은 1925년에 우선 당시까지 언어상의 이유로 소홀히 다루어졌던 러시아어 부문의 목록 작성이 최종 단계에 이른 것으로 보인다. 그는 "마르크스-엥겔스의 장서와 관련된 작업을 마치기 위해, 즉 이 장서의 러시아어 부문에 대한 검토를 마치고, 마르크스와 엥겔스의 독서 흔적이 남아 있는 러시아와 외국 부문의 모든 장서에 대한 완벽한 목록을 작성하기 위해" 프라하에 있는 라브로프 도서관 Lavrov-Bibliothek[47]을 열람하러 간다는 사실을 리야자노프에게 알리고 있다. 1927년에 그는 사민당-아키브가 소장하고 있던 마르크스-엥겔스 장서의 체계적인 목록을 작성하기 시작했는데, 여기에 포함된 이들의 장서는 모두 1,130타이틀이나 되었다. 그의 목록은 1929년에 모두 완성되었고,[48] 러시아어 부문은 1929년 『마르크스와 엥겔스

---

46) Nikolaevskij an das Marx-Engels-Institut, 11. Dezember 1924, *Beiträge zur Marx-Engels-Forschung*, N. F., Sonderband 1, S. 68. MEGA² IV/32(Vorauspublikation), S. 62~63도 보라.
47) 라브로프 도서관은 라브로프Pjotr Lavrovič Lavrov(1823~1900)가 설립한 도서관으로 거기에는 엥겔스로부터 유증받은 100여 권의 러시아 관련 도서가 소장되어 있다. 이 도서관은 1902년 사회혁명당의 도서관으로 기능했으며 곡M. R. Goc(1866~1906)과 라자레프E. E. Lazarev의 장서가 병합되면서 더욱 확장되었다. 이 도서관은 1920~1930년대에 프라하에 있었으며, 이후 파리로 옮겨갔다가 1939년 네덜란드의 국제사회사연구소IISG에 매각되었다. 1만여 권에 이르는 장서는 제2차 세계대전 이후에 대부분의 장서가 회수되어 오늘날 암스테르담에 소장되어 있다. Harstick, 앞의 글, S. 218~21. Nikolaevskij an Rjazanov, 18. Oktober 1925(Auszug), *Beiträge zur Marx-Engels-Forschung*, N. F., Sonderband 1, S. 71 Anm. 40 참조.
48) *Spisok knig bilioteki K. Marksa i F. Engel'sa*(Berlin-Brandenburgische Akademie der Wissenschaften, Akademienvorhaben MEGA, MEGA¹-Archiv). 일반적으로 "니콜라예프스키 리스트Nikolaevskij-Liste"라 불리는 이 목록의 마지막 부분은 1929년 2월 19일 마르크스-엥겔스 연구소로 보내졌다고 한다. MEGA² IV/32 (Vorauspublikation), S. 63 Anm. 138. 저자는 이 목록의 존재를 2004년 가을 베를린-브란덴부르크 과학아카데미BBAW를 방문하는 기회에 이 연구소에서 마르크스-엥

의 러시아어 책*Russkie knigi v bibliotekach K. Marksa i F. Engel'sa*으로 출판되었다.[49]

우리는 앞에서 독일사민당-아키브에 통합된 마르크스-엥겔스의 장서가 기왕에 당-아키브에 수집된 도서와 뒤섞여 그 행방을 알 수 없게 된 경위와 그것이 니콜라예프스키의 완고할 정도로 강한 집념에 의해 마침내 하나의 장서 목록으로 완성된 과정을 살펴보았다. 한편 니콜라예프스키의 이 같은 노력은 1931년 리야자노프의 실각과 구MEGA 프로젝트의 좌절로 덧없는 일이 된 것처럼 보였다. 그러나 그가 작성한 '니콜라예프스키 리스트'는 제2차 세계대전 후 마르크스-엥겔스의 장서를 복구하는 수색 작업에 없어서는 안 될 길잡이가 되었다.

## 4. 마르크스-엥겔스 유고의 사민당-아키브 도착

사민당이 엥겔스로부터 유증받은 마르크스-엥겔스의 왕복서간을 포함한 엥겔스의 유고는 당-아키브가 1895년 베를린으로 복귀한 지 거의 6년이 지난 1901년에야 베를린의 당-아키브에 도착했다. 이는 앞에서 살펴본 마르크스-엥겔스의 장서가 불과 2개월 반 만에 당-아키브에 편입된 것과는 좋은 대조를 이룬다.

우선 사민당의 베벨과 베른슈타인에게 유증하기로 한 엥겔스의 유

---

겔스 장서 목록 작성의 책임을 맡은 슈페를Richard Sperl의 호의로 확인하고, 이를 열람, 필요한 부분을 복사하는 행운을 누릴 수 있었다.

49) Nikolaevskij an das Marx-Engels-Institut, 11. Dezember 1924, *Beiträge zur Marx-Engels-Forschung*, N. F., Sonderband 1, S. 69 Anm. 34 및 MEGA² IV/32 (Vorauspublikation), S. 63~64를 보라.

고는 용의주도한 엥겔스 자신에 의해 이미 몇 개의 상자에 분류, 정리되어 있었다. 먼저 엥겔스 자신의 유고는 2개의 커다란 나무 상자에 담겨 있었고, 엘리노와 라우라에게 유증하기로 한 유고를 제외한 마르크스의 나머지 문건은 철제 상자에 담아 자물쇠를 달아두었다. 그리고 엥겔스가 "히베르니카Hibernica"라 부르는 상자에는 마르크스-엥겔스의 왕복서간과 더불어 신문과 잡지철이 들어 있었다.[50] 엥겔스의 유언 집행 과정에서 이들 4개의 상자를 유증받은 독일사민당의 베벨은 불안한 독일 내의 정치적 사정 때문에 이들 유고를 우선 런던의 모틀러가 관리하도록 결정했다. 독일의 사회주의자 단속법은 이미 1890년에 폐기되었으나, 스위스의 취리히 시절부터 망명당 기관지 『소치알데모크라트』를 발간하면서 편집장을 지낸 베른슈타인과 판매 총책인 모틀러 등의 당 간부는 독일 내에서 매년 체포영장이 재발부되어 귀국이 금지된 상태였다.

그러나 1900년에 이르러 사회주의자 단속법이 마침내 완전히 폐기됨으로써 영국에 머물던 당 간부들이 속속 귀국하게 되었다. 우선 베른슈타인은 1900년에 베를린으로 귀환하고, 모틀러도 다음 해에 귀국하기로 했다. 따라서 모틀러가 보관·관리해오던 마르크스-엥겔스의 유고를 어디로 가져갈 것인지의 문제가 당 간부들의 최대 현안이 되었다. 베른슈타인과 더불어 이 유고의 법률적 상속자의 한 사람이며 당을 대표하는 베벨은 베른슈타인이 거주하는 베를린의 당-아키브보다는 『노이에 차이트』의 편집장인 카우츠키가 있는 슈투트가르트의 디츠 출판사에 보관하기를 희망했다. 왜냐하면 엥겔

---

50) Julius Motteler an Karl Kautsky, 10. Mai 1901. 그러나 히베르니카를 개봉한 모틀러가 이보다 5일 후에 카우츠키에게 보낸 편지에 의하면 거기에는 신문철만이 보관되어 있었던 것으로 보고되고 있다. Motteler an Kautsky, 15. Mai 1901. Mayer, 앞의 글, S. 43에서 재인용. Stern und Wolf, 앞의 책, S. 44 참조.

스 사후 베른슈타인에 의해 불붙은 당내의 수정주의 논쟁에서 카우츠키가 바로 베른슈타인의 대척점에 서 있었기 때문이다.[51] 그러나 당시 카우츠키는 엘리노의 도움과 엘리노의 사후에는 라우라의 양해를 얻어 『잉여가치 학설사』를 편찬할 수 있는 초고를 지속적으로 확보했기에 유고의 소장처에 대해서는 그다지 관심이 없었다. 따라서 유고의 소장처를 결정하는 문제는 결국 출판사 사장인 디츠Johann Heinrich Wilhelm Dietz(1843~1922)의 결정에 맡겨졌다. 그러나 디츠는 유고가 슈투트가르트에 보관될 경우 베른슈타인이 쫓아와 이를 탈취해갈지도 모른다고 불안해했고, 마침내 유고의 보관 장소는 처음 예정된 베를린의 당 간부회 건물에 위치한 당-아키브로 낙착될 수밖에 없었다. 한편 마르크스-엥겔스 유고의 소장처에 대한 당 수뇌부의 이 같은 과민한 논의는 수정주의 논쟁과는 또 다른 측면에서 그들이 스스로 "혁명의 정신적 무기고"라고 여긴 이들 유고를 어떻게 하면 프러시아 관헌의 손이 닿지 않는 곳에 안전하게 보관할 수 있겠느냐는 사명감에서 연유한다고 할 수 있을 것이다.[52] 그러나 사민당으로 넘어간 마르크스-엥겔스의 유고와 관련하여 우리가 주목하는 것은 1901년 이 유고를 라이프치히를 거쳐 베를린으로 이송할 책

---

51) 사민당 내의 수정주의 논쟁에 대해서는 다음을 보라. Susanne Miller und Heinrich Potthoff, *Kleine Geschichte der SPD. Darstellung und Dokumentation. 1848~1980*, S. 65~72; Carl E. Schorske, *German Social Democracy. 1905~1917, The Development of the Great Schism*, Harvard University Press, Cambridge, Mass. 1955, pp. 16~24. 한편 이 논쟁을 철저히 공산당의 입장에서 서술한 것으로는 Stern und Wolf, 앞의 책, S. 45~60을 보라.

52) Mayer, 앞의 글, S. 42; Stern und Wolf, 앞의 책, S. 63. 한편 2002년에 발간된 붕게르트의 보고에 따르면 모틀러는 1901년 마르크스-엥겔스의 유고 중 일부를 먼저 베벨의 사저(私邸)가 있는 스위스의 퀴스나흐트Küssnacht로 보내고, 나머지 대부분을 그의 가재도구와 더불어 라이프치히의 자신의 집으로 이송했으며, 유고의 보관처로는 독일보다 스위스의 베벨의 사저가 안전하다고 주장했다 한다. Bungert, 앞의 책, S. 32~35.

임을 맡은 모틀러가 세관에서의 신고를 위해 내용물을 점검해야 할 시점에서야 비로소 상자를 개봉할 열쇠의 소재를 베벨과 카우츠키에게 문의했다는 점이다. 물론 열쇠는 루이제 프라이베르거에 의해 곧장 모틀러에게 양도되었으나, 엥겔스 사후 거의 6년에 이르는 기간 동안 이들 유고는 그 누구의 눈길도 받지 못한 채 모틀러의 지하실에 방치되어 있었던 것이다.[53]

마르크스 사후 그의 유고는 엥겔스와 니미, 그리고 엘리노에 의해서 분류·정리되었으며, 엥겔스 사후 엘리노에게 유증된 마르크스의 유고는 그녀에 의해 철저히 분류·정리되고 부분적으로 출판이 되기도 했다. 특히 엘리노는 엥겔스 사후 불과 3년 뒤에 사망했으나 그 짧은 기간 중에도 앞에서 살펴본 바와 같이 마르크스의 유고 출판에 심혈을 기울이는 한편, 카우츠키의 경우처럼 필요할 때는 다른 동지의 힘을 빌려서라도 마르크스의 저작을 편찬·출판하려고 했다. 그런가 하면 엘리노의 사망 후 유고를 물려받은 라우라는 카우츠키의 『잉여가치 학설사』(Karl Marx, *Theorien über den Mehrwert*, hrsg. von Karl Kautsky, 3Bände in 4Teilen, J. H. W. Dietz Nachf. GmbH., Stuttgart 1905~1910)의 출판을 독려했을 뿐만 아니라 그와 함께 파리의 집을 방문한 메링Franz Mehring에게 모올의 전기를 집필하는 데 도움이 될 만한 가족들의 문건을 제공하고, 초기 학위논문을 대여함으로써 메링이 1902년 『마르크스-엥겔스-라살레 유고집 *Aus dem literarischen Nachlaß von Karl Marx, Friedrich Engels und Ferdinand Lassalle*』(hrsg. von Franz Mehring, 4Bände, J. H. W. Dietz Nachf. GmbH., Stuttgart 1902)을 출판하는 데 크게 도움을 주었다. 그러나 마르크스-엥겔스 유고의 출판에 관한 한 그들의 방대한

---

53) Mayer, 앞의 글, S. 43~44; Stern und Wolf, 앞의 책, S. 63.

유고의 많은 부분을 소장한 사민당은 1913년에 발행한 전 4권의 『마르크스-엥겔스 왕복서간집 Der Briefwechsel zwischen Friedrich Engels und Karl Marx. 1844 bis 1883』(hrsg. von A. Bebel und Ed. Bernstein, 4Bände, J. H. W. Dietz Nachf. GmbH., Stuttgart 1913)을 제외하고는 이렇다 할 지적 성과를 나타내지 못했다. 그리고 그들의 이 같은 지적 나태함은 1920년대 들어 러시아에서 새로이 설립된 리야자노프의 마르크스-엥겔스 연구소에 의해 전면적인 도전을 받게 되었다.

사실 엥겔스 사후의 마르크스-엥겔스 저작의 출판은 많은 문제를 노출했다. 그 가운데서도 우리가 주목할 것은 앞에서도 언급한 엘리노가 마르크스의 저작이라고 믿고 출판한 『혁명과 반혁명』(1896)의 저자가 실은 엥겔스였다는 점이나, 카우츠키가 오랜 기간에 걸쳐 편찬·출판한 마르크스의 『잉여가치 학설사』(1905~1910)가 마르크스와 엥겔스가 의도했던 기왕에 출판된 『자본론』 제1~3권의 후속편인 제4권이 아니라 그것과 병렬적인 독립된 저작 Parallelwerk인 것처럼 출판되었다는 점이다. 더욱이 카우츠키는 엥겔스가 『자본론』 제2, 3권의 편집에서 보인 고도의 신중함을 결여한 채 초고의 앞뒤를 자의로 오가며 이렇다 할 근거 없이 초고를 삭제하거나 순서를 뒤바꾸었다는 비판을 받고 있는 형편이다.[54]

그러나 이 시기에 출판된 마르크스-엥겔스의 유고 가운데 가장 중요한 것은 1913년에 발행된 『마르크스-엥겔스 왕복서간집』이다.

---

54) MEW, Bd. 26.1, S. XIV~XVII; Stern und Wolf, 앞의 책, S. 68. 카우츠키가 편찬한 『잉여가치 학설사』는 많은 독자층에게 읽히고, 또 외국어 번역의 기초가 되었다. 그러나 카우츠키판의 이 같은 오류는 러시아의 마르크스-레닌주의 연구소가 그들이 소장한 "1861~1863년의 경제학 초고"의 오리지널에 근거하여 러시아어판 전 3부가 1954, 1957, 1961년에 출판되고, 이에 근거한 독일어판이 1956~1962년 사이에 출판됨으로써 그 학술적 가치를 상실하게 되었다. MEGA² II/3.1, Apparat Teil 1, S. 19를 보라.

마르크스-엥겔스의 왕복서간은 파울 마이어가 지적한 것처럼 "마르크스와 엥겔스의 유고"와 동일시되기에 그것의 보관과 출판은 "사민당-아키브의 역사를 추적할 수 있는 가장 중요한 연결고리ein roter Faden로서 그 자체가 하나의 드라마를 연출"하고 있다.[55] 우선 이들 두 사람의 서간과 관련하여 중요한 것은 유고의 보관·관리와 출판권이 베벨과 더불어, 당시 수정주의 논쟁을 야기한 장본인인 베른슈타인에게 있었다는 점이다. 따라서 사민당 내의 치열한 수정주의 논쟁에도 불구하고 서간집의 편찬에서 베른슈타인을 배제하기는 어려웠다.[56] 특히 이들 두 사람의 왕복서간에는 치열한 이론적 논의, 즉 기회주의에 대한 가차 없는 비판과 혁명적 문구의 사용, 그리고 수많은 당대의 사회주의자들에 대한 솔직한 평가와 가감 없는 비판이 기술되어 있었다. 따라서 이들 ─ 특히 당시에도 생존하여 정치적 활동을 하고 있는 ─ 인사들에 대한 기술 내용을 편지에 쓰인 대로 공개하느냐, 아니면 이를 완화하거나 삭제하느냐 하는 일들이 편찬상의 중요한 과제요 또 난관이었다. 이러한 과정에서 이 왕복서간집의 교정쇄를 일별한 마르크스의 딸 라우라는 모욕의 표현을 완화하려는 편집진들의 타협적 태도에 반대하고, 자신의 입장을 대변할 사람으로 메링을 편집진에 참여시킬 것을 베벨에게 부탁했다.[57] 이러

---

55) Paul Mayer, 앞의 글, S. 7.
56) 카우츠키는 베른슈타인을 마르크스-엥겔스의 유고로부터 격리시켜야 한다고 주장하면서 그 논거로 "『사회주의의 전제와 사회민주주의의 과제』를 출판한 이후의 베른슈타인은 […] 엥겔스가 알고 있었고, 또 그에게 신뢰를 주었던 바로 그 베른슈타인이 더 이상 아니다"는 점을 강조하고 있다. Mayer, 앞의 글, S. 42~43 Anm. 98에서 재인용.
57) Stern und Wolf, 앞의 책, S. 70~72. 사실 이 서간집의 편자는 베벨과 베른슈타인으로 되어 있으나 베벨의 경우는 이름만 건 것이고 실제로는 베른슈타인과 메링이 편찬 책임을 맡고 리야자노프도 참여한 것으로 되어 있다. 특히 메링은 라우라 라파르그로부터 서간문에 대한 주해, 설명, 삭제 등에 대한 전권을 위임받았다. Franz Mehring, *Karl Marx, Geschichte seines Lebens*, Dietz Verlag, Berlin 1964, S. 3(Vorwort).

한 과정을 거쳐 『마르크스-엥겔스 왕복서간집』은 장기간의 편집 과정을 통해 라우라가 사망한 지 2년 뒤, 그리고 베벨이 사망한(4월) 1913년에 마침내 출판되었다. 사실 이 왕복서간집은 지금까지 알려지지 않았던 마르크스-엥겔스의 위대한 유산의 중요 부분이 처음으로 출판된 것으로, 이는 국제노동운동사에 있어서 하나의 사건이기도 했다. 그리고 이 서간집은 독일뿐만 아니라 국제적으로도 커다란 반향을 일으켰으니, 망명지의 레닌은 이로부터 "프롤레타리아트의 근원적이고도 세계 변혁적인 목표를 향한 가장 심원한 이해"를 읽었다고 쓰고 있다.[58] 한 걸음 더 나아가 『마르크스-엥겔스 왕복서간집』은 앞으로 살펴보겠지만, 레닌으로 하여금 소비에트 러시아에서 본격적인 마르크스-엥겔스 연구를 가능하게 한 하나의 계기를 만들기도 했다.

한편 사민당-아키브는 1920년대 들어 엥겔스로부터 직접 유증받은 것이 아닌 다른 경로의 유고도 병합하게 된다. 엥겔스 사후 엘리노에게 유증되었던 마르크스의 유고 중 중요 부분인 "1861~1863년의 경제학 초고"(『잉여가치 학설사』가 포함된)는 먼저 엘리노에 의해 카우츠키에게 대여되어 『잉여가치 학설사』의 편찬에 이용되었다. 그녀의 사후 카우츠키는 라우라의 양해를 얻어 작업을 계속할 수 있었다. 그러나 1911년 라우라의 죽음으로 이 경제학 초고를 반환할 당사자를 찾을 수 없게 되었다. 따라서 이 경제학 초고는 1920년대 초까지 카우츠키의 집에 보관되었다가 그 뒤에 사민당-아키브에 기탁하여 다른 유고와 병합되었다.[59] 한편 메링은 마르크스-엥겔스 유고

---

58) Stern und Wolf, 앞의 책, S. 70.
59) 현재 이 초고의 오리지널은 암스테르담의 국제사회사연구소IISG가 아닌 모스크바의 마르크스-레닌주의 연구소IML에 보관되어 있다. 이 초고가 어떤 과정을 거쳐 소련의

집의 편찬과 마르크스 전기를 집필하기 위해 라우라로부터 마르크스의 학위논문과 서신, 그리고 가족과 관련된 문건들을 빌려 보았는데,[60] 이들 유고와 문건도 라우라의 사후 메링에 의해 사민당-아키브의 마르크스-엥겔스 유고에 병합되었다. 그런가 하면 모틀러에 의해 런던에서 스위스의 퀴스나흐트에 있는 베벨의 사저로 보내졌던 유고의 일부도 1913년 베벨의 사후 사민당-아키브에 반환되었다.[61] 우리는 마르크스와 엥겔스의 유고가 이와 같은 경로를 거쳐 사민당-아키브에 있는 그들의 유고와 통합되어가는 경로를 살펴보았다. 마르크스-엥겔스의 문서로 된 위대한 유산은 1911년 라우라 부부의 갑작스런 사망에 의해 일부가 산실(散失)되었을 가능성을 배제할 수 없으나, 마르크스의 큰딸 예니의 자손들에 의해 수습·보관되었다. 이

---

마르크스-레닌주의 연구소에 유입되었는지에 대해서는 아직도 분명하게 알려진 바가 없다. 단지 이 초고는 당-아키브의 대부분의 초고가 나치스의 압수를 피해 덴마크로 소개되는 1933년 2월 이전에 이미 당-아키브의 유고에서 분리되어 있었던 것으로 판단된다. 따라서 1933년 말에서 1934년 2월 사이에 코펜하겐에 소개된 당-아키브 자료의 검사 시에 "1861~1863년의 경제학 초고"(Konvolut-Nr. 121)는 빠져 있었다. 러시아의 마르크스-엥겔스 연구소는 이 초고를 1923년 사민당-아키브의 마르크스-엥겔스 유고의 포토코피를 만들 때 복사한 것으로 되어 있으며, 오리지널은 1936년에 별도로 매수(買收)한 것으로 되어 있다. 따라서 이 초고는 MEI가 사민당-아키브 자료를 복사한 1923년 이전에 카우츠키에 의해 아키브의 유고에 합병되었으며, 포토코피 이후 1933년 2월 이전의 어느 시점에서 당-아키브에서 사라진 것으로 추정된다. MEGA² II/3, Apparat Teil. 1, 1976, S. 18~19; MEGA² II/3, 1982, S. 2402~403 참조. 저자는 최근 MEI에 의한 이 초고의 매입 과정을 "현대사 제문서 관리-연구 러시아 센터RC"의 자료를 통해 추적한 다음의 미간행 논문을 통해 초고의 이동 과정을 비교적 구체적으로 확인하게 되었다. Larisa Mis'kevič, "Zur Überlieferungsgeschichte ökonomischer Manuskripte von Marx in Moskau"(unveröffentl. Ms.).

60) 메링은 1901년 8월에 집필된 『마르크스-엥겔스-라살레 유고집』 제1권의 서문에서 아버지의 유고를 열람케 해준 라우라 라파르그에 대해 특별히 감사하는 마음을 표하고 있다. *Aus dem literarischen Nachlaß von Karl Marx, Friedrich Engels und Ferdinand Lassalle*, hrsg. von Franz Mehring, 4 Bände, J. H. W. Dietz Nachf. GmbH., Stuttgart 1902. 인용은 1923년에 출판된 4. Aufl., Bd. 1, S. XII (Vorwort des Herausgebers).

61) Mario Bungert, 앞의 책, S. 36.

처럼 마르크스의 학위논문과 『잉여가치 학설사』가 포함된 "1861∼1863년의 경제학 초고"가 메링과 카우츠키를 통해 당-아키브에 병합되는 과정에서 우리는 시간의 흐름에 따라 마르크스-엥겔스의 다른 유고도 마침내는 한자리에 총체적으로 통합되리라는 희망을 가질 수 있게 되었다.

그러나 이 같은 유고의 통합 가능성은 모스크바의 마르크스-엥겔스 연구소가 마르크스 연구의 새로운 중심으로 부상하면서 긴 그림자가 드리워졌다. 다시 말하면 마르크스-엥겔스의 유고에 관한 한 후발주자로서의 약점을 가졌던 마르크스-엥겔스 연구소는 1920년대 들어 우선 독일사민당-아키브의 유고를 포토코피Fotokopie하는 것으로 원자료의 확보에 매진하는 한편, 사민당-아키브 이외에서 구할 수 있는 모든 마르크스-엥겔스의 문서로 된 유산을 얻는 데 온 힘을 쏟았다. 독일사민당이 수정주의 논쟁과 곧 이은 제1차 세계대전에의 참여 문제를 놓고 당 내외로 정치적 투쟁을 전개하는 동안 러시아의 리야자노프는 레닌의 후광을 업고 오리지널을 포함한 원자료의 수집에 심혈을 기울였던 것이다. 따라서 독일사민당-아키브는 마르크스-엥겔스의 유고와 그 오리지널을 획득하는 문제에서 예기치 않은 강력한 새 경쟁자를 만나게 되었다.

### 3장
## "역사적–비판적" 전집 이전의 마르크스–엥겔스 저작의 출판

### 1. 사상가의 문서로 된 유산과 전집의 의미

마르크스와 엥겔스 유고의 존재 가치는 그들의 사상적 발전의 궤적을 추적하는 과정에서 불가결한 문헌상의 증거를 제공하는 데 있다. 우리는 그들의 사상을 일차적으로는 출판된 문헌을 통해 확인하게 된다. 그러나 출판된 문헌이 미진하거나, 그것이 우리를 충분히 이해시키지 못할 때, 또는 표현된 사상의 숨겨진, 더 깊은 근저를 이해하고자 할 때는 그들의 내면적 사유의 흔적을 추적할 수밖에 없는 것이다. 일반적으로 사상가들의 유고나 노트, 그리고 서간문은 바로 이러한 시점에서 우리들의 지적 욕구를 충족시킬 수 있는 가장 훌륭한 자료의 보고라고 하겠다. 그러나 사상가들 가운데는 애덤 스미스Adam Smith처럼 자신의 지적 유산을 출판된 문헌에 한정하고, 남아 있던 모든 지적 잔재를 완벽하게 소각해버린 경우도 적지 않다.[62]

그러나 마르크스-엥겔스의 경우, 특히 전자의 경우 스미스와는 대조적으로 유고나 노트, 그리고 발췌록이 서간문과 더불어 거의 완벽하게 남아 있어 후대의 연구자들의 지적 욕구를 충족시키기에 충분한 문헌(학)적 근거를 제공하고 있다.

사상가들의 이 같은 지적 유산은 생존 시나 사후에 작품집이나 저작집, 또는 전집의 형태로 출판되는 것이 일반적이다. 그리고 이러한 저작의 모음은 주제나 유형, 혹은 장르별로 출판되거나 편년을 기준으로 출판되기도 한다. 그런가 하면 이 같은 저작집에 포함되는 작품은 기왕의 출판물에 한정되는 것이 일반적이나 최근에는 이고본(異稿本)이나 미발표 유고와 강의록, 서간문까지 포함함으로써 그 범위가 확장되고 있는 것이 하나의 경향이다. 이러한 관점에서 볼 때 마르크스(와 엥겔스)의 저작들은 한편으로는 다양한 주제별 저작집으로 출판되는가 하면, 다른 한편으로는 『마르크스-엥겔스 전집』(Karl Marx/Friedrich Engels, *Historisch-kritische Gesamtausgabe*, MEGA, 1927~1935)과 같이 복합적이면서도 정교한 편년체의 '역사적-비판적 전집 historisch-kritische Gesamtausgabe'으로 출판되기도 했다.

마르크스와 엥겔스의 문서로 된 유산의 행방을 추적하는 이 책에서, 저자는 이들 두 사람의 문서로 된 유산이 후대의 연구자들에게도 충분히 이용되어야 한다는 전제를 가지고 있다. 그러므로 이 유산이 가능하다면 그들 두 사람의 생전에 출판되었든 아니든 빠짐없이 전집에 수록되는 것이 바람직하다고 생각한다. 비록 미완성으로 남아 있긴 하나 1927~1935년 사이에 출판된 리야자노프의 제1차 (혹은 구) 『마르크스-엥겔스 전집』은 이 같은 전집 출판의 하나의

---

62) 죽음을 앞둔 애덤 스미스의 유고의 소각과 관련해서는 다음을 보라. Ian Simpson Ross, *The Life of Adam Smith*, Clarendon Press, Oxford 1995, pp. 404~406.

전형을 이루고 있다. 따라서 우리는 리야자노프의 전집 출판 과정을 마르크스-엥겔스의 유고의 유전(流轉)과 관련하여 검토하는 것이 순서이겠으나, 이 책에서는 우선 이 전집이 출판되기 이전의 그들 저작의 출판사(出版史)를 검토하고, 그것이 1920년대의 제1차『마르크스-엥겔스 전집』출판과 어떻게 맥락을 잇게 되는가를 살펴보고자 한다.

## 2. 미완성으로 끝난 마르크스의 최초의 저작집[63]

마르크스와 엥겔스의 저작을 출판하려는 기획은 그들의 생존 시에도 시도된 바 있다. 특히 기왕에 출판된 마르크스의 저작들을 저작집으로 출판하려는 움직임은 1850년 헤르만 벡커Hermann Becker에 의해 시도되었다. 라인 지방의 민주동맹 지역위원회 위원이요 1850년 말 이래 공산주의자 동맹의 회원이었던 벡커는 1850년 7월『서독일신문Westdeutsche Zeitung』을 인수한 뒤, 마르크스에게 1840년대의 글들을 모아 출판할 것을 제의했다. 그리고 이 같은 제의는 그해 12월, 벡커의 쾰른 소재 출판사를 공산주의자 동맹의 선전 활동에 이용하려는 마르크스에 의해 다른 출판 계획과 더불어 수용되었다.[64] 독일

---

63) 이 부분은 저자의 다른 글,「미완의 꿈 —『마르크스-엥겔스 전집』출판」,『문학과사회』14~15호(1991년 여름, 가을호), 정문길,『마르크스의 사상 형성과 초기 저작』, 문학과지성사, 서울 1994, pp. 335~54를 재정리한 것이다.
64) 구MEGA는 이 전집 출판 계획이 마르크스에 의해 받아들여져 준비 작업이 시작된 것을 1850년 11월이라고 하나, 신MEGA는 벡커에게 보낸 마르크스의 편지(1850년 12월 2일자 및 12월 13일자) 중 지금은 남아 있지 않은 12월 13일자에 의해 이 계획이 받아들여진 것으로 본다. D. Rjazanov, "Vorwort zur Gesamtausgabe," Karl Marx/Friedrich Engels, *Historisch-kritische Gesamtausgabe. Werke/Schriften/Briefe*, im Auftrage des Marx-Engels-Instituts, Marx-Engels-Archiv Verlagsgesellschaft, Frankfurt/M. 1927~1935(이하 MEGA¹로 약칭), I. Abt. Bd. 1, 1. Halbband(I/1.1), S. X;

역사상 최초의 프롤레타리아 혁명인 3월 혁명이 실패로 끝난 뒤 반동적인 정권에 의해 공산주의 운동이 조직적으로 탄압을 받게 되자 정치적 상황도 철저히 반동화되었다. 1850년대 독일의 정치적·사회적 상황은 1840년대와 조금도 달라진 게 없었다. 따라서 마르크스는 1840년대의 자신의 진단과 비판이 여전히 타당성을 갖는다고 생각하고, 이를 저작집의 형태로 출판한 것으로 보인다.

1841년에서 1851년의 기간에 쓰인 마르크스의 글을 모아 수록하기로 한 이 『마르크스 논설집*Gesammelte Aufsätze von Karl Marx*』의 의의와 구체적인 발간 계획은 당시의 광고 팸플릿에 잘 요약되어 있다. 팸플릿에 의하면 이 『마르크스 논설집』은 "오늘날 전혀 구할 수 없고 서점에서도 품절된 마르크스의 글들을 모아 발행하는 일이 일반 독자에게 크게 공헌하는 일"임을 강조하고 있다. 그리고 두 권으로 구성될 『마르크스 논설집』은 각 권 25보겐, 권당 400페이지로 1, 2권 전체는 50보겐 800페이지로 되어 있으며 모두 10책으로 나누어 배본되도록 예정되어 있다. 이들 각 권의 구성은 "제1권에는 루게의 『아넥도타*Anekdota*』『라인 신문*Rheinische Zeitung*』(여기에는 언론 자유, 삼림도벌법, 모젤 지방 농민의 상태 등에 관한 글들이 포함됨), 『독불 연지*Deutsch-Französische Jahrbücher*』『베스트팔렌 증기선*Westfälisches Dampfboot*』『사회의 거울*Gesellschaftsspiegel*』 등에 기고한 마르크스의 논설들과 일련의 논문, 『철학의 빈곤*Misère de la philosophie*』의 독일어 번역으로 구성될 예정이었다. 이 글들은 모두 3월 혁명 이전에 발표되었으나 '유감스럽게도' 오늘날에도(1850년 당시–저자) 적중하고 있다."[65]

---

MEGA² I/1, S. 976~77 및 MEGA² III/3, S. 94, 880; S. 719, 1414; S. 1444 참조.
65) 이 팸플릿의 내용은 구MEGA에는 전문이, 신MEGA에는 그 내용이 요약되어 있다. MEGA¹ I/1.1, S. X~XI; MEGA² I/1, S. 977. 한편 제1권에 수록될 『라인 신문』의 글들은 마르크스의 손으로 부분적으로 수정·삭제되어 벡커에게 다시 보내졌다. 오늘

한편 제2권은 주로 『신라인 신문』에 실린 논설들로 구성될 예정이었다.

『마르크스 논설집』의 출판은 시작 단계부터 이미 적지 않은 난관에 봉착하게 된다. 먼저 1850년 크리스마스 이전에 런던으로 보내려던 교정쇄의 송부가 경찰의 수색으로 늦어지고, 설상가상으로 쾰른과 같은 큰 도시의 종이값이 품귀·폭등하여 책의 인쇄가 지연된 것이다. 이런 이유로 80페이지의 『마르크스 논설집』 제1권 제1책이 쾰른에서 배포된 것은 1851년 4, 5월이 되어서였다.[66] 마르크스 최초의 저작집은 이처럼 어렵게 제1권 제1책이 출판되었으나 출판사에 대한 프로이센 정부의 압력으로 그 배포조차 극소수에 한정되고 나머지는 모두 압수되고 말았다. 게다가 같은 해 5월 발행인이요 편자인 벡커가 쾰른 지방의 공산주의자 소송 Kommunistenprozeß에 연루되어 투옥됨에 따라 제2책의 속간은 더욱더 불가능해졌다.[67]

전체 2권 10책으로 예정되었던 마르크스 최초의 저작집인 『마르크스 논설집』의 기획은 1851년 겨우 제1책 80페이지를 출판한 뒤, 출발과 동시에 그 막을 내린 것이다. 5보겐 80페이지짜리의 이 『마르크스 논설집』에 게재된 글은 1) 루게의 『아넥도타』에 게재되었던 "최근 프로이센의 검열 지침에 관한 소견"(S. 1~30)과 2) 『라인 신문』에 게재되었던 "언론 자유와 주 의회 의사록의 공포에 관한 제6차 라인 주 의회의 토의"(S. 31~80) 두 개였다. 그러나 후자의 경우

---

날 바로 이 『라인 신문』의 원본이 쾰른 대학과 쾰른 시립도서관에 보관되어 있어, 우리는 이 최초의 『마르크스 논설집』에 게재키로 예정된 15개의 논설을 확인할 수 있게 되었다. MEGA² I/1, S. 978.
66) Hermann Heinrich Becker an Karl Marx in London, Köln, Ende Dezember 1850, MEGA² III/3, S. 719, 1414.
67) MEGA¹ I/1.1, S. XI; MEGA² I/1, S. 977; MEGA² III/3, S. 1414.

제2책의 속간을 염두에 두고 있었기에 마지막 페이지인 80쪽에서는 문장도 끝나지 않은 채 중도에서 제1책이 마감되었다.

이처럼 미완성으로 끝난 『마르크스 논설집』은 이후 베름바흐 Adolph Bermbach(1822~1875)와 라살레 등이 속간을 위해 애썼으나, 이렇다 할 성과를 이루지 못한 것으로 리야자노프는 전하고 있다.[68]

한편 앞에서 살펴본 벡커의 『마르크스 논설집』과는 별도로 마르크스(와 엥겔스)의 저작집이나 전집을 출판하려는 계획이 그들의 생존시에 없었던 것은 아니다. 마르크스의 주저인 『자본론』 제1권이 마무리되고 있던 1867년, 엥겔스는 이의 출판을 맡은 마이스너 Otto Karl Meißner(1819~1902)가 "[마르크스의] 저작집 출판을 기꺼이 맡아줄 것이고, 이는 재정적으로 도움이 될 뿐만 아니라 새로운 학술적 성과를 거두는" 계기가 될 것이라고 충고하고 있다. 사실 두껍고 학술적인 저작은 잘 팔리지도 않고 성과를 인정받기도 쉽지 않다. 그러나 "『신라인 신문』에 게재되었던 글이나 『브뤼메르 18일』 등과 같은 저작은 일반 독자층의 엄청난 호응을 얻을 수 있고, 이는 우리가 역사를 변혁할 수 있는 새로운 입지를 확보해줄 것"이라는 견해를 엥겔스는 피력하고 있다.[69] 그러나 엥겔스의 이러한 희망은 마르크스가 마이스너와 『브뤼메르 18일』의 출판 계약을 맺은 데서 그치고 말았다.[70]

마르크스-엥겔스의 저작을 전집으로 출판하려는 또 다른 시도는 그로부터 10년이 지난 1876/77년, 고타에서 독일사민당의 통합대회 Gothaer Vereinigungskongreß der deutschen Sozialdemokratie(1875)가 있은 뒤

---

68) MEGA¹ I/1.1, S. XI.
69) Engels an Marx in Hannover, Manchester 27. April 1867, MEW, Bd. 31, S. 293.
70) MEGA¹ I/1.1, S. XII.

브레스라우의 출판인 헤프너Adolf Hepner(1846~1923)가 제기한 바 있다. 그는 엥겔스에게 마르크스의 저작만이 아니라 엥겔스의 저작을 포함하는 공동저작집의 출판을 권유했다. 즉 그들 두 사람의 『신성가족』과 『영국 노동계급의 상태』(엥겔스), 『철학의 빈곤』(마르크스), 그리고 『반뒤링론』(엥겔스)을 포함하는 전집의 출판을 권고하고 있다. 그러나 1878년 비스마르크에 의한 사회주의자 단속법의 실시로 이러한 시도는 계획 자체가 폐기되지 않을 수 없었다.[71]

### 3. 마르크스 사후의 전집 출판에 대한 엥겔스의 입장

앞서도 살펴봤듯이 마르크스와 엥겔스의 저작집 출판 계획은 마르크스 생전에도 자신들이 계획하거나 출판사의 제의에 의해 몇 차례 시도된 바 있다. 그러나 당시에는 사회주의 운동이 매우 열악한 상황에 놓여 있었으므로 외부로부터의 압력을 이기지 못하고 번번이 무산되었다. 그러나 마르크스 사후인 19세기 말에 이르러서는 독일 사민당이나 국제사회주의 운동이 상당한 정치적 세력으로 성장함에 따라 마르크스와 엥겔스의 전집 출판이 필요하다는 공식적인 요구가 나타났다.

마르크스가 사망한 직후인 1883년 3월 말, 코펜하겐에서 개최된 독일사민당 전당대회에서 플레하노프Georgij Plechanov, 악셀로드Pavel Borisovič Axelord, 자수리치Vera Zasulic 등 러시아의 사회민주주의자들은 인사말을 통해 "마르크스의 보급판 전집 출판을 위한 기금 모집

---

71) 같은 곳.

에 [사민당이] 앞장서줄 것"을 당부하고 있다. 그리고 다음 해인 1884년 4월에는 마이어Rudolph Hermann Meyer(1839~1899)가 엥겔스에게 "마르크스의 산재해 있는 글들을 모아 전집"을 출판할 것을 권유하고 있다. 이어서 1885년 5월에는 당시 취리히에서 발간 중이던 『소치알데모크라트』 출판사의 사장 슐뤼터가 편찬 예정인 "사회민주주의 총서Sozialdemokratische Bibliothek" 가운데 『마르크스의 단편과 논설들Kleine Schriften und Aufsätzen von Marx』을 출판키로 하고 엥겔스에게 승낙과 더불어 도움을 요청했다.[72]

이처럼 그때까지 간헐적이던 마르크스 전집에 대한 요구는 1890년 사회주의자 단속법이 폐기되면서 더욱 빈번하고 가속화되었다. 여기에는 1) 사회주의자 단속법이 폐기된 직후, 당 간부회의 위임에 의해 베른슈타인이 편찬하고 있던 『라살레 전집』(이는 1891~1893년에 출판)의 예에 따라 마르크스의 저작도 전집이나 선집의 형태로 출판하자는 사민당 지도부의 제의, 2) 1891~1892년에 사민당의 징거와 피셔가 마르크스의 소론집을 베를린의 당 출판부에서 출판하자고 한 제의, 3) 같은 시기 슈투트가르트의 출판사 디츠의 전집 출판 제의, 4) 1892년 9월 아들러의 요구, 그리고 5) 1894년 당시 『포아베르츠』 출판사의 사장이던 피셔가 다시 마르크스와 엥겔스의 저작을 출판하자고 한 제의들이 포함된다.[73] 그러나 엥겔스는 이 모든 제의에 대해 부정적인 입장을 견지해왔다. 그는 마르크스가 사망한 직후인 1883년 이미 리프크네히트가 제기한 전집 출판 계획이 바람직하긴

---

72) MEGA¹ I/1.1, S. XII~XIII. 리야자노프에 따르면 당시 『자본론』 초고의 편찬에 매진하고 있던 엥겔스가 마르크스의 소론 몇 편을 모아 출판하는 것이 시기적으로 적절하다고 조언하여, 당 출판부Hottingen-Züricher Parteiverlag가 그중 몇 편을 그의 서론을 붙여 발간했다고 한다.
73) MEGA¹ I/1.1, S. XIII.

하나 객관적인 정치적 상황 때문에 쉽지 않음을 지적하고, 1889년에도 그의 생전에 그와 마르크스의 전집 출판이 여의치 않을 것임을 언급하고 있다.[74] 특히 그는 말년에 앞에서 살펴본 바와 같이 『자본론』 제2, 3권의 편찬에 전념했기에 이 일을 방해하는 어떠한 일도 가급적 피했던 것이다. 따라서 이 시기에는 엥겔스 자신이 새삼스럽게 노트나 주석을 붙이지 않아도 당대의 사람들이 쉽사리 이해할 수 있는 마르크스의 저작들만을 팸플릿 형식으로 출간하는 데 그쳤다.[75]

그러나 1894년 1월, 대망의 『자본론』 제3권의 원고를 출판사에 송고한 시점에서 엥겔스는 마르크스와 자신의 저작집을 발간해도 괜찮은 시기에 도달했다고 판단하기에 이른다. 다시 말해 그는 당시 마르크스의 유지에 따른 최대의 과업인 『자본론』을 완성했으므로 나머지 잉여가치 이론을 다룬 『자본론』 제4권이나, 1842~1852년과 제1인터내셔널과 관련된 마르크스의 전기, 특히 후자와 관련된 전기의 집필, 그리고 마르크스와 자신의 초기 저작집의 발간을 신중히 고려하고 있다.[76] 사실 엥겔스의 이 같은 의욕적 자세는 숙원이었던 『자본론』 속권을 출판한 데다 짧은 기간이긴 하나 건강을 회복한 듯한 데서 오는 자신감의 발로이기도 했다.[77] 따라서 그는 그들이 사회주의에 도달하기 이전의 저작들을 수집·정리하여 이를 저작집의 형

---

74) Engels an August Bebel, 30. April 1883, MEW, Bd. 36, S. 22; Engels an Kautsky, 28. Jan. 1889, MEW, Bd. 37, S. 144.
75) Engels an Wilhelm Liebknecht, 18. Dezember 1890, MEW, Bd. 37, S. 527을 보라.
76) Engels an Laura Lafargue, 17. Dez. 1894, MEW, Bd. 39, S. 347.
77) 앞에서도 언급했지만 엥겔스는 1895년 1월, 그와 마르크스의 오랜 친구인 슈툼프Paul Stumpf(1827~1921)의 신년 하례 편지에 답하면서, 그 자신이 더욱 건강해서 "1901년 1월 1일의 새 세기를 맞을 수 있다면 내가 해야 할 일을 모두 마치고 쉽게 떠날 수 있을 것"이란 희망적인 의욕을 내비치고 있다. Engels an Stumpf, 3. Januar 1895, MEW, Bd. 39, S. 367.

태로 출판하는 데 동의했다. 그는 우선 자신이 편찬하고 서문을 붙인 마르크스의 초기 저작집의 발간을 계획하고, 이의 출판 과정에서 피셔와 자주 교신하는 한편, 베를린에서 이 시기의 자료 수집을 도와주던 메링의 준비 작업을 적극적으로 격려했던 것이다.[78] 그러나 엥겔스가 마르크스의 저작집 출판 과정에서 최우선적으로 고려한 원칙은 어떠한 종류의 검열도 허용치 않는다는 점이다. 그는 "전체를 자자구구(字字句句) 그대로 출판하거나 아니면 출판치 않는다 ganz und wörtlich, oder ganz nicht"는 전집 (또는 저작집) 출판의 대원칙을 명백히 천명했던 것이다.[79] 그러나 1895년 8월 그의 죽음은 생전의 저작집 출판 계획을 또 한 번 무산시켰다.

### 4. 엥겔스 사후의 저작집 및 서간집 출판

엥겔스 사후 마르크스와 엥겔스의 저작은 산발적으로 출판이 이루어졌다. 우선 이들 두 사람의 저작을 출판하는 일은 앞에서도 언급한 바와 같이 그들 유고의 행방과 밀접히 연결되어 있었다. 먼저 마르크스 유고의 상당 부분을 물려받은 그의 딸 엘리노는, 독일어로

---

78) 마르크스의 초기 저작, 특히 『라인 신문』과 『신라인 신문』 『신라인 신문 리뷰』에 게재된 마르크스의 글들을 출판하기 위해 피셔에게 보낸 1895년 2월부터 6월까지의 엥겔스의 편지는 다음과 같다. 이들은 모두 MEW, Bd. 39에 게재되어 있어 날짜와 게재 페이지만 열거한다. ① 2. Feb. 1895, S. 403 ② 12. Feb. 1895, S. 409 ③ 13. Feb. 1895, S. 410 ④ 8. März 1895, S. 424 ⑤ 5. April 1895, S. 459 ⑥ 15. April 1895, S. 466 ⑦ 18. April 1895, S. 471 ⑧ 9. Mai 1895, S. 475 ⑨ 29. Mai 1895, S. 487 ⑩ 29. Juni 1895, S. 494. 한편 이 시기에 메링에게 보낸 엥겔스의 다음의 편지도 참조하라. Engels an Franz Mehring, Ende April 1895, MEW, Bd. 39, S. 473~74; Engels an Mehring, 9. Mai 1895, MEW, Bd. 39, S. 476.
79) Engels an Fischer, 15. April 1895, MEW, Bd. 39, S. 467.

된 아버지의 유고가 독일의 동지들에 의해 출판되어야 한다는 입장을 가지고 있었기에 영어로 된 마르크스의 저작을 정리하고 출판하는 데 집중했다. 1896년 마르크스의 이름으로 『뉴욕 데일리 트리뷴』에 기고된 글들을 모은 『혁명과 반혁명』(이는 나중에 엥겔스가 집필자로 판명되었다), 1897년의 『동방 문제』, 1898년의 『가치, 가격 및 이윤』, 1899년의 『파머스톤의 생애』와 『18세기의 외교 비사』가 엘리노에 의해 정력적으로 출판되었다.[80] 그러나 그녀의 때 이른 죽음은 그녀가 아버지의 유지를 계승·완수할 기회를 박탈해갔다.

한편 엘리노의 사후 마르크스-엥겔스의 유고 정리와 출판에 전념한 것은 메링이었다. 그는 이미 엥겔스가 생존해 있을 때부터 그를 도와 마르크스의 초기 신문 기고문을 수집·정리한 바 있는 데다, 엘리노로부터 유고를 물려받은 라우라 부부의 호의로 마르크스의 학위논문을 비롯한 유고를 접할 수 있었다. 그리고 나중에는 라우라 라파르그의 요구에 따라 『마르크스-엥겔스 왕복서간집』의 편찬에도 깊숙이 관여하게 된다. 따라서 그가 1902년에 출판한 『마르크스-엥겔스-라살레 유고집』은 1927년 이래 구MEGA가 출판되기까지의 사반세기 동안 초기 마르크스-엥겔스 연구의 가장 중요한 원전의 하나로 기능해왔다.

전 4권으로 구성된 이 『유고집』은 제1~3권에 1841년에서 1850년에 이르는 기간 중에 발표된 마르크스와 엥겔스의 글들을 수록하고, 마지막 제4권에는 1849년에서 1862년 사이에 라살레가 마르크스와 엥겔스에게 보낸 편지들을 싣고 있다. 따라서 이 『유고집』의 최대 약점은 마르크스와 엥겔스가 이념적으로 항상 일정한 거리를 유지하

---

[80] 이 책 제2부 1장 2. "모울의 저작을 출판하려는 엘리노의 정력적 노력"을 참조하라.

고자 했던 라살레를 한데 묶어 3인 저작집을 만들었다는 점이다.[81] 다시 말해 메링은 청년기 이래 깊은 존경의 대상이었던 라살레를 마르크스-엥겔스와 한데 묶어 저작집을 낸 것인데, 이는 이념상 상당한 논쟁의 여지를 가지고 있다는 점이 20세기 전후의 수정주의 논쟁에서 부각된 바 있다. 따라서 이 『유고집』은 1913년에 제2판이 출판되고, 1920년의 제3판 이래 마지막 제4권을 제외한 세 권만이 『마르크스-엥겔스 유고집 *Aus dem literarischen Nachlaß von Karl Marx und Friedrich Engels 1841 bis 1850*』으로 중간(重刊)되었다.[82] 다음으로 이 『유고집』은 "1841~1850년의 유고"라는 시기적 제약이 있지만 이 기간 중에 발표된 두 사람의 모든 저작이 망라된 것도 아니고, 또 미발간의 초고에 대해서는 이를 "이미 발표된 저작의 보조 자료에 불과한 것으로 간주"하고 있다는 점이 지적되어야 할 것이다. 특히 당시로서는 마르크스-엥겔스의 미발간 초고에 대한 접근 가능성이 가장 높았던 메링이 그 중요성을 과소평가한 것은 이후의 마르크스-엥겔스 연구사의 전개와 관련해볼 때 지극히 아쉬운 일이 아닐 수 없

---

81) 마르크스-엥겔스와 라살레의 이념상의 차이점은 명시적으로 마르크스의 『고타강령 비판』에 표출되어 있다. 그리고 라살레에 대한 엥겔스의 평가는 그가 카우츠키에게 보낸 다음의 편지에도 분명히 나타나 있다. Engels an Karl Kautsky, 23. Februar 1891, MEW, Bd. 38, S. 39~41.
82) 저자는 제4권의 서간 부분이 언제부터 제외되었는지를 확인하기 위해 여러 판본을 추적, 제1판(1902), 제3판(1920), 제4판(1923)은 열람했으나 1913년에 출판된 제2판은 추적할 수가 없었다. 따라서 저자는 확인할 수 없는 제2판을 제외할 경우 제4권(라살레가 마르크스와 엥겔스에게 보낸 서간)이 제외되고, 책 제목에서 라살레가 빠진 것이 제3판부터라고 추정하고, 기회가 닿는 대로 제2판을 추적해보려고 한다. 〔저자는 2008년 3월 일본 토호쿠 대학 도서관에서 이 『유고집』의 제2판(1913)을 발견하고 본문에 서술한 사실을 확인할 수 있었다.〕
83) Franz Mehring, "Vorwort des Herausgebers," *Aus dem literarischen Nachlaß von Karl Marx und Friedrich Engels*, 4. Aufl., Berlin und Stuttgart, J. H. W. Dietz Nachf. G.m.b.H 1923, 1. Bd., S. VII. 마르크스-엥겔스의 미간 초고 중 메링이 『유고집』에 수록한 것은 마르크스의 학위논문뿐이다.

다.[83] 더욱이 그는 1899년 이래 마르크스-엥겔스의 미발간 초고가 베른슈타인에 의해 부분적이긴 하나 간헐적으로 출판되고 있는 상황에서도 이의 중요성을 지나친 채 이를 그들 두 사람의 지적 훈련을 위한 수업 과정으로만 평가했던 것이다.[84] 마지막으로 이 『유고집』은 메링 자신이 학술적 전집wissenschaftliche Gesamtuasgabe이 아니라 이를 위한 사전 작업Vorarbeiten, 즉 마르크스-엥겔스의 저작 모음 Sammlung der Arbeiten이라는 점을 서문에서 분명히 밝히고 있다. 이런 이유로 『유고집』의 편찬은 여러 가지로 편집상의 조잡성을 보이고 있다. 그는 우선 1841~1850년에 출판된 주요 저작인 『공산당 선언』과 『철학의 빈곤』 등을 당시에 출판되어 판매되고 있다는 이유를 들어 수록하지 않았으며, 그들의 중요한 논쟁적 저작의 상당 부분을 삭제, 수정, 축약하는 식의 편집을 함으로써 이 『유고집』을 발췌집으로 격하시키고 있다는 비난을 면치 못하고 있다.[85] 그러나 메링의 이 『유고집』은 이상과 같은 약점에도 불구하고 개개 저작이나 논설이 수록된 지지(紙誌)의 앞부분에 장문의 "편자 서론Einleitung des Herausgebers"을, 그리고 뒷부분에는 "편자 주석Anmerkungen des Herausgebers"을 붙여 이들 저작이나 논설들이 쓰인 당시의 독일의 정치적·사회적 상황과 당대 지식인들의 지적 논의 가운데서 이들 저작과 논설이 갖는 객관적 의미를 그들의 전기적 사실들과 더불어 안

---

84) 정문길, 「편찬사를 통해서 본 『독일 이데올로기』」, 『문학과사회』, 11호(1990년 가을), 정문길, 『마르크스의 사상 형성과 초기 저작』, pp. 75~76. 그리고 이 같은 메링의 선입관은 1913년에 출판된 그의 『마르크스 전기』의 "브뤼셀 망명"을 다룬 제5장 1~2절에도 그대로 나타나고 있다. Franz Mehring, *Karl Marx*, S. 115~22.
85) Franz Mehring, "Vorwort des Herausgebers," *Aus dem literarischen Nachlaß von Karl Marx und Friedrich Engels*, 4, Aufl., S. VII~IX. 한편 메링의 유고집에 대한 가장 가혹한 비판은 구MEGA의 제I부 제1권 1분책에 게재된 리야자노프의 구MEGA 서문이다. MEGA¹ I/1.1, S. XV~XVIII. 정문길, 앞의 책, pp. 345~47도 참조.

내하고, 나아가 게재된 텍스트의 객관적 여건을 설명하고 있다. 따라서 이 『유고집』은 그들의 전기나 좀더 완벽한 저작집이 출간되기 전까지 그들의 '역사적 유물론'과 '과학적 공산주의'가 초기의 논쟁적 저작에서 어떻게 형성되고 전개되었는가를 소상히 밝혀주는 하나의 중요한 길잡이가 되었다.

마르크스-엥겔스의 저작들은 1902년 메링의 『유고집』 이후 단속적이긴 하나 계속 출판되었다. 이들 저작들 가운데 우리가 주목할 것은 이미 앞에서도 언급한 카우츠키가 편찬한 3권 4책3Bände in 4Teilen의 『잉여가치 학설사』가 1905년에서 1910년에, 4권짜리 『마르크스-엥겔스 왕복서간집』이 1913년에, 그리고 리야자노프의 2권짜리 『마르크스-엥겔스 저작집 1852~1862 Gesammelte Schriften von K. Marx und F. Engels, 1852~1862』(hrsg. von D. Rjazanov, 2Bände, J. H. W. Dietz Nachf. GmbH., Stuttgart 1917)가 1917년에 출판되었다는 사실이다. 특히 리야자노프의 『마르크스-엥겔스 저작집 1852~1862』는 메링의 『유고집』이 1841년에서 1850년까지의 저작을 수록한 데 대해 그에 후속하는 저작을 수록하고자 했다는 점에서 메링의 『유고집』의 속편으로 볼 수도 있다. 그러나 당초 전 4권으로 예정된 이 『저작집』은 1917년의 러시아 혁명으로 인해 2권만 출판된 채 중단되고 말았다.[86] 한편 1920년 마이어의 『엥겔스 전기』 제1권의 보권Ergäzungsband으로 출판된 『프리드리히 엥겔스: 초기 저작 1838~1844 Friedrich Engels. Schriften der Frühzeit. Aufsätze, Korrespondenzen, Briefe, Dichtungen aus dem Jahre 1838~1844』(Springer, Berlin 1920)는 자료가 지극히 한미(寒微)한 초기 엥겔스의 저

---

86) MEGA¹ I/1.1, S. XX를 보라.
87) G. Mayer, *Friedrich Engels. Eine Biographie*. Erster Band: *Friedrich Engels in seiner Frühzeit, 1820~1851*. — Ergänzungsband zum ersten Bande: Friedrich

작을 발굴·출판했다는 점에서 충분히 주목받을 만하다.[87]

어쨌든 1910년대의 이 같은 마르크스-엥겔스 저작집의 지속적인 출판은 한편으로 그들 저작에 대한 새로운 추적과 발굴 작업을 자극하게 되었다. 이미 발표된 이들 두 사람의 초기 저작에 대한 아들러 Georg Adler, G. 마이어, 리야자노프 등의 발굴 성과가 바로 그것이다.[88] 그리고 이 같은 학계의 발굴 성과는 1910년 말에 제기된 오스트리아-마르크스주의자들의 전집 출판 계획이나 1920년대 모스크바 마르크스-엥겔스 연구소의 "역사적-비판적 전집MEGA"의 출판 계획과도 긴밀히 연계되어 있었다. 따라서 저자는 우선 계획 단계에서 좌절된 오스트리아-마르크스주의자들의 전집 출판 계획을 간략히 살펴본 뒤, 모스크바의 MEGA 출판 계획과 그 진행 경과는 제3부와 4부에서 구체적으로 검토해보고자 한다.


## 5. 오스트리아-마르크스주의자들의 전집 출판 계획[89]

"1913년 3월 14일은 마르크스가 사망한 지 만 30년이 되는 날이다. 이날을 기점으로 하여 그의 저작은 독일어권에서 공유 재산이 된다. 이 경우 당내에서만이 아니라 수많은 출판사들이 마르크스의

---

Engels. *Schriften der Frühzeit. Aufsätze, Korrespondenzen, Briefe, Dichtungen aus dem Jahre 1838~1844 nebst einigen Karikaturen und einem unbekannten Jugendbildnis des Verfassers*, Springer, Berlin 1920. MEGA¹ I/2, S. XIV 참조.
88) D. Rjazanov, "Vorwort zur Gesamtausgabe," MEGA¹ I/1.1, S. XIX~XXII; D. Rjazanov, "Einleitung zum zweiten Bande," MEGA¹ I/2, S. IX~XXII 참조.
89) 이 부분은 저자의 글「미완의 꿈—『마르크스-엥겔스 전집』 출판」,『문학과사회』14, 15호(1991년 여름, 가을호),『마르크스의 사상 형성과 초기 저작』, 문학과지성사, 서울 1994, pp. 349~53을 요약한 것이다.

저작이 법률의 보호를 받지 못하는 것을 이용하여 당의 이해나 학문적 요청과는 결코 상관이 없는 수많은 판본을 출판하는 것은 어쩔 수 없는 일이다"는 말로 시작하는 빈의 오스트리아-마르크스주의자들Austromarxisten의 마르크스 저작집 편집 계획[90]은 아무런 구체적 성과를 이룬 바 없는 전집 편찬사 가운데 하나의 에피소드에 지나지 않는다고 폄하될 수 있다. 그러나 이 '거창한 구상ein Grand Dessein'은 이후의 전집 출판에 하나의 이정표를 제시했다는 점에서 결코 지나칠 수 없는 하나의 사건이 되었다.[91]

당시 빈을 중심으로 한 오스트리아-마르크스주의자들은 마르크스-엥겔스와 동시대에 활약했던 제1세대와는 달리, 대부분 1870년 이후에 출생한 제2세대의 마르크스주의자였다. 아들러Max Adler(1873~1937), 바우어Otto Bauer(1881~1938), 브라운Adolf Braun(1862~1929), 힐퍼딩Rudolf Hilferding(1877~1941), 렌너Karl Renner(1870~1950) 등으로 대표되는 이들은 국제사회주의의 분업이란 측면에서 그들이 기여할 수 있는 분야는 마르크스의 연구와 이론화 작업이라 생각했다. 그리하여 아들러와 힐퍼딩은 1904년 학술적 이론지 『마르크스 연구*Marx-Studien*』를 발간하면서 스스로 수정주의에 대한 전선을 형성했으며, 바우어와 브라운 그리고 렌너는 1907년 월간 『투쟁*Der Kampf*』을 발간해 국제노동운동의 통일을 추구하는 제2인터내셔널의 존재 이유를 이론적으로 밝히는 다각적인 노력을 전개했다. 따라서 그들은 이상

---

90) 같은 책, pp. 409~12의 자료 2: "빈의 마르크스-엥겔스 전집 편집 계획"을 보라. 이 문건은 암스테르담의 국제사회사연구소에 보관되어 있으며, 원문은 Götz Langkau, "Marx-Gesamtausgabe—Dringendes Parteiinteresse oder dekorativer Zweck? Ein Wiener Editionsplan zum 30. Todestag. Briefe und Briefauszüge," *International Review of Social History*, XXVIII/1, 1983, S. 126~29에 게재되어 있다.
91) 같은 글, S. 125, 109.

과 같은 연구와 경험을 통해 마르크스의 저작 편찬을 위한 능력을 갖춘 것으로 자임하고, 마르크스의 저작권이 소멸되는 1913년에 임박하여 당의 이해와 학문적 요청을 동시에 충족시킬 수 있는 마르크스 저작집의 편집 계획을 입안하게 된 것이다.[92]

그들은 1910년 당시 이미 마르크스의 저작 편찬에서 객관적으로 그 능력을 인정받은 리야자노프를 포함하여 마르크스의 전집 출판을 위한 편집 계획을 논의하고, 1910년 말에는 구체적 계획을 성안, 1911년 1월 이를 독일사민당 지도부에 제안했다.[93] "저작권 소멸 이후의 마르크스의 저작"이란 제목을 가진 이 문건은 우선 그들이 이 문건을 기초하게 된 계기로 그라봅스키가 편찬한 랑게의 『노동 문제 *Die Arbeitfrage. Ihre Bedeutung für Gegenwart und Zukunft*』 (Friedrich Albert Lange, neu bearb. und hrsg. von A. Grabowsky, Kröner-Verlag, Leipzig o. J. 〔1910〕)를 거론하고 있다. 그들은 편자인 그라봅스키가 저작권이 소멸된 랑게 (1828~1875)의 저서를 이렇다 할 언급도 없이 이곳저곳을 삭제·수정하여 저자의 의도를 엄청나게 왜곡하고 있는 사실에 주목했다. 다시 말하면 수정주의 논쟁이 가열되고 있던 당시의 사정으로 볼 때 저작권 소멸 이후 마르크스의 저작에 대한 왜곡이 불 보듯 뻔한 일임에도 불구하고 독일사민당 지도부가 이러한 문제를 당 차원에서 거론하고 있지 않음을 지적하는 한편, 당의 지도부가 이의 중요성을 공개적으로 공포함으로써 관련자들의 토론과 일반의 관심을 제고하도록 촉구하고 있다.[94]

그렇다면 이처럼 베를린 당 지도부를 질책하며 완벽하고도 체계적

---

92) 같은 글, S. 106~107.
93) 같은 글, S. 107~109.
94) 정문길, 앞의 책, p. 410; Langkau, 앞의 글, S. 127.

인 마르크스 저작의 편집을 주장하는 이들 오스트리아-마르크스주의자들의 편집 계획은 구체적으로 어떠한 것이었을까? 그들이 남겨둔 문건을 통해 그 주장을 살펴보자.

마르크스 저작의 저작권이 소멸된 이후에 당이 수행해야 할 과제는 무엇보다도 우선하여 학술적인 성격의 것이어야 한다. 이를 위해서는 다음의 사안들이 필수적이라고 사료된다.
 I. 마르크스 저작의 초고와 다양한 판본들을 비교·검토하고, 서론과 포괄적인 색인이 부가된, 전적으로 학문적 요구에 상응하는 완벽하고도 체계적으로 정리된 마르크스의 전집이 출판되어야 한다.
 II. 종국적으로 그의 저작 전집에 포함될 마르크스의 전기는 철저히 학술적 요구에 상응해야 한다.
 III. 마르크스와 엥겔스의 저작을 공동으로 발행할 수 있는가에 대한 엄밀한 검토가 있어야 한다. 왜냐하면 그들의 저작은 인간적으로나, 당의 역사에서, 그리고 학문적으로도 밀접하게 연계되어 있으며, 어떤 저작의 경우에는 그 저자가 마르크스인가 엥겔스인가, 아니면 두 사람 모두인가를 결정하는 데 의문의 여지가 있기 때문이다.
 IV. 이상과 같은 학문적 책무와 더불어 그의 저작의 대중판을 발간하여 마르크스를 노동자들이 쉽게 이해하게 하는 일도 과소평가되어서는 안 된다. 이들 대중판은 실질적으로 상호 관련된 저작의 체계적 선집Sammelbände으로서 적절한 형태를 갖추지 않으면 안 된다.[95]

이상의 제의는 오늘날의 기준에서 보면 지극히 당연한 주장이지

---

95) 정문길, 앞의 책, p. 410~11; Langkau, 앞의 글, S. 127~28.

만, 당시 독일사민당의 사정이나 국제사회주의 운동의 동향과 관련해 볼 때 결코 쉬운 일이 아니었다. 우선 I항의 경우만 하더라도 독일사민당 지도부가 마르크스의 저작 전집의 필요성에 대해서는 공감하고 있었으나, 이를 위한 준비 상황을 볼 때는 시기상조라고 할 수밖에 없는 상황이었다. 따라서 마르크스-엥겔스의 유고집을 편찬하고, 마르크스의 공식적인 전기를 집필한 메링은 이보다 수년 전에 빈의 마르크스주의자들이 제시하는 학술적 전집이 지극히 바람직한 것이긴 하나, 이러한 작업은 단기간에 이루어질 성질의 것이 아니라고 보았다.[96] 그리고 카우츠키는 이러한 전집의 편찬은 장래에 설립될 사회주의 대학의 사강사들Privatdozenten einer künftigen sozialistischen Universität의 양성을 통해서나 가능한 일이기에, 이는 사민당이 집권한 후 한참이 지나서야만 이루어질 수 있는 일이라고 보았던 것이다.[97] 게다가 "완벽한" 전집의 출판 문제를 더욱 어렵게 하는 것은 그 당시 출판 작업이 진행되고 있던 『마르크스-엥겔스 왕복서간집』(1913)이 제기한 당내의 논쟁이었다. 마르크스와 엥겔스의 서간을 포함한 유고의 공동 상속인인 베벨과 베른슈타인은 1910년대에 이르러 베른슈타인이 제기한 수정주의 논쟁을 통해 더 이상 화해하기 어려운 상황에 봉착했다. 그러나 베른슈타인의 동의가 없는 『서간집』의 출판은 불가능했기에 베벨은 유고 편집에 그를 참여시키기로 결정했던 것이다. 이 같은 편집진의 구성은 유고의 내용을 원문대로 재현하는 데 많은 논쟁을 일으켰고, 특히 당대에 생존해 있던 동지들에 대한 마르크스와 엥겔스의 혹독한 평가나 비판은 그들의 입장을 고려해서라

---

96) *Aus dem literarischen Nachlaß von Karl Marx und Friedrich Engels*, 3. Aufl., 1920, Bd. I, S. VII.
97) Langkau, 앞의 글, S. 125.

도 구체적 표현의 완화 내지 수정, 특정한 기사의 삭제 등을 피할 수 없게 함으로써 전집의 학술적 출판에는 아직도 상당한 정치적 위험이 따른다는 사실을 관련자들이 공감하도록 했다. 다시 말하면 당시의 당 지도부는 전집 출판 계획의 공개적 토의가 가까운 장래에는 어렵다는 점에 대해서 공통된 인식을 갖고 있었다.[98]

그리고 III항의 "마르크스와 엥겔스의 공동 전집"의 발간 가능성에 대한 검토 요구는 마르크스의 전집 출판에 있어서 가히 획기적인 발상으로 당시로서는 그 가능성이 희박했으나, 다음에 살펴볼 모스크바판 공동 전집 MEGA(마르크스-엥겔스 전집)의 선구를 이루고 있다는 점에서 주목할 만한 제의라고 하겠다. 우리는 이 같은 공동 전집의 발상이 1920년대 말에 MEGA를 출판한 모스크바 마르크스-엥겔스 연구소의 리야자노프에서 유래했는지 아닌지를 확인할 수는 없으나, 그가 빈의 편집 계획의 공동 발의자 가운데 한 사람이었다는 사실을 유념할 필요가 있다. 한편 이 편집 계획의 마지막인 IV항에서는 프롤레타리아트 대중을 위한 광범한 보급판의 문제를 언급하면서, 특히 『자본론』 제1권은 외래어의 번역과 친절한 주석, 그리고 마르크스에 대한 전기적 서론과 이의 학습을 위한 입문적 서설이 부가되어야 함을 강조하고(IV-1), 마르크스의 사유세계를 이해시키기 위한 경제사의 발췌 편집(IV-2)을 포함하여 유물사관, 계급투쟁, 19세기의 여러 혁명 및 경제적 상태나 정치·사회적 성과와 과제를 다룬 주제별 소론집의 출판(IV-3)도 권장하고 있다. 그러나 이 빈의 편집 계획은 제IV항의 마르크스 이론의 대중화를 위한 갖가지 처방의 제시에도 불구하고 전체적으로 볼 때 학술적인 저작 전집의 출판에

---

98) 같은 글, S. 108~22에 이러한 사정이 소상히 서술되어 있다.

무게를 두고 있음이 분명하다.

한편 그들은 이상과 같은 학술적 전집의 편집 계획을 수행하기 위한 조직체로서 당 지도부가 임명하는 위원회의 설치를 주장하고, 이 위원회의 위원으로 당수인 베벨, 역사가 쿠노브Heinrich Wilhelm Karl Cunow(1862~1936), 출판인 디츠, 당의 이론가인 카우츠키와 메링, 그리고 이 편집 계획의 제안자의 일원인 힐퍼딩과 리야자노프에게 호선권(互選權)das Recht der Kooptation을 주어, 그들을 당 지도부가 임명하도록 하는 방안을 제시하고 있다. 이는 당시까지 마르크스의 저작들이 위원회를 통해 한두 사람의 전문가나 관심 있는 추종자에 의해 편찬되었던 관례를 고려한다면 획기적인 일이었다. 이렇듯 이 편집 계획은 마르크스 저작의 출판 계획을 세부적으로 구체화하고, 업무 수행을 감독하며, 출판 과업을 서로 분담, 관련된 외부의 전문가에게 작업을 위임하는 등 전집 편찬의 총체적 업무를 담당할 위원회를 설치할 것을 주장하고 있다.[99]

그러나 앞에서 살펴본 바와 같은 오스트리아-마르크스주의자들의 획기적인 편집 계획은 1910년을 전후해 독일사민당이 당면한 사태, 즉 마르크스-엥겔스의 왕복서간집을 준비하는 과정에서 일어난 갖가지 어려움과 당내의 갈등, 그리고 다가올 선거를 준비하는 데 인적·재정적 여유가 없었던 여러 가지 사정 때문에 이렇다 할 주목을 받지 못한 채 당 지도부에 의해 '학술적이고도 관습적인 형태 akademisch-konventionelle Form'의 '장식적 기획dekorativer Zweck'으로 받아들여졌다.[100]

그럼에도 불구하고 이 책이 빈의 오스트리아-마르크스주의자들이

---

99) 정문길, 앞의 책, p. 410; Langkau, 앞의 글, S. 127.
100) Langkau, 앞의 글, S. 124~25.

1911년에 제기한 마르크스 저작의 편집 계획에 주목하는 것은 이들 편집 계획의 기본적 대강(大綱)이 당시에는 이렇다 할 주목을 받지 못했으나, 1920년대 들어 레닌의 적극적인 지원을 받은 모스크바의 마르크스-엥겔스 연구소가 마르크스-엥겔스 전집MEGA을 발간하면서 이를 그대로 수용했기 때문이다. 이는 연구소의 소장이 오스트리아-마르크스주의자들의 마르크스 저작 편집 계획에 참여했던 리야자노프였고, 그가 MEGA 편찬에 이용한 자료가 그때까지만 해도 정리가 덜 된 독일사민당-아키브의 마르크스-엥겔스의 유고였다는 점을 생각할 때 니벨룽의 보물이 가지는 아이러니를 새삼 확인하게 된다.

**제3부**

새로운 연구 중심으로 떠오른 모스크바 마르크스-엥겔스 연구소

## 1장
# 베를린의 사민당과 모스크바의 볼셰비키

　우리는 앞에서 마르크스와 엥겔스의 생존 시, 그리고 사후에 그들의 저작을 모아 출판하려는 시도들을 살펴보았다. 그러나 1850년대 이래 반세기가 넘어가도록 이 같은 시도는 대부분 이렇다 할 성과를 거두지 못한 채 무산되었다. 따라서 1910년대에 이르기까지 우리가 이 같은 저작집 출판의 성과로 거론할 수 있는 것은 엘리노 마르크스가 『뉴욕 데일리 트리뷴』에 게재된 마르크스와 엥겔스의 기고문을 수습·출판한 『동방 문제』(1897), 메링의 1841~1850년의 『마르크스-엥겔스-라살레 유고집』(1902), 그리고 카우츠키가 편찬한 마르크스의 『잉여가치 학설사』(1905~1910), 베벨과 베른슈타인의 『마르크스-엥겔스 왕복서간집』(1913), 그리고 리야자노프의 『마르크스-엥겔스 저작집 1852~1862』(1917) 등에 지나지 않는다.

　그러나 마르크스 사망 30주년이 되는 1913년이 임박하면서 그의 사상적 계승자임을 자처하는 독일사민당의 지도부나 이론가들은 마르크스의 문서로 된 유산에 대한 저작권의 소멸이 가져올 결과에 관심을 갖지 않을 수 없었다. 저작권이 소멸됨에 따라 특정 저작의 자의적이고 왜곡된 편찬을 막을 수 있는 대책을 마련하지 않는다면, 그로 인해 발생할 수 있는 사상적 논쟁의 심화와 혼란은 불을 보듯 뻔한 일이었다. 따라서 1910년 빈의 마르크스 연구자와 이론가들이 모여 본격적인 마르크스(-엥겔스) 전집의 출판을 거론한 것은 수정주의 논쟁이 진행되고 있던 당시의 상황에서는 지극히 시의에 걸맞은 제안이었다. 그러나 이에 대한 사민당 지도부의 대처는 지극히 미온적이었다는 사실은 이미 앞에서도 언급한 바 있다.

그렇다면 마르크스(-엥겔스)의 이 같은 전집 출판은 당시의 사민당 지도부가 생각하듯이 그들이 집권하여 충분한 재정이 뒷받침이 되고, 나아가 확고한 사회주의적 정향 위에 설립된 대학에서 배출된 유능한 인재들을 육성한 뒤라야만 가능한 일이었을까? 사실 이러한 사민당 지도부의 주장이나 변명은 독일 내에서 보수파의 온갖 반사회주의적 공작을 극복하면서, 이제 막 정치적 기반을 확보하여 임박한 선거에 골몰해야만 하는 그들에게는 불가피했다. 현실적으로도 이 같은 소극적 대처 방법 이외에는 달리 방도가 없었던 것이다. 따라서 가까운 장래에 이러한 전집을 출판하는 일은 불가능해 보였다. 그러나 주어진 외적 상황은 독일사민당이 원하는 완벽한 조건과 환경에서 마르크스(-엥겔스)의 전집을 만들 수 있도록 무작정 기다려줄 수는 없는 노릇이었다. 그 결과 마르크스(-엥겔스) 전집의 출판 준비는 그들 사상의 적자(嫡子)라고 자처하는 독일사민당이나 독일어 사용권 국가가 아닌 전혀 예상 밖의 러시아에서 시작되었고, 이 사업은 비록 완성에 이르지는 못했으나 일정한 성과를 거둠으로써 이후 마르크스-엥겔스 전집 출판의 초석이 되었다.

여기서 우리는 러시아가 왜, 어떻게 이 같은 마르크스주의의 사상적 연구와 마르크스와 엥겔스 저작 출판의 중심으로 부상하게 되었느냐를 묻지 않을 수 없다. 알다시피 러시아는 제1차 세계대전이 종반에 접어들던 1917년 10월, 사회주의 혁명을 성공시키면서 볼셰비키가 집권했다. 그런데 이 혁명이 성공한 바로 다음 해가 1818년 마르크스가 탄생한 지 100년이 되는 해였다. 따라서 레닌은 내전의 와중에서도 28권으로 된 완벽한 마르크스와 엥겔스의 러시아어판 전집 출판 계획을 세우고, 당년에 이미 이의 일환으로『자본론』제2권을 출판했다.[1] 다시 말하면 레닌과 러시아는 혁명의 성공이라는 환호성 가운데 혁명 사상의 원류인 마르크스와 엥겔스의 전집 출판이라는 거창한 계획을 입안할 수 있었는데, 이는 전적으로 현실을 무시하는 공산주의자들의 만용을 통해서만 가능한 일이었다. 따라서 마르틴 훈트 Martin Hundt는 볼셰비키 정권의 절대적 지배자 레닌의 권위가 없었더라면, 또 당시의 혁명에 대한 열광이 없었더라면 이 같은 전집 출판의 기도는 '빈의 편집 계획 Wiener Editionsplan'처럼 쉽사리 잊혀지고 말았을 것이라고 지적하고 있다. 여기에 우리가 하나 더 첨가해야 할 것은 마르크스 연구자로서의 리야자노프의 탁월한 능력과 비범한 인간성이다.[2] 그러므로 우리는 러시아에서 진행된 제1차 MEGA의 출판 계획을 다루기 전에, 우선 마르크스(와 엥겔스)의 저작 및 유고와 관련된 1917년 러시아 혁명 이전의 리야자노프의 연구 성과를 일별할 필요가 있다.

---

1) 러시아에서의 이 최초의 전집 출판 계획은 예정된 28권 중 4권만이 발간되고 1922년 폐기되었다. Heinz Stern und Dieter Wolf, *Das große Erbe: Eine historische Reportage um den literarischen Nachlaß von Karl Marx und Friedrich Engels*, Dietz Verlag, Berlin 1972, S. 78~80.
2) Martin Hundt, "Gedanken zur bisherigen Geschichte der MEGA," *Beiträge zur Marx-Engels-Forschung*, Neue Folge 1992, S. 61.

**2장**

# 10월 혁명 이전의 리야자노프의 마르크스-엥겔스 연구[3]

다비드 보리소비치 골덴다흐David Borisovič Gol'dendach라는 본명을 가진 N. 또는 D. 리야자노프N. bzw. D. Rjazanov는 1917년 7월에서야 러시아의 볼셰비키당에 가담했다. 그는 1921년 내전의 와중에 모스크바에 설립된 마르크스-엥겔스 연구소Marx-Engels-Institut, MEI의 소장으로 임명되었고, 소장의 자격으로 수많은 유능한 연구원들과 해외의 학자들을 통신원Korrespondent으로 내세워 국제노동운동사와 관련된 방대한 문헌과 원자료, 문건을 수집했다. 원자료의 수집이 불가능한 경우에는 독일사민당-아키브의 마르크스-엥겔스 유고의 경우

---

[3] 네덜란드의 국제사회사연구소IISG에 소장된 카우츠키 유고Kautsky-Nachlaß 가운데는 리야자노프의 제2망명기인 1907~1917년 사이에 그가 카우츠키에게 보낸 편지들이 포함되어 있다(D XIX). 이 항목은 이들 편지를 중심으로 이 시기 리야자노프의 연구 과정을 추적한 다음의 논문에 크게 의존하고 있다. Jürgen Rojahn, "Aus der Frühzeit des Marx-Engels-Forschung: Rjazanovs Studien in den Jahren 1907~1917 im Licht seiner Briefwechsel im IISG," *MEGA-Studien*, 1996/1, S. 3~65.

처럼 복사를 통해 이를 확보하는 등 자료 수집을 위해 가능한 모든 수단과 방법을 강구했다. 그는 마침내 이렇게 수집한 자료와 유능한 학자들을 한데 묶어 최초의 본격적인 『마르크스-엥겔스 전집Marx-Engels, *Historisch-kritische Gesamtausgabe*, MEGA』의 출판 사업을 시작했다.

겨우 10월 혁명 직전에 볼셰비키당에 가담했음에도 불구하고, 1921년 1월에 설립된 마르크스-엥겔스 연구소[4]의 소장으로 임명된 리야자노프는 어떤 인물일까? 리야자노프는 로얀이 지적한 대로 볼셰비키로 가담한 1917년 이후 서방 측에서는 극히 소수의 사람들만이 그에 대해 관심을 가졌고, 1930년대 이후에는 그가 멘셰비키적 경향을 가졌다는 이유로 스탈린의 공포정치의 제물이 되면서 소련을 포함한 동구권에서도 완전히 잊혀진 비인간Un-Person으로 취급되었다.[5] 따라서 그의 생애나 활동에 대한 문헌이나 연구 성과는 1990년대에 이르러서야 서서히 나타나기 시작했다.[6]

이미 10대 후반에 혁명운동에 참여한 바 있던 리야자노프는 투옥과 망명의 교차 속에서 스스로의 운명을 개척해나갔다.[7] 그는

---

4) 이 연구소는 원래 1920년 12월 8일 레닌이 의장으로 있던 볼셰비키 러시아공산당KPR(B) 중앙위원회의 결의에 따라 "세계 최초의 마르크스주의 박물관"을 설립하려고 했던 것이다. 그러나 이는 그 이듬해인 1921년 1월에 박물관이란 명칭을 바꾸어 연구소 체제로 개편되었다. Stern und Wolf, 앞의 책, S. 80. MEI에 관해서는 다음에서 좀더 상세히 논의될 것이다.
5) Rojahn, 앞의 글, S. 3.
6) 1990년대 이전에 나타난 그에 대한 언급은 1970년대에 출판된 다음의 문헌이 거의 전부이다. Stern und Wolf, 앞의 책(Berlin [DDR], 1972), S. 80~90; Dirk J. Struik, "Introduction," David Riazanov, *Karl Marx and Friedrich Engels. An Introduction to Their Lives and Work*, New York, 1973, pp. 3~10; Bernd Rabehl, "Über den Marxisten und Marxismusforscher Rjazanov," D. Rjazanov, *Marx und Engels nicht nur für Anfänger*, Berlin, 1973, S. 181~90.
7) 리야자노프는 1870년 3월 10일 러시아의 오데사Odessa에서 13형제 중의 하나로 태어났다. 유대인 혈통인 그는 러시아 국적을 갖고 있었다. 1887년에 이미 혁명운동에 가담하여 처음에는 대중운동에 관심을 갖다가 나중에는 마르크스주의로 기울게 되었다.

1900년 1월 이래 6년에 가까운 기간을 제네바, 파리, 베를린, 취리히 등에 거주하면서 교사로, 또 언론인으로 활동했다. 그는 1901년 이래 망명 러시아 사민주의자의 기관지인 『이스크라 Iskra』와 『포아베르츠 Vorwärts』 등에 기고하는가 하면, 다른 한편으로는 『두 개의 진실: 대중운동과 마르크스주의—러시아 지식 계급사의 한 단면 Zwei Wahrheiten. Volkstümlerbewegung und Marxismus. Ein Abschnitt aus der Geschichte der russischen Intelligenz』(1902), 『파괴된 환상: 우리 당의 위기의 원인에 관한 질문 Zerstörte Illusionen. Zur Frage der Ursachen der Krise unserer Partei』(1904) 등의 팸플릿을 통해 당시 망명 러시아 사민주의자 간에 치열하게 전개되던 조직 문제에 대한 논쟁에서 레닌과는 반대되는 독립파, 즉 정통 마르크스주의자의 입장을 견지했다. 그는 1909년 카우츠키에게 보낸 편지에서 다음과 같이 회고하고 있다. "나는 결코 멘셰비키에 반대한 것이 아니었다. 오히려 나는 혁명 이전인 1901~1905년 사이에는 '대중적 파업론자 Massenstreiker'의 하나였다. 왜냐하면 나는 테러리즘과 '미리 준비된' 무장봉기 및 '모든 종류'의 투쟁 조직에 원칙적으로 반대했기 때문이다."[8]

---

1889년에 잠깐 외국으로 나갔다가 1891년 10월 귀국하면서 국경에서 체포되어 투옥된 뒤 몰다비아로 추방된다. 1900년 서구로 망명하여 파리와 베를린을 중심으로 러시아의 사회민주주의자들과 더불어 출판 및 선전활동에 참여하다 1905년의 혁명을 맞아 귀국한다. 그 후 그는 노동조합의 결성을 돕고, 사민주의 의회파에 가담하게 되었으나 1907년 다시 투옥되었다가 같은 해에 다시 서구로 망명하여 10년간 베를린, 빈, 그리고 취리히 등에서 국제노동운동사와 관련된 자료의 수집·연구와 더불어 언론 및 번역 활동에 전념했다. 1907년 이후의 그의 연구 활동은 이 항목에서 좀더 구체적으로 언급된다. Jakov Rokitjanskij, "Das tragische Schicksal von David Borisovič Rjazanov," *Beiträge zur Marx-Engels-Forschung*, Neue Folge 1993, S. 3; Volker Külow und André Jaroslawski, "Zu Leben und Werk David Rjasanows," *David Rjasanow: Marx-Engels-Forscher, Humanist, Dissident*, hrsg. von Volker Külow und André Jaroslawski, Dietz Verlag, Berlin 1993, S. 10~14; Rojahn, 앞의 글, S. 3~4 등을 보라.

8) Volker Külow und André Jaroslawski, 앞의 글, S. 11~12(IISG. Nachlaß-Kautsky

1905년 가을 리야자노프는 혁명이 일어난 러시아로 되돌아가 2년 가까이 정치활동을 전개했다. 그러다가 1907년 5월 러시아 사민주의노동당Sozialdemokratische Arbeiterspartei Russlands 대회에서 체포되어 투옥되었다가 곧 풀려났고, 그해 여름 다시 베를린으로 돌아왔다. 그는 같은 해 11월에 잠시 페테르부르크에 갔다가 돌아온 것으로 되어 있으나[9] 이후 10년에 걸친 제2의 망명생활을 시작했으며, 그의 연구도 정치적 논쟁보다는 국제노동운동사와 마르크스-엥겔스의 저작과 관련된 학술적 연구에 집중되었다.

따라서 이 시기 리야자노프는 망명 러시아 사민주의자 간의 혁명에 대한 이론적 논쟁보다는 마르크스와 엥겔스의 문서로 된 유산에 대한 탁월한 전문지식 때문에 국제 사민주의자들의 광범한 주목을 받는다.

베를린 경찰청의 보고에 따르면 베를린에서의 리야자노프의 생활은 문필가로서 왕립도서관Die Königliche Bibliothek zu Berlin에서 많은 시간을 보내는 것이었다.[10] 사실 그는 제1차 망명기와 같이 1907년 이후에도 러시아 사민주의노동당의 기관지나 카우츠키가 주간으로 있는 『노이에 차이트』에 기고[11]하는 한편, 당시 러시아의 마르크스주

---

D XIX 254). 이 편지의 날짜[日附]는 Külow/Jaroslawski가 1909년으로 추정한 데 반해 Rojahn은 1914년 1월 19일 이전으로 보고 있다. Rojahn, 앞의 글, S. 61 참조. 리야자노프는 역사가임에도 불구하고 육필로 쓴 편지에 자주 날짜를 기록하지 않아 날짜의 확정에 어려움이 많다는 점이 지적되고 있다. Rojahn, 앞의 글, S. 10.

9) "Bericht des Kriminalschutzmannes Sobieki vom 5. Dezember 1907," Volker Külow und André Jaroslawski, 앞의 책, S. 214.
10) Külow und Jaroslawski, 앞의 책, S. 213~15에 게재된 "Acta den Schriftsteller David Goldendach betreffend" 항의 5개 베를린 경찰청 보고서를 보라.
11) 이 시기에 『노이에 차이트』에 게재된 그의 논문은 다음과 같다. N. Rjasanoff, "Die Aufhebung der Leibeigenschaft in Rußland," *Neue Zeit*, 23/1, 1904/05, Nr. 20, 21, 22; N. Rjasanoff, "Owen und Ricardo. Zum 50. Todestag Robert Owens(17. November)," *Neue Zeit*, Nr. 7(13. November 1908), Nr. 8(20. November 1908).

의자들에게 커다란 영향력을 행사했던 카우츠키의 글들을 러시아어로 번역하면서 그와의 관계를 돈독히 해왔다.[12]

## 1. 마르크스의 『동방 문제』와 관련된 연구: 대영박물관에서의 자료 수집

리야자노프는 1902년에 발간된 메링의 『마르크스-엥겔스-라살레 유고집』을 두 권의 러시아어 번역본으로 만드는 작업에 악셀로드 Pavel Borisovič Axelrod, 콜코브D. Kol'cov(혹은 Boris Abramovič Ginzburg)와 더불어 편집자로 참여한다.[13] 이 러시아본을 편찬하면서 그는 베벨의 도움으로 독일사민당-아키브를 출입하는 행운을 얻게 된다.[14] 그러나 이 과정에서 리야자노프가 통절하게 느낀 사실은 1848년 이전의 마르크스와 엥겔스의 유고가 메링에 의해 철저히 이용되었기에 자신은 1850년대의 저작에 주력할 수밖에 없다는 점이었다.[15] 또한 그는 당시 러시아의 마르크스주의자들에게 관심의 대상으로 떠오른

---

12) 이 당시 리야자노프가 러시아어로 번역키로 한 카우츠키의 글은 다음과 같다. Karl Kautsky, *Die historische Leistung Karl Marx. Zum 25. Todestage des Meisters*, Berlin, 1908; ders., *Friedrich Engels. Sein Leben, sein Wirkens, seine Schriften*, Berlin, 1908; ders., *Der Ursprung des Christentums. Eine historische Untersuchung* Stuttgart 1908. Rojahn, 앞의 글, S. 12~13을 보라.

13) 애초에 2권으로 예정되었던 러시아어판 유고집은 다음의 1권만 출판되었다. *Iz literaturnogo nasdeldija K. Marksa, F. Engel'sa i F. Lassalja*. Izd. F Meringom. *I: Sobranies sočinenij K. Marksa i F. Engel'sa ot marta 1841 g. do marta 1844 g*. Polnyj perevod pod red. P. Aksel'roda, D. Kol'cova i D. Rjazanova, Odessa 1908.

14) Külow und Jaroslawski, 앞의 책, S. 13.

15) Rjasanoff, "Neueste Mitteilungen über den literarischen Nachlaß von Karl Marx und Friedrich Engles," *Archiv für die Geschichte des Sozialismus und der Arbeiterbewegung*, XI. 1925, S. 391.

유럽에서의 러시아의 역할에 대한 마르크스의 생각을 명료히 밝히려는 시도도 함께 했다. 이러한 그의 착상은 1909년 3월 『노이에 차이트』의 보권으로 출판된 『유럽에서의 러시아의 헤게모니의 기원에 대한 칼 마르크스의 견해: 비판적 검토』로 구체화되었다.[16]

리야자노프의 이 논문은 서구의 사민주의자들 사이에서 그를 일약 '진지한 마르크스 연구자'로 자리매김하게 했다. 그는 이 연구를 발판으로 1897년 엘리노 마르크스-에이블링 부부가 출판한 『동방 문제』에 실려 있는 크리미아 전쟁과 관련된 마르크스의 글을 독일어로 번역하는 한편, 이에 대한 마르크스의 견해를 정확히 분석하고자 시도했다.[17] 그는 1909년 5월 초 이전에 『동방 문제』에 수록된 마르크스의 글들을 오리지널과 대조하기 위해 런던으로 가던 중 브뤼셀과 파리를 경유했는데, 이 기회에 파리 근교 드라베이유에 있는 라우라 라파르그의 집을 방문하게 된다. 거기서 리야자노프는 엘리노가 마르크스의 글들을 채록할 당시 저본으로 사용한 마이어Hermann Meyer의 『뉴욕 데일리 트리뷴』 발췌록을 면밀히 검토하게 되고, 마침내 그녀의 편집본이 "무비판적이고 피상적인 글들의 집성kritiklos und oberflächlich zusammengeklebt"에 불과하다는 의혹을 품는다. 이 같은 그의 심증은 런던의 대영박물관에서 『뉴욕 데일리 트리뷴』을 대조하면서 확고해져, 결국 엘리노 마르크스-에이블링 부부가 편찬한 『동방 문제』는 이렇다 할 가치가 없는nichts wert 판본으로 결론 내린다.[18]

---

16) N. Rjasanoff, *Karl Marx über den Ursprung der Vorherrschaft Rußlands in Europa. Eine kritische Untersuchung.* Deutsch von A. Stein, Ergänzungsheft zur *Neuen Zeit*, Nr. 5. Ausgegeben am 5. März 1909, Stuttgart.
17) 리야자노프는 이 책의 독일어 번역자로 칼 카우츠키의 부인인 루이제Luise Kautsky를 끌어들임으로써 그 자신의 프로젝트에 카우츠키의 지원을 확보할 수가 있었다. Rojahn, 앞의 글, S. 11~12.
18) 리야자노프는 에이블링 부부가 『동방 문제』의 서문에서 "우리는 [......] 엥겔스의 문

리야자노프는 이처럼 면밀한 대조 작업을 통해 에이블링판 『동방 문제』에 수록된 글 가운데는 마르크스도 엥겔스도 아닌 제3자의 것이 있다는 사실을 밝혀내는 한편, 지금까지 전혀 알려지지 않은 수많은 마르크스의 글을 발견하는 중대한 성과를 올렸다. 다시 말해 그는 『뉴욕 데일리 트리뷴』을 면밀히 검토하는 과정에서 '동방 문제'는 물론, 1851~1860년의 영국 경제사, 1857년의 위기, 프랑스-오스트리아 전쟁 등 다양한 제목의 책이 출판될 것이라고 전망하면서 이들의 복사 작업에 열을 쏟았다. 그는 카우츠키에게 보낸 편지에서 "앞으로 마르크스의 저작집을 만드는 데 필요한 완벽한 논설들의 수집을 위해" 복사 작업을 하고 있다는 사실을 베벨과 디츠에게 알려줄 것을 부탁하고 있다. 그리고 『동방 문제』의 번역을 맡은 루이제 카우츠키에게는 대영박물관에서의 이 같은 작업의 성과로 인해 그것이 2권, 3권으로 늘어날 수 있으므로 불완전한 에이블링판에 근거한 번역 작업을 일단 중단할 것을 권고하고 있다.[19]

이처럼 대영박물관에서 이루어진 자료 추적과 복사 작업은 당초 『뉴욕 데일리 트리뷴』에 한정되었으나, 다시 차티스트의 잡지 『인민보 People's Paper』, 월간 『퍼트남 리뷰 Putnam's Review』 『신미국 백과사전 New American Cyclopaedia』, 런던의 독일어 신문 『폴크 Volk』 등의 지지(紙誌)에 실린 마르크스의 글들을 수집하는 것으로 확대되었다.[20] 그러

---

    서 가운데서 발견된 헤르만 마이어의 『뉴욕 데일리 트리뷴』 발췌록의 도움을 받아 그것을 지침으로 활용했다"고 기록한 마이어의 발췌록을 라파르그의 집에서 발견하고 이를 드라베이유 체재 중 검토한 것으로 되어 있다. Marx, *The Eastern Question*, London, 1897, S. V. Rjazanov an Kautsky, [London, 1909, vor d. 16. Mai](D XIX 282); Rjazanov an Kautsky, [London], [1909 vor d. 21. Mai](D XIX 280). Rojahn, 앞의 글, S. 14, 59를 보라.
19) Rojahn, 같은 글, S. 14~15.
20) Rjasanoff, "Vorwort des Herausgebers," *Gesammelte Shriften von K. Marx und F.*

나 1909년 6월 하순 그는 베벨의 『여성과 사회주의』 제50판 기념판[21]의 수정 작업이 촉박한 데다 당초 7월로 약속된 『동방 문제』의 출판 약속 때문에 자료 수집 작업을 후자와 관련된 것만으로 집중하지 않을 수 없었다.[22]

## 2. 『인터내셔널 관련 문서집』 편찬과 마르크스-엥겔스 유고의 열람

한편 리야자노프의 마르크스 연구에서 또 하나의 전기가 된 것은 그가 1909년 6월 빈의 멩거재단Wiener Menger-Stiftung[23]과 맺은 『인터

---

Engels 1852~1862, hrsg. von N. Rjasanoff, die Übers. aus dem Engl. von L. Kautsky, Bd. 1, Verlag von J. H. W. Dietz Nachf. GmbH, Stuttgart 1917, S. X~XI. Franz Schiller, "Das Marx-Engels-Institut in Moskau," *Archiv für die Geschichte des Sozialismus und der Arbeiterbewegung*, XV, Jahrg., 1930, S. 419도 보라.

21) August Bebel, *Die Frau und der Sozialismus*. 50. Aufl. Verbessert, vermehrt und neu bearbeitet. Jubiläums-Ausgabe, Stuttgart, 1910. 이 기념판은 1909년 11월에 출간되었다.

22) Rojahn, 앞의 글, S. 16~17; Götz Lankau, "Marx-Gesamtausgabe," S. 107~108. 당초 크리미아 전쟁과 관련된 마르크스의 글들을 모은 엘리노 에이블링 부부의 『동방 문제』를 저본으로 하여, 이를 비판적으로 편찬, 독일어로 번역하려고 했던 리야자노프의 출판 계획은 1909년 여름 대영박물관에서의 자료 수집 때문에 크게 지연되어 1909년 7월로 예정되었던 디츠와의 약속은 지켜질 수 없었다. 게다가 리야자노프의 정력적인 자료 추적을 통해 엄청나게 확대된 마르크스와 엥겔스의 영어로 쓰인 글들은 원래의 계획과는 달리 그에 의해 총 네 권으로 출판될 예정이었으나 1917년에 두 권만이 출판되었다. *Gesammelte Schriften von K. Marx und F. Engels 1852~1862*, hrsg. von N. Rjasanoff, Bd. 1 und 2. 한편 이 책의 서문과 예정된 네 권(미출판의 3, 4권을 포함하여)의 수록 내용의 개요는 "Vorwort des Herausgebers," 같은 책, 1. Bd., S. XV~XVI.

23) 사회주의 법률가인 멩거Anton Menger(1841~1906)의 재산으로 '안톤-멩거 서고 Anton Menger-Bibliothek'가 설립되었는데 이는 "민중의 이해와 관련된 사안을 다룬 원로 작가의 원전을 비판적으로, 그리고 철저히 학술적으로 재출판"하는 데 그 설립 목적을 두고 있다. 이 재단은 그륀베르크Carl Grünberg(서기)와 브라운, 하르

내셔널 관련 문서집 Urkundenbuch der Internationale의 출판을 위한 계약이다. 이는 원래 노동운동과 관련된 원전들을 출판하려는 국제노동자연맹 Internationale Arbeiterassoziation, IAA의 프로젝트로서 이 재단의 평의원이던 브라운이 카우츠키에게 그 편찬을 의뢰했던 것이다. 그러나 카우츠키는 이를 사양하면서 그 대신 적합한 인물로 리야자노프를 추천했다.

나는 마르크스와 관련된 귀하의 작업을 이미 잘 알고 있기에 귀하가 이 과제에 가장 적절한 인물이라는 생각을 하게 되었소. 귀하는 마르크스주의, 국제적인 관련 속에서의 노동운동을 익히 알고 있으며, 우리들의 문헌에 관한 한 가장 정통한 인물로서 타의 추종을 불허합니다. 따라서 귀하는 〔……〕 인터내셔널을 **위해** 인터내셔널에 **관한** 표준적 작품을 만들어낼 수 있을 것입니다. 이 작업은 귀하의 러시아와 관련된 작업보다 훨씬 중요한 일이라고 본인은 평가하는 바입니다.[24]

카우츠키의 이 같은 권고를 받은 리야자노프는 앞뒤 생각해볼 겨를도 없이 당시 진행하고 있던 임박한 작업, 즉 베벨의 『여성과 사회주의』의 수정 작업과 『동방 문제』의 편집·번역 작업이 끝나기로 예정된 10월 이후부터 새로운 일에 착수한다는 조건으로 이를 수용

---

트만 Ludo M. Hartmann을 평의회의 구성원으로 하고 있다. Götz Lankau, "Marx-Gesamtausgabe— dringendes Parteiinteresse oder dekorativer Zweck? Ein Wiener Editionsplan zum 30. Todestag. Briefe und Briefauszüge," *International Review of Social History*, XXVIII/1, 1983, S. 108의 주 15)를 보라.

24) Kautsky an Rjazanov, 24. Juni 1909. Rojahn, 앞의 글, S. 19에서 재인용. 강조는 원문.

했다. 그렇다면 리야자노프가 이처럼 황급히 국제노동자연맹IAA의 의사록 편찬에 동의한 이유는 무엇일까. 그가 IAA의 의사록 편찬에 매력을 느끼게 된 중요한 이유는 우선 이 새로운 과제가 당시 진행하고 있던 작업의 후속 기간인 1864~1878년에 해당하므로 이 기간을 다시 한 번 철저히 연구할 수 있는 가능성을 열어주고, 다른 한편으로는 1850년대 마르크스의 논설들이 영국에서의 인터내셔널 준비 기간을 해명하는 데 새로운 빛을 던져줄 것으로 믿었기 때문이다.[25]

그러나 인터내셔널 의사록 편찬에 대해 리야자노프가 뿌리칠 수 없는 유혹을 느낀 데는 마르크스-엥겔스의 유고에 대한 관심이 작용했던 것으로 보인다. 마르크스-엥겔스의 유고가 보관된 '유명한' 상자에 대한 이야기는 당시의 독일 사민주의자들에게는 낯선 것이 아니었다. 1906년의 만하임 당 대회 이전부터 사민주의 조직 사이에서는 대중 파업 논쟁Massenstreik-Debatte과 관련하여 당과 노동조합의 관계에 대한 논의가 다양하게 전개되었다. 이런 와중에 함부르크에서 열린 독일사민당 대회에서 엘름Adolf Elm(독일 연초노조 위원장)은 마르크스가 1866년의 국제노동자연맹 제네바 총회에서 노동조합운동을 정치적 운동보다 훨씬 높이 평가했다고 천명함으로써 상이한 원천에 근거한 다양한 결의안들이 제출되게 되었다. 따라서 베벨은 이 대회의 다양한 결의안들을 상세히 소개하는 글을 『독일 노동조합 총평의회 통신』에 기고하면서, 이러한 다양한 논의는 "다음 단계에서 출판될 프리드리히 엥겔스의 유고를 통해 진실이 무엇인지 밝혀질 것"이라고 언급한 바 있다.[26] 그런데 바로 여기서 언급된 엥겔스

---

25) Rjazanov an Kautsky, [London] [1909, nach d. 24. Juni](D XIX 285). Rojahn 앞의 글, S. 19, 59에서 재인용.
26) U.[A. Bebel], "Die Gewerkschaftsfrage auf dem Genfer Kongreß der Internationalen

의 유고, 즉 진실이 무엇인지를 밝혀줄 유고는 그로부터 2년 반 후인 1909년 3월에 개봉될 예정이었다. 그리고 이 시기는 그가 멩거재단과 맺은 프로젝트 계약과 맞아 떨어진다. 다시 말해 이제 사민당 지도부가 이 인터내셔널 관련 프로젝트를 사민당 지도부의 이름으로 자신에게 위임한다면, 지금까지 '출판된 자료'에만 의존하던 종래의 연구가 진일보하여 당-아키브에 보관된 마르크스-엥겔스의 유고 열람으로 이어진다고 기대했을 것이다.[27]

〔마르크스〕-엥겔스의 유고 상자는 1909년 3월에 개봉되었다. 이 시점에서 중요한 것은 유고에 대한 권리였는데, 원래 이는 엥겔스에 의해 베벨과 베른슈타인에게 위탁되었다. 그러나 엥겔스 사후 베벨은 유고에 대한 출판권을 베른슈타인에게 위임했는데, 후자가 수정주의 논쟁을 제기하자 베벨은 "이 유고의 출판권을 자의로 그에게 위임한 것"을 크게 후회했다.[28] 따라서 인터내셔널과 관련된 문서집을 발간하려는 멩거재단의 브라운에게는 베른슈타인이 어느 유고에 흥미를 갖느냐가 초미의 관심사였다. 다행히 베른슈타인은 인터내셔널의 역사와 관련된 문건보다는 마르크스-엥겔스의 왕복서간에 훨씬 큰 관심을 가졌으므로 인터내셔널 관련 문건이 담긴 두 개의 상자는 멩거재단이 이용할 수 있게 되었다. 1909년 11월 1일 리야자노프는 빈으로 가서 그해 크리스마스까지 이들 문건을 검토해 그 가운데서 인터내셔널 문서집에 수록될 수 있을 만한 문건들을 확정한

---

Arbeiterassoziation(1866)," *Correspondenzblatt der Generalkommission der Gewerkschaften Deutschlands*, 16(1906), Nr. 39(29. September), Nr. 41(13. Oktober). Rojahn, 앞의 논문, S. 17~18.
27) Rojahn, 앞의 글, 같은 곳.
28) Bebel an Motteler, 26. November 1898, Paul Mayer, "Die Geschichte des sozialdemokratischen Parteiarchivs und das Schicksal des Marx-Engels-Nachlasses," *Archiv für Sozialgeschichte*, VI./VII. Band, 1966/67, S. 41에서 재인용.

뒤 베를린으로 되돌아와 당-아키브의 유고를 재검토하기로 했다.[29] 그러나 빈에서의 검토 작업이 끝날 무렵 리야자노프는 그 결과가 결코 긍정적이지는 않았다고 술회한다. 즉 "거기에는 수많은 결손 부분이 발견된다. 유고는 회복할 수 없을 정도로 손상되었고, 처참한 상태에 놓여 있었다."[30]

멩거재단이 기획한 "인터내셔널의 공식적인 문서집"은 국제노동자연맹 의사록 Kongreßprotokolle의 주석판으로 출판하려 한 것이다. 그러나 이 계획은 리야자노프가 편자로 결정됨으로써 크게 확대되었다. 리야자노프는 1910년 1월 베를린으로 돌아가기 전에 멩거재단의 평의원회에 제출할 보고서를 작성하면서 1909년 크리스마스 이전에 그 개요를 카우츠키에게 알렸는데, 이 서신에 따르면 문서집의 제목은 "'인터내셔널 문서집/연표, 목록, 문헌 Das Urkundenbuch der Internationale/Annalen, Regesta, Bibliographie'이라 명명되었으며 애초에는 현존하는 모든 자료의 출판과 더불어 별책의 서론부 Einleitungsband를 집필하려고 했으나 후자는 집필을 단념했다"고 쓰고 있다.[31] 나아가

---

29) Rjasanov an Kautsky, [Wien], [1909, nach d. 15. November](D XIX 302), Rojahn, 앞의 글, S. 22~23, 59에서 재인용.
30) Rjasanov an Kautsky, [Wien], [1909, nach d. 19. November](D XIX 301), Rojahn, 앞의 글, S. 23, 59에서 재인용.
31) 리야자노프가 서론 부분의 집필을 포기한 중요한 이유로는 첫째, 집필 기간이 "적어도 3년 아니 4년까지도" 걸릴 텐데 종국적으로 러시아로 귀환해야 하는 그에게는 너무 많은 시간을 요구한다는 것이며, 두번째로는 그가 자료집을 출판한 뒤에는 전문가만이 아니라 일반인들도 읽을 수 있는 "국제노동자연맹의 역사"를 집필하려고 하는데 이러한 역사 서술에는 독립성이 필요하기 때문이라고 주장한다. Rjazanov an Kautsky, [Wien], [1909, nach d. 19. Dezember](D XIX 301). Rojahn, 앞의 논문, S. 24~25에서 재인용. 그러나 이 서론 부분은 1926년 모스크바의 MEI가 출판하는 『마르크스-엥겔스 아카이브』 제1권에 그 일부가 게재되었다. D. Rjazanov, "Zur Geschichte der ersten Internationale. I. Die Entstehung der Internationalen Arbeiterassoziation," Marx-Engels-Archiv, Bd. I, 1926, S. 119~202.

"나는 인터내셔널의 활동을 문서, 의사록, 포고문 등을 통해 묘사하고, 이들 전체에 주와 해석을 붙이고, 상이한 문건들 사이에 나의 '객관적' 삽입구를 첨가하려고 한다. 그리고 이를 위해 나는 모든 서간문, 총평의회 의사록 등을 완벽하게 또는 발췌의 형식으로 이용하려고 한다. 이 문서집은 1864년 9월 28일의 회의를 출발점으로 하여 인터내셔널의 공식적인 종말인 1876년의 하그 회의Haager Kongress 까지 짧은 부록을 붙여 서술될 것이다"[32]라고 설명하면서, 그가 만든 이 "문서집이 자본주의 학계나 무정부주의 등을 포함하는 여론에 영향을 미칠 것을 기대"하고 있다. 다시 말하면 그는 "학계에 모든 기록을 공개하여 이용케 하고, 이는 결과적으로 그 자신의 주관적 표현을 스스로 통제"케 한다는 것이다. 이 같은 자세는 "원자료의 출판에 대한 리야자노프 자신의 견해seine Auffassung vom Sinn einer Quellenpublikation"가 무엇인지를 보여주는 대표적 예이기도 했다.[33]

## 3. 전집 출판에 대한 리야자노프의 집념

어쨌든 인터내셔널과 관련된 엥겔스의 유고를 이용하는 과정에서 리야자노프의 연구 활동은 근본적으로 변화하기 시작했다. 그의 연구는 이제 새로운 깊이를 얻었을 뿐만 아니라 마르크스와 엥겔스 저작의 출판에 있어서 최고의 권위를 누리게 되었다. 그가 수행하는 개개의 프로젝트는 전집 출판에 필요한 포괄적 지식을 얻기 위한 수

---

32) 앞의 편지(D XIX 301). Rojahn, 같은 글, S. 24에서 재인용. Lankau, 앞의 글, S. 108의 주 17)도 보라.
33) 같은 편지.

단이요 부산물에 지나지 않았다. 그리고 당초 당-아카이브의 이용에 상당한 불안을 느꼈던 그는 베벨의 예상외의 호의에 힘입어 엥겔스의 유고 가운데서 각종 문건은 물론 마르크스-엥겔스의 왕복서간까지도 이용할 수 있었다.[34]

또한 그는 스스로도 가능한 한 기회를 만들어 파리의 드라베이유, 런던, 취리히 등을 방문해 마르크스-엥겔스나 국제노동운동사와 관련된 자료를 추적·수집했다. 1910년 5월에는 브뤼셀, 파리의 드라베이유, 런던을 방문했으며, 특히 이 기간 중에는 마르크스의 둘째 사위인 라파르그의 드라베이유 집에서 8일간 머물며 엘리노의 사망 후 라우라가 보관하고 있던 마르크스의 유고를 일일이 검토하여 목록을 만들기도 했다. 앞에서 살펴본 빈의 마르크스-엥겔스 전집 구상은 리야자노프가 이 자료 수집 여행에서 베를린으로 돌아온 1910년 가을 이후의 일이다. 그는 10월 초, 빈으로 건너가 그곳의 오스트리아-마르크스주의자들과 만나 임박한 1913년의 마르크스의 저작권 해제에 대비한 마르크스-엥겔스 전집 구상을 논의하고, 이의 출판을 독일사민당이 맡아야 한다고 강력히 권고했다.[35]

빈의 전집 출판 계획은 당시 독일사민당의 사정이 여의치 않아 중

---

34) Rjazanov an Kautsky, [Wien], [1913, Anfang Mai](D XIX 248). Rojahn, 앞의 글, S. 27, 60. 한편 리야자노프는 1923년 11월 20일 그가 모스크바의 사회주의 아카데미에서 행한 연설에서 "베벨은 아카이브의 이용에 관한 한 지극히 호의적이었다. 그는 모든 연구자에게 친절했다. 당시에 나는 그와 전혀 지우(知遇)가 없었음에도 나중에 나에게 그러하듯이 호의적이었다"고 언급하고 있다. 그리고 1913년 4월 중순에 출판인 디츠에게 보낸 편지에서도 "베벨의 소개로, 당 지도부가 [그에게] 읆Jung, 벡커, 모틀러 등의 유고를 자유로이 열람케 했다"고 쓰고 있다. Rjasanoff, "Neueste Mitteilungen über den literarischen Nachlaß von Karl Marx und Friedrich Engels," S. 386; Rjazanov an Dietz, [Mitte April 1913], IISG, Dossier Marx-Engels-Briefwechsel, Rojahn, 앞의 글, S. 27, 18을 보라.
35) Rojahn, 앞의 글, S. 27~29. Lankau, 앞의 글, S. 109~10도 보라.

단되고 말았으나 리야자노프는 전집의 출판 계획에 대해 결코 회의 해본 적이 없었다. 그는 1911년 5월 말에서 11월 말까지 6개월에 걸쳐 다시 자료 수집 여행을 떠났는데, 방문지는 파리의 드라베이유, 런던, 파리, 제네바, 취리히를 거쳐 이탈리아에까지 이른다.[36] 11월 말 빈에 도착한 리야자노프는 우선 마르크스와 러시아인들과의 교유 문제를 다룬 글들을 집필하는데, 여기에는 코발레브스키Maxim Maximowitsche Kovalevskij(1851~1916), 안넨코프Pavel Vasil'evič Annenkov(1812~1887), 헬첸Alexander Iwanowitsch Herzen(1812~1870) 등이 포함된다. 그리고 이 시기 그는 그가 발견한 1840년대의 자료를 비판적으로 검토하여 인터내셔널의 전사(前史)에 해당하는 정의자 동맹Bund der Gerechten, 공산주의자 동맹Bund der Kommunisten, 그리고 동맹의 노동자 교육협회의 역사를 정리하여 마르크스와 엥겔스가 서재에서 책만 읽는 학자에 그치지 않고, 1848년 이전에 이미 혁명적 노동운동에 적극 참여했다는 사실을 밝혀냈다.[37]

이처럼 마르크스의 동방 문제에 대한 관심에서 시작한 리야자노프의 연구는 당초 1850년대와 60년대의 마르크스-엥겔스의 신문·잡지 기고문에서 출발하여, 인터내셔널의 의사록 편찬과 관련해서는 그 관심이 1860년대와 70년대로 확대되고, 그의 끊임없는 자료 추적 작업이 마침내 1840년대의 마르크스-엥겔스의 자료에까지 파급됨으로써 전 생애에 걸치는 시기를 포용하게 되었다. 여기에다 마르크스-엥겔스의 유고에 대한 해박한 지식은 이미 『마르크스-엥겔스-라살레 유고집』을 출판한 메링이나, 엥겔스의 유고를 승계한 베

---

36) Rojahn, 앞의 글, S. 32.
37) Franz Schiller, "Das Marx-Engels-Institut in Moskau," S. 419; Rojahn, 앞의 글, S. 34~35를 보라.

른슈타인을 능가하는 것이었다. 이러한 그의 지식은 앞에서도 살펴본 바와 같이 드라베이유에 있는 라파르그의 집을 방문하여, 엘리노를 거쳐 라우라 라파르그에게 승계된 마르크스의 유고를 낱낱이 검토하여 마침내는 그 목록을 만든다든지, 인터내셔널 관련 문서집을 편찬하면서 엥겔스의 유고를 샅샅이 조사하며 얻은 것이었다. 따라서 독일사민당 지도부는 라파르그 부부의 사망 이후 카우츠키의 추천을 받아 그들이 소장하고 있던 마르크스 유고를 수습하기 위해 리야자노프를 드라베이유에 파견하기도 했다. 그러나 라파르그 부부가 사망한 지 1년이나 지난 시점인 1912년 11월 말 드라베이유에 도착한 그는 마르크스 유고의 수습에 관한 한 이렇다 할 성과를 거두지 못한 채 같은 해 12월 15일에 파리를 거쳐 베를린에 복귀했다.[38]

리야자노프는 12월 19일에 당 지도부에 출장 결과를 보고했는데, 이 과정에서 그는 그가 작성한 "당-아키브에 소장된 마르크스-라파르그 유고의 내용 목록Inhalts-Verzeichnis der im Archiv befindlichen Sachen aus dem Marx-Lafargueschen Nachlaß"을 제시하면서 그에 관련된 자료들을 따로 모아 "'마르크스의 노트와 초고' 부서Abteilung 'Marx's Hefte und Manuskripte'"를 별도로 설치하고 이들 자료를 내연(耐燃) 상자에 넣어 『노이에 차이트』의 편집국에 보관할 것을 제의했다. 이 같은 그의 제의는 사민당 지도부가 "마르크스 유고의 이용과 이용권의 수여는 『노이에 차이

---

38) 리야자노프는 라파르그 부부의 사망 후 1년이 지난 1912년 11월 말에 드라베이유를 방문하여 자료를 수습하려 했으나, 당시로서는 이렇다 하게 내놓을 만한 자료는 발견하지 못했다고 보고하면서 1년 전 라파르그 부부의 사망 직후에 자기를 파견치 않은 것을 유감으로 생각하고 있다. Rojahn, 앞의 글, S. 38. 그러나 라파르그 부부가 소장하고 있던 마르크스의 유고는 그들이 사망하기 이전에 이미 카우츠키, 메링, 리야자노프 등의 손으로 넘어가 정리 혹은 편찬 중에 있었으며 나머지는 모두 당-아키브에 복귀되어 있었다. Rjazanov an Kautsky, [Wien], [1911] 14. Dez[ember](D XIX 295). Rojahn, 앞의 글, S. 38에서 재인용.

트』 편집국의 카우츠키와 에크슈타인Gustav Eckstein, 그리고 리야자노프에 위임한다"는 만장일치의 결의를 통해 수용되었다.[39] 우리는 이상과 같은 경과를 통해 1910년대 초의 리야자노프는 동방 문제나 인터내셔널과 관련된 마르크스-엥겔스 저작의 편자로서 아직 구체적인 성과를 과시하지는 못했으나, 그들의 유고에 관한 한 당대 제일의 전문가로서 독일사민당 지도부의 깊은 신뢰를 받고 있었다는 사실을 확인할 수 있다.[40]

이 당시 리야자노프는 마르크스와 엥겔스의 서간문을 비롯한 각종 유고의 수집과 정리에 동분서주한 데다 디츠와 출판계약을 맺은 『뉴욕 데일리 트리뷴』 기사를 중심으로 한 『동방 문제』의 출판과 맹거재단과 계약한 인터내셔널 관련 자료의 수집과 편찬이 화급한 상황이었다. 따라서 그는 1913년 1월 우선 일반 독자를 대상으로 한 "동방 문제"에 대한 서론과 주석을 서둘러 집필하는 한편, 학자들과 연구자들을 대상으로 한 인터내셔널 관련 자료는 우선 로잔느 총회 Lausanner Kongreß까지의 자료만을 디츠 출판사에 송부했다. 그러나 이러한 리야자노프의 작업 방식, 즉 미진한 자료를 완벽하게 수집해야 한다는 그의 집념은 예정된 출판일자를 무작정 지연시킴으로써 출판인 디츠의 불평을 초래하는 원인이 되었다.[41]

한편 앞의 두 개 편저와 관련하여 그는 마르크스와 엥겔스의 왕복서간을 지속적으로 참고해야 했는데, 1912년으로 예정된 총 4권의 왕복서간집 가운데 제1권이 1910년에, 나머지 3권이 1911년에 출판

---

39) Rjazanov an Kautsky, 〔Wien〕 〔1913 nach d. 20. Januar〕(D XIX 269); Rjazanov an Kautsky, 〔Wien〕 〔1913, Anfang Februar〕(D XIX 218); Rjazanov an Kautsky, 〔Wien〕 〔1913, nach d. 15. Mai〕(D XIX 270). Rojahn, 앞의 글, S. 38~39.
40) 같은 책, S. 36~37.
41) 같은 책, S. 39~42.

됨으로써 이들 서간의 오리지널에 대한 접근은 베벨에 의해 1935년까지 봉인되도록 결정되었다. 그러나 그는 출판된 왕복서간집이 논쟁의 여지가 있는 부분을 적지 않게 삭제함으로써 이해 당사자들 간에 새로운 불씨를 제공하고 있음을 확인하게 된다. 특히 그는 1912~1913년에 걸쳐 「마르크스의 러시아인 친구」란 글을 통해 당시 막 출판된 『마르크스-엥겔스 왕복서간집』에서 삭제된 부분을 인용함으로써 사민당 지도부와 서간집 편찬자들의 신경을 자극했던 것이다.[42] 당초 마르크스-엥겔스 서간의 특정 부분의 삭제가 서간의 왜곡과 날조를 가져올 수 있다고 생각해왔던 리야자노프는 당 지도부가 경비 문제를 빙자하여 서간의 복사를 중단하고, 자신까지도 서간문 오리지널의 열람을 금지한 데 대해 크게 반발했다. 그러나 1913년 8월 13일 베벨이 사망하고, 그해 12월 당 지도부의 승인 아래 동방 문제나 인터내셔널과 관련된 서간문의 오리지널을 열람할 수 있게 한다는 타협 조건을 수락함으로써 리야자노프는 최소한의 명예를 회복할 수 있었다.[43]

그리고 이 시기 리야자노프는 앞에 언급한 두 개의 편저는 물론, 특히 1911년 2월에는 『자본론』 보급판의 출판 계약을 디츠와 체결

---

42) N. Rjasanoff, "Marx und seine russischen Bekannten in den vierziger Jahren," *Neue Zeit*, 31/1(1912/13), Nr. 20(14. Februar), S. 715~21, Nr. 21(21. Februar), S. 757~66. 『왕복서간집』에서 삭제된 부분의 인용에 대해 독일사민당 지도부는 리야자노프에 대해 의혹의 눈길을 보냈으나, 그는 "신뢰를 저버릴Mala Fides" 어떤 행동도 한 바 없다고 항변했다. 사실 마르크스가 안넨코프에게 보낸 편지(Karl Marx an Pavel Vasil'evič Annenkov, 28. Dezember 1846)는—여기서 마르크스는 프루동을 비판하고 있다—안넨코프에 의해 1878년 스타줄레비치M. M. Stasjulevič에게 보내졌고, 스타줄레비치는 이를 1880년 러시아어로 번역·출판했다. 그리고 1912년에는 다시 프랑스어로도 번역되어 리야자노프에게는 잘 알려진 편지였다. Rojahn, 앞의 글, S. 46~48, 34~35의 주 142), 145)를 보라.
43) 같은 글, S. 43~48.

한 바 있다. 그는 마르크스-엥겔스의 학술적인 저작집만이 아니라 일반 대중을 위한 『자본론』 보급판에 이 책이 노동운동에서 갖는 학문적 의미를 서술한 카우츠키의 서문을 싣고, 자신이 집필한 장문의 서론과 사항 및 인명색인Sach-und Personenregister을 작성·수록하여 1914년 초까지 작업을 끝내고자 했다.⁴⁴⁾ 인터내셔널 관련 문서집도 최소한 제1권은 1914년 9월 빈에서 개최되는 총회 이전에는 출판하려고 애를 썼다. 그러나 완벽을 추구하는 작업 방식 탓에 예정된 시간보다도 훨씬 후에, 또는 미완성의 상태로 지연시키는 것이 상례가 되었다.⁴⁵⁾

그가 마르크스-엥겔스 연구와 관련하여 제1차 세계대전 이전에 시도한 기획 가운데 특기할 것은 그의 마르크스 전기 집필 계획이다. 마르크스-엥겔스의 유고를 수습하여 정리하는 과정에서 그때까지 알려지지 않은 많은 서간문을 발견한 리야자노프는, 이를 사민당-아키브의 왕복서간과 통합하여 서간문을 중심으로 한 마르크스의 전기를 집필할 예정이었다. 이 기획의 일단으로 그는 8개의 독립된 글을 『노이에 차이트』에 발표하기로 했는데, 1914년 6월 26일자의 『노이에 차이트』는 이러한 기획의 서론 격으로 「마르크스와 엥겔스의 왕복서간―그들의 전기(傳記)에 관한 논고」라는 논문을 게재하고 있다.⁴⁶⁾ 그리고 이 서론에 이어 연재될 마르크스 전기의 내용은 그

---

44) Karl Marx, *Das Kapital. Kritik der Politischen Ökonomie*, Erster Band, Buch I: *Der Produktionsprozeß des Kapitals*, Volksausgabe, hrsg. von Karl Kautsky, Stuttgart 1914, S. 701~68(Register).
45) 실제로 그는 메링이 편찬한 『마르크스-엥겔스-라살레 유고집』이 극히 불완전한 것이라고 지적하면서 그 자신은 결코 그와 같은 메링 식의 유고집을 편찬하지 않을 것이라고 공언해왔으나, 그 같은 자신의 기대에 부응하는 마르크스-엥겔스 저작집의 출판은 그의 독일 체재 중에는 쉽사리 이루어지지 않았다.
46) N. Rjasanoff, "Der Briefwechsel zwischen Marx und Engels. Beiträge zu ihrer

가 카우츠키에게 보낸 편지 가운데서 다음과 같은 목차로 전개되고 있다.[47]

1) 1845년 이전 시대: 고전철학에서 공산주의로의 이행
2) 브뤼셀 시대: 공산주의자 동맹과 『공산당 선언』의 출현
3) 『신라인 신문』
4) 『뉴욕 데일리 트리뷴』
5) 1859~1860년과 포크트 사건 die Affäre Vogt
6) 인터내셔널
7) 『자본론』 성립사
8) 1870~1882년 사이의 서간

그러나 이 같은 리야자노프의 마르크스 전기 집필 계획은 본론의 제1회분이 슈투트가르트에 도착하기도 전에 제1차 세계대전이 발발함으로써 무산되었다. 물론 그는 전쟁이 끝난 1914년 9월, 중단했던 이 연재를 재개할 생각이었으나 서론과 더불어 문헌 작업을 더 진척시키는 것이 선행되어야 한다고 생각했던 것 같다. 따라서 그는 1914년 후반에서 1916년에 이르는 시기에는 주로 전쟁과 관련된 마르크스-엥겔스의 문헌을 소개하거나 이에 근거한 역사적 논문들을 『노이에 차이트』에 기고했다. 「영국 노동계급과 반(反)자코뱅 전쟁」 「보불전쟁에 대한 마르크스와 엥겔스의 입장」 「구(舊)인터내셔널(제1인터내셔널)의 대외정책과 전쟁에 대한 입장」 「보불전쟁 초기의 베

---

Biographie," *Neue Zeit*, 32/2(1913/14), Nr. 13(26. Juni), S. 564~71.
47) Rjazanov an Kautsky, [Wien], [1914, vor d. 13. Mai](D XIX 260). Rojahn 앞의 글, S. 54, 61.

일랑과 리프크네히트」가 이 시기에 발표된 글들로서 당대의 전쟁과 결코 무관한 것이 아니었다.[48]

한편 이 시기는 리야자노프가 서구에 체재하던 최후의 기간으로, 그가 출판사와 계약한 자료집들을 최종적으로 마무리할 시기였다. 특히 1915년 2월에는 출판인 디츠가 카우츠키를 통해 『뉴욕 데일리 트리뷴』에 게재된 마르크스의 글들을 정리하자고 요구해왔는데, 이 시점에서 인터내셔널 관련 문서집 또한 당초 예정보다 훨씬 지연되고 있었다. 그리고 그는 러시아어로 된 마르크스-엥겔스 왕복서간의 발췌집을 기획하는 한편,[49] 1916년 여름에는 이미 디츠와 논의했던 10권의 전집 출판 준비를 서두르기도 했다.[50] 그러나 그의 이처럼 방대한 기획들은 끊임없이 발견되는 새로운 자료와 적어도 이미 발행된 지극히 불완전한 『마르크스-엥겔스-라살레 유고집』(메링 편)이나 『마르크스-엥겔스 왕복서간집』(실질적인 작업은 베른슈타인과 메링이 담당)과 같은 저작집을 결코 출판해서는 안 된다는 입장 때문에 턱없이 지연되었다. 사실 이들 기획 중 유일하게 부분적으로

---

48) N. Rjazanov, "Die englische Arbeiterklasse und der Antijakobinerkrieg(Zur Vorgeschichte der Internationale)," *Neue Zeit*, 33/1(1914/15), Nr. 13(1. Januar); ders., "Zur Stellungnahme von Marx und Engels während des Deutsch-Französischen Krieges," *Neue Zeit*, 33/2(1914/15), Nr. 6(7. Mai); ders., "Die auswärtige Politik der alten Internationale und ihre Stellungnahme zum Krieg," *Neue Zeit*, 33/2 (1914/15), Nr. 11(11. Juni), Nr. 12(18. Juni), Nr. 14(2. Juli), Nr. 15(9. Juli), Nr. 16(16. Juli); N. Rjasanoff, "Vaillant und Liebknecht im Anfang des Deutsch-Französischen Krieges," *Neue Zeit*, 34/1(1915/16), Nr. 18(28. Januar). 앞의 글, S. 54~55 참조.
49) 그는 이 러시아어판 왕복서간집의 출판을 위해 일찍부터 이들을 복사하기 시작했으며, 이를 출판할 때는 메링의 서간집과는 달리 거기에 철저한 주석을 붙일 것이라고 밝히고 있다. 앞의 글, S. 53.
50) 애초에 10권으로 기획된 이 전집은 13권으로 확대될 것으로 디츠는 예상했다. 앞의 글, S. 56~57의 주 242)를 보라.

출판된 『동방 문제』를 중심으로 한 마르크스-엥겔스의 저작집 2권에 대한 서론과 주석도, 당초 수개월 만에 완성될 것이라는 리야자노프의 예상과는 달리 정작 2년이라는 긴 세월이 소요되었고, 이는 노령의 디츠를 안달하게 했음은 물론이요 이를 전하는 카우츠키의 강력한 심적 압박도 별 소용이 없었다.[51] 따라서 그의 완벽주의는 디츠와 같은 출판인에게는 짜증을 자아내는 일이었지만, 그가 이 시기에 시도했던 인터내셔널 관련 문서집—이는 제1권의 자료만 수집되었을 뿐 번역과 주석, 그리고 색인은 전혀 손대지 않은 미완성의 것이지만—의 경우, 이의 이용자를 학자들과 연구자로 한정한 그의 편집 태도는 그가 계획하는 전집의 참모습이 어떠해야 하는지를 보여주는 하나의 전형이기도 했다. 따라서 저작 전집에 대한 그의 이같은 자세는 1920년대 후반 이래 모스크바의 마르크스-엥겔스 연구소가 기획한 『마르크스-엥겔스 전집 Marx-Engels, *Gesamtausgabe*, MEGA』에 그대로 계승되고 있다.

리야자노프는 당초 '러시아' 연구자로서 마르크스와 엥겔스에게 관심을 가졌다. 다시 말하면 마르크스-엥겔스 저작에 나타나는 러시아 문제에 대한 관심이 그의 연구의 출발점이었다. 그러나 그는 점차 마르크스-엥겔스와 관련된 자료의 수집에 탐닉하게 되었고, 마침내는 그들의 저작과 문헌에 대한 당대 제일의 권위자로 부상하게 되었다. 그는 짧고 긴 글들을 통해 마르크스와 엥겔스의 문헌을 소개하고, 이를 근거로 하여 당대의 이론가들과 논쟁을 전개하기도 했다.[52] 따라서 그에 대한 평판이 반드시 호의적이지는 않았지만 당

---

51) Rojahn, 앞의 글, S. 56~58. *Gesammelte Schriften von K. Marx und F. Engels 1852~1862*, hrsg. von N. Rjasanoff. Die Übersetzung aus dem Englischen von Luise Kautsky, Bd. 1 und 2, Stuttgart 1917.

대에 그의 연구를 가장 잘 이해하고 있던 카우츠키는 베른슈타인에게 그를 "우리의 차세대 마르크스주의자 가운데서 가장 유능한 재사(才士)Talente의 한 사람"이라 칭하고, 한 걸음 더 나아가 "그는 사소한 것에 매달리지 않고, 결코 높은 안목을 잃지 않는" 학자라고 칭찬을 아끼지 않았다.[53] 그리고 바로 이 같은 카우츠키의 표현은 1885년 엥겔스가 베벨에게 베른슈타인과 카우츠키의 재능을 칭찬하는 찬사를 새삼 떠올리게 한다.[54]

---

52) 1910년대의 리야자노프의 논쟁 중 가장 주목할 것은 바쿠닌과 같은 무정부주의자나 메링과 같은 라살레주의자에 대한 그의 강한 공격이다. Rojahn, 앞의 글, S. 49~52; Franz Schiller, "Das Marx-Engels-Institut in Moskau," S. 418~19.
53) Kautsky an Eduard Bernstein, 1. Juli 1914, RC 204/1/952. Rojahn, 앞의 글, S. 12, 58에서 재인용.
54) "이들 두 사람(베른슈타인과 카우츠키)은 당에 소속된 엄청난 신세대의 문사들 가운데서 진정 소중한 진주이다"라는 표현을 방불케 한다. Engels an Bebel, 22. Juni 1885, MEW, Bd. 36, S. 336.

### 3장
# 모스크바의 마르크스-엥겔스 연구소

## 1. 연구소의 설립

우리는 앞에서 1920년대 들어 모스크바가 마르크스-엥겔스 연구의 새로운 중심으로 떠오를 수 있었던 중요한 요소로 1) 현실을 무시한 —다른 말로 표현하면 그 어떤 장애에 직면하더라도 이를 극복하려는— 공산주의자들의 만용에 가까운 혁명적 열광과 이를 정치적으로 뒷받침해준 레닌의 권위, 그리고 2) 당대의 마르크스-엥겔스 연구에서 발군의 능력을 가진 리야자노프의 비범함을 거론한 바 있다.[55] 따라서 앞장에서는 마르크스-엥겔스와 국제노동운동사 연구에서 탁월한 업적을 축적해가는 망명기 리야자노프의 연구 활동을 구체적으로 살펴보았다. 그러므로 이 장에서는 리야자노프의 학술적

---

55) Martin Hundt, "Gedanken zur bisherigen Geschichte der MEGA," *Beiträge zur Marx-Engels-Forschung*, Neue Folge 1992, S. 61.

탁월함이 혁명 초기의 러시아에서 둥지를 틀 수 있었던 외적 조건과 장치를 살펴보는 것이 그 순서라 하겠다.

1914년 제1차 세계대전이 발발하면서 리야자노프는 그동안의 연구자 입장에서 벗어나 정치적 활동에 적극적으로 참여한다. 그는 국제적인 반전 마르크스주의자 운동에도 참여하는데, 1915년의 침머발트 운동 Zimmerwalder Bewegung에도 적극적이었다. 특히 침머발트 회의는 러시아 사민주의 한 분파의 지도자에 불과하던 레닌을 일약 국제적인 사민주의 지도자로 부각시키는 계기가 되었다.[56] 그런데 이 대목에서 우리가 주목하는 것은 레닌과 리야자노프의 운명적 만남이다. 제1차 세계대전이 발발한 직후 오스트리아에 체재 중이던 레닌은 러시아의 간첩이란 혐의로 지방경찰에 체포되는 위험에 처하게 된다. 이때 서유럽의 사민주의자들과 광범한 교유관계를 맺고 있던 리야자노프가 오스트리아 사민당 지도자의 한 사람인 V. 아들러를 통해 레닌을 석방시켜 스위스로 망명할 수 있도록 했다는 점은 기억할 만한 사실이다.[57]

취리히에서 1917년 러시아 2월 혁명의 성공을 맞게 된 리야자노프는 그해 5월 독일을 거쳐 페테르부르크에 도착한다. 이후 그는 10월 혁명에 이르기까지 혁명운동에 가담, 전 러시아노동자총평의회의 지

---

56) 제1차 세계대전 중 반전 마르크스주의자들의 회의는 1915년 베른Bern과 침머발트 Zimmerwald, 그리고 1916년의 키엔탈Kienthal에서 세 차례 열렸다. 레닌은 1915년 9월에 개최된 두번째의 침머발트 회의에서 각국의 마르크스주의자들이 전쟁을 종결시키기 위한 내란을 주도해야 한다고 주장했으나 그의 이러한 주장은 소수의 찬성(40명 중 8명)을 얻는 데 그쳤다. 김학준, 『러시아 혁명사』(수정/증보판), 문학과지성사, 서울 1999, p. 752. E. H. Carr, *The Bolshevik Revolution, 1917~1923*, Vol. 1, The MacMillan Press, Ltd., London 1950, pp. 66~67도 보라.
57) Külow und Jaroslawski, 앞의 책, S. 18. 김학준, 앞의 책, p. 750도 보라.

도자 중 한 사람으로 활동했다. 그가 그해 7월 제6차 전 러시아사회민주노동당 대회에 대표로 참여한 것도 이러한 자격에서였다. 그는 혁명 초기에, 그리고 혁명의 와중에 당의 여러 가지 정치적 논의에 참가했지만, 독립적으로 사고하는 이론가와 정치가로서의 그의 입장은 곧잘 당내의 다수파와 충돌하곤 했다. 특히 당 지도부의 한 사람으로서 당이 점차 관료제화되고 있으며, 볼셰비키당이 자유롭게 의견을 교환할 수 있는 여건을 조성하지 않는다고 비판하고, 당이 노동조합을 통제하는 상황을 지적하면서 그는 독립적 이론가라는 평판에도 불구하고 정치적 중심에서 점차 소외되었다.[58]

1917년에서 1921년까지 리야자노프는 정치 활동에 광범하게 참여했으나 그의 능력이 구체적으로 증명된 것은 학술기관의 조직자 Wissenschaftsorganisator로서였다. 그는 1918년에 설립된 러시아 최고의 연구 및 학술기관인 사회주의 아카데미 Sozialistische Akademie의 정회원으로 이 기관의 조직 구조와 과제를 설정하는 데 결정적 역할을 수행했다. 즉 그는 사회주의 아카데미를 구성하면서, 학술적 연구 작업을 '과제 중심의 연구실 Problemkabinette'로 나누는 새로운 조직 원리를 채용했다. 이는 때에 따라서 연구센터 Forschungszentren로, 그리고 외적 조직망으로는 연구기관 Forschungsinstitut으로 바뀔 수 있었다. 그는 이러한 원리로 아카데미를 마르크스주의의 이론, 역사 및 실천을 다루는 연구실로 나누어 방을 배정했던 것이다. 그리고 이 원리는 그가 이후에 마르크스-엥겔스 연구소를 구성할 때도 그대로 적용된다.[59]

러시아공산당(볼셰비키)은 1920년 12월 7일, 중앙위원회 총평의

---

58) Külow und Jaroslawski, 앞의 책, S. 19~20.
59) 같은 책, S. 20~21.

회의 결의로 '마르크스주의 박물관'을 설립하고, 리야자노프에게 관리를 위임한다. 그러나 이 박물관은 1921년 1월 11일 볼셰비키당 중앙위원회 조직국의 결의에 따라 체계적인 자료의 수집을 마르크스-엥겔스 연구소에 위양했다. 마르크스-엥겔스 연구소는 1922년 7월 1일, 전 러시아 중앙집행위원회Allrussische Zentrale Exekutivekomitee, WZIK의 결의에 따라 애초 사회주의 아카데미의 테두리 안에 존재하던 마르크스주의 역사 연구실을 모태Keimzelle로 하여 독립적인 학술기관으로 재구성되었고, 이전의 돌고루키 후작의 궁전das Palais der Fürsten Dolgoruki을 연구소를 위한 독자적 건물로 이용하면서 마르크스주의 박물관의 기능을 흡수하게 되었다.[60]

따라서 마르크스-엥겔스 연구소는 이 시점부터 마르크스 연구 Marxforschung가 학술적인 의미에서 추진될 수 있는 조직상의 기초를

---

60) 기존의 여러 문헌들은 MEI의 설립 시점과 마르크스주의 박물관의 흡수 경위에 대해 명료한 정리가 이루어지지 않았다. 그러나 『마르크스-엥겔스 연구 논집』, 별권 제2권 (2000)은 러시아 RGA 소장 문서를 근거로 1920년 이래 MEI와 관련된 소련공산당의 제결의Beschluss를 연월일별로 정리한 표를 제시하고 있다. 저자는 이를 중심으로 하여 다음의 여러 문헌들의 표현을 검토, 본문과 같이 정리했다. "Das Marx-Engels-Institut," *Marx-Engels-Archiv*, Bd. 1, 1926, S. 448; Franz Schiller, "Das Marx-Engels-Institut in Moskau," *Archiv für die Geschichte des Sozialismus und der Arbeiterbewegung*, 15. Jahrg., 1930, S. 420; A. I. Malysch, "Die Herausgabe der Werke von Marx und Engels in der UdSSR während der zwanziger Jahre und zu Beginn der dreißiger Jahre," *Beiträge zur Geschichte der Deutschen Arbeiterbewegung(BZG)*, 8. Jg., H. 1, 1966, S. 117; Stern und Wolf, 앞의 책, S. 80; Jakov Rokitjanskij, "Die tragische Schicksal von Rjazanov," S. 4; Swetlana Michailovna Kotova/Lev Nikolaevič Vladimirov, "Die Gründung des Marx-Engels-Museums in Moskau durch Rjazanov," *David Borisovič Rjazanov und die erste MEGA, Beiträge zur Marx-Engels-Forschung*, Neue Folge, Sonderband 1, 1997, S. 28; Rolf Hecker, "Erfolgreiche Kooperation: Das Frankfurter Institut für Sozialforschung und das Moskauer Marx-Engels-Institut(1924~1928)," *Erfolgreiche Kooperation: Das Frankfurter Institut für Sozialforschung und das Moskauer Marx-Engels-Institut(1924~1928), Beiträge zur Marx-Engels-Forschung*, Neue Folge, Sonderband 2, 2000, S. 26.

다지게 된다. 리야자노프는 우선 이 연구소의 구성을 크게 1)학술연구부, 2)도서관, 3)아키브, 4)박물관, 5)출판부, 6)관리-행정부의 여섯 개 부로 나눈다. 그리고 학술 연구부와 도서관은 서로 밀착시켜, 장서를 도서관에 비치하는 것이 아니라 마르크스 연구나 노동운동사의 개개 분야를 연구하는 특정한 작업실Kabinette에 분산 배치함으로써 분야별로 연구자들이 이를 쉽게 이용할 수 있도록 체계화하고, 보완해나갔다. 다시 말하면 리야자노프는 이 연구소를 과제 중심의 연구실 체제로 바꿈으로써 연구의 효율화를 기했던 것이다.[61]

## 2. 레닌의 사피스키: 전폭적 지원의 단서

그러나 이 같은 연구소의 구성이나 운영도 정치적·재정적 뒷받침이 없으면 한낱 종이 위에 그려진 망상에 불과할 뿐이다. 우리가 앞에서 살펴본 바 있는 1911년의 마르크스-엥겔스 전집에 대한 빈의 오스트리아-마르크스주의자들의 구상과 이에 대한 독일사민당의 반응이 그 좋은 예다. 그러나 볼셰비키 혁명을 성공시킨 레닌은 혁명 직후 내전의 와중에서도 "광범한 노동자층에 진짜 마르크스echter Marx를 읽혀야 한다"라는 신념으로 연구소의 활동을 적극적으로 지원했다.[62] 그러나 마르크스 탄생 100주년을 기념하는 1918년의 러시아어판 마르크스 전집(전 28권) 출판 계획은 레닌 자신이 편집위원회의 일원이었음에도 불구하고 1922년 단 네 권을 출판한 뒤 폐기되었다. 이는 그들이 번역의 저본으로 이용해야 했던 마르크스-엥

---

61) MEI, "Das Marx-Engels-Institut," S. 449; Franz Schiller, 앞의 글, S. 420.

겔스 생존 시에 출판된 판본이나 초고 오리지널에의 접근이 지극히 한정되어 있었기 때문이다. 그리고 그들이 이용할 수 있는 판본도 베른슈타인이 '편찬한' 서간집이나 카우츠키 판본의 『잉여가치 학설사』가 고작이었다. 게다가 이의 번역이나 편찬 작업에 참여할 만한 유능한 인재도 한정되어 있는 데다 소수의 인재마저도 혁명 초의 내전 기간 중에 다른 업무에 동원되었으므로, 이처럼 야심찬 기획이 중단되는 것은 당연한 일이었다.

그러나 1920년 여름부터 아카데미 연구원들은 런던에서 이미 귀중본, 희귀본이 되어버린 마르크스-엥겔스의 저작들을 매입하는 데 러시아의 금화를 사용하기 시작했다. 혁명 초기, 내전으로 인한 핍박한 경제 상황에도 불구하고 이 같은 귀중본, 희귀본들을 사들일 수 있었던 것은 볼셰비키당과 소련의 지도자인 레닌의 특별한 배려 덕분이었다. 원래 레닌은 마르크스와 엥겔스의 왕복서간에 큰 관심을 가지고 망명 중에도 이를 숙독했으며, 혁명 이후에는 이를 러시아어로 번역하는 것은 물론이요 유럽 여러 나라의 언어로도 번역·출판할 것을 아도라츠키 Vladimir Victorvič Adoratski에게 위임한 바 있다.[63] 그런데 바로 이 레닌이 1921년 2월 2일 리야자노프에게 다음과 같은 "사피스키 записки"를 보내왔다.

---

62) W. W. Adoratski, "Achtzehn Jahre," *Genosse Lenin*, Berlin 1967. Stern und Wolf, 앞의 책, S. 80에서 재인용. A. I. Malysch, 앞의 글, S. 118도 보라.
63) Stern und Wolf, 앞의 책, S. 80~82. A. I. Malysch, 같은 곳.

리야자노프 동지!

대단히 미안합니다만 다음 사항에 대해 알고 싶습니다.

이 책들은 돌려주십시오.

1. 엥겔스의 편지 가운데 나오는 이 **밑줄 친 부분**의 출전이 어디인지 아십니까?

2. 그것의 전문이 게재되어 있습니까? 그리고 **어느 곳입니까?**

3. 위의 사실을 아신다면, 그 책을 찾거나 구입할 수 있습니까?

4. 샤이데만과 그의 동지들[독일사민당을 지칭] Scheidemann und Co.로부터 마르크스와 엥겔스의 편지를 **매입할 수** 있는지요(그게 매매하는 건지 모르지만)? 아니면 포토코피라도 매입할 수 있는지요?

5. 우리가 마르크스와 엥겔스의 **모든** 기간 저작들을 모스크바에 수집할 수 있을까요?

6. 우리가 **이미 이곳에 수집해놓은 저작들의** 목록이 있습니까?

7. 우리가 마르크스와 엥겔스의 편지들(혹은 복사본이라도)을 수집할 수 있을까요, 아니면 그것은 불가능한 일인가요?

공산주의적 인사를 보냅니다. 레닌[64]

---

64) W. I. Lenin, an D. B. Rjasanov, 2. Februar 1921. W. I. Lenin, *Briefe*, Band VII, S. 65. Stern und Wolf, 앞의 책 S. 83에서 재인용. 강조는 원문. A. I. Malysch, 앞의 글, S. 118도 보라.

레닌은 국사나 당무를 처리하는 과정에서 러시아어로 "사피스키"라 부르는 메모를 이용하는 것이 관례였다. 따라서 앞에서 인용한 레닌의 사피스키는 그가 구상하는 연구소 계획의 전모를 시사하는 획기적 문건이 되었던 것이다. 특히 연구소의 소장 리야자노프는 1910년대 이래 그가 구상하던 방대한 마르크스 연구의 개념이 바로 이 사피스키에 구체적으로 표현되고 있음을 확신하고, 이에 크게 고무되었다.

사실 리야자노프의 연구소에 대한 레닌의 이 같은 전폭적인 신뢰는 그가 망명 시대 이래 꿈꾸어오던 마르크스 연구, 즉 연구에 필요한 방대한 자료의 수집과 그것의 편찬·출판이 이제 더 이상 꿈이 아니라 현실로 구체화되는 계기가 되었다. 그는 망명 시대에 이 같은 꿈을 오스트리아-마르크스주의자들과 더불어 독일사민당을 통해 구체화하려고 시도했으나 이를 이루지 못한 채 접어두었다. 그러나 이제 볼셰비키 러시아에서 전권을 장악한 레닌의 적극적인 지지를 확보함으로써 마침내 꿈의 날개를 마음껏 펼 수 있게 된 것이다.[65] 따라서 우리는 1920년대의 마르크스-엥겔스 연구소의 활동을 자료 수집의 측면과 마르크스-엥겔스 전집의 출판에 초점을 맞추어 살펴보고자 한다.

---

65) A. I. Malysch, 앞의 글, S. 117.

## 3. 개인 장서의 매입과 연구실 중심의 도서 배치

마르크스-엥겔스 연구소는 애초에는 방이 6개에 불과하고, 장서라고는 1년 전에 런던에서 매입한 도서를 포함하여 수백 권에 불과했다.[66] 그리고 오리지널이라고는 라우라 라파르그가 소유하고 있던 루게에게 보낸 마르크스의 편지 8통이 전부였다. 그러나 레닌의 사피스키 이후 리야자노프의 집중적인 노력에 의해 체계적으로 장서를 매입하게 되었다. 리야자노프는 연구소를 위한 자료 수집에 있어 1926년까지는 장서와 아키브 문헌의 보완에 초점을 두었다. 장서는 여러 가지 경로로 수집되었지만, 가장 방대하고 값진 장서는 특별한 전문 장서Spezialbibliothek의 재정리와 개인 장서의 매입을 통해 이루어졌다.

먼저 연구소는 러시아 민주주의자인 탄네브V. I. Taneev의 사회주의사 관련 장서(약 2만 권)와 성인 교육을 위한 인민위원회의 장서(그 가운데는 18세기 프랑스 사상가와 관련된 장서 포함)를 획득하여 재정리했다. 그러나 연구소의 도서관을 결정적으로 윤택하게 한 것은 1921년 이후 외국의 유명한 장서들을 매입한 일이었다. 1921년 매입한 마우트너/파펜하임 장서와 그륀베르크 장서가 그것이다. 전자는 빈의 변호사인 마우트너Theodor Mauthner와 그의 친구인 파펜하임 Wilhelm Pappenheim이 1876년부터 1914년 사이에 수집한 2만여 권의 장서로서 사회주의, 무정부주의와 관련된 최고의 장서였다. 그리고 후자는 사회주의자로서 독일에서 최초로 정교수가 된 프랑크푸르트

---

66) Stern und Wolf, 앞의 책, S. 82.

대학의 그륀베르크Carl Grünberg(1861~1940)가 1886년에서 1918년까지 수집한 정치사, 노동운동, 정치경제학, 유토피아 관련 문헌Utopistica 및 사회주의 팸플릿과 신문 등을 포괄하는 1만여 권의 도서를 말한다. 이들 2개 개인 장서의 매입은 공산당 중앙위원회 조직국의 결의(1921년 6월 14일)에 의해 리야자노프가 당초 5만 골드루블Goldrubel을 지참하고 빈에 도착하여 교섭을 벌임으로써 이루어질 수 있었다. 그러나 이들 2개 개인 장서의 매입 가격은 12만 5,000루블로 상승했고, 그나마도 일본 오사카의 오하라(大原) 연구소Ohara-Institut와 경합이 붙어 리야자노프는 레닌과 부하린Nikolai Ibanovič Bucharin(1888~1938)에게 편지를 보내 매입가의 부족분인 7만 5,000루블을 지급으로 지원받기도 했다(1921년 9월).[67]

리야자노프는 1910년대의 베를린, 빈, 취리히, 파리, 런던 등의 도서관에 익숙해 있었기에 이들 도서관의 장서 목록 시스템이나 장서의 수집 원리를 잘 알고 있었다. 따라서 그는 경매 카탈로그Auktionskatalog나 발간된 서지 목록을 추적하고, 그가 이미 잘 알고 있던 전문가들과 베를린 소재의 슈트라이잔트 고서점Antiquariat von Hugo Streisand의 협력을 얻어 도서의 완벽한 수집을 꾀했다. 따라서 그가 중점을 두고 수집한 도서는 초판Erstausgabe이나 제1쇄Erstdruck였으며, 여기에는 신문이나 전단지(傳單紙), 마르크스나 엥겔스의 저작

---

67) Maja Davydovna Dvorkina, "Zum Erwerb der Bibliotheken von Mauthner, Pappenheim und Grünberg durch Rjazanov," *David Borisovič Rjazanov und die erste MEGA. Beiträge zur Marx-Engels-Forschung*, Neue Folge, Sonderband 1, 1997, S. 42~43. 리야자노프가 레닌과 부하린에게 보낸 편지의 독일어 번역도 같은 곳에 게재되어 있다. 한편 1930년에 발표된 실러의 글이나 1993년에 출간된 퀼로브/야로슬라브스키의 책에서도 이 2개 개인 장서를 1920년에 획득한 것으로 보고하고 있으나, 앞의 레닌에게 보낸 리야자노프의 편지로 보아 1921년 9월경으로 확인된다. Franz Schiller, 앞의 글, S. 420; Külow und Jaroslawski, 앞의 책, S. 22를 보라.

들, 그리고 사서류(辭書類)나 백과전서가 포함되어 있었다.[68]

연구소는 앞에서 언급한 2개의 개인 장서를 매입한 후 곧장 유명한 철학자 빈델반트Wilhelm Windelband(1848~1915)가 소유한 피히테 장서Fichte-Bibliothek를 매입하여 철학연구실 장서의 기초를 형성하고, 1923년에는 빈에서 사망한 러시아 출신의 망명객 클랴첸코S. Kljatschenko의 풍부한 장서를 매입했는데, 거기에는 1870년대와 80년대에 러시아에서 발행된 혁명적 신문과 잡지들이 포함되어 있었다. 그리고 1925년에는 영국의 역사가이며, 유명한 슈티르너 연구자 Stirner-Forscher인 맥케이Henry Mackay의 장서(그가 30년간 수집한 1,100권의 장서와 300건이 넘는 필사본)를, 1926년에는 경제학자 쇠트베어Adolf Soetbeer의 장서(화폐 및 금융사와 관련된 4,500권의 책), 빈 대학의 노이라트Wilhelm Neurath 교수의 장서, 로베스피에르와 생쥐스트St. Just의 저작들을 수집한 프랑스의 혁명사가 샤를 벨레Charles Vellay의 장서를 구입했다. 그리고 1927년에 연구소는 마지막으로 1848~1849년의 혁명사와 관련된 빈의 헬퍼트 문고Helfert-Sammlung를 헬퍼트Joseph Alexander von Helfert 남작으로부터 구입하게 된다. 특히 이 문고는 오스트리아-헝가리 지역의 혁명사와 관련하여 60여 년간 모은 5,000권의 책, 1만 건의 팸플릿, 그리고 330종의 신문을 포함하고 있었다.[69]

1930년 마르크스-엥겔스 연구소는 앞에서 열거한 바와 같은 중요

---

68) L. I. L'vova, "Rjazanov und die Bibliothek des Marx-Engels-Instituts," *David Borisovič Rjazanov und die erste MEGA. Beiträge zur Marx-Engels-Forschung*, Neue Folge, Sonderband 1, 1997, S. 38~39. 랴자노프와 교유를 나누며 마르크스-엥겔스 연구소의 장서 구입에 협력한 전문가들로는 탈레Tarlè, 니콜라예프스키Nikolaevskij, 라이스너Rejsner, 폴긴Volgin, 그륀베르크, 로트슈타인Rotštein, 카우츠키, 루카치 등이 거론되고 있다.
69) Franz Schiller, 앞의 글, S. 420~21; Külow und Jaroslawski, 앞의 책, S. 23.

한 개인 장서와 문고를 중핵으로 하여 다양한 방법으로 수집한 45만 권의 장서를, 리야자노프가 고안한 특유의 연구실 중심의 도서 분류법Kabinettsystem을 통해 정리하게 된다. 다시 말하면 "마르크스-엥겔스 연구실Marx-Engels-Kabinett" "제1 및 제2인터내셔널 연구실" "철학 연구실" "경제 연구실" 등 14개의 연구실을 중심으로 각 연구실에 그들이 필요로 하는 도서를 분산·배치하여 연구자들이 이를 가까이에 두고 쉽사리 이용하는 연구 중심의 도서관 체제를 운영했던 것이다.[70]

## 4. 아키브의 구축과 마르크스-엥겔스 관련 문서와 유고의 복사

마르크스-엥겔스 연구소는 1923년 이래 아키브를 독립된 부Abteilung로 운영했다. 앞에서도 언급했듯이 레닌이 최대의 관심을 가지고, 리야자노프에게 그 수집을 주문한 것은 마르크스나 엥겔스의 편지 원본이나 그 복사본이었다. 리야자노프는 1921년, 앞에서도 언급한 마우트너/파펜하임과 그륀베르크 장서를 구입하려 빈을 방문했으며, 이 기회에 베를린에도 들러 카우츠키와 베른슈타인 등 독일사민당의 지도적 인사들과의 옛 인연"alte" Verbindungen을 새롭게 했다. 그리고 1922년에는 바쿠닌 문서Bakunin-Dokumente와 그 출판에 관해 그륀베르크와 연락을 취해 만나기도 했으며, 1923년 9월과 10월 초에는 빈을 방문하면서 베를린에 들러 당-아키브와 베른슈타인을 찾아보았다.[71]

---

70) MEI, "Das Marx-Engels-Institut," S. 449; Franz Schiller, 앞의 글, S. 421~26.
71) Rolf Hecker, "Erfolgreiche Kooperation: Das Frankfurter Institut für Sozialforschung und das Moskauer Marx-Engels-Institut(1924~1928)," S. 20~21.

리야자노프는 유럽에 체재하던 1914년 이전에도 이미 마르크스와 엥겔스의 왕복서간에 커다란 관심을 가지고 이를 수집하고 복사한 바 있다. 그러나 1923년 가을에는 마침내 독일사민당 지도부의 허가를 얻어 사민당-아키브에서 20여 년간 잠들어 있던 "장군(엥겔스)의 유고 상자die Koffer des Generals"를 열어 복사를 시작하게 된다.[72] 사실 당시만 해도 마르크스-엥겔스 유고의 목록 작업이 1914년 이전 리야자노프가 시작한 그대로 남아 있다가 1920년대 초반에 들어 사민당-아키브의 관리자 힌릭센Jonny Hinrichsen과 캄프마이어Paul Kampffmeyer에 의해 유고를 포함한 전집의 발간을 위해 총체적 목록 작업Inventarisierung이 진행되었다.[73]

한편 리야자노프는 매년 독일을 비롯한 유럽 지역을 여행하면서 새로운 자료들을 추적·발굴했는데, 그의 자료 추적은 사민당-아키브만이 아니라 공공도서관과 개인적 소장품, 다양한 아키브에도 미치게 되었다. 대영박물관British Museum, 뉴욕 공립도서관New York Public Library, 프로이센 국립도서관Preußische Staatsbibliothek은 물론이고, 엥겔스키르헨Engelskirchen에 있는 엥겔스의 가족 아키브, 마르크스의 고향인 트리어 소재 김나지움Friedrich-Wilhelm-Gymnasium Trier의 아키브, 쾰른의 역사 아키브Historisches Archiv Köln, 예나 대학 아키브Archiv der Universität Jena, 그리고 베벨, 메링, 헤르베크Georg Herwegh와

---

72) Franz Schiller, 앞의 글, S. 427; Stern und Wolf, 앞의 책, S. 86. Jakov Rokitjanskij, "Das tragische Schicksal von Rjazanov," S. 5. 로키찬스키는 마르크스-엥겔스 연구소의 사민당-아키브의 유고 복사 시기를 1924년 11월로 보고 있으나, 이 책에서는 전2자의 견해를 따랐다.
73) 이러한 목록 작업의 결과는 1925년 하이델베르크에서 열린 사민당 대회에 보고되었다. Siegfried Bahne, "Zur Geschichte der ersten Marx-Engels-Gesamtausgabe," Arbeiterbewegung und Geschichte. Festschrift für Shlomo Na'aman zum 70. Geburtstag, hrsg. von Hans-Peter Harstick, Arno Herzig und Hans Pelger, Trier 1983, S. 146, S. 154 Anm. 7.

마르크스의 각별한 친구 다니엘스Roland Daniels 등의 편지도 카피를 만들거나 오리지널을 구입했던 것이다.[74] 이런 노력의 결과 그는 1923년 11월 20일, 모스크바의 사회주의 아카데미 강연에서 마르크스-엥겔스 왕복서간에 관한 한 베른슈타인이 소장하고 있는 독일사민당-아키브뿐만이 아니라 그가 소장하지 못한 서간까지도 획득함으로써, 적어도 마르크스 서간문의 90퍼센트를 확보하게 되었다고 자신한 바 있다.[75] 여기에는 1923년 가을 마르크스-엥겔스 연구소의 리야자노프가 독일사민당 지도부와의 합의에 의해 독일사민당-아키브에서의 복사 작업으로 얻은 7천 매의 포토코피가 포함되어 있다. 그리하여 모스크바의 마르크스-엥겔스 연구소는 1930년대 초에 모두 1만 5,000건의 오리지널 문건과 17만 5,000건의 포토코피를 보유하게 된 것이다. 그리고 이 연구소의 아키브 업무에는 "잘 훈련된 문자 판독사eingeschulter Entzifferer"들이 중요 문건들을 판독, 전사(轉寫), 편찬하는 전문적 업무가 중요한 부분을 이루게 되었다.[76]

---

74) Karl Marx/Friedrich Engels, *Historisch-kritische Gesamtausgabe. Werke/Schriften/Briefe*, Im Auftrag des Marx-Engels-Instituts, Moskau, Herausgegeben von D. Rjazanov, Erste Abteilung, Band 1, Erster Halbband, Frankfurt/M., 1927〔이하 MEGA¹ I/1.1로 약칭〕, S. XXII 및 Külow und Jaroslawski, 앞의 책, S. 24. 특히 독일 내에 산재하는 마르크스와 엥겔스의 연고지를 중심으로 한 자료의 발굴에는 MEI의 연구원이자 통신원이었던 슈타인Hans Stein(1894~1941)의 역할이 컸다. 이러한 슈타인의 업적에 대해서는 다음을 보라. Rolf Hecker, "Hans Stein—Wissenschaftlicher Mitarbeiter und Korrespondent des Moskauer Marx-Engels-Instituts(1925~1929)," Teil I: Zur Mitarbeit an der MEGA¹, *Beiträge zur Marx-Engels-Forschung*, Neue Folge 1993, S. 17~40; Teil II: Die Entdeckung von unbekannten Marx-Dokumenten, *Beiträge zur Marx-Engels-Forschung*, Neue Folge 1994, S. 150~73.
75) D. Rjasanoff, "Neueste Mitteilungen über den literarischen Nachlaß von Karl Marx und Friedrich Engels," *Archiv für die Geschichte des Sozialismus und der Arbeiterbewegung*, XI, 1925, S. 397.
76) MEI, "Das Marx-Engels-Institut," *Marx-Engels-Archiv*, Bd. I, S. 458; Franz Schiller, 앞의 글, S. 427.

**4장**
# 전집 출판을 위한 사민당-아카이브 소장 유고의 복사

## 1. 독일사민당-아카이브 소장 유고의 복사와 저작권 교섭

**유고의 출판을 위한 저작권 교섭**

리야자노프의 자료 수집은 결코 자료의 단순한 집적을 위한 것이 아님은 물론이다. 다시 말하면 마르크스와 엥겔스, 사회주의와 노동운동사의 원자료를 수집하기 위한 그의 정력적인 노력은 궁극적으로 노동 대중에게 "진짜 마르크스"를 읽히려는 레닌의 소망과 "모든 마르크스-엥겔스 연구의 객관적 토대, 즉 마르크스-엥겔스의 모든 정신적 유산을 일목요연하게 성실히 재현하는"[77] 완벽한 학술적 전집을 발간하려는 리야자노프 자신의 꿈을 실현하는 데 그 목적이 있었다. 따라서 리야자노프의 마르크스-엥겔스 연구소가 독일사민당-

---

[77] Stern und Wolf, 앞의 책, S. 80과 MEGA¹ I/1.1, S. XXII에서 각각 인용.

아카이브의 마르크스-엥겔스의 유고를 복사하는 과정에서 가장 힘을 기울였던 부분은 베른슈타인이 보유하고 있던 마르크스-엥겔스 유고의 저작권Herausgeberrecht에 관한 문제였다.

사실 리야자노프가 베른슈타인과의 계약을 통해 독일사민당-아카이브의 유고를 복사하면서 얻은 권리는 유고의 러시아어판 출판권이었다. 따라서 그는 앞에서 언급한 바 있는 1923년 11월 20일의 모스크바 사회주의 아카데미 강연 말미에서, 이들 유고의 오리지널을 출판하기 위한 새로운 교섭을 벌이지 않으면 안 된다는 점을 분명히 하고 있다.[78] 그런데 흥미로운 것은 리야자노프 강연의 독일어 번역문이 실린 잡지 『그륀베르크-아카이브 Grünberg-Archiv』에 편집자인 그륀베르크C[arl] Gr[ünberg]가 편집자 주 형식으로 번역문 뒤에 다음과 같은 내용을 적고 있다는 점이다. 즉 이 잡지의 XI(1925)권이 "인쇄되던 중에 모스크바의 마르크스-엥겔스 연구소와 프랑크푸르트의 사회조사연구소Gesellschaft für Sozialforschung e. V. in Frankfurt가 일방이 되고, 독일사민당 지도부가 다른 일방이 되어, 이들 쌍방 간에 베를린의 당-아카이브에 존재하는 유고를 이용하여 40권의 마르크스-엥겔스 전집을 출판할 학술 출판사를 프랑크푸르트에 설립키로 합의했다"는 것이다.[79]

리야자노프가 러시아어판 마르크스-엥겔스의 전집을 기획하던 1922년 당시만 해도 그가 이용할 수 있는 자료는 극히 한정되어 있었다. 그러나 베른슈타인의 배려로 그들이 사후에 남겨둔 유고를 독일사민당-아카이브에서 재삼 검토하고, 거기에서 아직도 세상에 알려지지 않았으며 또 지극히 흥미로운 유고들을 발견하면서, 그는 자신

---

78) D. Rjasanoff, "Neueste Mitteilungen...," S. 399.
79) 같은 글, S. 400.

의 애초의 편집 계획을 변경하지 않을 수 없었다고 술회하고 있다.

단지 러시아어로 번역하기 위해서 이처럼 엄청난 작업을 통해 자료를 정리하고 판독해야만 한다는 것은 적절치 않아 보인다. 이러한 사정이 직접적인 계기가 되어 나는 마르크스-엥겔스의 국제판 전집을 만들겠다는 생각을 갖게 되었다. 즉 이 전집은 지금까지 전혀 알려지지 않았거나, 이리저리 흩어져 있고, 또 부분적으로 부정확하고 불완전하게 출판된 모든 자료들에 학자들이 쉽게 접근할 수 있도록 하려는 것이다.[80]

그는 우선 1924년 5월 말에 개최된 러시아공산당(볼셰비키)의 제13차 당 대회와 곧이어 7월 7일 함부르크에서 개최된 코민테른의 제5차 세계대회 Der V. Weltkongreß der Kommunisten Internationale. KI에서 마르크스-엥겔스의 전집 출판을 위임받는다. 그리고 이러한 위임에 근거하여 리야자노프는 베른슈타인과 당시 사민당 간부이며 당-아키브의 관리자였던 A. 브라운과 특정한 유고의 출판권을 획득키 위한 교섭을 전개했다. 이 같은 교섭의 전말은 리야자노프가 기록한 문건에 다음과 같이 묘사되어 있다.[81]

〔특정한〕 초고와 관련한 교섭이 1924년 여름에 시작되어 거의 반

---

80) MEGA¹ I/1.1, S. XXI.
81) Rjazanov, "Die Streitfrage über das Veröffentlichungsrecht der 'Deutschen Ideologie' und anderer Manuskripte aus dem Nachlaß von Marx und Engels(Darstellungen und Dokumente)," Akten Parteiarchiv(IISG, Amsterdam)에 보관된 이 편지는 Brief 144. Anlage 2로 *Beiträge zur Marx-Engels-Forschung*, Neue Folge, Sonderband 2, S. 415~19에 게재되어 있다. 특히 S. 416을 보라.

년이 지난 1924년 12월 말에 결말에 이르게 되었다. 이 교섭의 구체적 내용을 열거하기보다 짧은 말로 그 요점만을 정리하면 다음과 같다. 나의 교섭 상대는 베른슈타인과 브라운이었고, 나는 베른슈타인과 다음과 같은 구두합의에 이르렀다.

1) 그(베른슈타인)는 마르크스-엥겔스의 저작에 대한 그의 저작권 및 발행권Urheberrechte bzw. Herausgeberrechte을 마르크스-엥겔스 아키브 출판사Marx-Engels-Archiv-Verlagsgesellschat m.b.H.에 위임한다. 이로 말미암아 그는 출판사로부터 일시불의 내약금(內約金)eine einmalige Abfindungssumme으로 4,200마르크를 수령한다.

2) 그는 당시에 그가 보존하고 있던 초고를 독일사민당-아키브에 인도한다. 그러나 독일사민당-아키브에 보관된 마르크스-엥겔스 유고의 나머지 부분에 대한 출판권Publikationsrecht의 문제와 아키브에 집중되어 있는 오리지널을 마르크스-엥겔스 연구소를 위해 어떻게 사진 복사하느냐 하는 실질적으로 기술적인 문제—이 두 가지는 마르크스-엥겔스 전집Marx-Engels-Gesamt-Ausgabe을 위해서는 결정적인 의미를 갖는다—는 아직 미결로 남아 있다.

우리는 앞의 문건을 통해 다음의 몇 가지 사항을 확인할 수 있다. 첫째, 리야자노프는 베른슈타인으로부터 그가 가지고 있던 마르크스-엥겔스의 '특정한' 유고의 저작권을 4,200마르크에 매입했다는 점과 특정한 유고를 제외한 나머지 당-아키브에 보관된 유고의 출판권 문제는 미해결로 남았다는 점이다. 둘째로는, 사민당-아키브에 보존된 마르크스-엥겔스의 유고를 어떻게 복사하느냐는 기술적인 문제가 아직 미결 상태라는 점이다. 우선 저작권을 매입한 '특정' 유고는 『독일 이데올로기』를 포함한 이른바 엥겔스가 베른슈타인에게 유증한 '장군의 상자' 안에 들어 있던 유고를 말하며, 여기서 제외되는 유고의 경우에는 독일사민당의 지도부와 다시 협상을 필요로 하는 부분이다. 따라서 리야자노프는 그가 출판한 최초의 MEGA 서문(1927)에서 언급한 바와 같이 이들 유고를 출판하는 데 카우츠키의 부인 루이제Luise Kautsky와 힐퍼딩, 그리고 당시 당-아카브의 관리자였던 브라운의 중재와 도움이 없었다면 유고를 반출하여 복사하고 이를 출판하는 일이 불가능했을 것이다.[82]

사실 이 무렵의 독일사민당 지도부는 리야자노프가 주도하는 마르크스-엥겔스 전집 출판에 깊은 우려를 품고 있었다. 당 주변에서도 다각적인 요구가 제기되었고, 그중에는 "우리가 수정위원회와 같은 기구eine Art Revisionskomitee를 만들어 초고가 출판되기 이전에 이를 검토해야 한다"는 견해도 없지 않았다. 그러나 이처럼 실현 불가능한 일을 한다는 것은 결과적으로 수행할 수 없는 초고 검토의 책임을 떠맡는 일이고, 나아가 리야자노프를 자극하는 일이기에 전집의 출판을 그와 모스크바에 맡길 수밖에 없다는 결론에 이르렀다. 따라서 당-아카브의 관리자 브라운은 1924년 여름(8월 8일) 카우츠키에게 보낸 편지에서 다음과 같이 쓰고 있다.

[⋯⋯] 공명심과 성격에 관해서는 동의하지만 그러나 그(리야자노프)가 마르크스의 전집과 관련하여 무언가를 왜곡하고 은폐하리라고는 생각할 수 없네. 누군가가 그에게 엄격한 지시를 한다면 그는 거기에 매달릴 것이라고 나는 믿네. 그러나 다른 무엇보다 그에게 중

---

82) D. Rjazanov, "Vorwort zu Gesamtausgab," MEGA¹ I/1.1, S. XXVII; S. Bahne, 앞의 글, S. 148; Paul Mayer, "Die Geschichte des sozialdmokratischen Parteiarchivs und das Schicksal des Marx-Engels-Nachlasses," S. 71.

요한 것은 학자적 자존심이네. 나는 그가 어떤 종류의 왜곡이나 은폐를 저지르리라고는 믿지 않네. 물론 나 또한 정치적으로 그를 전혀 신뢰할 수 없을뿐더러 혐오하기까지 하지만, 그렇다고 당신이 말한 것처럼 우리가 그를 두려워해야 한다고는 생각지 않네. 당신이 정확하게 지적한 것처럼 그는 신이 탄복할 정도로 전집을 만들어낼 수 있는 유일한 인물이네. 우리로서는 그가 구사할 수 있는 물질적 수단만이 아니라, 이러한 종류의 일을 자유로이 해낼 수 있는 인물 또한 확보하지 못하고 있지 않은가. 그리고 우리는 이 두 가지 면에서 그들이 갖는 우위를 확보할 수 없다는 점에서도 그들이 정당하다고 보네. 〔……〕 나는 우리가 이 전집의 발간을 막을 수 없으며, 우리 쪽에서 이를 통제할 수도 없다고 보네. 또 우리가 별 소득도 없는 하찮은 방해 공작으로 작업을 방해한다면 우리는 소인배로 몰릴 수밖에 없다는 것이 나의 견해일세. 나로서는 우리가 아닌 모스크바가 그럴듯한 마르크스-엥겔스 전집을 출판하고, 우리가 이를 맡길 수밖에 없다는 점을 괴롭지만 인정하지 않을 수 없다고 생각하네. 우리의 불쾌함을 완벽하게 감추지 못한다면 우리는 다른 사람들의 웃음거리가 될 것이란 것이 나의 생각일세. 〔……〕[83]

따라서 유고와 관련된 사민당 내의 복잡한 사정은 유고의 복사와 출판권을 마르크스-엥겔스 연구소MEI에 직접적으로 위임하지 않고, MEI와 프랑크푸르트의 사회조사연구소Frankfurter Institut für Sozialforschung, IfS가 최초의 마르크스-엥겔스의 "역사적-비판적" 전집을 출판하기 위해 공동으로 설립한 "마르크스-엥겔스 아카이브 출판사MEAV"에 넘

---

[83] Adolf Braun an Karl Kautsky, 8. 8. 1924(Auszug)(Nachl. Kautsky, IISG, D VI 416), S. Bahne, 앞의 글, S. 159~60에 Anhang I로 수록.

겼던 것이다. 사실 당시 독일사민당 지도부 내에서는 마르크스 저작의 출판권을 MEI의 리야자노프에게 넘겨주는 데 대한 디트만Wilhelm Friedrich Carl Dittmann(1874~1954)과 크리스파이엔Artur Crispeien(1875~1941) 등의 강한 반발이 있었기에, 이러한 공격을 피하기 위한 탈정치화Entpolitisierung의 한 방편으로 "마르크스-엥겔스 아키브 출판사"를 전면에 내세운 것으로 보인다.[84]

프랑크푸르트 사회조사연구소는 당시 좌파 사회주의적 성향의 소장학자들이 바일Felix Weil의 주도 아래 프랑크푸르트 대학 소속 연구소로 창설한 마르크스주의적 연구기관이었다. 이 연구소는 초대 소장으로 빈에서 프랑크푸르트 대학의 근대경제사 교수로 부임한 마르크스주의자 그륀베르크[85]를 영입하여 1924년 6월 22일에 정식으로

---

84) Rolf Hecker, "Erfolgreiche Kooperation...," S. 33 및 S. Bahne, 앞의 글, S. 148 과 S. 162~63에 게재된 Anhang III, Adolf Braun an Karl Kautsky, 18. 1. 1925 (Auszug)를 보라.
85) 그륀베르크는 빈 대학의 경제사 교수로서 1910~1930년 사이에 잡지 『사회주의 및 노동운동사 아키브 *Archiv für die Geschichte des Sozialismus und Arbeiterbewegung*』를 편집·발행해왔다. 1923년 1월 초 프랑크푸르트 대학의 경제 및 사회과학부가 그를 초빙함에 따라 1923년 7월 이를 수락한 그륀베르크는 당시 독일에서 마르크스주의자로서 정식 교수직Lehrstuhl을 가진 최초의 인물이 되었다. 프랑크푸르트 사회조사연구소의 소장으로는 애초에 좌파 사회주의자 겔라크Kurt Albert Gerlach(1886~1922) 교수의 영입이 예정되었으나 그가 1922년에 사망하자 구스타프 마이어 교수가 초빙되었다. 1920년 『엥겔스 전기』 제1권을 상자한 마이어는 기자 출신으로 베를린 대학에서 교수자격시험Habilitation을 준비했으나 통과하지 못한 채 원외교수außerordentlicher Professor로 강의하고 있었다. 그는 독일의 사회주의와 노동운동사 연구에서 가장 권위 있는 학자 중의 한 사람이었다. 그러나 그는 이 연구소 설립자인 바일이 지나치게 좌파적 성향을 보인다고 해서 이 초빙을 거절함으로써 빈 대학에서 프랑크푸르트 대학으로 막 부임하는 그륀베르크 교수가 이 연구소의 소장으로 위촉되었다. MEI의 리야자노프는 전전(戰前) 빈에 체재할 동안 그륀베르크의 제자였기에 이들 2개 연구소 간의 협조 가능성은 크게 높아지게 되었다. Rolf Hecker, "Erfolgreiche Kooperation...," S. 19~21; Gottfried Niedhart, "Gustav Mayer und Rjazanov," *Beiträge zur Marx-Engels-Forschung*, Neue Folge, Sonderband 1, S. 79~80을 보라. 약칭하여 『그륀베르크-아키브 *Grünberg-Archiv*』라 불리는 『사회주의 및 노동운동사 아키브』에 관해서는 Rolf Hecker, 앞의 글, S. 58~59를 보라.

발족했다. 이 연구소는 그 출발부터 이미 소련의 MEI와 지적으로 교류하고 협력할 개연성을 가지고 있었다. 특히 MEI의 소장인 리야자노프는 혁명 이전, 당시 러시아 망명객의 중심지였던 빈에 체재하는 동안 그륀베르크와 사제 관계로 맺어져 긴밀한 유대관계를 가지고 있었기에 이 연구소를 매개로 하여 자신의 마르크스-엥겔스 전집 출판 계획을 구체화할 계기를 찾았던 것이다. 독일에서 정당으로부터 독립되어 학술적 기초 위에서 마르크스주의를 연구할 기관이 설립된다면, MEI가 독일에서 자신들의 연구 과제를 수행할 중심적 연구 장소를 확보할 수 있을 것으로 판단하여 그는 그륀베르크의 소장직 취임을 적극 권유했던 것이다.[86] 이제 막 창설된 프랑크푸르트 사회조사연구소의 설립자인 바일은 1924년 8월 20일, MEI의 소장인 리야자노프와 더불어 학술적 협조와 교류를 위한 기본적인 협정[87]을 체결한 바 있었다. 그리고 바로 이 협정에 근거하여 같은 해 8월 22일에는 마르크스-엥겔스 유고의 연구와 마르크스-엥겔스 전집의 출판을 위한 공동 작업의 기초로서 마르크스-엥겔스 아키브 출판사를 설립한 것이다.

한편 사회조사연구소의 바일은 마르크스-엥겔스 아키브 출판사의 대표격으로 모스크바로 떠난 리야자노프의 뒤를 이어 사민당 지도부와 베른슈타인을 상대로 유고의 복사와 출판권의 획득을 위한 교섭을 추진해나갔다. 다시 말하면 바일은 앞에서 인용한 바 있는 사민당과 베른슈타인을 상대로 한 협상 과정에서 리야자노프가 미결

---

86) R. Hecker, 앞의 글, S. 19.
87) 이 협정문서는 다음에 게재되어 있다. "Vereinbarung zwischen der Gesellschaft für Sozialforschung e. V. Frankfurt/M. und dem Marx-Engels-Institut Moskau(1924)," *David Borisovič Rjazanov und die erste MEGA. Beiträge zur Marx-Engels-Forschung*, Neue Folge, Sonderband 1, S. 46~49.

상태로 남겨둔 문제들을 최종적으로 타결함으로써 MEGA 프로젝트의 지원을 위한 계약을 체결해야 했던 것이다. 그러나 1924년 10월 20일의 의회 해산과 12월 7일로 예정된 국회의원 선거는 당시 사민당 지도부의 관심을 송두리째 장악하고 있었기에 마르크스-엥겔스 유고에 대한 당-아키브의 관심을 안중에 둘 여유가 없었다.[88] 따라서 바일은 모스크바의 리야자노프의 독촉에도 불구하고 협상의 진전이 없는 상황에서 1924년 11월 26일의 편지를 통해 다음과 같은 낙관적인 견해를 피력하고 있다. 즉 1) 마르크스-엥겔스 아키브 출판사 MEAV는 니콜라예프스키와 유능한 사서가 목록 작성 작업을 수행케 하고, 2) 당 지도부는 MEAV에 마르크스와 엥겔스의 모든 미간행 초고와 그들의 왕복서간의 출판권을 위임하며, 3) 당 지도부는 초고의 복사 재현을 위해 모든 유고의 프랑크푸르트로의 이송을 승인한다는 MEAV의 제의를, 비록 '공식적인 승인 formelle Bestätigung'을 아직 받지는 못했지만 모두 수용했음을 확인하고 있다.[89] 그리고 바일은 11월 28일, 모스크바에 보낸 전문에서 브라운과 '만족할 만한 협상 eine befriedigende Unterredung'이 이루어졌다는 소식을 보내고 있다.

---

[88] 이러한 표현은 니콜라예프스키가 모스크바의 리야자노프에게 보낸 1924년 11월 2일자의 편지에 나오는 표현이다. Nikolaevskij an Rjazanov, 2. November 1924, *Beiträge zur Marx-Engels-Forschung*, Neue Folge, Sonderband 1, S. 63.

[89] Brief 16. GfS(Felix Weil) an MEI(David Rjazanov), 26. November 1924, *Beiträge zur Marx-Engels-Forschung*, Neue Folge, Sonderband 2. *Erfolgreiche Kooperation*: ..., S. 170. 사실 MEAV의 바일은 국회의원 선거 기간 중인 10월과 11월 사이에도 브라운, 힐퍼딩 등의 사민당 지도부와 교섭을 진행하여, 그들의 제안이 상당히 수용되는 성과를 얻었다고 생각하고 있는 데 반해, 리야자노프는 가장 결정적인 사민당 지도부와의 계약의 성사나 베른슈타인에 대한 약정금 지불 같은 문제가 해결되지 않은 데 불만을 표시하고 있다. Felix Weil an David Rjazanov, 14. November 1924, 같은 책, S. 134; Felix Weil an David Rjazanov, 8. November 1924, 같은 책, S. 155~56의 Anlage; David Rjazanov an Felix Weil, 20. November 1924, 같은 책, S. 156~57 참조.

다시 말하면 바쁜 선거 기간 중에 잠깐 베를린에 들른 브라운은 바일에게 "베른슈타인이 소장한 모든 초고를 조건 없이 출판할 수 있도록 한다"는 약속과 더불어 "디츠 출판사나 다른 당 출판부는 『임노동과 자본』 『공산당 선언』 『오이겐 뒤링의 과학변혁』과 같은 선동 목적의 저작은 출판하더라도 귀하의 전집과 경쟁하게 되는 그 어떠한 학술적 출판물도 발간하지 않을 것"이라는 점을 문건으로 보증했다.[90]

그러나 마르크스-엥겔스 연구소를 대변하는 MEAV가 사민당-아키브에 보관된 초고를 복사하고 그에 대한 출판권을 확보하기 위해서는, 사민당 지도부와 베른슈타인으로부터 유고의 사용권과 출판권을 법적으로 획득하는 일이 전제되어야 했다. 그러나 브라운은 마르크스-엥겔스 초고와 서간의 출판권에 관한 한 사민당 지도부는 아무런 요구도 내걸지 않는다는 점과 사민당 지도부가 힐퍼딩과 브라운 자신에게 교섭권을 위임했으며, 자기는 MEAV와 베른슈타인 사이에 기꺼이 중개인으로서의 역할을 하겠다는 점을 분명히 하고 있다.[91] MEAV로서는 초고의 출판권을 획득하기 위한 최종적 현안은 베른슈타인이 소장하고 있는 마르크스-엥겔스의 유고와 서간문이었다. 따라서 MEAV는 브라운과의 협의를 거쳐 베른슈타인에게 4,200마르크의 현금을 제공하는 조건으로 서간 및 유고의 복사와 출판권에 대한 최종적 합의에 이른다.[92] 1924년 12월 19일에 베른슈타인이 서명하여 프랑크푸르트의 MEAV에 보낸 "베른슈타인의 진술서

---

90) 11월 28일의 전문을 보증하는 브라운의 편지를 바일은 리야자노프에게 보낸 자신의 11월 29일자 편지에 부속 문건으로 첨부하고 있다. Anlage: Adolf Braun an Felix Weil, 28. November 1924, 앞의 책, S. 176~77.
91) Adolf Braun an MEAV, 24. Oktober 1924(Maschine), 앞의 책, S. 149~50.
92) MEAV(Felix Weil) an Eduard Bernstein, 20. November 1924, 앞의 책, S. 168~69.

Bernsteins Erklärung"의 전문은 다음과 같다.

    이 문서를 통해 본인은 마르크스와 엥겔스의 저작에 대한 본인의 모든 저작권 및 출판권을 귀하에게 위임하며, 장래에도 이들 저작에 대한 더 이상의 출판 행위를 포기한다.
    그러나 본인은 **본인**과 프리드리히 엥겔스와의 왕복서간에 대해서는 이를 유보한다. 이는 본인이 디츠 출판사 Verlag J. H. W. Dietz에 먼저 이의 인쇄를 맡겨야 할 책무를 가지고 있기 때문이다.
    나아가 본인은 본인이 소장하고 있는 자료(마르크스와 엥겔스에 의해 쓰였거나 그들에게 보내진 모든 편지와 초고)를 지체 없이 독일 사민당-아키브에 양도할 의무를 진다. 여기에는 **B. 니콜라예프스키**가 본인을 돕는다는 데 합의했다. 본인의 엥겔스와의 왕복서간은 디츠 출판사 판이 완성되면 즉시 당-아키브에 양도될 것이다.

베를린, 1924년 12월 19일<br>
에두아르트 베른슈타인 서명<br>
베를린-셰네베르크<br>
보체너가 18번지[93]

---

93) Brief 139, Anlage 3. 강조는 원문. Erklärung von Eduard Bernstein, 19. Dezember 1924(Kopie). 앞의 책, S. 406. 베른슈타인의 진술서는 Akte Partei Archiv, "Dossier zur Geschichte des Marx-Engels-Nachlasses und der MEGA¹," IISG, Amsterdam에 "An die Marx-Engels-Archivgesellschaft m. b. H. Frankfurt/Main, Viktoria Allee 17"과 "Verzeichniss der in das Parteiarchiv zurückgelegten Manuskripte und Briefe von und an Marx und Engles"의 두 개 문건으로 보관되어 있다. "마르크스-엥겔스 유고와 구MEGA와 관련된 서류"에 대한 구체적 기술은 Rolf Hecker, "Erfolgreiche Kooperation...," S. 97~98 Anm. 275, 276, S. 33~34 Anm. 71을 보라. S. Bahne, 앞의 글, S. 148도 참조.

그리고 이틀 후인 12월 21일에는 이러한 사실과 MEAV가 보낸 4,200마르크를 자신이 직접 베른슈타인에게 전달했다는 내용이 적힌 브라운의 확인 편지가 프랑크푸르트의 MEAV로 발송되었다.[94]

### 사민당-아키브 소장 자료의 복사

한편 이처럼 복잡한 과정을 거쳐 이루어진 베른슈타인과 사민당-아키브에 보관된 유고의 복사와 출판을 위해서는 아직도 넘어야 할 장벽이 남아 있었다. 우선 최상으로 작동하는 복사 기계를 구입하는 기술적 문제를 비롯해 모든 자료의 효과적인 배열 체계가 이루어져야 했다. 따라서 복사 책임을 맡은 니콜라예프스키는 1912년 말과 1913년 초에 리야자노프가 드라베이유의 마르크스 (또는 라파르그의) 유고를 정리하면서 사용한 분류 원칙을 적용하기로 했다. 그 외에도 마르크스-엥겔스의 모든 유고가 베를린의 사민당-아키브에 집중되어야 하는데, 아직도 그 일부가 베른슈타인, 카우츠키, 아들러의 수중에 남아 있는 등 적지 않은 장애가 따랐다. 그러나 무엇보다도 중요한 것은 베를린의 당-아키브에 보관된 유고를 사회조사연구소가 있는 프랑크푸르트로 반출하여 복사하는 일이었다.

사실 당-아키브의 관리 책임자인 브라운은 이처럼 귀중한 유고나 문서가 베를린을 벗어나는 데 대해 처음에는 "무조건 반대"했다.[95]

---

94) Adolf Braun an das Marx-Engels-Archiv in Frankfurt a. M., 1. 12. 1924. S. Bahne, 앞의 글, S. 160~62의 Anhang II. 이 문건은 Marx-Engels-Dossier, IISG, Amsterdam에 보관된 복사본에는 "1. 12. 1924"로 되어 있던 것이 "21. 12. 1924"로 수정되어 있으며, 나중에 사민당과 MEAV가 베른슈타인의 진술서를 두고 논쟁을 벌일 때 MEAV가 증거로 제시한 부속 서류 중의 이 편지 복사본에는 "21. 12. 1924"로 되어 있다고 확인하고 있다. Rolf Hecker, "Erfolgreiche Kooperation...," S. 38 Anm. 84.
95) Friedrich Pollock an David Rjazanov, 21. Oktober 1924(Auszug). *Beiträge zur Marx-Engels-Forschung*, Neue Folge, Sonderband 1, S. 146~47.

그러나 1924년 12월 초, 브라운이 마침내 이에 동의하자 작업은 급속도로 진행되었다.[96] 우선 사회조사연구소는 마르크스-엥겔스 연구소MEI의 부담으로 당시로서는 최상의 성능을 가진 파물루스 복사기Famuluskopierapparat를 영국에서 구입하여, 세 사람의 연구원을 동원해 복사 작업을 실시했다.[97] 당-아키브에 있던 유고와 문건은 니콜라예프스키가 직접 베를린에서 프랑크푸르트로 운반하고, 연구소에서 2부가 복사된 뒤(1부는 MEI가, 다른 1부는 당-아키브에 제공) 다시 베를린으로 반송되었다.[98] 어쨌든 이 같은 유고와 문건의 촬영은 복사기의 고장이나 인화된 복사 상태의 불량 때문에 작업이 지체되긴 했으나 모스크바의 MEI가 정한 우선순위에 따라 촬영이 진행되고 그 범위도 확장되었다. 이런 상황의 진전에 따라 MEI의 책임자 초벨Ernst Czóbel은 1925년 가을까지 복사 작업을 마무리 짓도록 니콜라예프스키에게 지시했다.[99]

이 복사 작업은 1925년 4월에 접어들면서 한 단계 진전되었다. MEI 측에서는 자료 복사를 통해 과제에 대한 안목이 생기면서 자료를 선별하여 복사하기 시작한 것이다. 이로써 그들의 복사 작업은 좁은 의미에서의 마르크스-엥겔스의 유고에 한정되는가 하면, 다른 한편으로는 당-아키브에 보관된 당과 노동운동의 역사와 관련된 문건으로 작업이 확대되기도 했다. 그리고 MEI는 지금까지 모든 문건

---

96) A. 브라운의 태도 변화는 니콜라예프스키의 다음의 2개 편지를 비교해 읽으면 비교적 분명해진다. Nikolaevskij an Rjazanov, 25. Oktober 1924. 앞의 책, S. 59; Nikolaevskij an das Marx-Engels-Institut, 11. Dezember 1924. 앞의 책, S. 65~66.
97) Rolf Hecker, 앞의 글, S. 40~41.
98) 이 당시의 복사 속도는 3시간에 400카피를 만들 수 있었으며, 니콜라예프스키는 이 작업을 위해 3년간 베를린과 프랑크푸르트를 왕복한 것으로 되어 있다. Vjačeslav Viktorvič Krylov, "D. B. Rjazanov und B. I. Nikolaevskij," *David Borisovič Rjazanov und die erste MEGA. Beiträge zur Marx-Engels-Forschung*, Neue Folge, Sonderband 1, S. 52.
99) Czóbel an Nikolaevskij, 15. Januar 1925. Rolf Hecker, 앞의 글, S. 42에서 재인용.

을 예외 없이 이중으로Dublierung 복사하여 다른 한 부를 사민당-아 키브에 넘겨주었지만, 마르크스와 엥겔스의 유고와 서간을 제외하고 는 그럴 의무가 없으므로 경비상 이를 생략하도록 지시했다.[100] 그러 나 이 시점에 이르러 MEI 측과 사민당-아키브는 서서히 균열을 보 이기 시작했다. 우선 사민당 지도부는 MEI가 복사본의 복본을 제공 하지 않는다고 불만을 토로했고, MEI 측은 관심 주제가 확대되면서 당-아키브 자료의 더 광범한 복사를 요구했다. 이러한 과정에서 1927년 초에는 사민당 지도부와 MEI 사이에 최초로 복사 작업과 관 련한 불화의 기미가 나타나게 되었다. 즉 당-아키브 관리자 브라운 은 니콜라예프스키에게 편지를 보내 MEGA와 관련된 문건 외에는 사민당-아키브에 있는 모든 서간문까지 확대해서 복사하는 것을 금 지한다고 선언했던 것이다.[101] 그러나 양 당사자 간의 이 같은 관계 의 악화에도 불구하고 니콜라예프스키의 조사 작업은 계속되었다. 특히 이 기간 중에 그는 마르크스와 엥겔스의 장서를 확인하고 장서 에 쓰인 방주들을 정리했으니, 이것이 오늘날 유존하는 유명한 "니 콜라예프스키 리스트Nikolaevskij-Liste" (1928)이다.[102]

---

100) Rolf Hecker, 앞의 글, S. 42~44.
101) Brief 74. Adolf Braun an Boris Nikolaevskij, 5. Januar 1927. *Beiträge zur Marx-Engels-Forschung*, Neue Folge, Sonderband 2. *Erfolgreiche Kooperation:..*, S. 320~21.
102) 니콜라예프스키가 장서 목록을 만드는 방법은 우선 "당-아키브에 소장된 장서 가운데 서 마르크스와 엥겔스의 책이라고 확인된 것에 대한 카탈로그를 만들고, 개개 카드에 방주를 기입하는 것이다. 〔……〕 따라서 이 경우에 모든 방주를 카드에 기입하는 것은 당연한 일이나 마르크스의 장서에는 수많은 옆줄과 밑줄이 그어져 있는데 이것 또한 매우 흥미 있는 것이다. 〔……〕 옆줄과 밑줄들은 장서카드에 그 페이지만을 기록 하여 직접 찾아보게 하고, 특별한 경우에는 이를 기술하면 될 것"이라고 쓰고 있다. Nikolaevskij an Rjazanov, 25. Oktober 1924, *Beiträge zur Marx-Engels-Forschung*, Neue Folge, Sonderband 1. S. 60~61. Rolf Hecker, 앞의 글, S. 45 및 정문길, 「마르크스-엥겔스의 장서에 쓰인 난외방주의 의의와 출판 문제」, 『현상과 인식』, 통권

## 2. 정치적 긴장의 고조와 사민당-아키브 자료의 복사 금지

그런데 문제는 바로 이 시점에 사민당과 코민테른 사이에 정치적 긴장이 점차 고조되고 있었다는 점이다. 1927~1928년의 겨울에 접어들면서 코민테른의 극좌파 정책은 반사민주의적 선동을 극도로 첨예화시키고 있었다. 게다가 아직도 출판되지 않은 마르크스와 엥겔스의 텍스트가 공개되어 독일사민당 지도부를 공격할 빌미를 제공할 개연성은 계속 남아 있었다. 따라서 그륀베르크와 바일은 일찍부터 리야자노프에게 이 점을 상기시키며, 복사 작업이 끝나기 전에 사민당을 자극하거나 공개되지 않은 사민당-아키브의 마르크스-엥겔스 텍스트가 공산당 기관지에 실리지 않도록 신신당부했다.[103]

이러한 상황에서 1927년 12월 말 사민당-아키브의 이용 규정이 강화되었다. 문서의 열람은 당원들에게만 한정하고, 그 외의 사람들은 당 지도부의 추천을 받아야만 이용이 가능해진 것이다. 그러나 사민당-아키브에 주재하는 니콜라예프스키는 아직도 이에 구애를 받지 않았다. 그런데 1928년 11월 2일 당-아키브의 힌릭센이 니콜라예프스키에게 마르크스-엥겔스 연구소MEI는 이제 더 이상 그 어떤 문건도 복사할 수 없다는 당 지도부의 결정을 알려왔다. 이에 그 이유를 전혀 상상치 못한 니콜라예프스키는 이 사실을 곧장 모스크바에 보고했다.[104]

한편 니콜라예프스키의 이러한 보고를 접한 모스크바의 MEI는 커

---

89호(2003년 봄/여름호), 정문길, 『한국 마르크스학의 지평』, 문학과지성사, 서울 2004. p. 159의 주8)을 보라.
103) Rolf Hecker, 앞의 글, S. 92~93. Mayer, 앞의 글, S. 72.
104) Rolf Hecker, 앞의 글, S. 93~94.

다란 충격을 받았다. 특히 MEI의 부소장 초벨은 두 달 전인 9월 초에 베를린을 방문하여 힌릭센과 협조를 약속한 바도 있는데, 전혀 예상치 못한 사태가 일어나자 당황하지 않을 수 없었다. 그리하여 그는 11월 12일에 우선 니콜라예프스키에게 사민당 지도부의 이 같은 결정이 무엇 때문인지를 수소문토록 하고, 같은 날짜로 사민당-아키브에 편지를 보내 아키브 소장 장서와 문건의 복사를 금지시킨 이유가 무엇인지를 물었다. 초벨은 "여기에는 무언가 오해가 있다고 추측되므로 그럴 만한 이유를 분명히 알려주면 좋겠다"고 문의했다.[105] 그러나 MEI는 이와 관련하여 사민당-아키브로부터 아무런 답변도 들을 수 없었다.

이러한 상황에서 초벨은 당시까지 호의적인 관계를 맺고 있던 힌릭센으로부터 이 문제에 대한 답변은 브라운의 후임으로 당-아키브의 관리를 맡은 디트만에게 물어보는 것이 좋겠다는 언질을 받는다. 이에 MEI의 소장 리야자노프는 장래의 당-아키브의 이용 문제를 분명히 하기 위한 공식적 준비 조치로서 디트만에게 편지를 쓴다. 1929년 3월 14일자의 이 편지는 사민당-아키브의 책임자로 취임한 디트만에게 정중한 인사를 표한 뒤, 최근 두 기관의 관계에 암운이 돌고 있음을 지적하고 자료의 복사를 금지한 당 지도부의 결정이 일방적인 해약 통지임을 분명히 하면서 첨부한 1928년 11월 12일자 편지(앞에서 언급한 초벨의 편지)에서도 밝힌 바와 같이 이러한 결정의 이유가 무엇인지를 밝혀줄 것을 정식으로 요구하고 있다.[106]

그러나 이 같은 리야자노프의 편지에 대해 디트만이 1929년 3월

---

105) Brief 130. MEI(Ernst Czóbel) an das SPD-Archiv, 12. November 1928, *Beiträge zur Marx-Engels-Forschung*, Neue Folge, Sonderband 2, S. 395~96.
106) Brief 135. David Rjazanov an Wilhelm Dittmann, 14. März 1929, 앞의 책, S. 401.

20일자로 보낸 다음과 같은 답변은 전적으로 비외교적 언사를 사용한 결별 선언과 다름이 없었다.

> 리야자노프 동지께.
> 당 지도부가 본인에게 당-아키브의 관리를 맡긴 것은 사실입니다. 그리고 당 지도부가 마르크스-엥겔스 연구소에 더 이상의 아키브 자료의 복사를 금지한 것도 사실입니다.
> 귀하는 이 같은 결정에 놀라워하고 있습니다. 그러나 귀하는 애초부터 이러한 결정을 하지 말았어야 한다는 입장에 대해 정말 놀라야 하는 것이 아닙니까? 귀하의 연구소는 러시아공산당의 연구소이고—그렇지 않습니까—우리 아키브는 우리 당의 것입니다. 따라서 본인은 귀하가 마르크스-엥겔스 연구소는 '아무런 전제도 두지 않는 학문'을 추구하는 곳이지 정치를 논하는 곳이 아니라는 식의 췌사를 농하지 마시기를 희망합니다.
> 〔……〕
> 우리는 지금까지 단지 주는 쪽이었고, 귀하는 받는 쪽이었습니다. 귀하가 우리 아키브에 원하는 바와 같은 이러한 관계는 거기에 상응하는 환대나 무엇보다 먼저 상응하는 대가가 있어야 하는 것이 아닌가요.[107]

그리고 이 같은 디트만의 자세는 6개월 후 리야자노프가 베를린의 당-아키브 사무실에서 마르크스-엥겔스 유고와 관련된 최종적인 담판을 하는 시점까지도 지속되었다.

---

107) 이 편지는 Rolf Hecker, 앞의 글, S. 98~99에 게재되어 있다. 디트만은 이 편지 가운데서 러시아를 방문하려는 독일사민당원에 대한 홀대—비자 문제와 그곳에서의 여행의 제약과 처우 문제—가 이러한 결정에 영향을 미쳤다고 생각하는지 묻고 있다.

### 5장
# 『독일 이데올로기』 유고를 둘러싼 스캔들

## 1. 리야자노프와 구스타프 마이어의 논쟁

　우리는 앞에서 객관적 정치 정세의 진행과 사민당-아키브의 관리 책임자 디트만의 완강한 자세로 보아 모스크바의 마르크스-엥겔스 연구소와 사민당-아키브의 결별이 조만간 불가피한 것으로 예상할 수 있다. 그러나 이 두 기관의 최초의 우호적 협조 관계나 종국적인 결별 선언은 모두 마르크스와 엥겔스의 유고에 포함된『독일 이데올로기』의 초고와 관련되어 있다. 1920년대 초 마르크스-엥겔스 연구소의 리야자노프가 사민당-아키브와 베른슈타인에게 접근한 계기가『독일 이데올로기』초고였다면, 1920년대 말에는 사민당-아키브가 마르크스-엥겔스 연구소와의 우호적 관계를 단절하게 한 결정적 촉매제가 바로『독일 이데올로기』초고였다는 점이 아이러니라 하겠다.
　『독일 이데올로기』의 초고에 대한 언급은 마르크스가『정치경제학 비판을 위하여 *Zur Kritik der politischen Ökonomie*』(1859)의 서문에서, 그리고 엥겔스가『루드비히 포이어바흐와 독일 고전철학의 종언 *Ludwig Feuerbach und der Ausgang der klassischen deutschen Philosophie*』의 서문 (1888)에서 각각 언급한 바 있으나 그들의 생전에는 출판되지 않았다. 따라서 (마르크스와) 엥겔스의 초고를 유증받은 베른슈타인이 1899년, 1903~1904년, 1913년에 이를 부분적으로 공개했을 때 초미의 관심을 불러일으켰음은 당연하다. 그러나 1910년대까지만 해도『독일 이데올로기』의 전모는 전혀 밝혀지지 않아 독일사민당이 공인한 메링의『마르크스 전기 *Karl Marx. Geschichte seines Lebens*』(1918)에서조차도 이를 "그들 두 사람의 지적 훈련을 위한 수업 과정의 글"로만 평가해왔다. 그러던 와중에 엥겔스를 마르크스와 분리하여 독자적 사상가로 다룬 구스타프 마이어의『엥겔스 전기 *Friedrich Engels. Eine Biographie*』제1권이 1920년에 출간되면서, 지금까지의 미간행 초고인『독일 이데올로기』의 전모가 처음으로 세상에 구체적으로 밝혀졌다.[108]

우리가 앞에서 살펴본 바와 같이 엥겔스의 문서로 된 유산은 엥겔스 사후 베벨과 베른슈타인에게 상속되었고, 1913년 베벨이 사망한 이후로는 베른슈타인이 이들 유산의 유일한 집행자였다. G. 마이어는 엥겔스의 전기를 집필하는 과정에서 전기 작가는 어떠한 상황에서도 가능한 한 모든 자료를 섭렵하지 않으면 안 된다고 베른슈타인을 설득하여 그가 보관하고 있던『독일 이데올로기』의 초고 대부분을 빌려볼 수 있었다.[109] 마이어의 이 같은 노력에 대해서는 엥겔

---

108) 정문길,「편찬사를 통해서 본『독일 이데올로기』」,『마르크스의 사상 형성과 초기 저작』, 문학과지성사, 서울 1994, pp. 73~78을 보라.
109) Gustav Mayer, *Erinnerungen. Vom Journalisten zum Historiker der deutschen Arbeiterbewegung*, Europa Verlag, Zürich/Wien 1949, S. 206.

스 생존 시 이미 그들의 유고를 접한 바 있던 카우츠키조차도 그가 읽은 마이어의 『엥겔스 전기』이 부분에 "전혀 새로운 것etwas völlig Neues"이라고 메모했다는 사실을 리야자노프는 상기하고 있다.[110] 그러나 리야자노프는 자신의 이러한 언급에도 불구하고, 곧이어 마이어가 어떻게 『독일 이데올로기』에 관해 이 같은 서술을 할 수 있었는지 알 수 없다고 이론을 제기하고 있다.

[……] 마이어는 그의 (권말) 주석에서 베른슈타인이 친절하게도 엥겔스의 유고 가운데 일부 초고를 이용할 수 있게 해주었다고 보고하고 있다. (그러나) 마이어는 이전에 신문 통신원을 지낸 저널리스트였는데 지금도 저널리스트나 신문 통신원으로서의 버릇을 버리지 못하고 있다. 그는 학술적인 책을 저술하면서도 자신이 어떠한 초고를 이용했는지를 정확히 밝히지 않고 있다. (따라서) 여러분이 그가 『독일 이데올로기』의 어느 부분, 어떤 초고를 이용했으며, 그것을 어디서 찾으며, 어떤 초고 몇 페이지에서 개개의 인용문을 인용했는지를 확인해주는 정보를 찾는 일은 허사가 될 것이다.[111]

이렇게 리야자노프는 마이어를 비판하며 자신이 최근의 베를린 방문을 통해 얻은 『독일 이데올로기』의 초고와 관련된 성과를 구구히 제시하고 있다. 즉 그는 최근 4주에 걸친 베를린 여행을 통해 1) 먼저 『독일 이데올로기』와 관련된 기간(既刊)의 모든 전거(典據)를 추적

---

110) D. Rjasanoff, "Neueste Mitteilungen…," S. 338. Gustav Mayer, "Die 'Entdeckung' des Manuskripts der 'Deutschen Ideologie'," *Archiv für die Geschichte des Sozialismus und der Arbeiterbewegung*, XII. Jahrgang(1926), S. 285에도 같은 표현이 인용되고 있다.
111) D. Rjasanoff, 같은 글, S. 388~89.

하고, 2) 슈티르너Max Stirner의 『유일자와 그의 소유 Der Einzige und sein Eigentum』보다 더욱 방대한 "성 막스Sankt Max"의 초고를 모두 확보했으며, 3) 아직 미완성으로 남아 있는 장절Abschnitt에서는 슈티르너와 브루노 바우어만이 아니라 포이어바흐를 존경받는 논적으로 다룸으로써 마르크스와 엥겔스가 어떻게 헤겔과 포이어바흐를 극복하고 있는가를 보여주고, 마지막으로 4) 이 초고의 잔여 장절에서는 『공산당 선언』에서만 다룬 바 있는 진정 사회주의자들을 다루고 있다고 보고하고 있다.[112]

  1923년 11월 20일, 모스크바 사회주의 아카데미에서의 리야자노프의 강연은 마르크스와 엥겔스의 유고와 관련된 많은 최신 정보를 제공해주기에 그륀베르크는 그가 주관하는 『그륀베르크-아키브』 XI호(1925)에 이를 번역·게재했다. 1848년 이전의 『독일 이데올로기』 『헤겔 법철학 비판』 『공산당 선언』의 초안이나 1848년 이후의 마르크스의 방대한 경제학 노트, 엥겔스의 과학론, 두 사람의 서간문 등 유고와 관련된 자신의 광범한 연구 성과를 보고하는 형식을 취하고 있는 이 강연에서, 리야자노프는 특히 『독일 이데올로기』의 초고에 대해 비교적 상세하게 보고하고 있다. 그런데 문제는 리야자노프가 이 과정에서 『독일 이데올로기』에 대한 마이어의 연구 성과를 폄하하고, 자신의 집중적인 자료 추적을 통해서 비로소 『독일 이데올로기』의 그 전모가 완벽하게 복원될 수 있었다는 과장된 자기주장을 토로한 점에 있었다.[113]

  G. 마이어에 대한 리야자노프의 이와 같은 비판과 과장된 자기주장은 곧장 마이어로부터의 강한 반발에 부딪쳤다. 『그륀베르크-아

---

112) 앞의 글, S. 389~91.
113) 정문길, 앞의 글, pp. 79~81을 보라.

키브』 다음 호(XII, 1926)에 게재된 마이어의 반론은 리야자노프가 마이어의 『엥겔스 전기』를 읽고서 곧장 베른슈타인에게 접근하여 그가 보관하고 있던 『독일 이데올로기』의 초고를 열람하고 이를 복사했음에도 불구하고, 그것을 마치 리야자노프 자신이 새로 '발견 Entdeckung'한 것처럼 선전하는 것은 '리야자노프의 환상 Phantasie R〔jsanoff〕s'에 불과하다고 꼬집었던 것이다. 게다가 마이어의 결정적 결함으로 지적된 인용 문제에 대해서도 『독일 이데올로기』 초고의 현존 상태를 알고 있는 사람들에게는 구체적 페이지를 적시하는 것이 불가능하다는 점이 충분히 이해될 것임을 분명히 하고 있다.[114]

『독일 이데올로기』의 초고를 둘러싼 리야자노프와 마이어의 논쟁은 20세기 초, 마르크스와 엥겔스의 유고를 중심으로 한 당대의 지적 호기심과 학문적 관심이 어떠했느냐를 보여주는 하나의 에피소드라 하겠다. 특히 이 분야에 있어 당대 최고의 전문가들 사이에서 벌어진 이른바 명예를 건 경쟁은 리야자노프로 하여금 베른슈타인이 보관하고 있던 마르크스-엥겔스의 유고, 특히 『독일 이데올로기』 초고의 출판권을 획득하는 데 집중적인 노력을 경주하도록 했다. 1924년 한 해 동안 마르크스-엥겔스 아키브 출판사가 아돌프 브라

---

114) Gustav Mayer, 앞의 글, S. 284~87. 사실 리야자노프가 베른슈타인을 방문한 것과 『독일 이데올로기』 초고를 열람한 것은 1923년 사민당 지도부의 위임에 의해 브라운을 통해 이루어졌으며, 리야자노프는 베른슈타인의 집에서 매일 수시간씩 수주간에 걸쳐 문제의 초고를 열람했다고 1929년 9월 18일과 20일 2회에 걸쳐 『아벤트』지(사민당 기관지 『포아베르츠』의 석간판)에 게재된 「엥겔스의 유언」이란 글에서 베른슈타인은 회고하고 있다. 그리고 이때는 MEGA의 계획이 아직 구체화되기 이전이었다고 그는 기억하고 있다. Rolf Hecker, 앞의 글, S. 105~106. 한편 『그륀베르크-아키브』, XI(1925)에 게재된 리야자노프 강연의 독일어 번역문은 편집 과정에서 편집자인 그륀베르크가 리야자노프에게 마이어를 비판한 부분을 삭제할 것을 종용한 끝에 리야자노프가 이를 수용했으나 그때는 이미 잡지가 인쇄에 들어가 있어 교정할 수 없었다는 뒷얘기도 기억할 필요가 있다. Rolf Hecker, 앞의 글, S. 68~74 참조.

운의 도움을 받아 베른슈타인과 맺은 1924년 12월의 유고의 복사 및 출판권 계약은 이러한 노력의 결과였다.

## 2. 『독일 이데올로기』 초고 일부의 독일 내 출판을 둘러싼 당내 논쟁

리야자노프로 하여금 마르크스-엥겔스 유고의 복사와 출판에 하나의 전기를 마련하게 한 『독일 이데올로기』의 초고는 또 다른 측면에서는 모스크바의 마르크스-엥겔스 연구소MEI와 베를린의 사민당-아키브 사이의 학문적 협조 관계를 중단시키는 하나의 중요한 요인으로 작용했다. 사건의 발단은 1929년 초 야콥 마이어Jacob Peter Mayer가 힐퍼딩이 발행하는 사민당계의 잡지인 『게젤샤프트 Gesellschaft. Internationale Revue für Sozialismus und Politik』에 지금까지 알려지지 않았던 『독일 이데올로기』 초고의 일부를 게재하고자 그 가능성 여부를 문의해온 데서 출발한다. 잡지의 편집자 잘로몬Albert Salomon은 이 같은 문의를 접하자 우선 『독일 이데올로기』의 일부가 MEI가 발행한 『마르크스-엥겔스 아키브Marx-Engels-Archiv』 제1권(1926)으로 출판되었다는 사실을 알고 있었으므로 기고 예정의 이 글이 MEGA에 실려야 할 것이 아닌가 하는 의문을 갖게 되었다. 특히 그는 MEGA의 프로스펙트(선전용 팸플릿)와 MEGA 제I부 제1권 1분책의 서론에서 베른슈타인이 MEI에 그 출판권을 위임했다는 것을 명시적으로 표현하고 있다는 사실을 잘 알고 있었기에 이 문제를 MEI의 베를린 통신원과 상의한 것으로 추측된다. 그리고 이 사건은 니콜라예프스키에 의해 곧장 모스크바의 리야자노프에게 제보되었다.[115] 그러나 1929년 4월, J. P. 마이어가 사민당-아키브에서 아직도 공개되지 않은 『독일 이데올로기』의 일부를 출판용 원고로 만들어 『게젤샤프트』의 편집자 잘로몬에게 이의 게재 문제를 정식으로 제기하면서 문제는 점차 복잡하게 얽히게 되었다. 우선 마이어는 사민당-아키브의 힌릭센으로부터 MEI의 출판권에 이의가 있을 수 없다는 견해와, 『게젤샤프트』의 편집자 잘로몬이 베른슈타인이 이미 포기한 출판권의 문제로 리야자노프와의 법률적 쟁송에 휘말릴 생각이 없다는 통보를 5월 말에 듣게 된다. 이에 마이어는 힌릭센과 더불어 베른슈타인을 직접 찾아가 출판권 문제를 정식으로 문의한다. 그리고 그는 6월 4일 잘로몬에게 보낸 편지에서 "베른슈타인으로부터 『독일 이데올로기』의 출판권이 리야자노프에게 전유(專有)된 권리 Alleinrechte도 아니고, 미발표 부분이 출판되는 데 대해 그가 이의를 제기할 수 있는 성질의 것도 아니라는 확실한 답변을 듣게 되었다"고 쓰고 있다.[116] 이처럼 출판권과 관련된 베른슈타인의 확언에도 불구하고 『게젤샤프트』 6월호에 원고 게재를 거부당한 마이어는 1929년 6월 12일, 당 지도부의 멤버이자 국회의원이며 『포아베르츠』의 편집장이던 슈탐퍼 Friedrich Stampfer에게 이러한 사실을 호소했다. 그는 "MEI가 이 원고의 출판에 이의를 제기하며 『게젤샤프트』를 비난하고, MEI의 베를린 통신원이 본인에게도 불만을 토로하며 이의 출판을 중단할 것을 요구한다"면서, 이러한 상황에서 그 자신도 자기의 노작을 MEI에 양도했다고 알려왔다. 지금까지 특정 원고의 잡지 게재를 위한 편집자와 필자 간의 교섭은 이제 당사자 간의 논의를 벗

---

115) Rolf Hecker, 앞의 글, S. 99~100. MEGA 프로스펙트는 다음에 게재되어 있다. *Marx-Engels-Archiv*, I. Band, 1926, S. 461~62.
116) Rolf Hecker, 앞의 글, S. 100~101.

어나 당내의 중요 인사가 개입되는 상황으로 확대된 것이다. 특히 마이어의 편지를 받은 슈탐퍼가 편지의 말미에 "리야자노프가 베른슈타인으로부터 무슨 권리를 매입할 수 있단 말인가? 그리고 우리는 우리 당의 아키브를 모스크바가 관리하도록 내버려둘 수밖에 없단 말인가?"라는 메모를 남김으로써 사민당의 무력함을 자조하는 단계에 이르게 된다.[117)]

그리고 이러한 사태는 당-아키브의 관리자인 디트만이 개입하여 양 당사자를 비판하면서 첨예화되었다. 그는 우선 원고의 게재 노력을 포기하고 이를 MEI에 넘겨준 마이어의 행동을 강력히 비난했다. 1929년 6월 21일자로 마이어에게 보낸 디트만의 편지는 "나로서는 귀하의 태도를 전혀 이해할 수 없습니다. 베른슈타인 동지는 귀하에게 마르크스 유고의 일부를 『게젤샤프트』지에 실어도 좋다고 동의했습니다. 그런데 모스크바의 통신원이 베른슈타인 동지에 대해 악의적 모략을 하고, 귀하는 그가 돈을 받았다는 이렇다 할 증거가 없는데도 원고를 모스크바 연구소에 '양도함'으로써 그들의 주장을 정당화하고 있습니다. 이러한 일은 있을 수 없습니다. 우리의 '당'-아키브는 우리들의 자료를 우리들에게 가장 추악하게 싸움을 걸어오는 외국의 정당에게 제공해줄 수는 없습니다"고 쓰고 있다. 그리고 디트만은 마이어가 작성한 원고의 게재 여부를 MEI의 베를린 주재 통신원과 상의한 편집자 잘로몬에게도 같은 날짜로 "당 지도부는 귀하가 리야자노프가 제기할 쟁송에 겁을 먹고 〔……〕 원고의 출판을 거부한 것을 기이하게 생각합니다"는 편지를 보냈다.[118)]

당초 사민당의 잡지에 『독일 이데올로기』의 일부를 출판하려던 J.

---

117) 같은 글, S. 102.
118) 같은 글, S. 102.

P. 마이어의 시도는 지극히 평범한 사건에 불과했지만, 6개월의 시간이 지나는 동안 사건은 눈덩이처럼 커져 결과적으로 MEI와 사민당-아키브, 나아가 사민당 지도부와 넘을 수 없는 감정의 골을 만들게 되었다. 따라서 이러한 사태의 전개에 놀란 니콜라예프스키는 이를 MEI에 보고했고, MEI는 나름대로 최악의 사태에 대비하기 위해 당시 프랑크푸르트에서 베를린으로 옮겨온 마르크스-엥겔스 출판사 MEV(MEAV의 후신)의 사무총장인 예거 Hans Jäger에게 1924년 베른슈타인에게 건넨 사례금의 대증서(對証書)Revers와 그의 진술서의 복사본을 모스크바로 보내도록 지시했다.[119] 모스크바의 MEI는 베른슈타인과 사민당-아키브, 그리고 사민당 지도부와의 피할 수 없는 종국적 대결을 준비하기 시작한 것이다.

그런가 하면 독일사민당 측에서도 MEI와의 최종적 결별을 대비하지 않을 수 없었다. 다시 말하면 1929년 6월 21일, 베른슈타인은 디트만과 만나 리야자노프로부터 "프리드리히 엥겔스가 아우구스트 베벨과 나에게 유언으로 넘겨주어 보관하게 한 우리들의 초고 유산을 위양하는 대가로 일찍이 돈을 받은 적"이 없다는 점을 분명히 했다. 그리고 그는 이 같은 유산의 소유자라고 자칭한 적이 없을 뿐만 아니라 유산의 단순한 보관자일 뿐임을 잘 알고 있다고 말했다. 이 유산의 처분권은 당 지도부에 있으며, 이러한 사실에 대해서는 리야자노프조차도 추호의 의혹을 가진 적이 없었을 것이라는 점을 명백히 천명했다. 따라서 "이 볼셰비키 기관이 뻔뻔스런 거짓말로 초고의 소유권 ─ 이는 전적으로 독일사민당의 지도부가 권리를 가지고 있다 ─ 을 말하는 것은 당치도 않는 일"이라면서 필요하다면 이러

---

119) Brief 136. MEI (Ernst Czóbel) an MEV, 18. Juni 1929, *Beiträge zur Marx-Engels Forschung*, Neue Folge, Sonderband 2, S. 402.

한 조서 식의 진술서에 서명할 준비가 되어 있음을 같은 날짜로 당 지도부에 서면으로 전달했던 것이다.[120]

그리고 디트만은 이 편지에 근거하여 7월 4일, 베른슈타인에게 편지를 보내 당 지도부의 견해가 베른슈타인의 그것과 일치한다는 점에 만족을 표하고 있다. 그러나 그는 "이러한 우리들의 공통적 견해는 귀하가 수년 전(1924년 12월)에 프랑크푸르트의 마르크스-엥겔스 출판사[……]에 보낸 진술서와는 반드시 일치하지 않습니다. 귀하가 이 진술서를 수교할 때는 프랑크푸르트 연구소와 모스크바의 마르크스-엥겔스 연구소와의 관계가 오늘날처럼 분명치 않았고, 당시의 귀하는 프랑크푸르트 연구소가 우리와 완벽한 조화를 이루기에 당-아키브로 하여금 출판에 협조하도록 했습니다. 따라서 우리들 당-아키브의 모든 자료를 넘겨주겠다는 귀하의 제안이 있었던 것입니다. 그러나 오늘날 프랑크푸르트 연구소와 우리들, 그리고 당-아키브와의 이 같은 조화로운 협조는 모스크바의 영향으로 인하여 더 이상 보장될 수가 없습니다. [……] 따라서 우리는 귀하가 진술서에서 제시한 약속과 자발적으로 수용한 모든 형식의 의무를 철회한다는 내용을 서면으로 작성하여 프랑크푸르트 연구소에 전했으면 좋겠습니다"는 의견을 제시했다.[121] 다시 말하면 디트만은 베른슈타인이 소장했던, 마르크스-엥겔스 유고의 복사와 출판을 위임했다는 1924년 12월의 베른슈타인 진술서를 원천적으로 철회하는 새로운 진술서의 작성을 권고했던 것이다.

---

120) Bernstein an den SPD-Vorstand, 21. Juni 1929(Akte Partei Archiv, IISG). Bahne, 앞의 글, S. 149 및 S. 156의 Anm. 25)에서 재인용.
121) Dittmann an Bernstein, 4. Juli 1929(Akte Partei Archiv, IISG). Rolf Hecker, 앞의 글, S. 103 및 Bahne, 앞의 글, S. 150에서 재인용.

**6장**
# 파국: 마르크스-엥겔스 연구소와 사민당-아키브의 결별

우리는 지금까지 마르크스-엥겔스 유고의 복사를 둘러싼 모스크바의 마르크스-엥겔스 연구소MEI와 베를린의 사민당-아키브 간의 분쟁이 확대되어가는 과정을 살펴보았다. 그러나 이 같은 분쟁은 1929년 9월 14일 리야자노프가 사민당-아키브를 방문했을 때 절정으로 치달았다. 이들 두 기관의 관계는 1929년 3월에 이미 파국의 징조를 보이고 있었다. 리야자노프는 3월 14일자로 베를린 사민당-아키브의 책임자 디트만에게 관계 개선을 위한 조심스런 편지를 보냈으나, 디트만은 3월 20일자 편지에서 지극히 비외교적인 언사로 리야자노프의 편지에 냉소적 답변을 보냈다.[122] 게다가 1929년 3월 이후 6월 하순에 이르기까지, J. P. 마이어의 『독일 이데올로기』 초고 일부를

---

122) 이들 편지의 전문은 Brief 135. David Rjazanov an Wilhelm Dittmann, 14. März 1929, 앞의 책, S. 401과 Dittmann an Rjazanov, 20. März 1929, Rolf Hecker, 앞의 글, S. 98~99에 각각 게재되어 있다.

『게젤샤프트』에 게재하는 문제와 관련한 사민당 내의 자중지란이 마르크스-엥겔스 연구소에 대한 혐오감을 가중시켰음은 물론이다. 그리고 MEI에 대한 독일사민당 지도부의 이 같은 반감은 사민당-아카브의 책임자며 사민당 지도부의 구성원이었던 디트만이 주도했다.

한편 이 같은 분위기를 베를린 주재 MEI의 통신원인 니콜라예프스키로부터 보고받은 리야자노프는 어차피 사민당-아카브의 관리자인 디트만과의 최종 담판이 불가피하다는 결론에 이른 것으로 보인다. 그는 이 시기를 연례적인 독일 여행 기간으로 잡았다. 1929년 9월 베를린에 도착한 리야자노프는 같은 달 11일 당-아카브의 사서이며 그때까지 MEI와 호의적 관계를 유지해오던 힌릭센을 통해 디트만과의 만남을 주선하도록 부탁했다. 리야자노프가 베를린을 방문한 시기는 MEI가 독일사민당 내에서 반감을 사는 것만이 아니라 스스로의 입지 또한 불안해지기 시작한 시점이었다. 우선 MEI는 1929년 들어 소련공산당 중앙위원회로부터 출판 방향을 변경하라는 지속적인 압력을 받아오고 있었다. 소련공산당은 마르크스-엥겔스 저작의 학술적 출판보다는 이의 대중적 보급판이나 선동적 팸플릿을 중점적으로 출판할 것을 요구해왔다. 그런가 하면 코민테른은 사민주의에 대한 공격적 자세를 더욱 강화하고 있었다.[123]

이런 상황에서 리야자노프와 디트만의 만남은 1929년 9월 14일(토요일) 오전 10시에 이루어졌다. 우리는 이들의 만남을 일주일 뒤인 9월 20일에 기록해놓은 디트만의 메모 문서를 통해 재구성해볼 수 있다.[124]

---

123) Rolf Hecker, 앞의 글, S. 104~105.
124) 이 메모 문서는 다음에 게재되어 있다. Anhang IV. Aktennotiz Wilhelm Dittmanns vom 20. 9. 1929(Akte Partei Archiv, IISG): Besuch Rejazanows, Bahne, 앞의 글, S. 163~64.

리야자노프와 디트만의 만남은 서로가 초면이 아니었기에 리야자노프가 제1차 세계대전 이전 베를린의 당-아키브에서 연구하던 시절의 얘기로 시작되었다. 특히 그는 디트만과 더불어 힐퍼딩, 에크슈타인 등과 만났던 일을 회고하며, "당시 그들은 마르크스의 유고가 상자에 담겨 베른슈타인의 집에 있었기에 열람을 하거나 연구할 수가 없다고 항상 불평했던 일을 얘기했다. 그러나 그는 후에 아돌프 브라운, 루이제 카우츠키 그리고 힐퍼딩의 도움으로 베른슈타인과 지면(知面)을 트게 되고, 이로 인해 MEI가 마르크스의 유고를 출판할 수 있는 가능성을 획득하게 되었다고 술회했다." 그리고 그는 곧장 본론으로 들어가,

프랑크푸르트의 마르크스-엥겔스 아키브[출판사]MEAV에 보낸 1924년 12월 19일자 베른슈타인의 진술서Erklärung Bernsteins는 이 같은 목적을 위해 기여했다. 그는 니콜라예프스키를 통해 우리 당[125]-아키브에서 수고 오리지널Originalhandschriften을 필사하거나 사진으로 복사케 했다. 그러나 당 지도부의 결의로 사진 복사가 더 이상 가능하지 않으므로 그의 마르크스-판본을 완벽하게 출판하는 것이 방해를 받게 되었다고 말했다.

그리고 나서 리야자노프는 "베른슈타인 진술서"의 원본, 1924년 12월 21일자 아돌프 브라운의 편지[126] 원본과 이들 문건의 내용을 증명하는 사진들을 제시했다. 리야자노프는 매우 흥분하여 얘기에

---

125) 이 메모 문서는 디트만에 의해 작성되었기에 여기서의 "우리 당"은 디트만의 우리 당, 즉 독일사민당을 의미한다.
126) 이의 전문은 다음에 게재되어 있다. Anhang II. Adolf Braun an das Marx-Engels-Archiv in Frankfurt a. M., 1. 12. 1924, Bahne, 앞의 글, S. 160~62.

두서가 없었다. 따라서 그의 말을 중단시키기가 거의 불가능했으나 마침내 디트만은 다음과 같은 말로 사민당과 당-아키브의 입장을 통고했다.

법적으로 베른슈타인의 진술서는 어떠한 식으로든 당 지도부를 속박할 수 없다. 베른슈타인과 베벨의 견해는 언제나 그들이 독일사민당의 대리인으로서 엥겔스로부터 마르크스의 유고를 위탁받았으며, 따라서 당 지도부와의 합의 하에서 이를 다루어야 한다. 더욱이 베른슈타인은 그 진술서를 모스크바가 아니라 프랑크푸르트 연구소에 수교한 것이며, 그것을 이제 회수하려는 것이다. 당 지도부는 지난해 여름 〔……〕 모스크바의 연구소가 당-아키브의 문건들을 더 이상 복사하지 못하게 하는 결정을 내렸다. 귀하는 물론 귀하가 정치가로서가 아니라 학자로서 말한다고 할 것이다. 그러나 모스크바의 권력자는 귀하의 연구 활동을 전적으로 정치적인 볼셰비키적 선전의 관점에서 보고 있다. 우리들 역시 귀하의 입장을 정치적으로 볼 수밖에 없다. 볼셰비키와 독일의 공산주의자들은 미친 듯이 야비하게 우리들에게 싸움을 걸어오고 있다.

이 같은 통고를 받은 리야자노프는 마침내 결정적 증거로 베른슈타인에게 1,000달러(4,200마르크)를 주었다는 대증서 Revers를 제시했다. 그러나 디트만은 베른슈타인이 이처럼 큰돈을 받은 적도 없으며, 나아가 저작권을 매각한다는 것은 어떠한 이유로도 정당화될 수 없다는 점을 분명히 밝혔다. 이에 리야자노프는 크게 흥분하여 "더 이상 사진 복사가 불가능하단 말인가"를 재확인한 뒤, 이러한 당의 결정이 "학문(연구)에 그늘을 드리울 것"이라고 말하면서 형식적인 작별인사도 차리지 않은 채 방을 나갔다고 디트만은 기록하고 있다.

이상과 같은 리야자노프와 디트만의 담판은 당-아키브 자료의 복사 기간을 연장해보려는 MEI 측의 실낱같은 기대를 무너트리고 마침내 궁극적인 파국에 이르게 했다. 따라서 이제 이들 두 개 기관 사이에는 스스로의 입장을 정당화하고 상대방의 과실을 극대화하는 청산 절차만이 남아 있었다.

우선 사민당과 당-아키브는 베른슈타인으로 하여금 1924년 12월 19일자 진술서를 철회하는 이유를 밝히도록 했다. 베른슈타인은 리야자노프와 디트만의 담판이 있은 지 수일 후인 1929년 9월 18일자 사민당 기관지『포아베르츠』의 석간판인『아벤트』에「프리드리히 엥겔스의 유언: 그 의미와 운명 Friedrich Engels' Testament: Seine Bedeutung und sein Schicksal」을, 그리고 20일자에는「엥겔스 유언의 정신과 그 실천 Geist und Ausführung des Engelsschen Testaments」이란 두 개의 글을 발표했다. 마르크스-엥겔스 유고의 운명에 대한 자신의 포괄적 입장을 밝힌 베른슈타인은 먼저 엥겔스의 유언을 구구히 밝히고, 자신은 엥겔스의 유지에 충실히 따른다고 천명하면서 제5차 코민테른 대회의 결의를 수행하는 리야자노프의 입장에 그 자신이 동의했음을 분명히 했다. 나아가 그는 자신이 보관하고 있던 마르크스-엥겔스의 유고를 리야자노프가 열람하고 출판하는 것과 관련해서는 사민당 지도부의 책임 있는 구성원, 특히 브라운과 합의가 있었음을 밝히면서 이러한 점은 리야자노프가 가장 잘 알고 있다고 지적했다.[127]

한편 디트만 측에서 보면 베른슈타인이 1924년 12월 진술서의 상대방인 마르크스-엥겔스 아키브 출판사 MEAV에 위양한 바 있는 권리

---

127) S. Bahne, 앞의 글, S. 150; Rolf Hecker, 앞의 글, S. 105~106.

를 철회하기 위한 공식적 문건을 만들도록 합의한 것이 앞에서 살펴본 1929년 6월이었고, 이러한 합의에 근거하여 문건의 초안을 작성한 것이 7월 10일의 일이었다. 이제 그들은 1929년 11월 16일 이 문건에 약간의 수정을 가하여 베른슈타인의 이름으로 그해 가을 프랑크푸르트에서 베를린으로 주소를 옮긴 마르크스-엥겔스 출판사 MEV에 보냈다. 베른슈타인은 MEI의 리야자노프가 이 진술서를 근거로 하여 자신이 MEAV에만 위임한 바 있는 권리를 그들의 것인 양 독일사민당 지도부에 주장하고 있음을 지적하면서, 자신이 보관하고 있던 엥겔스의 초고나 유산을 인도한다는 어떤 법적 의무가 부여되는 계약을 한 적이 없다는 점을 분명히 밝혔다. 이는 유고의 상속자가 개인이 아닌 독일사민당 지도부이기 때문이고, 따라서 그는 그 무렵에 작고한 아돌프 브라운이 당 지도부의 멤버로서 언제나 중재자 역할을 했음을 상기시키면서 그 진술서의 내용이 준수되어야 한다고는 생각지 않는다고 지적하고 있다. 특히 베른슈타인은, "귀 출판사가 『그륀베르크-아키브』가 표방하는 정신에 따라 운영될 것으로 믿었는데, 모스크바 MEI의 방침은 당파정치적 경향을 보임으로써 전적으로 독립적 입지에 반하고 있다. 왜냐하면 모스크바의 망령이 볼셰비키 정책에 반대하는 모든 독립적인 사회주의자, 특히 독일사민당에 대하여 악의적인 중상모략을 체계적으로 자행하고 있기 때문이다. 따라서 독일사민당은 이에 영향을 받는 단체와 어떠한 종류의 조화로운 협조도 지속하기 어렵다고 본다. 이에 본인은 이 시점에서 이미 언급한 진술서를 명시적으로, 그리고 모든 형식에 있어서 철회한다"고 밝히고 있다. 특히 그는 편지의 말미에서 초고나 서간문 유고의 유일한 소유자가 독일사민당 지도부임을 거듭 분명히 하고 있다.[128]

한편 1929년 11월 16일자 베른슈타인의 편지를 접한 MEV의 사장 예거는 우선 이를 복사하여 모스크바에 알리고, 2주 후인 11월 29일에는 베른슈타인에게 "우리는 유감스럽게도 1924년 12월 19일자 진술서의 철회를 인정할 수 없다"면서 "지금은 귀하의 역사적·법률적·정치적 행위를 분석하고 비판할 형편이 아니지만" 쌍방이 합의한 바를 다른 일방이 폐기하는 일은 있을 수 없다면서 이의를 제기했다.[129]

그러나 베른슈타인이 1924년 진술서를 철회한 데 대한 MEI와 리야자노프로부터의 결정적 반격은 해를 넘긴 1930년 1월에 이루어졌다. 우선 MEI의 초벨은 베를린의 MEV에 베른슈타인과의 분쟁 문제 Streitfrage mit Bernsteins와 관련된 일련의 서류를 보내면서, 이를 사민당의 중요 인사와 신문사의 편집부에 등기로 송달할 것을 지시하고 있다. 바일, 베른슈타인, 카우츠키 부인, 힐퍼딩, 디트만, 프리드리히 아들러, 베를린의 『포아베르츠』, 빈의 『아르바이터 차이퉁』, 츠비카우의 『계급투쟁』 『라이프치히의 폴크스 차이퉁』 등 10곳을 지정하여 보낸 이들 문건[130]은 1930년 1월 14일자로 이들 관련자와 언론기관에 송달되었다. 그리고 여기에 포함된 핵심적 문건은 리야자노프가 작성한 "마르크스-엥겔스 유고 중의 『독일 이데올로기』와 기타 초고의 출판과 관련된 분쟁 문제"란 표제가 붙은 문건이다. 리야자노프는 여기서 1924년 초 이래의 베른슈타인과의 교섭 과정을 일일

---

128) Eduard Bernstein an MEV, 16. November 1929. 이 편지의 전문은 다음에 게재되어 있다. Paul Mayer, 앞의 글, S. 73~74; Brief 141. Eduard Bernstein an MEV, 16. November 1929(Abschrift). *Erfolgreiche Kooperation....  Beiträge zur Marx-Engels-Forschung*, Neue Folge, Sonderband 2, S. 410~11.
129) Brief 142. MEV (Hans Jäger) an Eduard Bernstein, 29. November 1929, 앞의 책, S. 411~12.
130) Brief 143. MEI (Ernst Czóbel) an MEV, 5. Januar 1930, 앞의 책, S. 413~14.

이 서술하면서, 1) 베른슈타인에게 4,200마르크의 돈을 지불하여 유고의 저작권 또는 출판권을 위임받았다는 점과 2) 베른슈타인이 보관하고 있던 유고를 사민당-아키브에 반환한다는 약속을 받았다고 주장하며 이와 관련된 제반 증거 서류들을 동봉하여 보냈던 것이다.[131]

그러나 베른슈타인의 식언을 공론화하려던 리야자노프와 MEI 측의 의도는 이렇다 할 세간의 주목을 받지 못했다. 1930년 1월 6일은 베른슈타인의 80회 생일로, 그는 다음 날 대통령, 수상 등과 축하 회동을 가졌고 독일사민당 역시 공개적 대결을 원치 않았기에 사회적 문제로까지 비화되지 않았다. 한편 프랑크푸르트 사회조사연구소 또한 우선 바일은 MEI가 필요로 하는 문건의 복사는 이미 끝냈으므로 더 이상 이 일에 관여하지 않는다는 입장을 취했으며, 동 연구소의 소장인 그륀베르크도 적극적인 지원에 나서지 않았다. 이는 1929년에 정년퇴직을 한 그가 소장직에서 물러나고 대신 호르크하이머Max Horkheimer가 새로운 소장에 임명되는 전환기에 놓여 있었기 때문이기도 했다. 그리고 이 시점에서는 연구소의 학술적 입장에도 변화가 나타나기 시작했다.[132]

한편 베른슈타인의 분쟁 문제와 관련한 리야자노프의 회람용 편지에 대해 사민당 지도부까지 아무런 반응을 하지 않은 채 넘길 수는 없었다. 그리하여 사민당 지도부는 두 달 후인 3월에 디트만으로 하여금 베를린의 MEV에 보내는 반대 진술서Gegendarstellung를 작성케

---

131) Brief 144. Anlage 2. Die Streitfrage über das Veröffentlichungsrecht, MEI, 14. Januar 1830: Die Streitfrage über das Veröffentlichungsrecht der "Deutschen Ideologie" und anderer Manuskripte aus dem Nachlass von Marx und Engels(Darstellung und Dokument), 앞의 책, S. 415~19.
132) Rolf Hecker, 앞의 글, S. 108~109.

했다. 1930년 3월 19일 디트만이 MEV에 보낸 편지는 당시 최대의 스캔들로 통하던 4,200마르크의 돈이 베른슈타인의 거듭된 부인에도 불구하고 그에게 전해졌느냐 하는 점과, 베른슈타인에 의해 위양된 엥겔스 유고의 저작권 및 출판권이 법적 효력을 갖는 계약이냐, 아니면 일방적인 의사 표시Willenserklärung냐라는 문제에 초점이 맞추어졌다. 우선 그는 그간의 조사 결과에 따르면 브라운이 4,200마르크의 수표를 등기로 베른슈타인에게 송부했다는 주장은 **"틀렸다"**고 지적한다. 즉 이 수표는 브라운에 의해 당 지도부의 구좌에 입금되고, 이는 경리 담당자를 통해 베른슈타인에게 전달되었다는 것이다. 그리고 베른슈타인이 계속 이 돈의 수수를 부인하는 것은 그가 1925년 2차에 걸쳐 뇌경색으로 쓰러졌던 돌발적 사고로 기억을 상실했기 때문이라고 해명했다.[133] 그러나 디트만은 이 같은 금전 수수에도 불구하고 베른슈타인은 결코 매각 사실을 알았거나 이에 동의한 적이 없으므로 사정이 달라질 수가 없으며, 브라운의 호의적 태도 역시 독단적인 행동einseitigen Vorgehen이므로 당을 법적으로 구속하는 것이 아니라는 점을 분명히 하고 있다.[134]

따라서 당 지도부는 최근의 모든 사태를 기회로 하여 그 입장을 정리하게 되었다. 당 지도부는 마르크스 유고의 매각과 관련된 모든 용무를 사절한다. 지금까지의 마르크스 유고와 당-아키브의 자료에 대한 이용은 무료로 한다. 4,200마르크의 금액은 베른슈타인이 아니라 당 지도부가 귀하에게 반납한다. **그리하여 당 지도부는 근간 귀하의**

---

133) Brief 145, MEV (Hans Jäger) an MEI, 19. März 1930, Anlage: Wilhelm Dittmann an MEV, 19. März 1930, 앞의 책, S. 420~21. 강조는 원문.
134) 앞의 편지, S. 422.

우체국 구좌 70625에 4,200마르크를 전금하게 될 것이다.[135]

이와 같은 결론과 더불어 MEV의 1930년 1월 14일자 회람용 편지와 마찬가지로 이 편지와 관련 문건도 같은 10곳에 송달될 것이라고 쓰고 있다.

그러나 이러한 편지를 접한 MEV는 MEI와의 협의를 거쳐 이 돈을 수령할 수 없다는 뜻을 사민당 지도부에 전했다. 왜냐하면 그들이 보낸 돈의 수령자는 베른슈타인이지 독일사민당 지도부가 아니라는 것이다.[136] 어쨌든 MEI, MEV와 사민당 지도부, 그리고 베른슈타인 간의 교신은 이를 마지막으로 더 이상 계속되지 않았다. 이는 디트만의 반대 진술서가 모스크바에 도착할 무렵인 3월 10일이 리야자노프의 60회 생일잔치가 성대하게 치러지던 시기였으며, 당시 리야자노프의 최대 관심사는 MEGA 제III부에 포함될 4권의 마르크스-엥겔스 왕복서간집의 출판이었기에 이 문제가 크게 부각되지는 않은 것으로 보인다. 그리고 사회주의 파시즘에 대한 사민당의 투쟁이 첨예화된 시기였기에 독일사민당과 볼셰비키, 독일공산당과의 화해는 이미 어려운 단계에 진입한 상태이기도 했다. 게다가 아직은 불분명했지만 리야자노프와 스탈린과의 불협화음이 MEI의 소장으로서 그의 가능성에 한계를 보이고 있었음도 지나칠 수 없다.[137]

---

135) 앞의 편지, 같은 곳. 강조는 원문.
136) Brief 146. MEI (Dvorin) an MEV, 31. März 1930, Anlage: Briefentwurf MEV an SPD-Vorstand, 앞의 책, S. 423~24. 이 편지는 사민당으로부터 돈이 이체(移替)되고 난 뒤인 4월 4일자로 되어 있다. S. Bahne, 앞의 글, S. 157 Anm. 36.
137) Rolf Hecker, 앞의 글, S. 110~11.

### 제4부
# 마르크스-엥겔스 연구소 최초의 "역사적-비판적" 전집 발행

# 1장
## 최초의 "역사적–비판적" 전집의 발행

우리는 앞에서 1920년대에 설립된 모스크바의 마르크스–엥겔스 연구소MEI의 자료 수집 과정, 특히 희귀 장서의 매입과 독일사민당–아키브에 보관된 마르크스–엥겔스 유고의 복사 작업을 상세히 살펴보았다. 그러나 MEI의 이 같은 희귀 자료의 완벽한 수습은 결과적으로 마르크스–엥겔스의 국제판 전집Marx-Engels-Gesamtaugabe, MEGA으로 연결될 때만이 그 의미가 십분 충족된다고 하겠다.

MEI가 발족하던 당시의 리야자노프의 출판 계획은 우선 마르크스–엥겔스의 러시아어판 전집Sočinenija에 한정되어 있었다. 그러나 자료의 수집 과정에서 특히 "[베른슈타인이 소장한] 자료의 면밀한 분류와 독일사민당–아키브에 보관되어 있던 마르크스–엥겔스의 미간 유고들을 엄밀히 검토하게 되고, 거기에서 너무나도 많은 새롭고 흥미로운 사실들을 접하게" 된 리야자노프는 원래의 편집 계획을 수정하여 마르크스–엥겔스의 국제판 전집MEGA 출판 계획을 병행하게 되었다. 다시 말하면 "단지 러시아어로 번역하기 위해서 이처럼 엄청난 작업을 통해 자료를 정리하고 판독해야만 한다는 것이 적절치 않아 보인다"라고 리야자노프는 판단했던 것이다.[1]

특히 그는 "과학적 사회주의의 두 창시자의 문서로 된 유산 선제를 완벽하게 잘 정리하여 연구에 기여케 하려는 시도가 아직도 없었기에 마르크스와 엥겔스의 기간(既刊)이나 미간(未刊)의 유고를 완벽하게 집성하거나 비판적-학술적으로 출판하는 데는 엄청난 어려움이 있다"는 점을 지적하고 있다. 그러면서도 그는 "지금까지 전혀 알려지지 않았거나, 이리저리 흩어져 있고, 또 부분적으로 부정확하고 불완전하게 출판된 모든 자료들에 학자들이 쉽게 접근"할 수 있는, 다시 말하면 "모든 학문적인 요구에 부응하는 그들 저작의 비판적 전집"을 출판하려는 기획을 하게 된 것이다.[2]

리야자노프의 이 같은 마르크스-엥겔스의 국제판 전집 발행 계획은 1924년 5월과 7월에 개최된 러시아공산당(볼셰비키)의 제13차 당 대회와 코민테른의 제5차 세계대회에서 공식적으로 승인되었다. 따라서 이처럼 방대한 과업을 위임받은 리야자노프는 이 국제판 전집의 발행을 위해 MEI를 중심으로 한 국제적인 협력을 이끌어내고, 실제 작업을 추진하였다.

---

1) Karl Marx/Friedrich Engels, *Historisch-kritische Gesamtausgabe, Werke/Schriften/Briefe*, Im Auftrage des Marx-Engels-Instituts Moskau, Herausgegeben von D. Rjazanov. I/1.1, 1927(이하 MEGA¹ I/1.1,로 표기함), S. XXI.
2) Prospekt der Gesamtausgabe, *Marx-Engels-Archiv*, Bd. I, 1926, S. 461 및 MEGA¹ I/1.1, S. XXI.

## 1. 마르크스-엥겔스 공동 전집의 문제

우리는 리야자노프가 기획한 마르크스-엥겔스의 이 국제판 전집이 당초 어떠한 모습으로 구상되었는지를 알기 위해 1925년에 반포된 것으로 보이는 전집의 프로스펙트와 『마르크스-엥겔스 아키브』에 게재된 "마르크스-엥겔스 전집"이라는 제목의 기사, 그리고 1927년에 출판된 『마르크스-엥겔스 전집MEGA』의 제I부 제1권 제1책(I/1.1) 첫머리에 게재된 리야자노프의 「전집 서문Vorwort zur Gesamtausgabe」을 일별해볼 필요가 있다.[3] 우선 우리는 이 국제판 전집이 마르크스나 엥겔스의 개별적 저작 전집이 아닌 "마르크스**와** 엥겔스"의 **공동 저작 전집**이라는 사실에 주목할 필요가 있다. 오늘날 우리는 마르크스와 엥겔스의 "공동" 저작(전)집을 당연한 것으로 수용하지만, 실제로 저명한 사상가를 한데 묶은 저작(전)집은 역사적으로 보아 그 예가 지극히 희귀하다는 점을 감안하지 않을 수 없다. 따라서 우리는 리야자노프가 왜 마르크스'와' 엥겔스의 공동 저작 전집을 구상했는지를 좀더 구체적으로 살펴볼 필요가 있다.

---

3) 전집에 대한 프로스펙트는 "베른슈타인이 그가 보관하고 있던 마르크스-엥겔스의 유고의 출판권을 포기하고 이를 베를린의 사민당-아키브에 이양"하기로 했다는 기사로 보아 빨라도 1924년 말 이후에 작성된 것으로 보인다. 그리고 독일어판 『마르크스-엥겔스 아키브』 제I권의 해당 기사가 "이 『마르크스-엥겔스 아키브』와 동시에 반포된 전집의 프로스펙트"라는 표현을 하고 있으므로 이를 1925년으로 추정할 수 있겠다. "Marx-Engels-Gesamtausgabe," Marx-Engels-Archiv, Bd. I, S. 461~66(저자가 인용하는 이 잡지는 1928년에 프랑크푸르트에서 인쇄된 판본을 1969년 Verlag Sauer & Auvermann KG/Frankfurt a. M.이 복각한 것이다). MEGA¹ I/1.1, S. IX~XXVIII. 한편 『마르크스-엥겔스 아키브』는 일반적으로 1926년에 출판된 것으로 보고 있으나 최근의 연구는 이를 1925년으로 비정하고 있다. Rolf Hecker, "Erfolgreiche Kooperation: Das Frankfurter Institut für Sozialforschung und das Moskauer Marx-Engels-Institut," *Beiträge zur Marx-Engels-Forschung*, Neue Folge, Sonderband 2, 2000, S. 60.

전집의 프로스펙트는 그 첫머리에서 마르크스와 엥겔스를 "과학적 사회주의의 창시자, 프롤레타리아 해방 투쟁의 예언자, 조직자"로 규정하고 "마르크스와 엥겔스의 중요성은 그들이 역사적 과정에 도입한 그들의 세계관과 사상의 총체 가운데 놓여 있다"고 전제하고 있다. 따라서 "이 같은 세계관의 기원과 형성을 면밀히 연구하고, 학자요 투사인 이들 두 사람이 끼친 영향의 전모를 보존하기 위해 그들의 이론적 작업은 물론 그들의 실천적·조직적 활동과 관련한 모든 증거물을 우리 앞에 제시하지 않으면 안 된다. 마르크스와 엥겔스에게 있어서 이들 두 사람은 서로 분리될 수 없다"고 쓰고 있다.[4] 이처럼 마르크스와 엥겔스를 과학적 사회주의의 창시자로 한데 묶은 리야자노프는 이들 두 사람의 공동 전집을 기정사실화하고 있다.

이미 이 책 제2부의 마지막 절에서도 언급한 바와 같이 마르크스와 엥겔스의 저작을 출판하려는 시도는 그들의 생존 시나 사후에도 없지 않았으나 모두가 개별적 저작집을 염두에 둔 것이었다. 1920년대 이전에 예외적으로 그들의 이름이 공통적으로 나타나는 저작집은 메링의 『마르크스-엥겔스-라살레 유고집』(1902)과 베벨과 베른슈타인의 『마르크스-엥겔스 왕복서간집』(1913), 그리고 1917년에 출판된 리야자노프의 『마르크스-엥겔스 저작집 1852~1862』(1917)가 전부였다.[5] 그 가운데 앞의 두 개는 편의적이거나 소재의 특성상 불가피한 경우이고, 리야자노프의 경우만이 일정한 시기를 획정한 공동 저작집이라고 하겠다. 따라서 리야자노프는 그가 1910~1911년 오

---

4) "Die Marx-Engels-Gesamtausgabe," *Marx-Engels-Archiv*, Bd. I, S. 461.
5) 정문길, 「미완의 꿈―『마르크스-엥겔스 전집』 출판」, 『마르크스의 사상 형성과 초기 저작』, 문학과지성사, 서울 1994, pp. 335~48 참조.

스트리아-마르크스주의자들과 더불어 논의하고, 그 결과를 독일사민당의 지도부에 제시한 "빈의 마르크스-엥겔스 전집의 편집 계획"에서 제기한 "마르크스와 엥겔스의 공동 저작집" 발간에 강한 집념을 보인 것으로 판단된다. 그는 앞의 "빈 편집 계획"의 제III항에서 "그들의 저작은 인간적으로나, 당의 역사에서, 그리고 학문적으로도 밀접하게 연계되어 있으며, 어떤 저작의 경우에는 그 저자가 마르크스인가 엥겔스인가 아니면 두 사람 모두인가를 결정하는 데 의문의 여지가 있"다고 지적한 바 있다.[6]

사실 리야자노프의 이러한 주장의 근저에는 이미 우리가 앞에서 살펴본 바 있는 1910년대 전후의 그의 연구, 즉 마르크스의 동방 문제와 제1인터내셔널과 관련된 자료의 검토·수집 과정에서 얻은 학문적 통찰이 자리하고 있는 것으로 보인다. 이는 그가 1917년 비록 미진하지만 『마르크스-엥겔스 저작집 1852~1862』란 제목 아래 첫 2권(모두 4권을 기획)을 출판하고, 곧이어 제1인터내셔널과 관련된 자료를 출판하려고 한 점이나, 이『저작집』을 출판한 디츠가 1915년 조판 중인 10권의 『마르크스-엥겔스 저작집 Marx-Engels-Werke』을 거론하고 이것이 13권으로 확대되면 그것이 바로『마르크스-엥겔스 전집 Gesammelte Werke Marx-Engels』의 단초가 되리라는 견해를 제시한 것으로도 확인할 수 있다. 따라서 이 시기 이미 마르크스-엥겔스의 공동 저작(전)집에 대한 리야자노프의 입장은 분명했고,

---

6) "자료 2: 빈(오스트리아-마르크스주의자들)의 마르크스-엥겔스 전집 편집 계획," 정문길, 앞의 책, pp. 409~11, 특히 p. 410을 보라. 출전은 Dossier Parteiarchiv(Div. III/1), IISG. 이는 Götz Langkau, "Marx-Gesamtausgabe—Dringendes Parteiinteresse oder dekorativer Zweck? Ein Wiener Editionsplan zum 30. Todestag. Brife und Briefauszüge," *International Review of Social History*, XXVIII/1(1983), S. 126~29에 게재되어 있다. 이 책 제2부 3장도 보라.

이러한 그의 생각은 출판인 디츠와도 공유된 것으로 보인다.[7]

물론 오늘날에도 마르크스와 엥겔스의 공동 전집이 과연 학문적으로 타당한 것이냐에 대한 논의가 없지 않으나, 공동 전집은 1920년대 이래 오늘에 이르기까지 거의 당연시되어오고 있다는 사실은 리야자노프의 기획 아래 이루어진 『마르크스/엥겔스, 역사적-비판적 전집 *Karl Marx/Friedrich Engels, Historisch-kritische Gesamtausgabe. Wekre/Schriften/Briefe*』(1927~1935)(이하 MEGA¹ 또는 구MEGA로 약칭함)이 미친 엄청난 위력에 근거하는 것이다.[8]


## 2. MEGA¹ 편찬의 기본 원칙

리야자노프의 지휘로 추진된 마르크스-엥겔스의 국제판 전집 편찬은 모스크바의 마르크스-엥겔스 연구소MEI를 중심으로 국제적인 협력 아래 수행되었다. 특히 독일사민당-아카이브 자료의 복사를 위해서는 프랑크푸르트 사회조사연구소와 학술적 협약을 통해 마르크스-엥겔스 아카이브 출판사MEAV를 설립하고, 이렇게 수집된 자료가 모스크바의 MEI에서 집중적으로 정리·판독되었다는 점은 이미 언급한 바 있다. 그러나 이러한 작업의 궁극적 목적은 "여하한 종류의 마르크스-엥겔스 연구에 있어서도 객관적 **기초Grundlage**가 되는, 다

---

7) N. Rjasanoff, "Vorwort des Herausgebers," *Gesammelte Schriften von K. Marx und F. Engels 1852~1862*, hrsg. von N. Rjasanoff, Verlag von J. H. W. Dietz Nachf. G. m. b. H., Stuttgart 1917, Bd. 1, S. VII~XVI. Jürgen Rojahn, "Rjazanovs Studien in der Jahren 1907~1917," *MEGA-Studien* 1996/1, S. 56~57 Anm. 242도 보라.

8) 정문길, 「『독일 이데올로기』 연구에 있어서 텍스트 편찬의 문제」, 『한국 마르크스학의 지평』, 문학과지성사, 서울 2004, pp. 63~64, 69~70 참조.

시 말하면 마르크스와 엥겔스가 남긴 모든 정신적 유산을 일목요연하게 정리하여 성실히 재현"하는 역사적-비판적 전집을 만드는 것이었다.[9]

우리들의 판본이 추구하는 가장 중요한 목적은 마르크스와 엥겔스의 완벽한 사상적 전체상Ideenkomplex이 모든 부문에서 학술적 연구에 이용될 수 있도록 하지 않으면 안 된다는 것이다. 따라서 우리는 그 어떠한 주관적 개입이나 해석도 배제된, 엄밀한 의미에서의 정확한 텍스트의 재현에 가장 큰 무게를 둔다.[10]

이 인용문에서도 알 수 있듯이 그는 텍스트의 엄밀한 재현을 이 전집이 가져야 할 제1의 미덕으로 강조하고 있다. 특히 "문자로 기록된 그들의 모든 정신적 증거물을 완벽하고 체계적으로 집대성하는 마르크스-엥겔스 전집"은 "좁은 의미에서의 저작이나 인쇄된 논설만이 아니라 미완성의 노작, 미발간의 논설과 단편까지도 포용하게 된다. 그리고 이들 두 사람의 예비적 작업 성과(자료 모음Stoffsammlung, 초안, 스케치, 원초고Rohschriften, 개별 저작에 채택되지 않은 단편들)도 꼭 같이 최대한 이용하여 필요할 경우 게재"하고, "마르크스-엥겔스의 서간문은 그들 두 사람의 것은 물론이고 그들이 받은 제3자의 편지들도 포함될 것"이라고 밝히고 있다.[11]

한편 이 프로스펙트에서 특별히 주목되는 것은 "모든 편지와 저작

---

9) MEGA¹ I/1.1, S. XXII. 강조는 원문.
10) MEGA¹ I/1.1, S. XXVII. 그러나 정서법은 현대화하고 명백한 인쇄상 혹은 필기상의 오류는 언급 없이 수정한다고 부연하고 있다.
11) "Die Marx-Engels-Gesamtausgabe," *Marx-Engels-Archiv*, I, S. 462; MEGA¹ I/1.1, S. XXII.

은 **원래의 텍스트에 나타나는 언어로**in der Sprache des Originaltextes 재현되고 편자의 서론이나 주석은 독일어로 기술될 것"이라는 표현이다.[12] 이는 마르크스-엥겔스의 국제판 전집에 사용될 기본적 언어가 그들 두 사람의 모국어인 독일어임을 명시적으로 천명하는 부분이라 하겠다.

앞에서 언급한 마르크스-엥겔스 전집의 편집 원칙은 리야자노프가 1910년 빈의 오스트리아-마르크스주의자들과 최초로 편집 원칙을 논의한 이후 지속적으로 검토되어온 계획들이 구체화된 것으로 볼 수 있다. 따라서 로키챤스키는 이를 다음과 같은 4개 항목으로 요약하고 있다.[13]

1) 텍스트에 충실하고, 이를 비판적으로 수용하며Texttreu und Textkritik,
2) 텍스트의 발전 과정을 서술하고Darstellung der Textentwicklung,
3) 〔당시의 유존(遺存) 상태에 맞추어〕 완벽성의 원칙을 적용하고 Anwendung des Vollständigkeit〔entsprehend dem damaligen Überlieferungsstand〕,
4) 〔상세한 문헌상의 증거 등을 통해〕 문헌 비판적 주석을 다는 것 textkritische Kommentierung〔detaillierter Quellennachweis usw.〕이다.

이상과 같은 기본적 편찬 원칙에 근거한 마르크스-엥겔스의 국제판 전집은 이를 공식적으로 천명한 최초의 문건인 1926년의 프로스펙트를 통해 이 전집의 각 부 각 권의 구성을 다음과 같이 예고하고 있다.[14]

---

12) "Die Marx-Engels-Gesamtausgabe," *Marx-Engels-Archiv*, I, S. 462. 강조는 저자.
13) Jakov Rokitjanskij, "Das tragische Schicksal von David Borisovič Rjazanov," *Beiträge zur Marx-Engels-Forschung*, Neue Folge 1993, S. 5.
14) 마르크스-엥겔스 전집 프로스펙트, 제III항 전문. *Marx-Engels-Archiv*, I, S. 462.

마르크스-엥겔스 전집은 4개 부로 구분하고, 대형판 42권으로 발행될 것이다.

17권으로 구성될 제I부는 그들 두 사람의 철학적·경제학적·역사적·정치적 저작들을 포용하고, 이를 연대기적 순서로 배열하려고 한다. 그러나 마르크스 필생의 대작인 『자본론』은 예외적으로 제I부에서 분리되어 독자적으로 제II부를 구성하도록 계획되고 있다. 따라서 13권으로 이루어질 이 제II부에는 지금까지 고려된 바 없던 방대한 양의 마르크스의 초고가 출판될 예정이다. 여기에서는 고유의 초고 Originalmanuskripte를 이용하여 엥겔스가 편찬한 『자본론』이 원래의 형태대로 복원될 것이다.

한편 10권으로 구성될 제III부에는 방대한 마르크스-엥겔스 왕복서간이 〔1913년의 베벨-베른슈타인판이 보여준 바와 같은〕 수정이나 삭제가 없는 완벽한 판본으로 재현될 것이다. 그리고 마르크스와 엥겔스의 개별적 저작이나 생애의 특정 시기와 밀접한 관계를 갖지 않아 이전의 상응하는 개개 권에 게재되지 않은 나머지 편지들이 포함될 것이다.

그리고 2권으로 된 마지막 제IV부는 전체 색인Gesamtregister으로서 일종의 마르크스-엥겔스 사전Marx-Engels-Lexikon의 구실을 하도록 계획되고 있다.

한편 편자의 서론과 주석은 개별적 저작의 집필 동기와 형성사를 우선적으로 해명하는 데 이용될 것이다.

텍스트는 대부분 고유의 초고에 근거하여 비판적으로 확정될 것이고, 오리지널이 발견되지 않을 경우에는 저자의 최종본Autorenausgabe에 의존하게 될 것이며, 중요한 이본Varianten은 부기될 것이다.

그리고 개개 권에는 인명 색인이 부가될 예정이다.

한편 이와 같은 마르크스-엥겔스 전집의 편찬 원칙은 이 프로스펙트에서 보이는 바와 같이 1925년에 이미 그 대강이 수립되었지만, 개별적인 권별 편찬이 진행되면서 서서히 구체적인 모습을 보인다. 일례로 제I부 저작의 경우, "『자본론』을 제외한 모든 저작을 연대기적 순서"에 따라 배열한다고 했으나 1927년 4월에 집필된 리야자노프의 「전집 서문」은 엄격히 이 같은 원칙을 적용할 수 없다고 분명히 밝히고 있다. 다시 말하면 "자료를 논리적 연관성이나, 개별적 분야나 주제에 따라 (각 권으로) 구분하게 되면 이의 적용은 더욱 어려워진다. (이 경우) 두 개의 범주를 조합하여 사용하게 되는데, 여기서는 엄격한 연대기적 순서에 따른 괴리보다는 형성사적 관점을 최우선적으로 채택하게 된다"는 것이다.[15]

## 3. MEGA¹ 각 부의 권별 구성의 구체화

그러나 마르크스-엥겔스 전집의 편찬과 출판 과정에서 가장 두드러진 특징은 각 권별 구성이 자료의 수집과 판독, 정리가 진행되는 과정과 병행하여 수행되었기에 상당히 유동적이었다는 점이다. 사실 마르크스-엥겔스 연구소MEI의 전집 편찬 작업은 여러 권이 동시적으로 진행되었으나 제I부(저작과 논설)와 제III부(서간)에 보다 집중되었다.

먼저 제I부의 경우는 전체의 편집진을 1852년을 분기점으로 하여

---

15) MEGA¹ I/1.1, S. XXII.

2개 부분으로 나누었다. 이러한 구분은 자의적이라기보다 이 시기를 전후하여 역사적·정치적 환경에 커다란 차이가 있기 때문이다. 한편 MEI는 제I부에서는 제1권과 제15권을 우선적으로 출판하는 데 노력을 집중한다고 밝히고 있다. 그리고 『마르크스-엥겔스 아키브』 제I권이 출판된 1925/26년에는 MEGA 제I부 제1권의 대부분의 원고가 이미 인쇄에 들어갔다고 보고된다.[16] 그러나 1927년에 발간된 MEGA의 제I부 제1권 제1분책(MEGA¹ I/1.1)에 게재된 리야자노프의 「전집 서문」은 MEGA 제I부의 각 권 구상을 좀더 구체적으로 서술하고 있다.[17]

MEGA 제I부의 제1권과 제2권은 마르크스와 엥겔스가 인간적으로나 사상적으로 동반자의 관계에 이르기 이전의 그들 저작을 개별적으로 수록할 계획이었다. 따라서 여기에는 그들 최초의 저작에서부터 1844년의 『독불 연지』까지의 저작들이 분리되어 간행될 예정이었다. 연대기적으로 이 시기의 마르크스와 엥겔스 생애와 관련된 각종 문서와 그들 각자에게 부쳐진 편지들도 수록할 것을 예정하고 있다.[18]

제3권은 『독불 연지』이후 1845년 봄에 이르기까지의 두 사람의 모든 저작과 논설을 게재키로 했다. 여기에는 『신성가족』과 엥겔스의 『영국 노동계급의 상태』가 포함될 예정이었다. 이 시기 그들의 공산주의는 아직도 '실제적 인간주의realer Humanismus'에 근거한 것으로, 그들은 그때까지 포이어바흐주의자Feuerbachianer에 머물고 있었다.[19]

---

16) *Marx-Engels-Archiv*, I, S. 463.
17) MEGA¹ I/1.1, S. XXIII~XXVI. 이하의 요약은 정문길, 「미완의 꿈―『마르크스-엥겔스 전집』 출판」, 『마르크스의 사상 형성과 초기 저작』, pp. 360~62에 게재되어 있다.
18) MEGA¹ I/1.1, S. XXIII. 마르크스의 경우 실제로 MEGA¹ I/1.2에 수록된 편지와 문건은 모두 89건으로 160쪽에 이르고 있다. MEGA¹ I/1.2(1929), S. 163~323.

한편 제4권에는 마르크스와 엥겔스가 최초로 공동 집필한 1845 ~1846년의 『독일 이데올로기』를 게재한다고 밝히고 있다. "독일 철학의 이데올로기적 견해에 반대하는" 그들의 "대립적 입장," 바꾸어 말하면 그들의 "이전의 철학적 의식을 청산하는" 이 저작은 당시까지만 해도 단편적으로만 알려져 왔었다. 마르크스와 엥겔스의 정신적 발달사만이 아니라 독일의 관념 (또는 이데올로기) 일반의 역사에 대해서도 엄청난 의미를 갖는 이 저작은 헤겔에서 포이어바흐를 거쳐 변증법적 유물론에 이르는 그들의 사상적 전개 과정이 그대로 나타나고 있다고 부연되고 있다.[20]

제5권은 1846년 후반부터 1848년의 혁명에 이르는 기간의 저작이 포함된다. 진정 사회주의, 부르주아민주주의, 프루동의 소시민적 사회주의에 대한 그들 두 사람의 투쟁과 공산주의자 동맹Bund der Kommunisten과 같은 국제 프롤레타리아 조직의 형성과 관련된 그들의 저작이 수록되고, 마지막으로 『공산당 선언』이 게재될 예정이었다.[21]

1848~1849년의 혁명기와 공산주의자 동맹이 해산되기 직전까지의 기간(1848~1852)에 발표된 논설과 팸플릿들은 앞의 제5권을 포함하여 제6권과 제7권의 주요 내용을 형성하리라고 예상하고 있다. 이 시기를 잇는 1852년에서 1862년에 이르는 혁명 이후 10여 년간의

---

19) MEGA¹ I/1.1, S. XXIV. 그러나 1932년에 발간된 MEGA I/3은 『신성가족』을 포함하여 마르크스의 『1844년의 경제학·철학 초고』, 1844년 초에서 1845년 초에 이르는 파리에서의 발췌노트가 게재되어 있다.
20) 같은 곳. 인용은 Marx, *Zur Kritik der politischen Ökonomie*, Berlin 1859, MEGA² II/2, S. 101. 1932년에 출판된 MEGA¹ I/4에는 『독일 이데올로기』가 게재되지 않고 I/3에 게재키로 했던 엥겔스의 『영국 노동계급의 상태』를 비롯하여 1844년 8월에서 1845년 초에 이르는 엥겔스의 논설들이 게재되어 있다.
21) 같은 곳. 1932년에 출판된 MEGA¹ I/5는 『독일 이데올로기』가 게재되어 있다. 그리고 제5권에 게재 예정이던 마르크스와 엥겔스의 1846년 5월에서 1848년 3월에 이르는 저작과 논설들은 MEGA¹ I/6으로 순연되어 1932년에 출판되었다.

마르크스와 엥겔스의 논설, 저서, 팸플릿은 그 양이 많아 적어도 모두 7권이 필요할 것이라 보고 있다(제8~14권). 나아가 제1인터내셔널 기간(1864~1876) 중에 그들이 집필한 논설, 선언문, 결의문이 제15권에 게재될 것이라고 했다. 그리고 마지막 2권(제16~17권)은 1876년 이후 엥겔스가 사망한 1895년까지의 두 사람의 저작이 수록될 것이라고 예상하고 있다.[22]

다음으로 적어도 13권 이상으로 구성될 제II부는 마르크스의 경제학적 주저인 『자본론』을 포용하게 된다. 여기에는 지금까지 전혀 고려되지 않았던 방대한 양의 마르크스의 초고와 『자본론』을 위한 모든 준비노트Vorarbeiten가 포함된다. 제II부에 포함된 각 권의 경우 가장 큰 어려움은 텍스트의 복원Textherstellung이었다. 저자가 출판한 최종 판본die letzten Autor-Ausgaben을 이전에 출판된 판본은 물론, 초고나 수차에 걸친 수정 원고, 그리고 마르크스의 텍스트에 기재해놓은 엥겔스의 개작 지시der Nachweis der 〔……〕 Umarbeitung와도 비교해야 했기 때문이다. 여기에 덧붙여 아직도 발간되지 않은 엄청난 양의 경제학 노트와 마르크스의 수많은 경제학 발췌노트에 흩어져 있는 다양한 부연설명, 비판적 평주, 문헌 개관 등은 장기간에 걸친 편집진의 무한한 노력과 세부적 분업을 필요로 하고 자료의 내적 관계를 통해 엄격한 권별 경계가 설정될 것으로 보인다.[23] 따라서 1935년까지 지속된 구MEGA의 발간 기간 중에는 제II부에 소속된 저작은 단 한 권도 발간된 적이 없었다.[24] 단지 제II부 소속 편집진의 작업 성과

---

22) MEGA¹ I/1.1, S. XXIV~XXV. 1935년 이후에 중단된 MEGA의 발행은, 따라서 제I부의 경우 1935년에 발간된 MEGA¹ I/7이 최종권이다. 이 I/7에는 당초 I/5나 I/6에 게재될 것으로 예상된 1848년 3월에서 같은 해 12월에 이르는 마르크스와 엥겔스의 저작과 논설들이 게재되어 있다.
23) MEGA¹ I/1.1, S. XXV.

는 1939년과 1941년에 발간된 『그룬트리세*Grundrisse der Kritik der politischen Ökonomie (Rohentwurf), 1857~1858*』(hrsg. von Marx-Engels-Lenin Institut, 2. Bde., Verlag für fremdsprachliche Literatur, Moskau 1939, 1941)가 전부인데 이 책은 "MEGA"라는 타이틀이 삽입되지 않은 독립된 저작으로 출판되었다.[25]

한편 애초에 10권으로 계획된 제III부는 마르크스와 엥겔스의 서간을 출판하기로 계획되었다. 여기서는 먼저 그들 두 사람의 서간을 게재하고, 이어서 라살레, 바이데마이어Weydemeyer, 쿠겔만Kugelmann, 프라이리그라트Freiligrath, 조르게, 리프크네히트, 베벨, 아들러, 니콜라이-온Nikolai-on, 슈미트Conrad Schmidt 등에게 보낸 그들 두 사람의 편지를, 맨 나중에는 마르크스나 엥겔스의 개별적 저작이나 특정한 시기의 생애와 밀접한 관계가 없어 제I부 각 권에 게재되지 않은 나머지 편지들을 배열하기로 계획했다.

제III부의 경우 모든 서간을 연대기적 순서에 따라 게재하는 것이 바람직한 것으로 보이긴 하나 이를 엄격하게 적용할 수 없는 상황이기에—또 바로 그 이유 때문에—리야자노프는 마르크스와 엥겔스의 "완벽한" 왕복서간집을 가능한 한 빨리 출판하려고 계획했다.[26] 특

---

24) 실제로 구MEGA의 출판 계획을 개관하는 『마르크스-엥겔스 아키브』의 제I권은 이 제II부 각권의 출판이 제I부와 제III부가 완결된 후에야 발간되기 시작할 것이라고 밝히고 있다. *Marx-Engels-Archiv*, I, S. 463.
25) 『그룬트리세』는 당초 한정 부수가 모스크바의 외국어 출판사에서 발간되었기에 1953년 베를린의 디츠 출판사가 이를 복각하여 합본, 1권으로 출판할 때까지 3, 4부 정도가 서방 국가에 전달되었을 뿐이라고 전해진다. Roman Rosdolsky, *The Making of Marx's 'Capital'*, tr. by Peter Burgess, Pluto Press, London 1977, p. 11 n. 1. 그러나 최근의 연구 성과는 『그룬트리세』의 제1책이 1939년 11월 23일에 인쇄에 들어가 3,140부가, 제2책이 1941년 6월 28일에 인쇄에 들어가 3,100부가 발행된 것으로 보고하고 있다. Rolf Hecker, "Fortsetzung und Ende der ersten MEGA zwischen Nationalsozialismus und Stalinismus(1931~1941)," *Beiträge zur Marx-Engels-Forschung*, Neue Folge, Sonderband 3, 2001, S. 265~66.
26) 모든 서간문의 엄격한 연대기적 배열은 한편으로는 커다란 통찰을, 다른 한편으로는

히 두 사람의 왕복서간은 언제나 역사적 문서에 속하므로 신뢰할 수 있는 형태로 완벽하게 출판하는 것이 시급한 학술적 요구라는 점을 분명히 한다.[27]

그리고 개별적 저작이나 개개의 권에 속하는 시기와 밀접히 연계된 다수의 중요한 편지들은 개개 권에 게재될 것이라고 밝히고 있다 (1927년에 발간된 제I부의 제1권에는 1844년 중반까지의 모든 서간이 게재되었다).[28]

마지막 제IV부의 2권은 이 전집 전체를 포괄하는 상세한 사항 및 인명 색인을 기획하고 있다. 편자들은 이 색인집을 마르크스-엥겔스의 저작 가운데서 언급되거나 다루어진 모든 대상, 용어, 기본 개념, 문제들이 상세히 다루어질 것이며, 하나의 표제어Stichwort에 속하는 모든 것들은 그때그때 한 곳에 연대기적 순서로 제시될 것이라고 했다. 그리고 인명 색인에는 모든 역사적 인물과 마르크스-엥겔스가 인용한 저자들이 거론될 것이며, 그들 개개인에 대한 두 사람의 판단이 어떻게 전개되었느냐를 보여줄 것이라고 했다. 따라서 이

---

서간문에 대한 이해와 그것의 전기적 이용을 촉진하고 나아가 편자의 주석을 최대한으로 줄이는 효과를 갖는다고 하겠다. 그러나 구MEGA를 기획하던 당시에는 이러한 방법의 채용이 불가능했던 것이다. 왜냐하면 마르크스와 엥겔스의 발신 편지와 수신 편지의 전모가 아직 충분히 파악되지 않았고, 앞으로도 더 많은 편지들이 추후에 발견, 수록될 것이기 때문이다. 그러나 MEGA를 기획하던 당시에 있어서 리야자노프에게 중요한 것은 당시에 이용되고 있던 판본이 불완전한 것이었기에 그 필요성이 더욱 컸다고 하겠다. Marx-Engels-Archiv, I, S. 464. 리야자노프는 1913년에 출판된 베벨과 베른슈타인의 『마르크스-엥겔스 왕복서간집』이 "고의적으로 삭제된 불완전한 판이기에 현재 보존하고 있는 편지 텍스트의 완벽하고 정확한 재현으로 대체되어야 한다"는 입장을 분명히 하고 있다. MEGA¹ III/1, S. IX. 실제로 구MEGA III/1의 서론 Einleitung은 앞의 베른슈타인판(베벨은 그의 건강 때문에 편찬에 전혀 참여치 못했다)에 대한 철저한 비판적 분석으로 일관하고 있다. MEGA¹ III/1, S. IX~L.

27) 따라서 제III부의 마르크스-엥겔스의 왕복서간 부분을 포용하는 첫 4권은 1929년에 제1권이, 1930년에 제2, 3권이, 그리고 1931년에 제4권이 발간되었다.
28) Marx-Engels-Archiv, I, S. 464; MEGA¹ I/1.1, S. XXV.

색인집은 마르크스주의의 역사와 이론을 파악하려는 개개 연구자들의 짐을 덜어주고 그들이 마르크스와 엥겔스의 저작에 대해 보다 집중적으로 연구할 수 있도록 자극하게 될 것이라고 주장하고 있다. 이 색인집은 물론 전집이 완간된 후에 줄판될 것이다. 따라서 그때까지는 전집의 개개 권에 적합한 간단한 색인을 수록하기로 계획하고 있다.[29]

## 4. MEGA¹의 발간

우리는 앞에서 리야자노프의 마르크스-엥겔스 연구소 MEI가 마르크스-엥겔스의 "역사적-비판적" 전집 Marx-Engels, *Historisch-kritische Gesamtausgabe*을 발간하면서 기획한 이 전집 최초의 기본적 편찬 원칙과 4개 부Abteilung로 편성된 각 부 각 권의 계획된 내용을 1926년에 발표된 전집의 프로스펙트와 『마르크스-엥겔스 아키브』 제I권의 전집에 관한 소개 기사를 중심으로 검토해보았다. 그리고 미진한 부분은 1927년에 출판된 구MEGA 제I부 제1권 제1분책(MEGA¹ I/1.1)에 게재된 리야자노프의 「전집 서문」으로 보완·서술했다. MEI의 이와 같은 편찬 원칙과 개개 권별 구성 내용은 1927년 그 첫째 권이 출판되고, 1929년에 2권, 1930년에 3권 등이 발간되면서 점차 구체화되었다. 이는 가장 먼저 출판된 MEGA¹ I/1.1(1927)까지 포함해 그 이전의 프로스펙트와 아키브에 나오는 전집의 기획이, 새로이 발견되는 방대한 자료와 이에 대한 연구의 축적을 통해 지속적

---

29) MEGA¹ I/1.1, S. XXVI.

으로 추가·보완되면서 구체화되어갔던 사실을 반영하고 있다.

어쨌든 이상과 같은 기획과 구상 아래 이루어진 마르크스-엥겔스 전집MEGA은 1927년에 그 첫째 권 제1책이 출판되었으니 이는 MEI가 설립된 지 6년 만이요, 그가 망명 중 독일의 디츠 출판사를 통해 기획한 4권짜리의 저작집(그중 2권만이 발간) 출판 이래 10년 만의 일이었다. 동시에 리야자노프가 오스트리아-마르크스주의자들과 전집에 대한 구상을 논의하고, 그 결과를 독일사민당 지도부에 제안한 지 실로 16년 만의 일이기도 했다.

그러나 1927년의 이 같은 구MEGA 제I부의 첫 권(MEGA¹ I/1.1)의 출판이 바로 이 마르크스-엥겔스 전집의 순탄한 발행을 보장해주는 것은 아니었다. 리야자노프와 MEI가 주관하는 지극히 의욕적이고 방대한 사업이 지속적으로 성공하기 위해서는 우선 엄청난 인적·물적 자원이 소요될 뿐만 아니라 장기간에 걸친 엄밀한 학술적 연구가 병행되어야 했다. 실제로 이 작업을 주관하는 MEI는 마르크스 사상을 국가 이데올로기로 수용한 소련의 공산당과 정부의 엄청난 재정적·행정적 지원 및 코민테른의 호소에 따른 세계 각국의 공산당의 도움으로 수많은 유능한 인적 자원을 확보할 수가 있었다. 출발 당시 극히 소수의 전문가들밖에 확보할 수 없었던 MEI는 다수의 연구원을 볼셰비키 혁명에 동조하는 각국의 유망한 청년당원들로 충당했으며, 그들은 초창기의 혁명적 열기에 힘입어 정력적으로 마르크스-엥겔스의 전집 편찬 작업에 참여할 수 있었다.[30] 그러나 여

---

30) 정문길, 「미완의 꿈—『마르크스-엥겔스 전집』 출판」, 앞의 책, pp. 362~63; Stern und Wolf, *Das große Erbe: Eine historische Reportage um den literarischen Nachlaß von Karl Marx und Friedrich Engels*, Dietz Verlag, Berlin 1972, S. 92~106을 보라. 한편 비러시아인으로서 초창기의 MEI의 연구원이나 해외 통신원으로 활약한 인물들 중 대표적 예로 우리는 MEI에서 리야자노프의 대리인 역할을 맡았던 헝가리의 초벨

기서 우리가 특별히 주목해야 할 것은 이 같은 전집 출판 사업이 국가적 이데올로기를 등에 업고 실현되는 '국가적' 사업이기에 국가 정책의 변화나 사업에 대한 집권자의 관심 여부, 그리고 호오(好惡)의 감정적 변화가 바로 사업의 성패를 판가름하는 가장 중요한 변수로 등장할 수 있다는 점이다. 우리는 이러한 사실을 1927년에서 1935년에 이르는, 이른바 MEGA의 발행이 지속된 10년이 채 못 되는 기간을 통해서도 확인하게 된다.

여기서 저자는 설명의 편의를 위해 우선 이 기간 중에 출판된 MEGA 각 권의 표제를 비롯한 관련 사항을 연도별로 열거해본다 (〈표 1〉을 보라).

1927년 이래 전집의 연차적 발간 상황은 최초의 더딘 출발 이후 1930~1932년에는 빠른 진전을 보이나 1935년에 이르러서는 정체되고 마는 것을 확인할 수 있다. 별권을 포함하여 모두 12권 13책이 발간된 구MEGA는 모두 제I부와 III부에 국한되어 있다. 이는 『자본론』과 그 준비노트를 포용하게 될 제II부의 발간에는 예상보다 더 많은 준비 기간이 필요했다는 것을 의미한다. MEI 설립 이후 거의 15년이 지난 1935년까지도 제II부에 속하는 저작이 전혀 출판되지 않았다는 사실은 이 작업이 얼마나 어려운 일인가를 보여주고 있다. 따라서 구MEGA의 발간이 중단된 지 한참 뒤인 1939년과 1941년에 "MEGA"라는 표제 없이 발간된 『그룬트리세』의 출판은 비록 MEGA의 발간이 휴지(休止)에 들어간 기간 중에도 마르크스 저작에 대한 MEI의 연구와 출판 준비가 부분적으로 계속되었음을 말해준다.

---

이나 루카치, 독일의 슈타인Hans Stein, 해니쉬Walter Haenisch 등을 곧장 떠올릴 수 있다.

〈표 1〉 구MEGA의 연도별 발행 개황

| 연도 | 권별 구성 |
| --- | --- |
| 1927 | I/1.1: 마르크스, 『1844년 초까지의 저작과 논설. 부(附) 서간 및 문건』, 리야자노프 편(마르크스-엥겔스 아키브 출판사, 프랑크푸르트/M.), LXXXIV+626 S. |
| 1929 | I/1.2: 마르크스, 『1844년 초까지의 저작과 논설. 부(附) 서간 및 문건』, 리야자노프 편(마르크스-엥겔스, 베를린), XLV+371 S.<br>III/1: 마르크스-엥겔스, 『마르크스-엥겔스의 왕복서간 1844~1853』, 리야자노프 편(마르크스-엥겔스 출판사, 베를린), L+539 S. |
| 1930 | I/2: 엥겔스, 『1844년 초까지의 저작과 논설. 부(附) 서간 및 문건』, 리야자노프 편(마르크스-엥겔스 출판사, 베를린), LXXXII+692 S.<br>III/2: 마르크스-엥겔스, 『마르크스-엥겔스의 왕복서간 1854~1860』, 리야자노프 편(마르크스-엥겔스 출판사, 베를린), XXI+564 S.<br>III/3: 마르크스-엥겔스, 『마르크스-엥겔스의 왕복서간 1861~1867』, 리야자노프 편(마르크스-엥겔스 출판사, 베를린), XXIII+488 S. |
| 1931 | III/4: 마르크스-엥겔스, 『마르크스-엥겔스의 왕복서간 1868~1883』, V. 아도라츠키 편(마르크스-엥겔스 출판사, 베를린), XVI+759 S. |
| 1932 | I/3: 마르크스-엥겔스, 『신성가족 및 1844년 초부터 1845년 초까지의 저작』, 아도라츠키 편(마르크스-엥겔스 출판사, 베를린), XXI+640 S.<br>I/4: 엥겔스, 『영국 노동계급의 상태 및 1844년에서 1845년 초까지의 다른 논설』, 아도라츠키 편(마르크스-엥겔스 출판사, 베를린), XX+559 S.<br>I/5: 마르크스-엥겔스, 『독일 이데올로기 — 포이어바흐, B. 바우어, 슈티르너로 대표되는 최근의 독일 철학과 다양한 예언자 가운데 나타나는 독일 사회주의의 비판 1845~1846』, 아도라츠키 편(마르크스-엥겔스 출판사, 베를린), XIX+707 S.<br>I/6: 마르크스-엥겔스, 『1846년 5월부터 1848년 3월까지의 저작 및 논설』, 아도라츠키 편(마르크스-엥겔스 출판사, 베를린), XXI+746 S. |
| 1935 | I/7: 마르크스-엥겔스, 『1848년 3월에서 12월까지의 저작 및 논설』, 아도라츠키 편(재소 외국인 노동자 출판조합, 모스크바/레닌그라드), XXII+769 S.<br>별권: 엥겔스 40주기에 즈음하여: 엥겔스, 『오이겐 뒤링의 과학변혁. 자연변증법. 1873~1882』, 아도라츠키 편(재소 외국인 노동자 출판조합, 모스크바/레닌그라드), XLVII+849 S. |

이미 발간된 저서, 논설, 그리고 미발간의 초고, 발췌, 초안과 당해 권의 주제와 관련된 서간 및 문건을 수록한 제I부의 7권 8책은 시기적으로 1848년 12월까지로 한정된다. 이는 1850년대 이래 마르크스와 엥겔스, 그리고 1900년대 초의 메링이 기획하거나 편찬한 전집이나 저작집의 시간적 범위와 거의 일치하고 있다. 물론 우리는 기

간(既刊)의 MEGA가 저작이나 논설, 그리고 수많은 미공개의 새로운 자료들을 수록하고 있다는 점에서 그 성취를 높이 평가해야겠지만, 이 시기 저작집의 기본적인 구도가 기왕의 구도를 크게 변경시키는 것이 아니었음을 확인하게 된다. 이는 MEGA¹ I/1.1에 게재된 전집의 전체적인 계획을 밝히는 과정에서도 제I부의 제7권까지는 그 게재 내용이 비교적 소상하게 서술되어 있으나 제8권 이하, 즉 1848년 혁명 이후의 기간에 대한 편집 계획은 지극히 소략한 점으로 보아도 알 수 있다. 당시로서는 1848년 혁명 이후 기간의 편집에 대해서는 구체적 계획이 확정되지 않았던 것으로 보인다.[31]

그리고 서간문을 게재한 제III부는 마르크스와 엥겔스의 왕복서간을 게재한 첫 4권이 출판되었는데 이는 1913년에 출판된 베벨과 베른슈타인의 『마르크스-엥겔스 왕복서간집』이 갖는 결함을 시기를 놓치지 않고 보완·교정하려는 데 그 뜻이 있었다.[32] 특히 마르크스-엥겔스의 왕복서간에 대한 레닌의 높은 평가와 이미 볼셰비키 혁명 직후부터 이를 하루빨리 간편한 한 권의 단행본으로 출판하고자 한 레닌의 의도를 생각할 때 당대로서는 오리지널에 충실한 이 MEGA판의 왕복서간집은 커다란 의미를 갖는다.[33] 그러나 이들 두

---

31) 정문길, 앞의 글, 앞의 책, p. 365.
32) MEGA¹ I/1.1, S. XXV; MEGA¹ III/1, S. IX. 실제로 제III부에 게재된 왕복서간에는 각 페이지의 하단에 베벨과 베른슈타인판이 제외한 편지, 삭제한 부분과 수정한 부분이 구체적으로 어떤 편지, 어느 부분인가를 일일이 밝히고 있다. MEGA¹ III/1, S. XLVII~IL.
33) 레닌은 러시아어로 된 이들의 왕복서간집을 만들도록 그 자신이 가지고 있던 베벨/베른슈타인의 1913년판 『마르크스-엥겔스 왕복서간집』과 그 자신의 발췌노트를 아도라츠키에게 주면서 이를 러시아어와 보편적인 유럽 각국어로 편찬할 것을 지시했다. 아도라츠키는 그중 러시아어판을 1922년 말에 완성하여 레닌을 흡족하게 했다는 보고가 있다. Stern und Wolf, 앞의 책, S. 69~70, 82. A. I. Malysch, "Die Herausgabe der Werke von Marx und Engels in der UdSSR während der zwanziger Jahre und zu

사람 간의 왕복서간까지도 완벽한 연대기적 정리를 통한 리스트의 작성이 이루어지지 않은 상황에서 이들이 제3자와 교환한 서간문을 완벽하게 수집하고 정리하는 데는 좀더 많은 시간이 걸리리라는 것은 어쩌면 당연한 일이기에 제III부의 나머지 권의 출판도 지연될 수밖에 없었다.[34]

한편 구MEGA의 출판은 MEI가 프랑크푸르트의 사회조사연구소와 협력하여 MEGA를 출판하기 위해 프랑크푸르트에 설립한 "마르크스-엥겔스 아키브 출판사MEAV"가 수행하기로 했었다. 이 출판사는 독일사민당-아키브 소장의 마르크스-엥겔스 유고 오리지널의 복사를 위한 계약의 MEI 측 당사자로 큰 역할을 담당했으나 정작 MEGA를 출판한 것은 1927년에 발간된 제I부 제1권 1분책에 그치고 있다. 따라서 MEGA의 둘째 권이 발간되기 시작한 1929년부터 히틀러가 집권하기 직전인 1932년까지의 9권 10책은 MEGA를 출판하기 위해 베를린에 설립한 마르크스-엥겔스 출판사가 맡게 되었다. 그리고 구MEGA의 최종 2권이 발간된 1935년에는 출판지를 러시아로 옮겨 모스크바와 레닌그라드를 공동 발행지로 한 재소 외국인 노동자 출판조합 Verlagsgenossenschaft ausländischer Arbeiter in der UdSSR이 인쇄인으로 되어 있다.[35]

---

Beginn der dreißiger Jahre," *Beiträge zur Geschichte der deutschen Arbeiterbewegung*, 8. Jahrg. 1965, Heft 1, S. 117~18.
34) 정문길, 앞의 책, pp. 365~66.
35) 같은 책, p. 367.

## 2장
# 리야자노프와 스탈린의 알력

### 1. 1930년의 리야자노프: 생애의 정점

　구MEGA의 발간 과정에서 가장 중요한 변화를 가져온 것은 스탈린에 의한 리야자노프의 숙청이라는 정치적 사건이다. 당초 레닌의 절대적인 지원을 받아 마르크스-엥겔스 연구소MEI를 설립하고, 그 초대 소장직을 맡은 리야자노프는 MEGA의 발간 사업을 적극적으로 기획하고 이를 혼신의 힘을 다해 실행에 옮겼다. 특히 그는 1910년대 이래 그가 다져온 서구의 마르크스주의자들과의 학문적 인연을 최대한 이용하여 갓 설립된 MEI를 세계적인 연구소로 성장·발전시키고 MEGA의 출판 작업도 본궤도에 진입시켰다. 따라서 MEGA의 발간이 연간 4권에 이른 1930년[36]에는 리야자노프는 MEGA의 발간

---
36) 실제로 발행연도가 1930년으로 표기된 MEGA는 I/2, III/2, III/3의 3권이다.

속도를 향후 연간 5~6권으로 조정하는 등 커다란 의욕을 보이고 있었다.[37] 1930년은 바로 그가 60회 생일을 맞는 시점이었고, 그로 인해 내외의 각광을 받으며 성대하게 축하연을 치렀던, 이른바 생애 정점의 시기이기도 했다.

리야자노프는 1930년 3월, 60회 생일을 맞아 각종 기념식과 국내외로부터 많은 찬사와 축하를 받았다. 특히 그가 정부 당국으로부터 적기훈장Rotbannerorder der UdSSR을 수여받았고, 이와 함께 공산당 중앙집행위원회가 마르크스 연구와 관련해 리야자노프 상Rjazanov-Preis을 제정한 사실은 그가 누린 영예가 어느 정도인지를 짐작케 한다. 그리고 국내외의 마르크스 연구자들이 집필한 논문들을 모은 『투쟁의 초소에서, 리야자노프 60회 생일 기념 논집Auf Kampfposten. Sammelband zum 60. Jubiläum D. B. Rjazanovs』도 발간되었다. 이런 생애의 정점에서 그는 그해 여름에도 예년과 같이 2개월간의 유럽 여행을 마치고 9월에 귀국했다.[38]

같은 해 9월 말 또는 10월 초로 추정되는 연구소의 연구원들을 대상으로 한 그의 강연은 MEGA의 발간에 대한 강한 집념을 보여준다.[39] 그는 1930년 말까지 모두 13권의 MEGA를, 1932년 1월 1일까지는 9권의 MEGA를 더 발간함으로써 1931년 말에는 모두 22권의 MEGA가 발행될 것이라고 전망했다. 또한 1932년 전반이 지나

---

37) Rjazanov, "Referats Rjanzanovs über die Aufgaben des Marx-Engels-Instituts 1930/1931," *Beiträge zur Marx-Engels-Forschung*, Neue Folge, Sonderband 1, S. 108~24, 특히 S. 118을 보라.
38) Jakov Rokitjanskij, "Das tragische Schicksal von David Borisovič Rjazanov," *Beiträge zur Marx-Engels-Forschung*, Neue Folge 1993, S. 6~7.
39) 이때의 연구소 구성원은 257명으로 그 가운데 여자가 136명을 차지하고 있었다. 121명의 남자 연구원들 중 최연장자는 64세였고, 30대와 40대가 44명, 30대 이하가 27명이었다고 보고되고 있다. Rjazanov, 앞의 글, 편자 주, 같은 책, S. 108.

면 여기에 4~5권이 더해져 MEGA는 모두 27권으로 확장될 것이라고 호언했다.[40] 또한 MEGA의 연간 출판 계획은 6권 정도가 적당하지만 최소한 4권 이하로는 내려갈 수 없다고 언급하며 연간 5권의 출판 속도를 권고하고 있다. 그는 MEI의 출발 당시 젊은 연구자들과 더불어 MEGA 40권을 어떻게 마무리 지을까 걱정했으나 당시에는 10년 후에는 이 작업이 완수될 수 있다는 자신감을 피력하면서 연구원들을 격려했던 것이다.[41]

한편 우리는 이 시기의 리야자노프의 보고 강연을 통해 MEGA의 권별 구성의 변화, 특히 애초에 구상했던 각 권의 구성이 게재 자료의 확대로 말미암아 변경되고 있음을 확인하게 된다. 종래의 제I부 3권이 3, 4권으로 분할되고, 4권에 게재키로 했던『독일 이데올로기』가 제5권으로 변경되고, 종래의 5, 6권은 7, 8권으로 순차적으로 연결되었다. 그리고 종래 독일어로 된 MEGA판을 기초로 하여 러시아어판을 편찬하려던 기본적 계획도 이 시점에서 반전되어 독일어판을 편찬하는 데 러시아어판을 이용하는 쪽으로 방향이 바뀌게 되었음을 이 강연을 통해 확인할 수 있다. 그러나 여기서 리야자노프는 "러시아어로는 정상적인 것이 독일어로는 치명적이거나 그 반대일 수도 있다는 점"에 주목하고 있다. 즉 "러시아어판을 편찬할 때는 그렇게 꼼꼼하지 않았는데, 이는 우리가 깐깐한 독자를 대상으로 하지 않았기 때문"이라는 점도 빠트리지 않고 지적하고 있다.[42]

---

40) 그러나 리야자노프가 여기에 붙인 단서는 샤이데만의 독일사민당 중앙위원회 ZK der deutschen Partei Scheidemanns로부터 카우츠키, 베벨, 베른슈타인에게 보낸 엥겔스의 편지를 출판해도 좋다는 통고를 받아야만 이러한 계획(MEGA 제III부를 포함한 전집의 발행)의 실행이 가능하다는 것이었다. Rjazanov, 앞의 글, S. 117.
41) Rjazanov, 앞의 글, S. 116~18.
42) 같은 글, S. 118.

그러나 리야자노프가 생애의 정점에 있던 바로 이 시기에 어두운 운명의 그림자가 그의 앞날을 위협하고 있었다. 이미 1930년 초에 "마르크스주의 철학을 볼셰비키화"하려는 일단의 이데올로그들이 간단한 논쟁 절차를 거친 후에 곧장 철학적 전권을 당 총서기에게 위임한다는 결정을 하기에 이른다. 그해 12월 9일에는 일부의 공산주의자 교수단Institut der Roten Professur, IKP을 초청한 회의에서 당의 총서기 스탈린은 참석자들에게 리야자노프의 이름을 거론하며, 과제는 "총체적 비판을 전개하는 것이다. 타격을 가하는 것이 가장 중요한 문제다. 지금까지 아무런 타격도 받지 않은 곳에 대해서까지 전방위적으로 타격을 가하는 것"이 중요하다고 천명했다. 스탈린은 리야자노프와 그가 소장으로 있는 MEI에 대해서까지도 전방위적 타격을 가하도록 지식인들을 충동했던 것이다.[43]

## 2. 리야자노프의 숙청

사실 리야자노프는 1920년대 초부터 스탈린과의 관계가 좋지 않았다. 스탈린으로서는 자신의 정적인 부하린과 친한 친구였던 리야자노프가 안 그래도 눈엣가시와 같았는데 그가 많은 정치적 추적 대상자들을 MEI에 연구원으로 채용하고 있는 데다, 나아가 당에서도 지적 독립성을 견지하는 것이 끝내 못마땅했다. 이미 1922년에 그는 당 총서기 자격으로 리야자노프의 정치적 활동을 금지한 바 있었다. 그러나 스탈린의 이론적 능력이나 문화적 수준을 하찮게 생각하고

---

43) Volker Külow und André Jaroslawski, "Zu Leben und Werk David Rjasanows," Külow und Jaroslawski, 앞의 책, S. 29; Rokitjanskij, 앞의 글, S. 9.

있던 리야자노프는 이러한 압력에 굴하지 않고 MEGA와 같은 마르크스-엥겔스 사상의 완벽한 재현이라는 비교조적 과업에 몰두했다.[44]

그러나 MEI와 리야자노프에 대한 압력은 1927년부터 감지되기 시작했다. 우선 1927년에는 공산당 중앙집행위원회의 MEI에 대한 감사가, 1928년에는 연구소의 공동화(空洞化) 작업이 강화되었다. 중앙위원회는 연구소가 학술적 연구보다 선전·선동적인 방향으로 변화하도록 연구소의 당세포들 Parteizelle에게 지시했다. 다른 한편으로 1928년 7월 14일에는 『콤소몰 프라우다 Komsomol'skaja pravda』가 리야자노프를 보수주의자로 비난하고, 1930년 6월 27일자의 『프라우다』 또한 같은 맥락에서 그를 비판했다. 한편 공산당 중앙위원회는 연구소의 세포조직을 코즐로프 F. F. Kozlov에게 맡기고, 연구소의 경제학자 루빈 Isaak Il'ič Rubin(1886~1937)과 부소장 데보린 Abram Moiseevič Deborin(1881~1963)에 대해 명예훼손적인 비방을 시작했다. 따라서 루빈은 1930년 12월 1일 '자진' 사표를 제출하고, 데보린은 1931년 1월 21일에 자살을 기도하는 사태로까지 악화되었다.[45]

그럼에도 불구하고 스탈린은 내부에서부터 MEI를 파괴하려는 자신의 노력이 성공하지 못했음을 확인하게 된다. 이에 스탈린은 1931년 초, 러시아의 "사회과학이라는 큰 바다 가운데 서 있는 견고한 섬"에 비교되는 MEI를 정복하기 위해서는 이 섬의 수장인 리야자노프의 투옥 외에는 달리 방도가 없다는 결론에 이른다. 따라서 그는 자신의 정책을 공공연히 비난하는 가장 영향력이 큰 적수를 제거하기

---

44) Rokitjanskij, 앞의 글, S. 7~9; Külow und Jaroslawski, 앞의 책, S. 28~29를 보라.
45) Rokitianskij, "Die 'Säuberung'—Übernahme des Rjazanov-Instituts durch Adoratskij," *Stalinismus und das Ende der ersten Marx-Engels-Gesamtausgabe(1931~1941)*. *Beiträge zur Marx-Engels-Forschung*, Neue Folge, Sonderband 3, 2001, S. 14~15.

위해 총서기인 자신이 직접 기소장을 써야만 한다는 판단을 내렸다.[46]

우선 앞에서 언급한 공산주의자 교수단에 대한 스탈린의 직접적인 충동은 1931년 1월 15일자의 『프라우다』에서 리야자노프에 대한 직접적인 공격으로 나타났다. 『프라우다』에는 마르크스주의에 대한 레닌의 기여를 무시하는 멘셰비키를 공격하는 바실레프스키B. Basilevskij의 격렬한 비판문이 발표되었다. 그는 이 글에서 "마르크스주의의 발전에 있어서 가장 새롭고, 가장 높은 레닌주의적 단계"가 무시되고 있음을 지적하면서 데보린, 카레프N. A. Karev, 리야자노프, 스텐J. E. Sten(1899~1937), 바가냔V. A. Vaganjan(1893~1936)과 그들의 주변 인물들이 갖고 있는 멘셰비키적 사상의 흔적을 적시했다. 사실 이러한 바실레프스키의 공격은 거의 모든 사회과학자들을 공격대상으로 삼았기에 큰 이목을 끌지 못했으나 리야자노프의 입장은 달랐다. 그는 1931년 1월 16일 즉각적으로 이를 반박하는 편지를 『프라우다』에 기고했다.[47] 여기서 리야자노프는 그가 레닌의 이론적 기여를 인정하지 않는다는 비난은 진실이 아니라고 주장했다. 그는 "내가 반대하는 것은 이의 과장이다. 철학이나 경제학의 영역에서 레닌은 마르크스를 반복하고 있을 뿐이다. 나는 레닌이 1913년까지 헤겔을 공부하지 않았다는 점을 쉽게 입증할 수 있다. 바로 이 시점에서 우리는 '레닌 철학의 새로운 단계'를 얘기할 수 있다. 레닌은 프롤레타리아트의 독재나 과도기에 대해서 새로운 견해를 내놓았다. 그러기에 나 자신까지도 마르크스-엥겔스-레닌의 이론에 대해서 언

---

46) Rokitianskij, 앞의 글, S. 16.
47) Rjasanow, "13.8 An die Redaktion der Prawda," Külow und Jaroslawski, 앞의 책, S. 193~94. 그러나 이 반론은 『프라우다』에 게재되지 못한 채 Russische Zentrum für die Aufbewahrung und Erforschung der Dokumente der jüngeren Geschichte. F. 301, op. 1, d. 90, S. 63~70, 71 ff.로 보관되어왔다.

급한다. 그러나 스탈린을 마르크스나 또는 레닌과 같은 급으로 다루는 것은 정녕 우스운 일"이라고 지적하고 있다.[48]

이에 스탈린은 리야자노프의 소환이라는 최후의 카드를 내놓았다. 그에 앞서 1930년 12월 23/24일 밤에 투옥된 MEI 연구원이자 멘셰비키였던 경제학자 루빈을 공범으로 몰 생각이었다. 리야자노프는 1931년 2월 12일 밤 스탈린에 의해 공산당 중앙위원회에 소환되었다. 그는 몰로토프Molotov가 입회한 자리에서 리야자노프에게 고문에 의해 작성된 루빈의 편지를 제시하면서, 국외의 멘셰비키 기관이 루빈을 통해 러시아사회민주주의노동당Russische Sozialdemokratische Arbeiterspartei Russlands, SDAPR(Menschewiki)의 역사와 관련된 문헌을 보관하도록 리야자노프에게 의뢰했다는 사실을 추궁했다.[49] 그리고 리야자노프가 이 사실을 부인하자 곧장 MEI와 리야자노프의 가택에 대한 광범한 수색을 실시했다.[50] 결국 그는 2월 16일 투옥되었다. 이어 모스크바에서는 3월 1일에서 9일에 이르는 기간 동안 멘셰비키의 반혁명 조직에 대한 정치적 재판이 이루어졌고, 리야자노프는 모스크바 근방의 수즈달Susdal에 격리·수용되었다. 이 시기 『프라우다』와 『이스베스챠』가 재판의 속기록을 공개했는데, 물론 리야자노프를 비방하는 내용을 담고 있었다. 그는 당의 배신자로서 당으로부터의 제명은 물론이요, 과학아카데미, 공산주의자 아카데미로부터도 축출되는 처분을 당했다. 그리고 1931년 4월 15일에는 사라토브

---

48) Külow und Jaroslawski, 앞의 책, S. 31; Rokitjanskij, "Das tragische Schicksal von David Borisovic Rjazanov," S. 10.
49) 루빈이 자백한 리야자노프의 죄상은 다음에 구체적으로 기록되어 있다. Wladislaw Hedeler, "'Auf Kampfposten'—Rjazanov und Bucharin," *Beiträge zur Marx-Engels-Forschung*, Neue Folge, Sonderband 1, S. 196 Anm. 13.
50) D. Rjasanow, "1[1]. Meine Aussage," Külow und Jaroslawski, 앞의 책, S. 157~58; Rokitjanskij, "Das tragische Schicksal…," S. 10.

Saratow로의 유형이 결정되었다. 이후 그는 1938년 1월 19일 다시 "반소비에트적, 우익 트로츠키적, 반당적 조직" 가담자로 피소되고, 마침내 사형이 선고되어 총살형에 처해진 같은 해 1월 21일까지 그곳에서 투옥과 유형 생활을 계속했다.[51]

그는 사라토브에서 유형 생활을 하던 1932년 2월 16일, 공산당 중앙위원회 의장단에게 보낸 "나의 진술Mein Aussage"이란 서간을 통해 "바로 같은 해에 당과 코민테른, 노동자, 소비에트, 학술 조직들이 나 자신의 60세 생일과 관련하여 나의 혁명적·학문적 활동을 온갖 찬사를 동원하여 평가했는데 내가 어찌 멘셰비키가, 훼방꾼이 될 수 있단 말인가"로 본인의 무죄를 탄원했으나 스탈린은 그를 생애의 정점에서 나락으로 추락시키는 데 추호의 연민도 보이지 않았다.[52]

---

51) Rokitjanskij, "Das tragische Schicksal…," S. 10~14; Külow und Jaroslawski, 앞의 책, S. 29~33을 보라. 인용은 Rokitianskij의 글, S. 14.
52) Rjasanow, 앞의 글, S. 158. 이 글의 전문은 Külow und Jaroslawski, 앞의 책, S. 157~73에 게재되어 있다.

**3장**
# 아도라츠키에 의한 MEGA의 속간과 중단

## 1. 마르크스–엥겔스–레닌 연구소: 마르크스–엥겔스 연구소의 레닌 연구소에의 합병

1931년 2월 12일 리야자노프의 소환과 16일 투옥, 그리고 이후의 정치적 숙청은 학술적 연구기관으로서의 마르크스–엥겔스 연구소 MEI와 최대의 학술 사업인 MEGA의 출판에 종말을 고하는 어두운 징조였다. 스탈린은 리야자노프가 투옥되기 전인 2월 14일에 심복인 토브스투카 Ivan Pavlovič Tovstucha(1889~1935)를 크렘린으로 불러 MEI를 마르크스–엥겔스–레닌 연구소 Marx-Engels-Lenin-Institut, IMEL로 바꾸도록 지시했다. 그 결과 1931년 4월 5일에는 소련공산당 중앙위원회 정치국의 결의에 의해 마르크스–엥겔스 연구소가 레닌 연구소에 흡수·합병되는 형식으로 마르크스–엥겔스–레닌 연구소로 변경되었다. 이 새 연구소는 레닌 연구소의 경우처럼 공산당 중앙위원회ZK der KPdSU 산하에 소속됨으로써 학술적 독립성을 유지하기보다 정치적 목적에 공헌하도록 특징지어진 것이다. 합병된 연구소의 소장으로는 당시 레닌 연구소의 부소장이던 아도라츠키Vladimir Viktorvič Adoratskij(1878~1945)가 위촉되었다.[53]

아도라츠키는 마르크스-엥겔스-레닌 연구소가 아직 공식적으로 발족하기 전인 1931년 4월 1일, 코민테른 집행위원회Exekutivkomitee der Kommunistischen Internationale, EKKI의 제11차 총회에서 레닌 연구소와 마르크스-엥겔스 연구소의 이름으로 이들 두 개 기관의 사업과 과제를 보고하고 있다.[54] 그는 이 보고의 앞머리에서 "공산주의의 위대한 투쟁에서 마르크스-레닌주의의 이론적 무기가 갖는 강력한 의미"를 강조하면서 "프롤레타리아 투쟁의 위대한 지도자요 이론가인 마르크스, 엥겔스, 레닌의 저작은 프롤레타리아트와 노동자 대중에게 광범하게 반포되어야 함에도 불구하고 그렇지 못하다"고 주장하고 있다. 나아가 그는 "마르크스, 엥겔스의 이름이 프롤레타리아

---

53) 아도라츠키가 소련공산당 중앙위원회 정치국의 결의를 통해 소장으로 정식으로 임명된 것은 1931년 5월 5일이었다. Wladislaw Hedeler, "Zwischen Wissenschaft und Stalinschen Machtanspruch: Schicksal der Mitarbeiter des Marx-Engels-Lenin-Instituts(1931 bis 1938)," *Beiträge zur Marx-Engels-Forschung*, N. F., Sonderband 3, *Stalinismus und das Ende der ersten Marx-Engels-Gesamtausgabe(1931~1941)*, Argument Verlag, 2001, S. 135~36; Rolf Hecker, "Fortsetzung und Ende der ersten MEGA zwischen Nationalsozialismus und Stalinismus(1931~1941)," *Beiträge zur Marx-Engels-Forschung*, N. F., Sonderband 3, S. 186~87. Wladislaw Hedeler/Rolf Hecker/Bernd Florath, "Vladimir Viktorvič Adoratskij— Leben und Werk. 7. (19.) August 1878~5. Juni 1945," *Beiträge zur Marx-Engels-Forschung*, N. F., Sonderband 3, S. 312~19도 보라.

54) "Bericht von Vladimir Viktorvič Adoratskij über das Lenin-Institut und das Marx-Engels-Institut an das Plenum des EKKI vom 1. April 1831(Quelle: RGA, f. 71, op. 3, d. 41): Mitteilungen über das Lenin-Institut und das Marx und Engels-Institut," *Beiträge zur Marx-Engels-Forschung*, N. F., Sonderband 3, *Stalinismus und das Ende der ersten Marx-Engels-Gesmtausgabe(1931~1941)*, Argument Verlag, 2001, S. 107~19.

혁명의 가장 사악한 적이요, 마르크스주의를 날조하고 왜곡하는 사민주의자, 샤이데만주의자, 카우츠키주의자에게 이용당하고 있는, 이른바 있을 수 없는 일이 일어나고 있다"는 점을 지적하고 있다.[55] 그리고 그의 이 같은 현상 분석은 숙청된 리야자노프를 비판하는 하나의 잣대로 이용되고 있다.

"리야자노프는 MEI의 과업을 주관하던 동안 사회민주주의와 어떠한 투쟁도 전개한 바 없었다. 그는 마르크스 저작집의 서문에서 아카데미즘, 추상적이고 무당파적인 학문Gelehrsamkeit을 장려했다. 그러나 이러한 태도는 우리들의 혁명적 제조건 아래서 프롤레타리아트가 수행해야 할 책무에 대한 직접적 배신에 다름아니다"라고 아도라츠키는 질타하고 있다.[56] 이어서 그는 리야자노프의 MEI가 지금까지 자만심을 가지고 출판한 마르크스와 엥겔스의 저작이란 기껏 그들이 아직도 헤겔주의자이거나, 변증법적 유물론으로의 이행기, 또는 새로운 세계관 형성의 제1단계에 머물러 있던 시기에 한정되고 있을 뿐이라고 지적하고 있다.[57]

이어서 아도라츠키는 오늘날(1931년) 절실한 의미를 갖는 마르크스와 엥겔스의 후기 저작들, 즉 그들의 중요한 경제학적 노작이나 마르크스와 엥겔스가 국제적인 노동운동을 주도하던 제1인터내셔널이나 1870년대와 80년대의 자료들은 리야자노프의 MEI가 전혀 출판하지 않았거나 출판된 경우에도 극히 소수에 한정되고 있다고 비판하고 있다. 나아가 그는 이들 출판된 저작도 노동자 대중이 전혀 접근할 수 없는 여러 권의 마르크스-엥겔스 저작집(MEGA를 의미)

---

55) 같은 책, S. 107.
56) 같은 책, S. 114.
57) 같은 곳.

에 매몰시켜버렸다고 주장했다. 다시 말하면 MEI는 마르크스-엥겔스 저작의 국제적인 대중 보급판을 만드는 데 소홀했는데, 이는 리야자노프의 가장 심각한 죄상 중의 하나라는 것이다. 따라서 아도라츠키는 앞으로 MEI의 가장 중요한 과제는 마르크스-엥겔스 저작의 대중 보급판을 출판하는 것이라고 못 박는다.[58]

## 2. 연구원의 숙청과 조직의 개편

리야자노프 숙청 이후 소련에서의 마르크스-엥겔스 연구는 1931년 10월 10일 공산당 중앙위원회 정치국에 의해 승인된 마르크스-엥겔스-레닌 연구소(이하 IMEL로 약칭한다)의 연구 과제와 부서의 개편을 통해 확인할 수 있다. 즉 "공산당 중앙위원회 산하의 IMEL은 최고의 학술적 당 기관으로, 이의 과제는 1) 마르크스, 엥겔스, 레닌의 출판 또는 미출판된 저작의 학술적 편찬, 발행[……], 2) 그들의 생애와 활동, 이론에 대한 연구와 연구의 지원, 3) 소련공산당(볼셰비키)의 역사와 관련된 문헌의 수집·연구·발행[……], 4) 코민테른의 역사와 관련된 문건의 수집·연구 및 학술적 발간"이라고 규정하고 있다. 이 결의를 통해 연구소는 11개 부로 재편성되었는데, 이전의 MEI가 마르크스-엥겔스 부Sektor로 축소되고 MEI의 경우 연구의 편의를 위해 연구 과제에 따라 카비네트 별로 배치되었던 자료와 문헌들은 아키브와 도서관으로 분류·집중된 점이 가장 중요하다. IMEL의 과업은 당의 선전을 위한 과제로 무게 중심이 옮겨가게 되

---

58) 같은 책, S. 115~17.

었다.[59]

게다가 리야자노프의 숙청은 지금까지 MEI에 소속되었던 연구원과 직원 전원에 대한 대규모의 조사와 숙청 작업으로 연결·진행되었다. 연구소의 모든 연구원과 직원은 1931년 2월 27일, 50개의 문항이 담긴 진술서Fragebogen를 제출했고, 이에 근거한 연구원의 심사와 분류 작업이 진행되었다. 같은 해 3월에는 243명의 연구원들 중 21명이 멘셰비키와, 11명이 우파 조직과, 21명이 트로츠키파, 사회혁명당, 유대인 조직, 무정부주의자와의 연관성으로 적발되고, 22명의 외국인 연구자들도 모두 '사직Entlassung'과 '계속 근무Weiterbeschäftigung, Belassen,' 혹은 '파견Abkommandieren'으로 분류되었다. 그러나 제1차 조사가 문제가 있다는 논의가 제기됨에 따라 3월 4일과 5일의 재심을 거쳐, 3월 20일의 최종 심사에서는 적지 않은 연구원들이 리야자노프와 친하다거나(13명), 반소비에트적 입장을 취했거나(12명), 또는 신뢰하기 어렵다(12명)는 등의 이유로 연구소를 떠나게 되었다.[60] 그나마 MEGA의 편찬과 관련해 초벨, 벨러 Paul Veller(1903~1941), 실러Franč Šiller(1898~1955), 폭스Ralph Fox(1900~

---

59) Aufgaben und Struktur des IMEL, bestätigt von Politbüro des ZK am 10. Oktober 1931, RGA, f. 17, op. 3, d. 853. Rolf Hecker, "Fortsetzung und Ende der ersten MEGA(1931~1941)," 같은 책, S. 187~88. 한편 MEI와 LI가 합병되면서 개편된 11개의 부서는 다음과 같다. 마르크스-엥겔스 부, 레닌 부, 소련공산당(볼셰비키) 역사부, 코민테른 역사부, 마르크스-레닌주의 부, 학술적 대중화부, 아키브, 도서관, 박물관, 학술비서부, 행정부. 같은 책, S. 188.
60) 1931년 3월의 MEI 연구원의 숙청과 관련된 문건은 다음을 보라. "2. Protokoll der Sitzung zur Überprüfung der Mitarbeiter des MEI von 4. März 1931"; "3. Protokoll der Sitzung zur Überprüfung der Mitarbeiter des MEI von 5. März 1931"; "4. Protokoll der Sitzung zur Überprüfung der Mitarbeiter des MEI von 20. März 1931"; "5. Liste der Mitarbeiter des MEI, deren weitere Beschäftigung im Institut unerwünscht ist, März 1931," *Beiträge zur Marx-Engels-Forschung*, N. F., Sonderband 3, S. 27~105. Hedeler, "Zwischen Wissenschaft und Stalinschen Machtanspruch," S. 127~32도 보라.

1937), 타브리스키Jane Tabrisky(1905~?)와 독일인으로서 유일하게 잔류한 후퍼트Hugo Huppert(1902~1982) 등이 IMEL의 마르크스-엥겔스 부에 남아 MEGA의 작업을 계속할 수 있었다는 게 다행스럽다고 할 수 있다. 사실 1931년의 리야자노프의 숙청에 연계되어 적지 않은 외국 출신의 유능한 연구원들이 퇴출되었는데, IMEL이 이들 연구원들을 겨우 옛날의 수준으로 보충한 것이 1934년 8월이었다.[61]

## 3. 마르크스-엥겔스-레닌 연구소의 MEGA 속간

새로 개편된 IMEL에서도 마르크스-엥겔스의 국제판 전집MEGA은 아카데미즘과 비당파성을 내건 리야자노프의 학문적 자만심을 충족시킨 가장 뚜렷한 흔적임에도 불구하고, 이의 속간을 포기할 수는 없었다. 따라서 IMEL의 새 집행부는 1931년 3월 초에 리야자노프의 대리인이었던 초벨로 하여금 MEGA의 작업 현황과 속간을 위한 구체적 계획을 입안·보고하도록 위임했다. 초벨은 보고서에서 1931년 3월 현재 MEGA는 5권 6책이 발행되었고(I/1.1, 1.2, 3, III/1, 2, 3), 5권(I/3, 4, 5, 6, III/4)이 거의 완성 단계에 있으며, 2권의 텍스트(I/9, 10)가 상당히 진척된 상태에 있다고 보고하고 있다. 그러나 『자본론』과 그 준비 노작이 포함된 제II부와 총합 색인의 제IV부는 아직 시작되지도 않았다고 하면서 제II부를 위해서는 잘 훈련된 경제학자가 필요하다는 점을 지적하고 있다.[62]

---

61) Rolf Hecker, "Erfolgreiche Kooperation: Das Frankfurter Institut für Sozialforschung und das Moskauer Marx-Engels-Institut(1924~1928)," *Beiträge zur Marx-Engels-Forschung*, N. F., Sonderband 2, S. 57 및 Hedeler, 앞의 글, S. 134.

한편 IMEL의 간부회의Direktionssitzung는 1931년 4월 25일, 초벨의 "MEGA의 전반적 계획"을 그대로 수용하여 승인했으니 MEGA 각 권의 권별 구성은 다음과 같다.[63]

### 마르크스-엥겔스 전집의 총괄적 계획(1931년 4월)
### 제I부: 전 저작과 논설(『자본론』은 제외)

제1권 제1책: 마르크스, 1844년까지의 저작

제1권 제2책: 1844년까지의 보유(補遺) 및 문서

제2권: 엥겔스, 1844년까지의 저작

제3권: 『신성가족』과 마르크스의 1845년 초까지의 저작

제4권: 엥겔스, 『영국 노동계급의 상태』와 다른 논설들 1845/46

제5권: 『독일 이데올로기』

제6권: 저작과 논설, 1846년 5월에서 1848년 3월까지

제7권: 『신라인 신문』 등, 1848년

제8권: 『신라인 신문』 등, 1849년

제9권: 1849년 9월에서 1851년 12월까지(『신라인 신문 리뷰』 등). 『혁명과 반혁명』은 제외

제10권: 저작과 논설, 1851년(『혁명과 반혁명』)부터 1853년 초까지(『뉴욕 데일리 트리뷴』의 통신문 제외―중요 부분은 『혁명과 반혁명』 『브뤼메르 18일』 『위대한 인간』, 쾰른 공산당 소송의 폭로

---

62) 이의 구체적 내용은 "Stand und Perspektiven der Herausgabe der MEGA(Ersnst Czóbel, März/April 1931)," *Beiträge zur Marx-Engels-Forschung*, N. F., Sonderband 1, S. 132~43에 게재된 "MEGA: Allgemeine Struktur der MEGA"와 "Über die Bände der MEGA, die sich in der Herstellung befinden und über ihre Erscheinungstermine"를 보라. Rolf Hecker, "Fortsztung und Ende der ersten MEGA," S. 194도 참조.

63) "Dokumentation. 1. Allgemeiner Plan der MEGA, April 1931(Quelle: RNI, MEGA-Archiv)," *Beiträge zur Marx-Engels-Forschung*, N. F., Sonderband 3, S. 270~71.

및 기사)

제11권: 1852～1854(『뉴욕 데일리 트리뷴』)

제12권: 1854～1856(『뉴욕 데일리 트리뷴』『신오데르 신문』『퍼트남 리뷰』)

제13권: 1856～1857(『뉴욕 데일리 트리뷴』『자유신문』)

제14권: 1857～1858(『뉴욕 데일리 트리뷴』『자유신문』)

제15권: 1859～1860(『정치경제학 비판을 위하여』『포와 라인』『사보이엔』『폴크 Volk』『뉴욕 데일리 트리뷴』)

제16권: 1860～1864(『포크트 씨』『프레세』『일반군사신문』『뉴욕 데일리 트리뷴』 등)

제17권: 1864～1873(제1인터내셔널)

제18권: 『반뒤링론』 및 『자연변증법』

제19권: 1873～1883(마르크스, 엥겔스)

제20권: 1883～1890(엥겔스)

제21권: 1890～1895(엥겔스)

## 제II부: 『자본론』과 모든 준비 노작

제1권: 『자본론』 I/a

제2권: 『자본론』 I/b

제3권: 『자본론』 II

제4권: 『자본론』 III/a

제5권: 『자본론』 III/b

제6권: 소시리즈

제7권: 대시리즈

제8권: 대시리즈

제9권: 대시리즈

제10권: 대시리즈

제11권: 대시리즈

제12권: 『자본론』 제II권에 대한 마르크스의 초고

제13권: 『자본론』 제III권에 대한 마르크스의 초고

### 제III부: 서간

제1~4권: 마르크스-엥겔스의 왕복서간

제5~10권: 제3자에의 서간

### 제IV부: 총색인

제1~2권 (인명, 제목, 사항 목록)

 

이와 같은 MEGA의 전반적 출판 계획은 1935년 발췌노트를 전집에 포함해야 한다는 벨러를 비롯한 중요한 편집진의 주장이 힘을 얻어 변경된다. 1936년에는 신설된 제IV부를 발췌부로 하고 종래의 제IV부를 제V부로 바꾸는 한편, 제III부를 제외한 각 부가 권수를 늘려 MEGA의 총 권수는 85권으로 확장되었다.[64] 즉 제I부는 21권에서 28권으로, 제II부는 13권에서 20권으로, 제III부는 10권에서 9권으로, 그리고 신설된 제IV부는 25권으로, 마지막의 색인부도 전체 규모의 확대와 더불어 3권으로 늘어나게 된 것이다.[65]

---

[64] Paul Weller, "Zur Edition der Exzerpte in der MEGA¹(1935)," *Beiträge zur Marx-Engels-Forschung*, N. F. 1994, S. 200~207을 보라. R. Hecker, "Fortsetzung und Ende der ersten MEGA," S. 232~39.

[65] Dokumentation, "4. Ladislaus Rudaš, Lev Chanonovič Falk-Segal': Erklärung zur Herausgabe der MEGA, 25. März 1936," *Beiträge zur Marx-Engels-Forschung*, N. F., Sonderband 3, S. 292~307.

그런데 1936년 3월, 이 같은 MEGA의 총괄적 계획을 입안하면서 제IV부의 발췌부를 신설하고 제I부와 제II부 각 권의 내용을 구체화하면서 이를 전 85권으로 확대한 사람은, 1935년 가을 초벨이 숙청의 파도에 밀려 IMEL의 마르크스-엥겔스 부를 떠난 후 MEGA의 편찬 업무를 맡은 루다스Ladislaus Rudaš(1885~1950)와 〔팔크-〕세갈Lev Chanonovič Falk-Segal(1895~1937?)이었다. 이들은 종래 MEGA의 편집 형식Editionsform에 회의를 가지고 이의 변화를 시도했다. 그들은 MEGA가 지금까지처럼 전문가들만이 이용하는 학술적인 성격의 판본이어서는 안 된다고 천명했다. 다시 말해 MEGA는 "모든 형제당의 당료나 대학생들이 사용할 수 있는 판본이어야 한다"고 주장하면서, 제I부의 편집을 위한 계획의 기초는 러시아어판 전집Sočinenija을 모범으로 할 것을 제의하고 있다.[66] 여기서 번거로움을 무릅쓰고 그들이 제기한 MEGA의 총체적 계획을 1931년 4월의 초벨의 그것과 대비하고, IMEL 최후의 MEGA 출판 계획이 구체적으로 어떠했느냐를 알기 위해 이를 정리하면 다음과 같다.[67]

**마르크스-엥겔스 전집의 총괄적 계획(1936년 3월 25일)**
**제I부: 전 저작과 논설(『자본론』은 제외) (28권)**
    제1권 제1책(기간): 마르크스, 1844년까지의 저작
    제1권 제2책(기간): 1844년까지의 보유(補遺) 및 문서
    제2권(기간): 엥겔스, 1844년까지의 저작
    제3권(기간): 『신성가족』과 마르크스의 1845년 초까지의 저작
    제4권(기간): 엥겔스, 『영국 노동계급의 상태』와 다른 논설,

---
66) R. Hecker, "Fortsetzung und Ende der ersten MEGA," S. 238~39.
67) Rudaš und Falk-Segal', 앞의 글, S. 295~305의 내용을 요약 정리.

1845/46

　제5권(기간):『독일 이데올로기』

　제6권(기간): 저작과 논설, 1846년 5월에서 1848년 3월까지

　제7권(기간): 저작과 논설, 1848년 3월에서 1848년 12월까지

　제8권:『신라인 신문』, 1849년

　제9권:『신라인 신문 리뷰』, 1849년

　제10권: 저작과 논설, 1849년부터 1852년 초까지(『브뤼메르 18일』,『위대한 인간』,「쾰른 공산당 소송의 폭로」,『독일에서의 혁명과 반혁명』)

　제11~20권: 1852~1864(『뉴욕 데일리 트리뷴』,『신미국 백과사전』, 기타 다른 신문에의 기고문/제18권은『포크트 씨』와 관련 자료)

　제21~23권: 1864~1872(제1인터내셔널 기간:『프랑스의 내전』,『보불전쟁』〔E〕등)

　제24~25권: 1872~1883:『반뒤링론』,『자연변증법』(1935년판은 1권이었으나 2권으로 분리)

　제26권: 1872~1883(마르크스, 엥겔스)

　제27~28권: 1883~1890(엥겔스)

## 제II부:『자본론』과 모든 준비 노작(20권)

　제1권:『정치경제학 비판을 위하여』〔한 권 분량으로는 적으나 다른 저작과 연결되지 않는다〕

　제2~4권:『자본론』제1권(제1판, 프랑스어판, 제4판)

　제5권:『자본론』제2권(엥겔스의 제2판. 제1판에 대한 이고(異稿)와 엥겔스가 편찬한 편집본에 대한 이고를 각주로 하다)

　제6권:『자본론』제3권 제1부

제7권: 『자본론』 제3권 제2부

제8~9권: 소시리즈(『그룬트리세』)

제10~15권: 대시리즈

제16~20권: 『자본론』 제2, 3권에 대한 마르크스의 초고

**제Ⅲ부: 서간(9권)**

제1~4권: 마르크스-엥겔스의 왕복서간

제5~9권: 제3자에의 서간

**제Ⅳ부: 발췌와 관련된 난외방주와 초고(25권)**

앞의 Ⅰ~Ⅲ부가 발간된 뒤 작업을 개시

**제Ⅴ부: 총색인(3권)**

1) 모든 저작의 알파벳순 색인
2) 모든 저작의 연대기적 목록
3) 인용 문헌의 목록
4) 인명 색인
5) 사항 목록

이상과 같은 과정을 통해 우리가 주목하는 것은 MEGA의 발간을 위한 연구소의 관심이 아도라츠키 소장의 지휘 아래서도 여전히 확대·구체화되고 있다는 사실이다. 그러나 이 같은 MEGA에 대한 IMEL의 관심은 연구의 진행에 따른 MEGA의 권별 구성에 대한 계획의 세밀화에 따른 것이지, MEGA의 실제적 발간과 연계된 것은 아니었다. 사실 리야자노프가 숙청된 이후 아도라츠키의 이름으로

발간된 MEGA는 1931년의 III/4와 1932년의 I/3, 4, 5, 6권으로, 이는 리야자노프가 숙청되기 이전에 이미 완성 단계에 이르렀던 5권이었다. 1935년에 발간된 I/7권은 기존 편찬 작업이 지속된 것으로, 별권Sonderausgabe으로 발간된 『반뒤링론』과 『자연변증법』은 저자인 엥겔스의 사후 40년을 맞아 이를 기념하기 위해 준비된 것이었다.[68] 이렇게 본다면 아도라츠키가 소장으로 있던 IMEL 시대의 MEGA의 출판은 권호 없이 발간된 엥겔스의 『반뒤링론』과 『자연변증법』에 한정된다.

그렇다면 이 시기의 MEGA 편찬 사업이 부진했던 까닭은 어디서 연유하는 것일까. 하나는 리야자노프 숙청 이후에 파상적으로 밀어 닥쳤던 연구원들에 대한 숙청이요, 다른 하나는 MEGA의 편찬 사업에 대한 정책상의 경시, 또는 무시와 직결된다.

1931년에서 1938년에 이르는 IMEL의 연구자들에 대한 스탈린의 숙청과 박해는 무지막지해, 아도라츠키의 후임으로 1939년 IMEL의 소장이 된 미틴Mark Borisovič Mitin(1901~1987)의 시대에 이르러서야 "더는 숙청이 필요가 없는 시대"가 되었다고 한 연구자는 평가하고 있다.[69] 이미 1931년의 리야자노프의 숙청과 연계하여 수십 명의 연구원들을 퇴출시킨 IMEL은 3년이 훨씬 지난 1934년 8월에서야 겨우 결원을 메울 수 있었다.[70] 그런데 1935년에 들어 다시 숙청의 파

---

[68] 특히 『반뒤링론』과 『자연변증법』이 한 권으로 묶여 별권으로 출판된 것은 MEGA의 각 부, 각 권에 대한 전체적 계획이 구체적으로 수립된 바 없어 권호를 매길 수 없었기 때문이었다고 한다. 실제로 1931년 초엽의 전체 계획에 따르면 이는 I/18에 해당되고, 발간 당시에는 I/20으로 상정했으나 검토 결과 부적절한 것으로 판정되었다. 그리고 1936년의 전체 권별 계획에서는 『자연변증법』을 I/24로, 『반뒤링론』을 I/25로 계획하고 있다. 앞의 Rudaš/Segal', "Erklärung....," S. 292, 297 및 Czóbel, "Allgemeine Plan der MEGA(1931)," *Beiträge zur Marx-Engels-Forschung*, N. F., Sonderband 3, S. 270.
[69] Hedeler, "Zwischen Wissenschaft und Stalinschen Machtanspruch," S. 121.

도가 밀어닥쳐 리야자노프와 더불어 MEGA의 편찬에 있어서 핵심적 역할을 담당하던 헝가리 출신의 망명객 초벨이 희생되는 것과 동시에 1935년 말과 1936년 초 사이에 연구소는 인적 구성에 있어서 커다란 변화를 겪게 된다. 그 가운데서 특히 관심을 끄는 것은 초벨이 맡았던 MEGA의 편찬 책임이 루다스와 세갈에게 위임되었다는 사실로, 이는 앞에서도 언급한 바 있다.[71] 그러나 루다스는 1936년 여름에 숙청된 뒤 투옥되었고, 세갈 역시 1937년에 소련공산당으로부터 축출당한 뒤 투옥되었다. 게다가 1937년 2월 25일에서 3월 5일 사이에 개최된 소련공산당 중앙위원회나 1938년의 유명한 모스크바의 정치 재판Schauprozess 등 연속되는 숙청 작업은 IMEL의 독일 및 폴란드계 연구자들은 물론이요 슈미트Karl Schmidt(1897~1938)와 프뢸리히Horst Fröhlich(1891~ 1943), 해니쉬 Walter Haenisch(1906~1938)를 정치 재판의 제물로 삼았고, 마침내는 IMEL의 소장인 아도라츠키까지 1938년 1월 16일에 아카데미 회원 자격을 박탈당하고 1939년에는 미틴이 IMEL의 소장직을 맡게 된다.[72] 이처럼 스탈린의 권력욕에서 출발한 대숙청은 1936년에서 1938년의 기간에 진행된 베리아Laventi Beria의 "끔찍한 공포grosser Terror"기에 그 절정에 이른다.

1938년 1월 17일, 30명이 근무해야 할 연구소의 학술 연구자는 단 3명에 불과했다. 이러한 연구원의 추방은 연구소에 만연한 혁명적 경계심의 표현이었다. 연구원의 추방은 95퍼센트가 엄격한 자아비판과 고발 정신에 의한 것으로 1935년 1월에서 1938년 6월 사이에 추방된 후 투옥된 자가 30명에 이르렀다고 한다.[73] 이렇게 볼 때

---

70) 이 시기에 충원된 연구소의 간부급 연구원, 특히 독일과 오스트리아로부터의 이들의 충원에 관해서는 다음을 보라. Hedeler, 앞의 글, S. 141~45.
71) Hecker, "Fortsetzung und Ende der ersten MEGA," S. 238.
72) Hedeler, 앞의 글, S. 171~77.

리야자노프 이후 1930년대의 연구소의 분위기는 멘셰비키로서 이념적으로는 명백히 부적격자인 루빈까지도 그 능력을 중시하여 『자본론』의 연구와 편찬에 참여시킨 1920년대의 MEI와는 확연히 구별된다. 특히 설립 당초부터 레닌의 전폭적인 신뢰와 후원을 입어 연구소를 운영하던 리야자노프와 달리, 아도라츠키는 스탈린으로부터 기본적인 신뢰도 얻지 못한 처지였기에[74] 새로운 연구소의 활동은 당과 권력자의 의도와 지시를 충실히 따르는 것 이외에는 다른 방도가 없었다. 이런 상황에서 당의 정책적 노선은 연구소 운영의 중심을 좌우하는 견인차 노릇을 할 수밖에 없었다.

### 4. 제1차 MEGA 프로젝트의 종언

앞에서도 언급한 바와 같이 마르크스-엥겔스-레닌 연구소는 기존의 마르크스-엥겔스 연구소와 레닌 연구소를 통합하는 과정에서, 전자MEI가 후자LI에 흡수·통합되는 형식을 취함으로써 새 연구소 IMEL는 자동적으로 공산당 중앙위원회 산하에 속하게 되어 그 학문적 독립성을 확보하기가 어렵게 되었다. 따라서 IMEL은 1934년 이래 공산당 중앙위원회의 1개 부Abteilun로 기능하게 됨에 따라 그때그때 발생하는 모든 문제를 중앙위원회 비서국과 의논해야만 하는 처지에 놓이게 되었다. 중앙위원회의 어느 서기가 IMEL을 관장하느냐가 결정되지 않아 1934년 3월 14일 아도라츠키는 즈다노프Andrei Alexandrovič Ždanov에게 연구소의 관장자가 누구인가를 물어야 하는

---

73) 같은 글, S. 179.
74) 같은 글, S. 135.

상황에까지 이르게 된 것이다. 당시 연구소 운영에 있어서 화급을 요하는 간부급 연구원의 채용을 위한 기술적 문제나 재정상의 문제를 해결하기 위해서는 최종 책임자의 결정이 필요했던 것이다.[75]

다른 한편 IMEL의 MEGA 사업이 부진했던 원인은 스탈린을 비롯한 소련공산당과 코민테른 중앙집행위원들의 MEGA의 가치에 대한 평가절하에 기인한다고 할 수 있다. 이미 아도라츠키가 지적한 바와 같이 리야자노프 식의 "추상적이고 비당파적인 학문," 즉 아카데미즘으로 포장된 MEGA는 "혁명적 제조건 하에서 프롤레타리아트가 수행해야 할 책무에 대한 직접적 배신"이므로[76] IMEL은 우선 MEGA보다는 러시아어판 전집 소치네니야의 출판을 우선시하는 정책을 택하게 되었다. 따라서 그들은 IMEL이 출발하던 1931~1932년의 조직 개편에서도 이미 크게 축소된 마르크스-엥겔스 부를 러시아어판 전집과 MEGA의 2개 영역으로 나누고, 작업의 순위도 전자를 우선시하게 되었다.[77] 이처럼 MEGA의 중요성이 위축되어가는 과정에서 소련공산당 중앙위원회는 1935년 8월 25일 "IMEL의 활동에 대한 결의Beschluss des ZK über die Arbeit des IMEL vom 25. August 1935"를 발표하는데, 이 결의문은 IMEL이 마르크스-레닌주의 고전주의자들의 출판된 저작이나 수고(手稿)를 수집하는 데 있어 '비상한' 과업을 수행하고, 따라서 IMEL은 이제 "세계에서 가장 걸출한 마르크스-레닌주의 유물의 보고"가 될 것이라고 지적하고 있다. 그리고 마르크스-엥겔스의 저작과 관련하여 소치네니야의 지속적 발간과 더불어 마르

---

75) 같은 글, S. 169.
76) Adoratskij, "Mitteilungen über das Lenin-Institut und das Marx und Engels-Institut," S. 114.
77) 제1소치네니야(1928~1947)의 편집과 발행에 관한 구체적 내용은 다음을 보라. R. Hecker, "Fortsetzung und Ende der ersten MEGA," S. 206~11.

크스-엥겔스의 2권 선집을 거론하고 있다. 그러나 국제판 전집으로서의 MEGA에 대한 언급은 보이지 않는다.[78]

IMEL의 과제와 관련한 같은 해 10월의 보고서에서 아도라츠키는 연구소의 편찬 활동을 상세히 보고하고 있다. 여기서 그는 IMEL의 과제를 그 중요도에 따라 열거하고 있는데 제1의 중요 과제가 스탈린 저작의 발간이고, 제2의 과제는 레닌의 저작집 간행을 지속하여 그의 초고를 출판하는 것이며, 제3의 과제가 마르크스-레닌주의의 연구를 마무리하는 것인데, 여기에는 마르크스, 엥겔스, 레닌, 스탈린의 지도 아래서 노동운동의 투쟁이 서술된 당사(黨史)를 준비하는 것으로 되어 있다. 그리고 IMEL은 이 같은 중심적 활동을 마친 다음에야 제4의 중점 사업으로 소치네니야 28권(36책)을 향후 3~4년 내에 완료하겠다고 언급하고 있다. 그러나 소치네니야 28권의 3분의 1에 해당하는 저작을 이 짧은 기간 중에 완간한다는 계획은 그 자체가 무리를 내포하고 있다. 나아가 마르크스, 엥겔스, 레닌, 스탈린의 전기에 대한 연구를 제5의 중점 과제로 설정하고, 여기에다 당의 문서와 의정서, 그리고 소련공산당(볼셰비키)사의 연대기를 출간하는 것이 필요하다고 천명하고 있다.[79] 여기서 우리가 주목하는 것은 모두 6페이지에 달하는 이 보고서 가운데서 MEGA는 중요 과제에도 포함되지 않았음은 물론이요, 언급 자체도 극히 지엽적인데 그치고 있었다는 점이다.

이렇게 볼 때 1930년대 후반의 IMEL은 "당사의 서술이나 스탈린의 저작을 출판하는 데 열광했을 뿐, 10여 년 전 리야자노프가 기획

---

78) R. Hecker, 앞의 글, S. 189~90.
79) Adoratskij, "O zadačach IMEL" [Über die Aufgaben des IMEL], *Proletarskaja revoljucija*, H. 6, 1935, S. 8~13. Hecker, 앞의 글, S. 190~91에서 재인용.

한 역사적-비판적인 마르크스-엥겔스의 국제판 전집MEGA은 현실정치의 와중에서 쓸려나갈 수밖에 없었던 것이다."[80] 특히 1935년 8월 중앙위원회의 결의는 MEGA 작업의 속행에 대한 일체의 언급을 하지 않음으로써 1936년 가을 이래의 MEGA 작업을 전면적으로 중단하게 하는 결과를 가져왔다. 그리고 1939년 1월 4일의 공산당 중앙위원회 비서국의 결의는 IMEL을 중앙위원회의 선전·선동부Abteilung Propaganda und Agitation des ZK에 이관함으로써 연구기관으로서의 IMEL은 그 입지를 완전히 상실하게 되었다. 한편 기왕에 진행되고 있던 수권의 MEGA 편찬과 관련된 모든 문서는 1938년 10월에 이미 문서고에 기록으로 보관하는 조치가 취해진 바 있었다.[81] 그러나 벨러에 의해 1938년에 인쇄를 위한 초고가 완성되었던 『그룬트리세』만이 예외적으로 출판이 진행되어 1939년과 1941년에 MEGA라는 표제 없이 전 2권으로 출판되었다.[82]

이상과 같은 과정을 통해 구MEGA는 1936년에 그 편찬 작업이 실질적으로 중단된 것으로 볼 수 있으며, 이러한 중단의 결정적 계기는 스탈린의 정치적·이데올로기적 편향성이 IMEL의 무게 중심을 학문적인 데서 선전·선동 활동으로 옮겨간 데서 찾을 수 있다. 그러나 IMEL의 연구와 편찬 활동의 중심이 이러한 방향으로 움직인 것은 오히려 1936년보다 훨씬 이른 1931년이며, 그때 발표된 "볼

---

80) R. Hecker, 앞의 글, S. 191.
81) Paul Weller, "Bericht über die Edition der Exzerpte in der MEGA(1935)," Anlage 2 의 각주. *Beiträge zur Marx-Engels-Forschung*, Neue Folge 1994, S. 207 Anm. 13.
82) 같은 글, S. 192. 벨러의 『그룬트리세*Grundrisse der Kritik der politischen Ökonomie (Rohentwurf) 1857~1858*』(Hrsg. von Marx-Engels-Lenin Institut, 2Bände, Verlag für fremdsprachliche Literaturr, Moskau 1939, 1941)에 대한 해독과 편찬 과정 및 그 출판이 갖는 의의에 대해서는 다음을 보라. R. Hecker, 같은 글, S. 252~66.

셰비즘의 역사에 대한 몇 가지 문제Über einige Fragen der Geschichte des Bolschewismus"라는 스탈린의 편지(1931년 6월)가 MEGA의 운명을 이미 결정했다고 마르틴 훈트는 보고 있다. 스탈린은 이 편지에서 "모든 객관적 자료 연구, 모든 사민주의적인 것, 제2인터내셔널, 그리고 룩셈부르크주의에 대항하는 포괄적인 캠페인"을 전개할 것을 독려하고 있다. 따라서 모스크바의 IMEL을 포함한 모든 학술기관에서 '기회주의자' '날조주의자' '트로츠키주의자' 등을 체계적으로 수색했고, 바로 이러한 지적 분위기가 더 이상의 "역사적-비판적" 전집으로서의 MEGA 편찬 사업을 불가능하게 만들었다는 것이다.[83] 이렇게 볼 때 제1 MEGA의 역사는 이의 정신적 지주spiritus rektor인 리야자노프의 투옥과 연구원에 대한 숙청이 시작되던 시기에 이미 그 종말을 예정하고 있었다고 하겠다.

---

83) Martin Hundt, "Gedanken zur bisherigen Geschichte der MEGA," *Beiträge zur Marx-Engels-Forschung*, Neue Folge 1992, S. 62.

### 제5부

# 파시즘의 대두와 마르크스-엥겔스 유고의 소개, 그리고 매각

1장
# 독일에서의 파시즘 대두

 1930년대의 소련은 스탈린의 독재체제를 공고히 하기 위한 피의 숙청이 그 정점에 이른 시기였다. 1924년 레닌의 사망 이후 트로츠키와의 권력투쟁에서 승리한 스탈린은 1930년대 들어 본격적으로 자신의 일인 독재체제를 확고히 하기 위한 끔찍한 공포정치를 구체화했다. 그는 그에게 항복하지 않는 정적이나 지식인을 재판이라는 정치적 쇼Schauprozß를 통해 사민주의자, 멘셰비키, 트로츠키주의자, 반당분자로 몰아 처형하거나 당이나 직장에서 축출했던 것이다. 우리가 앞에서 살펴본 리야자노프의 숙청이나 마르크스-엥겔스 연구소의 연구자들에 대한 지속적인 감시와 숙청 작업도 이러한 맥락에서 이해될 수 있다.
 구체적 상황이 반드시 일치하지는 않지만, 1930년대 독일에서도 소련에서 일어난 사태에 필적하는 정치적 변화가 나타나고 있었다. 선동과 폭력을 통해 권력의 장악을 획책하던 히틀러는 1933년 1월

30일 마침내 힌덴부르크Paul von Beneckendorff und von Hindenburg(1847~1934) 대통령에 의해 독일의 재상Reichskanzler으로 임명되었다. 히틀러의 재상 취임은 외견상으로 보아 지극히 합법적인 절차를 거친 것이었다. 따라서 당대의 관찰자들은, 독일민족인민당Deutschnational Volkspartei, DNVP의 후겐베르크Alfred Hugenberg(1865~1951)와 재상을 지낸 파펜Franz von Papen(1879~1969) 등의 보수적 정치 세력이, 그때까지 무제한의 권력을 요구하던 히틀러와 나치스의 대중운동을 제도권 안으로 끌어들인 억제책Zähmungskonzept이 효과를 본 것으로 판단했다. 그러나 이들의 판단은 제3제국을 향한 히틀러의 대담한 야심을 지나치게 과소평가한 어리석은 판단에 불과했다.[1]

두 달 이내에 히틀러를 내각의 코너로 몰아버리겠다던 보수적 민족주의 세력들의 예상과는 달리, 단순한 권력의 위임에서 권력의 장악von der Machtübergabe zur Machtergreifung을 목표로 한 히틀러는 재상으로서 취임선서도 하기 전인 2월 초에 힌덴부르크를 설득해 의회를 해산하고 3월에 새로운 선거를 치르기로 결정한다. 그는 자신과 나치당의 집권에 반대하여 일어날지도 모르는 국민의 저항이나 총파업, 거기에 연이은 내전과 베르사유 조약국들의 간섭을 우려해 가급적이면 합법적 방법을 통한 권력의 전면적 장악을 시도한 것이다. 그리고 1933년 3월 5일의 선거에서 승리한 나치당은 보수 세력과 군부의 후원을 받아 3월 23일에 열린 의회에서 수권법Ermächtigungsgesetz을 통과시킴으로써 의회는 해산되고 헌법은 무력화되었다. 히틀러는 바로 "민주주의를 통해 창설되고, 의회에 의해 지명된" 독재자로서

---

[1] Wolfgang Michalka, "Das Dritte Reich," Martin Vogt, Hrsg., *Deutsche Geschichte*, 2. Aufl, Metzler, Stuttgart 1991, S. 646~47; Gordon A. Craig, *Germany. 1866~1945*, Oxford University Press, New York 1978, pp. 568~70.

역사상 전대미문의 제3제국을 출현시킨 것이다.[2]

이 같은 나치스의 권력 장악은 외면상으로는 합법적인 수단을 사용한 것처럼 보이나 합법화를 위한 그들의 투쟁은 돌격대 Sturmabteilung, SA와 친위대 Schutzstaffel, SS를 동원한 선전과 테러를 수단으로 하여 이루어졌다. 정치학자 브레히트 Arnold Brecht의 회고에 따르면 1931~1932년 사이 나치스의 돌격대나 친위대에 의한 충격이나 포격, 재산과 인명피해를 노리고 사전에 면밀히 계획된 소요가 단 한 주도 빼놓지 않고 자행되었으며, 이러한 그들의 행위는 1932년 1월 뒤셀도르프의 산업자본가 클럽 Industrieklub에서 행한 히틀러의 연설을 통해 공산주의에 정면으로 대결하는 애국적 행위로 찬양되었다.[3] 히틀러가 재상으로 취임한 후에 일어난 1933년 2월 27일의 의회 방화 사건을 비롯하여, 3월 5일의 선거를 치르면서 자행된 각종 테러 사건, 그리고 3월 23일의 수권법 통과 과정에서 연출된 회의장 내에서의 나치스 돌격대와 친위대의 살벌한 순찰 행동 등이 바로 이러한 공포정치의 단면들이라고 하겠다. 그리고 이 같은 테러의 제1 목표는 공산주의자였다. 히틀러는 위에서 언급한 뒤셀도르프의 기업가들을 상대로 나치당의 정강을 설명하는 과정에서 "우리는 마르크스주의를 그 뿌리 끝까지 완전히 제거하기로 단호히 결의했다"고 공언했던 것이다.[4]

---

2) 1933년 2월 27일의 방화로 사용이 불가능하게 된 의사당을 대신하여 크롤 Kroll 오페라 하우스에서 개최된 이날의 회의에는 새로 선출된 공산당 의원 81명 전원과 사민당 의원 120명 중 26명이 수권법의 통과에 필요한 3분의 2를 맞추기 위해 연금되거나 출석 방해를 받았다. 그 결과로 수권법은 사민당수 벨스 Otto Wels의 반대 토론에도 불구하고 전체 의원 538명 중 444명이 출석하여 사민당 의원 94명만이 반대한 채 통과되었다. Michalka, 앞의 책, S. 648~49; Craig, 앞의 책, pp. 575~78. Arnold Brecht, *Prelude to Silence: The End of the German Republic*, Oxford University Press, New York 1944, pp. 97~102.
3) Brecht, 앞의 책, pp. 62~64. Craig, 앞의 책, p. 557도 보라.

그러나 이처럼 급박한 상황에도 히틀러의 파시즘에 도전하는 노동운동과 사민당, 공산당의 좌파연합은 이루어지지 못했다. 우선 노동운동은 전국적으로 산발적인 파업을 진행하면서 사민당 지도부의 결단을 기대했지만, 히틀러가 재상에 임명된 다음 날인 1933년 1월 31일자의 사민당 기관지 『포아베르츠』는 모든 투쟁을 합헌적 테두리 내에서 전개함으로써 결정적인 투쟁을 위한 총력을 유지할 것을 호소하는 사민당 지도부의 성명을 게재했다. 게다가 사민당과 공산당 연합은 코민테른을 통해 언제나 모스크바의 지시를 따르는 공산당에 대한 사민당의 불신으로 성사되기 어려웠다.[5]

이처럼 히틀러의 집권에 대한 좌파 정당과 노동조합의 세력 집결이 지지부진한 상황에서, 히틀러 내각은 2월 23일 경찰과 나치스의 돌격대와 친위대를 동원하여 독일공산당 중앙위원회가 위치한 칼-리프크네히트 하우스Karl-Liebknecht-Haus를 점령하여 모든 것을 산산조각 내버렸다. 그리고 2월 27일 오후에는 국회의사당 건물에 방화를 하고, 28일 밤까지 1만 명을 상회하는 공산주의자들을 체포했다. 그리고 5월에 접어들어서는 노동조합을 차례차례 점령하여 그들의 재산을 몰수하고 간부들을 투옥했다. 이제 이 같은 폭력 행위는 마침내 베를린을 비롯한 대학 도시에서의 분서(焚書) 행위로 이어졌다.

---

4) *Geschichte der deutschen Arbeiterbewegung*, hrsg. vom Insititut für Marxismus-Leninismus beim ZK der SED, Bd. 4, Berlin 1966, S. 565. Heinz Stern und Dieter Wolf, *Das große Erbe: Eine historische Reportage um den literarischen Nachlaß von Karl Marx und Friedrich Engels*, Dietz Verlag, Berlin 1972, S. 108에서 재인용.
5) 실제로 제3제국 시대의 독일에서는 프랑스에서와는 달리 파시즘에 대항하는 좌파연합은 결코 이루어진 적이 없었다. 그리고 프랑스에서와 같은 인민전선Volksfront도 형성된 바 없었다. 이는 독일의 반나치 저항운동이 실제로는 사병이 없는, 따라서 서로에 대한 아무런 횡적 정보도 없이 각개 약진하는 장교들의 운동에 불과한 특징을 지녔기 때문이다. Craig, 앞의 책, pp. 667~72를 보라.

'시인과 사상가'의 나라로 불리던 독일은 이제 그들의 정신적 유산을 불태우는 사태에 직면한 것이다. 특히 5월 10일, 베를린의 카이저 빌헬름 대학Kaiser Wilhelm Universität Berlin 앞의 오페라하우스 광장에서 벌어진 마르크스, 하이네, 프로이트, 하인리히 만, 레마르크Erich Maria Remarque, 캐스트너Erich Kästner, 오시에츠키Carl von Ossietzky, 투홀스키Kurt Tucholsky 등의 저서들을 장작불더미 위에 던져 불사르는 끔찍한 의식das kulthafte Ritual은 나치스가 자행한 반지성적 테러리즘의 전형적인 예다. 그리고 이러한 분서의 대상에는 마르크스만이 아니라 엥겔스, 레닌, 베벨, 리프크네히트, 룩셈부르크, 브레히트 등의 사회주의자나 공산주의자 등 좌파 지식인들의 저작이 포함되었음은 물론이다.[6)]

이처럼 독일에서 나치스의 독재체재를 치밀하게 정착시키기 위한 작업은 먼저 바이마르 시대의 제도와 조직을 제거하고, 이에 불가결한 것들은 규제·조정하는 작업을 선행하는 것이었다. 다시 말하면 모든 조직이나 제도를 동일한 전동장치(傳動裝置)gear에 연결시키는 통제를 행하게 되는데, 나치스는 이러한 통제가 전면적으로 적용될 경우 발생할 수 있는 불의나 공포, 그리고 낭자한 유혈을 숨기기 위해 중립적 의미의 **글라이히샬퉁**Gleichschaltung(同一連動裝置)이라는 은밀하고도 비인격적인 용어를 사용했다. 나치 정권은 공무원의 숙정, 바이마르의 정당 제도 폐기, 연방 각 주의 정부와 의회 및 제국 참의회

---

6) Stern und Wolf, 앞의 책, S. 109~10; Craig, 앞의 책, p. 649; Michalka, 앞의 책, S. 661. 오늘날 베를린의 훔볼트 대학이라 불리는 이 대학의 정문 맞은편 오페라하우스 광장에는 이날의 분서 행위를 기억하기 위해 현장에 사방 2미터 정도의 호(壕)를 파서 지하에 텅 빈 책장을 진열해놓은 기념물이 설치되어 있다. 그리고 2006년 월드컵 경기가 개최되던 시기에는 바로 그 자리에서 분서의 대상이 되었던 시인, 사상가들의 책들을 쌓아놓은 조형물이 이 광장에 전시되기도 했다.

Reichsrat의 해산, 그리고 간부 교체를 통한 노동조합운동의 개편을 단행했으며, 1938년 2월에는 군대의 개편까지도 단행했다.[7]

이제 바이마르 시대의 정당 제도를 더 이상 용납하지 않으려는 나치스는 2월 하순 독일공산당의 해산에 그치지 않고, 4개월 후인 6월 22~23일에는 사민당까지도 국가와 독일 국민에게 유해한 조직이라 선언하고 이를 해산시킨 뒤 그 재산을 몰수했다.[8] 나치스의 단계적인 정책의 시행은 사민당에게는 지극히 수동적인 것이긴 했으나 공산당과는 달리 4개월의 여유가 허용되었기에 이러한 외적 사태에 대처할 최소한의 여지가 생겼던 것이다. 우선 정당 소유 재산의 몰수와 관련한 검찰총장의 명령은 5월 10일까지 여유가 있었기에 비스마르크 시대에 겪었던 사회주의자 단속법Sozialistengesetz의 경험을 바탕으로 히틀러 집권 직후부터 그들은 해외에서의 활동을 위한 안전한 자금을 확보할 대책을 강구했다. 그리고 해외의 사민당 망명 지도부 Exilvorstand der SPD, SOPADE를 위한 논의도 진행되어 당 간부회의 해외 대표들은 5월 4일 베를린을 떠나 자알브뤼켄Saarbrücken을 거쳐 5월 중순에는 체코의 프라하에 자리를 잡도록 조치했다.[9]

---

7) Craig, 앞의 책, p. 578.
8) 같은 책, pp. 580~81 ; Stern und Wolf, 앞의 책, S. 111.
9) Paul Mayer, "Die Geschichte des sozialdemkratischen Parteiarchivs und das Schicksal des Marx-Engels-Nachlasses," *Archiv für Sozialgeschichte*, VI./VII. Band, 1966/1967, S. 81~83. 이때 선출된 SOPADE의 지도부는 다음과 같다. 당의장 벨스, 부의장 포겔Hans Vogel, 재무담당 크루머넬Siegmund Crummenerl, 『포아베르츠』편집자 슈탐퍼Friedrich Stampfer, 사민당 원내총무 헤르츠Paul Hertz(뒤에 당-아키브의 책임을 맡다), 사회주의 청년노동자단 의장 올렌하우어Erich Ollenhauer. 같은 글, S. 80 ; Mario Bungert, *"Zu retten, was sonst unwiederbringlich verloren geht." Die Archive der deutschen Sozialdemokratie und ihre Geschichte*, Friedrich-Ebert-Stiftung, Bonn 2002, S. 45~46도 보라.

## 2장
## 독일사민당-아키브와 마르크스-엥겔스 유고의 소개[10]

나치스의 전면적인 통제정책의 결과로 독일 내에서의 정치적 활동이 금지된 이 시기 사민당 지도부는 국내에서의 지하투쟁과 국외에서의 망명 지도부 수립이라는 긴박한 상황에 직면해 있었다. 한편 그들의 또 다른 중대 관심사는 어떻게 하면 마르크스-엥겔스의 유고와 당-아키브에 보관된 자료들을 안전하게 이송·보관하느냐의 문제였

---

[10] 1933년 1월, 히틀러 집권 이후 마르크스-엥겔스의 유고를 포함하는 사민당-아키브의 소개에서부터 1938년 5월, 그것이 암스테르담의 국제사회사연구소ISG에 매각되기까지의 과정은 마이어와 슈테른/볼프의 글에 구체적으로 보고되어 있다. 전자는 이 글이 쓰인 1966년 당시에 사민당-아키브 소장으로서, 역사가인 저자가 철저히 구체적 문헌과 증언에 근거하여 집필한 방대한 객관적 논문인데 반해, 후자는 구동독 시절 사회주의통일당SED 중앙위원회의 기관지인 『노이에스 도이칠란트Neues Deutschland』의 기자인 두 저자가 마이어의 정보를 근거로 하여 르포르타주 형식으로 쓴 신문 연속기사를 책으로 출판했다는 차이가 있다. 저자는 이 부분의 서술에서 최근 그 자료가 처음으로 공개된 SOPADE와 소련과의 유고 매각 교섭을 제외하고는 이들 2개 저작, 특히 전자에 크게 의존했다. 그리고 2002년에 출판된 붕게르트의 저서를 통해 전술한 2개 저작에서 빠진 부분을 보완했다.

다. 특히 반마르크스주의적 콤플렉스를 보이던 나치스로서는 얼마든지 마르크스-엥겔스의 유고를 포함한 당-아키브의 자료를 압수하여 불태울 수 있었으므로, 사민당 지도부에게는 이들 자료를 해외나 안전한 장소로 소개하는 것이 급선무였다. 그러나 나치스의 경계를 피해 이들 전체를 일거에 옮기기란 불가능한 일이었다.

따라서 사민당-아키브의 소장 자료는 자연히 그 중요도에 따라 이를 소개하는 데 완급의 차이를 둘 수밖에 없었다. 독일의 사민당-아키브는 "다음 세대가 [사민]당의 역사를 알기 위해" 문헌적 자료로 이용하는 것을 "그들의 제1 목표로 하기"에, 우리가 이미 살펴본 바 있는 마르크스-엥겔스의 유고만이 아니라 독일의 사회주의의 역사를 증거하는 여러 가지 신문·잡지, 의정서, 연보Jahrbücher, 연감 Kalendar, 그리고 각종 참고문헌은 물론이요, 고대에서 현대에 이르는 사회주의의 고전적 문헌들까지 소장하고 있었다. 이에 1923년 11월에는 프러시아의 과학·예술·국민교육부의 장관이 그 가치를 인정하여 문화재로 보존할 것을 선언한 바 있었다.[11] 이 사민당-아키브에는 사민당의 역사와 관련된 수많은 문건Dokumente과 편지, 육필원고Originalmanuskripte도 수집되어 있었고, 이는 애초부터 아키브의 다른 부분과는 구별되어 일반 열람자의 이용은 물론 그것이 공개적으로 거론되는 것조차 기피했던 것이다. 그 가운데서도 마르크스-엥겔스의 유고는 "이전에는 물론 앞으로도 사회주의 운동의 힘과 신념의 원천이며, 성배(聖杯)와 같이 외경하는 보물이므로, 그것이 야비

---

11) 이 사민당-아키브는 1920년 5월 이래 독일에서 실시되고 있던 "기념물 및 예술품 보호 대장"에 "베를린. 제9호"로 등재되었다. Bungert, 앞의 책, S. 7. 이러한 종류의 아키브는 스웨덴과 핀란드에 예외적으로 존재했으나 아키브의 설립이나 장서의 보관은 독일의 사민당-아키브가 가장 대표적이고 모범적이었다. Mayer, 앞의 글, S. 76~77, 67~68.

하고 증오에 가득 찬 적의 자의(恣意)에 맡겨진다면 이는 배신과 자기소외에 필적하는 것"으로 인식되었다. 이들 유고는 프롤레타리아트의 해방을 위한 가장 강력한 무기였다. 따라서 마르크스-엥겔스의 유고가 사민당-아키브의 소장품 가운데서도 가장 귀중한 것임은 두말할 필요도 없다.[12]

베를린 사민당-아키브의 소장품은 그 자료의 중요도와 객관적 정세의 급박성 여부에 따라 크게 세 개의 경로를 통해 국외로 반출되었다. 우선, 제1 경로는 당-아키브 자료 중 마르크스와 엥겔스를 거쳐 사민당에 수합된 그들의 유고Marx-Engels-Archiv로서 이는 가장 이른 시기에 린덴 가의 당-아키브를 빠져나와 베를린 시내의 두 개 처에 은닉되었다가 브라이트샤이트Gerhard Breitscheid(1903년~)의 주선으로 마침내 덴마크 국경을 넘어 코펜하겐으로 피난하는 데 성공했다. 제2 경로는 당-아키브에 보관된 마르크스-엥겔스 저작의 초간본을 비롯하여 오래되고 희귀한 정기간행물들과 마르크스와 엥겔스를 비롯한 그들과 동시대인들의 저작과 서간, 그리고 제1인터내셔널과 관련된 자료와 러시아의 베부토프-아키브Bebutoff-Archiv 등이 나치스의 돌격대가 진입하여 건물을 점령하기 직전에 프랑스 정부와 대사관의 도움으로 극적으로 자료를 파리로 이송한 경우로, 이는 니콜라예프스키의 적극적인 노력을 통해 이루어졌다. 그리고 제3 경로는 자료의 소개가 워낙 황망 중에 이루어져 미처 이송하는 짐 속에 끼지 못한 채 남아 있던 자료들과 당 관계자가 이렇다 할 지시 없이 잔여 자료들을 임의로 이송하여 보관하거나 유실한 경우이다. 우리는 이들 각각의 경우를 마이어의 연구를 근거로 하여 간단히 살펴보

---

12) Mayer, 앞의 글, S. 68, 84.

고자 한다.

## 1. 마르크스-엥겔스 유고의 덴마크로의 소개

우선 이들 아카브 자료 중 가장 중요한 마르크스-엥겔스의 유고에 대해서는 마르크스주의는 물론이요, 지식인이나 학문 세계 일반에 대해 노골적인 혐오감을 보이던 히틀러가 집권함에 따라 사민당으로서는 고도의 경계심을 게을리 할 수 없었다.[13] 일찍이 비스마르크의 사회주의자 단속법에 의해 망명생활을 경험한 바 있는 사민당의 지도부에게는 사민당-아카브의 여러 소장품 가운데 최우선적으로 마르크스-엥겔스의 유고를 어떻게 하면 나치스의 돌격대나 친위대를 피해 해외의 안전한 장소로 소개할 수 있느냐가 초미의 관심사였다.

그러나 이미 1933년 2월 이래 국내의 정치적 정세가 나치스의 테러에 의해 급박하게 돌아가는 상황에서 한만하게 유고의 안전한 도피처를 물색하기란 불가능한 일이었다. 따라서 당시 사민당-아카브의 소장이던 힌릭센은 당의장인 벨스Otto Wels의 의견에 따라 2월 27일 의사당 방화 사건이 일어나기 이전[14]에 마르크스-엥겔스의 유고를

---

13) 히틀러는 집권 후, 외신기자들과의 인터뷰에서 지식인에 대한 자신의 혐오감을 다음과 같이 솔직하게 피력한 바 있었다. "불행하게도 우리는 지식인이 필요하다. 그렇지 않다면 우리는 아마―나로서는 잘 알 수 없지만―그들을 완전히 제거하거나 다른 방법을 택했을 것이다. 그러나 불행하게도 우리는 그들이 필요하다." Joachim C. Fest, "Rede Hitlers vor der deutschen Presse 10. Nov. 1938," *Vierteljahrshefte für Zeitgeschichte*, vi, Heft 2, 1958, S. 188. Craig, 앞의 책, p. 638에서 재인용.
14) 마이어는 유고의 이사 날짜를 1933년 2월 27일의 의사당 방화 사건이 일어나기 이전으로 보고하고 있으나 또 다른 문헌은 독일공산당KPD 중앙위원회가 점령당한 2월 23일

단단한 용기나 나무 상자에 담을 여유도 없이 포장지에 싸서 우선 베를린의 루터 가Lutherstraße에 위치한 도배장(塗褙匠)의 상점 im offenen Laden des Tapezierers으로 옮겨놓았다. 이 같은 응급조치는 그나마 벨스가 실내장식공 출신으로 아직도 이 직종의 동료이면서 당의장으로 있었기에 가능한 일이었다. 또한 이처럼 어수룩한 도배상에 그처럼 귀중한 보물이 은닉되었을 리 없다는 상식을 뛰어넘는 조치가 유고의 안전을 보장할 것이라는 배려가 있었던 것으로 보인다. 그러나 유고의 임시 보관처를 확인한 힌릭센은 이처럼 귀중한 유고가 축축한 바닥에, 그것도 도배지와 페인트 통 사이에 놓여 있다는 사실에 불안을 감추지 못했다. 더욱 난감한 일은 이 상점의 주인이 사민당의 당의장과 잘 아는 사이라는 점을 루터 가의 사람들이 이미 알고 있는 데다 상점에는 끊임없이 손님들이 출입했으므로 그사이 나치스의 돌격대가 들이닥친다면 이들 유고는 아무런 예고도 없이 압수되는 상황에 직면하게 된다는 점이었다.[15]

비록 정치적 정세가 터무니없이 급박하다 할지라도 이처럼 귀중한 마르크스-엥겔스의 유고가 아무런 안전장치도 없이 허술하게 다루어지고 있다는 사실은, 이를 아는 이들로 하여금 안달하지 않을 수 없게 만들었다. 마침 사민당의 원내사무국에서 이 문제가 거론되자 거기에 동석했던 사민당 국회의원의 아들이자 학술보좌관이던 게르하르트 브라이트샤이트Gerhard Breitscheid는 학창 시절 절친한 친구였

---

이후 사태가 급박해짐에 따라 유고의 이전을 서둘렀다고 보고하고 있다. 따라서 우리는 이를 2월 23~27일 사이에 이루어진 것으로 추정할 수 있겠다. Mayer, 앞의 글, S. 84~85; Stern und Wolf, 앞의 책, S. 111~12.

15) Stern und Wolf, 앞의 책, S. 112~13. 한편 이 시기의 유고의 이송에 관한 흔적을 추적할 수 있는 문건으로는 니콜라예프스키가 사민당 의장인 벨스에게 보낸 1935년 12월 18일자의 다음의 편지가 유일한 것이라고 한다. SOPADE-Akte G/142, SPD-Archiv, Bonn. Mayer, 앞의 글, S. 84 주 9).

던 같은 이름의 잘로몬Gerhard Salomon의 아버지 다비드David Salomon가 베스트팔렌 가Westfälische Straße 36번지에서 명사들의 육필 원고Autograph를 포함하여 희귀품들을 취급하는 골동품상을 운영하고 있음을 떠올렸다.[16] 그래서 그는 이들 마르크스-엥겔스의 유고를 다른 육필 원고들이 쌓여 있는 큰 창고 안에 같이 보관하면 다른 사람들의 눈에 띄지 않을 것이라는 의견을 제시하게 되었다. 브라이트샤이트의 이 제안은 곧장 당 지도부에 전달되었고, 당의장 벨스와 재무담당 크루머넬Siegmund Crummenerl(1892~1940)이 동의함으로써 유고는 4월 중순에 화물차에 실려 루터 가에서 베스트팔렌 가의 잘로몬 가게로 옮겨졌다.[17] 그리고 이 같은 유고의 이송에 따를 수 있는 미행을 피하기 위해 화물차는 베를린 시내를 이리저리 우회하여 그룬네발트에서 일단 멈춘 뒤 미행이 없음을 확인하고 잘로몬의 집으로 옮겨졌다.[18]

슈테른과 볼프는 마르크스-엥겔스의 유고가 잘로몬의 가게에서 처음으로 제대로 된 대접을 받았던 것으로 묘사하고 있다. 골동품상인 잘로몬은 비록 사회주의나 노동운동과는 아무런 인연이 없었으나 오랫동안 유명인의 육필 원고를 다루었기에 마르크스-엥겔스의 육필 원고에 관심을 표했다. 그는 거기에 쓰인 이론 때문에 위험에 놓인 원고를, 이론과 상관없이 육필 원고 그 자체가 갖는 가치로 평가

---

16) 잘로몬의 골동품상은 독일의 왕이나 왕녀, 그리고 시인, 작곡가들의 육필 원고를 주로 수집·판매한 것으로 전해지고 있다. Stern und Wolf, 앞의 책, S. 114.
17) 헥커는 이 이송 시기를 니콜라예프스키의 편지에 근거하여 이같이 보고 있다. Nikolaevskij an Paul Hertz, 21. Oktober 1933, Hoover Institution, Nikolaevskij Collection, 248/483/3. Rolf Hecker, "Die Verhandlungen über den Marx-Engels-Nachlaß 1935~36. Bisher unbekannte Dokumente aus Moskauer Archiven," *MEGA-Studien*, 1995/2, S. 5.
18) Mayer, 앞의 글, S. 85; Stern und Wolf, 앞의 책, S. 114~15.

하고, 특히 그것이 훼손의 위기에 직면했을 때 이를 도와 보존하는 것이 자신의 임무라고 생각했다. 따라서 그는 큰 묶음으로 포장된 유고들을 일일이 얇은 종이를 끼워 분류한 뒤 이를 다른 육필 원고들 사이에 안전하게 보관했다. 몰트케Moltke와 루이제 공주Prinzessin Luise, 황제 빌헬름Kaiser Wilhelm과 폰 슈타인 부인Frau von Stein의 육필 원고 사이에 숨겨진 마르크스-엥겔스의 유고는 가택수색에서도 발각되지 않고 살아남을 수 있게 되었다.[19]

이처럼 독일 내에서 마르크스-엥겔스 유고의 보관을 적극적으로 주선한 브라이트샤이트는 1933년 5월 중순경에 이미 연고를 가지고 있는 데다 언어에도 익숙한 덴마크로 이주하게 된다. 브라이트샤이트는 우선 독일과 인접한 덴마크의 퓌넨Fünen 섬 서쪽 해안에 위치한 아베르나에스 성Schloß Avernaes에 자리 잡았다. 이 성은 원래 그의 친구 게르하르트 잘로몬, 즉 앞에서 언급한 바 있는 마르크스-엥겔스의 유고가 은닉된 베스트팔렌 가의 골동품상 다비드 잘로몬의 아들이 소유한 집이었다. 독일과 인접한 이 지역은 브라이트샤이트 이외에도 나치스를 피해 망명해온 독일인들이 우선 피난처로 잡는 곳이기도 했다. 그런데 바로 이 게르하르트 잘로몬——역사물 저술가로 활동하는 그는 독일에서는 로게어 마돌Hans Roger Madol이란 이름으로 불렸다——이 곧장 아베르나에스로 찾아와 브라이트샤이트를 비난하면서 크게 화를 냈다. 그가 마르크스-엥겔스의 유고를 아버지의 집에 은닉함으로써 자신의 아버지를 위험에 빠트렸다는 것이다. 또한 마돌은 아버지가 비록 기독교로 개종했으나 유대인임을 잊어서는 안 된다고 강조하면서 하루라도 빨리 유고를 옮기도록 요구했다.[20]

---

19) Stern und Wolf, 앞의 책, 같은 곳.
20) Mayer, 앞의 글, S. 85; Stern und Wolf, 앞의 책, S. 116.

한편 사태가 급박해지자 브라이트샤이트는 그가 덴마크에 정착한 후에 교유를 가졌던 당시 덴마크 사민당의 서기 한센Hans Hansen(1903~1955)[21]을 찾아가 마르크스-엥겔스의 유고를 구출하는 데 도움을 줄 것을 요청했다. 이미 마르크스-엥겔스의 유고를 덴마크의 사민당이 보관할 의향이 있음을 천명한 바 있던 한센은 유고가 베를린을 떠나 국경도시인 플렌스부르크Flensburg에 도착하면, 그 시점부터 덴마크 사민당이 코펜하겐까지 유고의 이송을 책임질 것임을 분명히 했다. 그리하여 유고는 6월 초,[22] 먼저 베를린을 출발하여 슐레스비히-홀슈타인의 키일Kiel을 거쳐 덴마크 국경에 인접한 플렌스부르크로 이동하게 되었는데, 이에 대한 당시의 기록은 극히 부분적으로만 남아 있어 정확한 기간은 알 수 없으나 한 달이 넘지 않았다면 적어도 수주는 걸렸을 것으로 추정된다.[23]

마르크스-엥겔스의 유고가 어떠한 경로로 베를린을 빠져나왔는지는 알 수 없으나 그것이 우선 키일에 도착한 것은 분명했다. 따라서 키일의 사민당원들이 1933년 7월 중순경 이 유고를 인계받아 플렌스부르크로 옮겼는데, 슐레스비히-홀슈타인의 사민당 지부 간부인 리히하르트 한센Richard Hansen이 이와 같은 과업을 담당하게 되었다.[24] 물론 중요한 것은 일단 플렌스부르크에 도착한 이 짐들을 국경을 넘어 덴마크로 옮기는 일이었다. 국경을 넘는 위험한 작업은 독일과 덴마크의 청년 노동자들이 철도를 이용하고, 길이 험한 국경의

---

21) 그는 후에 Hedtoft-Hansen으로 개명, 1947~1950, 1953~1955년간 덴마크의 수상을 역임했다. Bungert, 앞의 책, S. 47의 주 121).
22) 헥커는 브라이트샤이트의 회고를 근거로 유고가 베를린에서 이때 출발했다고 보고하고 있다. Erinnerungen von Gerhard Breitscheid, notiert von Gerd Callesen (Arbejderbævegelesens Bibliotek og Arkiv, Kopenhagen). Hecker, 앞의 글, S. 5.
23) Mayer, 앞의 글, S. 86; Stern und Wolf, 앞의 책, S. 116.
24) Stern und Wolf, 앞의 책, S. 116~17.

협만(峽灣) 지역은 대낮에 등짐Rucksack을 지고 조립식 보트Faltboot나 협만의 나룻배Förderfähre, 그리고 때로는 고깃배를 이용하여 이루어졌다. 이처럼 어려운 유고의 월경(越境) 작업은 덴마크의 사민당원 안데르센Uwe Andersen에 의해 전체적으로 조직되었고, 독일 쪽에서는 플렌스부르크 북쪽 교외의 접경 지역인 하리슬레펠트Harrisleefeld(오늘날의 하리슬레Harrislee) 출신의 슈멜Wilhelm Schmehl이 적극적으로 협조해 이루어졌다.[25] 특히 슈멜은 이 지역 사민당의 지부장으로 국경 지역의 협만과 늪지의 지리에 밝아 유고의 밀반출에 크게 공헌한 것으로 기록되고 있다.[26]

이렇게 어려운 과정을 거쳐 나치스의 촉수를 피하여 국외로 소개하는 데 성공한 마르크스-엥겔스의 유고는 곧장 코펜하겐으로 옮겨져 덴마크 사민당의 책임 아래 보관되었다.[27] 그러나 덴마크로 소개된 마르크스-엥겔스 유고가 안전하게 옮겨졌다는 사실이 독일사민당 망명 지도부SOPADE에 알려진 것은 1933년 8월 말이었다. SOPADE에서 당-아키브 문제를 전담한 헤르츠Paul Hertz는 이 시기에 파리에서 개최된 사회주의 노동자 인터내셔널에 참가했다가 파리를 방문한 브라이트샤이트로부터 유고가 무사히 코펜하겐에 도착했다는 소식을 들었고, 이 소식은 그가 파리의 니콜라예프스키에게 보낸 10월 12일 자의 편지를 통해 확인되고 있다.[28]

---

25) Mayer, 앞의 글, S. 86의 주 14)를 보라.
26) Stern und Wolf, 앞의 책, S. 118~22; Mayer, 앞의 글, S. 86.
27) 유고는 국경을 넘는 과정에서 여러 개의 작은 짐으로 분산·운반되었기에 일단 덴마크에 안전하게 넘어온 유고들이 국경과 가까운 곳에 있는 퓌넨 섬의 아베르나에스 성에서 다시 수합(收合)·정리되어 덴마크 사민당에 인계된 것으로 추측할 수 있다. 그러나 브라이트샤이트의 후일의 증언에 의하면 그는 이들을 따로 일일이 검토하지 않고 베를린에서 온 유고를 그대로 코펜하겐에 인계했다고 마이어는 기술하고 있다. Mayer, 앞의 글, S. 86 및 88~89 주 21)을 보라.

전체적으로 보아 마르크스-엥겔스 유고가 덴마크로 소개된 과정이 구체적으로 잘 알려지지 않은 상황에서 1933년 12월 3일, 유고를 덴마크로 소개하는 비밀작전을 주선하고 주관한 브라이트샤이트가 사민당 지도부의 재무담당자인 크루머넬에게 보낸 다음의 편지는, 베를린 베스트팔렌 가의 잘로몬 골동품상에서 출발한 유고가 코펜하겐에 도착할 때까지의 사정을 간략하나마 일목요연하게 정리해주고 있다.[29]

아베르나에스, 1933년 12월 3일

**독일사민당 지도부 귀하**
**크루머넬 전교**
**프라하**

경애하는 크루머넬 동지!
귀하가 언급하신 아카이브 목록은 헤르츠 동지로부터 제가 코펜하겐으로 이송한 아카이브 자료를 그곳에서 누군가가 맡아서 목록화하도록 했으면 좋겠다는 전언과 더불어 도착했습니다.
그와 관련하여 본인은 본인이 마침 코펜하겐에 체재할 때 이 자료를 덴마크의 정당에 넘겨 신탁케 한 한스 한센 동지에게 이 문제를 누군가에게 맡겨 처리해주도록 청한 바 있습니다. 그리고 그는 귀하가 언급한 동지를 선택했기에 본인은 이 동지와 만나 이야기할 기회를 가졌습니다.[30]

---

28) Hertz Nachlaß, Verbleib des Parteiarchivs, Mayer, 앞의 글, S. 86에서 재인용.
29) Hertz Nachlaß, Verbleib des Parteiarchivs, 같은 글, S. 87~88에서 전재.
30) 이는 유고의 점검을 위해 SOPADE가 추천한 독일사민당의 전 국회의원 랄로프Karl L.

헤르츠를 통해 본인에게 전달된 목록은 코펜하겐에 보관된 자료의 목록이 아닙니다. 그것은 분명 그 위에 우연히 놓여 있던 것입니다. 코펜하겐에 보관된 자료 속에는 하나의 목록이 들어 있는데, 이는 힌릭센이〔자료를 이송할 때〕본인에게 넘겨준 바로 그 목록입니다. 이 목록이 거기에 있던 것과 일치하는지를 본인은 알 수가 없습니다. 귀하도 아시다시피 당시의 베를린에서는 그 많은 소포로 된 유고 Manuskript-Pakete를 하나하나 완벽하게 확인할 만한 시간이 없었습니다. 본인은 그 당시에 이미 모든 것이 정확히 일치하는지에 의혹을 가지고 귀하에게 이를 분명히 언급한 바 있습니다. 본인은 당시 당-아키브로부터 본인에게 이양된 자료에 첨부된 내용 목록이 소포의 내용물을 실제로 기술한 것인지에 대한 아무런 보증도 위양받지 않았습니다. 이에 반해 본인은 당시 본인이 주선하여 덴마크로 이송하고, 현재 코펜하겐에 실제로 보관되어 있는 '모든 것alles'에 대한 갖가지 보증jede Garantie을 인계받았습니다. 지금 이곳(브라이트샤이트가 거주하는 아베르나에스 성)에 보관된 두 개의 소포 역시 일간 코펜하겐으로 보내질 것입니다. 이 소포에는 마르크스〔에〕의 조사(弔辭)Leichenrede von Marx[31]를 포함한 유고들이 들어 있기에 본인으로서는 우편으로 보내고 싶지 않기 때문입니다.

어떤 경우건 지금 코펜하겐에 보관된 자료의 목록이 일단 완성된다면 그것은 매우 유용할 것입니다. 한센이 본인에게 알린 바에 따르면 초고의 정리 상태는 참혹합니다. 이는 당-아키브가 이들 자료를 체계적으로 정리하지 않은 데다, 이의 정리 순서도 그것을 이송하면서 인

---

Raloff(1899~1976)를 가리킨다.
31) 편지의 원문에는 "마르크스의 조사"로 되어 있으나 유고 목록에는 "마르크스에의 조사 (164. Leichenrede auf Marx)"로 되어 있다. Mayer, 앞의 글, S. 182.

계된 상태 그대로 보관되어 있기 때문입니다.

　이로써 본인은 모든 의문이 명백히 천명되었기를 희망합니다. 만약 여기에 의문이 있으시다면 본인은 언제나 귀하의 하문(下問)에 응할 것임을 분명히 합니다. 본인 자신은 이 시점에서 모든 자료를 당에 인계했으므로 더 이상 마르크스-엥겔스의 육필 원고에 직접적인 영향을 미칠 생각이 없습니다. 나아가 귀하께서는 본인이 이들 자료를 가져와 안전하게 보관할 수 있는 충분한 공간을 확보할 수 없으며, 본인 자신이 과거나 현재에도 이곳이나 덴마크에 얼마나 오래 머물지를 확신할 수 없음을 이해하시게 될 것입니다. 코펜하겐에서는 [덴마크의 사민]당이 이들 모든 자료를 은행의 금고에 보관하고 있습니다.

귀하와 당 지도부 제위께 인사를 보냅니다<br>
당신의 게르하르트 브라이트샤이트 [서명]

　이 편지는 당시 코펜하겐에 보관된 마르크스-엥겔스 유고의 정리와 목록화 문제를 다루고 있으나, 유고의 소개가 내용물의 목록도 작성하지 못할 정도로 황망하게 진행되었음을 생생하게 보여주고 있다. 나아가 이들 자료의 소개를 주도한 브라이트샤이트는 이제 그가 맡은 소임을 완수했으므로, 망명 중인 자신의 처지를 고려하여 SOPADE Exilvorstand der SPD가 자신을 코펜하겐에 보관된 자료에 대한 책임에서 면제해줄 것을 강력히 희망하고 있다.

　우리는 앞의 편지를 근거로 하여 코펜하겐에서의 유고 정리 과정을 다음과 같이 재구성할 수 있다. 브라이트샤이트로부터 사민당-아카이브의 유고를 인계받은 덴마크 사민당의 서기 한센은 우선 이들 자료를 정리해야 할 필요성을 느끼게 되었다. 그리하여 프라하에 망명해 있던 독일사민당 지도부SOPADE와 합의해 덴마크에 망명해 있던 독일사민당 출신의 국회의원이요, 저널리스트인 랄로프Karl Raloff로 하여금 SOPADE가 브라이트샤이트에게 보낸 문서 목록Sachverzeichnis을 근거로 자료의 결손 여부를 점검하게 했다. 검열 결과 "전단의 형태를 가진 자료는 전혀 정리되지 않았고," 다른 아키브 자료는 프라하에서 보내온 목록과 전혀 일치하지 않았다. 이 과정에서 한 상자에는 "목록 I"이라 쓰인 서류가 발견되었는데, 거기에는 "칼 마르크스"와 "프리드리히 엥겔스"로 구분된 229묶음Konvolute의 유고와 문서 목록이 발견되었다.[32] 랄로프는 이 목록에 근거하여 유고를 검토한 결과 8개의 묶음이 포함되어 있지 않음을 확인했다.[33] 그리하여 그는 이 결여된 8묶음의 자료는 아직도 브라이트샤이트가 보관하고 있는 것으로 추측하여 이를 곧장 코펜하겐으로 보내주도록 부탁했다. 그러나 브라이트샤이트가 보관하고 있던 2개의 소포는 베를린의 골동품상 잘로몬이 덴마크의 아베르나에스에 있는 아들을 만나러 올 때 손수 들고 온 가방에 들어 있었다. 이 소포에는 앞에서 언급한 바와 같이 "마르크스[에]의 조사"와 같이 귀중한 문건이 포함되어 있

---

32) 목록 I의 구체적 내용은 Mayer, 앞의 글, S. 168~84의 부록 VI. "Inventar des Marx-Engels-Archivs"에 게재되어 있다. 여기에는 마르크스의 유고가 묶음 번호 1-121로, 엥겔스의 유고가 묶음 번호 122-229로 나열되어 있다.

33) 이 8개의 결손 자료는 다음과 같다. 우선 마르크스의 유고 가운데서는 **5**. Aus: Buchanan, Eusor, Sismondi, Quesnay, Baudeau, Nothe etc./**20**. Zu: Agrikultur u. Handelsstatistik: [⋯]/**36**. Aus: Werken engl. Nationalökon.: [⋯]/**37**. Zu: engl. Handelskrise, Währungsfragen etc.: [⋯]Zu: engl. Krise, Währungsfragen: [⋯]/**121**. Zur Kritik der polit. Oekonomie: Heft I-XXIII과 같이 Nr. 121의 방대한 묶음을 포함하여 5개 묶음이, 엥겔스의 유고 가운데서는 **170**. Oekonomie und Verbrauch, ad Deutsche Ideologie./**183**. Kingslake über die Schlacht an der Alma, Artilleristisches aus Amerika./**204**. Entwurf eines Briefes an eine Redaktion betr. 'Verein von Vaterlandsfreunden' 3개의 묶음이 발견되지 않았다. Mayer, 앞의 글, S. 168~84, 특히 S. 168의 각주를 보라.

었으나 "목록 I"에서 없어진 것으로 판명된 유고는 끝내 발견되지 않았다.[34]

코펜하겐에 도착한 유고들을 분류하고 정리하는 일은 그 이듬해인 2월 말에 완료되었는데, 이는 이들 유고가 베를린 린덴 가의 사민당-아키브를 떠난 지 꼭 1년이 지난 뒤였다. 그리고 랄로프는 "목록 I"에 수록되지 않은 적지 않은 자료들을 "목록 II"로 별도로 작성했는데, 이들은 "목록 I"의 마지막 묶음 번호 229에 이어 230번 묶음에서 360번째 묶음으로 분류·정리되었다.[35] 따라서 이들 모든 자료는 두 개의 상자에 나뉘어 덴마크 노동자은행Arbejdernes Landsbank의 금고에 보관됐다. 특히 그중 한 상자에는 자물쇠를 달고 그 열쇠는 이들 유고의 목록을 가지고 있는 덴마크 사민당의 출납과장 클뤼버 C. Klüwer가 맡았다.[36]

---

34) Mayer, 앞의 글, S. 87~89; Stern und Wolf, 앞의 책, S. 119. 한편 리스트에 묶음 번호 121로 기재된 1861~1863의 마르크스의 경제학 노트(모두 23권)는 당초 엥겔스에 의해 엘리노 마르크스에게로 유증(遺贈)되었다가『잉여가치 학설사』의 편찬을 위해 카우츠키에게로 넘어갔다. 카우츠키는 이 유고를 근거로『잉여가치 학설사』3권 4책(1905~1910)을 출판한 뒤 이를 1920년대 초까지 보관했다가 마침내 사민당-아키브에 인계했다. 그리고 이 유고는 1923년 가을 이후 구소련의 MEI에 의해 사진 복사되었다. 그러나 "목록 I"에 포함되었던 이 유고는 1933년 말에서 1934년 2월 사이에 코펜하겐으로 소개된 마르크스-엥겔스 아키브 자료의 실사 과정에서 그 산실(散失)이 확인되었다. 따라서 이 유고는 1933년 유고가 덴마크로 소개하기 이전에 이미 마르크스-엥겔스의 유고에서 빠져나간 것으로 추정된다. 그 후 이 유고는 1936년 소련의 마르크스-엥겔스-레닌 연구소가 빈의 골동 중개상 크리거Marek Krieger를 통해 고가로 매입한 것으로 되어 있다. MEGA² II/3.1 Apparat(1976), S. 18~19; Rolf Hecker, "Fortsetzung und Ende der ersten MEGA(1931~1941)," S. 260. 한편 미슈케비치의 미발간 초고에 의하면 이 유고의 매각 교섭은『그룬트리세』와 더불어 1936년 초에 개시되어, 1936년 6월에 목록이 제시되고 10월에 매각이 완료된 것으로 전하고 있다. Larisa Mis'kevič, "Zur Überlieferungsgeschichte ökonomischer Manuskripte von Marx in Moskau"(unveröffentl, Manuskript), 저자는 이 초고를 읽고 인용할 수 있는 기회를 준 미슈케비치와 헥커 교수에게 감사를 표한다.

35) 목록 II의 내용은 Mayer, 앞의 글, S. 185~89에 게재되어 있다.

## 2. 독일사민당-아키브의 실질적 중심 자료의 파리 이송

　독일사민당-아키브 소장 자료에 대한 제2의 구출 작업은 1933년 3월에 시작되어 5월에 이루어졌다.[37] 원래 이 작업은 사민당이 주도한 것이 아니라 서구에 망명해 있던 러시아 사회주의자들에 의해 선도되었다. 특히 독일과 프랑스에 흩어져 있던 멘셰비키들은 히틀러의 집권이 독일, 특히 베를린의 사민당-아키브에 별도로 보관된 그들의 자료를 위협하고 있음을 알고 이의 구출 작업에 앞장서게 된 것이다.

　이 구출 작업은 이미 우리가 앞에서 살펴본 바 있는 니콜라예프스키에 의해 주도되었다. 그는 러시아의 멘셰비키로서 당시 사회주의와 노동운동, 그리고 마르크스-엥겔스의 유고와 서지(書誌) 등에 비상한 관심을 갖고 있던 해박한 문헌학자로, 모스크바의 마르크스-엥겔스 연구소MEI의 베를린 통신원으로 일하고 있었다. 특히 그는 이 시기에 모스크바의 MEI를 위해 사민당-아키브에 보관되어 있던 마르크스-엥겔스의 유고를 비롯하여 당-아키브가 소장한 각종 문

---

36) Raloff an Crummenerl, 23. Februar 1934, IISG, Dossier, "Gechichte des Marx-Engels-Nachlasses." Hecker, "Die Verhandlungen über den Marx-Engels-Nachlaß," S. 5. Mayer, 앞의 글, S. 89; Bungert, 앞의 책, S. 38에도 같은 내용의 서술이 보인다. 한편 덴마크의 노동운동 도서관과 아키브에는 다음과 같은 랄로프의 미발간 초고가 소장되어 있는 것으로 보고되고 있다. Karl L. Raloff, "Ein bewegtes Leben. Erinnerungen" (Ms.), Arbejderbevægelsens Bibliotek og Arkiv, Kopenhagen, Archiv Nr. 51("Der Marx-Engels-Nachlaß in Kopenhagen").

37) 마이어는 이 구출 작업이 개시된 시기를 밝히지 않고 있다. 그러나 슈테른/볼프의 보고에 의하면 베를린의 프랑스 대사 프랑수아-퐁세가 독일사민당-아키브 자료의 소개와 관련하여 사민당 지도부와 처음으로 접촉한 것은 3월이라고 한다. Stern und Wolf, 앞의 책, S. 123.

건의 복사 책임을 맡았기에 사민당-아키브의 중요성에 대해서 누구보다도 잘 알고 있었던 것이다.

베를린의 정치적 사정이 급박해지자 니콜라예프스키는 우선 사민당-아키브에 별도로 보관되어 있지만, 자신이 관리하고 있던 베부토프-아키브Bebutoff-Archiv를 비롯한 멘셰비키의 지도자 악셀로드의 유고와 엄청나게 늘어난 러시아 측 자료를 구출해야 할 필요성을 절감했다. 따라서 그는 우선 MEI의 통신원으로 파리에 주재하는 수바린Boris Souvarine(1895~1984)에게 급박하게 변화하는 베를린의 정치적 사정을 전하며 도움을 요청했다. 이에 수바린은 곧장 당시 프랑스의 문교부 장관이던 드 몽치Anatole de Monzie(1876~1947)를 찾아가 베를린에 있는 러시아 관련 자료가 갖는 중요성을 역설하고 이의 구출을 호소한다. 이미 사회주의 이론이나 러시아 망명자들의 문제에 대해 개방적인 입장을 가지고 있던 드 몽치는 이들 자료가 멘셰비키와 볼셰비키를 포함하는 러시아사 연구에서 중요함을 인식하고, 즉석에서 베를린의 프랑스 대사 프랑수아-퐁세André François-Poncet를 전화로 불러 이 계획의 중요성을 설명하고 협조해줄 것을 부탁했다. 드 몽치의 구출 계획은 프랑스가 이들 자료를 매입하는 형식pro forma을 갖춤으로써 자료의 안전한 반출을 위한 조치를 취하는 것이었다. 수바린은 이에 덧붙여 이들 러시아 관련 자료가 파리에 도착하면 프랑스 국립도서관이 이를 수용할 수 있도록 국립도서관장인 캥Julien Cain에게도 준비를 부탁하자는 입장이었다. 그러나 드 몽치의 경우 당장에 중요한 일은 이들 귀중 자료를 아무런 손상 없이 나치 독일로부터 반출하는 것이므로 다른 일은 그다음으로 미루는 것이 순리라고 생각했다. 어쨌든 이러한 과정을 거쳐 러시아 관련 자료의 소개가 결정되자 수바린은 이 사실을 니콜라예프스키에게 알리면서 나머지 소

개 작전은 현지에서 베를린의 프랑스 대사와 협력하여 전개하도록 부탁했다.[38]

사민당-아키브가 별도로 보관하고 있던 베부토프-아키브는 원래 1913년 독일사민당이 러시아 망명객 베부토프David Bebutoff (1850~1929) 공작과 임시 소유계약을, 그리고 1922년에는 정식 계약을 통해 그것이 명문화되었기에 아키브 자료를 이송하기 위해서는 사민당 지도부의 승인이 필수적이었다. 이에 따라 1933년 3월 베를린의 프랑스 대사 프랑수아-퐁세는 사민당 지도부에 사민당-아키브가 소장한 러시아 자료를 프랑스로 반출하는 데 대한 협조를 요청하게 된다.[39] 이 시점에서도 당-아키브의 실질적인 중심 부분을 해외로 반출할 것인가의 문제를 결정하지 못한 사민당 지도부는 사태의 급박함을 비로소 인식한다. 바로 이 기회가 아키브 자료의 중심 부분을 안전하게 해외로 반출할 수 있는 호기임을 깨닫게 된 것이다. 그러나 반출 교섭을 주관하는 프랑스 대사관은 반출 대상이 러시아 자료에 국한된다는 점을 강조하며, 독일 측 자료가 그 가운데 섞여 있을 경우 수송 도중 있을 수 있는 나치스에 의한 압류에 대해 책임을 질 수 없음을 강조했다.

이 과정에서 프랑스 대사관은 도서와 자료의 반출 책임자로 니콜라예프스키를 선임했고, 그는 사민당 당의장인 벨스의 요청에 따라 러시아 자료는 물론 독일 측 자료의 이송 준비도 동시에 진행했던 것으로 보인다. 당시 사민당 지도부 내에서는 자료의 이송을 에워싼 찬반 논쟁이 있었고, 벨스 역시 처음에는 자료의 반출에 부정적이었

---

38) B. Souvarine, "Comment les archives social-democrates ont été sauveés", *Le Contrat Social*, 1964 Bd. VIII, Nr. 4. Mayer, 앞의 글, S. 90~91. 수바린은 드 몽치와의 회담 이후 곧장 국립도서관장인 캥을 만났다고 보고하고 있다.
39) Stern und Wolf, 앞의 책, S. 123.

기 때문이다. 그러나 점차적으로 자료 반출의 급박성을 이해한 벨스는 프랑스 대사관과 구체적 합의에 이른 것으로 보이며, 반출의 책임을 맡은 니콜라예프스키에게도 자료의 안전한 이송에 최선을 다해 줄 것을 부탁했다.[40] 벨스는 또한 자신이 사민당 망명 지도부를 이끌고 해외로 떠나기 직전인 4월 29일, 베를린의 작은 맥주 집에서 니콜라예프스키를 만나 당-아키브의 반출에 대한 최종적인 준비 상황을 보고받았다. 당시 그는 이제야 안심하고 망명을 떠날 수 있게 되었다고 술회한 것으로 전해지고 있다. 그가 베를린을 떠난 것은 당의 모든 재산이 압류될 예정이었던 5월 10일이었으며, 그는 자알브뤼켄을 우회하여 망명지인 프라하로 향했다.[41]

사민당-아키브의 중요 자료 대부분과 러시아 관련 자료의 프랑스로의 반출은 1933년 5월 8일을 디데이로 잡았다. 린덴 가 3번지의 텅 빈 『포아베르츠』지 사옥에서는 아침 일찍 힌릭센이 당의장 벨스의 지시에 따라, 마르크스와 엥겔스 저작의 초간본을 비롯한 중요 문건들을 담은 뒤 안전장치를 한 3개의 상자를 지키며 아키브에 대기하고 있었다.[42] 악셀로드/베부토프-아키브를 포함한 중요 문서가 담긴 행낭(行囊)이 30개에 이르고, 니콜라예프스키의 제안에 따라 적지 않은 숫자의 독일 측 아키브 자료가 76개의 행낭을 채우고 있었

---

40) 프랑스 대사관 쪽이 이송 대상 자료를 러시아 측 자료에 국한한다고 지속적으로 주장한 것은 첫째로는, 안전 수송과 관련한 프랑스 측의 책임 문제와 관련된 것으로 보이며, 다음으로는, 사민당-아키브의 이송 사실을 러시아 망명객들에게 비밀로 하려는 사민당과 프랑스 대사관 측의 상호이해에 의한 배려라고도 추정된다. Mayer, 앞의 책, S. 91.
41) Mayer, 앞의 글, S. 91~92 주 26)을 보라.
42) 이들 3개 상자의 내용물은 다음과 같다. 제1상자: 마르크스-엥겔스 저작의 초간본, 바이틀링Wilhelm Weitling, 바우어Bruno Bauer 및 루게Arnold Ruge의 편지, 그리고 희귀한 오래된 정기간행물. 제2상자: 마르크스-엥겔스의 유고. 제3상자: 제1인터내셔널의 의사록, 사회주의자 단속법이 시행되던 시기의 사민당 대회의 육필로 기록된 의정서와 기타 문건. Mayer, 앞의 글, S. 92 주 28).

다.[43] 이들 화물은 소규모 운송회사의 수송 차량에 실릴 예정이었는데, 이처럼 애초에 작은 운송회사를 선택한 것이나 수송비를 후하게 설정한 것은 프랑스 대사관의 담당자가 운송 화물의 중요성과 위험성을 감안해 이런 점을 미리 니콜라예프스키에게 부탁한 때문이기도 했다.『포아베르츠』지 사옥 앞마당에서 트럭에 행낭을 실을 때는, 독일 측 자료가 든 행낭은 밑에 넣고 러시아 측 자료 행낭은 위로 넣어 전자를 위장하는 배려도 잊지 않았다고 한다. 한편 이처럼 행낭이 적재되고 있는 동안 가까이 있는 하젠하이데Hasenheide의 나치 돌격대 본부가『포아베르츠』지 사옥을 점거할 거라는 소문이 있어 니콜라예프스키는 급히 프랑스 대사관의 중개인을 통해 이를 알리고, 대사관은 곧장 베를린의 경찰청장 레베초프 제독Admiral a. D. von Levetzov에게 부탁해 건물의 점거를 이틀 동안 연기할 수 있었다.[44] 따라서 화물의 적재는 서둘러 진행되었지만 저녁녘이 되어서야 끝났고, 자정이 가까워서야 트럭이 파리로 출발했다는 소식을 니콜라예프스키는 운송회사의 전화를 통해 듣게 되었다.[45]

5월 8일 야밤에 베를린을 출발한 사민당-아키브 자료가 어떠한 경로를 거쳐, 또 언제 파리에 도착했는지는 분명치 않으나 당시 '전쟁도서관 및 박물관Bibliothèque et Musée de la Guerre'의 관장이던 블로흐 Camille Bloch가 문교부 장관인 드 몽치에게 보낸 9월 13일자의 기밀 편지를 통해 탁송 화물의 파리 안착이 확인된다. 편지에 따르면 러

---

43) 이들 행낭의 내용물에 대한 간략한 서술은 Mayer, 앞의 글, S. 92~93에 열거되어 있다.
44) 경찰청장이 프랑스와의 불편한 관계를 피하고자 이를 연기했다고 니콜라예프스키는 진술하고 있으나, 당시 베를린의 프랑스 대사였던 프랑수아-퐁세는 이런 사실 자체가 없었던 것으로 기억하고 있다. Mayer, 앞의 글, S. 94 주 33).
45) 이들 행낭의 수송에는 화물열차 두 칸을 빌렸다거나 프랑스나 체코의 외교행낭을 통해 이루어졌다는 설이 있으나 당사자들과의 교신을 통해 모두 불가능한 일이라고 마이어는 일축하고 있다. Mayer, 앞의 글, S. 93~94.

시아 사민당, 즉 멘셰비키의 도서는 장관의 결정에 따라 국립도서관 협회가 매입하게 될 것이라고 확인하고 있다. 이 편지에 따르면 베를린에서 도착한 화물을 검토해본 결과, 거기에는 멘셰비키 자료 이외에도 독일사민당의 문건들이 상당수 발견되었다고 하면서, 이와 관련하여 외국의 아카이브를 프랑스의 국립기관이 보관할 수 없다는 법규정이 있는데, 그럼에도 불구하고 이들 장서를 잠정적이나마 보관할 것인지 결정을 내려달라고 요구하고 있다.[46]

이에 드 몽치 장관은 실정법을 어길 수 없으므로 이들 아카이브 자료를 국립도서관이 아닌 다른 장소로 옮길 것을 지시했다. 자료는 우선 파리 소재의 러시아 망명자 본부Russische Exilzentrale에 잠시 옮겨졌다가 마르크스의 외손자인 장 롱게Jean Longuet의 주선으로 도르세가Avenue d'Orsay 9번지에 있는 국제노동조합연맹 본부Verwaltungsgebäude des Internationalen Gewerkschaftsbundes, IGB에 보관되었다.[47] 한편 이들 자료의 운송에는 모두 2,000프랑이 소요되었는데, 이 경비는 재외 멘셰비키 조직과 독일사민당의 망명 지도부SOPADE가 반출된 장서의 양이 비슷하므로 개산하여 반반씩 물기로 했다. 그러나 재정적으로 어려움에 처해 있던 SOPADE는 이를 6~9개월에 걸쳐 분납키로 했다. 그리고 SOPADE는 이 같은 운송비 결제 문제를 논의하는 과정에서 파리에 체재하는 니콜라예프스키에게 국제노동조합연맹 본부에 보관된 사민당 장서의 정리와 목록의 작성을 의뢰하게 되었다. 특히 니콜라예프스키는 SOPADE의 의장 벨스, 그리고 부의장

---

46) 같은 글, S. 94~95.
47) 이미 러시아 쪽 장서는 1933년 7, 8월경에 프랑스에 5만 프랑에 매각되어 독일사민당 문서와는 분리되었다고 전해진다. 따라서 IGB에 보관된 장서는 독일사민당의 장서에 덧붙여 매각된 후의 러시아 쪽 장서의 잔여분이 포함되어 있는 것으로 판단된다. 같은 글, S. 95와 주 36)을 보라.

포겔Hans Vogel(1881~1945)과의 마지막 회동에서 자신이 아카이브 자료의 안전에 대한 책임을 인수하고, 그 처분권은 당의장과 파울 헤르츠Paul Hertz(1888~1961)에게 있다는 점을 분명히 했다.[48]

한편 1934년 초 들어 국제노동조합연맹 본부는 연맹의 경비 절약을 위해 사용 중이던 건물의 한 층을 비워야 하는 상황이 되자 니콜라예프스키에게 연락해 사민당-아카이브 자료의 이전을 요구했다. 이에 그는 파리에 망명해 있던 독일의 사민당원 브라이트샤이트에게 조언을 구했고, 브라이트샤이트는 이를 힐퍼딩과 의논해 파리의 유명한 고등사범학교École Normale Supérieure에 피난처를 얻는 것이 어떻겠느냐는 결론에 이르렀다. 그리고 이 같은 제안을 들은 프랑스의 사민당수 레옹 블룸Léon Blum은 '훌륭한 생각'이라며 스스로 학교를 찾아가 이를 부탁했다.[49]

## 3. 제3의 경로를 거친 사민당-아카이브 소장 자료의 유출과 소개

한편 베를린의 당-아카이브에는 마르크스-엥겔스의 유고로 분류되지 않은 그들의 육필 원고나 관련 문건이 적지 않았다. 이들은 대부분 소장자들이 사민당-아카이브에 유증하거나 선물로 기증하고, 또는 당이 직접 매입한 자료로서 그중 일부만이 마르크스-엥겔스 유고에

---

48) 같은 글, S. 95. 니콜라예프스키가 SOPADE의 의장인 벨스를 만난 날짜는 알려진 게 없으나, 가장 구체적인 경우는 벨스가 1933년 8월 21~25일 사이에 파리에서 개최된 사회주의 노동자 인터내셔널 회의Konferenz der Sozialistischen Arbeiter-Internatonale에 참가한 기회에 니콜라예프스키를 만나 당-아카이브의 구출과 관련된 내용을 보고받은 것으로 되어 있다. 같은 글, S. 96.
49) Mayer, 앞의 글, S. 99.

편입되었기에 최초의 소개 대상에서 제외되었던 것들이다. 그러나 이 컬렉션에는 마르크스-엥겔스의 유고만이 아니라 문헌상 희귀한 그들 저서의 초간본이나 초기 노동운동과 관련된 정기간행물, 그리고 소중한 사회주의 관련 문헌들이 5개의 상자에 들어 있었고, 적어도 1933년 2월까지는 당-아키브의 책임자인 힌릭센이 보관·관리했던 것으로 확인되었다.[50]

사민당-아키브의 파리 이송에 결정적 기여를 한 니콜라예프스키는 1933년 8월 하순 벨스와 만난 자리에서 코펜하겐에 반출된 당-아키브를 포함하여 당시 해외에서 발견된 자료들을 모두 파리에 집결시킬 것을 제의하여 기본적인 이해를 얻었다. 따라서 니콜라예프스키는 곧장 중요한 아키브 자료가 들어 있는 이 5개 상자의 운명에 대해 프라하의 사민당 망명 지도부 SOPADE에 의문을 제기했다. 이에 대해 SOPADE는 이들 상자에 든 자료의 내용으로 보이는 긴 목록은 보관하고 있으나 당-아키브를 지키던 힌릭센의 소재를 파악할 수 없어 어디서부터 조사를 착수해야 할지 알 수 없다고 전해왔다. 더군다나 정보에 따르면 당-아키브에 근무하던 힌릭센과 캄프마이어가 체포되었으며, 후자는 고문을 받은 뒤 풀려났으나 힌릭센의 행방은 알 수 없다고 했다.[51]

이런 과정에서 니콜라예프스키는 1934년 여름, 베를린에서 온 방문객으로부터 당-아키브와 관련된 얘기를 듣게 된다. 즉 베를린 근교 지역에서 당 서기를 지낸 한 노인이 그의 집 난로 속에 사민당 지도부와 오스트리아 사민당 간의 교신 서류로 보이는 아키브 자료를 은닉했다가 체포되었다는 것이다.[52]

---

50) 같은 글, S. 89~90.
51) 같은 글, S. 96.

이처럼 파리의 니콜라예프스키가 사민당-아키브와 관련한 소식들을 수소문하는 한편, 네덜란드의 포스트후무스Nicolaas Wilhelmus Posthumus(1880~1960)는 당시 나치스에 의해 소멸할 운명에 놓여 있던 사회사 관련 자료를 수집·구출하는 일에 전념하고 있었다. 그는 1932년에 자신이 창설한 암스테르담의 "경제사 도서관Netherlandsch Economisch-Historische Archief, NEHA"을 근거로 하여 설립한 "국제사회사연구소Internaational Instituut voor Sociale Geschiedenis, IISG"의 당면한 활동을 바로 이 문제에 집중시켰다.[53] 행방을 알 수 없는 사민당-아키브의 5개의 문서 상자를 구출하는 일도 중요한 관심사였음은 물론이다. 그는 1935년 3월과 4월에 걸쳐 베를린에서 이들 문서 상자를 추적했으나 직접적 성과를 얻지 못했다. 그러나 그해 10월 8일, 베를린에서 여러 개의 상자를 획득한 포스트후무스가 그중 몇 개를 개봉했는데, 한 상자에서는 마르크스의 흉상(胸像)이, 다른 상자에서는 마르크스와 엥겔스, 다른 사회주의자들의 저서들이 발견되었다. 포스트후무스는 당시 예정되어 있던 연구소 이전 때문에 이들 상자의 내용물들을 일일이 검토하지 못한 채 암스테르담으로 돌아갔으나, 이 소식을 접한 헤르츠는 이들 자료가 2년 전에 힌릭센이 작성한 일람표와 일치하는 것으로 추측했다. 물론 포스트후무스는 자신이 힌릭센의 흔적을 발견했는지는 몰랐지만 안전상의 이유로 누가 이의 탁송자이며, 그 상자의 수가 몇 개인지를 밝히지 않았다. 그러나 실

---

52) 그러나 이 자료는 원래부터 당-아키브에 보관된 바 없었다고 프라하의 SOPADE는 확인했다. Mayer, 앞의 글, S. 96.
53) 포스트후무스와 국제사회사연구소에 관해서는 다음을 참고하라. A. J. C. Rüter, "Professor Mr. N. W. Posthumus," *Bulletin of the International Institute for Social History*, Vol. VIII, 1953, pp. 1~5. 정문길, 「국제사회사연구소와 소장 컬렉션」, 『에피고넨의 시대: 청년헤겔파와 칼 마르크스』, 문학과지성사, 1987, pp. 267~94.

제로 상자의 숫자는 5개가 넘었고, 거기에는 사라졌을지도 모르는 방대한 양의 장서, 문건, 그리고 중요한 기념물들이 들어 있었다.[54]

우리는 앞에서 사민당-아키브의 소장 자료 중 중요한 것들은 이미 코펜하겐과 파리로 이송되었고, 거기에서 빠진 적지 않은 중요 자료들이 힌릭센에 의해 베를린에 은닉되었다가 포스트후무스의 노력으로 수습되었음을 보았다. 그러나 사민당-아키브 자료의 또 다른 반출은 사민당사가 폐쇄된 1933년 5월 10일 이후에도 계속되었다. 이 과정에는 당 지도부의 지시로 인한 경우도 있었지만, 또 다른 경우에는 장서나 문건의 보호를 위해 특정인이 자의적으로 행한 경우도 있는 것으로 보인다. 1934년 6월에는 베를린의 유대인 지역에 사민당-아키브의 자료가 담긴 상자들이 있다는 풍문이 있었고, 같은 해 4월에는 당 선전부에 근무하던 플라타우Alfred Flatau란 사람이 바서토르 가Wassertorstraße에 지하실을 빌려 당사에 있던 가구와 아키브 자료를 2, 3대의 화물차에 싣고 와 보관한 경우가 있었다. 거기에는 『포아베르츠』지 연도별 묶음과 아키브 자료가 든 상자들이 포함되어 있었다고 한다. 그리고 1928~1930년 사이 사민당원으로 제국재상을 지낸 뮐러Hermann Müller의 개인 기록Handakten은 원래 아키브에 소속된 자료로서 캄프마이어가 조사와 정리를 위해 집으로 가져갔다가 제3제국 시대에 줄곧 그의 집에 보관한 것으로 보인다. 이는 1963년에 사민당-아키브에 다시 귀속되었다.[55]

---

54) Mayer, 앞의 글, S. 97. 1935년까지 베를린에 숨겨져 있던 이들 자료는 힌릭센의 권유에 따라 암스테르담의 국제사회사연구소로 인계된 것이라고 마이어는 보고 있다. 같은 글, S. 162의 주를 보라. 한편 힌릭센이 1933년에 작성하여 SOPADE에 보낸 문서 목록은 같은 글, S. 162~66에 부록으로 게재되어 있다. Bungert, 앞의 책, S. 48도 보라.
55) Mayer, 앞의 글, S. 98~99.

### 3장
# 망명 독일사민당의 재정적 압박과 당-아키브의 매각에 대한 유혹

마르크스-엥겔스의 유고를 포함한 독일사민당-아키브는 1933년 초, 히틀러의 집권과 나치스의 광포한 폭력에 직면하여 이렇다 할 준비도 없이 우선 그들의 힘이 미치지 않는 외국으로 소개되었다. 이로부터 1년이 지난 1934년 초 일부는 덴마크 코펜하겐의 은행 금고에, 또 다른 일부는 파리에 있는 고등사범학교에 둥지를 틀고 보관될 수 있었다. 그러나 후자, 즉 파리로 이송된 당-아키브의 중요 부분은 안전하고 지속적인 보관처를 구하지 못해 우선 파리 소재의 러시아 망명자 본부에 잠깐 머물렀다가 마르크스의 외손자 롱게의 소개로 국제노동조합연맹IGB 본부로, 그리고 다시 고등사범학교로 옮겨가는 등 임시방편의 응급조치를 취할 수밖에 없는 형편이었다.

이처럼 해외로 소개된 당-아키브를 보살펴야 하는 프라하의 사민당 망명 지도부SOPADE는 독일로부터 몰려오는 정치적 망명객들에게 조언과 도움을 주는 일조차 수행하기 어려운 지경이었다. 그들은 우선 주간지 『노이어 포아베르츠*Neuer Vorwärts*』를 비롯한 정기간행물과 여러 가지 형태의 팸플릿과 출판물들을 발간하여 독일로 반입하고, 국경 지대의 전령과 연락망을 구축·유지하는 일, 당료들의 급료 지급, 그리고 독일 내의 사민당 지하단체를 지원해야 하는 일 등 적지 않은 과업에 상당한 경비를 지출하지 않으면 안 되었다. 따라서 이미 해외로 소개하여 보관 중인 당-아키브 자료는 아직 심각하게 고려된 바는 없지만, 그것이 구체화될 경우 상당한 재산 가치를 갖는 것이었다. 더구나 재정적으로 극도의 어려움에 처해 있던 망명 사민당 지도부의 회계 담당자는 이런 생각을 떨치기가 힘들었을 것이다.[56]

사실 사민당-아키브는 당초에는 그 중요성이 충분히 인식되지 않아 "(사회주의) 운동의 의붓자식ein 'Stiefkind der Bewegung'"처럼 취급받았다. 따라서 이들을 정리·평가하는 작업이 쉽지 않았으리란 점은 피할 수 없는 일이라 하겠다. 그러나 20세기 들어서까지도 당-아키브와 관련된 비판이나 논의는 당 대회에서 거론된 바가 없었다. 이는 1914년 이전까지만 하더라도 사민당 자체가 아직도 정치적 의혹의 대상이고, 경찰의 감시 대상이었기에 사민당 지도부는 당-아키브와 관련한 언급을 피하며, 문서의 원전들을 숨기는 데 바빴던 사정 때문이기도 하다. 사민당 지도부로서는 당-아키브가 더 이상 의붓자식이 아니라 말썽꾸러기 자식Sorgenkind으로 여겨지게 되었다. 게다가 당-아키브를 유지하기 위해 관리자나 사서를 두고 자료의 구입을 위해 일정한 예비비를 준비하는 일 등은 재정적 측면에서도 전혀 무시할 수 없는 정도에 이르렀음을 말해준다.[57] 그런데 독일 내

---

56) Mayer, 앞의 글, S. 100.

의 부동산이 압류당하고, 인출 가능한 현금만을 가지고 망명길에 나선 사민당으로서는 당-아키브 자료의 해외 소개나 보관·관리가 개인이나 기관의 호의적 처우에도 불구하고 부담이 되지 않을 수 없었다.

실제로 1934년 4월, 국제노동자연맹 본부에 보관되었던 아키브 자료가 어렵게 임시 보관처인 파리 고등사범학교로 옮겨가는 즈음 사민당 망명 지도부의 회계 담당 크루머넬은 자료의 보관처를 얻는 데 이렇게 어려움을 겪는다면 당으로서는 차제에 이를 "누군가 우호적 정당에(an irgendeine befreundete Partei)" 매각하는 것이 나은 게 아닌가 라는 견해를 피력한 바 있다.[58] 이에 파리의 사민당-아키브를 보관·관리하던 니콜라예프스키는 사민당 지도부의 핵심 인사가 이러한 입장을 표명한 데 대해 다음과 같은 불만을 토로했다. 그는 "이의 매각 여부는 당연히 귀하의 수중에 달려 있기에 〔……〕 많은 어려움을 무릅쓰고 구출한 아키브의 운명에 대해 저로서는 왈가왈부할 생각이 없습니다"고 언급한 뒤 "우리 〔러시아인들〕은 15년에 걸친 망명생활 중에서도 오래된 아키브 문헌의 보존과 이의 확장에 높은 가치를 부여하고 있습니다. 〔……〕 망명 정당이 영광스러운 과거의 문건을 보존한다면, 이 과거는 그들을 되비추어, 그들로 하여금 그들 전통의 수호자로서의 명성을 얻게 할 것"이라고 밝혔다. 이어 니콜라예프스키는 이를 매각하기 위해 체신 없이 행동하는 일이 없기를 당부했다.[59]

---

57) 1906년 이래 당-아키브를 위해 일정 금액을 배정한 사민당은 1908~1909년에는 전체 예산의 0.5퍼센트를, 1926~1931년 사이에는 매년 약 1퍼센트를 배정한 것으로 보고되고 있다. 같은 글, S. 68~69.
58) 같은 글, S. 99.
59) Nikolaevsky an Hertz, 18. April 1934, Hertz-Nachlaß, Verbleib des Parteiarchivs. Mayer, 앞의 글, S. 99에서 재인용. Bungert, 앞의 책, S. 53에도 같은 구절이 "망명 중의 당 아키브"를 다룬 장의 앞머리에 인용되고 있다.

사민당 망명 지도부의 헤르츠는 당시로서는 당 지도부가 매각을 전혀 고려치 않고 있다면서 니콜라예프스키를 진정시켰으나, 이 같은 해명이 바로 프라하의 사민당 지도부 내에서 거론된 매각을 둘러싼 논의의 존재 자체를 부정하는 것은 아니었다. 이러한 사실은 베를린에서 이송된 당-아키브의 문건들이 파리에서 자리도 잡기 전인 1933년 6월, 크루머넬이 스위스의 사회주의 출판업자 오프레히트 Emil Oprecht로부터 기념비적 보존물인 사민당-아키브를 제네바에 새로 생기는 단체에 넘겨줄 수 없느냐는 제안을 받자 이를 논의키 위해 브라이트샤이트를 파견했던 사실로도 입증된다.[60]

## 1. 사민당-아키브의 매각, 혹은 대여와 관련된 최초의 제안

1934년 4월 말, 사민당 망명 지도부 SOPADE는 네덜란드 사민당 의장 알바르다 Johan Willem Albarda(1877~1957)로부터 네덜란드 경제사-아키브 NEHA의 포스트후무스 교수가 해외로 이송된 "당-아키브의 잔여분 Reste des Parteiarchivs"에 대해 관심을 표하고 있다는 사실을 알려왔다. 그런가 하면 같은 해 5월 27~28일 사이에 브뤼셀에서 개최된 사회주의 노동자 인터내셔널에 참가했던 망명 사민당 간부는 이 문제와 관련하여 알바르다와 더불어 구두로 논의한 적이 있다고 전하고 있다. 따라서 SOPADE는 네덜란드 측의 이러한 관심과 관련하여 6월 20일, 포스트후무스에게 편지를 보내 자료의 이용을 위해서는 이의 목록화가 전제되어야 하며, 보관과 대출 작업을 위해서도

---

60) Mayer, 앞의 글, S. 100~101.

상당한 경비를 마련해야 하는데 이것이 쉽지 않다는 점을 지적하고 있다. 그리고 당 지도부는 포스트후무스가 제시하는 1만 굴덴은 아직 사용할 처지가 아님을 밝히고 있다. 다시 말하면 당시의 SOPADE로서는 전적으로 정치적 투쟁이 우선이기에 당-아키브 자료의 이용은 생각할 수도 없고, 단지 그 보관이 최대의 관심사임을 분명히 했던 것이다.[61)]

그러나 마이어에 따르면, 구체적 논의의 전개는 알 수 없으나 망명 사민당의 재정 담당 크루머넬이 1934년 11월 암스테르담을 방문하여 포스트후무스와 당-아키브 문제를 재론한 것으로 되어 있다. 그리고 몇 개월이 지난 뒤 포스트후무스가 주도하는 계약 조건이 제시되었다. 다시 말하면 니콜라예프스키가 파리에서 진행 중이던 당-아키브의 목록화 작업이 예상외로 긴 시간이 걸리므로, 포스트후무스는 모든 아키브 자료를 무상으로 10년 동안 암스테르담의 사회사 연구소로 옮겨 학술적으로 이용하게 하는 것이 옳지 않겠느냐면서 다음과 같은 내용의 계약 초안을 제시했다.[62)]

독일사민당SPD 지도부와 하그Haag 소재의 네덜란드 경제사-아키브NEHA는 다음의 사항에 합의한다.
I. NEHA는 사민당-아키브의 목록화 작업과 아키브의 목록화와 보존에 필요한 경비를 부담한다.

---

61) 같은 글, S. 101. 한편 이와 거의 같은 시기에 뉴욕으로 망명한 프랑크푸르트 사회조사연구소가 파리나 제네바에서 활동을 전개하기 위해 사민당-아키브에 대한 재정적 지원을 모색했던 것으로 전해지나, SOPADE는 동 연구소의 공산주의자에 대한 교감 때문에 이를 기피한 것으로 전해지고 있다. 같은 글, S. 101~102의 주 61)을 보라.
62) 이 계약 초안은 포스트후무스가 1935년 2월 19일자로 사민당 지도부의 아키브 담당 헤르츠에게 보낸 것으로 되어 있다. 같은 글, S. 102. 마이어는 이를 **1934년 2월 19일**로 표기하고 있으나 전후의 문맥으로 보아 **1935년** 2월 19일의 오식으로 판단된다.

Ⅱ. SPD 지도부는 향후 10년간 사민당-아키브 자료의 목록화와 발행에 대한 독점권을 양도한다. 그러나 NEHA는 출판을 위한 사업을 막을 수 없다. SPD는 다른 곳anderweitig에 자료를 대여하는 권리를 갖게 된다.

Ⅲ. 이 아키브에서 인쇄된 자료의 복본Dubletten이 발견될 경우에는 그것을 NEHA에 양도된다.

Ⅳ. 아키브는 SPD의 지속적 재산이다.

포스트후무스의 이상의 계약 초안은 당-아키브의 매각 혹은 대여와 관련된 최초의 구체적 문건이었다. 그리고 그는 이 초안에 근거하여 체코슬로바키아 이외의 장소에서 SOPADE의 대표와 이 문제를 계속 논의하자고 제의했다. 그러나 SOPADE로서는 "당의 모든 지도적 동지가 모여 있는" 프라하를 떠나 다른 장소에서 논의되어야 한다는 포스트후무스의 이 같은 요구는 "필수적인 것도 유효한 것도 아니다"라는 이유로 거부했다.[63] 따라서 포스트후무스는 1935년 3월 16일 프라하에 도착하여 헤르츠와 이 문제를 논의한 뒤 그날 저녁 바로 베를린으로 떠났다. 그가 이처럼 급박하게 베를린으로 출발한 것은 앞에서 언급한 바 있는 힌릭센이 보관하던 아키브 자료의 수습을 위해서였다.

한편 베를린에서 암스테르담으로 돌아온 포스트후무스는 자기가 프라하를 떠난 이후에 그곳에서 논의가 어떻게 진전되었는가를 물었고, 이에 대해 헤르츠는 당 지도부가 다른 일들로 분망하여 이를 구체적으로 다루지 못했다는 답신을 보냈다. 그러나 무엇보다도 중요

---

63) Hertz an Posthumus, 28. Februar 1935, Hertz Nachlaß, Verbleib des Parteiarchivs. 같은 글, S. 102~103.

한 것은 헤르츠 자신이 당-아키브 문제를 당 지도부에 제기하여 그들로 하여금 어떤 종류의 결론을 내리도록 밀어붙일 이유가 없었다는 점이다.[64]

포스트후무스와 헤르츠의 프라하 회담은 사민당 지도부로부터 긍정적인 반응을 얻은 것으로 보고되고 있다.[65] 당시만 하더라도 사민당-아키브의 매각을 적극적으로 반대하던 니콜라예프스키는 그가 프라하를 방문한 직후인 6월 1일, 포스트후무스에게 보낸 편지에서 SOPADE가 아키브의 매각을 돌이킬 수 없는 현실로 인정하고 있다는 인상을 받았다고 쓰고 있다. 그는 1935년 5월경의 SOPADE는 당시 국제사회사연구소의 설립을 준비하고 있는 포스트후무스를 상대방으로 한 아키브의 매각을 유일한 대안으로 생각하고 있었으며, 매각 대금은 5만 마르크 이상으로 타결될 것으로 본다고 전하고 있다.[66] 그러나 포스트후무스의 이 같은 제안과 SOPADE의 호의적인 반응에도 불구하고 이 거래는 생각지도 않은 러시아의 사민당-아키브 매입 제의로 말미암아 한동안 표면에 나타나지도 못한 채 배후로 밀려나게 되었다.

---

64) 포스트후무스와의 회담 결과와 그에 대한 헤르츠의 제의는 후자가 남긴 1935년 3월 16일자의 기록에 구체적으로 나타나 있다. 같은 글, S. 103.
65) 포스트후무스로부터 프라하 방문 경과를 전해들은 니콜라예프스키는 "귀하의 〔프라하〕 여행이 실질적으로 커다란 성과를 거두었다는 점에 본인은 솔직히 동의합니다. 귀 연구소가 더욱더 확장되게 되면, 귀 연구소는 가장 짧은 시간에 가장 훌륭한 마르크스-엥겔스 연구소가 될 것입니다"라는 답신을 보내고 있다. Nikolaevskij an Posthumus, 31. März 1935, Hoover Institution, Nicolaevsky Collection, 248/496/50. Rolf Hecker, "Die Verhandlungen über den Marx-Engels-Nachlass 1935/36," S. 6에서 재인용.
66) Nikolaevskij an Posthumus, 1. Juni 1935. Hecker, 앞의 글, S. 6에서 재인용.

## 2. 센세이셔널한 러시아의 사민당-아키브 매입 제의

1935년 8월 16일, 니콜라예프스키는 사민당 망명 지도부의 헤르츠에게 다음과 같은 편지를 보내고 있다. "본인은 귀하에게 매우 흥미로운 얘기를 전하지 않을 수 없습니다. 〔……〕 볼셰비키들이 어제부터 여러 경로를 통해 본인을 만나고자 했습니다. 그런데 오늘에서야 전혀 예기치 않은 주목할 만한 일이 그 원인이라는 것을 알게 되었습니다. 그들은 마르크스-엥겔스 아키브를 매입하기를 희망하고 있습니다. 믿을 만한 정보에 따르면 그들은 엄청난 액수—거의 수백만에 이르는—의 돈을 치를 준비가 되어 있다고 합니다." 그는 이와 관련하여 SOPADE가 행동지침을 보내줄 것을 요구했다.[67] 그러나 이처럼 엄청난 소식을 접한 SOPADE는 크게 당황했고, 헤르츠는 우선 편지를 받았다는 점과 이에 대한 당 지도부의 결정은 수일 내에 이루어질 것이라는 사실만을 니콜라예프스키에게 통고했다.[68]

러시아의 마르크스-엥겔스-레닌 연구소IMEL는 1935년 초 마르크스-엥겔스 유고에 대한 전면적인 조사에 착수하고, 그해 중반 티코미르노프German Aleksandrovič Tichomirnov(1899~1955)를 해외에 파견하여 아키브 자료를 구매하고 마르크스-엥겔스 유고의 소재를 파악하도록 위임했다. 그는 모스크바를 떠나기 전에, 리야자노프의 마르크스-엥겔스 연구소MEI 시대 이래 리야자노프의 대리인으로서 마르크스-엥겔스의 유고에 정통한 초벨로부터 유고의 포토코피 유무를 비롯한 필요한 조언을 받았다. 1935년 7월 중순 티코미르노프는 아로

---

67) Hertz Nachlaß, Verbleib des Parteiarchivs. Mayer, 앞의 글, S. 104에서 재인용.
68) 같은 글, S. 104.

세프Alexandr Jakovlevič Arosev(1890~1938)와 더불어 파리로 떠났는데, 전자는 그에게 위임된 업무의 수행을 위해 베를린과 런던을 거쳐 7월 30일 파리에 도착했다.[69]

모스크바의 대표단이 파리에서 마르크스-엥겔스의 유고 매입을 위해 이용한 중개인은 아로세프가 이전의 파리 체재 중에 알게 된 잡지 『르 탕 Le Temps』의 러시아 담당 편집자 롤랭Henri Rollin과 『프라우다』의 파리 주재 기자 미하일로프Michailov였다. 그리고 이들이 접촉을 시도한 사람은 SOPADE를 대신하여 IMEL은 물론이요, 포스트후무스를 포함한 원매자(願賣者)들을 중개하는 니콜라예프스키였다. 따라서 티코미르노프가 아도라츠키에 보낸 파리에서의 보고문 제1신에서 마르크스-엥겔스의 유고와 관련된 사항에 있어서는 니콜라예프스키가 "제1바이올린 주자"라는 그의 견해를 전하고 있다.[70]

사실 파리에는 이들 러시아의 특사가 도착하기도 전에 이미 마르크스-엥겔스 아키브를 "아무리 높은 값을 치르더라도um jeden Preis" 구입하기 위해 모스크바로부터 특사가 도착했다는 풍문이 자자했다.[71] 특히 그들은 베를린을 벗어나 파리에 소개해 있는 마르크스-엥겔스 아키브를 프랑스 도서관의 컬렉션으로 이해하고, 이를 프랑스가 탐내는 나폴레옹 대군의 아키브Archiv der Grande Armee Napoleons와 교환할 것을 제의했다는 것이다. 이미 마리-루이즈에게 보낸 나폴레옹의 편지들die Briefe Napoleons an Marie-Louise을 국립도서관을 통해

---

69) Hecker, 앞의 글, S. 8.
70) 같은 글, S. 8.
71) 이러한 풍문이 돌던 시기는 분명치 않으나 슈테른과 볼프는 이를 사민당-아키브가 파리에 도착할 무렵인 1933년 여름이라고 언급하고 있다. 그러나 헥커는 이를 1935년 8월까지 연결시키고 있으므로 시간적으로는 상당한 차이가 있는 것으로 보인다. 따라서 "1933년 여름설"은 시간적 맥락으로는 어려운 것으로 보인다. Stern und Wolf, 앞의 책, S. 126; Hecker, 앞의 글, S. 9.

150만 프랑에 구입한 적이 있는 프랑스를 고려했을 때, 나폴레옹과 알렉산드로스 I세 간의 왕복서간과 당시 정치인들의 서신, 그리고 나폴레옹의 러시아 비밀첩보원의 보고서 등 500여 점과 1812년 러시아가 획득한 나폴레옹 대군의 아키브를 러시아 측이 교환조건으로 제시했다는 풍문은 센세이셔널한 사건이 아닐 수 없었다. 그러나 프랑스의 행정 관례상 국립기관의 외국 자료 보관이 불가능하다는 사실이나, 프랑스의 재정 형편이 이를 매입할 수 없다는 일부의 관측에 비추어 볼 때 이는 사민당-아키브의 매각 과정에서 생긴 하나의 에피소드로 전해지고 있다.[72]

1935년 8월 중순에 시작된 러시아 측과 니콜라예프스키의 구체적 매각 교섭은 롤랭과 같은 중개인의 예상을 넘어 급속히 진전되었다. 8월 27일, 니콜라예프스키를 만난 티코미르노프[73]는 그로부터 독일 사민당이 아키브를 매각할 의사가 없을 것이라는 정보를 듣는다. 이에 대해 러시아 연구소 측은 아키브의 보관을 위해 무기한의, 무이자의 대여 조건을 제시했다. 이에 따르면 1) 사민당 지도부는 기간을 정하지 않은 수년 후 selbst nach einer unbeschränkten Zahl von Jahren에 대여금을 변제하면서 초고의 반환을 요구할 권리를 갖는다. 2) 그사이 전쟁이 발발하면 러시아는 이 자료를 곧장 안전한 중립국(그것이 어느 나라인지는 필요하다면 바로 지금 합의할 수 있다)으로 이송한다. 3) 더욱이 그들은 모든 자료를 포토코피해서 당 지도부에 인계할 것이며, 그 밖에도 그들이 소장하고 있는 마르크스-엥겔스와 관련된

---

72) Mayer, 앞의 글, S. 104~105; Stern und Wolf, 앞의 책, S. 126; Hecker, 앞의 글, S. 8.
73) 마이어는 2명의 러시아 특사를 헤르만Hermann과 티코미르노프라 하고, 니콜라예프스키가 만난 사람을 헤르만Hermann이라고 지칭하나 헥커는 이들 양자가 동일인이라고 보고 있다. Mayer, 앞의 글, S. 105; Hecker, 앞의 글, S. 7.

모든 원자료Originaldokumente를 포토코피해서 그들[사민당 지도부]이 이용하게 한다는 조건이 제시되었다.[74]

니콜라예프스키와 러시아 측의 이상과 같은 협상 초안은 전자에 의해 치밀하게 숙고·계산된 것으로서, 이의 구체적 배경은 그가 헤르츠에게 보낸 8월 27일자와 28일자 편지, 그리고 포스트후무스에게 보낸 8월 23일자와 9월 5일자 편지에 구체적으로 서술되고 있다. 먼저 그는 러시아 특사와 만나는 날 헤르츠에게 보낸 편지에서 러시아 측의 협상 조건을 당 지도부가 전적으로voll und ganz 거부하는 것이 좋겠다는 자신의 의견을 제시했다. 만약, 그래도 당 지도부가 이 교섭을 진행시키려 한다면 러시아 측이 원하는 자료는 마르크스-엥겔스 아키브이므로 나머지의 당-아키브 부분은 계약에서 제외시킬 것을 권하고 있다. 게다가 그는 자료의 대여 조건으로 20~25만 달러를 요구하는 것이 좋겠다는 의견도 첨가했다.[75] 특히 이 교섭은 스탈린의 직접적인 지시에 의한 것이기에 "있을 수 있는 모든 조건이 수용되고, 생각할 수 있는 모든 보증이 합의에 이를 것"이라는 점에 유념하도록 당부하고 있다. 그리고 러시아 특사가 파리를 떠나기로 예정된 9월 10일 이전에 당 지도부의 결정이 이루어지도록 부탁하고

---

74) Nicolaevsky an Hertz, 28. August 1935, Verbleib des Parteiarchivs. Mayer, 앞의 글, S. 105에서 재인용. 제3)항의 마지막 부분은 니콜라예프스키가 티코미르노프가 선물로 가져온 모스크바 연구소의 최신 간행물, 『마르크스-엥겔스의 러시아어판 전집』(22권 28책)과 『마르크스 연대기 Karl Marx. Chronik seines Lebens in Einzeldaten』 (IMEL, 1934), 특히 후자를 체크하여 발견한 것을 계약 조건에 부가한 것이다. 여기에는 제1차 세계대전 이전 리야자노프가 제1인터내셔널 관련 자료집을 편찬하면서 라우라 라파르그에게 빌렸다가 사민당-아키브에 반환치 않은 편지와 문건이 포함되어 있다. Hecker, 앞의 글, S. 9와 10(Nikolaevskij an Posthumus, 5. September 1935, Hoover Institution, Nicolaevsky Collection, 248/496/50.)에서 재인용. Bungert, 앞의 책, S. 55에는 1)항의 내용을 담은 SOPADE에 보낸 러시아 측의 편지가 인용되고 있다.
75) Nicolaevsky an Hertz, 27. August 1935. Mayer, 앞의 글, S. 105~106에서 재인용.

있다.⁷⁶⁾ 그리고 포스트후무스에게 보낸 그의 편지는 이 협상을 기본적으로 암스테르담 연구소에 유리한 방향으로 조정할 수 있게 되었다는 점을 밝히면서,⁷⁷⁾ 모스크바에 유고를 대여하는 것이 포스트후무스에게 오히려 득이 될 수 있다는 점을 구체적으로 열거하고 있다.⁷⁸⁾

파리의 니콜라예프스키로부터 러시아 측 특사와의 교섭 경과를 들은 헤르츠는 우선 당 지도부의 중요 인사가 9월 중순까지는 프라하에 부재중이라는 점을 8월 30일자의 전보로 알렸다. 그러면서 그는 니콜라예프스키에게 보낸 9월 1일자의 편지에서 당-아카이브, 특히 그중에서도 가장 귀중한 부분(마르크스-엥겔스의 육필 초고를 의미)을 모스크바의 연구소에 이양하는 것은 독일사민당과 제2인터내셔널이 볼셰비키로부터 수호해야만 할 마르크스와 엥겔스의 정신적 유산을 매각하는 것이므로 그 영향이 적지 않을 것임을 강조하고 있다. 따라서 그는 볼셰비키와 비슷한 제안을 하는 기관, 즉 정신적으로나 정치적으로 우리와 가까이 있는 조직이 이를 매입하는 것이 훨씬 좋을 것이라는 견해를 피력했다.⁷⁹⁾ 그러나 헤르츠의 이 같은 견해가 당 지도부의 전체 의견과 반드시 일치하는 것은 아니었다. 아들러Friedrich Adler와 같은 좌파는 볼셰비키에게 매각하는 것에 반대했고, 크루머넬과 같은 재정 담당은 당의 금고가 채워지기를 원했으며, 의장인 벨스를 포함한 다른 사람들은 재정 형편이 좋아지는 것은 환영할 바이나 러시아가 이 거래를 정치적으로 이용할 것을 두려워했던 것이다.⁸⁰⁾

---

76) Nicolaevsky an Hertz, 28. August 1935. Mayer, 앞의 글, S. 106에서 재인용.
77) Nikolaevskij an Posthumus, 23. August 1935. Hecker, 앞의 글, S. 9에서 재인용.
78) Nikolaevskij an Posthumus, 5. September 1935. 같은 글, S. 10.
79) Hertz an Nicolaevsky, 1. September 1935. Mayer, 앞의 글, S. 106.
80) Hecker, 앞의 글, S. 12 주 39)를 보라.

그러나 러시아 측은 니콜라예프스키를 중재자로 하여 기왕에 거론된 것과 비슷한 조건을 가지고 교섭을 진행하기 위해 사민당 망명지도부 SOPADE가 전권을 가진 대표자를 파리나 제네바로 보내줄 것을 요구하는 9월 5일자의 서한을 당의장인 벨스에게 보내게 된다.[81] 이에 SOPADE는 공산주의자들과 접촉해본 경험을 상기할 때 이번 교섭도 결국 학문적 관심보다는 정치적 음모가 숨어 있는 것으로 판단했다. 특히 공산주의자들과의 인민전선 형성을 기피하는 사민주의자가 그들에게 사민당-아키브를 매각하는 일이나, 사정이 호전되어 대여금을 반환할 경우에 그들이 자료를 되돌려주겠느냐는 문제에 직면해서는 교섭 자체를 중단할 수밖에 없다는 결론에 이르게 된 것이다.

니콜라예프스키의 권고에 따라 모스크바의 특사가 직접 프라하에 도착한 상황에서 당 지도부의 회의는 1935년 9월 16일 니콜라예프스키가 제시한 티코미르노프의 문서를 중심으로 진행되었다.[82] 17일에는 제2인터내셔널에 참여한 각국의 정당들에 회람 서한 Rundschreiben을 보내 그들의 의견을 묻게 되었다.[83] 그러나 협상에 부정적인 SOPADE의 의결은 9월 19일에 이미 니콜라예프스키에 의해 티코미르노프에게 전달되었다.[84]

---

81) 이 편지의 전문은 마이어의 논문 말미에 부록 V로 게재되어 있다. Mayer, 앞의 글, S. 167. Anhang V. "Hermann, Sekretär des Marx-Engels-Lenin-Instituts, an Otto Wels, Paris, den 5. September 1935."
82) 이날 회의의 참석자는 벨스, 포겔, 크루머넬, 슈탐퍼, 헤르츠, 올렌하우어, 린너 Erich Rinner, 슈탈 Emil Stahl이었다. Wels an Adler, 9. März 1936, SOPADE-Akte G/142. Mayer, 앞의 글, S. 108~109.
83) "Rundschreiben an die Parteien betr. das Parteiarchiv," 17. September 1935. Hecker, 앞의 글, S. 12에서 재인용
84) Nikolaevskij an Tichomirnov, 19. September 1935, RC, 71/3/186-I, Bl. 42. 같은 글, S. 12에서 재인용.

사회주의 노동자 인터내셔널Sozialistische Arbeiter-Internationale, SAI과 독일사민당의 코민테른Kommunistische Internationale, Komintern과의 정치적 관계가 우리로 하여금 마르크스-엥겔스 연구소[원문]의 제안을 논의할 수 없게 합니다.

그러나 이상과 같은 SOPADE의 결의에 모스크바가 즉각 어떻게 대응했는가는 분명치 않다. 단지 명백한 사실은 파리에 체재하고 있던 아로세프가 언제나처럼 모스크바의 에조프Nikolai Ivanovič Ežov에게 전화로 상황을 보고했다는 점과, 교섭의 진행 상황이 이러함에도 불구하고 이들 특사는 모스크바로 떠나지 않은 채 1935년 10월 초까지 파리에 머물러 있었다는 점이다.[85]

## 3. 사민당-아카이브의 대여와 관련한 교섭 주체의 변경

프라하에 망명해 있던 사민당 지도부SOPADE는 마르크스-엥겔스 아카이브에 대한 러시아 측의 제안에 직면하여 새삼 당-아카이브가 가진 엄청난 중요성을 각성하게 되었다. 그리고 이처럼 중요한 당의 재산권을 보호하기 위해서는 그 처분권을 SOPADE가 자의로 행사할 것이 아니라 마르크스와 엥겔스의 정신적 유산을 공유하고 있는 사회주의 노동자 인터내셔널, 즉 제2인터내셔널SAI에 참여한 유럽 여러 나라의 정당들과 나누어 갖는 것이 의미 있는 일이라고 판단했

---

85) 같은 글, S. 13.

다. 이는 독일사민당의 책임을 경감하는 일이기도 했다. 따라서 당 의장 벨스는 제2인터내셔널의 회원 정당들에게 회람 서한을 보내 그동안 당-아키브와 관련하여 진행된 러시아 측과의 교섭 상황을 전하고, 이러한 교섭을 거부하는 이유로 그들이 원자료를 왜곡하는 사례를 지적했다. 다시 말해 모스크바의 마르크스-엥겔스 연구소가 1920년대에 이미 사민당-아키브를 복사하여 출판하는 과정에서 서문이나 주석에서 이를 왜곡했던 일을 지적하면서, 이 같은 사태의 재연을 막기 위해 형제당의 조언을 구했던 것이다.[86]

이 같은 회람 서한에 대한 각국 사민주의 정당의 반응은 9월 하순과 10월 초에 SOPADE에 답지했는데, 일부는 사민당-아키브의 자료의 중요성에 비추어 이를 새로이 설립되는 암스테르담의 국제사회사연구소(네덜란드, 벨기에)나 대영박물관(오스트리아)에 보관할 것을 제의하고, 일부는 자료의 중요성에도 불구하고 그것은 독일사민당의 재산이므로 임대나 매각은 전적으로 그들의 일(이탈리아)이라고 주장했다. 그러나 SAI의 서기인 아들러는 SAI의 동지들이 구성하는 소규모 단체eine kleine Kreis von Genossen가 러시아와의 매각 교섭이나 자료의 왜곡에 정치적 책임을 지고 대처해야 한다는 입장을 피력했다. 그리고 SOPADE는 이와 같은 조언에 근거하여 아들러와 니콜라예프스키로 하여금 마르크스주의 연구에 있어서 조직상으로나 자료상으로 새로운 기초를 만들 국제적인 사회주의사 연구소를 만들기로 했다. 이렇게 구성된 사회주의-아키브 및 출판사Sozialistische Archiv- und Publikationsgesellschaft, SAPUG[87]는 SOPADE로부터 마르크스-

---

86) Mayer, 앞의 글, S. 109.
87) 마이어는 이 기구를 본문에서와 같이 SAPUG로 지칭하고 있으나 모든 문헌이 이 명칭을 쓰고 있지는 않다. 그리고 이 모임을 발의한 아들러는 이 기구를 후에 마르크스주

엥겔스의 유고를 넘겨 받았고, 이를 모스크바의 MEI(모스크바 연구소를 MEI로 통칭하여 씀)에 일정 금액을 받고 대여하며, 대여된 문건은 SAPUG가 요구하면 6주 이내에 반환토록 하는 규정을 만들었다. 그리고 러시아와의 협상 당사자는 앞으로 SAI가 설립한 SAPUG임을 러시아 측에 통고했다.[88]

그런가 하면 모스크바에 도착한 러시아의 특사 아로세프와 티코미르노프는 10월 13일자로 파리에서의 활동 결과를 정리한 10쪽에 달하는 보고서를 스탈린에게 제출했다.[89] 이에 따르면 그들은 먼저 네덜란드인 포스트후무스가 모스크바의 "마르크스-엥겔스 연구소에 필적하는 연구소를 만들기 위해" 유럽을 여행하면서 "노동운동사와 혁명사에 관련된 모든 자료를 수집"하고 있으며, 현재는 마르크스-엥겔스 아키브를 매입하기 위해 열심히 노력하고 있다고 지적했다. 그리고 "니콜라예프스키와 헤르츠의 전언에 따르면 그는 이미 벨스, 헤르츠와 접촉하면서 이 아키브의 매입 대금으로 50만 프랑을 제시했다"고 적고 있다. 여기서 주목할 점은 "그가 그 많은 돈을 동원할 수 있음은 그가 직접적이거나 간접적으로 마르크스주의 문건을 획득하려는 히틀러의 비밀경찰의 대리인일 수도 있다는 점이다. 〔……〕 때문에 직접적이고도 신속한 경로를 택해야 하며, 이 경우 마르크스-엥겔스 유고에 실질적이고 공식적인 처분권을 가진 니콜라예프스키와 연결을 갖는 것"이 중요하다고 강조하는 부분이다. 나아가

---

의 연구촉진위원회Komitee zur Förderung Marxistischen Forschung라고 지칭하고 있다. 같은 글, S. 112~13; Hecker, 앞의 글, S. 13.
88) Mayer, 앞의 글, S. 110~12.
89) Arosev und Tichomirnov an Stalin, V. M. Molotov, L. M. Kaganovič, N. J. Ežov und V. V. Adoratskij, 13. Oktober 1935. RC, 71/3/186-I. Bl. 44-53. Hecker, 앞의 글, S. 13~14.

이 보고서는 유고의 대여와 관련한 교섭에서 러시아를 배제한다는 9월 16일자 사민당 지도부의 결정을 다음과 같이 평가하고 있다.[90]

벨스는 유럽 각국의 모든 사민주의 지도자들에게 우리의 제안을 알리고 그들의 의견과 조언을 구하고 있다. 그는 당 지도부 회의 때까지 제2인터내셔널 지도자들의 회신을 받지 못했기에 우리들의 제안을 정치적 측면에서 검토, 사민주의에 대한 코민테른의 관계를 고려하여 우리들을 마르크스-아키브의 이양 문제를 논의하는 데서 배제한다는 결론을 내렸다.

〔······〕 현재 우리들에게 아키브를 넘겨주려고 적극적으로 활동하는 니콜라예프스키에 따르면 이 결의는 제2인터내셔널 지도부의 의견이 도출되기까지는 잠정적인 것이라고 밝혔다. 니콜라예프스키는 사적인 대화에서 독일사민당은 두 가지 의견으로 나뉘어 있는데, 당 지도부의 다수는 러시아가 제기한 통일전선에 반대하기에 아키브의 이양에 반대하고, 소수는 이에 반해 아키브를 전적으로 모스크바에 이양하자는 쪽이라고 말했다.

이 보고서는 제2인터내셔널의 지도부가 아키브의 이양에 반드시 반대한 것이 아니며, 기본적으로 독일사민당 지도부의 입장을 존중한다는 입장도 확인했다. 나아가 그들은 아들러가 마르크스의 유고를 국제노동운동의 유산으로 간주하기에 이 문제를 인터내셔널의 일부가 자의로 결정해서는 안 된다는 입장도 간파하고 있었다. 이들 러시아의 특사는 마르크스-아키브와 관련된 10월 초까지의 사민주

---

90) 같은 곳.

의자들의 동향을 소상히 파악하고 있었던 것이다.

한편 모스크바의 특사가 다시 파리로 떠났다는 소식을 프라하에 전한 니콜라예프스키는 SOPADE에 회담 초부터 전권을 가진 대표를 보내줄 것을 요구하여, 당의장인 벨스와 재정 담당 크루머넬이 파리로 오게 되었다. 그들은 빈에서 헤르츠를 통해 유고의 매각 문제와 관련하여 카우츠키의 동의를 확인하고, 취리히에서는 SAPUG의 조직 문제를 구체적으로 논의했다. 이에 따라 파리에서는 모스크바의 특사가 도착한 다음 날인 11월 23일에 SAPUG를 발족하기 위한 조직위원회가 개최되었다.[91] 프랑스의 블룸, 브라케Alexander Bracke, 롱게, 이탈리아의 모딜리아니Emanuele Modigliani, 멘셰비키의 의장 단 Fedor Dan과 프라하에서 온 벨스와 크루머넬, 힐퍼딩, 그리고 니콜라예프스키가 자문역으로 회의에 참석했다. 다시 말하면 마르크스-엥겔스 유고를 위탁받을 구체적인 조직이 생겨난 것이다. 여기서 모스크바 연구소가 유고를 보관하기 위해 제공해야 할 보증금의 액수 Garantiesumme는 5백만 스위스 프랑(2천5백만 프랑스 프랑)으로 정해졌다. 그러나 이의 분배 문제와 관련해서 참여 당사자들이 쉽사리 합의에 이르기는 어려운 일이었다.[92]

이러한 액수를 제시한 위원회 측은 파리에 체재하는 마르크스-엥겔스 연구소 측과 수차례에 걸친 교섭 회동을 가졌으나 보증금액이 지나치게 높다고 생각하는 러시아 측과의 협상은 지지부진할 수밖에 없었다.[93] 따라서 러시아 측은 모스크바에 이러한 사정을 보고하며

---

91) 아들러는 뒷날 이 기구를 "마르크스주의 연구촉진위원회"라 불렀다고 한다. Hecker, 앞의 글, S. 15. 그 외에도 이 기구는 "마르크스주의 연구센터Zentrum zum Studium des Marxismus"라 불리기도 했다.
92) Mayer, 앞의 글, S. 116; Hecker, 앞의 글, S. 15.
93) 보증금 액수와 관련해서는 니콜라예프스키도 요구 액수가 너무 높다고 평가하고 있다.

새로운 전권대사의 파견을 요구했으나 모스크바로부터 아무런 소식을 듣지 못했다. 그러던 중 11월 29일 제3의 특사가 파리로 떠났다는 소식이 전해졌으나 파리에 도착한 특사는 전권특사가 아닌 아로세프로서, 그는 그때까지 교섭에 참여했던 러시아 측 대표의 한 사람이었다. 그러자 새로이 구성된 위원회 측도 소극적인 입장을 취하게 되었으니, SOPADE 측의 벨스와 크루머넬도 당면한 업무의 수행을 위해 12월 중순에 각각 프라하와 취리히로 떠났던 것이다.[94]

이러한 와중에 러시아 측이 코펜하겐의 문건을 보기를 원했으므로 니콜라예프스키는 우선 1934년 초에 랄로프가 작성한 목록을 제시했으나, 그들은 목록을 검토하는 데 만족하고 자료의 검증을 위한 현장 답사는 단념했다.[95] 그리고 비록 대여보증계약금은 아직 확정되지 않았으나 이의 결제 방법에 대한 구체적 논의는 쌍방의 교섭 당사자 간에 이루어졌다. 따라서 당초 이를 5년간 분할하여 지불하려던 그들의 조건이 관철될 수 없음을 안 러시아 측 교섭 대표는 계약의 서명 시에 보증금의 3분의 1을, 그리고 문건의 양도 시에 나머지 3분의 2를 지불하고 화폐는 소유자가 원하는 통화를 이용하도록 했다.[96]

1935년 12월 18일에는 모스크바 측의 요청으로 블룸과 아들러가 그때까지의 교섭에 근거하여 상세한 잠정적 계약서 초안을 수교하게 되었는데, 여기서 특별히 강조된 것은 쌍방의 계약 당사자들이 어떠한 양식으로든 문서의 정치적 이용을 배제한다는 점이었다.[97] 아울

---

Nikolaevskij an Posthumus, 6. Dezember 1935, Hoover Institution, Nikolaevskij Collection, 248/496/50. Hecker, 앞의 글, S. 15.
94) Mayer, 앞의 글, S. 116~17.
95) Nicolaevsky an Wels, 18. Dezember 1935, SOPADE-Akte G/142. Mayer, 같은 글, S. 117에서 재인용.
96) 같은 글, S. 117.
97) 이 항목의 구체적 서술은 다음과 같다. "2) Zwischen den vertragsschließenden Seiten wird speziell vereinbart, daß der vorliegende Vertrag über die Deponierung von

러 제1인터내셔널과 그 이전의 사회주의 통합의 역사와 관련된 모든 문서의 포토코피와 타자로 복사된 자료의 교환이 계획되어 있었다. 특히 여기에는 제1인터내셔널의 의정서와 뉴욕 시기New Yorker Periode 의 제반 기록과 더불어 바이틀링과 쾰른의 공산주의자 소송과 관련된 문서도 포함되어 있었다. 그리고 위원회 측에서는 일찍이 베를린의 당-아키브에 보관되어 있었으나 이의 소개 과정에서 분실된 마르크스와 엥겔스의 유고를 회복하기 위한 모든 필요한 조치를 취하도록 규정했다. 따라서 이 같은 자료가 수복될 경우에는 그에 상응하는 대여보증금의 인상이 따른다는 점도 명기했다.[98] 특히 맨 나중에 언급한 이 항목은 코펜하겐에 보관된 자료의 리스트를 검토한 뒤 거기에 원래의 유고 중 분실된 부분이 있음을 확인한 러시아 측에서 제기할 이의를 염두에 둔 것이었다. 이는 당시 유럽 각지의 고서·골동상에 마르크스의 장서, 유고, 서간 중의 일부가 거래되고 있던 사정을 감안한다면 충분히 이해될 수 있는 상황이다.[99]

---

Dokumenten keinerlei politischen Charakter trägt und daß er keinerlei politische Verpflichtungen der vertragsschließenden Seiten beinhaltet." Vertragsentwurf [Ende Januar 1936], RC, 71/3/69, Bl. 2-4(russ). Hecker, 앞의 글, S. 17에서 재인용.

98) 이 계약서 초안은 힐퍼딩에 의해 독일어로 번역되어 1935년 12월 19일 SOPADE의 의장인 벨스에게 전달되었다. SOPADE-Akte G/142, Mayer, 앞의 글, S. 117~18.

99) 독일의 사민당은 이 시기에 모스크바 연구소가 마르크스의 수정이 가해진 『자본론』제1권의 저자 개인소장본Handexemplar, 마르크스가 바이데마이어에게 보낸 편지, 그리고 엥겔스의 시(詩)를 이미 구매한 것을 알고 있었으며, 40권에 달하는 마르크스의 편지와 "경제학 초고"가 거래되고 있음을 인지하고 있었다. Hilferding an Wels, 11. Januar 1936, SOPADE-Akte G/142, Mayer, 앞의 글 S. 118. 특히 이 항목과 관련하여 아로세프는 계약이 성사되기 전에는 IMEL이 골동상으로부터 유고의 매입을 중단할 것을 권하고 있다. Arosev an Stalin, 8. Januar 1936, RC, 71/3/186-I, Bl. 123. Hecker, 앞의 글, S. 17에서 재인용. 그러나 모스크바의 마르크스-엥겔스-레닌 연구소IMEL는 1936년 중후반경에 빈의 골동중개상 크리거를 통해 히틀러의 집권 직후 사민당-아키브 소장의 유고를 덴마크로 소개하기 이전에 분실된 것으로 보이는 "1861~1863년의 마르크스의 경제학 노트(잉여가치 학설사)" 초고를 고가로 매입하게

마르크스-엥겔스 연구소 측은 12월 18일, 위원회 측의 대여담보 계약서Depot-Vertrag 초안을 넘겨받았으나 대여금 자체가 너무 높다는 점을 새삼 언급했다. 어쨌든 러시아 측 대표인 아로세프는 다음 해 1월 중순에 교섭을 재개할 것을 제안한 뒤, 이 계약서 초안에 대한 구체적 윤곽의 합의를 위해 크리스마스 직전에 파리를 떠나 스위스를 거쳐 모스크바로 귀환했다.[100] 모스크바 측 대표의 다른 두 사람은 위원회 측과 지속적인 접촉을 가지면서 제3의 원매자(願買者)가 출현하는지를 지켜보기 위해 파리에 잔류했다.

1936년 1월 초 모스크바에 귀환한 아로세프는 그간의 교섭 경위를 1월 8일자 문서로 스탈린에게 보고한다. 보고서에 따르면 그는 파리에서 열린 제2인터내셔널 회의와 새로이 결성된 "마르크스주의 연구센터Zentrum zum Studium des Marxismus"에 관해서 보고하고, SOPADE는 마르크스-엥겔스 유고를 이 위원회에 양도했다는 사실을 블룸, 아들러, 니콜라예프스키가 분명히 천명했다는 사실을 밝혔다. 다시 말해 "당-아키브를 우선 '국제화'함으로써 [독일사민]당 지도부는 이 위원회에 아키브를 자의로 처리할 권리를 이양했다는 것이다. 따라서 그들은 원칙적인 문제나 재정상의 문제에서 소위 이 위원회의

---

된다. 이러한 IMEL 측의 태도는 당시 진행 중이던 대여 교섭의 진행 과정과도 일정한 연관성이 있는 것으로 추측된다. MEGA² II/3.1 Apparat(1976), S. 18~19; Rolf Hecker, "Fortsetzung und Ende der ersten MEGA(1931~1941)," S. 216. 이 책 제5부의 주 34)도 보라. 한편 붕게르트는 이 초고가 독일사민당-아키브에서 근무하던 크리거가 훔쳐 낸 것이라고 본문 가운데서 분명히 지적하고 있다. Bungert, 앞의 책, S. 45.
100) 이 시기에 그가 스위스를 경유한 것은 러시아가 그동안 추진해온 디트만-아키브의 구입을 위한 계약 체결(1935년 12월 25일) 때문이었다. Hecker, 앞의 글, S. 16 및 Martine Dalmas/Rolf Hecker, "Marx-Dokumente aus dem Longuet-Nachlass in Moskau," *Beiträge zur Marx-Engels-Forschung*, Neue Folge, Sonderband 5, 2006, S. 181도 보라.

뒤에 숨어서 스스로 깨끗하다고 주장할 수 있게 되었다. 그러나 볼셰비키의 돈은 이미 그들의 식욕을 자극했다[……]"고 쓰고 있다.[101]

나아가 아로세프는 유고의 대여보증금의 액수에 관해서도 언급하고 있다. 즉 당초 금액을 5백만 프랑이라고 한 것은 틀림없으나 위원회 측은 이를 스위스 프랑으로, 그리고 러시아 측은 이를 그 5분의 1에 해당하는 프랑스 프랑으로 이해했다는 점을 분명히 하면서, 아키브에 대한 상대방의 요구 금액이 1700~1800만 (프랑스) 프랑으로 예상되므로 전략상 5백만 프랑을 내세우면서 1700~1800만 프랑으로 인상하는 것이 좋겠다는 의견을 제시하고 있다.[102] 한편 블룸과 아들러가 작성한 계약서 초안은 1월 13일과 14일에 안드레프와 아도라츠키에게 각각 전달되었는데, 현재 남아 있는 계약서 초안의 러시아어 번역본에는 "이들 문건의 보관을 위한 계약에서는 그 어떠한 정치적 성격도, 정치적 의무도 부여해서는 안 된다"라는 제2)항이 삭제되어 있다는 점이 주목된다.[103]

1936년 1월 중순, 마르크스-엥겔스 아키브의 임대 교섭을 파리에서 재개키로 한 러시아 측은 1월 하순에 접어들면서 어떤 식으로든 이 아키브의 매입에 대한 결론을 내려야만 할 시기에 이르렀다고 보았다. 따라서 아도라츠키는 1월 29일 스탈린에게 다시 한 번 의견을 물었는데, 그가 제시한 서류 가운데는 마지막 손질을 한 계약서 초안과 아키브 자료의 매입 대금을 5백만 프랑스 프랑(약 40만 골드루

---

101) Arosev an Stalin, 8. Januar 1936, RC, 71/3/186-I, Bl. 129-131. 이 보고서의 카피는 몰로토프 Molotov, 카가노비치 Kaganovič, 안드레프 Andreev에게도 보내진 것으로 되어 있다. Hecker, 앞의 글, S. 16.
102) 같은 글, 같은 곳.
103) Vertragsentwurf [Ende Januar 1936], RC, 71/3/69, Bl. 2-4(russ). 같은 글, S. 17에서 재인용. 2)항의 전문은 이 장의 주 97)을 보라.

불)에서 850만 프랑스 프랑(약 68만 골드루불)의 한도 안에서 결정하도록 한 구체적 제안이 포함되어 있었다. 이 매입 대금의 상한은 1월 31일 안드레프에 의해 850만 프랑스 프랑에서 700만 프랑스 프랑으로 하향 조정되었다.[104]

이상과 같은 과정을 거쳐 마르크스-엥겔스 아키브를 매입하려는 러시아 측의 결정은 1936년 1월 스탈린의 최종적인 승인을 얻게 되었다. 따라서 아키브의 대여와 관련된 모든 문제가 해결되어 곧장 파리에서 개최될 마르크스주의 연구위원회와의 최종적인 대여 교섭에는 아무런 장애가 없을 것으로 보였다.

### 4. 부하린의 파리 출현: 파국으로 치닫는 러시아 측 유고 임대 교섭

당초 1936년 1월 중순에 파리에서 유고의 임대 문제를 재교섭하겠다던 러시아 측 대표단은 앞에서 살펴본 바와 같이 스탈린의 최종 승인을 얻기 위해 1월 말까지 모스크바에 머물 수밖에 없었다. 파리에서 러시아 측 대표단의 귀환을 기다리던 교섭 당사자들에게 아로세프가 모스크바를 떠나 파리로 귀환한다는 소식이 전해진 것은 2월 7일, 그곳에 체재 중이던 티코미르노프에 의해서였다.[105]

그런데 3월 3일 파리에 도착한 러시아 측의 대표단에는 아로세프만이 아니라 부하린Nikolai Ivanovič Bucharin(1888~1938)과 마르크스-엥겔스-레닌 연구소IMEL의 소장 아도라츠키가 부인을 대동하고 나타

---

104) 같은 글, S. 17~18.
105) Mayer, 앞의 글, S. 120.

났다. 부하린은 레닌의 혁명 동지로서 그의 신임이 두터웠으며 '당의 총아Liebling der Partei'였다. 러시아의 혁명적 지식인이자 경제 이론가이기도 한 그는 1929년 스탈린의 성급한 집단화 정책에 반대하다 소련공산당의 정치국에서 제외되긴 했으나 당시 코민테른의 위원장이요, 『이스베스차Izvestija』지의 편집장이기도 했다. 따라서 그의 출현은 IMEL의 소장 아도라츠키의 출현과 더불어 마르크스-엥겔스의 유고 매입에 대한 러시아 측의 진의를 믿지 않을 수 없게 만들었다.[106]

이들 러시아 측 대표단은 3월 7일, 이제 막 프랑스의 수상으로 내정된 블룸을 방문하여 교섭 재개를 제의했다. 그들은 우선 코펜하겐에 보관 중인 유고를 실사한 후에 좀더 적극적인 제안을 하기로 했다. 특히 부하린과 아도라츠키를 비롯한 이들 대표는 니콜라예프스키와 더불어 코펜하겐을 방문하여 유고를 검토했으며,[107] 이 여행 도중에 그들 못지않게 유고의 획득에 높은 관심을 표명하고 있던 암스테르담의 국제사회사연구소도 방문했다. 그러나 코펜하겐의 유고 실사 과정에서 가장 중요한 사안은 마르크스-엥겔스 아카브의 문서 목록에는 있으나 실물이 현존하지 않는 유고를 확인하는 일이었다. 대표단은 이 과정에서 1933년 말과 1934년 초 사이에 랄로프에 의한 분류 정리 과정에서 확인된 마르크스의 1861~1863년의 경제학 노트 23권(『잉여가치 학설사』)의 분실을 재확인하게 되고, 애초의 문서 목록에는 보이지 않으나 1857년과 1858년 사이에 작성된 마르크

---

106) 앞의 글, S. 121; Hecker, 앞의 글, S. 19의 주 58) 참조.
107) 1936년 3월 부하린과 아도라츠키가 코펜하겐을 방문하여 유고를 실사한 일은 1934년 초 코펜하겐에서 마르크스-엥겔스의 유고 목록을 새로이 정리·작성했으며 그들의 유고 실사 과정에 참여했던 랄로프에 의해 감동적으로 회고되고 있다. Karl L. Raloff, "Ein bewegtes Leben. Erinnerungen"(Ms.), Arbejderbevægelsens Bibliotek og Arkiv Nr. 51, S. 235("Der Marx-Engels-Nachlaß in Kopenhagen"). Hecker, "Die Verhandlungen über den Marx-Engels-Nachlaß," S. 119~20을 보라.

스의 경제학 노트(『그룬트리세』)의 분실을 확인하게 되었다.[108]

이처럼 코펜하겐에서 마르크스와 엥겔스의 유고를 실사한 러시아 측 대표단은 모스크바에서 결정된 교섭 지침과 유고의 현황을 고려하여, 3월 25일자로 다음과 같은 초고의 대여를 위한 합의서 Projet d'accord 초안을 마르크스주의 연구위원회 측에 제시했다.[109]

### "합의서"의 러시아 측 초안

파리, 1936년 3월 25일

**파리 소재**
**마르크스주의 연구 실행위원회 귀중**

동지들,

마르크스-엥겔스-레닌 연구소의 대리인들은 귀 위원회의 제안에 근거하여 수정한 합의문의 초안을 동봉하여 귀 위원회에 제시하게 됨을 영광으로 생각합니다.

아울러 우리는 마르크스와 엥겔스의 문건과 아키브의 실사 prüfen를 가능하게 해주신 데 대해 귀하에게 심심한 감사를 표합니다. 파리와 코펜하겐에서 수행된 실사를 통해 보유하고 있는 문건의 현존하는 목록 가운데서 가장 중요한 문서, 특히 23권의 준비노트(『잉여가치 학설사』가 포함되어 있다)와 1857년과 1858년에 작성된 노트[110]가 결여되어 있음이 확인되었습니다.

---

108) 마이어의 글 부록 VI에 게재된 원래의 마르크스-엥겔스 아키브 목록에는 1857~1858년의 노트가 보이지 않는다. Mayer, 앞의 글, S. 168~89 참조.
109) 같은 글, S. 190~91, Anhang VII 전문.
110) 이는 『잉여가치 학설사』가 대시리즈로 불리는 데 대해 소시리즈로 불리는 『그룬트리세』를 의미한다.

동지들에게 우리들의 최대의 경의를 보냅니다.

서명 V. 아도라츠키
Al. 아로세프
N. 부하린

## 합의서

파리 소재의 마르크스주의 연구 실행위원회(텍스트에는 "위원회"라고 칭한다)의 ＿＿＿＿＿씨와 모스크바 소재의 마르크스-엥겔스-레닌 연구소의 대리인(텍스트에는 "대리인"이라 칭한다) ＿＿＿＿＿씨는 다음의 사항에 합의했다.

1. 위원회는 모스크바 소재의 마르크스-엥겔스-레닌 연구소에 마르크와 엥겔스가 집필한 모든 초고, 편지, 메모 등과 마르크스와 엥겔스가 저자로 되어 있는 모든 문건과 그 문서에 부속하는 자료들을 보관토록 인도한다.

보관 기간은 20년으로 한다. 이 기간 중에 위원회는 이들 문건과 관련된 어떠한 종류의 이의도 제기할 수 있는 권리를 갖지 못한다.

이와 더불어 이 기간 중에 위원회는 이 아카브로 인하여 그들에게 제공된 금액을 전적으로 자유로이 사용할 수 있다는 점에 합의한다.

문건의 양도는 마르크스-엥겔스-레닌 연구소의 대리인들에게 수교(手交)된 목록과 일치해야 가능하다.

**각서**: 이론적인 관점에서 지극히 중요한 가치를 가지고 있는 문건으로 목록에는 기록되어 있으나 [실제로는] 결여되어 있는 특정한 문건은 정사(精査)Durchsicht를 통해 확정하게 된다. 여기에는 잉여가치와 관련된 23권의 준비노트와 1857년과 1858년에 작성된 몇 개의 노트

가 포함되어 있다.

2. 이들 문건의 대여를 위한 보증으로 마르크스-엥겔스-레닌 연구소는 다음과 같은 의무를 지게 된다.

a) 위원회 쪽에 7,000,000.-프랑스 프랑의 금액을 제공한다.

b) 대여하기로 한 모든 초고의 포토코피를 그들에게 수교한다.

c) 마르크스-엥겔스-레닌 연구소는 위원회에 1항에서 언급한 문서로서 마르크스-엥겔스-레닌 연구소에는 있지만 독일사민당-아키브에는 없는 문서의 포토코피를 제공한다. 위원회는 현재 대여하기로 합의한 1항에 포함된 문서 이외에 마르크스-엥겔스-레닌 연구소에는 없지만, 아키브의 목록에 의하여 독일사민당-아키브가 소유하고 있는 것으로 되어 있는 문서의 포토코피를 마르크스-엥겔스-레닌 연구소의 대표들에게 제공한다.

3. 초고를 양도하는 동안 보증금의 수교는 다음과 같은 방식으로 이루어진다.

보증금의 반은 모든 문건이 양도되는 시기에, 그리고 나머지 반은 1년 후에 지불한다

금액은 프랑스 프랑이며, 현금이 지불되어야 할 장소와 인물, 또는 기관과 관련해서는 위원회의 지시에 따라 양도될 것이다.

4. 위원회는 이전에 베를린의 아키브에 보관되어 있었으나 그 이후에 없어진 마르크스와 엥겔스의 초고를 찾기 위한 모든 노력을 경주해야 한다. 이들 초고는 마르크스-엥겔스-레닌 연구소에 양도되어야 하며, 이 경우 거기에 상응하는 보상이 있을 것이다.

**예비를 위한 보족적 항목**

위원회는 [마르크스-엥겔스-레닌 연구소의] 대리인들에게 1항에서 매거(枚擧)한 문서 이외에 마르크스와 엥겔스의 왕복서간, 공산주

의자들의 협회Vereinigung der Kommunisten[111]와 제1인터내셔널과 관련된 문건과 더불어 바이데마이어Weydemeyer와 벡커Becker 등의 아키브를 양도한다. 이 경우 2항에서 제시한 보증금은 8,000,000.-프랑스 프랑으로 인상된다.

마르크스주의 연구 실행위원회
마르크스-엥겔스-레닌 연구소의 대리인

파리, 1936년 3월 ___ 일

앞의 러시아 측의 합의서 초안은 코펜하겐과 파리에 존재하는 마르크스와 엥겔스가 저자로 되어 있는 모든 문건과 그 부속 자료를 7,000,000.-프랑스 프랑으로 20년간 임대하고, 그 대금의 반은 문건을 인도하는 시기에, 그리고 나머지 반은 1년 후에 지불한다는 조건을 제시하고 있다. 그리고 마르크스-엥겔스의 유고에 속하지 않는 바이데마이어, 벡커 등의 아키브와 공산주의자 동맹 및 제1인터내셔널과 관련된 문건이 추가로 인도될 경우 대금이 8,000,000.-프랑스 프랑으로 인상될 수 있음을 분명히 하고 있다.

이 초안이 갖는 특징은 먼저 유고의 대여에 소요되는 임대금의 총액이 아로세프가 모스크바에 체재하던 1월 말 스탈린으로부터 받은 가이드라인에서 이미 일방적으로 결정된 바 있었다는 점이다. 그리고 다음으로는 러시아 측 대표가 아키브의 실사에서 확인한 1861~1863년에 쓰인 경제학 준비노트 23권(『잉여가치 학설사』 포함)과 1857~1858년에 집필된 노트(『그룬트리세』)의 분실과 이의 수복을

---

111) 이는 공산주의자 동맹Kommunistenbund을 의미하는 것으로 해석된다. Mayer, 앞의 글, S. 122를 보라.

거듭하여 강조하고 있다는 점이다. 특히 분실된 유고와 관련하여 모스크바의 마르크스-엥겔스-레닌 연구소는 1935년 3월 이래 비밀리에 빈의 골동상 크리거Marek Krieger와 마르크스의 정치경제학 비판을 다룬 대소 시리즈의 매입 교섭을 벌이고 있었다.[112] 분실된 유고에 대한 러시아 측의 반복되는 강조는 그들이 마르크스주의 연구위원회와의 유고 임대계약 교섭에서 이를 가장 중요한 아킬레스건으로 활용하고 있음을 알 수 있다. 따라서 우리는 독일사민당을 포함한 유럽의 사회민주주의자와의 마르크스-엥겔스 유고의 임대 교섭은 스탈린이 러시아 측의 대표로 부하린이라는 정치적 거물을 파견했음에도 불구하고 이미 파국으로 접어들고 있음을 감지할 수 있다.

한편 러시아 측의 합의서 초안을 접수한 아들러는 그 내용이 (마르크스주의 연구)위원회가 생각하던 것과 너무나 큰 차이가 나고, 특히 위원회 측이 제시한 초고의 정치적 이용을 금지한다는 조항이 빠져 있다는 점을 들어, 이러한 상황에서는 위원회를 소집할 이유가 없다고 주장하면서 즉각 회담의 결렬을 선언했다.[113] 이에 러시아 측

---

[112] 이 같은 문건의 존재 여부에 대한 러시아 대표단의 실사는 1935년 3월 이래 모스크바의 IMEL이 빈의 골동상 크리거와 더불어 마르크스의 경제학 초고 중 소시리즈(『그룬트리세』)와 대시리즈(『잉여가치 학설사』)의 유고 매입 교섭을 진행하던 시기에 이루어졌다. 그러나 이러한 사실은 그들의 교섭 파트너인 사민주의자들에게는 비밀에 부쳐졌다. 러시아의 IMEL은 1936년 11월 마침내 이 유고를 매입했다. 이러한 사실은 미슈케비치가 러시아 중앙연구소RC가 소장한 다음의 자료들을 통해 확인하고 있다. Dokument 4: V. Adoratskij an G. Tichomirnov, 4. Januar 1936; Dokument 5: J. Podolskij an V. Adoratskij, 18. Juni 1936; Dokumnet 6: V. Sorin an I. Lorenc, September 1936; Dokument 7: I. Lorenc an V. Adoratskij, 17. Oktober 1936; Dokument 8: M. Savelev an V. Adoratskij, 17. Oktober 1936; Dokument 9: I. Lorenc an V. Adoratskij, 7. November 1936. Larisa Miskevič, "Zur Überlieferungsgeschichte ökonomischer Manuskripte von Marx in Moskau" (unveröffentl. Manuskript). Rolf Hecker, "Fortsetzung und Ende der ersten MEGA(1931~1941)," S. 260도 보라. Rolf Hecker, "Die Verhandlungen über den Marx-Engels-Nachlaß," S. 20의 주 65)도 보라.

은 아들러가 위원회 측의 구성원들과 이렇다 할 논의도 없이 회담을 파국으로 몰아가는 데 대해 놀라움을 표하면서 "구체적이고도 사무적인 원칙에 근거해서 교섭을 진행할 수 있는" 대안(代案)Gegenvorschläge을 제시해줄 것을 요구했다.[114] 당초 러시아 측의 초안 자체를 거부하던 아들러는 3월 31일 니콜라예프스키에게 보낸 편지를 통해 위원회 측이 1935년 12월에 제시한 계약서 초안이 러시아의 합의서 초안과 얼마나 다른가를 적시하면서, 이들 문제가 명확히 해명되지 않으면 회담 자체를 개최할 필요가 없다는 점을 분명히 했다. 이에 따르면,

a) 우리는 우리의 '잠정 계약서Projet provisoire' 제2항에서 이 계약이 어떠한 정치적 성격을 띠어서는 안 되며, 따라서 계약 당사자 각각에게 어떠한 정치적 의무도 지워서는 안 된다는 점을 명시적으로 확정할 것을 요구한 바 있다. 그러나 우리들에게 주어진 '합의 계약서Projet d'accord'에는 이 규정이 전적으로 배제되고 있다. 그러나 이 규정은 우리들이 최종적 계약을 맺기 위한 기본적 전제이다. 따라서 이 규정의 결여는 원천적인 결렬ein Scheitern a priori을 의미한다.

b) 지난 12월, 블룸Léon Blum 동지와 나는 아로세프 동지와의 구체적인 교섭에서 대여보증금의 총액이 자의적으로 정해진 것이 아니라 초고의 인도에 합의해야 할 다양한 이해 당사자들이 합의하여 산출한 것이란 점을 솔직하게 구구히 설명한 바 있다. [……] 그러나 합의 계약서 2a가 제시한 대여금의 총액은 이러한 문제들을 해소하려는 배

---

113) Adler an Nicolaevsky, 27. März 1936, Kopie an Wels, SOPADE-Akte G/142. Mayer, 앞의 글, S. 122에서 재인용.
114) Tichomirnow an Nicolaevsky, 28. März 1936, Nicolaevsky an Adler, 30. März 1936에 인용된 내용. SOPADE-Akte G/142. Mayer, 앞의 글, S. 122에서 재인용.

려가 전혀 고려되지 않고 있다.

c) 합의계약서 3항에 제시된 지불기한은 전혀 고려될 수 없다. 〔……〕[115]

아들러는 IMEL에 마르크스-엥겔스 아키브를 대여하는 것이 철저히 비정치적이어야 한다는 점을 강조하고, 대여보증금은 히틀러와의 정치투쟁에 직면해 있는 유럽 사민주의 정당이 당면한 정치적 위기에 대처하기 위한 자금으로 쓰려는 것인데, 이러한 사정이 전혀 배려되지 않고 대여금 총액의 턱없는 인하만을 추구하고 있다고 지적하고 있다. 나아가 대금의 지불기한은 당시의 사정으로 볼 때 통화의 불안정 문제도 없지 않지만, 더욱 중요한 것은 그들이 직면해 있는 정치적 부담을 해결하기 위한 방편이기에 신속한 결산이 필요하다는 점을 확인했다. 이와 함께 아들러는 이 편지에서 러시아 측이 그들의 제안을 변경할 의향이 있다면 파리에서 다시 만날 수 있을 것이란 단서를 달았다.[116]

아들러와 러시아 측 대표단의 회의는 4월 6일에 재개되었다. 이 회의에서 러시아 측의 대표인 부하린은 아들러의 제안과 관련하여 그들의 입장을 설명했는데, 먼저 a)항에서 강조한 정치적 성격의 배제는 너무나 자명한 것이기에 합의계약서에서 빠진 것일 뿐이라고 변명하고, c)항의 결제방식은 합의에 이를 수 있을 것이라고 설명했다. 그리고 b)항의 대여보증금 역시 상담을 통해 조정될 수 있을 것

---

115) Adler an Nicolaevsky, 31. März 1936은 Kopie an Wels. SOPADE-Akte G/142와 RC. 71/3/186-I, Bl. 174f.로 보관되어 있다. Mayer, 앞의 글, S. 122 및 Hecker, "Die Verhandlungen über den Marx-Engels-Nachlas," S. 20~21, 인용은 Hecker, 같은 글, S. 21에 게재된 아들러의 편지 해당 부분을 재인용한 것이다.
116) Hecker, 앞의 글, S. 21.

이란 가능성을 피력했다.[117] 따라서 회담은 결과적으로 대여보증금의 문제로 집중되었다.

아들러는 대여보증금으로 애초에 2500만 프랑을 주장했고, 러시아 측은 30권에 달하는 중요한 유고가 분실되었다는 점을 지속적으로 상기시켰다. 이에 대해 아들러는 이 분실된 초고의 보전(補塡)을 위한 대가로 전체 대금의 10퍼센트에 해당하는 250만 프랑을 삭감할 수 있다는 제안을 하기에 이르렀다. 그럼에도 매각 대금을 둘러싼 양측의 논의는 합의에 이르지 못했고, 러시아 측은 대금의 조정을 위해 이틀간의 말미를 요구했다. 그러나 그들은 약속 날짜인 4월 8일에 회담을 부활절 이후에 계속하자고 통고해왔다.[118]

부활절이 지난 4월 20일, 아들러는 프라하에 있는 독일사민당의 망명 지도부 SOPADE에 전화를 걸어 임박한 유고 매각 교섭의 마무리를 위해 전권을 가진 대표자를 즉각 파리로 파견해줄 것을 요구했다. 이는 4월 20일, 러시아 측의 부하린과 아도라츠키가 20년간의 유고 보관을 조건으로 1000만 프랑스 프랑(200만 스위스 프랑)의 매각 대금을 제시한 데 반해 위원회 측은 10년 보관을 조건으로 1300만 프랑(100만 골드루불)을 제시했기 때문이다. 이에 4월 22일 SOPADE의 크루머넬이 파리에 도착하여 다음 날 열린 회의에 참석했다. 그러나 회의에 참석한 러시아 대표단은 모스크바로부터 7백만 프랑을 초과하지 말라는 엄격한 지시를 받았다고 주장한 데 반해, 니콜라예프스키는 이 같은 제안이 모욕적인 행위라고 위원회 측에 보고했던 것이다. 그런데 괴이한 일은 바로 당일에 러시아 대표단이 어려운 일에 봉착하여 곧장 모스크바로 귀환할 것이라는 프랑스 중

---

117) Mayer, 앞의 글, S. 123.
118) 같은 글, S. 123.

개인 롤랭의 전언이 위원회 쪽에 전달되었으며, 실제로 이들 대표단은 당일 자정 직전 파리에서 모스크바로 떠났음에도 위원회 쪽에 아무런 연락이 없었다는 점이다.[119]

당시에는 미스터리로 여겨진 러시아 대표단의 갑작스런 귀국은, 부하린과 동료들이 전권Vollmacht을 과도하게 행사하여 월권(越權)한 결과로 소환된 것이라는 소식이 수주가 지난 뒤 모스크바로부터 전해졌다. 스탈린이 그들에게 맡긴 권한은 계약금의 상한이 700만 프랑이며, 1000만 프랑이란 대표들의 여행 경비와 수수료, 그리고 합의서 2항 c)에서 언급한 아카이브 자료의 포토코피 제작비용 등 모든 부대비용이 포함된 것이라는 주장이었다.[120] 실제로 최근의 자료에 따르면 부하린과 아도라츠키는 당시 교섭의 최종 국면에서 이의 타결을 위해 스탈린과의 직접 통화를 여러 번 시도했으나, 그의 비서인 포스크레비세프Alekandr N. Poskrevyčev로부터 스탈린이 애초에 결정된 금액을 초과치 말도록 지시했다는 말만 전해 들었을 뿐, 통화에 성공하지 못했다고 한다.[121]

## 5. 모스크바의 정치 재판과 유고 매각 교섭의 결렬

마르크스와 엥겔스의 유고 대여 교섭이 타결을 위한 막바지 시점에서 러시아의 소환으로 무산되자 니콜라예프스키와 망명 멘셰비키 의

---

119) Mayer, 앞의 글, S. 123~24; Hecker, 앞의 글, S. 22. 러시아 측 대표단의 파리 출발은 마이어에 의하면 4월 23일로 볼 수 있으나 헥커는 이를 4월 22일로 보고하고 있다.
120) Mayer, 앞의 글, S. 124; Hecker, 앞의 글, S. 22.
121) Mayer, 앞의 글, S. 124; Hecker, 앞의 글, S. 22.

장 단Fedor Dan은 볼셰비키의 불성실한 태도를 비난하면서 이를 상세히 기록으로 남기려 했다. 그러나 이 대여 교섭에 미련을 버리지 못한 SOPADE는 6월 중하순까지도 이를 교섭의 결렬로 여기기보다 새로운 교섭 가능성에 기대를 걸고 있었다.[122] 그러나 7월에 재개된 러시아 측과의 교섭은 러시아의 대표단이 아닌 중개인 롤랭을 통해 이루어졌고, 그 내용은 당시 주 파리 러시아 대리대사인 히르쉬펠트Evgenij Hirschfeld를 통해 모스크바에 보고되었다.[123]

교섭을 재개하기 위한 움직임은 1936년 7월 3일, 아도라츠키가 마르크스-엥겔스의 유고를 모스크바에 대여·보관하는 데 있어 논의의 여지가 있는 문제들을 좀더 명확히 규정하여 이를 히르쉬펠트에게 연락하면서 시작된 것으로 보인다. 이에 히르쉬펠트는 7월 10일 아도라츠키가 제시한 조건, 즉 대여보증금을 750만 프랑으로 한다는 사실을 롤랭에게 전달, 이를 위원회 측에 통고하도록 했다. 한편 러시아 측의 연락을 기다리던 위원회 측은 7월 17일에 아들러를 대신하여 유럽 사민주의의 지도자요 위원회의 구성원이기도 한 모딜리아니로 하여금 러시아 측의 대표를 만나게 했다.[124] 이 자리에서 모딜리아니는 프라하의 SOPADE가 9백만 프랑을 요구한다는 사실을 전하며, 불가피할 경우 양보의 가능성을 시사했다. 그러나 러시아 측은 750만 프랑을 주장하며, 2중의 포토코피 제작을 1부로 줄일 경우 20만 프랑의 인상이 가능하다고 제의했다. 이에 모딜리아니는 이

---

122) Mayer, 앞의 글, S. 124.
123) Hirschfeld an Adoratskij, 26. Juli 1936, RC, 71/3/186-II, Bl. 40f. Hecker, 앞의 글, S. 23~24에 게재.
124) 이때의 러시아 측 대표를 마이어는 "헤르만Hermann"이라 하고, 헥커는 헤르만과 티코미르노프가 동일인이라면서 마이어가 이를 혼동하고 있다고 지적하고 있다. Mayer, 앞의 글, S. 125; Hecker, 앞의 글, S. 23, 주 80)을 보라.

런 식의 교섭은 더 이상 진행할 수 없으며 850만 프랑을 하한선으로 제시한 뒤, 이 내용을 아들러에게도 알리면서 더 이상의 양보를 해야 할 경우에는 위원회의 대표직을 사양하겠다고 통고했다. 그러자 이 임대 교섭에 처음부터 참여하여 중재자 역할을 하던 니콜라예프스키는 당초 2500만 프랑에서 시작한 유고의 임대 금액이 850만 프랑으로까지 하락하는 것이 논리적으로 가능하기나 한 일인지 지적하면서, 더 이상의 교섭에서 위원회나 SOPADE 측에 어떠한 조언도 할 수 없음을 분명히 했다. 그리고 러시아 측에 대해서는 비록 성사되지는 못했지만 1000만 프랑을 제시했던 4월의 협상 내용을 생각할 때 엄청나게 유리한 입장에 있으므로 20년의 임대 기간을 10년으로 축소하는 데 동의해야 한다고 주장했다. 니콜라예프스키의 이 같은 주장은 중개인인 롤랭으로부터 전권을 가진 헤르만이 계약서를 수정할 수도 있을 것이라는 언질을 받아내게 되었다.[125]

  1936년 7월 하순, 마르크스-엥겔스의 유고 임대협상은 러시아 측에 유리한 방향으로 가닥을 잡아갔다. 그럼에도 불구하고 SOPADE는 7월 30일 그것이 러시아에 대한 치욕적인 항복이라는 사실도 인식하지 못한 채 러시아 측의 조건을 수락하면서 위원회 측에 협상을 조속히 진행시킬 것을 부탁했다. 이에 니콜라예프스키는 아들러의 동의를 얻어 모스크바 측의 대표자에게 위원회가 계약서에 서명할 준비가 되었음을 통고했다. 따라서 니콜라예프스키는 1936년 4월의 협상에서 거론되고, 이후 롤랭에게 보낸 아도라츠키의 편지에서 부가된 제조건에 근거한 최종적 계약서를 작성할 것을 촉구했다. 그리고 위원회 측의 대표는 모딜리아니를 대신하여 롱게가 맡게 될 것이

---

125) Mayer, 앞의 글, S. 125. Hirschfeld an Adoratskij, 26. Juli 1936에는 이러한 내용이 보이지 않는다.

란 사실도 알렸다. 더욱이 롤랭은 헤르만 역시 아직 모스크바로부터 승인을 얻지 못했지만 계약의 조속한 체결을 원하고 있으므로 니콜라예프스키가 8월 5일까지 서명을 할 수 있도록 준비할 것을 촉구했다.[126]

그러나 아키브의 매입과 관련된 사안은 아직도 중앙위원회 비서국 ZK-Sekretär의 동의를 얻어야 하므로 아도라츠키는 히르쉬펠트에게 보낸 8월 19일자의 편지를 통해 "우리는 (결론을 얻으려면) 아직도 좀 더 기다려야 한다. 사회민주주의자들이 늑장을 부렸던 것과 마찬가지로 이제는 그들이 마냥 기다려야 할 것"이라면서 9월 1일에서 10월에 걸쳐 이루어질 아키브의 인수를 위한 준비를 당부하고 있다.[127]

그러나 1936년 8월 22일, 모스크바에서 전개된 치노비에프 Zinov'ev와 카메네프Kamenev 등에 대한 정치 재판Schauprozeß은 러시아의 정치적 상황을 급격하게 변화시켰다. 따라서 유럽의 사민주의자들은 이제 모스크바 연구소와의 계약을 더 이상 상상할 수 없는 상황에 처해졌던 것이다. 당초 유럽의 사회주의 노동자 인터내셔널 SAI은 파시스트에 대항하기 위해 코민테른 산하의 공산당과 인민전선을 형성하는 데 긍정적이었지만, 모스크바의 정치 재판은 이러한 기대를 완전히 무너뜨리는 분수령이 되었다. 모스크바의 재판이 파행으로 치닫는 것을 지켜본 유럽의 사민주의 지도자들——아들러, 드 브룩커de Bruckere 등——은 소련 정부에 피고들을 변호하기 위한 변호사의 파견을 제의했다. 그러나 소련은 이러한 제의를 무시한 채 재판 다음 날인 23일과 24일 밤사이에 이들을 모두 처형함으로써 유럽

---

126) Mayer, 앞의 글, S. 126. Hecker, 앞의 글, S. 24~25도 보라.
127) Adoratskij an Hirschfeld, 19. August 1936, RC 71/3/186-II, Bl. 58. Hecker, 앞의 글, S. 25에서 재인용.

사민주의자들과의 우호적 관계는 더 이상 유지될 수 없었다. 더욱이 이 모스크바 재판이 곧장 부하린, 류코프Aleksej Ivanovič Rykov, 피야타코프Georgij Leonidovič Pjatakov, 라덱Karl Radeck 등 사회주의의 기수로서 국제적 사회주의자나 프롤레타리아트의 존경을 받고 있는 생존하는 옛 볼셰비키 지도자들에 대해서도 테러리스트나 반혁명주의자라는 혐의를 씌울 것이 명백해진 상황에서 유럽 사민주의자들의 러시아에 대한 신뢰는 더 이상 바랄 수 없게 되었다.[128]

따라서 그때까지 러시아 측의 유고 매입 노력을 긍정적으로 평가해왔던 아들러는 이처럼 변화된 상황에서 모스크바 연구소와 이의 임대 문제를 논의하는 데 대해 강한 의혹을 표시했다. 그는 SOPADE의 재정 담당자이자 유고의 매각에 전권을 행사하는 크루머넬에게 보낸 9월 5일자의 편지에서 "[모스크바의] 재판이 가져온 엄청난 불행을 목도하면서, 본인은 귀하와 더불어 이처럼 현격하게 변화된 상황 아래서, 이 사건으로부터 일정한 거리를 유지하기 위해서는 [협상을 위한] 상당한 시간의 유예가 반드시 필요하지 않을까 하는 문제를 철저히 따져볼 필요성을 느낀다"라고 적고 있다.[129]

볼셰비키의, 아니 스탈린의 1인 지배에 조금이라도 장애가 되는 모든 정적의 철저한 숙청작업의 일환인 1936년 8월의 모스크바 재판은 SOPADE 측의 불안한 기대에도 불구하고 유고의 매각 교섭을 교

---

[128] 1936년 8월의 모스크바 재판이 갖는 충격적 의미를 소련의 정치적 상황이나 사회주의 운동 일반의 전개와 관련지어 논의한 도이처의 글(1936년 9월 1일 집필)은 이 재판에 대한 당대 사회주의자들의 심각한 우려를 대변하고 있다. Isaac Deutscher, "The Moscow Trial," *Marxism, Wars and Revolutions. Essays from Four Decades*, edited and introduced by Tamara Deutscher with a preface by Perry Anderson, Verso, London 1984, pp. 3~17.

[129] 이 편지는 국제사회사연구소의 사서인 후닝크에 의해 인용되고 있다. Maria Hunink, *De papieren van de revolutie. Het Internationaal Instituut voor Sociale Geschiedenis 1935~1947*, Amsterdam, 1986. Hecker, 앞의 글, S. 25에서 재인용.

착 상태에 몰아넣었다. 물론 그사이에 중개인 롤랭이 악화된 건강에도 불구하고 러시아 측과의 교섭을 속행하기 위해 노력했으나 러시아 측으로부터 이렇다 할 회답을 받지 못해 정체된 상태에 머물러 있었다.[130] 그리고 1936년 9월 이후에는 독일계 유대인으로 폴란드의 사민당원이었던 빈의 크리거Michael[?] Krieger[131]란 사람이 SOPADE에 접근하여 러시아와의 유고 매각 문제를 중개하고자 했다. 그러나 거의 1년에 걸친 그의 중개도 이렇다 할 성과를 거두지 못하자 헤르츠와 크루머넬은 1937년 10월에 들어 러시아와의 교섭이 이제는 더 이상 기대할 것이 못 된다는 결론을 내리게 되었다.[132]

모스크바의 마르크스-엥겔스-레닌 연구소IMEL의 유고 매입 계획은 원래 엄밀한 학문적 목적을 위해 유고의 오리지널을 획득하자는 것이 아니었다. 1920년대에 이미 독일사민당-아키브에서 마르크스와 엥겔스의 유고를 복사하여 방대한 포토코피를 확보한 그들에게 있어서 유고의 오리지널은 IMEL의 연구원이나 부하린과 같은 진지한 학자들에게는 필수적이지만, 일반적 학문을 연구하는 데는 오히려 보족적 수단에 불과할 뿐이었다. 그들이 굳이 유고의 오리지널을 임대를 통해서라도 확보하려고 한 것은 그들 볼셰비키가 마르크스-엥겔스 이론의 진정한 계승자임을 과시하려는 데서 출발한 것이었다. 이러한 사실은 그들이 이들 문건을 마르크스-엥겔스 박물관에 진열하려는 계획을 가졌다는 크리거의 정보를 통해서도 확인된다.

---

130) Mayer, 앞의 글, S. 126~28.
131) 같은 글, S. 128~29. 여기서 언급된 중개인 M. 크리거를 마이어는 "Michael"이라고 부르고 있으나 이는 그의 전력이나 독일의 사민당 망명 지도부와 모스크바 연구소 관련자들과의 친분관계로 보아 독일사민당-아키브의 분실된 유고를 IMEL에 매각한 "Marek" 크리거와 동일인으로 보인다. Larisa Mis'kevič, 앞의 글을 보라.
132) Mayer, 앞의 글, S. 128~31.

그러나 그들이 최종적 계약 조건의 확정과 서명을 지연시키면서 교섭을 지루하게 끌고 간 또 다른 이유로는 당시의 제2인터내셔널, 특히 SOPADE의 내부 사정을 가까이에서 면밀히 살펴 이를 그들의 공산주의적 정책, 즉 인민전선 전략 수립에 이용한다는 데 높은 가치를 부여했다는 점이 지적되고 있다. 게다가 1938년 3월, 부하린을 비롯한 류코프, 야고다Jagoda, 크레스틴스키Krestinsky 등이 "반소비에트적인 우파와 트로츠키주의자"로 지목되어 제3차의 최종적 정치 재판에서 사형을 선고받아 처형되자 SOPADE 측은 러시아와의 유고 매각 교섭이 더 이상 무망하다는 사실을 확인하게 된다.[133]

실제로 러시아 측은 1936년 4월 그들이 유고의 매입을 위해 파리로 파견했던 부하린을 소환하면서 당시의 계약에 대한 모든 책임을 그에게 떠넘기고 이후의 매각 협상에서 이를 언제나 구실로 이용했다. 그들은 매각 대금을 인하하거나 합의 조건을 더욱 까다롭게 하여 그 책임을 상대방에게 돌림으로써 이를 진행 중인 교섭에 이용하고, 정보를 수집하여 정치적 결정에까지 영향을 미치려는 교활성을 보였던 것이다.[134]

---

133) 같은 글, S. 131~32.
134) 같은 글, S. 133.

**4장**
# 망명 독일사민당의 재정 악화와 당-아카이브의 매각

## 1. 스웨덴 사민당 및 미국 버클리 대학과의 매각 교섭

프라하의 독일사민당 망명 지도부 SOPADE는 마르크스-엥겔스 유고를 포함한 사민당-아키브의 매각이나 임대에 관한 권한을 유럽 사회민주주의 정당의 결합체인 사회주의 노동자 인터내셔널 SAI과 그 지도자들이 결성한 마르크스주의 연구위원회에 일임했으나, 이의 진행 과정에 대해 지속적으로 높은 관심을 가지고 있었음은 물론이다. 당시 프라하로 망명한 SOPADE는 히틀러 정권에 저항하는 해외 세력의 집결지이기도 했다. 그들은 독일 내의 사민당 지하조직을 지원하고, 전단을 비롯한 출판물을 제작·반입하는가 하면 나치 정권을 피해 해외로 탈출한 수많은 난민들에게 구호품을 전달하고 조언을 하는 데 엄청난 재정이 필요했다.[135] 따라서 모스크바 연구소에 유고를 임대함으로써 어느 정도의 자금을 조달할 수 있으리라고 기대했던 그들에게 협상의 기약 없는 지연은 불안하기 짝이 없는 일이었다. 더욱이 임시방편으로 파리의 고등사범학교에 보관 중이던 당-아키브의 자료를 더 이상 방치해둘 수 없어 이를 옮기지 않으면 안 될 상황에 이른 SOPADE는 이들 문서 중 마르크스-엥겔스의 문건은 은행에 별도로 보관하고, 나머지 자료는 우선 그 시기에 새로이 설립되는 국제사회사연구소의 파리 지부Filiale에 맡기자는 니콜라예프스키의 조언을 받아들이지 않을 수 없었다.[136]

이에 따라 SOPADE는 1936년 8월 3일, 국제사회사연구소IISG의 포스트후무스가 작성한 계약서 초안을 이렇다 할 수정 없이 수용하지 않을 수 없었다. 이에 따르면 IISG는 마르크스-엥겔스의 초고를 제외한 사민당-아키브를 무상으로 보관하고, 이의 목록화 작업을 완수할 책임을 진다는 것이다. 그리고 자료의 학술적 이용을 위한 출판의 권리를 가지지만, 1890년 이후의 자료 출판은 특별히 당 지도부의 동의가 필요하다고 규정하고 있다. 나아가 제3자가 아키브를 이용하려면 연구소에 소속된 SOPADE의 대리인에게 사전 승인을 받을 것을 요구하고 있다.[137] 또한 이 아키브는 SOPADE의 재산이며, 따라서 이는 언제든지 반환을 요구할 수 있다는 표현이 명문화되었다. 이상과 같은 내용의 계약은 1936년 8월 31일 IISG 측의 드 리메Nehemia de Lieme, 포스트후무스와 SOPADE 측의 크루머넬에 의해 체결되었다.[138] 한편 1935년 여름 이래 암스테르담이 보관하고 있던 사

---

135) Mayer, 앞의 글 S. 100.
136) Nicolaevsky an Crummenerl, 8. Juni 1936, SOPADE-Akte G/142. 앞의 글, S. 134. Bungert, 앞의 책, S. 55도 보라.
137) SOPADE 측의 첫번째 대리인은 니콜라예프스키였다.
138) Übereinkunft zwischen dem Vorstand der Sozialdemokratischen Partei Deutschlands in Prag und dem Vorstand des Internationaal Instituut voor Sociale Geschiedenis in Amsterdam, 31. 8. 1936, AdsD, Bestand Sopade/Emigration, Mappe 57. Bungert,

민당-아키브 자료에도 동일한 규정이 적용된다는 점이 2개월 후 포스트후무스가 크루머넬에게 보낸 편지를 통해 부가되었다.[139]

그런데 1936년 11월 초, 아직 공식적으로 문도 열지 않은 IISG의 파리 지부에 도둑이 들어 트로츠키-아키브Trotzki-Archiv가 분실되자 같은 곳에 보관된 독일사민당 자료의 보험 가입 문제가 정식으로 거론되었다. 그리하여 1937년 4월에는 당-아키브가 5만 굴덴(60만 프랑스 프랑)의 보험에 가입했으며, 연 80굴덴의 보험료는 IISG와 SOPADE 쌍방이 반분하기로 양해하고, 당-아키브가 분실될 경우에는 보험금 전액을 SOPADE에 지급하도록 계약했다.[140] 한편 당-아키브 문건 중 가장 중요한 마르크스-엥겔스의 초고는 니콜라예프스키가 리용 신용은행Crédit Lyonnais의 안전금고에 옮겨 보관하고, 만약의 경우에 대비하여 이 문건이 독일사민당 지도부의 재산이라는 사실을 공증받았다.

SOPADE의 재정 형편은 1937년에 들어 더욱 어려워졌다. 그들은 마르크스-엥겔스의 초고를 모스크바 연구소에 임대함으로써 상당한 자금을 확보하리라 생각했으나 그 기대는 앞에서 살펴본 바와 같이 이미 깨져버렸다. 이러한 시점에서 1937년 초 SOPADE의 의장 벨스는 스웨덴 사민당의 헤거룬드Zeth Höglund를 통해 그들이 독일사민

---

앞의 책, S. 57. SOPADE-Akte G/142. Mayer, 앞의 글, S. 134도 보라. 붕게르트와 마이어가 인용한 SOPADE 문건은 분류기호는 서로 다르지만 동일한 문건으로 보인다. 이는 1969년 이전의 사민당-아키브가 1969년 6월 6일 이후 프리드리히-에베르트 재단FES 산하의 사민당-아키브Archiv der sozialen Demokratie, AdsD로 바뀌면서 새로운 분류기호를 적용한 것으로 보인다. Bungert, 앞의 책, S. 77~78, 82을 보라.

139) Posthumus an Crummenerl, 30. Oktober 1936. SOPADE-Akte G/142. 같은 글, 같은 곳.

140) 포스트후무스는 SOPADE가 보험료의 지불이 어려우면 당초의 계약을 연말에 해지할 수 있다고 했다. 한편 SOPADE는 IISG가 책정 가입한 보험금을 1백만 프랑으로 인상하자는 제의를 한 것으로 되어 있다. Mayer, 앞의 글, S. 135.

당-아키브를 매입할 수 있는가에 대한 의사를 타진했다. 그러나 스웨덴 사민당은 재정적 능력이 안 돼 이를 감당할 수 없다는 이유로 이 제의를 사양했다.[141]

SOPADE의 재정 상태가 위기에 직면한 것은 1937년 말경이었다. 이미 수년의 망명 기간 동안 그들이 소유하고 있던 유가증권을 매각하여 연명해오던 SOPADE는 이 시기에 접어들어 히틀러 정권의 정치적 간섭에 부딪치게 된다. 애초부터 프라하에 망명해 있던 사민당 지도부를 눈엣가시처럼 생각하던 나치 정권은 체코슬로바키아 정부에 압력을 가해 그들의 정치적 활동에 제동을 걸도록 요구했다. 이에 체코 정부는 SOPADE의 기관지 『노이어 포아베르츠』의 가판(街販)을 금지하고, 그 출판도 연말까지로 제한했다. SOPADE는 1938년 1월부터 『노이어 포아베르츠』를 파리에서 발간하고, 3월에는 SOPADE의 본부까지도 파리나 브뤼셀로 옮겨야 할 처지에 이르렀다. SOPADE의 궁핍한 재정은 기관지의 가판 수입이 없어지는 최악의 상태에 이르렀고, 설상가상으로 당 지도부까지 분열되는 상황에 직면했다.[142]

이처럼 최악의 재정 위기에 직면한 SOPADE는 어떤 식으로든 당-아키브의 처리 문제를 고민하지 않을 수 없었다. 이미 러시아, 스웨덴과 당-아키브의 매각 문제를 논의한 바 있는 SOPADE는 1938년 2월 미국 캘리포니아 대학의 버클리 캠퍼스에 망명해 있던 란다우어 Carl Landauer 교수가 당-아키브의 매입 문제를 진지하게 문의해오자 새로운 가능성을 포착하게 된다. 그리하여 당 지도부는 교섭의 기준으로 10만 달러를 제시하고, 현재 제3자와의 교섭이 진행 중이므로 조속한 결론이 필요하다는 사실을 전보로 통지했다. 그리고 마르크

---

141) 같은 글, S. 133.
142) 같은 글, S. 135~38.

스-엥겔스의 유고 목록을 항공우편으로 보내면서, 가격이 높은 이유는 모스크바 연구소와의 교섭에서처럼 정부기관이 이를 구입하려 했다는 점을 부기했다.[143] 그러나 SOPADE 측으로부터 이러한 연락을 받은 란다우어는 우선 그 엄청난 가격 때문에 구입이 불가능하다고 통고해왔다. 우리가 여기서 눈여겨보아야 할 점은 당-아카이브 매각을 위한 버클리 대학과의 교섭이 시작 단계에서 결렬된 것은 당-아카이브의 성격에 대한 쌍방의 견해 차이 때문이라는 점이다. 즉 SOPADE 측은 마르크스-엥겔스 유고에 무게를 두고 높은 가격을 매긴 데 반해 버클리 대학 측은 "유고"에 관심을 가지기보다는 1890년 이후의 독일 사회운동사die Geschichte der sozialen Bewegung와 관련된 새로운 아키브 자료를 염두에 두고 있었던 것이다.[144]

## 2. 네덜란드 국제사회사연구소에의 당-아키브 매각

네덜란드의 국제사회사연구소IISG와 SOPADE 사이의 독일사민 당-아키브 매각 교섭이 누구에 의해 선도되었는가는 문서로 밝혀지지 않고 있다. 그러나 니콜라예프스키에 따르면 이 교섭은 국제 사회주의 노동자 인터내셔널의 서기인 아들러에 의해 제기되었다고 한다.[145] 그러나 중요한 점은 매각 교섭을 누가 선도했느냐의 문제가 아니라 SOPADE가 버클리 대학과의 매각 교섭이 좌절된 이후 급박한 재정적 위기를 탈출하기 위해서는 네덜란드의 IISG에 당-아키브

---

143) Carl Landauer an Friedrich Stampfer, 3. Februar 1938, SOPADE-Akte G/142; An Landauer, 30. März 1938, ebenda. 같은 글, S. 138~39에서 재인용.
144) 같은 글, S. 139~40.
145) 같은 글, S. 138.

를 매각하는 것 이외에는 달리 방도가 없었다는 점이다.

SOPADE와 IISG 간의 독일사민당-아키브의 매각 교섭은 1938년 3월 상순에 하그에서 시작되었는데, 네덜란드 측의 대표로는 드 리메, 포스트후무스와 사민당의 당료인 우덴베르크Woudenberg, 포아링크Koos Vorrink가, SOPADE 측에서는 재정 담당인 크루머넬이 참여했다. 이 교섭의 핵심은 이미 주도권을 잡은 IISG가 당-아키브를 '매입'한다는 사실과 마르크스와 엥겔스의 '육필 원고를 획득'하는 것이었다. 사실 이 시기의 SOPADE는 망명 당 지도부를 프라하에서 파리로 이전하는 준비에 골몰하는 한편, 당 기관지를 새로 발간하는 등 정신을 차리기도 어려운 상황이었다. 게다가 이를 준비하는 데 수반되는 비용은 어려운 재정 형편을 생각할 때 엄청난 것이었다. 따라서 SOPADE의 재정 담당인 크루머넬이 계약의 구체적 조건에 신경을 쓰기는 거의 불가능했다.

사민당-아키브의 매입 문제는 1935년 프라하에서 SOPADE의 아키브 담당자였던 헤르츠와 포스트후무스가 처음으로 거론한 바 있다. 1936년 8월의 SOPADE와 IISG 간에 체결된 사민당-아키브 자료의 임대 계약을 통해 IISG는 이미 많은 자료를 학문적으로 이용하고 있었기에 SOPADE에 지불할 비용을 줄이기 위해서는 매입이 최선의 방법이었다. 이 가운데 마르크스-엥겔스의 초고에 특별히 관심을 집중한 까닭은 이미 그들이 관리하고 있던 당-아키브 자료에서 제외된 이 유고를 획득하고자 했기 때문이다. 마르크스-엥겔스의 초고는 당시로서는 모스크바의 연구소 이외의 단체나 국가에서 이렇다 할 관심을 표명하지 않았기에 아직도 가치가 저평가되고 있는 데다 육필 원고의 가격 또한 그리 높지 않은 수준이었다. 따라서 IISG는 모스크바의 마르크스-엥겔스-레닌 연구소가 이미 초고의 포토코피를 보유하고 있다는 사실을 지속적으로 강조함으로써 유고의 값을 깎으려고 노력했다. 게다가 그들은 계약상에 규정된 당-아키브의 문건에 그때까지 발견되지 않은 자료를 포함하고, SOPADE가 계약상에 규정하려는 이러저러한 제약과 예외적 규정에 불만을 토로했다. IISG는 SOPADE가 적대적 국가인 러시아보다 자신들에게 오히려 양보를 적게 한다고 불평했다. 그러나 IISG가 재정적 위기에 직면한 SOPADE에 제시한 당-아카브의 매각 대금은 러시아의 7, 8백만 프랑스 프랑, 미국 측의 10만 달러에 비해 훨씬 낮은 7만 2,000굴덴이었고 그것도 13개월에 걸치는 분할지불이었다.[146] 그럼에도 불구하고 IISG에 의해 지불된 이 매각 대금으로 인해 당시 재정적으로 최악의 상황에 처해 있던 SOPADE는 1938년 5월부터 1939년 6월에 이르는 13개월 동안 비교적 넉넉한 재정을 유지할 수 있었다.[147]

어쨌든 우리는 이 시기에 SOPADE와 IISG가 체결한 독일사민당-아키브의 매각계약서 전문을 다음에 게재함으로써 이 역사적 거래의 구체적 내용을 음미해보고자 한다.

**매매계약**[148]

**협약** Kontrakt

스-그라펜하게 's-Gravenhage'[149]의 중앙노동자통상-예금은행 Centrale

---

146) IISG가 제시한 매입 대금은 애초에는 66,000.-굴덴이었으나 버클리 대학과의 아키브 매각 교섭이 있은 뒤에 72,000.-굴덴으로 인상되었다.
147) Mayer, 앞의 글, S. 140~41.

Arbeiders-Verzerkerings-en Deposito-bank은 총재인 스-그라펜하게의 네헤미아 드 리메를 매입자로 하고,

현재 파리에 주재하고 있는 독일사회민주당의 지도부는 이 계약을 함에 있어서 부가된 전권을 적법하게 수행하기 위해 파리에 체재하는 S. 크루머넬을 매각자로 하여 다음과 같이 계약을 체결한다.

1. 매각자는 매입자에게 독일사회민주당이 소유하는 아키브를 매각·인도한다. 여기에는 칼 마르크스와 프리드리히 엥겔스 아키브의 습작Studien, 초고, 서간, 필사되었거나 인쇄된 문건과 장서가 포함되며, 특히 암스테르담에 있는 국제사회사연구소의 파리 지부가 베를린에서 파리로 소개하여 보관하고 있는 모든 자료, 소위 마르크스-, 엥겔스-, 당-아키브라 불리는 것을 양도해야 한다. 여기에 덧붙여 제1인터내셔널의 의정서 원본Originalprotokolle 3권과 이 조직과 그 지부에 관련된 모든 자료도 포함된다.

위에서 언급한 것으로서 파리, 코펜하겐, 암스테르담에 소재하거나 나아가 거기에 속하는 구성 부분으로서 아직도 탐지되지 않았던 자료가 발견될 경우, 이 모든 것이 포함된다. 단지 여기에 예외가 되는 것은

I. 1914년 이후의 사건과 관계되는 모든 자료.

이 같은 예외에 속하지 않는 것은 1918/1919년의 독일인민위원회 평의회Rat der Volksbeauftragten in Deutschland의 의정서와 당 지도부가 소장하고 있던 1915년까지의 『포아베르츠』 보관본.

---

148) Anhang IX. Der Kaufvertrag, 같은 글, S. 193~94; Stern und Wolf, 앞의 책, S. 130. Bungert, 앞의 책, S. 60~62에도 전문이 게재되어 있다.
149) 이는 하그의 공식 명칭이다.

II. 베른슈타인 서재의 장서 중 니콜라예프스키에 의해 파리로 소개되지 않은 것으로서 칼 마르크스나 프리드리히 엥겔스가 기록한 메모가 없는 서적들이다.

2. 매입자는 위에 언급한 것을 다음과 같은 조건으로 칠만이천 굴덴(hfl. 72,000.-)에 매입한다는 점을 분명히 한다.

a) 매입가는 칠만이천 굴덴(hfl. 72,000)에 이르고, 이는 13개월에 걸쳐 할부로 지불되며, 처음의 12개월은 매월 5,500.-굴덴씩, 그리고 13번째 마지막 달에는 6,000.-굴덴이 지불된다. 최초의 할부금은 매입자가 코펜하겐, 파리, 암스테르담에서 순차적으로 아키브를 인수한 뒤에 지불된다. 그러나 이는 아키브의 매각자나 보관자가 수송의 지연에 책임이 없을 경우 늦어도 계약이 체결된 지 14일 이내에 이루어진다. 할부금은 2중의 영수증을 받은 뒤, 전권을 가진 크루머넬이 매입자에게 통고한 은행구좌에 전금된다.

b) 운송비와 보험료는 매입자가 부담한다.

c) 매각자는 이전이나 이후에도 아키브와 관련하여 유효할지도 모르는 모든 요구와 현재 진행 중인 협정의 합의에 부정적인 작용을 할지도 모르는 모든 법적 행위의 법률적·재정적 결과로부터 매입자를 자유롭게 해주어야 한다.

d) 매입자는 아키브를 암스테르담의 "국제사회사연구소"가 다음과 같은 조건, 즉 매입자와 "연구소" 간의 관례에 따라 운용하게 한다. "연구소"는 학술적 연구자들로 하여금 "연구소"가 준용하는 조건에 따라 이들 문건을 열람하도록 허용해야 한다.

e) 매입자는 이 아키브를 전체로서나 부분으로 매각해서는 안 된다는 의무를 진다.

f) 독일의 사회민주당이 독일에서 다시 법률적으로 활동하게 될 때

에는 그들은 아키브나 이 아키브의 일부를 그들의 경비로 포토코피를 작성하는 권리를 보유한다. 〔포토코피의〕 작성은 "연구소"가 확정하여 관용되는 조건 하에서 "연구소"의 감독 아래 이루어진다.

g) "국제사회사연구소"가 전체 아키브Gesamtarchiv의 포토코피를 제작할 경우에는 독일사회민주당 지도부에 무료로 그 한 부ein Exemplar gegen Bezahlung를 제공해야 한다. 그러나 이는 전체 아키브의 포토코피를 제작하는 경우에 한정된다.

3중본으로 작성
스-그라펜하게, 1938년 5월 19일

독일사회민주당
서명. 지그문트 크루머넬

중앙노동자통상-예금은행
서명. 네헤미아 드 리메

우선 우리가 이 협약을 통해서 확인할 수 있는 것은 매입 자료의 포괄성이다. 협약에서 규정하는 독일사민당에 소속된 아키브에는 1) 마르크스-엥겔스의 아키브, 즉 그들의 습작, 초고, 서간, 필사되었거나 인쇄된 문건과 장서, 2) IISG의 파리 지부가 베를린에서 파리로 이송하여 보관하고 있는 모든 자료, 총칭하여 마르크스-, 엥겔스-, 당-아키브 전체, 그리고 3) 제1인터내셔널의 의정서 원본 3권과 이 조직과 관련된 모든 자료를 포함하고 있다. 나아가 파리, 코펜하겐, 암스테르담에 소재하는 자료의 구성 부분이지만, 소개·이동 과정에서 산실되었던 자료가 발견될 경우에도 이는 매입 자료의 일부에 포함된다는 것이다. 여기에는 1914년 이후의 사건과 관계되는 자료, 즉 현존하는 인물이나 현재의 사건과 긴밀한 관계를 가진 모든 자료는 제외된다. 단지 역사학자 로젠베르크Arthur Rosenberg가 이미 자료로 사용한 바 있는 1918/1919년의 독일인민위원회 평의회 관련 자료는 예외를 인정하고 있다.

한편 7만 2,000굴덴으로 결정된 매입가는 13개월에 걸쳐 할부로 지불되는데, 12개월간 매월 5,500굴덴이, 그리고 최종월인 13개월째는 6,000굴덴이 지불되도록 정해지고, 최초 할부금은 계약이 체결된 지 2주 내에 이루어질 코펜하겐, 파리, 암스테르담에서의 아카이브 자료 인수 후부터 개시된다고 규정하고 있다.

나아가 이 협정은 2-e)에서 아카이브의 매입자가 이를 전체로나 부분으로 분할하여 매각할 수 없음을 분명히 하고 있는데, 이는 계약 당사자들이 사민당-아카이브의 통일성을 유지하려는 강한 의지를 표명한 것으로 이해할 수 있다. 나아가 2-f)에서는 사민당이 이후 독일에서 합법적인 정당으로 활동할 경우 연구소가 소장한 사민당-아카이브를 자비를 들여 전체나 부분으로 복사할 수 있다는 규정은, 바꾸어 말하면 독일사민당 측의 아카이브 재매입이 불가능하다는 점을 명문화한 것으로 판단된다. 이는 이 매매 계약의 초안이 독일사민당의 아카이브의 재매입 권리를 배제한다는 구절을 포함하고 있었다는 사실을 통해서도 분명해진다.[150]

독일사민당-아카이브의 매매 계약은 1938년 5월 19일 네덜란드의 하그(스-그라펜하게는 이의 공식 명칭)에서 IISG를 대표하여 네헤미아 드 리메가, SOPADE를 대표해서는 당 지도부로부터 전권을 위임받은 지그문트 크루머넬이 서명함으로써 공식적으로 성립되었다. 이

---

150) Mayer, 앞의 글, S. 140. 이러한 사실은 1961년 SPD가 이의 재매입을 시도하면서 더욱 명확해졌다. Bungert, 앞의 책, S. 79~81을 보라.

에 따라 사민당-아키브의 양도가 신속히 개시되었는데, 당시 파리의 IISG 지부가 가지고 있던 자료의 이양은 형식적인 것이었고, 파리 소재의 리용 신용은행 안전금고에 보관된 마르크스-엥겔스 문건은 5월 27일 니콜라예프스키가 드 리메에게 열쇠를 양도함으로써 완결되었다. 코펜하겐의 노동자은행 안전금고에 보관된 3상자의 마르크스-엥겔스 유고는 5월 말, 덴마크 사민당에게 유고의 매각 사실을 알리고 자료의 인도에 협조를 부탁하는 독일사민당 지도부의 편지[151]를 지참한 IISG의 사서 셸트마Annie Adama van Scheltema(1884~1977)에게 인도하고, 그녀는 이를 선편으로 암스테르담에 이송했다.

 마르크스와 엥겔스의 초고를 포함하는 독일사민당-아키브는 이와 같은 과정을 거쳐 그 소유권이 마침내 독일사민당에서 네덜란드의 국제사회사연구소로 넘어가게 되었다. 그리고 이 같은 매각 과정에서 가장 중요한 역할을 한 니콜라예프스키는 1938년 5월 25일 SOPADE로부터 문서로 당-아키브의 관리에 헌신한 그간의 노고를 치하받았으며, 마르크스의 유고를 안전하게 보관·관리해온 덴마크 사민당은 포스트후무스로부터 귀중한 자료가 무사히 도착한 데 대한 감사의 뜻을 전달받았다.[152] 특히 코펜하겐의 마르크스-엥겔스 문건 가운데는 낙질이 없는 완벽에 가까운 『포아베르츠』와 SOPADE가 망명 첫해에 제작한 모든 출판물, 그리고 당 지도부의 제반 문서Akten des Parteivorstands가 포함되어 있었다. 그 가운데 『포아베르츠』는 체코의 사회민주노동당이 소장했다가 SOPADE에 기증한 것을, 후자가 프라하를 떠나면서 다른 문건들과 더불어 덴마크의 사회민주당에 보

---

151) Vorstand der SPD, Paris, an Hedtoft-Hansen, 21. Mai 1938, SOPADE-Akte G/142. Mayer, 앞의 글, S. 142.
152) 같은 글, S. 141~42.

관하도록 한 물건이었다. 그러나 이들 역시 당-아키브의 매매 계약에 따라 같은 해 8월, IISG에 양도되었다.[153]

우리는 가끔 오늘날의 시점에서 독일사민당-아키브의 IISG 매각 문제를 평가하려는 경향이 없지 않다. 다시 말하면 IISG가 재정적으로 역경에 처한 SOPADE를 밀어붙여 마르크스-엥겔스 유고를 포함한 사민당-아키브를 헐값에 매입했다는 것이다. 1937년 말 나치 정권의 위협을 받은 체코 정부가 SOPADE의 기관지 『노이어 포아베르츠』의 가판을 금지하고, SOPADE 역시 빠른 시일 안에 파리로 이사를 해야 하는 상황에서 당-아키브의 매각을 통한 자금의 조달이 없었다면 SOPADE는 존망의 기로에서 헤매야 할 형편이었다.[154] 게다가 당-아키브 역시 여러 곳에 분산되어 있었고, 망명 사민당의 2대 기둥인 벨스와 크루머넬이 중병을 앓고 있어 SOPADE로서는 전쟁의 위협에서 이를 관리하기가 거의 불가능에 가까웠다.[155] 따라서 매각 협상이 한창 진행 중이던 1938년 4월 26일, 드 리메가 크루머넬에게 보낸 편지에서 "[당-아키브의] 소유권을 우리에게 양도하는 것이 인류를 위해 이를 망실치 않는 유일한 길이란 점을 잊지 마십시오"라고 한 것은 당시의 절박한 사정을 표현한 것으로 우리가 이를 액면 그대로 수용하지 않을 수 없다고 하겠다.[156] 이러한 사실은 특

---

153) 같은 글, S. 142.
154) 1938년 6월 29일 파리에서 개최된 당 지도부 회의에서 올렌하우어는 당-아키브의 매각과 관련된 발언에서 "우리가 아무런 자금도 조달할 수 없었다면 [파리로의] 이사 문제는 공론에 불과했을 것이다"고 지적했다 한다. Protokoll, SOPADE-Akte G/117. 같은 글, S. 144 주 211)에서 재인용.
155) 당의장인 벨스는 류머티스성 관절염으로 1939년 9월 18일에, 크루머넬은 장 수술을 받은 후유증으로 1940년 5월 22일 사망했다. 같은 글, S. 145.
156) De Lieme an Crummenerl 26. April 1938, SOPADE-Akte G/142. 같은 글, S. 144에서 재인용.

히 네덜란드가 전통적으로 중립국이었기에 유럽의 다른 어느 나라보다 자료의 관리에 적합했다는 점과, 1938년 9월 29일 히틀러와 챔벌레인Neville Chamberlain이 체코슬로바키아의 주데텐 지역의 할양을 포함하는 제3제국의 국경 수정을 승인하는 뮌헨협정das Münchener Abkommen을 체결하자 전쟁의 도래를 감지한 포스트후무스가 신속히 마르크스-엥겔스 유고를 비롯한 귀중 자료의 피난 계획을 수립한 것 등을 통해 증명된다.

전쟁의 위협에 직면하여 IISG가 구상한 귀중 자료의 소개는 두 가지 경로를 택하고 있다. 그중 하나는 영국으로의 소개였는데 이는 1938년 11월에 시작되었다. 여기에는 사민당-아키브 자료 가운데서 아주 중요한 장서, 오래된 다수의 정기간행물, 그리고 변상될 수 없거나 정치적 이유로 위험시되는 IISG의 마르크스-엥겔스 유고와 같은 유일한 아키브 소장품들이 포함되었다. 이들 자료는 미국의 스탠퍼드 대학에 매각되는 것처럼 위장하여 암스테르담에서 영국의 헐Hull항으로 운송되었다. 그리고 이들 자료는 다시 요크셔 지역의 해로게이트Harrogate로 옮겨지고, 거기서 옥스퍼드의 반베리 가Banbury Road 19번지의 옥스퍼드 대학 소속의 건물 지하실로 대피했으니 이때 수송된 자료가 모두 170상자에 달했다. 이 자료의 영국 소개에 결정적인 도움을 준 사람은 옥스퍼드 대학의 노동운동사 교수인 콜G. D. H. Cole이었으며, 이들 자료의 관리는 IISG의 레닝Arthur Lehning이 영국 지부장 자격으로 총괄했다.[157]

또 하나의 소개 경로는 1940년 5월 니콜라예프스키가 암스테르담의 IISG 본부와 상의하여 사민당-아키브 자료가 포함된 IISG 파

---

157) 같은 글, S. 152~53; Bungert, 앞의 책, S. 63.

리 지부의 소장품을 프랑스의 투렌 지방의 암브와즈Amboise in der Tourraine에 있는 저택의 지하실로 이송한 것이었다. 여기에 소개된 자료는 주로 IISG 파리 지부에 보관되어 있던 것들이었으나 일부는 북해의 항행에서 예기되는 기뢰의 위험성을 피해 육로를 이용했다. 거기에는 모틀러와 융의 유고, 그리고 1938년 그가 빈을 빠져나오기 직전에 IISG에 매각한 카우츠키의 아키브가 포함되어 있었다. 그 밖에도 공산주의자 동맹과 제1인터내셔널 관련 문건이 이곳으로 소개되었다. 그리고 이 과정에서 우리가 특기할 것은 1940년 6월 17일 파리가 점령된 이후 아직 점령되지 않은 프랑스의 한 지역에 피신해 있던 니콜라예프스키가 제1인터내셔널의 총회의정서를 휴대하고 미국으로 망명하여, 이를 미국 의회도서관에 보관했다가 1958년에 반환하기도 했다는 점이다.[158]

---

158) Mayer, 앞의 글, S. 152~53: "Erinnerungen der Bibliothekarin des IISG Amsterdam Annie Adama van Scheltema-Kleefstra," *Mitteilungsblatt des Instituts zur Geschichte der Arbeiterbewegung*, Heft 4/1979, S. 28~29. Bungert, 앞의 책, S. 64도 보라.

## 제6부

# 종전 후 자료의 수복과 『마르크스-엥겔스 저작집』의 출판

1장
# 제2차 세계대전의 종언과 분산된 자료의 수복·정리

  1945년 4월 30일, 아돌프 히틀러는 스스로 목숨을 끊고, 독일의 국방군은 1945년 5월 9일 연합군에 항복했다. 이로써 1933년 이래 12년에 걸친 나치스의 광란의 역사는 종말을 고했다. 독일의 무조건 항복은 1871년 1월 18일 비스마르크가 베르사유 궁전에서 선포한 독일 제국의 실질적 종언을 의미하는 것이기도 했다.

  12년에 걸친 히틀러의 독일적 전통에 대한 파괴 공작은 너무나도 철저한 것이어서 종전 후 독일인들이 무언가를 보수하고, 그 위에서 새로이 출발할 수 있는 아무런 근거도 남겨두지 않았다. 이런 의미에서 미국의 독일사가 크레이그는 "히틀러가 철저하지 않았다면 그는 히틀러가 아니다"라는 표현을 그의 『독일사, 1866~1945』의 마지막 장 「히틀러의 전쟁」 말미에 쓰고 있다.[1]

---

1) Gordon A. Craig, *Germany, 1866~1945*, Oxford University Press, New York 1978, p. 764.

앞에서 살펴본 바와 같이 베를린에 보관되어 있던 마르크스-엥겔스의 유고를 포함한 독일사민당-아키브는 코펜하겐이나 파리로 소개되었다가 일정한 보관처의 확보는 물론이요, 보험료조차 지불하기 어려웠던 사민당 망명 지도부SOPADE의 핍박했던 재정 형편 때문에 매각되었다. 이 같은 우여곡절을 거친 사민당-아키브의 매각은 "학문상 무진장의 보고요, 문화사적 기념물인 유일무이한 기록 자료"를 보전하기 위해서는 불가피한 선택이었다. 이처럼 중요한 기록 자료를 상실한 일차적 책임은 이를 관리해야 할 독일사민당에 있지만, 독일의 중요 문화재를 상실한 데 대한 궁극적 책임은 히틀러의 엄청난 채무계정Schuldkonto에 돌려야 할 것이라고 처음으로 독일사민당-아키브의 역사를 체계적으로 정리한 마이어는 주장하고 있다.[2] 다시 말하면 히틀러의 나치스 정권은 엥겔스 사후 독일사민당이 어렵게 한자리에 모은 독일의 위대한 사상가요 혁명가인 마르크스와 엥겔스의 정신적 유산인 기록 자료의 집성을 독일 땅에서 뿌리 뽑아 다른 곳으로 옮긴 장본인이기도 하다.

### 1. 마르크스-엥겔스의 유고를 포함한 독일사민당-아키브의 암스테르담 '복귀'

1945년 5월 나치스의 무조건 항복으로 종전이 되자 전쟁 중 온갖 수난을 겪으며 각지에 소개, 또는 은닉되었던 독일사민당-아키브의

---

2) Paul Mayer, "Die Geschichte des sozialdemokratischen Parteiarchivs und das Schicksal des Marx-Engels-Nachlasses," *Archiv für Sozialgeschichte*, VI./VII. Band, 1966~1967, S. 154.

중요 부분은 독일이 아닌 네덜란드의 암스테르담에 수복·통합된다. 이는 앞에서 살펴본 바와 같이 독일사민당-아키브의 소유권이 1938년 5월의 매매계약에 의해 암스테르담 소재의 국제사회사연구소IISG로 이양되었기 때문이다.

우선 사민당-아키브 자료 중 가장 중요한 마르크스-엥겔스의 유고를 포함한 각종 문건과 희귀본, 정기간행물 등 1938년 9월에 영국으로 소개되었던 자료들은 종전 직후 소개할 때와는 반대 방향으로 도버해협을 거쳐 암스테르담에 복귀했다. 그리고 파리에 남아 있던 사민당-아키브 자료는 당시의 위급한 정치적 상황과 갓 창설된 암스테르담 국제사회사연구소 본부의 공간이 한정되어 있던 관계로 파리 지부의 니콜라예프스키가 관장하고 있었다. 그러나 이 수많은 자료와 장서들은 나치스가 프랑스를 침공하기 직전에 투렌 지방의 암브와즈에 있는 저택의 대피소에 소개할 수 있었다. 암스테르담에 있던 중요 자료 중 일부도 해로를 이용할 경우 생길 수 있는 기뢰의 위험을 피해 이곳에 같이 소개되었다. 이들 모든 자료는 다행히 전쟁 중에 발각되지 않은 채 1946년 암스테르담으로 복귀되었는데, 이때 프랑스로부터 암스테르담으로 옮겨진 자료가 거의 100개 상자에 이르렀다고 한다. 여기에는 카우츠키가 1938년 3월 빈을 떠나면서 연구소에 맡긴 카우츠키-아키브를 비롯하여 사회주의 노동자 인터내셔널(F. 아들러)과 사회주의 청년 인터내셔널(E. 올렌하우어)의 기록 문서도 포함되어 있었다.[3]

한편 IISG는 그들이 암스테르담 본부에 소장하고 있던 수많은 장서들을 독일 점령군에 탈취당했는데, 이를 수복한 것이 1946년 8월

---

3) Mayer, 앞의 글, S. 153. 카우츠키는 빈을 떠나 암스테르담에서 망명생활을 하다 1938년 10월 17일 사망했다.

말과 1956년 11월이었다.[4] 1940년 5월 히틀러는 프랑스를 침공하기도 전에 유럽의 군소 중립국가 중의 하나인 네덜란드를 침입하여 항복시켰는데, 이는 네덜란드의 문화재를 체계적으로 약탈하는 데 그 목적이 있었다. "당의 총체적 세계관 교육을 위임받은" 독일 점령군의 참모장Einsatzstab Reichsleiter 로젠베르크Alfred Rosenberg(1893~1946)는 독일이 점령한 지역이나 국가의 도서관과 아카이브를 샅샅이 뒤져 독일에 가치가 있는 문건이나 자료를 압수하여 독일로 이송하는 권한을 히틀러로부터 위임받았다. 이는 히틀러가 전쟁이 끝나면 프랑크푸르트에 설립하고자 했던 "고위 대학Hohe Schule"의 "국가사회주의의 세계관과 교육을 위한 중앙연구소Zentrales Forschungsinstitut für nationalsozialistische Weltanschauung und Erziehung"의 기초적 자료들을 확보하기 위한 것이었다. 따라서 로젠베르크의 핵심적 작업 그룹은 1940년 7월 18일에 이미 암스테르담의 IISG를 접수하고 점령 기간 내내 연구소 소장 자료를 면밀히 검토, 정리하여 나치스의 선전·선동에 이용하려고 했다. 특히 그들은 1941년 초에 이미 "[IISG의] 장서나 아카이브가 특정 국가의 사회나 사회주의 운동과 관련한 완벽한 기록 문건을 보유함으로써 그 학술적 가치가 높다"[5]는 점을 인식하고 있었기에 이들 자료의 독일로의 이송에 관심을 쏟게 되었다.

따라서 이 작업의 총지휘자인 로젠베르크는 1943년 8월 그의 참모들에게 암스테르담 연구소의 정리 작업을 곧장 종료할 것을 지시하고, 1944년 5월에는 이들 자료들을 독일로 수송하도록 했다. 이때 독일로 이송된 자료들은 "분류되지 않은 아카이브 문건과 귀중 장서"

---

4) 같은 글, S. 152~53.
5) Der Prozeß gegen die Hauptkriegsverbrecher vor dem Internationalen Militärgerichtshof, Nürnberg, 14. November 1945~1. Oktober 1946, Nürnberg 1947, Bd. XXV, S. 251, Dok. 176 - PS. 같은 글, S. 149.

를 포함하여 모두 271개 상자에 포장되어 내륙의 라티보르Ratibor로 보내졌다고 1944년 7월의 독일 측 월간보고서는 기록하고 있다.[6] 다시 몇 주일이 지난 뒤 로젠베르크는 "군사적 상황"을 빙자하여 연구소 자료를 소개하기 시작했다. 1944년 11월 초의 보고에 따르면 이들 자료는 암스테르담 항에 정박 중인 100~150톤 급의 보트 11척에 실어 수송키로 했으나 전시 중의 소개 행렬은 군대의 지원에도 불구하고 쉽지 않았다. 따라서 9척의 보트가 그로닝겐Groningen을 거쳐 1945년 1월 엠덴Emden 하구(河口)로 진입했으나 이를 계속 운송할 선편의 지원을 받지 못한 채 강이 동결되는 2월에 접어들면서 수송이 중단된 채 종전을 맞게 된 것이다.[7]

1946년 초까지 흔적조차 없었던 이들 연구소의 소장품은 제보와 수소문을 통해 베저Weser 강의 빈트하임Wirdheim에서 발견되었다. 그러나 버려진 보트에는 장서를 포장했던 나무 상자의 뚜껑이 땔감으로 떨어져 나가 있었고 책은 폐지처럼 흩어져 있었다. 1,000여 개 상자에 달하는 이들 장서를 IISG의 사서 셸트마Annie Adama van Scheltema 와 독일 부문 책임자 블루멘베르크Werner Blumenberg가 수습하여 암스테르담 항에 도착한 것이 1946년 8월 말이었다.[8] 그 이후로도 연구소는 1947년 6월, 그라스빙켈D. P. M. Graswinckel 박사의 주선으로 클라겐푸르트Klagenfurt에서 700상자의 신문철을, 그리고 1948년에는 체코슬로바키아에서 5상자의 자료들을 수복할 수 있었다.[9] 그런가

---

6) Monatsberichten der Hauptarbeitsgruppe Niederlande des Einsatzstabes Rosenberg für Mai und Juni 1944, gegeben am 31. Juli 1944, Kopie im IISG Amsterdam, 같은 글, S. 150.
7) 같은 글, S. 150~52.
8) 같은 글, S. 152. Annie Adama van Scheltema, "Erinnerunngen der Bibliothekarin des Interntionalen Instituts für Sozialgeschichte," *Mitteilungsblatt des Instituts zur Geschichte der Arbeiterbewegung(IGA)*, Heft 4, 1979, S. 32~33도 보라.

하면 1944년 7월 로젠베르크가 라티보르로 이송한 연구소의 중요 자료들에 관해서는 8년여에 걸친 연구소 측의 갖가지 노력에도 불구하고 아무런 성과를 얻지 못했다. 그런데 1956년 11월 IISG는 암스테르담의 폴란드 대사관으로부터 폴란드 정부가 연구소로 보내는 장서가 적재된 선박이 로테르담 항에 정박해 있다는 소식을 접하게 되었다. 이에 연구소장 포스트후무스와 사서 셸트마가 곧장 항구로 쫓아가 220상자의 장서 — 뒤에 50상자가 더 도착했다 — 가 도착한 사실을 확인했던 것이다. 모두 270상자에 이르는 이 반송품 가운데는 연구소의 아키브가 소장하던 장서는 물론이요, 이와는 별도로 독일사민당-아키브에 속하지 않은 베벨, 리프크네히트, 카우츠키의 수고본들도 포함되어 있었다.[10]

---

9) Scheltema, 앞의 글, S. 34.
10) Mayer, 같은 글, S. 152~54. Scheltema, 앞의 글, S. 35. 셸트마의 보고에 의하면 그녀는 1948년 네덜란드 노동자당 지도부의 서간 가운데서 "SDAP Nederland"를 수신인으로 하는 편지를 발견했는데, 크라카우 대학의 도서관장이 보낸 이 편지에는 과거 네덜란드 도서관의 소유로 보이는 389상자의 장서가 그곳의 도서관에 보관되어 있다는 사실을 알려주고 있었다는 것이다. 그러나 당시로서는 동서의 냉전이 격화되어 철의 장막 속의 국가와의 교신이 불가능했고, 하그에 있는 폴란드 대사관과의 접촉도 쉽지 않았다. 그러던 중 연구소의 사서 셸트마는 1956년 암스테르담에서 열린 국제사회학자대회 Internatinaler Soziologe-Kongreß에 참석한 폴란드 학자들과의 만남을 통해 협조를 부탁해 자료를 반송받을 수 있게 되었다 한다. 그러나 당초 389상자의 장서가 270개로 축소된 것은, 이들 자료 중에 포함된 마르크스와 레닌의 편지를 포함한 중요 문서나 장서가 모스크바의 마르크스-엥겔스-레닌 연구소 IMEL에 병합되었기 때문이라고 셸트마는 추정하고 있다. 한편 마이어는 이때 반송받은 장서를 190상자로 보고하고 있으나 셸트마의 보고가 신빙성이 높은 것으로 판단된다. Mario Bungert, *"Zu retten, was sonst unwiederbringlich verloren geht": Die Archive der deutschen Sozialdemokratie und ihre Geschichte*, Friedrich-Ebert-Stiftung, Bonn 2002, S. 65~67도 보라.

## 2. 모스크바 마르크스-엥겔스-레닌 연구소의 우파 소개와 복귀, 그리고 전후의 자료 수집

1941년 6월 22일 독일이 소련을 침공하자 마르크스-엥겔스-레닌 연구소IMEL는 작업을 중단하고 곧장 독일군의 공습에 대비하기 시작했다. 많은 연구원들은 전투부대에 지원하거나 국민군에 소속되었다. 소련공산당(볼셰비키) 중앙위원회와 소련의 인민위원회는 1941년 7월 5일의 결의를 통해 독일군의 모스크바 침공에 대비하여 연구소를 러시아의 중서부에 위치한 우랄산맥 남쪽의 우파Ufa로 소개시키도록 결정했다. 7월 7일, 마르크스, 엥겔스, 레닌의 모든 수고본과 모스크바의 아카이브와 도서관의 장서가 50량이 넘는 화물열차에 실려 우파로 이송되었다. 여기에는 모두 4만 5,000건에 달하는 중요한 수집 문건, 30만 건에 달하는 소련의 볼셰비키 공산당 관련 서류, 그리고 30만 권을 상회하는 장서가 포함되어 있었다.

3년에 걸친 우파에서의 소개 기간 중 이들 자료는 IMEL과 마르크스-엥겔스 부의 칸델Efim Pavlovič Kandel(1910~1997)의 지휘 아래 28명의 연구원들이 관리했다. 그러나 전세가 역전되자 1944년 7월 14일 연구소는 우파에서 모스크바로 귀환하도록 결정되어, 이사는 8월 상순에 이루어졌고 연구소의 작업은 9월 1일부터 정상화되었다.[11]

모스크바의 IMEL은 전쟁이 발발하자 곧장 그들이 소장하고 있던 자료와 장서의 안위를 걱정하고, 볼셰비키 공산당 중앙위원회가 즉

---

11) Rolf Hecker, "Die Herausgabe von Marx/Engels-Schriften zwischen erster MEGA und MEW(1945~1953)," *Beiträge zur Marx-Engels-Forschung*, Neue Folge, Sonderband 5, 2006, S. 15~16.

각 이들을 모스크바와는 멀리 떨어져 있는 안전지대인 우파로 소개하도록 결정한 것은 다소 의외인 것처럼 보이기도 한다. 그러나 이 연구소의 전신인 마르크스-엥겔스 연구소MEI의 성립과 성장 과정을 일별해보면 이 연구소와 그들이 소장한 자료의 중요성을 새삼 확인하게 된다. 1920년 12월 마르크스주의 박물관Museum für Marxismus으로 출발한 이 연구소는 런던에서 구입한 극소수의 장서와 마르크스의 편지 몇 통을 보관하는 것이 고작이었다. 그러나 1921년 2월 리야자노프에게 보낸 레닌의 사피스키에 근거하여 연구소는 당시 러시아의 핍박한 경제 사정에도 불구하고 많은 희귀본, 귀중본, 그리고 오리지널을 매입할 수 있었다.

특히 1921년에 들어 12만 5,000골드루블로 매입한 마우트너/파펜하임 장서와 그륀베르크 장서는 동 연구소로 하여금 사회주의와 무정부주의 관련 자료의 백미(白眉)를 소장케 했다. 이후 독일의 철학자 빈델반트가 소장했던 피히테 장서, 슈티르너 연구자 맥케이Henry Mackay 장서 등 유럽의 유명한 개인 장서들을 속속 구입함으로써 1930년에는 45만 권의 장서를 보유하게 되었던 것이다.[12]

마르크스-엥겔스 연구소의 자료 수집 과정에서 가장 주목되는 것은 1924년 12월 리야자노프가 독일사민당-아카이브가 소장하고 있던 마르크스와 엥겔스의 유고를 복사하고 이를 발행하는 권한을 획득한 점이다. 이후 그들은 1928년 11월에 이르기까지 마르크스-엥겔스의 유고는 물론이요, 당시 독일사민당이 보유하고 있던 각종 중요 문건을 거의 대부분 포토코피로 확보할 수 있었다.[13] 여기에다 마르

---

12) Franz Schiller, "Das Marx-Engels-Institut in Moskau," *Archiv für die Geschichte des Sozialismus und der Arbeiterbewegung*, 15, Jahrg. 1930, S. 421.
13) 이 책의 제3부 4장을 보라.

크스-엥겔스 연구소는 마르크스와 엥겔스에 관련된 사민당-아키브 자료의 포토코피에 만족지 않고, 마르크스와 엥겔스의 연고지에 있는 문서고나 아키브, 그리고 공용 문건을 추적하여 관련 자료를 복사하고, 고서점이나 골동상, 경매에 나온 그들의 초고나 문건의 오리지널을 소련의 국가적 지원을 배경으로 매입했다. 우리가 앞에서 살펴본 1930년대의 마르크스-엥겔스-레닌 연구소IMEL의 독일사민당-아키브 매입 교섭이 그 대표적인 예이고, 고서나 골동 시장에 나타난 마르크스의 유고나 장서의 매입은 일상화되었던 것이다. 특히 히틀러에 의해 촉발된 전 유럽의 위기 상황은 이러한 오리지널의 원 매자(願買者)를 네덜란드의 국제사회사연구소를 제외한다면 러시아에 국한시켰다고 해도 과언이 아니다.

러시아는 국가 이데올로기의 "고전적" 창시자인 마르크스와 엥겔스의 유고 오리지널을 가능한 한 많이 확보하고, 이를 근거로 하여 사회주의 이론을 연구·선도하는 것이 현실적으로는 사회주의 노동자 인터내셔널SAI에 대항하는 공산주의 인터내셔널Comintern의 종주국으로서의 위상에 걸맞은 길이라고 확신했다. 따라서 그들은 여러 경로를 통해 마르크스-엥겔스의 개인 장서나 문건, 유고, 편지의 오리지널을 획득하려는 노력을 게을리 하지 않았다.

마르크스와 엥겔스의 유고나 장서는 엥겔스 사후 독일사민당과 마르크스의 딸 엘리노와 라우라를 거쳐, 예니의 자손들에게 전해졌다. 그러나 마르크스의 중요 유고는 여러 경로를 거쳐 엥겔스의 유고가 보존된 독일사민당-아키브에 융합·집중되었고, 그 외 단편적인 유고의 오리지널이나 편지들이 고서점이나 골동상에 나타날 뿐이었다. 이런 이유로 1930년대 초에 이르기까지 러시아 측이 획득한 마르크스-엥겔스의 오리지널은 이러한 초고 단편이나 편지에 덧붙여 새로운 사회주의 국가의 출현에 희망과 호의를 가진 사람들이나 그들의 자녀들이 기증한 문건이나 편지에 국한되었다.[14]

1930년대 들어 독일사민당-아키브의 소홀한 자료 관리와 1933년 이래 이들의 소개 과정에서 생겨난 오리지널의 분실은 부정한 경로를 거친 적지 않은 자료들을 골동 시장에 출현시켰다. 그리고 이들 대부분은 중개인을 통해 당시의 상황에서 이들 자료의 유일한 원매자인 IMEL로 매각되게 된 것이다. 우리는 이러한 과정을 거쳐 러시아로 유입된 자료나 유고 오리지널 가운데 가장 주목할 만한 것으로 마르크스 소유의 편집자용 Redaktionsexemplar 『신라인 신문』철과 일반적으로 마르크스의 경제학 연구노트의 소시리즈 Kleine Serie, 대시리즈 Große Serie로 불리는 『그룬트리세』와 『잉여가치 학설사』 오리지널을 거론할 수 있다.

먼저 편집자용 『신라인 신문』철은 1848~1849년의 1년여에 걸쳐 발행된 이 신문이 인쇄된 직후, 편집자로서 마르크스가 이를 체크하고 사후의 정정이나 기획을 위한 자료로 이용한 것이다. 이 신문이 폐간된 이후에도 마르크스는 이 신문철을 옆에 두고 지속적으로 이용했다. 특히 이 신문에 연재했던 『임노동과 자본 Lohnarbeit und Kapital』은 이 신문철에서 수차례의 수정 작업을 했으며, 『포크트 씨 Herr Vogt』

---

14) 이러한 경우의 두드러진 예는 마르크스의 맏사위 샤를 롱게 Charles Longuet 가를 들 수 있다. 엥겔스의 사후 마르크스의 문서로 된 유산은 런던에 거주하던 막내딸 엘리노에게 유증되었다. 그러나 그녀의 갑작스런 죽음으로 마르크스의 중요한 유고는 파리의 둘째 딸 라우라 라파르그에게 전해졌으나 이는 다시 라파르그 부부의 자살로 일찍이 사망한 맏딸 예니 Jenny Longuet의 자식들에게 전해졌다. 이후 롱게 가의 자손들은 여러 차례에 걸쳐 편지, 문건, 장서, 가구, 기념품들을 포함한 마르크스의 유품을 러시아의 연구소를 비롯한 여러 기관에 기증하고, 그에 상응하는 대가를 받았던 것이다. Martine Dalmas, Rolf Hecker, "Marx-Dokumente aus dem Longuet-Nachlass in Moskau," *Beiträge zur Marx-Engels-Forschung*, Neue Folge, Sonderband 5, 2006, S. 171~204.

(1860)를 집필할 때는 이 신문철의 기사에 체크한 많은 구절들을 인용하기도 했다. 그러나 마르크스의 이 편집자용 『신라인 신문』철은 관리 소홀로 사민당-아키브의 장서에서 유출되어 골동상으로 넘어갔으며, IMEL은 이를 1932년 초에 매입하여 『신라인 신문』의 기사를 게재한 구MEGA I/7(1935)과 편찬 중이던 I/8(미간)의 편집에 이용했던 것이다.[15]

한편 IMEL은 독일사민당-아키브의 매입을 위한 교섭이 한창 진행 중일 때 빈의 골동상 크리거가 제시한 『그룬트리세』와 1861~1863년의 경제학 노트(여기에는 『잉여가치 학설사』가 포함되어 있다)의 초고 오리지널에 대한 흥정을 병행하고 있었다. 특히 그들은 크리거와의 흥정이 은밀하게 계속되는 시점에도 이 사실을 숨긴 채 덴마크의 코펜하겐에 소개 중인 독일사민당-아키브의 마르크스-엥겔스의 유고를 실사하고, 그 과정에서 "1861~1863년의 경제학 노트"가 분실되었다는 사실을 재확인하기까지 했다.[16] 그리고 그들은 이들 초고의

---

15) François Melis, "Die Geschichte des Marxschen 'Redaktionsexemplars' der 'Neuen Rheinische Zeitung'," *Marx-Engels-Jahrbuch* 2004, S. 79~117; François Melis, "Redaktionsexemplar der Neuen Rheinisch Zeitung gefunden," *MEGA-Studien*, 1977/2, S. 188~90; François Melis, "Eine Zeitung geht um in Europa. Das marxsche Exemplar der Neuen Rheinischen Zeitung," *Beiträge zur Marx-Engels-Forschung*, Neue Folge 2003, S. 171~75도 보라. 그러나 멜리스의 또 다른 보고에 의하면 이 편집자용 『신라인 신문』철은 "20세기[본문에는 19세기로 되어 있으나 오식인 듯]의 20년대(1924~1926)에 [모스크바의] MEI가 획득"한 것으로 되어 있다. François Melis, *Neue Rheinische Zeitung. Organ der Demokratie: Edition unbekannter Nummern, Flugblätter, Druckvarianten und Separatdrucke*, K. G. Sauer, München 2000(Dortmunder Beiträge zur Zeitungsforschung, Bd. 57), S. 317.

16) Hecker, "Fortsetzung und Ende der ersten MEGA zwischen Nationalsozialismus und Stalinismus(1931~1941)," *Beiträge zur Marx-Engels-Forschung*, Neue Folge, Sonderband 3, 2001, S. 260; Marx/Engels, Gesamtausgabe(MEGA), Vierte Abteilung, *Exzerpte · Notizen · Marginalien. Vorauspublikation zu Band 32. Die Bibliotheken von Karl Marx und Friedrich Engels. Annotiertes Verzeichnis des ermittelten*

소유 사실을 초고 오리지널에 근거한 『그룬트리세』(1939, 1941)를 출판[17]하고, 카우츠키의 판본(1905~1910)과는 확연히 구별되는 러시아어판 『잉여가치 학설사』(1954, 1957, 1961)를 출판함으로써 확인해주고 있다.[18]

독일이 항복한 지 겨우 2주일이 지난 1945년 5월 26일, IMEL의 크루츠코프Vladimir Semenovič Kružkov 소장은 당시 소련공산당 중앙위원회 서기인 말렌코프Georgij Maksimilianovič Malenkov(1902~1988)에게 외국, 특히 독일에서 연구소가 "마르크스-레닌주의 고전주의자"들의 저작을 편찬하는 데 필요한 자료나 문건을 획득할 수 있도록 허가해줄 것을 청원하고 있다. 그리고 이러한 목적을 달성하기 위한 방안으로 연구소의 연구원을 유럽 현지에 파견하고, 그들이 현지에서 마르크스-엥겔스-레닌의 관련 문건을 탐문·획득하는 데 재외 소련

---

Bandes, Akademie Verlag, Berlin 1999[이하 MEGA² V/32(Vorauspublika-tion)로 표기], S. 67, 주 145) 및 이 책의 5부 3장 4를 보라.
17) Karl Marx, *Grundrisse der Kritik der politischen Ökonomie(Rohentwurf). 1857~1858*, hrsg. von Marx-Engels-Lenin Institut, 2 Bde. Verlag für fremdsprachliche Literatur, Moskau 1939, 1941.
18) 모스크바의 마르크스-엥겔스-레닌 연구소는 카우츠키가 발행한 『잉여가치 학설사』(1905~1910)를 위본(僞本)이라 비판하고, 이를 초고 오리지널에 근거하여 새로운 형태로 재현하려고 시도했다. 당초 제1소치네니야(1928~1947)의 XX권에 2책으로 출판될 예정이었던 러시아어판 『잉여가치 학설사』는 이 계획을 시간적으로 맞출 수가 없어 1954, 1957, 1961년에 소치네니야의 판형으로 이와는 별개로 권호 없이 3권으로 출판되었다. 제2소치네니야(1954~1978)에서는 1962~1964년에 제XXVI권의 1, 2, 3책으로 출판되었다. 그리고 이의 독일어판은 1956~1962년 사이에 베를린의 디츠 출판사가 모스크바의 초고 해독과 다른 편집 문건을 근거로 편찬·발행했다. 그러나 1965, 1967, 1968년 독일어 저작집MEW 제26권의 3책으로 발행된 『잉여가치 학설사』는 모스크바 연구소의 중앙당-아키브ZPA가 소장한 초고 오리지널의 포토코피를 이용한 편찬본으로 종래의 제판과는 엄격히 구별된다고 평가된다. 그러나 마르크스의 1861~1863년의 경제학 노트의 완벽한 복원은 1976~1982년에 발행된 신MEGA II/3, 1~6책에서 이루어졌다고 하겠다. Hecker, "Die Herausgabe von Marx/ Engels-Schriften zwischen erster MEGA und MEW(1945~1953)," *Beiträge zur Marx-Engels-Forschung*, Neue Folge, Sonderband 5, 2006, S. 21~26.

외교관이나 연합국 관리위원회의 소련 대표들이 적극적으로 협조해 줄 것을 제안하고 있다. 이 같은 연구소와 당 중앙위원회와의 긴밀한 협조 관계는 지극히 통상적인 것으로서 1920년대 이래 모스크바 연구소의 자료 획득 과정에서 나타나는 당연한 관행이기도 했다.[19] 그리고 이러한 관행은 연구소가 종전 후 점령지 독일에서 관련 자료를 징발·획득하는 데도 그대로 나타나고 있다.[20]

말렌코프에 대한 크루츠코프의 청원은 받아들여져 1945년 8월 말/9월 초 독일의 소련군정청 Sowjetische Militäradministration in Deutschland, SMAD 군사참모회의의 보코프 Fjodor Jefimovič Bokov 중장에게 전달되었다. 그리고 이들 자료의 추적을 위한 실질적 업무는 스톨리야로프 Alexandr Michajlovič Stoljarov 소좌가 담당했다. 그는 1945년 9월 초, 우선 독일공산당 KPD 지도부의 피크 Wilhelm Pieck 와 울브리히트 Walter Ulbricht 를 방문하여 군정청의 지시 사항을 전달하고 예정된 자료 탐색 작업에 대한 협조를 약속받았다. 그리하여 그는 베를린의 시청과 대학의 도서관, 그리고 프러시아의 비밀국가문서고를 수색했으나 아무런 성과를 거두지 못했다. 이에 스톨리야로프는 IMEL에 학술적 지원을 요청하고, IMEL은 그들이 필요로 하는 장서의 목록을 보내왔다. 이에 그는 당시 베를린 시의회의 국민 교양 담당자로 후에 동독 정부의 외무장관을 지낸 빈처 Otto Winzer 의 도움을 받아 베를린 시립도서관 Berliner Stadtbibliothek 에서 단기간에 『신라인 신문』(1848/49), 『프러시아 알게마이네 차이퉁』(1848), 『소치알데모크라트』(1875/76.

---

19) Hecker, "Die Herausgabe von Marx/Engels-Schriften zwischen erster MEGA und MEW(1945~1953)," S. 26~27. 특히 같은 글, S. 26의 주 51)도 보라.
20) 소련 측의 동독 지역에 산재한 문헌 자료와 장서의 징발에 대한 보고나 연구 성과는 동구와 소련의 붕괴 이후에 비로소 보일 뿐, 1990년 이전에는 이를 언급한 문헌이 전무한 상태다.

1894~1896), 『포아베르츠』(1876년 이래 47년치) 등 중요한 정기간행물을 수거했다.[21]

한편 스톨리야로프는 같은 해 10월, 프러시아의 비밀국가문서가 보관되어 있는 스타스푸르트의 소금 갱[鹽坑]Salzbergwerk bei Staßfurt에 체재하면서 단 12일간의 작업을 통해 라살레의 유고,[22] 독일노동총연맹Allgemeine Deutsche Arbeiterverein의 관련 문건, 동지들과 주고받은 라살레의 편지와 관련 문서들을 징발했다.[23]

1945년 11월 중순에는 모스크바 IMEL의 학술연구원 오시포프 Michail Vasilevič Osipov가 베를린에 도착하여, 드레스덴, 라이프치히 등과 같은 소련 점령지에 대한 수색을 시작했는데, 이때의 중요 표적은 연구소의 마르크스-엥겔스 부장인 라두스-첸코비치Viktor Alekseevič Radus-Zen'kovič가 지시한 프러시아, 오스트리아, 프랑스, 벨기에, 그리고 스위스의 비밀국가문서철을 확보하는 것이었다. 그리하여 1945년 12월 초에 이미 쇠네벡Schönebeck의 소금 갱에서 『라인 신문』의 주필, 국제 노동조직 운동의 고취자로서의 마르크스의 활동 상황을 수집한 서류철과 엥겔스, 마르크스, 그리고 공산주의자와 사민주의자들의 노동운동에 관한 경찰 조서[24]를 징발했다.

이상과 같은 과정을 거쳐 징발된 장서와 서류 및 문건들은 1946년 1월 말 오시포프에 의해 우편비행기 편으로 모스크바로 이송되었는데, 그 가운데는 지난날 독일사민당-아키브의 장서 1,000여 권이 포함되어 있었으며, 그중 234권은 트리어의 칼-마르크스-하우스의

---

21) Hecker, 앞의 글, S. 27. MEGA² IV/32(Vorauspublikation), S. 70도 보라.
22) 이는 1991년까지 분실된 것으로 간주되어왔다.
23) 이들 편지 가운데는 1849~1862년에 라살레에게 보낸 마르크스의 62통의 편지와 엥겔스의 6통의 편지 오리지널이 포함되어 있었다. Hecker, 앞의 글 S. 27~28.
24) 여기에는 독일사민당SPD에 관한 내무성의 문서 자료 65묶음이 포함되어 있었다.

장서인이 찍혀 있었다.²⁵⁾ 이 1차분 자료의 도착에 대한 모스크바 연구소 소장 크루츠코프의 평가는 "오시포프 동지와 스톨리야로프 동지에 의해 수행된 각종 문서와 장서의 수색 작업의 경험은 우리들로 하여금 마르크스와 엥겔스의 수많은 수고본과 다른 자료들이 독일 각지의 아키브, 도서관 및 사적 개인의 소장품 가운데서 발견되었고, 또 발견된다는 사실을 분명히 보여주었다"고 지적함으로써 이같은 수색 작업이 아직 끝나지 않았음을 강력히 시사하고 있다.²⁶⁾

실제로 모스크바의 연구소장 크루츠코프는 독일 점령지 소련군정청의 지원을 얻어 소련군의 독일 점령지 내에 존재하는 다수의 아키브에 대한 수색 작업을 오시포프와 스톨리야로프로 하여금 다시금 수행케 했다. 1946년 3월 17일에서 5월 7일까지의 제2차 수색 작업을 통해 그들은 마르크스와 엥겔스에 관한 여러 묶음의 문건과 그들의 동시대인인 하이네, 베른슈타인, 베벨, 샤퍼Karl Schapper, 라살레, 루게 등에 관한 많은 문건과 문서철, 기타 여러 지방의 급진적 조직들에 대한 문건을 확보하고, 그 밖에도 독일사민당과 1847년 이래의 혁명운동에 관한 285개의 서류철을 징발했다. 이에 덧붙여 그들은 모스크바의 연구소가 작성한 리스트에 의해 동 연구소의 장서에 결여된 부분을 메울 책들과 희귀 장서를 압수했다. 한편 1947년과 1948년 사이에 이루어진 제3차 수색 작업에서 IMEL은 역사적으로 지극히 중요한 제1인터내셔널의 역사, 유럽의 혁명운동, 그리고 마르크스-엥겔스의 활동과 관련된 문건들을 확보했다. 특히 그들은

---

25) MEGA² V/32(Vorauspublikation), S. 70 주 153). 정문길, 「마르크스-엥겔스의 장서에 나타나는 난외방주의 의의와 이의 출판 문제—MEGA IV/32(선행판)의 발간에 즈음하여」, 『한국 마르크스학의 지평—마르크스-엥겔스 텍스트의 편찬과 연구』, 문학과지성사, 2004, p. 164를 보라.
26) Hecker, 앞의 글, S. 28.

이 과정에서 카피만 있을 뿐 원본이 없는 문서들의 오리지널을 다각도로 수색하여 징발·압수했다.[27]

## 3. 동베를린 연구소의 사민당-아키브 장서 복원 사업

히틀러가 사망하고 나치스의 국방군이 항복하자 해외로 망명했거나 지하에 잠복해 있던 독일사민당과 공산당의 지도자들은 연합국의 점령 하에서나마 곧장 정치적 활동을 재개하게 되었다. 소련군의 점령 하에 있는 베를린의 베렌 가Behrenstraße 35-39번지에 자리 잡은 독일사민당 중앙위원회는 전전의 사민당-아키브를 복구하기 위해 당시에 아키브에 근무했던 사서들을 수소문하여 유일하게 생존해 있던 노이만Paul Neumann을 아키브 관리자Archiv-Verwalter로 임명했다.[28]

이미 앞에서도 살펴본 바와 같이 독일사민당-아키브는 마르크스-엥겔스의 유고를 포함한 중요한 자료와 문건, 그리고 장서들을 1933년에 코펜하겐과 파리로 소개시켰다. 그러나 사민당 망명 지도부SOPADE는 이들 자료를 유럽에 전운이 감돌던 1938년 네덜란드의 국제사회사연구소IISG에 매각했다. 따라서 이들 자료는 히틀러가 사

---

27) 같은 글, S. 30~31.
28) 전전인 1930년대에 사민당-아키브에 근무했던 사서로는 노이만 이외에도 아키브의 소장이었던 힌릭센과 당시 새로이 개관을 준비하던 트리어 칼-마르크스-하우스의 소장으로 예정되었던 캄프마이어를 들 수 있다. 그러나 이들은 나치 치하에서 사민당-아키브의 행방 때문에 투옥되어 고문을 받아 독일이 해방될 때까지 살아남지 못했다. 전자는 나치 치하에서 중요한 아키브 자료 3개 상자와 2개의 철제 트렁크를 보관했다가 이를 1935년 8월 IISG의 포스트후무스에게 인계했으며, 후자는 트리어로 보낼 중요한 장서와 자료들을 베를린에서 보관했었다. François Melis, "Auf der Suche nach der SPD-Bibliothek 1945/46. Eine späte Würdigung von Paul Neumann," *Beiträge zur Marx-Engels-Forschung*, Neue Folge, Sonderband 5, 2006, S. 97~100.

망하고 제3제국이 항복한 뒤에도 더 이상 베를린에 복귀할 수 없다.

이미 마르크스-엥겔스의 초고 오리지널을 포함한 방대한 사회주의 및 노동운동 관련 문건과 중요 장서를 상실한 독일사민당이 그들의 "유명한 아카이브Ruhmesarchiv der SPD"[29)]를 복구하는 것은 불가능한 일이었다. 그러나 "세계관적 가치관을 전개"하기 위해 "학술적인 아카이브"를 만드는 일이 무엇보다 중요한 일이라고 생각한 종전 직후의 사민당 지도부에게는 우선 나치스에 의해 압수당한 베를린 사민당 도서관의 방대한 장서를 수습하는 일이 무엇보다 화급했다. 특히 이러한 장서의 수복과 정리 작업이 IISG나 모스크바의 IMEL이 할 수 없는 일, 즉 마르크스-엥겔스의 개인 장서의 복원이라는 새로운 목표를 설정할 경우 특별한 의미를 갖게 된다.

1945년 7월 초에 시작된 노이만의 작업은 먼저 1933년 나치스에 의해 압수된 사민당-아카이브와 도서관의 문서나 장서의 행방을 수소문하는 일로 시작되었다. 그는 베를린에 있는 프러시아 국립도서관Preußische Staatsbibliothek Berlin과 베를린-달렘에 있는 프러시아의 비밀국가문서고Preußische Geheime Staatsarchiv in Berlin-Dahlem를 집중적으로 수색했다. 특히 그는 이 과정에서 사민당 도서관의 카드 상자 Kartothek를 발견하고, 1만 6,200건에 달하는 아카이브 자료의 행방을 밝혀줄 문서철Aktenstück도 찾아냈다.[30)]

1933년 6월 22일, 독일사민당의 모든 정치적 활동을 금지한 나치스는 비밀경찰로 하여금 『포아베르츠』지 사옥 안에 있는 아카이브와 사무실 등을 수색한 뒤 이를 폐쇄하고, 7월 말에는 몰수한 사민당의 재산을 내무부와 재무부에 위임했다. 이후 나치스가 지칭하는 소위

---

29) 이 표현은 나치스의 문건에 나오는 명칭이다. MEGA² V/32(Vorauspublikation), S. 65.
30) Melis, 앞의 글, S. 122, Dokument Nr. 10.

"유명한 아키브Ruhmesarchiv"는 우선 피상적인 조사를 거쳐 베를린-달렘의 프로이센 비밀국가문서고로 옮겨졌다. 당초 이들 장서는 하나의 독립된 장서로 유지될 예정이었으나 마르크스-엥겔스 유고를 포함한 중요 아키브들이 결여되었으므로 마침내 분산되어 다른 도서관이나 아키브 소장 도서의 결본(缺本)을 메우는 데 이용되었다. 1936년 2월 프로이센의 재무부는 비밀문서고로 하여금 프로이센 국립도서관에 사민당 장서 6,700권을 인도하여 그들 장서의 결본을 메우도록 조치했다. 그러나 프로이센 재무부의 이러한 조치는 사민당-아키브를 "가능한 한 전체로서 완벽하게 보존"하려던 당초의 의도를 와해시키는 계기를 만들었다. 기왕에 사민당-아키브 장서를 별도로 배치하여 완벽하게 보존한다는 전제가 깨어짐으로써 이들 사민당 장서는 이후 여러 기관들이 그들의 장서를 보강하기 위해 분양을 요구하는 대상이 되었던 것이다. 1940년 8/9월에 베를린 대학의 국가연구소Institut für Staatsforschung an der Universität Berlin, Berlin-Wannsee에 3,618타이틀이, 1940년 2월에 프리드리히-빌헬름 대학의 국가학-통계 세미나 Staatswissenschaftlich-Statistische Seminar der Friedrich-Wilhelms-Universität에 1,300타이틀이, 그리고 립벤트로프의 외무부das Auswärtige Amt des Herrn von Ribbentrop와 뮌헨에 있는 나치당의 아성인 부라우네 하우스Braune Haus in München에도 분양된 것이 그 예다.[31]

어쨌든 이처럼 분산된 책들은 사민당-아키브가 노이만의 노력으로 1945년 9월 12일에 압수되었던 아키브 장서 2만 6,000권 중 1만 권을 인수하는 성과를 거두었다.[32] 노이만은 사민당 도서관의 장서

---

31) MEGA² V/32(Vorauspublikation), S. 64~66. Melis, 앞의 글, S. 124, Dokument Nr. 15 및 같은 글, S. 133~34, Dokument Nr. 25와 같은 글, S. 103과 IML beim ZK der SED, Hrsg., *Ex Libris., Karl Marx und Friedrich Engels. Schicksal und Verzeichnis einer Bibliothek*, Dietz Verlag, Berlin 1967, S. 15도 보라.

와 함께 사민당과 관련된 기관까지 포괄하여 모두 4만 권의 장서가 압수·분실된 것으로 계산하고, 1946년 1월 당시 수복한 도서를 1만 8,000권으로 개산(槪算)하고 있다.[33]

그러나 독일사민당 측의 장서 수색 작업은 1945년 9월 이래 앞에서도 언급한 소련군정청 전리품위원회Trophänkommission의 지원을 받는 모스크바 마르크스-엥겔스-레닌 연구소IMEL의 집중적인 장서 및 문건의 징발과 수집으로 주춤했던 것으로 보인다. 또한 1945년 10월 말/11월 초 소련 점령 지역에서 사민당과 공산당의 통합 운동이 1946년 4월 사회주의통일당Sozialistische Einheitspartei Deutschlands, SED의 결성으로 구체화되면서 1949년 10월 마침내 소련을 모델로 한 독일민주주의공화국Deutsche Demokratische Republik, DDR이 출범하게 되었다. 이 같은 정치적 변화의 와중에서 사회주의통일당은 1947년 12월 29일 당 지도부 산하에 "과학적 사회주의 연구소Forschungsinstitut für wissenschaftlichen Sozialismus beim Parteivorstand der SED"를 설립했다. 그리고 이 연구소는 1949년에는 IMEL의 예에 따라 명칭을 마르크스-엥겔스-레닌 연구소로 바꾸어 작업을 개시하게 되었다(이는 1956년 모스크바의 예에 따라 다시 마르크스-레닌주의 연구소Institut für Marxismus-Leninismus beim ZK der SED로 개칭했다).

---

32) Melis, 앞의 글, S. 103.
33) 이 같은 노이만의 계산 근거는 다음과 같다. Melis, 앞의 글, S. 134, Dokument Nr. 25.

| [1933년 당시의 장서 수] | | [1946년 1월에 수복된 장서 수] | |
|---|---|---|---|
| 사민당-아키브 | 26,000권 | 국립도서관에서 수복한 장서 | 10,000권 |
| 칼-마르크스-하우스 도서관 | 2,000 | 달렘의 비밀국가문서고 수복 장서 | 5,000 |
| 『포아베르츠』 편집부의 도서관 | 5,000 | 비트마크Witmaak 동지로부터 | 500 |
| 베를린 지역 일원의 당 조직 도서관 | 5,000 | 솅크Schenk 동지로부터 | 500 |
| 개별 기관에 보관된 서적 | 2,000 | 부룬스Bruns 동지로부터 | 750 |
| | | 베를린 시의회 나치 관련 문헌 | 1,200 |
| 합계 | 40,000권 | 합계 | 17,950권 |

그런데 우리가 이와 같은 동독 지역 연구소의 명칭 변화를 통해 주목하는 것은, 이 연구소가 비록 지극히 한정된 여건에서나마 그들의 독자적 입지를 확보하려는 노력을 게을리 하지 않았다는 점이다. 그들은 이전의 그 '유명한' 사민당-아키브가 마르크스-엥겔스의 유고를 포함하는 방대한 문건과 장서들을 소장함으로써 누리던 영예는 물론이요, 모스크바의 IMEL이 구사하는 방대한 국가적 규모의 권력이나 금력으로 마르크스-엥겔스의 초고 오리지널이나 희귀본, 귀중본을 포함하는 장서들을 수집할 수도 없었다. 후발주자로서 그들이 동원할 수 있는 유일한 자원은 "독일적인" 것이요, 이의 효율적 이용은 독일을 다시금 마르크스-엥겔스 연구의 중심으로 부상시키는 계기가 될 수 있었다. 이러한 관점에서 볼 때 마르크스와 엥겔스의 모국어인 독일어로 된 그들의 저작집을 출판하는 일이나 그들이 이용한 개인 장서 ― 특히 그것은 엥겔스에 의해 수습되어 한때 옛 사민당-아키브 도서관의 중요 장서의 한 부분이었다는 점을 고려할 때 ― 를 탐색하여 이를 재건하는 일은 가능할 뿐만 아니라 지극히 바람직한 과업이기도 했다. 현실적으로 전자는 객관적 자료의 수집과 학문적 능력의 축적이 더 많은 시간을 요구하는 일인 데 반해, 후자는 당시 분실된 장서의 탐색·수집 작업과 병행할 수 있는 일이기에 즉각적으로 가능한 일이기도 했다. 이에 마르크스-엥겔스의 저작집 출판 문제는 다음 장으로 미루고 여기서는 먼저 서독일 지역에서 이루어진 사민당-아키브 복원 작업을 간략히 살펴본 뒤, 동독 지역의 IMEL과 그 후신인 IML의 마르크스-엥겔스의 개인 장서 복원 문제를 살펴보고자 한다.

## 4. 서독 지역의 사민당-아키브 복원 작업

1945년 10월, 서독 지역의 하노버에서 열린 종전 후 최초의 독일 사민당 대회는 소련 점령 지역의 사민당 대표들과의 논쟁 끝에 사민당의 통합을 국가의 통일이 이루어질 때까지 미루고, 3개 서방 연합국이 점령한 지역에서의 당 대표로 슈마허Kurt Schumacher(1895~1952)를 선출했다. 그러나 1946년 4월 소련 점령 지역에서 점령군의 압력으로 사민당과 공산당이 합당하여 사회주의통일당SED을 형성하자, 슈마허의 사민당은 서방 3개 지역과 베를린의 대의원들로 구성된 당 대회를 1946년 5월 9일에 하노버에서 개최하고 만장일치로 슈마허를 당의장으로 선출했다. 그리고 5명의 상무위원과 20명의 비상무위원으로 구성된 당 지도부를 구성했다.[34]

이처럼 새로이 출발하는 서독 지역의 사민당 지도부가 당-아키브의 필요성과 중요성을 자각한 것은 1946년 7월이었다. 당 지도부의 하이네 상무위원은 나치스 독일이 항복한 지 14개월이 지난 후에야 "당-아키브는 그 기초에서부터 새로이 건설해야 한다. 거기에는 100여 권의 장서도, 초고도, 포토코피도 남아 있는 것이 전혀 없다. 남은 것이라곤 텅 빈 공간뿐이다"고 지적하면서 이의 재건을 위한 당 차원의 지원과 사서들의 집중적인 노력을 강조했다.[35]

---

34) 이때 선출된 당 지도부의 상무위원은 당의장 슈마허, 부의장 올렌하우어, 그리고 하이네 Fritz Heine(1904~2002), 크리드만Herbert Kriedmann(1903~1977), 나우Alfred Nau (1905~1983)의 5명이다. Susanne Miller/Heinrich Pothoff, *Kleine Geschichte der SPD. Darstellung und Dokumentation 1848~1980*, Verlag Neue Gesellschaft GmbH, Bonn 1981, S. 176~77.
35) Bungert, 앞의 책, S. 69~70.

서독 지역의 사민당은 그 "유명한 아카이브"의 장서와 초고, 그리고 포토코피들을 앞에서 살펴본 바와 같이 나치스 치하에서 몰수당하고, 분실하고, 매각함으로써 남아 있는 소장품이란 오유(烏有)나 다름없었다. 그들이 당-아카이브를 재건하려 할 때 기본이 된 소장품이란 기껏 독일사민당 망명 지도부 SOPADE가 마지막으로 기착했던 런던 망명 지도부의 기록이 전부였다. 1933년에서 1938년에 이르는 프라하 망명 시절의 기록이나 인쇄물조차도 안전상의 이유로 1936년 이래 덴마크로 소개했다가, 1939년 당시의 핍박한 객관적 정세 때문에 15개의 상자에 포장되어 스웨덴으로 이송되었던 것이다. 따라서 1946년 9월 런던으로부터 하노버에 도착한 아카이브 자료는 28개의 서류가방, 8묶음의 소포, 1개의 큰 가방과 적지 않은 숫자의 신문과 잡지가 전부였다.[36]

그러나 이처럼 초라하게 출발한 서독 지역의 사민당-아카이브는 1947년 12월에 초대 소장으로 로테Rudolf Rothe(1897~1969)가 취임하면서 장서를 1만 5,000권으로 확장하고 저명한 사민당원의 유고를 획득·보관하게 되었다.[37] 로테의 뒤를 이어 1962년 4월 사민당 지도부의 아카이브와 도서관의 소장이 된 사람은 역사학자로서 1960년대 중반에 마르크스-엥겔스의 유고를 포함한 사민당-아카이브의 역사를 연구하여 기념비적 논문을 발표한 마이어였다.[38] 그는 전임자와 마찬가지로 저명한 사민당원의 유고와 기록들을 획득·보관하고,[39]

---

36) 같은 책, S. 72~73.
37) 디트만, 기벨Carl Giebel(1878~1930), 헹케Alfred Henke(1868~1946), 캄프마이어, 뮐러Hermann Müller(1876~1931), 쇤랑크Bruno Schoenlank(1859~1901), 제베링Carl Severing(1875~1952)의 유고를 포함한 관련 문건이 여기에 속한다. 같은 책, S. 74~75.
38) Mayer, 앞의 글, S. 5~198.
39) 여기에는 노스케Gustav Noske(1868~1946), 바르트Emil Barth(1879~1941), 페

도서관의 카탈로그를 체계적으로 정리하면서 소장품을 계획적으로 보완해나갔다. 따라서 1960년대 중반에는 본격적인 연구를 위한 아카이브 이용자가 크게 늘어나기도 했다. 그러나 무엇보다 중요한 것은 종래 그 소재를 파악하지 못했던 1930년대 프라하의 망명 사민당 지도부의 기록 문서Prager SOPADE-Registratur를 1953년에 이어 1967년 9월에 전부를 발견·수복했다는 점이다.[40]

그러나 독일사민당의 입장에서 무엇보다 중요한 일은 1930년대의 사민당 망명 지도부가 극도로 궁핍한 재정 상황을 타개하기 위해 IISG에 매각한 사민당-아카이브의 소장품을 합당한 대가를 지불하고 되돌려받는 일이었다. 그리하여 서독의 사민당 지도부는 1961년 4월 재무 담당 상무위원 나우를 하이네와 더불어 암스테르담에 파견하여 IISG와 이의 재매입 가능성을 타진했다. 그러나 당시 IISG의 소장이던 뤼터Adolf Rüter(1907~1965)는 이러한 가능성을 일언지하에 거절함으로써 서독사민당의 열망은 물거품이 되었고, 이로 인해 독일사민당과 IISG는 수년간에 걸쳐 불편한 관계로 지내게 되었다.[41]

한편 사민당 지도부 산하의 아카이브는 1969년 6월 프리드리히-에베르트 재단 소속의 사회민주당-아카이브Archiv der sozialen Demokratie, AdsD로 체제를 개편하고, 지금까지의 폐쇄적 당-아카이브를 개방된 아카이브 체제로 바꿈으로써 학술적 연구가 가능해졌다. 그리고 아카

---

헴바흐Felix Fechenbach(1894~1933)의 유고와 관련 기록들이 포함된다. Bungert, 앞의 책, S. 75~76.
40) 같은 책, S. 75~78. 전쟁 중의 핍박한 상황에서 코펜하겐에 소개되었던 이들 서류와 문건들은 15개의 아카이브 상자에 담겨 다시 스웨덴으로 옮겨졌으나 종전 후 이의 행방을 찾을 수 없었다. 그러나 이들 중 2개의 상자는 1953년에 발견되어 그해 말에 본으로 보내졌으며, 나머지 13개의 상자는 14년이 지난 1967년 9월에 발견되어 1968년 2월 사민당에 공식적으로 인계되었다.
41) 같은 책, S. 79~81.

브의 수집 자료도 "개념상 가장 광범하고도 훌륭한 독일 사회운동의 역사와 발전에 대한 가장 포괄적인 원자료"에 집중함으로써 독일의 사회민주당만이 아니라 포괄적인 노동조합의 발전과 역사의 연구에 기여하려 한다고 밝히고 있다. 그동안 불편했던 IISG와의 관계가 호전되자 사민당-아키브는 1977년 초에는 그들이 매각한 IISG 소장의 문서를 복사하는 문제를 정식으로 거론하고, 1978년 8월에는 이들의 사진 복사를 위한 계약을 체결하게 되었다. 그러나 우리가 주목하는 것은 그들이 복사 대상으로 한 문건이 베벨, 벡커, 베른슈타인 등 사민당 지도자들의 문건과 사회운동 관련 기록들이었을 뿐 전쟁 전의 사민당-아키브가 그토록 중요시한 마르크스-엥겔스 유고는 복사 대상에서 제외되었다는 점이다. 물론 사민당 측은 이를 a) 모스크바의 자료와 중복되어 혼란을 일으킬 염려가 있으며, b) 방대한 마르크스-엥겔스의 유고를 모두 복사하기에는 너무나 큰 경비가 소요된다는 이유를 제기하고 있다. 특히 후자의 경우는 당시 진행 중인 신MEGA의 출판이 이를 대신할 수 있으므로 이를 생략할 수 있다는 논리를 내세웠다.[42]

1992년 구마르크스-레닌주의 연구소 아키브의 후신인 러시아 국립 사회 및 정치사 문서고RGASPI와 체결한 70종의 귀중본의 복사 계약도 기본적으로 이러한 기본 방침이 그대로 적용되고 있다고 하겠다.[43] 이렇게 볼 때 종전 후의 사민당-아키브는 이 책이 추적하는

---

42) 같은 책, S. 82~88. 1990년 베를린 장벽 철거 이후 MEGA의 속간을 위해 설립된 "국제 마르크스-엥겔스 재단IMES"의 4개 기간 연구소로 참여한 에베르트 재단 산하의 "칼-마르크스-하우스 연구소KMH Trier"가 이의 정식 발족에 필요한 모재단(母財團)의 승인을 받는 데 상당한 시간이 소요된 이유도 이러한 맥락에서 이해될 수 있을 것이다.
43) 같은 책, S. 88~89. 전후의 서독사민당-아키브의 재건에 대해서는 최근의 다음 자료를 참고하라. Rüdiger Zimmermann, *Das gerdruckte Gedächtnis der Arbeiterbewegung bewahren: Die Geschichte der Bibliotheken der deutschen Sozialdemokratie*, Veröffentli-

마르크스-엥겔스의 유고와 그 출판이라는 중심 주제에서 비켜나 있어 이 책의 중요한 논의의 대상에서 제외된다.

## 5. 마르크스-엥겔스 개인 장서의 복원과 목록화

마르크스는 1865년 그가 "가장 좋아하는 일favourite occupation"이 무엇이냐는 딸의 질문에 "책 읽기bookworming"라고 대답한 적이 있다.[44] 사실 그의 책 읽기는 "격렬하고도 왕성한 것"이어서, 엥겔스를 비롯한 친구들에게 보낸 편지나 그가 남긴 방대한 발췌노트, 그리고 그가 읽은 책에 밑줄이나 옆줄, 특정한 부호로 나타나거나 난외의 방주 형태로 그 흔적이 엿보인다. 그의 저작이나 사상의 발전 과정을 체계적으로 추적하려는 연구자들에게 그의 개인 장서에 나타나는 독서의 흔적을 검토하는 일은 연구의 당연한 수순으로 인식되고 있다.[45] 이 같은 마르크스의 장서는 그의 사후 엥겔스에 의해 처음으로 분산되었다. 엥겔스는 그가 이후의 연구를 위해 필요하거나 그의 서재에 수용되는 자료를 제외한 절반 이상의 장서를 정리하여 연고자나 필요한 사람이나 기관에 분양했던 것이다.[46]

---

chungen der Bibliothek der Friedrich-Ebert-Stiftung, Bd. 11, Bonn 2001, S. 30~59.

44) 『ポートレートで讀むマルクス─寫眞帖と告白錄にみるカール・マルクスとその家族』(日本語版), 編集, 大村泉/窪俊一/V.フォミチョフ/R.ヘッカー, 極東書店, 東京 2005, 上卷의 사진 및 下卷의 資料編. pp. 142~43. Marx-Engels, Werke, Bd. 31, S. 597에 이의 독일어 번역이 있다. Karl Marx, "Bekenntnis", Mohr und General. Erinnerungen an Marx und Engels. Herausgegeben vom Institut für Marxismus-Leninismus beim ZK der SED, Dietz Verlag, Berlin 1964, S. 607~608도 보라.

45) 정문길, 「마르크스-엥겔스의 장서에 나타나는 난외방주의 의의와 이의 출판 문제」, 앞의 책, pp. 156~57을 보라.

46) Engels an Laura Lafargue, 5. Febr. 1884, MEW, Bd. 36, S. 101~102.

그런데 엥겔스의 말년 독일사민당의 대표인 베벨은 엥겔스에게 마르크스와 엥겔스의 장서가 갖는 문헌적 가치를 인식하고, 이들 장서를 "하나의 전체로 묶어" 사민당에 양도해줄 것을 간절히 요구했다. 이에 엥겔스는 1894년 11월에 마르크스의 두 딸 라우라와 엘리노에게 보낸 편지를 통해 "이들 장서는 전체로서 매우 특별하고도 완벽한 것이기에 근대 사회주의의 역사와 그것과 관련된 모든 학문의 연구를 위해 이를 다시 분산시키는 것은 유감스러운 일"이란 점을 분명히 하면서 그들에게 이전에 분양되었던 모올(마르크스)의 장서를 되돌려줄 것을 부탁하고 있다.[47]

일단 이처럼 재결합된 마르크스와 엥겔스의 개인 장서는 엥겔스의 사후인 1895년 9월, 베를린의 사민당-아키브에 편입되었다. 그러나 중요한 것은 이들 장서가 특별 장서로 분류되지도 않았을뿐더러 별도의 장서 목록조차 작성되지 않은 채 기왕의 장서들과 섞여서 보관, 열람, 대출되었다는 점이다. 따라서 마르크스-엥겔스의 개인 장서는 사민당 도서관의 장서 가운데서 그 독자성이나 특수성을 상실하고 말았다. 물론 1901년 당시 사민당-아키브의 소장이었던 쉬펠 Max Schippel(1859~1928)이 사민당-아키브의 장서 목록을 출판함으로써 이를 구분하는 최초의 장치가 만들어졌다.[48] 그러나 이 장서 목록은 여전히 마르크스와 엥겔스의 장서를 별도로 분리하지 않은 데다 수많은 러시아어 장서가 언어가 다르다는 이유로 목록화되지 못했다는 약점이 지적되고 있다. 물론 이 같은 장서의 체계적 정리 과정에서 마르크스와 엥겔스의 장서에 이를 표시하는 스탬프를 찍고 도서

---

47) Engels an Laura Lafargue und Eleanor Marx-Aveling, 14. Nov. 1894, MEW, Bd. 39, S. 318. 이 책 pp. 80~81, 92~93, 108~109를 보라.
48) *Bibliothek der Sozialdemokratischen Partei Deutschlands. Systematischer Katalog*, Berlin, September 1901, IV, 421 S.

부호를 부여함으로써 다른 책들과의 구분을 시도했다는 점은 평가할 만하다. 그러나 도서의 정리 과정에서 새로 제본을 하면서 마르크스와 엥겔스의 적지 않은 난외방주가 잘려 나갔다는 점이 또 다른 실책으로 지적되기도 한다.[49]

마르크스-엥겔스의 개인 장서 목록을 최초로 체계적으로 작성한 사람은 니콜라예프스키였다. 니콜라예프스키는 1920년대에 모스크바 마르크스-엥겔스 연구소MEI의 통신원 자격으로 독일에 머물면서 독일사민당-아키브의 유고를 비롯한 여러 자료의 목록화 작업을 비롯해 마르크스-엥겔스의 장서 목록을 만드는 작업도 병행했다.[50] 니콜라예프스키의 마르크스-엥겔스 장서 목록화 작업은 장서에 쓰인 밑줄과 옆줄, 각종 기호, 그리고 난외에 쓰인 방주Marginalien의 중요성을 그들의 발췌노트에 못지않게 높이 평가하는 당시 MEI의 소장 리야자노프의 지시에 따른 것이었다.[51] 그러나 1만 6,000권으로 늘어난 사민당-아키브의 장서 가운데 앞에서도 언급한 바와 같이 마르크스-엥겔스의 장서가 별도로 비치된 것이 아니라 일반 장서와 섞여서 진열되어 있고, 또 장서 자체가 한곳이 아닌 다른 장소에도 진열되어 있었기에 작업의 진행에는 엄청난 노력과 시간이 필요했다.[52]

---

49) *Ex Libris. Karl Marx und Friedrich Engels. Schicksal und Verzeichnis einer Bibliothek*, S. 14; Hans-Peter Harstick, "Zum Schicksal der Marxschen Bibliothek," *International Reveiw of Social History*, XVIII, 1973, S. 206~207 및 MEGA² V/32 (Vorauspublikation), S. 59. 이 책, 제2부 2장 2도 보라.
50) 이 책 제2부 2장 2를 보라.
51) [D. Rjazanov], "Einleitung zu Band 1, Zweiter Halbband," Marx/Engels, *Historisch-kritische Gesamtausgabe*(MEGA¹), I/1.2, Berlin 1929, S. XVII~XVIII.
52) 이 시기의 사민당-아키브의 장서 수는 1999년에 발간된 MEGA² V/32(Vorauspublikation)가 1만 6,000권으로 보고하고 있으나 이를 보증하는 전거는 제시되지 않고 있다. 그리고 이 부분의 전거로 제시된 1924년 12월 11일자의 니콜라예프스키의 편지에도 이 숫자는 보이지 않는다, Nikolaevskij an das Marx-Engels-Institut, 11. Dezember 1924, "Aus dem Briefwechsel Nikolaevskijs mit dem Moskauer Marx-Engels-Institut

그럼에도 불구하고 마르크스-엥겔스의 장서를 목록화하려는 니콜라예프스키의 집념은 우선 사민당-아키브에서 언어상의 이유로 전혀 정리가 되지 않았던 러시아어 장서의 정리를 거의 완료하고, 최종적으로 프라하에 있는 라브로프 도서관을 방문하게 했다. 이때가 1925년이었다. 이는 엥겔스가 마르크스 사후 그의 장서 가운데서 러시아어 책 100여 권을 라브로프에게 분양했으므로 이를 확인하는 일이 필수적이었기 때문이다.[53] 한편 러시아어 책 이외의 마르크스-엥겔스 장서에 대한 니콜라예프스키의 기본적 조사는 1929년에 마무리되었으며, 같은 해 연말쯤엔 그의 도움으로 사민당 도서관의 체계적 장서 목록도 새롭게 완성되었다. 그 결과 그는 이를 통해 모두 1,130타이틀에 달하는 마르크스-엥겔스의 개인 장서를 확인하고, 그 장서에 기재된 다양한 밑줄, 옆줄, 부호와 난외방주를 체크하여 1929년 『니콜라예프스키 리스트』라 불리는 장서 목록을 만들었다.[54]

---

(1924/26)," *Beiträge zur Marx-Engels-Forschung*, Neue Folge, Sonderband 1, 1997, S. 68~69. 그러나 1967년에 발간된 베를린 IML의 장서 목록은 서문에서 1932년의 장서 수를 1만 2,525권 1만 7,503책과 신문 및 정기간행물 685종을 열거하고 있다. *Ex Libris. Karl Marx und Friedrich Engels*, S. 15.

53) Nikolaevskij an Rjazanov, 18. Oktober 1925(Auszug), *Beiträge zur Marx-Engels-Forschung*, Neue Folge, Sonderband 1, 1997, S. 71. MEGA² V/32(Vorauspublikation), S. 63도 보라.

54) *Spisok knig biblioteki K. Marksa i F. Engel'sa*(Berlin-Brandenburgische Akademie der Wissenschaften, Akademienvorhaben MEGA, MEGA¹-Archiv). 이는 원래 모스크바 마르크스-엥겔스 연구소의 내부용으로 작성된 타자본이다. 저자는 이 목록을 2004년 가을 베를린-브란덴부르크 과학아카데미BBAW를 방문하는 기회에 이 연구소에서 MEGA IV/32(장서 목록) 편찬을 담당한 슈페를Richard Sperl의 호의로 열람하고 필요한 부분을 복사하게 되었다. 저자는 이 기회에 그의 배려와 평소의 우의에 감사를 표한다. R. Sperl, "Die Marginalien in den Büchern aus den persönlichen Bibliotheken von Marx und Engels: ihr Stellenwert für biographische und wissenschaftgeschichtliche Forschungen—Möglichkeiten und Grenzen ihrer Edition(1994)," In: Sperl, *Edition auf hohem Niveau*, Argument Verlag, Berlin/Hamburg 2004, S. 196~97; Zimmermann, 앞의 책, S. 29도 보라.

그리고 앞에서 언급한 러시아어 책 장서 목록도 "마르크스와 엥겔스의 러시아어 장서"라는 이름으로 같은 해에 출판된 러시아어판『마르크스-엥겔스 아키브』제4권에 게재되었다.[55]

일단 이러한 과정을 거쳐 어렵게 정리된 사민당-아키브의 장서와 마르크스-엥겔스의 개인 장서는 앞에서 살펴본 바와 같이 나치스의 비밀경찰에 의해 몰수되어 베를린-달렘의 프로이센 비밀국가문서고로 옮겨졌다가 프로이센 국립도서관을 비롯한 여러 공공기관의 도서관으로 분산되었다. 따라서 종전 후 노이만의 구사민당-아키브 장서의 수색과 복구 작업은 이들 장서의 소재를 파악하는 데 집중되는 한편, 이들이 소재한 지역의 점령군 사령부로부터 이들을 원소유자인 사민당이 인수하는 작업도 동시에 진행됐다. 그러나 이들의 작업에 치명적인 손상을 가져온 것은 소련군 점령 지역에서 일어난 모스크바 연구소의 '우선적'인 자료의 징발이었다. 사민당-아키브 측은 이때까지도 마르크스-엥겔스의 개인 장서를 복원하는 일은 생각지도 못했다.

1951/52년 초, 베를린 마르크스-엥겔스-레닌 연구소IMEL의 제2대 소장인 돔Bernhard Dohm(1905~1986)이 다가오는 1953년의 마르크스의 해Karl-Marx-Jahr(1953)를 기념하기 위해『마르크스-엥겔스-레닌-스탈린과 독일사 Marx-Engels-Lenin-Stalin zur deutschen Geschichte』라는 저작집을 준비하는 과정에서 당 중앙위원회 도서관의 책을 검토하다가 마르크스의 난외방주가 있는 책을 발견했다. 이에 그는 당-도서관의 관장인 카이저Bruno Kaiser(1911~1982)에게 이 책이 마르크스의 개인 장서인가를 확인하게 되는데, 바로 이 사건이 계기가 되어 당 중앙위원

---

55) B. I. Nikolaevskij, "Russkie knigi v bibliotekach K. Marksa i F. Ėngel'sa," In: *Archiv K. Marksa i F. Ėngel'sa*, Kn. 4, Moskva 1929, S. 355~423.

회 도서관을 필두로 한 각지의 도서관에서 마르크스-엥겔스의 개인 장서를 체계적으로 탐색하기 시작했다.[56)]

3월 혁명 이전Vormärz 시기의 문학과 초기 사회주의 문헌에 관한 해박한 지식을 가진 카이저는 이미 벨기에 망명 시절의 마르크스와 엥겔스를 연구하고 엥겔스의 알려지지 않은 저작을 발굴하기도 했다. 그는 베를린 IMEL의 연구원인 베르한Inge Werchan을 비롯하여 슈트뢰히 Jürgen Stroech, 아우리히 Günter Aurich, 슈베르트 Bert Schubert의 도움을 받아 비밀국가문서고로부터 이양받은 장서와 일찍이 사민당의 소유였으나 독일국립도서관에 소장된 장서—전후 소련이 전리품으로 챙겨간 장서는 제외—의 전쟁 전의 대출과 반납Vorkriegszugänge을 체계적으로 면밀히 점검하여 마르크스-엥겔스의 개인 장서에 속하는 수백 권의 책을 발굴해냈다. 이렇게 발굴한 장서는 1953년에 그 수가 400권에 육박했는데, 그중 중요 장서는 마르크스의 탄생 135주년을 기념하는 전시회에서 진열·공개된 바 있다.[57)] 이후 작업은 더욱 진전되어 베를린의 마르크스-레닌주의 연구소IML는 1967년 모두 504권의 장서 명이 수록된 『마르크스-엥겔스의 장서Ex Libris. Karl Marx und Friedrich Engels』를 출판하게 되는데, 여기서 개개 장서마다 기재된 다양한 부호와 유언·무언의 난외방주, 그리고 책에 찍힌 스탬프 등을 일일이 보고하고 있다.[58)]

---

56) Melis, "Auf der Suche nach der SPD-Bibliothek 1945/46. Eine späte Würdigung von Paul Neumann," S. 112.
57) Melis, 앞의 글, S. 113. 카이저는 1952년 7월 9일자의 『노이에스 도이칠란트Neues Deutschland』지에 그들의 탐색·발굴 작업 중 가장 흥미 있는 두 가지 예를 보고하고 있다. 첫째는, 마르크스의 난외방주가 달린 네덜란드의 사민주의자 니벤후이스F. Domela Nieuwenhuis가 마르크스에게 헌정한 『칼 마르크스, 자본과 노동Karl Marx. Kapitaal en arbeid』(S-Hage 1881)을 1933년 이전 『포아베르츠』의 편집자였던 되셔 Helmut Döcher의 수천 권에 달하는 개인 장서에서 발견한 것이다. 다음으로는 엥겔

한편 카이저와 베르한이 발굴한 마르크스-엥겔스의 러시아어 장서는 동독의 사회주의통일당SED 중앙위원회의 결의에 의해 1953년부터 1961년 사이에 모스크바의 IML에 이양되고, 그 포토코피는 베를린의 당기관Parteiinstitut에 보관되었다가 오늘날 동독의 정당과 대중조직 아키브Stiftung Archiv der Parteien und Massenorganisationen der DDR im Bundesarchiv Berlin, SAPMO에 귀속되었다. 이때 모스크바의 IML에 이양된 러시아어 책들은 1979년 루드약Boris Rudjak이 편찬한 264권의 오리지널이 포함된 364타이틀 526책의 『마르크스-엥겔스 장서의 러시아어 도서 목록*Russkie knigi v bibliothekach K. Marksa i F. Ēngel'sa*』(Moskva 1979)의 근간을 이루고 있다.[59]

그리고 베를린 연구소의 망실된 마르크스-엥겔스 장서의 탐색 작업은 1970년대와 1980년대에도 연구소의 소장 장서와 베를린의 여러 도서관을 대상으로 진행되어 300권의 오리지널 장서가 발굴되었는데, 그 가운데는 122타이틀에 이르는 엥겔스의 군사학 관련 수집 도서Militariasammlung도 포함되어 있었다.[60]

---

스가 『반뒤링론』을 집필하면서 이용했기에 많은 밑줄, 옆줄과 난외방주가 있는 뒤링Eugen Dühring의 『국민경제학과 사회경제학 과정(課程)*Cursus der National- und Socialökonomie einschliesslich der Hauptpunkte der Finanzpolitik*』(2. Aufl. Leipzig 1876)을 립벤트로프의 외무부 도서관 지하창고 폐지 더미에서 찾아내었던 것이다. Bruno Kaiser, "Unbekannte Dokumente von Marx und Engels. Neuentdeckungen zum Leben und Werk der Begründer des wissenschaftlichen Sozialismus (1952)," *Beiträge zur Marx-Engels-Forschung*, Neue Folge, Sonderband 5. S. 261~62. Hecker, "Ein 'wackerer Kampfgenosse' — Ferdinand Domela Nieuwenhuis. Marx' Marginalien in *Kapitaal en Arbeid*," *Beiträge zur Marx-Engels-Forschung*, Neue Folge 2001, S. 257~62도 보라.

58) *Ex Libris. Karl Marx und Friedrich Engels. Schicksal und Verzeichnis einer Bibliothek*, Einleitung und Redaktion: Bruno Kaiser, Katalog und wissenschaftlicher Apparat: Inge Werchan, Dietz Verlag, Berlin 1967. 그러나 이 목록에는 장서의 소재지Standort가 명기되어 있지 않다.

59) MEGA² IV/32(Vorauspublikation), S. 71. Melis, 앞의 글, S. 113도 보라.

1970년대 중반 이후에는 베를린의 IML 이외에도 암스테르담의 IISG, 트리어의 칼-마르크스-하우스, 모스크바의 IML이 망실되어 가는 마르크스-엥겔스 장서를 구출하기 위한 공동 노력을 전개했는데, 이는 1960년대 초 프라하로부터 대량의 장서가 서독의 고서점에 쏟아져 나온 데서 촉발된 것이었다.[61] 이 같은 국제적 협력은 우선 암스테르담의 IISG가 라브로프-곡의 장서Lavrov-Gocsche Bibliothek를 복원하는 것을 계기로 1975년 이후 하르스틱Hans-Peter Harstick과 카한Vilém Káhan이 모스크바 IML의 루드약과 협력하여 마르크스-엥겔스에 연원하는 장서를 추적, 100타이틀을 확인한 것이 그 성과라 하겠다.[62]

동서독의 통합을 계기로 1990년에 출범한 국제 마르크스-엥겔스 재단Internationale Marx-Engels-Stiftung, IMES은 1992년부터 하스틱을 중심으로 한 장서 프로젝트Bibliothekprojekt를 시작하여 MEGA² IV/32로 출판하기로 예정된 장서 목록을 작성하기 위해 프라하, 파리, 슈파이어, 본, 베를린-달렘, 모스크바 등의 도서관과 연구소를 집중적으로 재점검했다. 그리하여 1990년대 말에는 마르크스-엥겔스 장서의 3분의 2에 해당하는 1,450타이틀, 2,100권을 확인하게 되었다.

---

60) MEGA² IV/32(Vorauspublikation), S. 71.
61) 이들 장서는 원래 베를린 대학의 국가학연구소 도서관의 장서였다. 나치스는 전쟁 말기에 이 도서관의 장서를 프라하로 소개시켰다. 그러나 이들 장서는 종전 후 수습되지 못한 채 남아 있다가 일부는 부분적으로 체코슬로바키아 공산당 중앙위원회 산하의 IML을 비롯한 프라하의 여러 도서관에 분산되고, 나머지가 서독으로 유입되어 프랑크푸르트의 자우어-아우베르만 고서점Antiquariat Sauer & Auvermann K. G., Glashütten in Taunus에 매각되었다. 이들 장서는 이후 슈파이어 행정대학Hochschule für Verwaltungswissenschaft in Speyer 도서관과 본에 있는 연방의회Deutsches Bundestag in Bonn 도서관 등이 구입했다. MEGA² IV/32(Vorauspublikation), S. 72; Zimmermann, 같은 책, S. 32.
62) 같은 책, S. 72.

오늘날 이들 장서의 대부분은 베를린과 모스크바의 당 연구소(베를린의 SAPMO와 모스크바의 RGA)에 집중되어 있고, 그 외에도 20여 곳의 도서관, 연구소, 또 개인 장서로 보관되고 있다.[63]

이상과 같이 마르크스-엥겔스의 개인 장서를 추적하는 동베를린의 IML을 비롯한 여러 연구소의 끈질긴 노력은 1999년 MEGA² IV/32 선행판Vorauspublikation의 출판으로 일단 잠정적으로나마 반세기에 걸치는 노력의 성과를 구체화할 수 있었다. 그러나 마르크스-엥겔스 개인 장서의 도서 목록과 난외방주본은 MEGA² IV/32의 결정판, 즉 MEGA² IV/32권의 3책, 즉 마르크스-엥겔스 장서의 주석 목록[IV/32.1], 텍스트적인 "유언(有言)"의 난외방주를 문맥과 연관시킨 편찬본[IV/32.2], 그리고 장서·개개의 도서·그리고 거기에 나타난 독서 흔적(날짜, 저자, 기술(記述) 내용, 사용 내역 등)과 색인을 포함한 주석본 아파라트[IV/32.3][64]가 완간되어야만 비로소 1945년 이래, 아니 1895년 엥겔스의 사후 1세기에 걸치는 마르크스-엥겔스 개인 장서의 복원과 목록화가 완성된다고 할 수 있을 것이다.

---

63) MEGA² IV/32(Vorauspublikation), S. 73; Sperl, 같은 글, S. 200.
64) Moon-Gil Chung, "Marginalien und CD-ROM: Zur Veröffentlichung des Verzeichnisses der Bibliotheken von Marx und Engels in der Vorauspublikation zum Band IV/32 der MEGA²," *Beiträge zur Marx-Engels-Forschung*, Neue Folge 2004, S. 250, 252. Moon-Gil Chung, *Die Deutsche Ideologie und MEGA-Arbeit*, Moonji Publishing Co., Ltd. Seoul 2007, S. 173, 175~76.

## 2장
# 신MEGA 이전의 마르크스-엥겔스 저작집의 출판

### 1. 종전 직후 소련 점령 지역의 정치적 정세

　종전 직후 독일에서 이루어진 마르크스-엥겔스 저작의 출판은 당시의 정치적 상황과 밀접히 연결되어 있었다. 나치스의 항복으로 정치적 공동(空洞) 상태가 된 독일에서는 국내에 남아 반나치스 운동을 했거나 그들에 의해 투옥되었던 정치 지도자들, 해외로 망명했다가 귀국한 정치인들이 정치의 전면에 나타나 새로운 시대를 구상하고 이를 정치적 실천을 통해 구체화하려는 움직임이 활발하게 일어났다. 이들 가운데는 마르크스와 엥겔스의 세계관에 의지하여 새로운 사회를 형성하려는 자들이 있는가 하면, 다른 한편으로는 그들의 정치적 지향이 마르크스주의나 사회주의와 결코 양립할 수 없다는 세력들이 공존하고 있었다.
　그러나 독일에서의 정치적 활동의 재개는 그들의 독자적 결단에 의해 이루어지는 것이 아니라 연합국이 얄타회담을 통해 확인한 기본적 정책 수순을 통해서만 가능한 것이었다. 연합국은 독일이 독자적인 정치 활동을 재개하기 이전에 나치스의 잔재를 소탕함으로써 정치 환경을 정화하는 것을 최우선 과제로 설정했다. 그리고 바로 이러한 전제 위에서 민주적 정당을 결성하는 것이 그 순서였다. 그런데 베를린의 일부를 포함한 동독 지역을 관할하던 소련의 군정청은 다른 연합국과의 합의도 없이 1945년 6월 10일, 이미 그들의 점령 지역 내에서 정당, 사회단체 및 정치·사회적 조직의 결성을 승인해버렸다. 우리는 러시아의 이 같은 일방적 결정의 이유를 확인할 수는 없으나 이러한 과정을 통해 특정한 정치 세력을 양성하려는 러시아의 의도를 추측할 수 있다. 그들은 전국적 정당을 지향하는 특정 정당을 허용하거나 기피함으로써 독일 전역의 정치적 판도에 영향을 미칠 수 있는 가능성을 겨냥했던 것이다.[65]

이러한 과정에서 우리가 주목하는 것은 소련군정청의 이 같은 결정이 있은 바로 다음 날, 독일공산당Kommunistische Partei Deutschlands, KPD이 공식적으로 정당으로 등록했다는 점이다. 이와 같은 소련 점령군의 행동과 공산당의 등장에는 상호간에 엄밀한 사전 조율이 있었으리란 점을 감지할 수 있다.[66] 당시 독일의 국가-사회 재건을 위해 제시된 공산당의 주장들은 지극히 조심스러워 공산주의적이라기보다 오히려 시민-민주적bürgerlich-demokratisch이라고 불러도 좋을 정

---

65) Peter Wulf, "Deutschland nach 1945," *Deutsche Geschichte: Von den Anfängen bis zur Wiedervereinigung*, hrsg. von Martin Vogt, 2. Auflage, J. B. Metzler, Stuttgart 1991, S. 735~36.
66) 실제로 나치스 정권의 항복 이후에 이루어질 미래 독일의 정치적 정세에 관해서는 전쟁 중 모스크바에 망명해 있던 독일공산당의 지도부와 소련의 지도부 간에 충분한 합의가 이루어진 것으로 보인다. 따라서 새로운 정당의 형성에는 소련 점령군의 전폭적인 협조가 있었음은 물론이다. 같은 글, S. 750.

도였다. 이는 초창기 독일공산당의 정치노선이 모든 세력의 지지를 획득함으로써 광범한 정치적 연합을 이끌어내려 했기 때문이기도 했다.[67]

소련 점령 지역에서의 독일공산당의 정당 연합을 위한 노력은 독일사민당Sozialdemokratische Patei Deutschlands, SPD을 그 주 대상으로 했다. 나치스 시대의 경험은 이들 공산주의자나 사민주의자들로 하여금 1917년 이래 지속되어온 노동운동의 분열이 어떠한 방법으로든 지양되어야 한다고 믿게 했다. 정당 연합의 방식으로 처음에는 2개의 독립된 정당이 공동의 과제를 해결해나가는 쪽으로 방향을 잡았으나, 전후 최초의 선거에서 사민당이 공산당을 훨씬 능가하는 득표를 함으로써 사태는 일전하여 양당의 통합을 추진했다. 이미 1945년 가을 이래 러시아의 전폭적 지원을 받아 소련 점령 지역에서의 사민당과의 합병을 추진하던 공산당은 1945년 12월 베를린에서 개최된 사민당과 공산당의 공동회의gemeinsame Konferenz를 거쳐 1946년 4월 7일에는 마침내 이들 양자의 통합을 통해 독일사회주의통일당Sozialistische Einheitspartei Deutschlands, SED의 결성을 보게 된다.[68] 통합 과정에서 생긴 잡음, 즉 통합의 방법이나 양식에 대한 사민당 측의 불만은 소련 점령군의 힘으로 제압할 수 있었다. 어쨌든 이러한 과정을 거쳐 성립된 사회주의통일당은 전국적인 정당으로서의 정치적 영향력을 서독 지역에까지 확장하려 했으나, 슈마허가 이끄는 서독 지역의 사민당에 필적할 수 없었을 뿐만 아니라 서독의 주의회 선거에서도 보잘것없는 성과를 거둠으로써 동독 지역당으로 만족하지 않을 수 없

---

67) 같은 글, S. 736, 750.
68) 같은 글, S. 736~37, 750~51. Susanne Miller/Heinrich Potthoff, *Kleine Geschichte der SPD. Darstellung und Dokumentation 1948~1980*, Verlag Neue Gesellschaft, Bonn 1981, S. 176~77도 보라.

었다.[69] 이에 러시아와 독일사회주의통일당은 1949년 10월 작센, 메클렌부르크, 튀링겐, 브란덴부르크, 작센-안할트를 포함하는 소련의 점령 지역 내에서 소련의 정치체제를 모델로 한 독일민주주의공화국 Die Deutsche Demokratische Republik, DDR을 출범시키게 된다.[70]

우리는 앞에서 종전 직후 소련 점령 지역을 중심으로 한 독일의 정치 정세를 간략히 살펴보았다. 이는 1950년대 이후 동독이 마르크스-엥겔스 연구의 새로운 중심으로 부상하는 과정을 당시의 정치 상황과 연결해서 이해할 필요가 있기 때문이다.

실제로 종전 직후 독일의 정치 지형을 구축한 정치 지도자들이 마르크스와 마르크스주의에 대해 가지고 있던 생각은 그들의 정치적 스펙트럼에 따라 다양하게 표현되고 있다. 울브리히트나 욀스너 Fred Oelßner(1903~1977)처럼 전쟁 중 소련에 망명해 있다가 귀환한 공산당의 지도자들은 마르크스-엥겔스-레닌-스탈린이 가르친 사회주의 원칙에 근거하여 반파시스트적 민주주의를 수립해야 한다고 주장했다. 그러나 탈하이머 August Thalheimer를 비롯한 공산당 내의 반대파는 독일의 파시스트를 괴멸시킨 소련의 역할은 충분히 인정하지만, 러시아를 포함한 점령군이 노동운동의 독립성을 훼손할 염려가 있다는 점을 지적하면서 공산주의 운동의 스탈린주의화를 비판했다.[71]

그런가 하면 사민당 측의 마르크스주의에 대한 견해도 지극히 다양했다. 우선 사민당의 베를린중앙위원회를 지도하는 그로테볼 Otto Grotewohl은 사민주의를 갱신하는 초석이요 불가결의 전제는 마르크

---

69) Peter Wulf, 앞의 글, S. 736.
70) 같은 글, S. 752~53.
71) Günter Benser, "Als das Tor aufgestoßen wurde. Vorleistungen und Schranken für die Marx-Engels-Edition der Nachkriegsjahre," *Beiträge zur Marx-Engels-Forschung*, N. F., Sonderband 5, S. 61~62.

스를 소생시키는 것이라고 주장하면서, 소련의 점령 지역에서 러시아에 역성을 드는 공산주의자들을 정면으로 비판했다(1946년 1월 예나에서의 공산당-사민당 공동회의). 같은 해 3월 라이프치히에서 열린 사민당 당관료 대회에서 그로테볼은 다시 "마르크스와 엥겔스의 원천으로 돌아가고, 공산당은 민주주의를 정치적 투쟁 수단으로 인정할 것"을 강조하고 있다. 이에 대해 서독 지역에서 그로테볼의 라이벌이며, 공산주의자나 공산당과의 어떠한 협조도 반대하는 슈마허는 마르크스주의를 사회민주주의로 인도하는 수많은 가능한 동기나 주장 중 하나일 뿐이라고 선언했다. 슈마허에 따르면 마르크스주의는 주로 분석의 방법이요, 마르크스는 "구원한 경제의 자연법칙을 발견한 사람"이라기보다는 위대한 "질문자요, 발견자"일 뿐이라고 하면서 사민주의자들에게는 마르크스주의가 아닌 다른 철학적·윤리적·종교적 동기나 주장의 선택이 가능하다고 역설했다.[72]

한편 기독교민주당Christlich-Demokrtische Union, CDU의 경우 마르크스나 마르크스주의에 대해서 공산당이나 사민당과는 정반대의 입장에 서 있었다. 기독교민주당의 카이저Jakob Kaiser는 1946년 6월의 기독교민주당 대회에서 마르크스주의를 사회주의의 역사적 형태의 하나라고 지적하고 있다. 그는 유물주의적 세계관, 경제결정론, 계급독재 등 세계관의 근본적 차이에도 불구하고 그들과의 진정한 협조는 불가능한 것이 아니라며, "기독교사회주의chritslicher Sozialismus"란 용어를 최초로 사용하기도 했다. 그러나 기민당의 또 다른 지도자인 아데나우어Konrad Adenauer는 마르크스주의자들의 유물론적 세계관을 반대하면서 유물주의가 바로 나치즘의 원천이라고 비판했다.

---

72) 같은 글, S. 62~63.

기독교는 마르크스주의나 사회주의와 양립할 수 없다는 입장을 확고히 했던 것이다. 그는 "기독교사회주의"란 용어의 사용을 기피하면서 사회주의자들과의 진정한 협조에 대해서도 부정적 입장을 취했다.[73]

## 2. 전후 독일에서의 마르크스-엥겔스 저작의 출판과 마르크스-레닌주의 연구소의 설립

앞에서 살펴본 바와 같은 종전 직후 독일의 정치 정세 하에서 마르크스-엥겔스 저작의 출판은 주로 사민당과 공산당 구성원들의 교양과 학습을 위해 출판되었다. 이때 독일공산당이나 사민당이 처음으로 출판한 책은 모두 『공산당 선언』이었다.

마르크스와 엥겔스의 저작은 1933년 베를린 훔볼트 대학 앞에서 일어난 분서(焚書) 사건이 있은 이후 나치스 치하의 독일에서 더 이상 연구된 적도, 발간된 적도 없었다. 따라서 종전 직후 독일에서의 그들 저작의 출판은 모스크바의 외국어문학 출판사 Verlag für fremdsprachige Literatur에서 독일어로 출판된 마르크스, 엥겔스, 레닌, 스탈린의 저서들을 저본으로 하는 데 만족해야 했다. 그리고 소련의 군정청 역시 이 시기 독일에서 추구한 2개의 과제가 이미 앞에서 살펴본 바 있는 모스크바의 마르크스-엥겔스-레닌 연구소를 위해 관련된 아카이브 자료와 장서를 탐색·징발하는 일과 더불어 마르크스-엥겔스 저작들의 발행부수를 늘림으로써 이데올로기적 선전·선동을

---

73) 같은 글, S. 63~64.

강화하는 것이었다.[74] 따라서 소련의 군정청SMAD은 1945년 9월, 베를린에 SWA 출판사SWA-Verlag를 설립하고(이는 뒤에 라이프치히로 이전), 1946년 3월까지 소위 베스트셀러라는 『소련공산당사 교정(축약)Kurzer Lehrgang der Geschichte der KPdSU』 650만 부를 비롯하여 레닌과 스탈린의 저작 4백만 부를 인쇄했다. 독일의 소련 점령 지역에서 150개가 넘는 인쇄소를 거느렸던 이 출판사는 1947년에는 소련 자체 시장을 위해 6350만 부의 러시아어 교과서를 포함하여 모두 8700만 부의 책을 출판했는데, 이는 모두 전쟁배상금을 이용해 제작된 것이었다.[75]

한편 마르크스와 엥겔스의 저작은 소련군정청 선전/정보처의 주도 아래 우선 『공산당 선언』과 더불어 『고타강령 비판』 『자본론』 『임노동과 자본』 『유토피아에서 과학으로의 사회주의의 발전』을 비롯하여, 레닌의 앤솔로지 『마르크스-엥겔스-마르크스주의』 등을 신설된 공산당의 출판사 "새로운 길Neuer Weg"을 비롯한 다수의 출판사를 통해 1946년 초까지 1년 미만에 200만 부를 출판했다.[76] 당 중앙위원회는 당 간부들로 하여금 당원들의 교육을 위해 교재를 작성하는 데 진력하게 하고, 이들 교재들의 브로슈어를 주제별로 모아 훈련 교재Schulungshefte를 편찬하기도 했다.[77]

---

74) "Editorial," *Beiträge zur Marx-Engels-Forschung*, N. F., Sonderband 5, *Marx-Engels-Werkausgaben in der UdSSR und DDR(1945~1968)*, Argument Verlag, Hamburg 2006, S. 9~10.
75) Hecker, "Die Herausgabe von Marx/Engels-Schriften zwischen erster MEGA und MEW(1945~1953)," S. 31~32.
76) Hecker, 앞의 글, S. 32; Wolfgang Leonhard, "November 1945: Das Schulungsheft über Friedrich Engles," *Beiträge zur Marx-Engels-Forschung*, N. F., Sonderband 5, S. 85~86.
77) Leonhard, 앞의 글, S. 84~88을 보라.

1946년 6월 사회주의통일당은 늘어나는 출판물을 소화하기 위해 출판인 디츠로 하여금 디츠 출판사를 설립케 하고, 1951년 이후에는 당의 출판 업무를 전적으로 관장케 했다.[78] 따라서 이후 마르크스-엥겔스 저작의 출판은 그들의 방대한 저작을 좀더 체계적으로 인쇄·반포할 수 있게 되었다. 그들은 우선 1930년대에 모스크바의 마르크스-엥겔스-레닌 연구소가 출판했던 저작들을 저본으로 한 출판을 시도했다. 1932/33년에 출판된 대중판을 복각한 『자본론』(서론은 제외), 2권짜리의 『선집』, 4권짜리의 『왕복서간집』이 1947년과 1948년에 출판되었다. 그리고 구MEGA 가운데 3권이 그대로 복각되었는데, 엥겔스의 『영국 노동계급의 상태』가 포함된 구MEGA I/4(1932), 『반뒤링론』(1935), 『그룬트리세』(1931/41)가 각각 1947년, 1948년, 1953년에 출판되었다.[79]

마르크스-엥겔스의 주요 저작들이 활발히 출판되던 1948년경에 이르러 독일의 소련 점령 지역에서 새로이 대두된 문제는 그들의 저작을 확대하고 마르크스-레닌주의를 확장하기 위해서는 러시아어로는 번역·출판되었으나 독일어로는 출판되지 않은 저작이나 저작집을 어떻게 발행하느냐는 것이었다. 바로 이 문제를 둘러싼 독일의 소련군정청과 모스크바의 마르크스-엥겔스-레닌 연구소, 그리고 소련공산당 중앙위원회 사이에 미묘한 삼각관계가 형성되었다. 우선 독일어로 아직 간행된 적이 없는 특정 저작을 독일에서 출판하려면

---

78) 원래 나치스 집권 이전의 독일에서 사회주의적 성향의 저작물을 출판하던 디츠 가문의 전통을 물려받아 베를린에 "디츠 나흐폴거" 출판사Verlag J. H. W. Dietz Nachfolger를 설립키로 계획했던 칼 디츠는, 이 같은 명칭을 베를린에서는 사용할 수 없다는 사민당의 지도자 슈마허의 이의 제기로 출판사 등록이 좌절되어 1947년에야 "디츠 출판사Dietz Verlag GmbH"로 등록할 수가 있었다. Hecker, 앞의 글, S. 32.
79) 같은 곳.

우선 해당 저작의 러시아어 번역본, 마르크스-엥겔스 초고의 오리지널이나 포토코피, 그리고 그것의 판독 원고Abschrift가 필수적이었다. 게다가 어떤 저작의 경우, 마르크스나 엥겔스의 논지가 러시아에 비판적이거나 이데올로기상 논란의 여지가 있을 경우 이를 독일어로 출판하는 것이 타당하냐는 문제 등이 이들 3개 기관 사이에서 조정해야 할 미묘한 문제였다. 그러나 독일은 이들 초고를 독자적으로 발간할 만큼 충분한 학술적 능력을 갖춘 연구자를 확보하지 못했기에 이들 초고의 발행에 대한 우선순위의 결정은 전적으로 소련이 장악할 수밖에 없었다. 따라서 독일의 마르크스-엥겔스의 저작집 Marx-Engels-Werkausgabe 발간에 원칙적으로 합의한 모스크바의 마르크스-엥겔스-레닌 연구소는 무엇보다 먼저 베를린의 형제 연구소 창설을 위해 그 작업 기반을 구축하는 일을 우선시했다.[80]

이상과 같은 객관적 여건의 변화 가운데서 사회주의통일당 중앙비서국은 사회주의의 이론과 역사 연구를 위해 1947년 12월 29일 당 지도부 산하에 "과학적 사회주의 연구소Forschungsinstitut für wissenschaftlichen Sozialismus"를 설립할 것을 결의하게 된다. 동 연구소는 1948년 가을에 문을 열게 되고, 철학과 정치경제학 두 개의 부문으로 나뉜 동 연구소의 업무는 1949년 초에 시작된다.[81]

"이론적인 전선에서 당의 투쟁을 지원하고, 마르크스주의적 연구와 이론 분야에 있어서 조정과 지도의 과제를 돕기" 위해 설립된 이 연구소의 과업[82]은 애초부터 소련군정청과 모스크바의 마르크스-엥

---

80) 같은 글, S. 33~36.
81) 같은 글, S. 37. Heinrich Gemkow, "Vergessen wir die Alten nicht! Pioniere der ostdeutschen Marx-Engels-Edition," *Beiträge zur Marx-Engels-Forschung*, N. F., Sonderband 5, S. 272도 보라.
82) 이러한 연구소의 목표 설정은 초대 소장인 빈터니츠Joseph Winternitz가 연구소 자체

겔스-레닌 연구소의 지원을 전제로 한 것이기에 처음부터 모스크바 연구소의 경험을 경청했다. 하지만 이 같은 신생 연구소에 중요한 전기를 마련한 것은 당시 베를린 공공 학술도서관(이전의 국립도서관)의 사서인 카이저Bruno Kaiser의 모스크바 방문이었다. 그는 사회주의통일당 지도부의 위임을 받아 1948/1949년 겨울, 모스크바의 마르크스-엥겔스-레닌 연구소IMEL의 과제와 작업 방식을 배우기 위해 모스크바를 방문했다. 그는 이때의 방문 성과를 1949년 3월 3일, 당 지도부인 피크와 그로테볼에게 다음과 같이 보고했다.[83]

> 본인은 짧은 모스크바 체류 중에 동 연구소의 소장인 크루츠코프 교수 동지와 그의 동료들을 만나 동 연구소와 동일한 종류의 연구소를 독일에서도 만들 수 있는가의 문제를 진지하게 되풀이해서 논의했습니다. 이에 대해 소련의 동지들은 본인이 생각하는 바와 마찬가지로 이러한 연구소의 창립이 바람직할 뿐만 아니라 필요하다고 지적하면서 처음부터 형제적인 공동 노력을 해줄 것을 확언했습니다.

그는 이 보고서에서 모스크바 연구소의 구조와 작업 계획을 상세히 서술하고 있다. 그는 소련의 동지들이 독일의 형제 연구소가 그들을 위해 여러 분야에서 엄청나게 가치 있는 도움을 줄 수 있을 것이라는 점을 지적하면서, 그들도 독일의 연구소를 위해 모든 방면에서 협조할 준비가 되어 있음을 분명히 하고 있다고 덧붙이고 있다.

---

의 출판물에 붙인 서문에 나타난다. Heinrich Gemkow, 앞의 글, S. 272.
83) SAPMO, Sign. DY 30/4442. Gemkow, 앞의 글, S. 273에서 재인용. 한편 헥커는 이 시기의 카이저의 모스크바 IMEL 방문이 독일의 소련군정청에 의해 주선되었으며, 그의 주된 방문 목적은 전후 독일의 성인 교육 관리와 마르크스-엥겔스 저작의 출판 문제를 상의하기 위한 것이었다고 한다. Hecker, 앞의 글, S. 37~38.

사회주의통일당의 중앙비서국은 이상과 같은 카이저의 보고에 근거하여 1949년 3월 29일 베를린에 마르크스-엥겔스-레닌 연구소를 설립하기로 결의하고, 이 연구소로 하여금 "마르크스-레닌주의 고전주의자의 저작과 독일의 혁명적 노동운동의 위대한 지도자들의 저작을 출판"하는 과업을 수행하도록 위임했다. 이렇게 창설된 베를린의 마르크스-엥겔스-레닌 연구소는 빈터니츠Joseph Winternitz를 소장으로 16명의 학자와 번역자들을 포함, 모두 60명에 달하는 인원으로 새로운 진용을 갖추어 1949년 9월 1일부터 활동을 시작했다. 이것이 바로 1956년 명칭이 바뀌어 1989년 베를린 장벽이 무너질 때까지 지속적으로 활동한 마르크스-레닌주의 연구소Institut für Marxismus-Leninismus beim ZK der SED, IML/B의 실질적인 창립이다.[84]

연구와 편집, 두 개 부문으로 나뉜 이 연구소의 주된 과제는 편집 부문에 집중되었다. 초대 소장 빈터니츠는 이 부문에 12명의 연구원을 배치하면서, "마르크스-엥겔스 저작의 편찬은 전문적인 지적 능력 없이는 착수하기 어렵다"는 점을 분명히 밝히고 있다. 특히 "마르크스-엥겔스 판본을 편집하는 동지들은 러시아어를 아는 것이 필수적이다. 왜냐하면 이 작업에는 모스크바 연구소의 작업 성과가 십분 이용되어야 하기 때문이다. 〔……〕 마르크스-엥겔스 전집MEGA을 위한 제1의 전제는 29권으로 된 러시아어 판본(제1소치네니야)이 포용하고 있는 것을 정확히 이해하는 것이다. 우리는 거기에 포함된 내용을 엄격히 검토해야 한다. 그리고 바로 이러한 기초 위에서 전집이 어떠한 순서로 발행되어야 하는가를 결정해야 한다. 그러나 이 같은 과업은 수년의 시간을 요하므로 우선 중요한 일은 독일의 독자

---

84) Gemkow, 앞의 글, S. 273. Hecker, 앞의 글, S. 38~39.

들에게 중요하면서도 아직 접근할 수 없는 저술들을 출판하는 일"이라고 1949년 9월 20일의 사회주의통일당 중앙비서국에서의 사업보고를 통해 지적한 바 있다.[85]

따라서 이러한 객관적 상황에서 그들이 우선 할 수 있는 일은 마르크스-엥겔스의 2권 선집이나 『독일과 프러시아 역사에 관한 마르크스-엥겔스 논집』, 그리고 아직도 독일의 독자들에게 알려지지 않은 저술들을 편찬하거나 브로슈어로 발행하는 일이었다. 그러나 이처럼 단순한 작업을 위한 전제가 되는 마르크스와 엥겔스의 초고 오리지널이나 포토코피를 갖추지 못한 베를린의 연구소는 MEGA 7권 —그것도 오류 때문에 사용에 주의를 요하는— 을 제외하고는 이용 가능한 자료를 갖지 못했다. 이에 베를린의 마르크스-엥겔스-레닌 연구소는 모스크바의 연구소와 지속적인 접촉을 통해 자료의 제공과 편집 기술의 전수를 요구하지 않을 수 없었다. 그들은 모스크바에 대해 특정 저작의 포토코피나 이의 텍스트 판독 원고의 필요성을 누누이 얘기하며 자료의 제공을 간청했다. 이에 대응해 모스크바의 연구소는 베를린의 편집 방침에 대해 구체적인 지시까지 하기에 이르렀다. 모스크바 연구소의 베를린에 대한 반응은 지극히 선별적이어서, 경우에 따라서는 마르크스와 엥겔스의 특정 저술이 비과학적이고 마르크주의를 손상하는 표현을 인용했다거나, 러시아에 반하는 몇 개의 표현이 보인다거나, 카우츠키나 베른슈타인을 긍정적으로 평가했다거나, 러시아 차르주의의 외교정책에 대한 평가가 틀렸다는 등의 이유로 독일어로의 출판이 불가하다는 입장을 분명히 했던 것이다.[86] 그러나 중요한 것은 1950년대 들어 마르크스나 엥겔

---

85) SAPMO, Sign. DY 30/IV 2/9.07, Nr. 19. Hecker, 앞의 글, S. 39에서 재인용.
86) Hecker, 앞의 글, S. 40~43에 거론된 구체적 예들을 참조하라. 학문과 정치가 긴장관

스의 특정 저작이나 저술의 독일어 출판이 늘어가면서 모스크바 연구소가 베를린의 마르크스-엥겔스-레닌-스탈린 연구소MELSI에 수고본Handschrift의 포토코피나 초고를 해독한 판독 원고Abschrift를 포함한 관련 자료를 자주 송부하게 되고, 이는 1952/53년에 이르러 베를린 연구소의 소장 자료를 점차 확장시키는 결과를 가져왔다는 점이다.[87]

---

계에 있을 때 학술적 판본이 어떻게 정치에 봉사하느냐의 문제는 다음 글을 보라. Renate Merkel-Melis, "Zur Editionsgeschichte von Friedrich Engels' Schrift *Die auswärtige Politik des russischen Zarentums*," *Beiträge zur Marx-Engels-Forschung*, N. F., Sonderband 5, S. 263~69.
87) Hecker, 앞의 글, 같은 곳.

## 3장
# 동독에서의 마르크스-엥겔스 저작집 출판 계획과 러시아어판 저작집

## 1. "1953년, 칼 마르크스의 해"

1953년은 마르크스 사후 70년, 그리고 그의 탄생 135주년이 되는 해였다. 따라서 사회주의통일당 중앙위원회는 1953년을 "칼 마르크스의 해Karl-Marx-Jahr(1953)"라 명명하고 연간 기획으로 강연회 시리즈를 개최했다.[88] 그리고 이해부터 『역사학 잡지Zeitschrift für Geschichte』(ZfG), 『경제학 Wirtschaftswissenschaft』(Wiwi), 『독일 철학 잡지Deutsche Zeitschrift für Philosophie』(DZfPh) 등 전문 분야의 학술지를 창간하고, 5월 2일에는 칼 마르크스 전시회를 베를린의 중심가인 운터덴린덴 가 2번지에 있던 옛 병기고Zeughaus 건물에서 거창하게 개최했다. 나아

---

[88] 이때 개최된 강연회 시리즈의 연사와 강연 제목은 Hecker, "Die Herausgabe von Marx/Engels-Schriften zwischen erster MEGA und MEW(1945~1953)," S. 50~51에 나열되어 있다.

가 마르크스-엥겔스-레닌-스탈린 연구소MELSI는 마르크스-엥겔스의 『경제학 소론집 Kleine ökonomische Schriften』『독일사에 대하여』『노동조합론』『'자본론' 관련 서한집 Briefe über das 'Kapital'』『중국론 Über China』 등을 "칼 마르크스의 해"를 기념하여 1953년에 출판할 예정이었다. 그러나 연구소 내의 사정으로 기한을 지키지 못한 채 기왕에 모스크바가 발간한 『그룬트리세』(1939, 1941)의 복각판만을 1953년에 우선 출판했다. 따라서 『'자본론' 관련 서한집』은 1955년의 사회주의통일당 대회를 즈음하여 『중국론』『경제학 소론집』과 더불어 1955년 디츠 출판사에 의해 출판되었다.

우리가 이 "칼 마르크스의 해"에 특별히 주목하는 것은 1953년 초에 "마르크스와 엥겔스의 저작을 철저히 학술적으로 출판하고, 이와 연관하여 그들 두 사람의 작품과 생애를 연구하는 것"을 그 과제로 설정한 마르크스-엥겔스 부Marx-Engels-Abteilung, MEA를 마르크스-엥겔스-레닌-스탈린 연구소 내에 독립된 부서로 설치했다는 사실이다. 이러한 마르크스-엥겔스 부의 설치는 사회주의통일당의 중앙위원회가 러시아의 제2소치네니야 Sočinenija²에 근거하여 독일어판 마르크스-엥겔스 저작집 Marx-Engels-Werke, MEW을 출판하기로 한 결의와 밀접히 연결된 것이었다.[89] 이 MEA의 부장으로는 2대 연구소장을 역임했던 돔이 잠시 맡았다가 그해 8월 아놀드 Ludwig Arnold(1905~1962)가 임명됐다.[90]

전집의 출판 준비와 관련하여 베를린의 연구소가 취한 조치 중 가장 주목할 것은 마르크스-엥겔스 카비넷 Marx-Engels-Kabinett의 설치다.

---

89) Hecker, 앞의 글, S. 43. Richard Sperl, "Die Marx-Engels-Werkausgabe in deutscher Sprache(MEW): Eine editorische Standortbestimmung," *Beiträge zur Marx-Engels-Forschung*, N. F., Sonderband 5, S. 235도 보라.
90) Gemkow, 앞의 글, S. 275~78; Hecker, 앞의 글, S. 43.

1920년대에 리야자노프가 모스크바의 마르크스-엥겔스 연구소를 창설하면서 시작한 이 카비넷 시스템은 연구의 편의를 위해 필요한 장서와 아카브 자료를 연구자가 가장 쉽게 접근할 수 있도록 배치하는 방법이다. 연구소는 이에 따라 MEA에 마르크스와 엥겔스의 모든 초간본(初刊本)Erstdruck과 초고, 서간 등의 포토코피, 그리고 목록 카드를 한곳에 모아 보관하게 했다.[91] 마르크스-엥겔스 부가 다음으로 채택한 조직상의 변화는 마르크스-엥겔스 저작집의 편찬을 위한 소규모 작업 그룹Brigade의 형성이다. 따라서 MEA는 우선 저작집 1, 2, 3권을 위해 3개의 작업 그룹을, 『잉여가치 학설사』를 위해 하나의 작업 그룹을, 그리고 엥겔스의 『군사 정치 논집Militärpolitischen Schriften』을 위해 또 하나의 작업 그룹을 만들었다.[92]

1953년 동독의 사회주의통일당 중앙위원회는 베를린의 마르크스-엥겔스-레닌-스탈린 연구소가 독일어로 된 마르크스-엥겔스 저작집을 러시아의 소치네니야 제2판에 근거하여 출판하도록 결의했다. 물론 이 같은 결의가 있기까지 베를린 연구소의 연구자들을 비롯한 관련자들이 독일에서 처음으로 시도되는 포괄적인 "독일어" 저작집에 대한 다양한 구상을 토론했을 것은 당연한 일이다. 그러나 당시 10여 명의 연구원으로 출발한 베를린의 MEA는 이 사업에 커다란 열의와 의욕만 있을 뿐, 그에 상응하는 어떠한 지적 경험도 물질적 토대도 없었다. 따라서 그들이 직접 전집에 대한 독자적 내용의 편집 구상을 하기란 불가능한 일이었다. 이에 반해 모스크바의 연구소는 수많은 연구 인력이 제1 소치네니야와 구MEGA를 비롯한 수십 년

---

91) Hecker, 앞의 글, S. 43. 모스크바 연구소의 카비넷 시스템에 관해서는 이 책 제3부 3장 3을 보라.
92) MEA an MES, 2. März 1956. RAGSPI, f. 71, op. 4, d. 269, Bl. 49/50. Hecker, 앞의 글, S. 44에서 재인용.

간의 마르크스-엥겔스 저작 편찬 경험을 바탕으로 광범위한 연구 성과와 유일무이한 원천 자료의 도움을 받아 제2소치네니야의 편집에 참여하고 있었다. 따라서 베를린의 연구소가 제2소치네니야를 MEW의 근거로 채택한 것은 당시의 상황에서 그들이 택할 수 있는 유일한 선택이었다.[93]

따라서 저자는 우선 독일어판 마르크스-엥겔스 저작집의 토대가 되는 모스크바 연구소의 『마르크스-엥겔스 전집K. МАРКС И Ф. ЭНГЛЬС СОЧИНЕНЯ』(이하 '소치네니야'로 약칭)을 간략히 개관하고, 연구 인력이나 자료 등 물적 토대가 전혀 준비되지 않은 상태에서 출발한 베를린의 연구소가 14년이란 짧은 기간 중에 어떻게 39권 41책의 마르크스-엥겔스 저작집을 완성하게 되었는가를 살펴보고자 한다.

## 2. 모스크바 마르크스-엥겔스-레닌 연구소의 제1, 제2소치네니야 출판

1924년 제13차 소련공산당 전당대회는 러시아어로 된 마르크스-엥겔스 전집을 출판하도록 결의했다. 비록 러시아어로 된 전집이지만 세계에서 최초로 기획된 이 전집 출판 계획은 1920년대 초에 창설된 마르크스-엥겔스 연구소의 가장 중요한 사업의 하나였다. 세계에서 최초로 성공한 공산주의 혁명의 열기 속에서 의욕적으로 시작된 이 러시아어판 전집 출판 계획은 당시 이를 기획한 리야자노프에 의해 3년이면 충분히 완성될 것이라 기대되었다. 그러나 새로이

---

93) Sperl, 앞의 글, S. 235.

발굴되는 자료가 폭주한 데다 MEGA 작업과 병행하면서 형성된 마르크스-엥겔스의 저작 전체에 대한 안목이 확대되면서 제1소치네니야 출판 계획의 규모가 커졌다.

1928년 제I권이 발간된 제1소치네니야는 종전 후인 1946년에 서간집의 마지막 권인 XXIX권을, 그리고 1947년에는 제XIX권『자본론』제3권의 제2책을 출판함으로써 총 28권 33책을 발간했다(제XX권으로 예정된『잉여가치 학설사』는 결국 출간되지 못했다). 이 제1러시아어판 전집 Sočinenija[1]의 권별 순서는 전체적으로 일련번호를 쓰고 있으나 구MEGA처럼 3부로 나누어, 제I부(I~XVI)는 저서, 저작, 신문·잡지에 게재된 논설을, 제II부(XVII~XX)는『자본론』과『잉여가치 학설사』를, 제III부(XXI~XXIX)는 서간문을 수록하고 있다. 모두 1,247편의 저서, 저작, 논설과 3,298통의 서간을 포함하고 있는 마르크스와 엥겔스의 저작은 이들 3개 부로 분할되어 출판되었던 것이다.[94]

이 제1소치네니야는 서론의 경우 1920~1930년대의 이데올로기적 투쟁이 그대로 반영되어 있으며, 스탈린과 레닌의 인용과 강조가 두드러지게 나타나고 있다. 그리고 자료의 원천이나 관련된 사실들이 철저히 검증되지도 않아 자료의 선택이 부정확하고, 각종 수고본의 집필 연대나 순서 또한 철저히 고증되지 않아 저작의 연대순 배열에 혼란을 가져왔으며, 번역에서의 많은 왜곡과 착오도 지적되었다. 따라서 개개 권에 대한 근본적인 수정과 신편의 필요성은 이미 1930년대 말에 대두된 바 있었다. 그러나 새로이 발견된 초고를 번

---

94) Hecker, "Fortsetzung und Ende der ersten MEGA zwischen Nationalsozialismus und Stalinismus(1931~1941)," *Beiträge zur Marx-Engels-Forschung*, N. F., Sonderband 3, S. 206~209의 "Überblick über die erste russische Werkausgabe(1928~1947)"을 참조하라.

역한 30편의 글, 『독일-브뤼셀 신문』『신라인 신문』『신오데르 신문』 등에 기고했던 마르크스-엥겔스의 신문 논설, 『독일 이데올로기』처럼 초고로 남아 있던 저작 등 모두 640여 편의 저작이 러시아어로 처음으로 출판되고, 베벨과 베른슈타인이 편찬한 『마르크스-엥겔스 왕복서간집』(1921)보다 200여 통의 편지가 추가된 무삭제의 완벽한 왕복서간과 600통에 달하는 제3자에게 보낸 편지가 포함되어 있다는 점은 충분히 평가받아야 할 것이다.[95]

앞에서 살펴본 바와 같이 제1소치네니야는 제XXIX(엥겔스 서간, 1892~1895), XIX-2(『자본론』 제3권의 2책), 그리고 끝까지 출간되지 않은 XX(『잉여가치 학설사』)의 3권을 제외하고는 모두 제2차 세계대전 이전에 출간되었다. 따라서 이에 대한 평가는 이미 1939년에 제기되었다. 즉 당시 마르크스-엥겔스-레닌 연구소IMEL의 소장(1939~1944)이던 미틴 Mark Borisovič Mitin(1901~1987)은 무엇보다 먼저 "러시아어로의 번역에서 나타나는 일련의 왜곡과 부정확함은 엄청나서 소치네니야의 몇 개 권, 예를 들면 제II권(마르크스-엥겔스, 연구와 논설, 1838~1845)과 XI권의 제1책(마르크스-엥겔스, 논설과 서간, 1856~1859)은 완전히 쓰레기"라고 혹평하고, 나아가 "자료의 그릇된 선택" "자료의 그릇된 배열" "연대기적 원칙의 훼손"도 큰 결함이라고 지적했다.[96]

제1소치네니야에 대한 이 같은 비판적 평가는 그 전년의 볼셰비키당 중앙위원회(1938년 11월 14일)의 결의를 통해서도 이미 지적된 바 있었다. 따라서 새롭고도 완벽한 마르크스-엥겔스 저작집을 준

---

95) 같은 글, S. 209~11.
96) RGASPI, f. 71, op. 7, d. 5, Bl. 95, 96. Larisa Romanovna Mis'kevič, "Die zweite russische Marx-Engels-Werkausgabe(Sočinenija), Ihre Prinzipien und Besonderheiten," *Beiträge zur Marx-Engels-Forschung*, N. F., Sonderband 5, S. 141에서 재인용.

비해야 한다는 제의도 바로 이때 제기되었던 것이다. 마르크스와 엥겔스의 모든 유고를 포괄해야 한다는 이 새로운 전집은 제1소치네니야와는 달리 4부 구성을 계획했다. 마르크스와 엥겔스의 저작을 게재할 제1부는 약 30권을 예정하고, 그들의 서간문을 게재할 제2부는 10권으로 그들의 왕복서간만이 아니라 그들의 편지를 이해하는 데 필요한 제3자에게 보낸 편지도 수록하기로 했다. 제3부는 애초에 마르크스와 엥겔스가 출판을 의도하지 않았던 초고, 초안, 개요, 발췌, 난외방주 등을 포함하여 45~50권을 계획했으며, 제4부는 학술적 아파라트로 발간하자는 계획이었다. 그리고 이 전집은 제1, 2부와 제3, 4부를 서로 다른 판형으로 구분하여 전자는 대중판으로 하여 광범한 독자층을 대상으로 하고, 후자는 작은 판형으로 하여 한정된 소수의 독자층을 대상으로 하여 출판할 것을 제의하고 있다.[97]

그러나 이상과 같은 IMEL의 방대한 새 전집 출판 계획은 전쟁과 연구소 자체가 우파로 소개되는 등의 문제 때문에 실현되지 못하고 종전 후에는 제2소치네니야의 출판 계획으로 변경되었다. 특히 전쟁 중에 제1소치네니야의 여러 권이 절판되고, 망실된 데다 그것이 가진 번역이나 주석 아파라트의 결함이 널리 알려져 있었기에 신판 저작집에 대한 요구가 높았던 것도 사실이다. 물론 그사이에 이러한 결함은 개별적 저작이나 선집 등의 재출판을 통해 많이 수정되긴 했으나 그 효과가 저작집의 그것에 미치지 못하고, 또 그간에 발굴된 적지 않은 문건과 서간들도 전집에 편입되어야 할 필요성이 대두되게 된 것이다.

이런 학문적·현실적 요구 아래서 제2판에 대한 새로운 프로스펙

---

[97] RGASPI, f. 71, op. 7, d. 5, Bl. 91~93. 같은 글, S. 142에서 재인용.

트의 준비가 이미 1945년에 시작되어 1949년 9월에는 마르크스-엥겔스 저작의 전체적 구성을 보이는 프로스펙트가 완성되었다. 모두 38권을 헤아리는 이 프로스펙트에 의하면 1,436편의 저술과 3,337통의 편지가 포함되어 있으며, 그 가운데 255편은 제1판에 게재되지 않았던 작품들이었다. 그런가 하면 제1판에 마르크스나 엥겔스의 글로 게재되었던 20개의 논설이 제외되었다. 그리고 제2소치네니야의 첫 6권에 대한 작업이 이 시기에 이미 완료되었다고 당시 연구소의 소장이던 포스펠로프P. N. Pospelov는 보고하고 있다.[98]

그러나 제2소치네니야의 프로스펙트 상세화 작업은 1940년대 말과 1950년대 초까지 계속되었는데, 이는 신판의 총 권수가 1945년 38권이던 것이 1952년에는 35권으로, 그리고 1954년에는 제1판보다 겨우 1권이 많은 30권으로 획정되었기 때문이다. 이러한 우여곡절 끝에 1954년에는 제2소치네니야의 제1권이 출판되었다. 그러나 신판 총 권수의 제약은 게재되어야만 할 적지 않은 작품들을 제외하지 않을 수 없게 되어, 1956년에는 권호를 매기지 않은 "마르크스-엥겔스의 초기 저작Iz rannich proizvedenij: Marx, Werke 1835~1843; Engels, 1838~1842: Marx, 1844"이란 보권을 발간해야만 했었다. 1953년에는 제2소치네니야의 편집과 더불어 신MEGA의 준비 작업을 위해 마르크스-엥겔스 부문Marx-Engels-Sektor, MES에 10명의 연구원이 보강됨으로써 신판의 편찬 작업은 속도를 더해갔다. 이 같은 권별 연구팀Bandbrigade의 연구 성과와 새로운 문건의 발굴, 그리고 더 많은 서간문의 발간은 각 권의 범위를 더욱 확대시켜 신판의 총 권수를 39권으로 확장했다. 이리하여 1966년 맨 마지막의 39권이 발간되면서

---

98) RGASPI, f. 71, op. 4, d. 9, Bl. 33. 같은 글, S. 143에서 재인용.

총 권수는 25권이 2책, 26권이 3책으로 모두 39권 42책으로 완간되었다. 이 신판은 전체적으로 일련번호로 구성되어 있지만, 실제로는 3개 부로 나누어져 있는데 1~22권이 마르크스와 엥겔스의 저작을 포용하고(『자본론』은 제외), 23~26권은 『자본론』(『잉여가치학설사』를 포함)을, 그리고 27~39권은 마르크스와 엥겔스가 쓴 편지들인데 제39권에는 그사이에 새로이 발견된 편지들을 추록하고 있다.[99]

모두 1,600편의 저작과 4,000통의 편지를 포함하는 제2소치네니야는 그 텍스트가 인쇄전지 Druckbogen 1,500매에 해당하는데(저작, 850매; 『자본론』, 250매; 서간, 400매), 이는 제1판보다 400편의 새로운 작품과 600통의 새로운 편지가 보강된 것이었다. 특히 이 가운데 주목할 만한 사실은 러시아의 연구진이 50여 종 이상의 신문들을 추적하여 지금까지 알려지지 않았던 수백 건의 마르크스와 엥겔스의 신문 논설과 기고문을 발굴했다는 점이다.[100] 그리고 권당 500~650쪽으로 구성된 각 권이나 2~3개 권들의 집합은 마르크스와 엥겔스의 특정한 전기적 시기 bestimmte Periode in der Biografie 와 연계하여 편찬함으로써 그들의 활동이 해당 권에 반영되도록 노력한 점을 보여주고 있다. 한편 서간 부분은 왕복서간과 제3자에게 보낸 편지를 권별로 구분한 제1판(XXI~XXV, 왕복서간; XXVI~XXIX, 제3자에게 보낸 편지)과는 달리 개개의 권을 두 부분으로 나누어 앞부분에는 마르크스와 엥겔스의 왕복서간을, 뒷부분에는 그들이 가족, 친구, 동료, 그리고 정치적·학문적 동반자들에게 보낸 편지들을 모두 연대순으

---

99) "Übersicht über die Sočinenija und ihre MitarbeiterInnen," Mis'kevič, 앞의 글, S. 153~58을 보라.
100) 같은 글, S. 145.

로 배열·게재하고 있다.[101]

한편 제2소치네니야는 번역의 저본으로 저작의 경우 마르크스와 엥겔스가 생존했을 때 출판된 최종본을 채택했는데, 『자본론』 제1권은 1890년에 출판된 제4판을, 『반뒤링론』은 독일어 제3판(1894)을 이용했다. 그리고 번역을 위한 용어 선택에 있어서는 마르크스-엥겔스 카비넷의 용어 카드die terminologische Kartei를 이용했는데, 이 경우 레닌의 번역어를 가장 중시하여 채택했다. 그 외에 각 권에 첨부된 학술적 아파라트에는 모두 인쇄전지 45매에 달하는 도입부의 개관Einführung이 게재되어 있는데, 이 부분은 마르크스-레닌주의의 교조적인 세계관의 흔적이 가장 뚜렷하게 나타나는 부분으로, 여기서는 무조건 스탈린의 인용이 최우선이고, 그다음에 레닌의 더 많은 인용이 뒤따르도록 한 것이 그 예다. 그리고 신판에 게재된 각종 색인이나 각주와 권말의 주석은 저작의 성립사, 집필 일자, 전파(傳播) 등을 포함하여 마르크스와 엥겔스의 생애와 관련된 구체적인 날짜들에 대한 상세한 정보들을 제공하고 있다.

제2소치네니야는 1966년 당초 예정된 39권을 완간한 이후 1981년까지 모두 11권의 보권을 출판하게 된다. 제2소치네니야는 애초부터 "완벽하거나 학술적인 판본"임을 자임하기보다 광범한 독자층을 위한 판본이었다.[102] 그러나 완간된 39권에는 마르크스와 엥겔스의 많은 초고, 특히 경제학 관련 초고들이 배려되지 않은 데다 신문·잡지에 실린 많은 논설들과 새로이 발굴된 서간문이 그대로 남아 있었다. 11권의 보권은 이러한 결함을 충족시키기 위해 만들어진

---

101) 같은 글, S. 145~46.
102) "Vorwort zu zweiten Ausgabe in russischer Sprache," Karl Marx/Friedrich Engels, *Werke*, Band 1, 1956/1976, S. XXII.

것이다. 그리하여 러시아의 IML은 1968년 이래 마르크스의 『그룬트리세』(46권, 2책)를 비롯하여 『자본론』 관련 초고와 단편들 (47~50권)을 발간하고, 마르크스와 엥겔스의 저작 중에 기간의 저작집에서 제외되었거나 새로이 발굴된 글들을 40~45권에 연대순으로 게재·발간했다. 그리고 새로이 발견된 서간문 103통은 제50권의 후반에 배치했다.[103]

지금까지 살펴본 바와 같이 제2소치네니야는 MEGA와 같이 "역사적-비판적" 판본처럼 학술적이기보다는 "대중판Leseausgabe"이었다. 그럼에도 이 신판은 1950년대와 60년대는 물론이고, 보권까지 포함하여 완간된 1980년대 초까지도 마르크스-엥겔스의 문서로 된 방대한 유산을 가장 포괄적으로 출판한 저작집으로 평가받고 있다. 물론 이 전집은 그들이 집필한 원어(原語)가 아닌 러시아어로 번역·발간되었다는 취약점은 있으나 마르크스-엥겔스의 전집 출판에 관한 한 아무런 지적·경험적 축적이 없었던 1950년대의 동독의 마르크스-엥겔스-레닌 연구소가 이를 그들이 기획하는 새로운 마르크스-엥겔스 저작집의 모범으로 삼기에는 모자람이 없었다.

---

103) "Übersicht über die Sočinenija und ihre MitarbeiterInnen," Mis'kevič, 앞의 글, S. 157~58 및 151~52을 보라.

**4장**
# 독일어판 마르크스-엥겔스 저작집의 편집과 출판

## 1. MEW의 출판 경과

앞에서도 언급한 바와 같이 동독의 마르크스-레닌주의 연구소 IML/B가 출판하기로 기획한 마르크스-엥겔스 저작집MEW은 러시아의 마르크스-레닌주의 연구소IML/M가 마련한 제2소치네니야의 프로스펙트에 기초하고 있다. 따라서 그들의 MEW 편찬 작업은 모스크바 연구소의 작업 진척과 밀접히 연결되어 있음은 물론이다.[104]

IML/B의 마르크스-엥겔스 부MEA는 1953년 이래 MEW의 출판 작업을 위해 우선 연구원들의 양적·질적 확장을 꾀하고 그 구조와

---

104) 저자는 1956년 이래 MEA의 연구원으로 이에 참여한 슈페를의 견해에 따라 MEW의 출판 과정을 몇 개의 단계로 나누어 살펴보기로 한다. Richard Sperl, "Die Marx-Engels-Werkausgabe in deutscher Sprache(MEW). Eine editorische Standortbestimmung," *Beiträge zur Marx-Engels-Forschung*, N. F., Sonderband 5, S. 207~50, 특히 S. 235~44.

작업 방식을 개선함으로써 새로운 과제에 대처했다. 우선 그들은 작업의 **최초 단계인 1955~1957년** 사이에 모두 6권의 MEW를 출판할 계획이었으나 1956년과 1957년에 각각 제1, 제2권만을 출판했다. 제1권의 첫머리에 「독일어판 서문Vorwort zur deutschen Ausgabe」을 붙이긴 했으나 모스크바 마르크스-레닌주의 연구소의 「제2러시아어판 서문Vorwort zur zweiten Ausgabe in russischer Sprache」도 그대로 번역하여 게재했다.[105] 그리고 권의 구성이나 저작의 배열은 제2소치네니야를 그대로 답습했다. 그러나 MEW의 편찬이 진행되는 과정에서 조그만 변화의 조짐이 보이기 시작했다. 예를 들면 『신성가족』과 『영국 노동계급의 상태』를 게재한 제2권에서는 러시아어판에서 빠진 엥겔스의 논설 몇 개가 게재되었는데,[106] 이러한 변화는 모스크바 연구소와의 의견 교환과 승낙을 받아야만 가능했던 일이다.[107]

한편 이 시기에 편집이 진행되던 제3권(『독일 이데올로기』)의 경우에도 MEW의 편집진은 마르크스의 1844~1847년의 수첩 가운데서 5개의 부록을 채록·게재할 수 있었으나 텍스트를 재현하는 데는 고전을 면치 못했다. 베를린의 MEA가 『독일 이데올로기』의 편찬을 위해 모스크바의 연구소에 초고의 포토코피를 요구했으나 요구가 수

---

105) 몇 번째 판부터인지는 확인할 수 없으나 이 "러시아어판 서문"은 사라지고 일반적인 양식의 "서문"으로 교체되었다. 저자가 소장한 MEW, Bd. 1, 1976년판 및 1983년판만을 참조·비교했다.

106) "Beschreibung der in neuerer Zeit entstandenen und noch bestehenden kommunistischen Ansiedlungen"(MEW, Bd. 2, S. 521~35); "Geschichte der englischen Korngesetz"(MEW, Bd. 2, S. 585~90); "Nachträgliches über die Lage der arbeitenden Klassen in England"(MEW, Bd. 2, S. 501~603)와 2개의 Beilage(MEW, Bd. 2, S. 629~36, 637~50).

107) 이러한 교섭 과정을 보여주는 편지가 다음에 게재되어 있다. L. Einicke(MEA) an MES, 2. März 1956[RGASPI, f. 71, op. 4, d. 269, Bl. 49/50]; E. A. Stepanova(MES) an Einicke(MEA), 25. Juli 1956[RGASPI, f. 71, op. 4, d. 269, Bl. 124-126]. Hecker, 앞의 글, S. 44~47. Sperl, 앞의 글, S. 237도 보라.

용되지 않아 구MEGA I/5에 전적으로 의존할 수밖에 없었기 때문이다. 그들이 이용할 수 있었던 유일한 자료는 IML/M이 보내준 구MEGA I/5의 교정쇄뿐이었다(구MEGA I/5 발간 이후에 발견된 오자, 탈자 및 판독상의 착오가 수정되어 있었다). 결국 베를린 MEA의 편집자들로서는 이 구MEGA를 근거로 한 독자적 작업이 불가능했고, 결과적으로 제2러시아판과도 구별되는 판본을 출판하게 된 것이다. 그러나 IML/B가 편찬한 MEW 제3권은 이와 같은 객관적 사정이 전혀 고려되지 않은 채 결과적으로 『독일 이데올로기』의 텍스트의 정확성과 배열의 타당성이란 점에서 구MEGA I/5의 권위를 한껏 고양시키는 효과만을 나타내게 되었다.[108]

베를린의 MEA는 1954년 이래 지속적으로 모스크바 연구소에 초고의 포토코피를 요구했으나 이러한 요구가 쉽사리 받아들여지지 않았다. 따라서 그들이 편찬하는 MEW가 텍스트를 재현하는 데 있어 정확성을 기하기를 바라기는 어려운 상황이 지속되었다. 당초 12명의 연구원으로 출발한 베를린의 MEA는 1957년에는 20명으로 증원되고, MEW와 더불어 수많은 단행본과 주제별 선집을 준비해왔다. 그러나 그들의 중심 과제가 MEW의 편찬에 집중되면서 이들 작업은 디츠 출판사의 마르크스-엥겔스 원고 검열팀 Marx-Engels-Lektorat des Dietz Verlages으로 이양되고, MEA는 전문가로서 의견을 제시하거나 인가를 해주는 선으로 그 작업 부담을 줄이게 되었다. 그들에게 부과된 글 또는 문서로 수행해야 할 광범한 선전 업무는 연구소의 연간 업무 계획에서 큰 비중을 차지할 뿐만 아니라 MEW의 편찬 작업

---

108) Sperl, 앞의 글, S. 237~38의 주 64)를 보라. 정문길, 「『독일 이데올로기』 연구에 있어서 텍스트 편찬의 문제」, 『한국 마르크스학의 지평』, 문학과지성사, 서울 2004, pp. 63~102, 특히 78~91을 보라.

보다 훨씬 중요한 과업으로 평가되었던 것이다.[109]

MEW의 편집은 **1958년부터 1960년까지가 제2단계**에 속한다. 이 기간 중에 MEW는 제3권에서 제9권에 이르는 7권이 출판되고, 새로이 7권의 MEW에 대한 작업이 진행되고 있었다. 다시 말하면 이 시기에 MEW는 소치네니야의 출간 속도를 따라잡게 되었으며, 때로는 러시아 측의 교정쇄를 얻어다가 편집에 이용하기도 했다.

베를린의 MEA는 이 단계에 이르면서 확실한 텍스트 전거Textzeuge에 기초하여 텍스트의 구성을 시도하고, 마르크스나 엥겔스가 이용한 문헌을 검증하고, 나아가 그들의 외국어로 된 작품을 번역하는 문제에도 관심을 기울였다. 이미 확보한 초고의 포토코피를 통해 모스크바가 판독한 원고를 비교·검토했으며,[110] 지금까지 단순한 번역에 만족하던 권말의 주석 부분에 대해서도 소치네니야에 비판적인 안목을 가지고서 이를 검토하여 독일 독자층의 요구에 적절하게 대응하도록 내용의 변용을 시도했다. 게다가 그들은 거의 수용된 적이 없지만, 모스크바 연구소에 왜 마르크스와 엥겔스의 특정한 작품이 게재되지 않았느냐고 이의를 제기하기도 했다.[111]

이 시기 베를린의 MEA 활동에 특히 주목할 점은 그들이 1959년에 독일어판 전집의 출판을 위한 구체적 편집 지침을 개선함으로써 편찬 작업의 수준을 향상시켰다는 점이다.[112] MEA는 지금까지 카비넷에 맡겼던 작업을 MEW 각 권의 소규모 편집팀에게 맡기고, 카비넷의 색인카드 형식을 통일시켰다. 그리고 각 권별 팀장회의와 제작

---

109) Sperl, 앞의 글, S. 239.
110) 같은 글, S. 239~40.
111) 같은 글, S. 240의 주 70)을 보라.
112) *Instruktion für die Drucklegung der Marx-Engels-Werke*, Mit Anhang: Aufgaben des Marx-Engels-Kabinetts, Berlin 1960.

자문회의를 정례화함으로써 방법상·내용상의 접근을 증대하고, 서로의 경험을 교환함으로써 이미 40명으로 늘어난 연구원들의 질적 향상에 기여하게 되었던 것이다.[113] 이러한 의미에서 겜코브Heinrich Gemkow(1928~ )의 다음과 같은 술회는 당시 베를린 MEA의 상황을 가장 적절하게 표현하고 있을 뿐만 아니라 이후의 MEW 속간에 대해서도 시사하는 바가 크다고 하겠다.

[……] 그러나 학술적 편집을 위한 특별한 숙련이나 능력은 소련의 편집 경험을 고려하더라도 많은 부분은 대학에서의 연구보다 작업 과정에서 스스로 습득하지 않으면 안 되는 것이다. 〔마르크스-엥겔스 저작의 편집 과정에서는〕 예정된 출판 기한을 맞추지 못하고 시간이 연장되는 사태도 일어난다. 그러나 마르크스-엥겔스 저작집MEW의 출판 과정에서 보다 긍정적인 결과를 얻기 위해서는 이는 불가피한 것이기도 하다.[114]

그러나 1960년 12월 사회주의통일당의 중앙위원회가 마르크스 탄생 150주년이 되는 1968년까지 MEW를 완간한다는 결의를 하자 베를린 연구소의 상황은 크게 달라진다. **1961년에서 1968년에 이르는 제3기는** 이처럼 과도한 정치적 결정을 구체화하는 중요한 시기였다. MEW는 원래 39권으로 예정되고 1960년까지 모두 9권이 출판되었다. 이렇게 보면 이 시기에 출판되어야 할 책은 30권(10~39권) 32책(제26권은 3책으로 구성)이며, 보권까지 합한다면 연간 4권의 출

---

113) Sperl, 앞의 글, S. 240.
114) Gemkow, "Vergessn wir die Alten nicht! Pioniere der ostdeutschen Marx-Engels-Edition," S. 278.

판 속도를 유지해야 할 형편이었다. 따라서 이를 위해서는 MEA의 인적 자원을 양적·질적으로 확장해야 했으며, 종래 그들에게 부과되었던 선전용 출판물의 부담을 덜어주는 것이 일차적으로 요구되었다. 그리고 연구원들의 능력을 학술적으로만이 아니라 편집 기술 면에서, 그리고 외국어 구사 능력까지를 향상시키는 한편, 연구소의 작업 방법이나 조직까지도 개편해야 했다. 특히 연구소의 업무를 출판, 인쇄와 유기적으로 연결시키는 것이 필요했다.

이런 측면에서 최종 편집 업무Endredaktion에 해당하는 유능한 교정팀의 운용이 슐츠Walter Schulz(1895~1971)의 지휘 아래 이루어졌다는 사실도 언급되어야 할 것이다.[115] 슐츠는 1961년 MEW의 출간 속도를 높이기 위해 디츠 출판사에서 MEA로 옮겨왔다. 그는 슈페를 비롯한 2명의 교정원과 더불어 소위 "최종 편집"팀을 만들었는데, 이들은 1)초고가 조판에 들어가기 전에 원고 교정을 보고, 2)이 경우 모든 것을 두덴Duden(독일어 정서법[正書法] 사전)의 지시와 규칙에 엄격히 따르게 했다. 그리고 3)추가적으로 교정 작업과 통일화 작업을 수행했다. 이는 각 권의 편찬팀Bandbrigade이 최종적인 편집권을 갖는다는 원칙과 충돌할지도 모르나 MEW의 질을 높이고 시간을 절약하는 데 결정적 역할을 했다.[116]

1960년 12월, 독일의 사회주의통일당 중앙위원회가 MEW를 향후 8년 이내에 완간한다는 결정을 내린 데는 베를린의 IML이 1960년 이래 모스크바의 연구소에 있는 MEW의 편찬에 필수적인 모든 문건 Dokumente, 원자료Quelle, 수고, 편지 및 작업 서류Arbeitsunterlage를 복

---

115) Sperl, 앞의 글, S. 241~42.
116) Heinz Ruschinski, "Meine Lehrjahre in der Marx-Engels-Abteilung," *Beiträge zur Marx-Engels-Forschung*, N. F., Sonderband 5, S. 299~300.

사할 수 있게 되었다는 객관적인 사실에서 자신을 얻었다는 요인도 작용한 것 같다. 실제로 모스크바와 베를린 연구소 간의 지적 교류는 1955년 초 카이저 등의 5주간의 모스크바 체류 연구로 시작되었고, 1956년 여름에는 슈톨츠Ruth Stolz와 돔의 자료 수집으로 이어져 이후 쌍방간에 그 빈도가 높아졌다. 특히 1960년 2월 13일 이래 한 달 이상이 걸린 베를린 MEA 부장 아놀드를 포함한 연구자들의 모스크바 방문은 전적으로 MEW의 편집에 필요한 자료를 복사하기 위한 여행으로 주목된다.[117]

베를린 IML의 마르크스-엥겔스의 초고를 포함한 원자료 수집과 더불어 우리들이 언급하고 넘어가야 할 것은 MEA가 마르크스와 엥겔스의 초고 판독법Entzifferung을 개발했다는 점이다. 원래 마르크스의 초고는 그 악필 때문에 해독이 어려워 상형문자라고 불리곤 했다. 그런가 하면 엥겔스의 초고는 맵시 있는 필체 때문에 항상 칭송되어왔다. 그러나 정작 그들 두 사람의 초고를 판독하여 원고로 만들 때는 문제가 간단하지 않았다. 악필과 능란한 필기체 사이사이에는 속기사들이 사용하는 것과 같은 수많은 축자(縮字)Abkürzungen가 끼어 있어 웬만한 전문가가 아니면 판독이 불가능했기 때문이다. 따라서 1920년대 이래의 모스크바의 IML에는 네폼냐스차야Nina Il'inična Nepomnjasčaja(1895~1977)나 벨러Pavel Lazarevič Veller(1903~1941) 같은 판독 전문가가 있어 연구소 내의 연구원들이 초고의 판독에 문제가 생기면 언제나 이들을 찾아가 자문을 얻었던 것이다.[118] 그러나 베를린

---

117) Bruno Retzlaff, "Tagebuch unserer Moskau-Reise(13. Februar~16. März 1960)," *Beiträge zur Marx-Engels-Forschung*, N. F., Sonderband 5, S. 292~98, Hecker, 앞의 글, S. 48도 보라.
118) Heinz Stern und Dieter Wolf, *Das große Erbe. Eine historische Reportage um den literarischen Nachlaß von Karl Marx und Friedrich Engles*, Dietz Verlag,

연구소의 경우 그 역사가 일천할 뿐만 아니라 문자 해독의 전문가도 적어 새로이 확보한 마르크스-엥겔스의 초고 해독도 간단한 일이 아니었다. 이러한 시점에서 MEA는 1964년 위조 필적이나 위조 서류의 전문적 감식관인 퇴역 경찰 출신의 뮐러Kurt Müller(1902~1999)를 초빙하여 마르크스의 상형문자나 엥겔스의 필적을 체계적으로 해독할 수 있는 근거를 구축하도록 하는 업무를 맡기게 되었다. 그는 그들 두 사람의 필적에서 10년 간격으로 글자의 변화를 추적하고, 나아가 그들의 축자 양식을 라틴어 약자사전을 면밀히 검토하여 확인하게 되었다. 예를 들면 "E"는 일반적으로 "부정(否定)"을 의미하며 19세기에도 널리 이용되었다는 점을 알아냈던 것이다. 따라서 그는 이를 통해 엥겔스의 초고에 나타나는 축자의 비밀을 찾아낼 수 있었으니 다음의 경우가 그 예다.

    Emöglich = unmöglich

    Es = nichts

뮐러는 수년에 걸친 이러한 노력의 결과로 1960년대 후반에는 베를린 연구소만이 아니라 모스크바의 IML에서도 값비싼 초고의 해독에는 필수적인 "뮐러 교본Müller-Fibel"을 작성하여, 연구원들이 마르크스와 엥겔스의 초고를 이론적·실천적으로 인식·판독하는 데 결정적인 공헌을 했다.[119]

이상과 같은 준비를 갖춘 베를린의 IML, 특히 MEW의 편집을 주도하는 MEA는 거의 무에서 시작한 초창기의 연구소가 아니었다. 물

---

    Berlin 1972, S. 97, 99~100.
119) Stern und Wolf, 앞의 책, S. 175~84.

론 아직도 MEW의 편찬은 기왕에 모스크바 연구소의 출판 계획을 따라갈 수밖에 없었다. 그러나 이미 1968년 완간이라는 목표가 설정된 마당에 베를린의 MEA는 적어도 제27권에서 39권에 이르는 서간 부문에 관한 한 독자적인 편집 원칙 아래서 러시아어판보다 높은 단계의 수준을 확보하려고 애를 썼다. 1962년에야 포토코피를 확보한 그들의 최초 편찬 작업은 구MEGA의 서간 부문과 모스크바의 초고 판독 원고를 기초 자료로 하여 작업이 진행되었다. 1963년에 출판된 서간 부문의 첫째 권(제27권)은 초고 포토코피의 이용이 불가능해 1964년의 재판에서 초고와의 대조를 통한 수정이 이루어졌고, 같은 1963년에 출판된 제28, 29권도 겨우 초교 단계에서 포토코피를 이용할 수 있었던 것이다. 그러나 1964~1968년 사이에 출판된 제30권에서 39권에 이르는 모든 서간 부문의 MEW는 포토코피와의 대조 작업을 작업 계획에 산정함으로써 다수의 부정확한 초고의 판독을 수정하고 서문도 러시아어판의 단순한 번역에서 탈피했다. 또한 설명을 위한 주석도 당시의 연구 성과에 기초하여 대폭 강화·확대했다.[120]

MEW의 서간 부문과 더불어 베를린 연구소가 자부하는 또 하나의 성과는 MEW의 제26권에 3책으로 출판된 『잉여가치 학설사』의 편찬이다. 일반적으로 "대시리즈 die große Serie"라고 불리는 이 초고("1861~1863년의 경제학 초고")에 포함된 『잉여가치 학설사』는 제1소치네니야(1928~1947) 제XX권에 2책으로 출판될 예정이었으나 끝내 거기에 편입되지 못하고 1954, 1957, 1961년에 소치네니야와 같은 판본의 양식으로 권호 없이 3책으로 출판되었다. 이 책은 다시 1962~1964년 사이에 경제학자 비곳스키 Vitalij Solomonovič Vygodskij의

---

120) Sperl, 앞의 글, S. 241~43.

협조를 얻어 제2소치네니야 26권에 3책으로 출판되었다. 이『잉여가치 학설사』의 독일어판은 1956～1962년에 베를린의 디츠 출판사가 모스크바의 초고 판독 원고와 다른 편집본을 근거로 하여 출판한 바 있다. MEW 제26권의『잉여가치 학설사』는 1962년에 확보한 모스크바 연구소 소장의 초고 포토코피를 이용하여 작업을 진행함으로써 작업 자체에는 많은 시간과 노력이 들었지만, 초고의 판독에서 생긴 많은 오류를 제거할 수 있었던 것이다. 그러나 그들은 동원할 수 있는 전문적 연구원의 한정으로 26권 제3책을 1965, 1967년의 1, 2책에 이어 MEW 완간 연도인 1968년에야 겨우 출판할 수 있었다.[121]

베를린 연구소의 MEA는 정해진 완간 연도를 목전에 두고 1961년 이래 다음과 같은 속도로 MEW를 출간했다.

〈표 2〉 1961년 이래 MEW의 발간 개황

| 연도 | 발간된 권호(Band) | 연간 출판 건수 |
| --- | --- | --- |
| 1961 | 10～15 | 6 |
| 1962 | 16～21, 23 | 7 |
| 1963 | 22, 24, 27～29 | 5 |
| 1964 | 25, 30 | 2 |
| 1965 | 26.1, 31, 32 | 3 |
| 1966 | 33, 34 | 2 |
| 1967 | 26.2, 35～37, 41 | 5 |
| 1968 | 26.3, 38～40 | 4 |

그리고 그들은 이처럼 완간된 MEW 41권 중 최후로 출판된 2권을 당 지도부에 헌정하는 행사를 1968년 4월에 마련하고, 이를 주관한 MEA는 완간을 자축하는 축제를 벌였다. MEA는 MEW를 완간한 뒤

---

121) Hecker, 앞의 글, S. 23～25.

곧장 신MEGA의 출판 기획과 편집에 참여하게 되었고, 이후 MEW 의 보완은 1983년의 『그룬트리세』(MEW, Bd. 42), 1990년의 『경제학 초고 1861~1863』(MEW, Bd. 43)의 2권에 한정되었다.

그들은 1960년대의 이처럼 빠듯한 작업 과정을 거치면서 연구소의 조직을 전문 영역과 특정한 시기별로 분화시키고, 연구원의 인원도 객관적 작업의 요구에 따라 60명으로 확대했다. 따라서 베를린 연구소는 MEW의 작업이 끝나자 곧장 새로 태동된 신MEGA의 편찬 작업으로 쉽사리 이행할 수 있었는데, 이는 MEW의 편찬 작업을 통해 축적된 경험과 노하우가 결정적으로 기여했음은 두말할 필요가 없다.

## 2. MEW의 특징과 정치적·학문적 성과

모두 39권과 4권의 보권으로 구성된 MEW는 오늘날 독일은 물론이요 전 세계적으로도 가장 많이 이용되는 마르크스-엥겔스의 저작집이다. 이는 1920년대와 1930년대에 걸쳐 출판된 구MEGA가 겨우 10여 권을 발행한 채 중단되고, 1970년대 이래 출판되기 시작한 신MEGA 역시 아직도 미완성이기에 MEW는 마르크스나 엥겔스의 인용이나 텍스트의 해석에 있어서 아직도 중요한 전거로 이용되고 있다. 러시아, 독일과 더불어 마르크스와 엥겔스 연구가 가장 왕성한 일본이 독일의 MEW를 저본으로 하여 『마르크스-엥겔스 전집』을 발행한 것도 결국 MEW의 높은 이용도를 객관적으로 증명하는 사례라 하겠다.[122] 특히 신MEGA의 출판 속도가 지극히 완만한 상황에서 1990년대 말 CD-ROM으로 출판된 『마르크스-엥겔스 선집Marx/

Engels, *Ausgewählte Werke, CD-ROM*』이 그 저본으로 MEW를 이용하고 있다는 점도 MEW의 높은 이용도를 객관적으로 설명하고 있다.[123)]

그렇다면 이처럼 높은 이용도를 가진 MEW의 편찬상의 특징은 무엇일까. 일반적으로 전집이나 저작집의 편찬 형태로는 1) 역사적-비판적 판본historisch-kritische Ausgabe, 2) 연구판Studienausgabe, 그리고 3) 대중판Leseausgabe이 있다. 그런데 MEW는 제2권 서문에서도 분명히 밝힌 바와 같이 너무나 많은 시간을 필요로 하는 "역사적-비판적 전집"보다는 마르크스와 엥겔스의 역작들을 아주 짧은 기간에, 가급적 완벽하게 수록한 대중적 저작집을 겨냥하고 있었다.[124)] 이처럼 MEW는 일차적으로 대중판의 성격을 표방하면서 그 편집 과정에서 연구용 판본의 형태를 취하고 있다. 따라서 MEW에 게재된 저작들로는 준비 노작Vorarbeiten이나 초안(草案)Entwürfen은 모두 폐기되고, 최종 원고Schlussfassung나 저자의 결정본Ausgabe letzter Hand만이 남게 되었다. 그리고 연구용 판본이 그러하듯이 텍스트에 대한 주석, 사항 설명Sacherläuterung, 색인이 부가되어 있다. 서간문의 경우 연구용 판본은 이를 별책으로 발행하는 것이 일반적이나 MEW는 이를 텍스트 부분에 포함시키고 있다.[125)] MEW는 전체적으로는 일련번호를 이용해 권호Bandnummer를 매기고 있지만 1~22권은 저서, 저작, 논설로, 23~26권은 『자본론』과 초고, 그리고 『잉여가치 학설사』로,

---

122) 『マルクス=エンゲルス全集』, 全41卷(大月書店, 東京 1959~75); 補卷, 4卷(Sočinenija, 40~45卷에서 번역), 1977~1981; 別卷 4卷(目錄 및 索引), 1976~1991. 大村泉/宮川彰 編, 『マルクス/エンゲルス著作邦譯史集成』, 八朔社, 東京 1999, pp. 402~23을 보라.
123) Gerald Hubmann, "Marx/Engels, *Ausgewählte Werke*, CD-ROM, hrsg. von Mathias Bertram, Digitale Bibliothek 11(Berlin: Directmedia Publishing, 1998)"(Rezension), *MEGA-Studien*, 1999, S. 147~50.
124) MEW, Bd. 2, S. IX.
125) Sperl, 앞의 글, S. 209~11.

27~39권은 마르크스와 엥겔스의 서간문으로 구분하고 있다. 그리고 이들 작품의 권별 배열 순서는 초판이나 탈고 시기를 중심으로 연대순으로 정리하고 있다.[126]

연구용 판본이나 대중판은 그 수록 작품이 선택적일 수밖에 없다. 따라서 MEW가 마르크스와 엥겔스의 모든 저작을 수록치 못하는 것은 어쩌면 당연한 일이기도 하다. 그러나 MEW는 편집 당시 발견된 거의 모든 저서, 저작, 논설들은 물론이고, 초고, 초안, 준비 노작까지도 발췌하여 수록하고 있다. 그리고 서간 부분은 당시로서는 완벽한 4,171통의 서간문을 게재했는데, 거기에는 그들이 제3자에게 보낸 편지들도 처음으로 간행되었다. 다시 말하면 비록 역사적-비판적 전집에는 이르지 못하나 마르크스와 엥겔스의 더 많은 저작을 포함시키려는 소치네니야나 MEW 편집진들의 노력이 정치권의 이데올로기적 이해와 일치하여 저작집을 비교적 짧은 기간에 완성하게 되고, 결과적으로 가장 많이 인용되는 저작집으로 자리매김하게 된 것이다.[127]

MEW는 앞에서 언급한 여러 가지 학술적 성과에도 불구하고 태생적으로 외부 권력기관의 정치적 영향으로부터 자유로울 수 없었다. MEW의 기획·출판이 독일 사회주의통일당 중앙위원회의 결의를 통해 가능했으며, 러시아의 제2소치네니야를 MEW의 저본으로 하고, 당 출판사인 디츠 출판사가 출판을 담당한다는 사실은 MEW의 기획, 편집, 발행이 기본적으로 외부의 정치적 제약을 전제로 하고 있다는 점을 보여준다. 따라서 우리는 여기에서 MEW의 편집에 직접적으로 영향을 미친 몇 가지 정치적 상황을 살펴보기로 한다.

---

126) 같은 글, S. 213.
127) 같은 글, S. 214~15.

먼저 우리의 주목을 끄는 것은 마르크스 초기 저작의 처리 문제이다. MEW는 제1권에서 1844년까지의 마르크스와 엥겔스의 초기 저작을 수록하고 있는데, 마르크스의 경우 그의 학위논문과 『1844년의 경제학·철학 초고』가, 엥겔스의 경우 논쟁적 성격의 글 두 개가 "관념론적·헤겔 좌파적 견지에서 쓰인 초기 저작이기에" 이를 게재하지 않는다고 러시아판 서문은 분명히 밝히고 있다.[128] 마르크스의 학위논문은 제외될 수 있다고 하더라도 『1844년의 경제학·철학 초고』의 미수록은 다분히 정치적 배려가 담긴 편집이라 할 수 있다. 주지하다시피 마르크스의 『1844년의 경제학·철학 초고』는 1932년 구 MEGA I/3에 최초로 공개되면서 마르쿠제Herbert Marcuse를 비롯한 서구 지성인들의 주목을 받았던 작품이다.[129] 특정 저작의 이 같은 의도적인 배제는 소련에서조차도 지적·비판받았는데, 제1소치네니야에 실린 저작이 제2소치네니야에 수록되지 았았다는 제20차 공산당 전당대회(1950년 2월)에서의 지적이 그것이다. 동독에서는 젊은 법사학도 클렌너Hermann Klenner를 비롯한 소장학자들 사이에서 소련의 저작집을 무비판적으로 따라가는 MEW의 편집진을 비판하는 의견이 비등했다.[130]

사실 MEW 제1권에서 제외된 『1844년의 경제학·철학 초고』는 공

---

[128] 인용부 내의 표현은 MEW 제1권에 게재된 러시아어판의 제1권에 대한 서문 번역이다. MEW, Bd. 1, S. XXXI(1976). 그리고 제2 러시아판 서문은 "광범한 독자층을 염두에 두었기에" 이들을 1권에서 제외하고 나중에 별도로 출판될 것이라고 언급하고 있다. MEW, Bd. 1〔1976〕, S. XXII.
[129] 정문길, 『소외론 연구』, 문학과지성사, 서울 1978, p. 37 이하; 정문길, 「마르크스, 『경제학·철학 초고』의 텍스트 비판: 집필 순서와 일부 문제에 대한 최근의 논쟁을 중심으로」, 『에피고넨의 시대: 청년헤겔파와 칼 마르크스』, 문학과지성사, 서울 1987, pp. 196~98을 보라.
[130] Sperl, 앞의 글, S. 216; Rolf Dlubek, "Frühe Initiativen zur Vorbereitung einer neuen MEGA(1955~1958)," *Beiträge zur Marx-Engels-Forschung*, N. F., 1992, S. 45~46.

개 이후, 서구의 학계나 언론들이 "휴머니스트 마르크스"를 들어 스탈린의 비인간적 철권정치를 비판하는 가장 강력한 이론적 근거로 자주 인용하기도 했다. 그러나 바로 이러한 이유로 그 저작이 제2소치네니야에서 제외되고, 그렇기 때문에 독일의 MEW가 이를 알고서도 의식적으로 은폐했다는 것bewusstes Verschweigen은 어쩌면 MEW 자체의 불행한 출발을 의미하는 것이라고도 하겠다. 베를린의 IML은 초기 저작의 완전한 출판을 위해 모스크바의 IML과 수차례의 협의를 진행했기 때문에 이의 게재는 계속 지연되어오다가 MEW의 완간이 예정된 1968년에야 MEW 제40권에서 보권의 형태로 비로소 그 출판이 가능했다[131][이 작품이 수록된 제2소치네니야 42권(보권)은 1974년에 출판되었다].

다음으로 우리는 모스크바의 IML이 러시아와 관련된 마르크스와 엥겔스의 글을 MEW에 게재하는 데 대해 이를 지속적으로 견제한 경우를 지적할 수 있다. 폴란드 문제에 관한 마르크스의 초고나 범슬라브주의에 관한 엥겔스의 글은 러시아 차르 정권의 전제주의와 외교정책을 다룬 저작으로, 베를린의 IML은 제2소치네니야에서 제외된 이들 저작을 출판하려고 했으나 모스크바의 반대로 앞의 글을 포함하여 러시아와 관련된 적지 않은 글들이 출판되지 못했다. 19세기 러시아의 차르 정권의 외교정책에 대한 마르크스와 엥겔스의 비판은 차르 러시아와 소련의 역사를 단절된 것으로 보는 레닌에 의해 긍정적으로 수용되었다. 그러나 1934년 5월 소련공산당 중앙위원회와 소연방 인민위원회가 소연방과 혁명 전 러시아의 역사적 연속성을 주장하면서 역사학의 방향이 전환되었고, 따라서 러시아의 자존

---

131) Sperl, 앞의 글, S. 217~18.

심을 손상케 하는 어떤 글도 해석은 물론이고 텍스트의 출판 자체가 정치적으로 제약되었던 것이다. 『18세기의 외교 비사』 『러시아 차리즘의 외교정책』 등이 바로 이러한 계열에 속하는 작품들이다.[132]

우리는 앞에서 정치적 또는 이데올로기적 이유로 특정한 저작이 MEW에 게재되는 것이 지연되거나 금지된 경우를 보았다. 반면 마르크스의 1857~1858년의 경제학 초고인 『그룬트리세』가 MEW의 초기 프로스펙트에 끼지 못한 것은 출판사의 편의주의적 측면이 고려된 대표적 예라고 할 수 있다. 사회주의통일당 소속 출판사인 디츠 출판사가 1953년, 모스크바의 IMEL이 1939~1941년에 발간한 이 책의 독일어판본을 복각하여 이미 여러 판을 출판했기에 이를 굳이 MEW에 포함시킬 필요가 없다는 이유에서 이를 저작집에서 제외한 것이다. 이 『그룬트리세』는 신MEGA판이 출판된 이후에 이를 근거로 MEW에 보권(제42권)의 형식으로 편입·간행되었다.[133]

MEW의 또 다른 결함은 마르크스나 엥겔스의 저작이라고 판정되어 MEW에 수록된 글들이 실제로는 다른 사람의 글로 판명된 경우에서도 찾아볼 수 있다. 「슈트라우스와 포이어바흐의 중재자로서의 루터」(마르크스),[134] 「상업의 정세 Die Handelslage」(엥겔스), 「침묵하는 사령부의 호령자 몰트케」(엥겔스) 등은 그 필자가 포이어바흐, 베르

---

132) 같은 글, S. 218~20; Renate Merkel-Melis, "Zur Editionsgeschichte von Friedrich Engels' Schrift *Die auswärtige Politik des russischen Zarentums*," *Beiträge zur Marx-Engels-Forschung*, N. F., Sonderband 5, S. 263~69. Hecker, 앞의 글, S. 41~44도 보라.
133) Sperl, 같은 글, S. 221.
134) 정문길, 「마르크스 아닌 포이어바흐: '슈트라우스와 포이어바흐의 중재자로서의 루터'의 필자를 둘러싼 최근의 논쟁과 그 귀결」, 『마르크스의 사상 형성과 초기 저작: "독일 이데올로기"와 "마르크스-엥겔스 전집" 연구』, 문학과지성사, 서울 1994, pp. 48~67을 보라.

트Georg Weerth, 보르크하임Sigismund Borkheim으로 판명된 것이다. 우리는 MEW가 이 같은 몇 개의 소론에 대한 필자의 착오로 그들이 성취한 작업의 성과가 무너지리라고는 생각지 않는다. 이 같은 실수는 베를린 연구소의 연구 수준이 아직도 충분치 못해 모스크바 연구소의 연구 성과에 전적으로 의존한 데서 온 결과로 보인다. 물론 이러한 착오는 앞으로의 연구의 진척, 특히 신MEGA의 편찬 작업을 통해 더욱 세련되리라고 기대하고 있다.[135]

그러나 중요한 것은 비록 단속적으로 논의되긴 하지만 보다 근본적인 질문, 즉 마르크스"와" 엥겔스의 공동 저작집의 문제다. 이는 1910년대 리야자노프가 포함된 오스트리아-마르크스주의자들의 공동 전집의 출판 제의에서 비롯된 것이다. 그리고 모스크바의 마르크스-엥겔스 저작집(제1소치네니야)이나 구MEGA의 출판을 정신적으로나 재정적으로 전폭적으로 지원하는 레닌 역시 마르크스-엥겔스 일체설을 주장해왔다. 따라서 러시아에서는 이들의 "공동 전집"이 당연한 것으로 수용되고 있고, 이러한 전통은 종전 후에 계속된 제2소치네니야와 독일의 MEW, 그리고 신MEGA의 출판 과정을 통해 기정사실화된 것도 사실이다. 더욱이 방대한 전집의 지속적 발행과 거기에 근거한 연구 성과의 축적은 그들의 "공동 전집"이 갖는 긍정적 측면을 다각도로 부각시키고 있다. 그러나 이러한 객관적 사실이 마르크스와 엥겔스의 공동 전집이 가지고 있는 근본적인 문제를 해소한 것은 아니며, 따라서 이 "두 사람의 공동 전집"에 대한 근본적 문제제기는 호사가들에 의해 언제나 새로이 제기될 수 있는 가능성을 가진 휴화산과 같은 것으로 보이기도 한다.[136]

---

135) Sperl, 앞의 글, S. 221~22.

어쨌든 베를린의 IML은 비록 러시아의 제2소치네니야를 저본으로 하여 독일어판 마르크스-엥겔스 저작집을 14년이란 짧은 기간에 완성하면서 마르크스-엥겔스의 연구와 편찬에 있어서 괄목할 만한 진척을 보이게 되었다. 그들은 MEW를 편찬·발간하면서 그것이 결코 진선진미한 것이 아님nicht das non plus ultra을 확인하고, 이 MEW의 편찬 작업과 병행하거나 혹은 MEW가 완간된 후에는 새로운 역사적-비판적 전집인 MEGA에 도전해야 한다는 점을 인식하게 된다. MEW의 편찬 과정에서 그들이 획득한 경험과 연구 성과는 마르크스-엥겔스 저작의 편찬과 연구에서 이미 오랜 경험과 지식을 축적해온 모스크바 연구소의 연구원들이 그들을 입증된 유능한 파트너로 인정하는 계기를 만들었다. 그리고 당초 엄청난 격차를 보이던 두 연구소는 서로를 신뢰하는 우호관계로 발전하고, 자료의 교환에도 적극적인 교류가 가능해졌다. 나아가 출발 당시 마르크스와 엥겔스 관련 자료가 전무했던 베를린 연구소는 편집 자료나 원천적 전거 자료의 포토코피를 확보함으로써 자료 면에서 괄목할 만한 진전을 보게 되었다. 따라서 이 같은 베를린 연구소의 단기간의 성장은 MEW의 완간에 즈음하여 연구원 전원이 곧장 새로운 MEGA 작업에 투입될 수 있는 객관적 상황을 조성하게 되었다고 할 수 있다.[137] 따라서 그들은 사회주의통일당 지도부를 통해 소련의 공산당 지도부와

---

136) Jürgen Rojahn, "Und sie bewegt sich doch! Die Fortsetzung der Arbeit an der MEGA unter dem Schirm der IMES," *MEGA-Studien* 1994/1, S. 21; Richard Sperl, "Die Marx-Engels-Gesamtausgabe: Editorische Konsequenzen literarischer Zusammenarbeit zweier Autoren," In: Sperl, *Edition auf hohem Niveau*, Berlin/Hamburg 2004, S. 13~33. 정문길, 「『독일 이데올로기』 연구에 있어서 텍스트 편찬의 문제」, 『한국 마르크스학의 지평』, 문학과지성사, 서울 2004, pp. 69~70의 주 9), 10)과 이 책의 제4부 1장 1을 보라.
137) Sperl, "Die Marx-Engels-Werkausgabe in deutscher Sprache(MEW)," S. 244~49.

모스크바의 IML에 대해 신MEGA의 출판 기획을 건의하고, 또 이를 선도하려는 의욕을 보이고 있다.

저자는 이 장을 마감하면서 모스크바와 베를린 IML의 상호관계를 그들이 편찬 발행한 제2소치네니야와 MEW를 비교·개관하는 표를 제시함으로써 독자들의 편의에 기여하고자 한다.

〈표 3〉 MEW와 Sočinenija²의 비교·개관[138]

| 독일어판 저작집 Marx-Engels-Werke |||| 제2 러시아어판 저작집 Sočinenija² ||||
|---|---|---|---|---|---|---|---|
| 권호 Band | 출판 연도 | 판수 Aufl. | 내 용 | 내 용 | 발행 부수 | 조판 연도 | 권호 Band |
| 1 | 1956 | 14.Aufl. 1983 | 1. Teil. Marx: Werke Jan. 1842~Aug. 1844 2. Teil. Engels: Werke März 1839~Aug. 1844 | 1. Teil. Marx: Werke 1842~1844 2. Teil. Engels: Werke 1839~1844 | 200,000 | 1954 | 1 |
| 2 | 1957 | 11.Aufl. 1985 | Marx/Engels: Werke Sept. 1844~Feb. 1846 | Marx/Engels: Werke Sept. 1844~Feb. 1846 | 200,000 | 1955 | 2 |
|   |   |   |   | Iz rannich proizvedenij: Marx: Werke 1835~43; Engels: Werke 1838~42; Marx: 1844 | 60,000 | 1955 | 권호 없음 |
| 3 | 1958 | 8. Aufl. 1983 | Marx/Engels: Die deutsche Ideologie (1845/1846) | Marx/Engels: Die deutsche Ideologie (1845/1846) | 200,000 | 1955 | 3 |
| 4 | 1959 | 6. Aufl. 1983 | Marx/Engels: Werke Mai 1846~März 1848 | Marx/Engels: Werke Mai 1846~März 1848 | 200,000 | 1955 | 4 |

---

138) Sperl, 앞의 글, S. 252~57과 Larisa Mis'kevič, "Die zweite russische Marx-Engels-Ausgabe," S. 153~58의 표를 근거로 저자가 재작성한 것이다.

| 권호<br>Band | 출판<br>연도 | 판수<br>Aufl. | 내 용 | 내 용 | 발행<br>부수 | 조판<br>연도 | 권호<br>Band |
|---|---|---|---|---|---|---|---|
| 5 | 1959 | 8. Aufl.<br>1982 | Marx/Engels: Werke<br>März~Nov. 1848 | Marx/Engels: Werke<br>März~Nov. 1848 | 200,000 | 1956 | 5 |
| 6 | 1959 | 6.Aufl.<br>1985 | Marx/Engels: Werke<br>Nov. 1848~Juli 1849 | Marx/Engels: Werke<br>Nov. 1848~Juli 1849 | 200,000 | 1957 | 6 |
| 7 | 1960 | 8. Aufl.<br>1982 | Marx/Engels: Werke<br>Aug. 1849~Juni 1851 | Marx/Engels: Werke<br>Aug. 1849~Juni 1851 | 200,000 | 1956 | 7 |
| 8 | 1960 | 8. Aufl.<br>1988 | Marx/Engels: Werke<br>Aug. 1851~März 1853 | Marx/Engels: Werke<br>März~Dez. 1853 | 190,000 | 1957 | 8 |
| 9 | 1960 | 4. Aufl.<br>1975 | Marx/Engels: Werke<br>März~Dez. 1853 | Marx/Engels: Werke<br>März~Dez. 1853 | 180,000 | 1957 | 9 |
| 10 | 1961 | 6. Aufl.<br>1982 | Marx/Engels: Werke<br>Jan. 1854~Jan. 1855 | Marx/Engels: Werke<br>Jan. 1854~Jan. 1855 | 170,000 | 1958 | 10 |
| 11 | 1961 | 7. Aufl.<br>1984 | Marx/Engels: Werke<br>Jan. 1855~April 1856 | Marx/Engels: Werke<br>Jan. 1855~April 1856 | 170,000 | 1958 | 11 |
| 12 | 1961 | 7. Aufl.<br>1984 | Marx/Engels: Werke<br>April 1856~Jan. 1859 | Marx/Engels: Werke<br>April 1856~Jan. 1859 | 170,000 | 1958 | 12 |
| 13 | 1961 | 10.Aufl.<br>1985 | Marx/Engels: Werke<br>Jan. 1859~Febr. 1860 | Marx/Engels: Werke<br>Jan. 1859~Febr. 1860 | 170,000 | 1959 | 13 |
| 14 | 1961 | 7. Aufl.<br>1987 | Marx/Engels: Werke<br>Juli 1857~Nov. 1860 | Marx/Engels: Werke<br>Juli 1857~Nov. 1860 | 165,000 | 1959 | 14 |
| 15 | 1961 | 7. Aufl.<br>1985 | Marx/Engels: Werke<br>Jan. 1860~Sept. 1864 | Marx/Engels: Werke<br>Jan. 1860~Sept. 1864 | 145,000 | 1959 | 15 |
| 16 | 1962 | 7. Aufl.<br>1981 | Marx/Engels: Werke<br>Sept. 1864~Juli 1870 | Marx/Engels: Werke<br>Sept. 1864~Juli 1870 | 140,000 | 1960 | 16 |
| 17 | 1962 | 8. Aufl.<br>1983 | Marx/Engels: Werke<br>Juli 1870-Febr. 1872 | Marx/Engels: Werke<br>Juli 1870-Febr. 1872 | 135,000 | 1960 | 17 |
| 18 | 1962 | 7. Aufl.<br>1981 | Marx/Engels: Werke<br>März 1872~Mai 1875 | Marx/Engels: Werke<br>März 1872~April 1875 | 130,000 | 1961 | 18 |
| 19 | 1962 | 9. Aufl.<br>1987 | Marx/Engels: Werke<br>M?rz 1875~Mai 1883 | Marx/Engels: Werke<br>Mürz 1875~Mai 1883 | 130,000 | 1961 | 19 |
| 20 | 1962 | 9. Aufl.<br>1986 | Engels: Anti-Dühring,<br>Dialektik der Natur<br>(1873~1883) | Engels: Anti-D?hring,<br>Dialektik der Natur<br>(1873~1883) | 130,000 | 1961 | 20 |
| 21 | 1962 | 8. Aufl.<br>1984 | Engels: Werke<br>Mai 1883~Dez. 1889 | Engels: Werke<br>Mai 1883~Dez. 1889 | 130,000 | 1961 | 21 |
| 22 | 1963 | 6. Aufl.<br>1982 | Marx/Engels: Werke<br>1890~1895 | Marx/Engels: Werke<br>1890~1895 | 120,000 | 1962 | 22 |

| 권호 Band | 출판 연도 | 판수 Aufl. | 내 용 | 내 용 | 발행 부수 | 조판 연도 | 권호 Band |
|---|---|---|---|---|---|---|---|
| 23 | 1962 | 17.Aufl. 1988 | Marx: Das Kapital, Bd. 1 | Marx: Das Kapital, Bd. 1 | 135,000 | 1960 | 23 |
| 24 | 1963 | 11.Aufl. | 1986Marx: Das Kapital, Bd. 2 | Marx: Das Kapital, Bd. 21 | 25,000 | 1961 | 24 |
| 25 | 1964 | 14.Aufl. 1988 | Marx: Das Kapital, Bd. 3 | Marx: Das Kapital, Bd. 3, Kapitel I~XXVIII | 124,000 | 1961 | 25.1 |
|  |  |  |  | Marx: Das Kapital, Bd. 3, Kapitel XXIX~LII | 119,000 | 1962 | 25.2 |
| 26.1 | 1965 | 6. Aufl. 1985 | Marx: Theorien über den Mehrwert, 1. Teil | Marx: Theorien über den Mehrwert, 1. Teil | 120,000 | 1962 | 26.1 |
| 26.2 | 1967 | 5. Aufl. 1987 | Marx: Theorien über den Mehrwert, 2. Teil | Marx: Theorien über den Mehrwert, 2. Teil | 115,000 | 1963 | 26.2 |
| 26.3 | 1968 | 4. Aufl. 1976 | Marx: Theorien über den Mehrwert, 3. TeilSachregister Teil 1~3 | Marx: Theorien über den Mehrwert, 3. Teil | 109,000 | 1964 | 26.3 |
| 27 | 1963 | 6. Aufl. 1984 | Marx/Engels: Briefe Feb. 1842~Dez. 1851 | Marx/Engels: Briefe Oct. 1844~Dez. 1851 | 125,000 | 1962 | 27 |
| 28 | 1963 | 5. Aufl. 1987 | Marx/Engels: Briefe Jan. 1852~Dez. 1855 | Marx/Engels: Briefe Jan. 1952~Dez. 1855 | 119,000 | 1962 | 28 |
| 29 | 1963 | 6. Aufl. 1987 | Marx/Engels: Briefe Jan. 1856~Dez. 1859 | Marx/Engels: Briefe Jan. 1856~Dez. 1859 | 120,000 | 1962 | 29 |
| 30 | 1964 | 4. Aufl. 1982 | Marx/Engels: Briefe Jan. 1860~Sept. 1864 | Marx/Engels: Briefe Jan. 1860~Sept. 1864 | 114,000 | 1963 | 30 |
| 31 | 1965 | 4. Aufl. 1986 | Marx/Engels: Briefe Okt. 1864~Dez. 1867 | Marx/Engels: Briefe Okt. 1864~Dez. 1867 | 112,000 | 1963 | 31 |
| 32 | 1965 | 4. Aufl. 1985 | Marx/Engels: Briefe Jan. 1868~Juli 1870 | Marx/Engels: Briefe Jan. 1868~Juli 1870 | 110,000 | 1964 | 32 |
| 33 | 1966 | 4. Aufl. 1984 | Marx/Engels: Briefe Juli 1870~Dez. 1874 | Marx/Engels: Briefe Juli 1870~Dez. 1874 | 109,000 | 1964 | 33 |
| 34 | 1966 | 4. Aufl. 1984 | Marx/Engels: Briefe Jan. 1875~Dez. 1880 | Marx/Engels: Briefe Jan. 1875~Dez. 1880 | 106,000 | 1964 | 34 |
| 35 | 1967 | 4. Aufl. 1985 | Marx/Engels: Briefe Jan. 1881~März 1883 | Marx/Engels: Briefe Jan. 1881~März 1883 | 103,000 | 1964 | 35 |
| 36 | 1967 | 4. Aufl. 1987 | Marx/Engels: Briefe April 1883~Dez. 1887 | Marx/Engels: Briefe April 1883~Dez. 1887 | 103,000 | 1964 | 36 |
| 37 | 1967 | 4. Aufl. 1986 | Marx/Engels: Briefe Jan. 1888~Dez. 1890 | vMarx/Engels: Briefe Jan. 1888~Dez. 1890 | 103,000 | 1965 | 37 |
| 38 | 1968 | 4. Aufl. 1988 | Marx/Engels: Briefe Jan. 1891~Dez. 1892 | Marx/Engels: Briefe Jan. 1891~Dez. 1892 | 103,000 | 1965 | 38 |
| 39 | 1968 | 4. Aufl. 1984 | Marx/Engels: Briefe Jan. 1893~Juli 1895 Sachregister Bd. 27-39 | Marx/Engels: Briefe Jan. 1893~Juli 1895 Sachregister Bd. 27-39 | 103,000 | 1966 | 39 |
| 40 | 1968 | 5. Aufl. 1981 | Marx: Schriften, Manuskripte, Briefe bis Aug. 1844 (Ergänzungsbd. 1. Teil) | Marx: Werke (1835-1843) (Ergänzungsband) | 45,000 | 1975 | 40 |

| 권호 Band | 출판 연도 | 판수 Aufl. | 내용 | 내용 | 발행 부수 | 조판 연도 | 권호 Band |
|---|---|---|---|---|---|---|---|
| 41 | 1967 | 4. Aufl. 1982 | Engels: Schriften, Manuskripte, Briefe bis Aug. 1844 (Ergänzungsbd. 2. Teil.) | Marx/Engels: Werke (1838~1842) (Ergänzungsband) | 45,000 | 1970 | 41 |
| | | | | Marx/Engels: Werke (Jan. 1844~Feb. 1848) (Ergänzungsband) | 45,000 | 1974 | 42 |
| | | | | Marx/Engels: Artikel aus der "Neuen Rheinischen Zeitung" | 45,000 | 1976 | 43 |
| | | | | Marx/Engels: Werke (Herbst 1849 bis Sommer 1873) (Ergänzungsband) | 45,000 | 1977 | 44 |
| | | | | Marx/Engels: Schriften & Aufsätze (1867~1893) (Ergänzungsband) | 45,000 | 1975 | 45 |
| 42 | 1983 | | Marx: Grundrisse der Kritik der politischen ökonomie (Manuskript 1857/1858) (Ergänzungsband) | Marx: Ökonomisches Manuskript 1857~1859 | 45,000 | 1968 | 46. I. Teil |
| | | | | Marx: Ökonomisches Manuskript 1857-1859 | 45,000 | 1969 | 46. II. Teil |
| 43 | 1990 | | Marx: Ökonomisches Manuskript 1861~1863 Teil 1(nach MEGA²II/3) (Ergänzungsband) | Marx: Ökonomisches Manuskript 1861~1863 | 45,000 | 1973 | 47 |
| 44 | 미출간 | | Marx: Ökonomisches Manuskript 1861~1863 Teil 2(nach MEGA²II/3) (Ergänzungsband) | Marx: Ökonomisches Manuskript 1861~1863 | 45,000 | 1980 | 48 |
| | | | | Marx: 6. Kapitel: Resultate des unmittelbaren Produktionsprozesses; Die Wertform; [Fragemente aus der Französischen Ausgabe des "Kapitals"] [Das Kapital] Zweiten Buch | 45,000 | 1974 | 49 |
| | | | | Marx/Engels: Werke (1840~1894) | 45,000 | 1981 | 50 |
| 45 | 미출간 | | Marx: Zur Geschichte der polischen Frage (Manuskripte 1863~1864) (Ergänzungsband) | | | | |

| 권호<br>Band | 출판<br>연도 | 판수<br>Aufl. | 내용 | 내용 | 발행<br>부수 | 조판<br>연도 | 권호<br>Band |
|---|---|---|---|---|---|---|---|
| Sach-<br>register | 1989 | | MEW Bd. 1~39 | Bd. 1~39, A~M | 45,000 | 1978 | Sach-<br>register |
| | | | | Bd. 1~39, N~Ja | 45,000 | 1978 | Sach-<br>regis-<br>ter |
| Marx-<br>Engels-<br>Verzei-<br>chnis | 1966 | 3. Aufl.<br>1979 | Teil 1: Werke,<br>Schriften, Artikel<br>(MEW Bd. 1~26, 40,<br>41) | | | | |
| Marx-<br>Engels-<br>Verzei-<br>chnis | 1971 | | Teil 2: Briefe,<br>Postkarten,<br>Telegramme<br>(MEW Bd. 27~39, 40,41) | | | | |
| | | | | Register der Werke von Marx und Engels, die in ihren Arbeiten zitiert werden, Namenregister, Periodika | 45,000 | 1974 | Regi-<br>ster |

**제7부**

# 새로운 마르크스-엥겔스 전집의 기획과 출판

# 1장
# 1950년대와 60년대의 신MEGA 발간 기획

　종전 후 소련과 동구권은 인민의 이데올로기적 교양과 학습을 위해 레닌과 스탈린을 비롯한 "사회주의의 고전적 창시자"로서의 마르크스와 엥겔스의 저작을 대량으로 출판·배포했다. 소련은 제2차 세계대전 후인 1940년대 말에 들어와 제1소치네니야를 대체할 제2소치네니야의 출판을 기획하고, 동독의 사회주의통일당은 1953년 새로이 출판되는 러시아의 제2소치네니야를 저본으로 하는 독일어판 저작집Marx-Engels-Werke, MEW을 출판하기로 했다. 그러나 제2소치네니야와 MEW는 출판 초기부터 이미 저작집의 총 권수와 지면이 한정되어 있어 특정 저작을 제외하는 사태가 발생했다. 이에 소치네니야는 이를 임시변통의 권호 없는 보권으로 발행하고, 이를 따르던 동독의 MEW 역시 예정된 정규권(正規卷)reguläre Bände이 완간된 뒤 이를 보권으로 발행하는 조치를 취할 수밖에 없었다.[1] 따라서 모스크바와 베를린의 마르크스-레닌주의 연구소IML는 대중판 전집의 한계를 벗어나는 "역사적-비판적" 전집의 편찬을 꿈꾸게 되었고, 이러한 가능성은 스탈린 사망 이후에 도래한 정치적 해빙(解氷)Tauwetter의 기류 속에서 나래를 펴게 되었다.

완벽한 전집은 진지한 연구자들의 꿈이기도 하지만, 이의 편찬에 참여하는 편집자들에게 직업에 대한 성취도나 자부심과 직결되는 과제이기도 했다. 특히 1920년대 리야자노프에 의해 주도된 구MEGA의 출판에 대한 추억을 가진 마르크스-엥겔스의 저작 편찬자들에게 구MEGA의 전형에 따른 새로운 MEGA의 출판은 특별한 의미를 갖는 작업이었다.

새로운 MEGA에 대한 꿈이 구체화되는 과정을 저자는 베를린 IML의 마르크스-엥겔스 부장으로 신MEGA의 기획에 참여했던 들루벡의 보고에 근거하여 다음과 같이 몇 개의 단계로 나누어 검토해 보고자 한다. 1955년에서 1964년의 제1단계는 스탈린의 사망을 계기로 이루어진 정치적 해빙이 구MEGA를 기억하는 모스크바 연구소의 선임 연구원들에 의해 새로운 MEGA의 기획으로 발전하는 시기였다. 특히 이 작업을 베를린의 "형제 연구소"와 공동으로 추진하겠다고 한 그들의 제의는 베를린 IML의 연구원들을 크게 고무·자극했다. 이는 1955년 이래 독일이 신MEGA의 발행을 선도적으로 주창

---

1) 제2소치네니야는 1954년과 1955년에 마르크스와 엥겔스의 초기 저작을 게재한 제1권과 제2권을 출판했으나 『독일 이데올로기』를 제외한 1846년 이전의 모든 초기 저작을 2권으로 한정한 소치네니야의 전체 프로스펙트 때문에 편집을 마친 많은 초기 저작들이 제외되었다. 따라서 모스크바 연구소의 마르크스-엥겔스 부는 이러한 결함을 보충하기 위해 1955년에 곧장 권호가 없는 보권을 발행하게 되었다. 이 경우 발행부수는 정규권이 20만 부임에 비해 이 보권은 겨우 6만 부에 불과했다.

한편 독일어판 MEW는 이러한 응급조치도 취하지 못한 채 1956년과 1957년에 MEW 1, 2권을 러시아어판에 근거하여 발행하고, 1846년 이전의 초기 저작 중 이 2권에 게재되지 못한 글들은 1968년과 1967년에 발간된 제40, 41권의 보권에 수록했다. 이 책 제6부의 〈표 3〉을 참고하라.

하게 하여 1964년에는 마침내 이 계획에 대한 흐루시초프의 동의를 이끌어냈다. 한편 소련의 공산당 중앙위원회와 동독의 사회주의통일당 산하의 IML이 주축이 되어 신MEGA의 편찬을 위한 준비가 이루어진 1965년에서 1968년에 이르는 기간이 제2단계이다. 이 기간 중 이들 연구소는 신MEGA의 준비를 위해 공동 편집위원회를 구성하여 MEGA의 프로스펙트와 편찬 지침을 수립하는 등 신MEGA의 발간을 위한 기본적인 뼈대를 만들었다. 그리고 제3단계는 1969년에서 1973년에 이르는 기간으로, 이때는 역사적–비판적 전집이 직면하는 개별적인 문제에 대한 다양한 구상들이 구체화되고, 이를 적용한 시쇄판Probeband이 출판되어 국제적으로 관련 전문가들의 평가를 수렴했다.

1973년 이후는 MEGA의 편찬과 출판이 본격적으로 진행된 시기였다. 1975년 신MEGA의 제I부 제1권과 제III부 제1권이 발간되었고, 이후 베를린 장벽이 붕괴된 1989년까지 모두 40여 권이 출판되었다. 1989년 독일이 통일된 이후 MEGA의 발행권은 국제 마르크스–엥겔스 재단Internationale Marx-Engels-Stiftung, IMES으로 이양되었다. 따라서 제7부에서는 독일의 통일 이전, 즉 구동독 시대의 MEGA의 발간 상황과 그 학문적 성과를 살펴보고, 통독 이후의 시대는 IMES의 창설과 신MEGA의 새로운 지향을 중심으로 제8부에서 살펴보려 한다.

## 1. 스탈린의 사망과 신MEGA의 태동(1955~1964)

1953년 스탈린이 사망하고 흐루시초프Nikita Chruschtschow가 소련 공산당의 제1서기로 등장한 1950년대 후반과 1960년대는 소련과 동구권이 전반적으로 이념상의 해빙기에 접어든 시기였다. 특히 1956년에 개최된 제20차 소련공산당 대회는 스탈린 시대의 교조주의와 개인 숭배를 강력히 비판함으로써 이 해빙 무드를 크게 확산했고, 이로 인해 경색되었던 학문적 연구도 상당한 자유를 누리게 되었다.

바로 이 같은 정치적 정세에서 모스크바의 마르크스-레닌주의 연구소IML의 부소장(1953~1958)이자 마르크스-엥겔스 저작의 출판을 책임진 스테파노바Evgenija Akimovna Stepanova(1899~1988)가 마르크스-엥겔스 부MES/M의 부장(1954~1962)인 세네키나Ol'ga Konstantinova Senekina(1902~?)와 의논하여, 모스크바와 베를린의 두 연구소가 협력해 신MEGA를 출판할 것을 구상한 것이 1950년대 중반이었다. 그들은 새로운 MEGA가 1) "우리에게 알려진 마르크스와 엥겔스의 모든 논설, 메모, 발췌, 편지 등을 그것이 쓰인 원어Originalsprache로" 출판하여, 2) "인민민주주의와 자본주의 국가를 포함한 모든 나라에서 번역될 수 있는 기초를 제공"하고, 이를 위해 3) 베를린이 마르크스-엥겔스 저작의 출판을 중심 과제로 하는 연구소를 설립할 것을 제안했다.[2] 이러한 구상에 대해 독일 측이 흔쾌히 수락한 것과는 달리 소련의 지도부는 이를 냉담하게 중단시켰다.[3]

---

2) Rolf Dlubek, "Frühe Initiativen zur Vorbereitung einer neuen MEGA(1955~1958)," *Beiträge zur Marx-Engels-Forschung*, Neue Folge 1992, S. 45.

상황이 이러하자 모스크바 연구소의 편집자들은 베를린 연구소가 중심이 되어 사회주의통일당 지도부로 하여금 소련공산당의 중앙위원회를 움직이도록 권유해왔다. 특히 그들은 이 과정에서 베를린 연구소가 단독으로 MEGA를 출판하는 형식을 취하도록 제의하기까지 했다. 이에 사회주의통일당 정치국은 1956년 5월 MEGA 작업에 대한 연구소의 협력을 결의하게 된다. 그러나 문제는 동독 측의 이 같은 적극적인 제의에도 불구하고 소련 측에서는 아무런 반응이 없었다는 점이다. 그러자 사회주의통일당의 제1서기인 울브리히트는 1957년 11월 소련공산당 정치국에 재차 이에 대한 동의를 촉구했다. 그러나 소련 측은 제2소치네니야의 권수를 늘리는 데 동의하는 방법으로 응수했을 뿐이다.[4]

새로운 MEGA에 대한 베를린의 연구소와 동독의 사회주의통일당의 집념은 소련 지도부의 이처럼 명백한 부정적 태도에도 불구하고 쉽사리 가라앉지 않았다. 그 결과 그들은 1960년대에 들어서도 MEGA의 출판을 MEA/B의 향후 프로젝트로 채택했다. 사회주의통일당의 지도부 역시 MEGA의 출판을 동독의 정체성DDR-Identität을 확보하기 위한 하나의 방편으로 간주하여, 베를린의 연구소로 하여금 이를 위한 연구와 편집 계획을 입안하도록 독려했다. 그리하여 1961년 4월에는 정치국의 결의를 통해 MEGA의 초안을 작성하고,

---

3) Dlubek, "Auf dem weg Zur MEGA². Die internationale Zusammenarbeit zum 100. Gründungstag der Internationalen Arbeiterassoziation(1964)," *Beiträge zur Marx-Engels-Forschung*, Neue Folge, Sonderband 5, 2006, S. 436.
4) Dlubek, "Die Entstehung der zweiten MEGA im Spannungsfeld von legitimatorischem Auftrag und editorischer Sorgfalt," *MEGA-Studien*, 1/1994, S. 64. 이때 소치네니야의 권수는 당초 기획된 30권에서 39권으로 확대되었으며 이는 MEW에도 자동적으로 적용되었다. Dlubek, "Frühe Initiativen zur Vorbereitung einer neuen MEGA(1955~1958)," S. 51.

MEW가 완간되는 1960년대 후반에는 MEGA의 출판에 착수할 수 있도록 준비 작업에 들어갔다. 그리고 1962년 3월 27일 사회주의통일당이 이를 정식으로 결의하게 되었다.

그러나 앞에서도 언급했듯이 이 시기 베를린의 IML은 눈앞의 MEW 출판을 위한 편집 작업만도 힘에 겨웠다. 그들은 여전히 원자료Quellenbasis는 물론 그 포토코피도 갖추지 못했고, 전문적인 편집능력도 미진했다. 이런 상황에서 모스크바 연구소의 협력 없이 단독으로 MEGA 사업을 추진하기란 불가능한 일이었다. 그리하여 1963년 12월 4일, 사회주의통일당 중앙위원회 비서국은 소련공산당 중앙위원회 산하의 모스크바 IML과 더불어 MEGA의 발행 작업을 공동으로 추진할 것을 제의하게 된다. 그들은 MEGA 작업을 위해서는 베를린의 IML이 포괄적인 마르크스-엥겔스 아키브를 구축하는 것이 필요하다는 점을 강조하면서, 여기에는 모스크바의 IML이 소련공산당 중앙-아키브에 보관하고 있는 마르크스-엥겔스의 자료를 포토코피하거나 마이크로필름화할 수 있는 편의를 제공하는 것이 필수적이라는 점을 분명히 하고 있다. 왜냐하면 이러한 원자료 없이는 동독에서 마르크스-엥겔스의 연구나 편찬이 전적으로 불가능하기 때문이었다.[5] 이에 동독의 사회주의통일당의 제1서기 울브리히트는 1964년 1월 18일자로 소련의 흐루시초프에게 편지를 보낸다. 이 서간에서 그는 마르크스 사후 80년, 사회주의적 독일민주주의공화국 DDR이 출범한 지 15년이 지난 시점에서 "독일 인민의 위대한 자손"인 마르크스와 엥겔스의 유고를 완벽하게 출판하여 이용하게 하려

---

[5] "Beschluß des Sekretariats des ZK der SED über die Vorbereitung der MEGA, eingebracht durch das IML, vom 4. Dezember 1963," Rolf Dlubek, "Tatsachen und Dokumente aus einem unbekannten Abschnitt der Vorgeschichte der MEGA²(1961~1965)," *Beiträge zur Marx-Engels-Forschung*, Neue Folge 1993, S. 57, Anhanng 1.

한다는 점을 밝히고, 베를린의 IML이 마르크스-엥겔스의 역사적 비판적 전집historisch-kritische Marx-Engels-Gesamtausgabe, MEGA을 준비하려 한다는 뜻을 분명히 했다. 그러면서 이를 가능하게 하는 수단으로 모스크바가 보유한 마르크스-엥겔스 자료Moskauer Marx-Engels-Fonds의 복사를 허가해줄 것을 부탁하고 있다.[6] 이로부터 6개월이 지난 시점인 1964년 7월 3일자로 이 편지에서 요청한 사항을 수용하는 흐루시초프의 답신이 울브리히트에게 전해졌다. 신MEGA의 출판사(史)에 있어서 중요한 이정표가 되는 흐루시초프의 편지 전문은 다음과 같다.[7]

### MEGA의 준비와 관련하여 N. S. 흐루시초프가 발터 울브리히트에게 보낸 1964년 7월 3일자의 답신

독일사회주의통일당 중앙위원회 제1서기 귀하

### 발터 울브리히트 동지에게

---

[6] W. Ulbricht an N. Chruschtschow, 18. Januar 1964, MEGA-Archiv, Bd. 1, H. 3, Nr. 3(Kopie aus dem *Archiv Prezidenta Rossijskoj Federacii*). 이 자료는 현재 Rossijskij centrchranenija i izučenija dokumentov novejčej istorii(RC)에 보관되어 있다. Dlubek, "Die Entstehung der zweiten MEGA…," S. 65~66. "MEGA-Archiv A"는 베를린 IML의 마르크스-엥겔스 부장을 지낸 들루벡이 개인적으로 수집·보관하고 있던 1990년까지의 MEGA²의 역사와 관련된 각종 문건의 집성이다. 이 자료는 1993년 들루벡에 의해 "Akademienvorhaben Marx-Engels-Gesamtausgabe"에 기증·보관되어 있다. Dlubek, "Die Entstehung der zweiten Marx-Engels-Gesamtansgabe…," S. 61의 주 3)을 보라.

[7] "Antwortschreiben von N. S. Chruschtschow an Walter Ulbricht über die Vorbereitung der MEGA vom 3. Juli 1964(deutsche Überstzung)," Dlubek, "Tatsachen und Dokumente aus einem unbekannten Abschnitt der Vorgeschichte der MEGA²(1961~1965)," S. 58, Anhang 2. 러시아어의 독일어 번역은 들루벡에 의한 것이다. 〔 〕 안은 저자.

친애하는 동지 울브리히트!

소련공산당 중앙위원회는 소련공산당 중앙위원회 산하의 마르크스-레닌주의 연구소〔이하 IML로 약칭〕가 사회주의통일당의 IML이 원래의 언어로 된 in der Originalsprache 칼 마르크스와 프리드리히 엥겔스의 저작 전집을 발행하는 데 참여해달라는 귀하의 제의를 받아들입니다.

사회주의통일당 산하의 IML이 〔앞에서〕 언급한 〔전집의〕 발행을 돕기 위해 소련공산당 중앙위원회 산하의 IML은 중앙당-아키브가 보유하고 있는 미간행의 마르크스와 엥겔스의 문건을 포토코피나 마이크로필름의 형태로 이용하게 할 것이며, 그들의 대표를 공동의 편집만이 아니라 동등한 기초에서 개개 권 Band의 준비 작업을 수행하는 연구원으로 임명하게 될 것입니다.

소련공산당 중앙위원회는 소련공산당 중앙위원회 산하의 IML로 하여금 사회주의통일당 중앙위원회 산하의 IML과 더불어 마르크스와 엥겔스의 전집 발행을 위한 과업의 편성과 관련된 갖가지 제의를 구체적으로 검토하게 될 것입니다. 그리고 이들 제의는 우리 당의 중앙위원회에 의해 평가될 것입니다.

1964년 7월 3일

공산주의자의 인사를 보냅니다
N. 흐루시초프 서명
소련공산당 중앙위원회 제1서기

앞의 편지는 신MEGA의 발행을 위해 독일사회주의통일당 제1서기인 울브리히트가 소련공산당 중앙위원회 수뇌부에 양국 마르크스-레닌주의 연구소의 공동 작업을 제의한 1957년 11월부터 계산하면 실로 7년 만에 이루어진 정치적 성과였다. 그리고 양국의 마르크스-레닌주의 연구소가 신MEGA의 출판을 위한 본격적 준비에 들어간 것도 바로 이를 전후한 시기의 일이다.

호루시초프가 울브리히트에게 보낸 앞의 답신은 실제로는 1964년 6월 29일 모스크바에서 열린 소련과 동독 IML의 마르크스-엥겔스부 책임자인 소련의 말리쉬Alexandr Ivanovič Malysch와 동독의 메어바흐 Horst Mehrbach(1957~1999) 간의 의견 교환을 통해 합의된 사안을 전제로 한 것이었다. 신MEGA를 출판하자는 독일 측의 요구를 견제·조정한 모스크바의 IML은 신MEGA의 기본적인 구상과 업무 분담을 5개 항목으로 정리하고 있는데, 이를 요약하면 다음과 같다.[8]

1) 신MEGA의 범위는 대략 50~55권으로 하고, 구MEGA의 구조를 수용하여 다음과 같이 3부로 구성한다. a) 역사적-철학적 저작과 그와 관련된 자료를 포함하고, 텍스트는 각 권별로 연대기적 순서를 따라 배열한다. b)『자본론』과 그와 관련된 모든 준비 초고를 포함한다. c) 서간.

모스크바의 IML은 1966년 말까지 MEGA의 프로스펙트를 작성하는 의무를 진다. 이를 위해 모스크바의 IML은 베를린 IML의 연구원을 참여시킬 수 있다. 베를린 IML에 결여된 문건의 양도는 1966년 이후 모스크바의 IML을 통해 해당 권의 준비에 필요한 각 부분이 시기에 맞추어 포토코피(마이크로필름)의 형태로 이루어질 것이다.

---

[8] "Ergebnisse des Meinungsaustauschs der Abteilungsleiter über die MEGA vom 29. Juni 1964," Dlubek, "Tatsachen und Dokumente…," S. 59~60, Anhang 3.

2) MEGA의 균등한 관리를 위해 각각의 연구소는 2~3명의 동지를 파견하여 4~6명으로 이루어진 편집위원회Redaktionskommisson를 구성한다. 이 편집위원회는 각각의 연구소에서 파견된 동등한 권리를 갖는 2명의 의장과 2명의 대리인에 의해 운영된다. 전체 MEGA에 대해 책임을 지는 편집위원회 이외에 개개 권의 편집을 맡은 편찬 팀 Brigade이 구성되는데, 이들은 일반적으로 동등한 원칙에 따라 구성되어 과제를 수행한다.

3) 작업의 분담은 편집위원회에서 결정된다. 현재 우리의 견해에 따르면 텍스트와 아파라트의 초교(初校)는 공동으로 보고, 출판 승인 Imprimatur이 있기 전의 재교(再校)는 베를린의 IML이 전적으로 책임을 진다.

4) 학술적 아파라트의 작업을 위해서는 제2소치네니야와 MEW의 학술적 아파라트를 이용한다. 아파라트에는 서문과 주석 및 인명 색인이 반드시 포함되어야 한다. 전집에는 사항 색인도 작성해야 한다. 모든 아파라트는 독일어로 출판된다.

5) 인쇄는 동독에서 이루어지고, 이를 위해 필요한 제반 수단은 베를린의 IML을 통해 수행된다.

우리는 이상의 의견 교환서의 합의 내용을 통해 초창기의 신MEGA에 대한 두 개 연구소의 구상을 짐작할 수 있다. 우선 그들은 신MEGA의 규모를 제2소치네니야나 MEW의 수준에서 크게 상회하지 않는 선에 머물면서, 구MEGA의 틀을 기본적으로 수용하고 있다. 그리고 MEGA의 발행 과정에서 생기는 인적·물적 자원의 많은 부분을 동독이 부담하도록 규정하고 있다. 그러나 "동독 정부의 정체성" 확립을 위해 소련에 앞서 신MEGA 사업을 선도적으로 주창한 동독 사회주의통일당의 입장에서는 이 같은 부담이 크게 불리하다고 평가되지는 않았던 것으로 보인다. 오히려 그들은 MEW의 출판 과정에서 전집 편찬의 기술적 노하우를 축적하고 적지 않은 원자료를 확보한 상황이었기에 새로운 MEGA 프로젝트는 참신한 도전이기도 했다.

## 2. 신MEGA의 출판을 위한 기본적 프레임의 구축(1965~1968)

앞에서 살펴본 바와 같이 흐루시초프가 울브리히트에게 보낸 7월 3일자 편지는 신MEGA의 발행을 위한 중대한 정치적 결단을 분명히 한 것으로, 이는 이후 MEGA 작업의 초석이자 출발점이기도 했다. 이 같은 정치적 결단을 구체화하기 위해서는 같은 해 6월 29일, 앞에 수록한 흐루시초프의 답신을 준비하는 과정에서 모스크바와 베를린 IML의 마르크스-엥겔스 부 부장들이 합의한 바 있는 기구, 즉 양국 대표들이 공동으로 MEGA 편집위원회를 구성하는 것이 급선무였다. 그러나 1964년 10월 흐루시초프의 실각과 그에 잇따른 권력 교체는 이의 구성을 1년 반 가까이 지연시켰다.

스탈린 사망 후 10여 년간의 이 시기는 소련과 동독의 마르크스-엥겔스 연구자들에게 상당히 중요했다. 그들은 우선 스탈린 시대의 엄격한 학문적 제약에서 벗어나 어느 정도의 자유를 누릴 수 있었으니, 제1인터내셔널Internationale Arbeiterassoziation, IAA 성립 100주년이 되는 1964년을 기념하기 위한 국제적 학술회의를 치르면서 학문적으로 상당히 고양되어 있었던 것이다.[9] 더욱이 이 시기는 모스크바 IML의 입장에서는 1965년이 종전 이후 계속된 제2소치네니야 정규 권regulāre Bände의 편찬 작업이 실질적으로 완성된 해이며, 동독의 IML 역시 1967년에 MEW의 편찬 작업을 마무리한 시점이기도 했다. 따라서 모스크바와 베를린의 두 연구소로서는 새로운 MEGA를 위한 객관적 환경이 충분히 조성된 상태였다.

### 베를린 연구소의 신MEGA를 위한 준비: MEGA-콤미숀의 활약

1950년대 이래 베를린 IML의 마르크스-엥겔스 부는 소수의 선임 연구자들 사이에서 MEGA에 대한 구상이 논의의 대상으로 떠올랐는데, 1960년대 들어서는 그 범위가 구성원 전체로 확대되었다. 특히 1964년 여름에는 IML과는 별개로 사회주의통일당 산하에 MEGA-콤미숀MEGA-Kommission을 독립적으로 결성했다. 여기에는 일찍이 모스크바의 IML을 방문하여 리야자노프를 만났으며, 종전 후에는 독일어 저작집MEW 40권의 최종 편집을 책임진 마르크스-엥겔스 부의 원로 슐츠[10]와 1950년대의 신MEGA 논의에 참여한 돔Bernhard Dohm(1905~1986), 그리고 나중에 MEGA의 출판에 참여한 신진 역사학자 훈트와 독일학 연구자Germanist 루신스키Heinz Ruschinski(1935~  )가 참여했다. 이들은 단기적인 정치적 목표 설정과는 무관하게 MEGA의 편집 원칙을 수립하기 위해 루터, 라이프니츠, 괴테 등의 비판적 전집을 연구·검토하여 그들이 지금까지 알 수 없었던 역사적-비판적 전집 편찬의 새로운 문제들에 접근하는 근거를 마련했다. 다시 말해 그들은 이러한 연구와 과거의 경험을 토대로 새로운 MEGA의 편집 수준을 높일 수 있는 출발점을 확보하게 된 것이다.[11]

---

9) Dlubek, "Auf dem Weg zur MEGA². Die internationale Zusammenarbeit zum 100. Gründungstag der Internationalen Arbeiterassoziation(1964)"을 참고하라.
10) Stern und Wolf, *Das große Erbe. Eine historische Reportage um den literarischen Nachlaß von Marx und Engels*, Dietz Verlag, Berlin 1972, S. 186~190.

특히 MEGA-콤미숀은 그들이 의식했건 아니건 간에 언젠가는 모스크바의 연구소가 제기할 신MEGA의 기획안에 필적할 만한 자신들의 의견서Positionspapier를 작성하고자 한 것이 사실이다. 그들은 1950년대 논의됐던 구MEGA의 단순한 계속·보완과는 구별되는 전혀 새로운 MEGA를 만들고자 했다. 이에 따라 MEGA-콤미숀은 1964년 7월, 마르크스-엥겔스 부의 모든 연구원 20명을 대상으로 "당신은 MEGA를 어떻게 상정(想定)하고 계십니까?Wie stellst Du Dir die MEGA vor?"라는 주제의 설문조사를 실시했다.[12] 그들은 이러한 설문조사의 결과를 최신의 편찬학Editionswissenschaft의 학문적 성과와 결합하여 신MEGA에 대한 새로운 개념상의 고려를 하게 된 것이다. 다시 말하면 새로이 발행될 "역사적-비판적" 전집은 역사적으로 적절치 못했던 제1 MEGA와는 확연히 구분하여 완전성, 원전에 충실한 텍스트의 재현, 저작의 연대기적 배열, 절제된 주석 등의 필요성을 충족시킬 것을 요구하고 있다. 이에 우리는 베를린의 MEGA-콤미숀이 검토한 몇 가지 편집 원칙을 다음에서 좀더 구체적으로 살펴보고자 한다.[13]

---

11) Dlubek, "Tatsachen und Dokumenten aus einem unbekannte Abschnitt der Vorgeschichte der MEGA²," S. 48~49.
12) 이 설문조사에 제시된 질문은 MEGA를 1)몇 개 부문Hauptabteilungen으로 나눌 것인가? 2)연대기적 원칙을 얼마나 준수해야 하나? 3)텍스트의 편제Textgestaltung에 대한 제안은? 4)어떤 성격의 아파라트Apparatteil를 포용할까? 5)MEGA 작업을 위해 필요한 준비는? 6)신MEGA에 대한 그 외의 의견과 구상은?의 6개 문항이다. "Protokoll der APO-Versammlung der Marx-Engels-Abteilung am 30. Juli 1964." Dlubek, 앞의 글, S. 49.
13) "Abschlußbericht der MEGA-Kommission über die ersten Diskussionen zum Thema: Vorstellung über die MEGA vom Oktober 1964." 이 문건은 1965~1989년 사이 독일-소련 공동편집위원회의 위원으로, 그리고 1975년까지 독일 측 비서역을 담당했던 들루벡이 개인적으로 소지한 서류 모음 "Quellengrundlage für eine Geschichte der MEGA²"(Dossier MEGA²)에 포함되어 있다. Dlubek, 앞의 글, S. 49~51. 42의 주3)

1) 우선 MEGA-콤미숀은 신MEGA가 완전성의 원칙Vollständigkeitprinzip을 내세운다면 "200권(!)에 이르는 모든 발췌노트(MEGA 50~60권을 채울 수 있는 분량이다)를 일일이 검증하여 이를 수용할 제IV부를 신설"해야 한다는 결론을 제기하고 있다. 그리고 마르크스와 엥겔스에게 보낸 제3자의 편지도 이러한 원칙에 따라 전부, 아니면 선별적으로라도 정규의 MEGA나 보권으로 발행할 필요가 있다는 것이 다수 연구원의 의견이었다. 따라서 이의 게재 방법에 대한 연구 또한 하나의 과제로 대두되었다.

2) 모든 저작의 연대기순 배열은 구MEGA보다 더욱 엄격히 지켜져야 한다고 주장하고 있다. 이러한 연대기순의 배열 원칙은 각 부문의 권별 분할Unterteilung der Ausgabe in Abteilungen에서 강조되고 있다. 일부 연구원들은 이 원칙이 제I부(저작)와 제III부(서간)에만 적용되어야 한다고 주장하기도 했다.

3) MEGA-콤미숀을 통해 최초로 논의된 MEGA에서의 텍스트 형태Textgestalt는 아직 편찬 원칙이 수립되기 이전이긴 하나 역사적-비판적 원칙을 따라야 한다는 결론을 도출했다. 제1 MEGA는 리야자노프가 독일사민당-아키브에서 복사한 포토코피에 의거하고 오리지널의 철자법도 현대화했다. 그러나 MEGA-콤미숀은 "모든 텍스트는 철자법, 언어, 축약 등을 마르크스와 엥겔스가 쓴 그대로 오리지널에 충실하게originaltreu 재현해야 한다"고 주장하고 있다. 텍스트의 제시 문제는 아직 명확하게 규정되지는 않았으나 "MEGA에서 필수적인 것은 제1판본die Erstausgabe을 근본으로 하고 그 이후의 모든 이문(異文)Varianten은 아파라트에서 기술한다"라고 했다.

---

도 보라. 이 자료는 1993년 이후 "Akademienvorhaben MEGA²"에 기증·보관되어 있다. 이 책 p. 453, 제7부 주 6)을 보라.

4) 베를린의 MEGA-콤미숀은 MEGA의 주석 아파라트 kommentierende Apparat를 저작본Werkausgabe과 분리하고, MEGA의 아파라트에 게재되는 서문도 매번 각 권에 반드시 넣을 필요가 없으며, 주석도 없애자고 했다. 문헌 목록과 인명 색인은 필요하지만 인물에 대한 평가는 없애야 한다고 주장하고 있는데, 이는 역사적-비판적 전집의 객관성을 위해 주목할 만한 제의라고 하겠다. 나아가 아파라트의 형태는 『괴테 저작의 비판적 전집 Kritische Gesamtausgabe der Werke Goethes』 제2판(Berlin 1949ff)에 따라 a) 원전 비판 Quellenkritik과 편찬사, b) 저작의 영향사를 포함하는 저작의 역사, c) 이문 비교(異文比較) Variantenvergleich와 d) 색인을 반드시 첨가할 것을 주문하고 있다.

마지막으로 MEGA-콤미숀은 이러한 과제를 해결하기 위해 1970년까지 장기적인 기획 구상을 수립하고, 본격적인 편집 작업에 들어가기 전에 MEGA의 시쇄판 Probeband을 만들어 국제적으로 관련된 전문가들의 비판을 받자고 제의했다. 제2차 세계대전 후 베를린의 국립도서관과 베를린 IML의 도서관장을 지낸 카이저는 MEGA의 준비 과정에서, 그가 1940년대 말 이래 구상한 마르크스와 엥겔스가 개인적으로 소유하고 이용했던 장서, 신문, 잡지를 포함한 2차 자료를 집성한 그들의 개인도서관 Bibliothek von Marx und Engels을 재건하려고 시도하기도 했다. 이는 MEGA 작업에 있어서 마르크스나 엥겔스가 인용한 문헌의 전거를 찾는 데 필수적인 기초 자료를 형성하기 때문이다.[14]

그러나 우리가 이 시기의 베를린 MEGA-콤미숀이나 IML의 활동 가운데 눈여겨볼 점은 바로 국제적 감각의 각성이다. 그들은 새로운 MEGA의 구상을 구체화하는 과정에서 우선 모스크바 당-아키브가 소장한 마르크스-엥겔스 자료의 포토코피를 확보하기를 열망했다.

그러나 모스크바가 소장한 마르크스와 엥겔스 유고의 원자료는 결국 3분의 1에 불과하고, 나머지 3분의 2는 암스테르담의 국제사회사연구소IISG에 보관되어 있다는 사실을 충분히 인지하고 있었다. 따라서 베를린 IML의 마르크스-엥겔스 부의 부부장이었던 슈페를은 "현재 계획 중인 MEGA가 전집으로서의 진정한 성격을 확보하기 위해서는 마르크스-엥겔스의 유고 자료를 소장하고 있는 암스테르담의 연구소를 비롯한 다른 나라 연구소와 접촉하고, 다양한 형태의 학술적 접촉을 가지는 것이 불가결하다"는 점을 강조했다.[15] 이러한 점에서 1964년 10월과 1965년 2월, IISG의 바네Siegfried Bahne가 베를린을 방문한 것은 이들 연구소 간의 학술적 유대를 강화하는 데 중요한 의미를 갖는다고 하겠다.[16] 그리고 제1인터내셔널 창립 100주년을 기념하는 국제학술회의가 베를린 연구소의 주도 아래 베를린과 모스크바의 주관으로 1964년 9월과 11월 베를린과 파리에서 개최되었다. 이 회의는 서방 국가와의 학술적 교류가 필요하다는 점을 각성하는 계기가 되었고, 이러한 국제적인 학술적 공조가 결국 신 MEGA의 편집을 위해서도 필수적이라는 사실을 확인했던 것이다.[17]

### 소련과 독일의 공동편집위원회(1965~1968)

앞에서 우리는 베를린 연구소의 마르크스-엥겔스 부가 새로운 MEGA의 출판을 위해 MEGA-콤미숀을 형성하고, 이 기구를 중심

---

14) 같은 글, S. 52.
15) "Zusammenstellung der Vorschläge für die nächsten Arbeiten zur Vorbereitung der MEGA und der damit zusammenhängenden Probleme vom 23. September 1964," Kopie in Ds. MEGA², 같은 글, S. 52.
16) 같은 글, S. 52.
17) Dlubek, "Auf dem Weg zur MEGA². Die internationale Zusammenarbeit zum 100. Gründungstag der Internationalen Arbeiterassoziation(1964)," S. 453~61.

으로 신MEGA에 대한 구상을 선도적으로 추진해나가는 상황을 살펴보았다. 그러나 독일과 소련의 IML이 중심이 되어 신MEGA를 출판하도록 승인한 1964년 7월 3일자 흐루시초프의 편지가 현실적으로 구체화되기 위해서는 같은 해 6월 29일 모스크바와 베를린 IML의 마르크스-엥겔스 부 부장들이 합의한 소련과 독일의 공동편집위원회Redaktionskommission, RK를 구성하여 개최하는 일이 선행되어야만 했다. 그런데 이러한 RK의 구성은 1964년 10월의 흐루시초프의 실각과 브레즈네프Leonid Il'ič Brežnev 체제(1964~1982)로의 권력 이양 때문에 마냥 미루어지다가 1년 반이 지난 1965년 10월에야 겨우 가능해졌다.

1965년 10월 14~16일에 모스크바에서 개최된 최초의 편집위원회에는 소련과 동독 IML의 수뇌들이 망라되어 있었다. 소련의 대표단은 모스크바 IML의 소장인 포스펠로프Pjotr Pospelov를 단장으로 하여, 오비츠킨Gennaidi Običkin, 세네키나와 동 연구소 마르크스-엥겔스 부의 부장인 말리쉬Alexandr Malysch가 비서로 참석했고, 동독 측에서는 베를린 IML의 소장인 베르톨트Lothar Berthold를 단장으로 하여 겜코브, 카이저와 역시 베를린 연구소 마르크스-엥겔스 부의 부장인 들루벡이 비서로 참여했다.

1965년 10월 이후 1968년 12월까지 4차의 회의를 가진 이 공동편집위원회는 처음에는 신MEGA를 발행한다는 기대와 희망에서 출발했으나, 그 경과는 MEGA의 편집 형태를 둘러싼 쌍방간의 드잡이로 점철되었다.[18] 신MEGA에 대해 모스크바 IML 측은 우리가 앞에서 살펴본 베를린 MEGA-콤미숀의 입장과는 달리, 신MEGA를 그들

---

18) Dlubek, "Die Entstehung der zweiten Marx-Engels Gesamtausgabe...," S. 67.

이 발행한 제2러시아어판 전집Sočinenija²의 국제판eine Art internationales Pendant 정도로 생각하고 있었다. 따라서 1965년에 편집이 완료된 제2소치네니야가 39권이고 향후 11권의 보권이 예정되어 있기에 신MEGA 역시 50권이면 족하다는 것이 모스크바 IML의 소장인 포스펠로프의 주장이었고, 같은 연구소 마르크스-엥겔스 부의 부장인 말리쉬 역시 독자적인 발췌부Exzerptabteilung는 필요가 없다는 입장을 취해왔던 것이다.[19]

그러나 1965년 10월에 개최된 제1차 공동편집위원회에서는 독일 측의 대표들이 그동안 MEGA-콤미숀을 중심으로 진행되어온 루터, 라이프니츠, 괴테 전집에 대한 연구 성과를 바탕으로, 신MEGA는 리야자노프의 구MEGA와는 달리 신시대의 새로운 편집 원칙에 의해 편찬되어야 한다는 주장을 제기했다.[20] 그들은 아직도 2~3년간은 MEW의 완간에 매달려야 하기에 현대적 독일 어문학의 편집 경향에 준하는 편집 원칙을 1970년까지는 수립하기 어렵다는 점을 솔직히 인정했다. 그러나 이 편집 원칙이 좀더 다듬어지면 1972년에 이에 근거한 시쇄판Probeband을 발간하여 그 타당성 여부를 "국제적인" 전문가들의 논의에 부치겠다고 천명했다. 나아가 그들은 마르크스와 엥겔스의 모든 문서로 된 유산을 포괄하는 전집을 발간하기 위해서는 서방의 학자들과 연구소, 특히 암스테르담의 국제사회사연구소의 협조가 불가결하다는 점을 강조했다.[21]

한편 소련의 공동편집위원회 위원들은 독일 측의 신MEGA 구상에

---

19) 같은 글, S. 66~67.
20) 독일 측 연구자들은 리야자노프가 구MEGA의 편찬에서 구사한 텍스트와 이문(異文)의 재현 방법은 1930년대 이래의 편찬학의 발전 과정에서 볼 때 이를 더 이상 간단히 수용할 상황이 아니라고 판단하고 있었다. 같은 글, S. 68.
21) 같은 글, S. 67~68.

찬사를 보내면서도 신MEGA를 "완벽하게 원래의 언어로 출판된 판본vollständige Ausgabe in der Sprache der Originale"으로 규정할 뿐 "비판적 편찬본"이 갖는 이러저러한 요구 조건들은 안중에 없었다. 따라서 그들은 제1 MEGA의 표제에도 부가되었던 "역사적-비판적"이란 용어 사용을 반대하면서 제2 MEGA에서는 이를 표제에서 제외할 것을 주장했다. 우리는 이러한 소련 측 대표단의 주장이 궁극적으로는 역사적-비판적 전집이나 학술적 전집보다는 정치적 성향이 강한 특정의 연구용 판본Studienausgabe을 출판하여 이를 국제적으로 확대·보급하려는 소련공산당 고위층의 입장을 따르는 데 연유하는 것으로 판단할 수 있을 것이다.[22]

그러나 중요한 것은 소련 측의 대표들이 전집Gesamtausgabe의 경우 마르크스와 엥겔스의 지적 창조 과정을 투명하게 보여주는 초안Entwürfe, 발췌, 및 준비 노작들을 포함해야 한다는 사실을 인정했다는 점이다. 물론 그들은 신MEGA를 모두 50~55권으로 한다든지, 이의 3부 구성에 대해서는 일체의 논의를 삼갔다. 당시 독일과 소련의 대표들은 모두 신MEGA에 발췌, 메모, 방주(傍注)Marginalien를 포용하는 제IV부를 신설하는 데는 이의가 없었다. 그러나 독일 측 대표들은 아키브 관계자들이 제시한 마르크스의 발췌와 메모 노트, 그리고 난외방주에 관한 정보를 검토한 결과 이들이 모두 MEGA 30~40권에 달하는 것으로 예상했다. 따라서 MEGA의 규모는 이미 예정된 50~55권에 신설하는 제IV부를 합할 경우 쉽사리 100권으로 확대되는 것이다.[23]

모스크바에서 열린 제1차 공동편집위원회는 마지막으로 신MEGA 발

---

22) 같은 글, S. 68~69.
23) 같은 글, S. 68.

행을 위한 일차적 역할 분담에 합의하게 된다. 그리하여 신MEGA의 총체적 프로스펙트, 즉 각 부Abteilung별 구분과 권별 배분Bandeinteilung 의 대강은 모스크바 IML의 마르크스-엥겔스 부가 책임을 맡고, 독일의 마르크스-엥겔스 부는 전집이 독일에서 출판되고 또 출판되는 언어가 독일어이기에 MEGA의 편집 기준Editionsrichtlinien을 작성하도록 위임되었다.

한편 제1차 공동편집위원회와 관련하여 언급하고 넘어가야 할 문제는 MEGA의 규모에 관한 것이다. 이미 앞에서도 언급했지만 이 회의에서는 발췌, 메모, 방주를 포함하는 제IV부의 필요성에 대해서 모든 참석자들이 동의했으나, 이들 자료를 MEGA 몇 개 권에 수용할 것인가의 문제에 대한 언급은 신MEGA의 전체 규모와 더불어 삼가고 있었다. 이는 MEGA의 규모나 작업 기간이 기본적으로는 공동편집위원회의 합의에 근거하지만, 이에 대한 궁극적 동의나 결정은 소련공산당 중앙위원회에서 이루어지기 때문이었다(이런 점에서 동독 사회주의통일당의 의지는 종속적이다).

모스크바 IML의 소장 포스펠로프는 1966년 초, 베를린의 IML 대표들과 협의도 없이 MEGA에 대한 소련공산당 정치국의 결의문을 준비했다. 그는 1966년 2월 우선 중앙위원회에 보낼 새로운 보고서에서 제1차 공동편집위원회의 결과를 확인하면서 MEGA의 규모를 70권으로 하고 이를 위한 작업 기간은 15년으로 계산했다.[24] 그러나 이 같은 포스펠로프의 보고는 1966년 5월에 개최된 중앙위원회 비서국의 협의에서 반대에 봉착했다. 따라서 이 문제를 놓고 중앙위원회 내의 학술 및 교육 분과위원회가 MEGA에 대한 결의문을 준비했

---

24) P. Pospelov an das ZK der KPdSU, 15. Februar 1966, MEGA-Archiv A(이하 MA로 약칭), Bd. 2, H. 2 Nr. 7. Dlubek, 앞의 글, S. 69.

는데, 1966년 6월 23일 소련공산당 정치국이 작성한 결의문의 내용에 따르면 MEGA는 10년 이내에 완성되어야 하고, 그 규모는 총 3부 구성의 50권으로 정해졌다. 그리고 발췌, 메모, 방주를 위한 새로운 부문과 거기에 수반하는 권수의 결정은 별도의 제의를 통해 이루어질 것이라고 언급하고 있다.[25] 이러한 소련 측의 결의 내용은 포스펠로프에 의해 베를린의 연구소에 구두로 전달되었는데, 이 과정에서 그는 "그럼에도 불구하고 MEGA는 근본적으로 '학술적이고 아카데믹한' 성격을 띠게 될 것"이라고 단정적으로 표현하고 있다.[26] 그런가 하면 모스크바 연구소의 또 다른 대표는 마르크스-엥겔스의 전집이 어떻게 레닌 전집의 2배가 될 수 있느냐고 반문했는데,[27] 이는 MEGA의 규모를 둘러싼 소련 지도부의 논의가 다분히 그들의 정치적 의도와 사회주의 종주국으로서의 우월감에 근거하고 있음을 보여주는 사례라고 하겠다.

신MEGA의 출판을 위한 소련과 독일의 제2차 공동편집위원회는 1차 회담이 있은 지 거의 1년 반 뒤인 1967년 2월에 베를린에서 개최되었다. 이 시기의 베를린 IML은 MEGA의 "축소된 규모와 10년으로 한정된 작업 기간은 역사적-비판적 전집의 포기"를 의미한다며 모스크바의 당 기관이 이의 시행을 중단할 것을 촉구하고 있다.[28] 따라서 제2차 회의에서 베를린 대표들은 이러한 조치의 부적절함을 지적하고, 제1차 회의에서처럼 역사적-비판적 전집으로서의 MEGA 형태를 견지하는 입장에서 회의에 임하기로 했다.

---

25) 같은 글, S. 69.
26) Karl Richter, Aktennotiz über ein Grspräche mit P. Pospelov am 5. September 1966 im IML beim ZK der KPdSU, MA, Bd. 2, H. 3, Nr. 9. Dlubek, 앞의 글, S. 69~70에서 재인용.
27) 같은 글, S. 70.

그러나 정작 제2차 공동편집위원회가 시작되자 MEGA의 축소된 규모에 관한 논의는 제기되지 않았다. 이는 양국의 연구자들이 모두 MEGA의 완전성에 관한 한 무언의 합의를 가지고 있었기에 이 문제를 정면에서 거론하는 것을 피하고자 한 것으로 보인다. 따라서 제2차 회의에서는 제1차 회의에서 두 연구소에 위임된 과제에 대한 논의가 있었다. 먼저 모스크바의 마르크스-엥겔스 부는 그들이 준비한 신MEGA의 프로스펙트를 위한 원칙들을 제시했는데, 제I부(저작)와 제II부(『자본론』)에서는 완전성을 추구하고 있다는 점이 확인되었다. 한편 독일 측의 편집위원들은 독일학 연구자 카이저가 작성한 전체적인 편집 원칙의 초안을 제시했다. 이 초안은 역사적-비판적 편집의 원칙에 따라 텍스트를 재현할 것을 제안하고 있다.[29] 제2차 공동편집위원회에서 논의된 이상의 2개 과제는 신MEGA의 근간을 결정하는 사안이기에 이를 더욱 구체적으로 검토하여 제3차 회의에서 재론키로 했다. 그 밖에 이 회의에서는 신MEGA의 발행과 관련하여 모스크바와 베를린의 IML이 동등한 권리와 의무를 갖는다는

---

28) 같은 글, S. 70 주 29)를 보라.
29) 근대의 문헌학은 저자의 결정본die letzte vom Autor stammende Fassung을 편집하는 텍스트의 기초로 이용하지만 1940년대 이후에는 이러한 편집 방식에 많은 비판이 제기되고, 오히려 초기의 원고frühe Hand가 텍스트의 기초로 이용되고 있다. 이는 저작이 작성되던 시기나 그것을 처음으로 출판하려던 시기의 저자의 인식 상태를 보여주기 때문이다. 역사적-비판적 편집 원칙에 따른 텍스트의 재현에는 바로 이 초기의 원고를 채택한다. 그러나 거기에는 저자의 것으로 인정된 모든 육필 원고와 인쇄물의 텍스트의 원고와 텍스트의 수정을 오리지널과 비교하여 작성한 완전한 이문명세가 구비되어야 한다고 한다. 〔……〕 die Textwiedergabe nach einer Fassung früher Hand, die vollständige Verzeichnung der Varianten aus allen autorisierten Textfassungen, Handschriften wie Drucken und die Textrevision anhand der Originale vor. 같은 글, S. 71. Richard Sperl, "Zu einigen theoretisch-methodischen Grundsatzfragen der MEGA-Editionsrichtlinien," *Beiträge zur Marx-Engels-Forschung*, Neue Folge 1991, S. 151~52도 보라.

계약서에 서명했으나 큰 의미를 갖는 것은 아니었다.[30]

　소련과 동독 연구소의 제3차 편집위원회는 1967년 6월 24~27일 사이에 모스크바에서 다시 열렸다. 이 회의에서는 동독의 IML이 기초하고 소련 측이 검토·승인한 전체적인 편집 기준을 대상으로 하여 구체적인 심의에 들어갔다. 그리고 모스크바의 마르크스-엥겔스부가 작성한 MEGA 제I, II부의 전체적인 프로스펙트도 구체적인 심의에 들어가서 제I부는 31권, 제II부는 8권 21책으로 결정했는데, 이는 각 부별 권수가 공식화되지 않으면 다시금 권수가 확장됨으로써 전체적 프로스펙트도 유동적일 수밖에 없기 때문이다. 이 같은 MEGA의 규모에 대한 행정적 제약은 같은 해 12월 30일 소련공산당 중앙위원회 정치국의 결의로 확정되었다. 이에 덧붙여 정치국은 그때까지 미정으로 논의되어오던 제IV부(발췌부)도 15~20권으로 확정했다. 이는 1967년 5월 포스펠로프의 후임으로 모스크바 IML의 소장으로 취임한 철학자 페도셰예프 Pjotr Fedoseev가 정치국과 협의하여 제IV부를 신설하고 그 규모를 30권이 아닌 15~20권으로 이미 조정했기 때문이다.[31]

　1968년 12월 4~10일 사이에 베를린에서 개최된 제4차 공동편집위원회에서는 서간문을 포용하는 제III부의 편집 방침에 대한 논의가 처음으로 구체화되었다. 즉 제III부의 프로스펙트와 서간문에 대한 상세한 편집 기준이 구체적으로 논의되기 시작했던 것이다. 이 제4차 편집회의에서는 MEGA의 구체적 편찬을 위한 작업 분담이 논의되었는데, 베를린의 연구소는 가장 먼저 출판되어야 할 MEGA의 시쇄판과 제I부 제1권을 포함하여 제I부 전체를 편집토록 했다. 그리

---

30) Dlubek, 앞의 글, S. 71.
31) 같은 글, S. 71~72.

고 마르크스와 엥겔스의 대부분의 서간문을 소장하고 있는 모스크바 연구소가 제III부를 맡고, 제II부와 제IV부는 양자가 공동으로 작업을 분담하도록 결정했다.[32] 또 이 회의 기간 중에 MEGA를 발행하는 모스크바와 베를린의 IML이 독일민주주의공화국의 사회주의통일당 산하 디츠 출판사에 MEGA에 대한 독립적인 출판권과 판매권을 위양하는 계약도 체결했다.[33]

그러나 신MEGA의 완벽한 출판을 위해서는 앞에서 언급한 대내적 준비와 더불어 대외적 준비도 소홀히 할 수 없었다. 특히 오리지널에 충실한 MEGA 판본의 편집을 위해서는 마르크스-엥겔스의 유존하는 초고 오리지널의 3분의 2를 보유하고 있는 암스테르담의 국제사회사연구소IISG의 협조가 불가결했던 것이다. 그러나 연구소 간의 귀중 자료의 개방은 쌍무적인 것이기에 모스크바와 베를린의 IML도 그들의 귀중 자료를 개방한다는 전제조건이 충족되지 않으면 안 되었다. 모스크바 연구소는 1920년대 이래 다양한 경로로 적지 않은 자료를 획득했다. 그들은 이러한 과정을 통해 마르크스-엥겔스의 문자로 된 유산의 3분의 1은 확보했으나 나머지 3분의 2는 포토코피에 불과해 IISG와의 자료 교환은 피할 수 없는 상황이었다. 이에 상당 기간의 숙고 뒤에 모스크바 IML의 소장인 페도셰예프는 1969년 5월 베를린 IML의 소장 하이든Günter Heyden에게 암스테르담 연구소와의 교섭을 시도하도록 통고했다.[34]

자료의 쌍무적 이용을 위한 베를린과 모스크바의 IML과 암스테르담 IISG 간의 회의는 전자의 경우 신MEGA를 위한 공동편집위원회

---

32) 같은 글, S. 75.
33) 같은 글, S. 72.
34) P. Pedoseev an G. Heyden, 5. Mai 1969, MA, Bd. 3, H. 4, Nr. 1. Dlubek, 앞의 글, S. 73에서 재인용.

의 사무국장이며 양국의 마르크스-엥겔스 부의 부장인 들루벡(베를린)과 말리쉬(모스크바)가, 후자(IISG)는 연구소의 소장인 드 종Frits de Jong Edz.과 독일 부문의 책임자가 참여하여 1969년 11월 13~20일 사이에 암스테르담에서 개최되었다. 회의는 신MEGA의 편집을 위해 IISG의 마르크스-엥겔스 유고를 이용하려는 IML 측과, 베를린과 모스크바의 IML이 소유하고 있는 19세기의 노동운동사와 관련된 모든 자료, 특히 1900~1917년 사이의 자료를 열람하려는 IISG 측의 요구가 충돌하여 몇 번의 결렬 위기를 넘기면서 진행되었다. 결국 독일과 소련 측 대표는——들루벡의 표현에 따르면——그들에게 위임된 전권(專權)의 한계를 넘어 IISG 측의 요구를 수용, 계약을 체결하게 되었다.[35]

여기서 우리가 주목하는 것은 소련과 동독의 IML이 1969년 11월 20일 신MEGA의 편찬을 위해 IISG의 마르크스-엥겔스 유고를 이용할 수 있도록 계약을 체결한 사건이 신MEGA의 발간 전사(前史)를 매듭짓는 지극히 중요한 계기라는 점이다. 이 계약의 성립은 바로 신MEGA가 역사적-비판적 전집으로 구체화되는 기본적 전제가 된다. 그렇다고 해서 이 같은 자료에의 접근을 허용한 IISG가 베를린과 모스크바의 IML이 새로이 발행하는 신MEGA에 대해 일종의 연대책임을 져야 할 필요는 전혀 없었다. 그럼에도 IISG는 IML의 연구원들에게 자료의 열람을 허용함에 따라 마르크스-레닌주의적 신조가 MEGA의 판본에 영향을 미치지 못하게 하는 방파제의 역할을 행사하게 되었다. IISG의 소장 드 종은 이미 1968년 1월 베를린을 방문하는 기회에 그들의 IISG 자료 열람의 전제조건으로 MEGA의 텍스

---

35) 같은 글, S. 73~74.

트 재현이 국제적으로 승인된 표준에 따라 이루어져야 한다는 점을 분명히 밝힌 바 있다.[36)]

한편 이 무렵 베를린 연구소는 위조 서류나 필적의 전문적 감식관으로 1964년 마르크스-엥겔스 부에 초빙된 퇴역 경찰 출신의 뮐러 Kurt Mülller가 『뮐러 교본*Müller-Fibel*』을 완성함으로써, 마르크스의 상형문자나 엥겔스의 축자양식을 해독할 수 있는 체계적 근거를 구축했다.[37)]

---

36) 같은 글, S. 74. Dlubek, "Auf dem Weg zur MEGA². Die internationale Zusammenarbeit zum 100. Gründungstag der Internationalen Arbeiterassoziation(1964)," *Beiträge zur Marx-Engels-Forschung*, Neue Folge, Sonderband 5, 2006, S. 462도 보라.

37) *Die systematische Entzifferung von schwerlesbaren Handschriften unter besonderer Berücksichtigung der Handschriften von Karl Marx und Friedrich Engels*, Ausarbeitung von Kurt Müller, I. Teil, mschr., Berlin 1967, II. Teil, Ergänzung, mschr., Berlin 1977. 철저히 연구소 내부용으로 만들어진 이 교본의 제I부는 1997년 일본어로 번역되었다. クルト・ミュラー,「マルクス/エンゲルス手稿の體系的解讀」(小黑正夫譯), 『マルクス・エンゲルス・マルクス主義研究』, 第30號, 1997.4, pp. 30~83. Stern und Wolf, 앞의 책, S. 176~84과 이 책 제6부 4장의 p. 429도 보라.

## 2장
# 신MEGA 시쇄판(1972): 신MEGA 출판의 신호탄

## 1. 서구의 마르크스-엥겔스 저작집 출판

베를린의 마르크스-레닌주의 연구소IML는 1968년, 비록 모스크바 IML의 제2소치네니야를 저본으로 한 것이지만 『마르크스-엥겔스 저작집*Marx-Engels-Werke*, MEW』(전 41권 43책, 1956~1968)을 완간했다. 따라서 모스크바와 베를린의 두 연구소는 이를 기회로 신MEGA의 준비 사실을 공개적으로 천명한다.[38]

소련과 독일의 이 같은 신MEGA 발행 계획의 공식화는 1910년대 오스트리아-마르크스주의자들의 경우처럼 다른 국가나 단체 혹은

---

38) "Marx-Engels-Gesamtausgabe," *Neues Deutschland*, 14. September 1967; "Über die Veröffentlichung einer Historisch-kritischen Gesamtausgabe der Werke von Karl Marx und Friedrich Engels(MEGA)," *Beiträge zur Geschichte der deutschen Arbeiterbewegung*, 10. 1968, H, 5, S. 771~89. Dlubek, "Die Entstehung der Zweiten Marx-Engels-Gesamtausgabe…," S. 74.

출판사가 마르크스나 엥겔스의 저작을 경쟁적으로 출판하려는 기도를 막으려는 것과는 전혀 무관했다. 1968년 이미 MEW가 완간된 상황에서 서방 측의 국가나 단체는 물론이고 어느 출판사도 마르크스나 엥겔스의 텍스트를 선집이나 전집의 형태로 출판할 가능성은 극히 희박했기 때문이다. 1960년대 들어 서방 측, 특히 독일연방공화국Bundesrepublik Deutschland, BRD에서 발간된 그들의 선집은 리버와 페처가 편집한 2종의 연구용 판본Studien-Ausgabe이 전부였다.

일반적으로 코타판Cotta-Verlag Ausgabe이라 불리는 리버Hans-Joachim Lieber가 편찬한 『마르크스: 저서, 저작, 서간Marx: Werke, Schriften, Briefe』 (hrsg. von Hans-Joachim Lieber, 7 Bde., Cotta Verlag, Stuttgart 1960~1971)은 서구에서 발간된 마르크스의 가장 중요한 앤솔로지로 지목되고 있다. 이 코타 판의 제I, II권은 초기 저작을, 제III권은 2책으로 정치적 논설을, 제IV, V, VI권은 경제학적 저술을, 제VII권은 서간문을 게재하고 있다. 저작의 배열은 제I, II권과 III권이 연대기적 순서를 따르고, 제IV, V, VI권에는 『자본론』을 전문 게재하고, 경제학 소론을 덧붙이고 있다. 제VII권의 서간 부분은 생애와 관련된 서간보다 저작과 관련된 서간을 주로 발췌·수록하고 마지막에 색인을 게재하고 있다.[39]

다음으로 거론할 수 있는 연구용 판본은 페처Iring Fetscher가 1966년에 발간한 4권짜리 『칼 마르크스, 프리드리히 엥겔스: 연구용 판본 Karl Marx, Friedrich Engels: Studienausgabe』(hrsg. von Iring Fetscher, 4 Bde., Fischer Taschenbuch Verlag, Frankfurt/M. 1988)이다. 철학(제I권), 정치경제

---

39) 이 연구용 판본은 1970년대에 제VII권의 서간 부분이 제외된 6권 선집으로 바뀌었다. Karl Marx: *Werke, Schriften in sechs Bänden*(Band III in zwei Teilbänden), hrsg. von Hans-Joachim Lieber(u. Peter Furth), Cotta Verlag, Stuttgart 1971. 위의 선집 1981년판, Bd. I, S. 990을 보라.

(제II권), 역사와 정치 I(제III권), 역사와 정치 II(제IV권)의 4권으로 구성된 이 선집은 대부분의 논설이 MEW를 출전으로 하고 있으며, 부분적으로 구MEGA와 논설들이 게재된 신문, 잡지와 오리지널을 이용하고 있다. 제IV권의 말미에는 마르크스와 엥겔스의 생애, 노동운동의 발달, 그리고 중요한 역사적 연대를 공시적으로 개관하는 도표를 부록으로 첨가하고 있다.[40]

프랑스의 마르크스 연구자 뤼벨Maximilien Rubel도 1983년, "마르크스 사후 100주년 기념판Marx-Jubiläumsausgabe"을 발행하기 위해 16권의 저작집을 기획했으나 자신이 담당한 제1권의 교정쇄를 보는 것에서 그치고 말았다.[41]

이와 같은 서구에서의 마르크스-엥겔스 저작집 출판 상황을 고려할 때 서구의 연구자들이나 독자들은 마르크스-엥겔스 저작집이나 전집의 편찬에 관한 한 조직이나 기획, 그리고 재정적 지원에 있어서 비교할 수 없을 만큼 열세에 처해 있었다. 따라서 그들은 마르크스나 엥겔스를 읽고, 또 학술적으로 연구하기 위해서는 소련이나 동독이 출판한 저작집이나 전집에 의지할 수밖에 없었다. 그리고 이러한 상황은 신MEGA의 출판 즈음에 이르러서는 그 의존도가 거의 절대적이었다고 하겠다. 따라서 서구를 포함한 전 세계의 마르크스나 마르크스주의 연구자들은 동독이나 소련의 지배 정당이 국가적 재정으로 지원하는 이 전집 출판 사업에 무임승차하면서도 혹시나 있을 수 있는 이 사업에 대한 정치적 영향력의 행사에 예민해지지 않을

---

40) Iring Fetscher, "Karl Marx, Friedrich Engels: *Studienausgabe*. Überlegungen, die zur Zusammensetzung der Texte zur Studienausgabe in vier Bänden(1966) geführt haben," *Beiträge zur Marx-Engels-Forschung*, Neue Folge, Sonderband 5, 2006, S. 463~69를 보라.
41) Dlubek, 앞의 글, S. 74.

수 없었다.

## 2. 베를린 MEGA 작업팀의 인적 충원과 조직의 확대

　베를린의 IML은 MEW의 편집을 마감한 1967년 이래 신MEGA의 편집에 전력할 만반의 태세를 갖추고 있었다. 그러나 그들이 수행해야 할 작업의 양에 비해 인원은 한정되어 있었고, 비록 MEW의 편찬을 통해 많은 진척을 보였다지만 편찬 기술 또한 제한적이었다. 그런데도 1968년 10월 이래 사회 각 분야에 마르크스-레닌주의적 이데올로기를 심화시키려는 운동이 강화됨에 따라, MEGA의 편찬 속도를 25년에서 10년 이내로 단축하라는 요구가 중앙위원회의 비서 하거Kurt Hager에 의해 제기되기도 했다. 그러나 역사적-비판적 전집으로서 MEGA가 갖는 특수성이 새삼 인정되면서 사회주의통일당 정치국은 1970년 12월 소련 측 IML이 동의한다면 120권의 규모를 가진 신MEGA의 출판에는 25～30년의 기간이 필요하다는 사실을 재확인했다. 이에 대한 소련 측의 반응은 극히 미온적이었다.[42] 게다가 이 시기 모스크바 IML의 마르크스-엥겔스 부는 제2소치네니야의 보권(제40～50권과 색인 3권, 1968～1981)을 준비하기 위해 대부분의 유능한 연구원들을 차출함으로써, 상대적으로 MEGA 작업에는 극히 소수의 인원만을 배정하는 소홀함을 보였다.

---

42) 앞의 글, S. 76. 모스크바 IML 측은 1972년 7월 MEGA의 작업 기간을 15～20년으로 보고 있었다. 그런가 하면 모스크바 IML의 마르크스-엥겔스 부 부장인 말리쉬는 1974년 4월 당 고위층에게, 베를린의 IML이 오래전부터 소련 측과 아무런 합의도 없이 독일과 해외 언론에 MEGA가 100～120권에 이르게 될 것이며, 완간하는 데 많은 시간이 걸릴 것이라고 밝히고 있다고 보고하고 있다.

반면 베를린 IML의 마르크스-엥겔스 부는 MEGA의 간행 계획 Perspektivplan에 따라 1980년까지 42권의 MEGA를 편찬하기로 되어 있었다. 그러나 1968년 당시 42명의 연구원으로 이러한 작업을 소화하기란 불가능한 형편이었다.[43] 더욱이 장래의 MEGA 작업을 위해 1964년에 이미 70군데에 작업장을 설치한 데다 이 같은 작업장이 계속 늘어나 95군데에 이르렀지만, 박사학위를 받은 연구원은 기껏 4명에 불과했다. 따라서 사회주의통일당 정치국은 1970년 12월 그 인원을 대폭 늘리기로 결의했다.

베를린의 IML은 이 같은 자체 인원의 증원에 만족치 않고, 연구소 이외의 학술기관으로 유능한 전문적 인력을 확보하고 있는 동독의 과학아카데미Akademie der Wissenschaft der DDR, AdW, 할레 대학Universität Halle, 에어푸르트/뮐하우젠 교육대학Pädagogische Hochschule Erfurt-Mühlhausen과 MEGA 작업을 위한 계약을 체결하기도 했다. 나아가 편찬 작업에 전문적 능력을 가졌거나 당 소속 연구기관이 구사(驅使)할 수 없는 전문가들과 협력 관계를 맺는 경우도 있었으니, 마르크스의 「에피쿠로스의 철학노트」를 게재할 MEGA² IV/1은 동독의 과학아카데미에 소속된 고대사 및 고고학 중앙연구소eine Arbeitsgruppe des Zentralinstituts für Alte Geschichte und Archäologie der Akademie der Wissenschaften der DDR에 그 과제를 위임한 것이 그 예다.[44]

베를린 IML의 마르크스-엥겔스 부는 1969~1970년 사이에 최초로 출판될 여러 권의 MEGA를 준비·편찬하는 과정에서 얻은 경험을 토대로 기왕에 작성했던 편집 요강을 더욱 구체화하는 작업을 수

---

43) Plan der Marx-Engels-Forschung der DDR bis 1980(15. Juli 1969). Bundes Archiv, StAPM, ZPA. IV A 2/9.07/191. Dlubek, 앞의 글, S. 76~77.
44) "Hefte zur epkureischen Philosophie," Heft 1-7, MEGA² IV/1, 1976, S. 5~152.

행했다. 나아가 MEGA의 인쇄에 사용될 인쇄 기술상의 프로그램도 이 기간 중에 새로이 준비했다.[45]


## 3. 신MEGA 프로스펙트의 구체화[46]

마르크스와 엥겔스의 문서로 된 모든 유산을 완벽하게 포용하기 위해서는 MEGA 각 부의 프로스펙트를 구체화하는 것이 필요한데, 이를 위해서는 수년에 걸친 노력이 요구됐다. 신MEGA의 경우 이를 우선 4개 부Abteilung로 나눈다는 데는 소련과 독일의 IML 대표들이 구성한 공동편집위원회의 제1차 회의에서부터 이론의 여지가 없었다. 그러나 각 부별 내용과 경계의 설정, 그리고 각 부의 내적 분할, 즉 권별 내용의 확정에도 많은 연구가 필요했음은 물론이다.

**제I부: 저서, 논설, 초안**

신MEGA 제I부는 마르크스의 주저인 『자본론』 제1권과 엥겔스가 출판한 『자본론』 제2, 3권을 포함하여 이와 관련된 초고, 준비노트를 제외한 마르크스와 엥겔스의 모든 철학적·경제학적·역사적·정치적 저작들을 수록할 계획이었다. 종래의 저작집인 구MEGA나 『저작집MEW』이 그 의의 때문에 제I부에 게재했던 특정한 서간문을 예외 없이 제III부에 철저히 독립시켜 수록하고, 제I부에 속하는 초안Entwürfe은 제IV부에 게재될 발췌와 엄격히 구분하고 있다. 이와 함께

---

45) Dlubek, 앞의 글, S. 78.
46) 이 부분은 자료적 가치 때문에 당시 베를린 IML의 마르크스-엥겔스 부의 부장(1965~1974)인 들루벡의 서술을 가급적 충실히 옮기기로 한다.

특수한 예외를 제외하고는 연대기적 배열을 준용토록 했다. 이는 주제 중심의 권thematische Bände에서도 예외가 아니며, 그와 관련된 초안이나 후에 발간된 저자 감수의 번역본들autorisierte Übersetzungen도 수록하게 했다. 나아가 완전성의 원칙과 저자 감수의 기준Autorisationskriterium을 지키기 위해 제I부 각 권의 부록으로 "불확실한 문건Dubiosa"과 마르크스와 엥겔스의 동의 없이 수정된 노작이나 제3자의 글이지만 그들이 영향을 미쳤거나 서명을 한 경우, 그리고 남아 있지 않은 연설의 재현이나 그들의 영향을 받아 이루어진 그들 저작의 제3자의 번역본 등이 제시되어야 한다고 주장하고 있다.

베를린의 IML은 제I부의 각 권별 구분 작업에 각 권의 규모와 이러한 구분을 정당화하는 역사적 근거가 필요하다고 주장한다. 베를린 IML의 마르크스-엥겔스 부가 작성한 제I부의 상세한 프로스펙트는 마르크스의 경우 1972년에, 엥겔스의 경우 1977년에 확정되었다. 모두 32권으로 이루어진 제I부는 넘쳐나는 자료들로 인해 결국 제I부의 여러 권이 예상보다 두껍게 출판되었다.[47]

### 제II부: 『자본론』과 그 준비 노작

『자본론』과 그 준비노트로 구성될 제II부는 역사적-비판적 전집으로서의 MEGA의 학술적 가치를 가장 뚜렷하게 부각시킬 것으로 보였다. 『자본론』의 가장 원초적 초안으로 1939년과 1941년에 최초로 출판되어 일반적으로 『그룬트리세』로 알려진 1857~1858년의 경제

---

47) Dlubek, "Bericht über den Stand der Arbeit an der Ersten Abteilung der MEGA [für die Tagung der Redaktionskommission im Mai 1977]," MEGA-Archiv A, Bd. 18, H. 1, S. 2. Dlubek, 앞의 글, S. 79~80. 정문길, 「미완의 꿈—『마르크스-엥겔스 전집』 출판」, 『마르크스의 사상 형성과 초기 저작』, 문학과지성사, 서울 1994, pp. 383~84도 보라.

학 초고부터 시작되는 제II부는 1859년에 발표된 『정치경제학 비판을 위하여』(1859)와 그 초안의 초고, 1859~1861년의 다른 준비노트, 6책으로 이루어진 1861~1863년에 쓰인 23권의 방대한 초고, 『자본론』 제2권의 최초의 초안과 『자본론』 제3권의 유일한 잔존 초고가 포함된 1863~1865년의 노트가 수록될 예정이었다. 여기에 마르크스와 엥겔스가 자신들의 생존 시에 출판하고 또 수정을 거쳐 번역을 승인한 『자본론』 제1권의 각종 판본과 『자본론』 제2, 3권 및 그 준비노트를 포함함으로써, 그들의 경제 이론의 형성사-발전사만이 아니라 마르크스 경제학의 새로운 단계를 열 것으로 기대하고 있었다.

특히 이 제II부는 1867년에 그 초판이 발행된 『자본론』 제1권의 4개 독일어 판본(1867; 1872; 1883; 1890)은 물론, 르와 Joseph Roy의 프랑스어판(1872~1875), 무어와 에이블링 Samuel Moore & Edward Aveling의 영어판(1887)을 각 권의 본문 텍스트로 재현함으로써 그의 잔존하는 유일한 주저의 수정과 보유를 한눈에 볼 수 있게 하려 했다. 모스크바와 베를린 IML이 공동으로 작성한 제II부의 프로스펙트는 칼 마르크스의 주저인 『자본론』의 텍스트 발전과 구조를 최초로 전체적으로 조망할 수 있게 만들었다.

제II부는 여러 권이 분책Teilband되어 있는데, 이는 애초에 제II부의 권수가 지나치게 한정되어 있었기 때문이다. 그러나 마르크스의 방대한 경제학 초고와 관련해서 볼 때 분책으로 나뉘어 하나의 권을 형성하는 것도 정당화될 수 있을 것이다. 1983년에 완성된 제II부의 프로스펙트는 이를 모두 16권 24책으로 계획하고 있다.[48]

---

48) Prospekt der Abteilung II der MEGA(August 1983), MEGA-Archiv A, Bd. 12, H. 4, Nr. 2, Dlubek, 앞의 글, S. 80. 정문길, 앞의 글, pp. 384~85.

신MEGA 제III부와 제IV부의 프로스펙트는 1980년대 중반에 완성되었다. MEGA의 완전성의 원칙에 근거하여 이 2개 부의 프로스펙트를 작성키로 한 것은 이미 1969년이었다. 그러나 이에 대한 작업이 늦어진 것은 일차적으로 그 자료가 워낙 방대하고, 다음으로는 MEGA의 전체 권수에 대한 소련공산당의 결의를 망각했기 때문이다. 게다가 이들 2개 부의 프로스펙트 작성은 제I부나 제II부보다 완만한 속도로 진행되었다.

### 제III부: 서간문

종래에 출판된 마르크스-엥겔스의 서간집은 예외적인 경우를 제외하고는 일반적으로 두 사람의 왕복서간이거나 그들 두 사람이 제3자에게 보낸 서간문이 전부였다. 그러나 신MEGA 제III부는 마르크스와 엥겔스가 집필한 서간문만이 아니라 그들의 가족, 친척, 친지 등의 제3자가 마르크스와 엥겔스에게 "보낸" 편지들Briefe an을 적절하게 포함하려 했다. 그들에게 "보낸" 편지는 구MEGA에서는 전혀 고려된 바 없으나, 그것이 갖는 학술적 관련성이나 거기에 상응하는 연구 수준으로 보아 이들을 역사적-비판적 전집에 포함하는 것은 당연해 보인다. 그러나 마르크스와 엥겔스에게 보낸 제3자의 편지가 그들 두 사람의 편지의 3배에 이르는 데다 소련공산당 중앙위원회가 애초에 허용한 제III부의 권수는 10~15권이었으므로 결국 그들에게 "보낸" 편지들은 발췌하여 수록할 수밖에 없는 딜레마에 직면했다. 이 같은 현실적 장애에도 불구하고 양국 IML의 대표들은 역사적-비판적 전집에서의 발췌란, 결국 주관적 "자의(恣意)"에 빠질 위험이 크기에 학문적으로 무책임한 행위라고 판단하고 유전하는 모든 왕복서간을 연대기적으로 정리하여 수록해야 한다는 쪽으로 입장을 정리하게 된다.

이에 따라 베를린의 IML은 이를 작은 활자로 재현하려고 했으나 서간 부문을 책임진 모스크바 연구소는 이를 부록에 수록하겠다고 결정했다(이는 1992년 IMES의 새로운 편집 기준에서 교정되었다). 또한 제III부 부록의 제2부문에서는 마르크스와 엥겔스의 위임으로 제3자가 제3자에게 보낸 편지나 양자의 남아 있지 않은 편지에 관한 정보를 제시하겠다는 계획을 세우고 있다. 결국 신MEGA의 제III부는 모두 1만 4,000통이 넘는 편지를 편집함으로써 이를 포용하려는 그들의 프로스펙트는 MEGA 45권을 예상하고 있다.[49]

### 제IV부: 발췌, 메모, 난외방주

제IV부의 텍스트는 그 일부가 구MEGA에 게재되어 출판된 적이 있으나 그때까지 가장 적게 공개된 부분으로 신MEGA 가운데서 가장 독특한 성격을 띤다. 마르크스는 이미 베를린 학창 시절부터 발췌노트를 만들거나 독서 후 그 단상을 메모하는 습관이 있었는데 이는 전 생애를 통해 지속되었으며, 엥겔스의 경우도 이에 미치지는 못했으나 비슷한 습관이 있었던 것으로 알려져 있다. 마르크스는 1844년부터 1881년 사이에 방대한 노트를 남기고 있는데, 그 가운데는 단편적인 생각을 기록해놓은 것에서부터 저술을 위한 간략한 초안이나 거의 완성에 가까운 문건까지 포함되어 있다. 게다가 마르크스나 엥겔스가 그들이 읽은 장서에 기록한 난외방주나 종선, 횡선과 표지(標識)는 엄청난 양에 이른다.

---

49) Dlubek, 앞의 글, S. 81. 정문길, 앞의 글, pp. 385~86.

이처럼 신MEGA 제IV부를 위해 편집된 자료는 워낙 방대하고 다양하여 이의 프로스펙트 작성도 쉽지 않은 상황이었다. 따라서 다양한 종류의 자료들은 우선 그 성격에 따라 서로 다른 형태로 재현하도록 했다. 어떤 자료는 완벽하게, 또 다른 자료들은 축약하기도 하고, 서술만으로 그치기도 했다. 즉 자료의 학술적 가치나 중요도에 따라 궁극적 선택의 객관적 기준을 적용하기로 함으로써, 모스크바와 베를린의 편집자들은 이미 1969년 5월 신MEGA 제IV부의 규모를 15~20권으로 한다는 소련공산당의 결의를 완전히 무시했던 것이다.[50] 그들은 1973년에 제IV부의 처음 8권의 프로스펙트를 작성했는데, 이는 1849년까지의 발췌와 메모에 한정되는 것이었다. 그리고 1984년 발췌와 메모의 프로스펙트가 완성되었을 때는 이미 MEGA 40권에 도달하게 되었다.

앞의 프로스펙트에는 제IV부에 포함되기로 한 난외방주가 별도로 제외되어 있었다. 마르크스와 엥겔스가 이용한 장서와 거기에 기록한 독서의 흔적을 파악하는 데는 많은 시간이 필요했다. 게다가 그들이 기록한 난외방주나 횡선, 종선, 기호는 그 날짜를 비정(批正)하기가 어려우므로 연대기적 배열을 포기할 수밖에 없었다. 이에 편찬진은 1976년 이를 독자적인 부Bandgruppe로 분리하여 발행키로 했다. 그들은 1983년 이 부문에 적용할 원칙과 그에 따른 시험판 Probestücke[51]을 발행, 학술기관, 도서관, 출판사 및 전문 학자들에게

---

50) I. Bach und I. Taubert, "Ergänzungen zu den Editionsrichtlinien der MEGA. Veröffentlichung der Exzerpte, Konspekte, Bemerkungen in Büchern und anderer Autographen in der IV. Abteilung(23. Mai 1969)," MEGA-Archiv A, Bd. 10, H. 5, Nr. 4. Dlubek, 앞의 글, S. 82를 보라.
51) Karl Marx/Friedrich Engels, *Gesamtausgabe(MEGA). Vierte Abteilung. Probeheft: Karl Marx/Friedrich Engels, Marginalien. Probestücke. Text und Apparat*, Redaktion: Richard Sperl(Leitung), Georgi Bagaturija, Boris Rudjak, Nelly Rumjanzewa, Arthur

배포하여 토론에 부쳤던 것이다. MEGA의 이러한 편찬 방법에 대한 전문가들의 의견서는 모두 30통이 넘게 접수되었는데, 그 평가는 대부분 긍정적이었다. 그러나 이의 발행에 소요되는 과도한 경제적 부담이 공통으로 지적되었다. 이 난외방주 부문은 당시의 계산으로 MEGA 약 30권이 필요한 것으로 예상했으나 이의 발행 시기는 구체적 일정을 잡지 않은 채 유보되었다.[52]

우리는 이상에서 신MEGA 각 부의 프로스펙트를 간략히 검토함으로써 신MEGA가 구MEGA나 MEW를 비롯한 다른 저작집Werkausgabe과 어떻게 다른가를 살펴보았다. 그런데 여기서 우리가 주목하는 것은 앞에서 언급한 신MEGA의 여러 가지 특징들과 더불어 그것의 양적 방대함이다. 1984년 5월에 개최된 베를린과 모스크바의 공동편집위원회는 최종적으로 MEGA 제III부와 제IV부의 프로스펙트를 승인함으로써 MEGA의 총 권수는 30권으로 예정된 제IV부의 난외방주 부문을 제외하더라도 133권 142책에 이르게 된 것이다.

사실 신MEGA의 규모는 애초에 이데올로기적 이유나 재정상의 이유로 당의 고위층이 50~70권으로 한정했으나, 신MEGA의 편집에 참여한 마르크스-엥겔스 연구자들은 그와 같은 권수의 제약을 수용하는 것은 학문적으로 무책임한 행위라면서 이에 강력히 반발했다. 특히 마르크스와 엥겔스의 저작들이 소련이나 동독의 IML에 의해 편찬되는 사실에 짐짓 의구심을 갖고 유보적인 태도를 보이는 서방

---

Schnickmann und Günter Wisotzki, Dietz Verlag, Berlin 1983. 이는 1972년에 출판된 신MEGA 시쇄판의 예에 따르고 있다.
52) Dlubek, 앞의 글, S. 81~82. 정문길, 앞의 글, pp. 386~88과 정문길, 「마르크스-엥겔스의 장서에 나타나는 난외방주의 의의와 이의 출판 문제: 신MEGA IV/32(선행판)의 발간에 즈음하여」, 『한국 마르크스학의 지평』, 문학과지성사, 서울 2004, pp. 155~76도 보라.

측 학자들의 비판에 예민한 반응을 보였던 그들은, 신MEGA가 마르크스와 엥겔스의 엄청난 텍스트를 처음으로 출판할 뿐만 아니라 그 어느 하나도 빠지지 않고 수록한다는 결의를 다짐했던 것이다. 그러나 이러한 주장은 들루벡이 회고하듯이 양적인 측면에서만 "완전성의 원칙Vollständigkeitsprinzipien"을 고집함으로써 결과적으로 턱없는 반복Redundanz의 문제에 충분한 배려를 하지 않았다는 취약점을 노출했다.[53] 따라서 MEGA 편찬진의 한없는 양적 팽창에 대한 욕구는 가끔 MEGA에 대한 "과대망상증MEGA-lomanie"으로 희화화되기도 했다.[54]

### 4. 편집 원칙의 상세화와 신MEGA 시쇄판의 발행

**편집 원칙의 상세화**

신MEGA 프로스펙트의 구체화는 어차피 MEGA의 각 권에 텍스트를 어떻게 재현할 것인가 하는 문제로 귀착된다. 따라서 텍스트의 재현을 위해서는 이의 재현 방법을 상세히 규정한 편집 기준이 우선 확정되어야 함은 당연한 일이다.

---

53) Dlubek, 앞의 글, S. 83. 이와 유사한 견해는 『경제학·철학 초고』와 『자연변증법』과 같은 미완성 초고를 한 번은 연대기 순으로, 또 한 번은 체계적-논리적 순서로 이중으로 게재한 것을 비판한 슈페를의 경우에서도 확인할 수 있다. Richard Sperl, "Das Vollständigkeitsprinzipien der Marx-Engels-Gesamtausgabe—editorischer Gigantismus?(1992)" *Edition auf hohem Niveau,* Zu den Grundsätzen der Marx-Engels-Gesamtausgabe (MEGA), Argument Verlag, 2004, S. 43~44. 정문길, 「마르크스, 『경제학·철학 초고』의 텍스트 비판」, 『에피고넨의 시대: 청년헤겔파와 칼 마르크스』, 문학과지성사, 서울 1987, pp. 265~66도 보라.
54) Konrad Löw, "MEGA-lomanie," *Die Welt*, 2. April 1991. Dlubek, 앞의 글, S. 83에서 재인용.

신MEGA의 편집 원칙은 1965년 10월에 열린 모스크바와 베를린 IML의 제1차 공동편집위원회에서, 앞에서 살펴본 바와 같이 신MEGA가 독일에서, 독일어로 출판되기에 베를린의 IML이 작성하기로 결정했다. 이에 따라 베를린 IML의 카이저가 그 초안을 1967년 2월의 2차 편집위원회에 제출하고, 1967년 6월의 3차 편집위원회는 그간 모스크바 측이 검토하여 승인한 편집 기준을 다시 심의한 뒤 베를린의 마르크스-엥겔스 부가 이를 좀더 구체화하기로 했다. 결과적으로 편집 기준이 최초로 체계화된 것은 1968년 12월의 제4차 편집위원회에서였다.

편집 기준이 더욱 정교화된 것은 신MEGA 시쇄판의 편찬이 구체화되면서부터이다. 원래 신MEGA 시쇄판의 편찬은 베를린 마르크스-엥겔스 부의 1969년 작업 계획 가운데 포함되어 있었다. 이는 모스크바의 마르크스-엥겔스 부가 이 MEGA 시쇄판에 MEGA의 4개 부문 전체의 단면을 반드시 제시할 필요가 없다는 입장을 표명했기에 제I부의 견본 편집에 한정되었다. 따라서 시쇄판의 작업은 당연히 베를린 마르크스-엥겔스 부의 과제가 될 수밖에 없었다.[55] 그러나 베를린 연구소 측의 독자적인 시쇄판 편찬 작업은 결과적으로 1964년 이래 그들이 추구하려 했던 텍스트학의 발전을 재충전하는 중요한 계기가 되었다.[56]

1969년 이전까지만 하더라도 MEGA의 편찬진이 가지고 있던 역

---

55) Konzeption für einen Maketband der Abteilung I der MEGA(1. Juli 1969), MEGA-Archiv A, Bd. 5, H. 1, Nr. 1. Dlubek, 앞의 글, S. 84.
56) Dlubek, 앞의 글, S. 84. R. Sperl, "Die Wiedergabe der autorisierten Textentwicklung in den Werken von Marx und Engels im Variantenapparat der MEGA," *Marx-Engels-Jahrbuch* 5, 1982, S. 160. R. Sperl, "Zu einigen theoretisch-methodischen Grundsatzfragen der MEGA-Editionsrichtlinien," *Beiträge zur Marx-Engels-Forschung*, N. F. 1991, S. 146~47.

사적-비판적 전집의 가장 중요한 성격은 완전성과 오리지널에 최대한 충실한 것이었다. 그러나 그들이 시쇄판 작업을 진행하는 과정에서 분명히 중요하다고 인식한 것은 편집된 본문edierter Text과 이문Autorvarianten을 어떻게 재현하느냐는 것이었다. 따라서 신MEGA의 질적 수준을 높이기 위한 제3의 특징은 마르크스와 엥겔스의 저작을 1930년대 이래의 학문적 성과를 바탕으로 하여 전체적으로 인정된 텍스트의 전개in ihrer gesamten autorisierten Textentwicklung로 재현하는 것이었다. 다시 말하면 이제 MEGA의 편집자들이 요구하는 것은 마르크스와 엥겔스의 작업 과정을 명료하게 밝히는 일이었다. 즉 MEGA의 편집자들은 그들이 제시하는 새로운 텍스트의 과제가 저자의 의도에 가장 근접하는 텍스트를 만드는 것이 아니라, 최초의 초안에서부터 최종적인 원고에 이르기까지 텍스트의 발전을 재현하는 것이라고 인식하게 되었다. 따라서 "신MEGA의 가장 중요한 편집 원칙은 모든 텍스트는 가능한 한 최대로 오리지널과 일치하도록 재현해야 하고, 이와 더불어 텍스트의 전개Textentwicklung는 완전성Vollständigkeit, 직관성Anschaulichkeit, 지면의 경제성Platzökonomie에 가장 근접하도록 표현해야 한다"는 것이었다.[57]

베를린의 마르크스-엥겔스 부가 신MEGA의 편찬에, 저자의 의지가 담긴 결정본을 편찬된 텍스트로 채택하는 일반적인 관행에서 벗

---

57) Karl Marx/Friedrich Engels, *Gesamtausgabe(MEGA). Probeband. Editionsgrundsätze und Probestücke*, Dietz Verlag, Berlin 1972(이하 MEGA² *Probeband*로 약칭) S. 29*~30*. Dlubek, 앞의 글, S. 84. 슈페를은 편집된 텍스트가 아닌 아파라트에서의 이문의 재현 문제를 다루면서 완전성과 엄밀성, 직관성과 간결성, 그리고 경제적 방식에 대한 고려를 거론하고 있다. Richard Sperl, "Die Wiedergabe der autorisierten Textentwicklung in den Werken von Marx und Engels im Variantenapparat der MEGA," S. 192; R. Sperl, "Zu einigen theoretisch-methodischen Grundsatzfragen der MEGA-Editionsrichtlinien," S. 144~65도 보라.

어나 초고, 제1판, 또는 최종결정본Ausgabe letzter Hand과 같은 모든 텍스트 형태Textgestalt를 그 어느 것에도 우선권을 두지 않고 동일하게 다루면서 가급적 초기의 텍스트를 편찬 텍스트로 채택한 것은 마르크스와 엥겔스의 모든 텍스트를 텍스트-생성사적 방식textgenetische Fragestellung und Verfahren으로 다루려는 것이었다. 이런 노력의 근저에는, 한 저작의 개개 텍스트는 그것이 집필되는 시기의 역사적 여건이나 저자의 인식 상태에 조응하여 형상화된 것이기에 우열이 있을 수가 없다는 생각이 담겨 있었다.[58] 동독 과학아카데미 산하 독일 어문연구소Institut für deutsche Sprache und Literatur der AdW der DDR의 자이페르트Hans Werner Seiffert의 편찬학 이론에 근거한 이와 같은 텍스트 편찬 방법은 마르크스와 엥겔스의 창조적 과정을 밝히는 도구를 찾던 MEGA의 편찬자들에게 의미 있는 수단으로 받아들여졌다. 특히 이러한 방법은 마르크스와 엥겔스 저작의 역사화Historisierung를 추구하는 동독과 소련 IML의 마르크스-엥겔스 해석과도 맞아 떨어졌다.[59]

따라서 1969년 이래 편집 기준의 세련과 확정을 위해 독일 어문연구소와 지속적 접촉을 가진 MEGA 편집진은 MEGA의 아파라트에 당초 기술적 이문명세(記述的異文明細)deskriptive Variantenverzeichnis를 제시하려던 계획을 바꾸어, 이를 논증적인 이문의 기록diskursive Variantenverzeichnung 방법으로 변경했다. 이는 마르크스와 엥겔스의 작업 형태나 유존하는 유고가 병렬적 기록 형식parallelisierender Verfahren der Variantenverzeichnung(Zeilen- und Zeilengruppenparallelisierung)이나 공관적(共觀的) 방식에 더욱 적합한 것으로 판단되었기 때문이다. 공관적

---

58) Sperl, "Zu einigen theoretisch-methodischen Grundsatzfragen der MEGA-Editionsrichtlinien," S. 148~49.
59) Dlubek, 앞의 글, S. 86.

방법die synoptische Methode은 잘 알려진 바와 같이 『신약성경』의 복음사가인 마태, 마가, 누가의 처음 3복음의 병렬적 텍스트를 절별로 편찬하여 비교하는 데서 유래한 것이다. 이러한 방법은 오늘날 중요한 학술적 편찬 절차의 하나로 발전하고 완성되어 역사적-비판적 전집의 편찬에도 채용된 것이다.[60]

그러나 최신 독일 어문학적 편찬술이 MEGA가 포용해야 할 다양한 저작들의 재현에 쉽사리 적용될 수만은 없었다. 마르크스와 엥겔스의 저작은 가장 근본적인 문제를 다룬 학술적 저작에서 시의에 따른 저널리즘적 논설, 연설문, 정당의 강령, 호소문, 성명서, 위임장, 메모노트 등을 포함하고 있다. 따라서 이들을 일정한 양식에 따라 효과적으로 적용하는 일은 쉽지 않을뿐더러, 또 다른 측면에서는 융통성 있는 이문 기록 방법이 고안되어야만 했다. 장기간에 걸친 초고의 편집 과정에서 MEGA의 편집진은 초고의 유존(遺存) 양식에 따라 거기에 적합한 형태의 이문 아파라트Variantenapparat를 작업 현장의 아파라트Werkstellenapparat로 결정하게 되었다. 다시 말하면 유고의 존재양식이 보조적 방식을 쓰게 하거나, 아니면 병렬적 기록 형식이나 공관적 방법을 적용하게 하는 것이다. 이러한 방식은 특히 제IV부의 발췌를 편집할 경우에 처음으로 유효한 해결책으로 이용되었다.[61]

### 신MEGA 시쇄판의 편찬과 개요

앞에서 언급한 여러 문제들이 쉽사리 해결된 것은 아니었지만, 1970년 6월 신MEGA 시쇄판의 첫번째 초고가 완성되었다. 그리고 이에 대한 광범한 퇴고가 이루어졌다. 그런데 바로 이 시점에서 시

---

60) 같은 글, S. 85~87. Stern und Wolf, *Das große Erbe*, S. 196~97도 보라.
61) Dlubek, 앞의 글, S. 87.

쇄판에 일체 참여치 않겠다던 모스크바의 마르크스-엥겔스 부가 태도를 바꾸어 참여함으로써 신MEGA 시쇄판은 제I부에 한정되지 않고 4개 부문 전체를 포용할 수 있게 되었다. 따라서 시쇄판의 편집에 참여한 베를린과 모스크바의 연구자들은 텍스트나 이문의 재현에 있어서 기본적으로 국제적 수준에 준하는 편집 원칙을 채택, 공통의 편찬 이론에 입각하여 편집 작업을 수행할 수 있었다. 그리고 이는 결과적으로 모스크바와 베를린에서 이 시쇄판의 편집에 참여했던 25명의 연구자들을 신MEGA 정규권의 작업에 곧장 투입하는 중요한 성과를 거두었다.[62]

따라서 우리가 신MEGA의 발행 과정에서 이처럼 획기적 계기를 마련한 신MEGA 시쇄판에 게재된 텍스트와 그 편찬자들을 일별하는 것도 의미 있는 일이라고 하겠다. 원래 이 시쇄판은 앞에서도 언급한 바와 같이 베를린 IML의 마르크스-엥겔스 부가 독자적으로 편찬·발행하며, 그 게재 대상이 되는 텍스트도 MEGA의 제I부에 한정되어 있었다. 그러나 1970년 중반 모스크바 IML의 마르크스-엥겔스 부가 이 작업에 참여함으로써 시쇄판의 내용은 신MEGA 4개 부 전체로 그 대상이 확장되었다. 따라서 임박한 발행 예정일 때문에 베를린의 마르크스-엥겔스 부가 맡았던 제I부가 중심이 되고, 모스크바의 연구자들이 맡은 제II, III부와 IV부의 일부는 극히 제한적인 것이었다. 그러나 전체적으로 볼 때는 각 부별로 텍스트의 재현에 특별한 의미를 갖는 저작들을 골라 그들이 제시한 편집 원칙에 따라 재현하고, 텍스트 부문과는 별도의 아파라트를 제시하고 있다.[63]

베를린의 마르크스-엥겔스 부가 편집을 맡은 제I부는 모두 6편의

---

62) 같은 곳.
63) Karl Marx/Friedrich Engels, *Gesamtausgabe(MEGA). Probeband. Editionsgrund-*

텍스트와 2개의 부록이 수록되어 있다. 여기서 주목할 것은 마르크스가 제1인터내셔널 총회에서 연설한 『프랑스의 내전』 텍스트의 경우, 마르크스가 작성한 영어본, 엥겔스가 이를 번역한 독일어본, 그리고 마르크스 자신이 감수한 프랑스어 번역본(부록으로 게재)이 모두 게재되어 있다는 점이다. 이는 비록 동일한 저작이더라도 그 판본이나 언어가 다를 경우에는 이를 모두 게재하기로 한 신MEGA의 완전성의 원칙을 구체화한 것이라고 하겠다.

I-1) 『라인 신문』에 기고한 엥겔스의 7개의 논설〔편집자: Bernhard Dohm, Renate Merkel〕

I-2) 마르크스와 엥겔스의 『독일 이데올로기』〔편집자: Inge Taubert, 협력자: Johanna Dehnert〕

I-3) 엥겔스의 『공산주의자 신조 고백 초안 Entwurf des Kommunistischen Glaubensbekenntnisses』〔편집자: Martin Hundt〕

I-4) 마르크스의 『프랑스의 내전: 국제노동자연맹 총회에서의 연설 Civil War in France, Address of the General Council of the International Working-Men's Association』과

I-5) 엥겔스의 독일어 번역문

I-6) 마르크스가 감수한 프랑스어 번역문(부록)〔이상 3편의 편집자: Hans Dieter Krause, 협력자 Mary Ashraff, Horst Borusiak, Ursula Hoffmann, Edith Voigt〕

I-7) 엥겔스의 『프랑스에서의 계급투쟁 1848~1850 Die Klassenkämpfe in Frankreich 1848 bis 1850』 서론 Einleitung〔편집자: Richard Sperl〕

---

sätze und Probestücke, Dietz Verlag, Berlin 1972를 보라.

I-8) 마르크스의 『시카고 트리뷴』지와의 인터뷰 기사(부록) Interview der Chicago Tribune mit Marx〔편집자: Richard Sperl〕

한편 제II부와 III부는 모스크바의 마르크스-엥겔스 부가 편집을 맡았다. 제II부의 경우 이미 신MEGA의 프로스펙트에서 확인한 바와 같이 『자본론』 제1권의 독일어판 4개판과 프랑스어판이 『프랑스의 내전』의 경우처럼 모두 완전성의 원칙에 따라 텍스트로 채택될 것을 전제로 하여 시쇄판에서는 비교적 간단한 경제학 초고를 선택·게재하고 있다. 그런가 하면 제III부에서는 신MEGA의 특징이기도 한 마르크스와 엥겔스에게 "보낸" 편지가 작은 활자체로 부록으로 게재되어 있다.

II-1) 마르크스 『바스티아와 캐리 Bastiat und Carey』〔편집자: W. K. Bruschlinski〕

II-2) 마르크스의 『정치경제학 비판을 위하여 Zur Kritik der politischen Ökonomie』〔편집자: L. R. Miskewitsch〕

III-1) 1837년에서 1883년에 이르는 기간의 마르크스와 엥겔스의 6통의 서간과 마르크스의 가족이 그에게 보낸 3통의 편지〔편집자: A. J. Kortejewa, M. A. Kotschetkowa, S. S. Lewiowa〕

제IV부의 발췌는 모스크바와 베를린의 연구자들이 각각 하나의 텍스트를 제시하고 있다. 여기서 우리가 주목하는 것은 신MEGA가 채택하고 있는 편집 원칙 중의 하나인 저자가 사용한 언어를 그대로 사용한 점이다. IV-1이 프랑스 원문을, IV-2가 러시아어 원문을 발췌, 혹은 요점을 기록한 뒤 영어나 독일어 등 저자가 상용하는 언어로 코멘트를 달고 있는 것이 눈에 띤다.

Ⅳ-1) 『크로이츠나흐 노트Kreuznacher Hefte; Zeitungsexzerpte über die Pariser Kommune』(Auszug) 〔편집자: I. A. Bach, N. S. Rumjanzewa〕

Ⅳ-2) 바쿠닌M. A. Bakunin의 저서 『국가로서의 지위와 아나키Государственность и Анархія』(Auszüge)에 대한 적요Konspekt 〔편집자: Bernhard Dohm〕[64]

## 신MEGA 시쇄판의 반포와 전문가들의 조언

신MEGA 시쇄판은 이상과 같은 과정을 거쳐 1965년 이를 기획하면서 예정한 대로 1972년 7월에 발간되었다. 모두 800페이지에 달하는 이 방대한 시쇄판은 600부가 인쇄되어 동독과 소련은 물론이요 유럽 각국과 미국, 일본의 관련 연구소 및 전문적인 학자들에게 배포되었다. 잠정적이나마 신MEGA의 편집 기준에 따라 편찬된 이 시쇄판은 전문적인 기관이나 학자들의 조언Gutachten을 구하게 되고, 이에 호응하여 모두 120개가 넘는 기관과 개인이 그들의 견해를 진술한 의견서Stellungnahme를 보내왔다. 소련과 동독의 여러 기관이나 개인은 물론이고, 서독, 스위스, 폴란드, 프랑스, 이탈리아, 네덜란드, 일본에서 보내온 이들 의견서는 텍스트의 발전을 보여주는 시쇄판의 텍스트 재현에 원칙적으로는 찬성했지만, 이를 비판하는 의견도 만만치 않았다. 특히 MEGA의 편찬과 직접적인 관련이 없는 사람들은 모스크바 IML의 학술조정회의에서 MEGA가 텍스트의 재현에 지나치게 낭비적인 방법을 구사한다면서 이를 아카데미즘, 형식

---

64) 시쇄판에 게재된 텍스트의 선택과 그것에 대한 설명은 MEGA² *Probeband*, S. 27*~35*를, 개개 텍스트의 편집자는 MEGA² *Probeband*, Titelblatt, 판권 면을 참조하라.

주의, 현학주의의 표현이라고 비판하고, 심한 경우에는 이 같은 편집 원칙의 발안자를 투옥해야 한다는 극단적인 주장도 있었다고 보고되고 있다.[65]

1973년 3월, 신MEGA의 편집 원칙에 대한 논의의 성과를 결산하는 베를린 회의에서 베를린과 모스크바의 마르크스-엥겔스 부는 시쇄판이 제시한 텍스트 발전의 재현 방법은 몇 가지 점에서 개선되어야 하겠지만, 독일 내외의 유능한 편집 전문가들이 긍정적인, 아니 높은 평가를 하고 있으므로 이를 원칙적으로 유지하는 것이 정당하다는 결론을 내리게 되었다. 이처럼 시쇄판의 논의에 있어서 텍스트와 이문의 재현 방법은 광범한 승인을 얻었으나, 아파라트 부분의 내용이나 주석에는 또다시 문제가 제기되었다.

원래 주석Erläuterung은 그 자체가 평가Bewertung와 엄격히 구분하기가 쉽지 않은 것이 사실이다. 특히 들루벡이 지적하다시피 마르크스-레닌주의를 내면화하면서 성장한 연구원들이 아파라트의 주석 부분에서 이데올로기적 편향을 나타낼 가능성은 충분하다고 하겠다.[66] 따라서 신MEGA 시쇄판을 주도한 동독의 연구원들은 주석을 가급적 줄임으로써 이러한 실수를 피하려고 했던 것이 분명하다.[67] 그러나 지나치게 빈약한 시쇄판의 주석은 비판의 대상이 되었고, 오히려 더 많은 주석을 요구하는 의견도 적지 않았다. 따라서 모스크바와 베를린 연구소의 MEGA 편집진은 "원칙적으로 MEGA에 학술적 주석을 붙이는 것은 이 판본이 학문적으로 교양 있는 이용자들에게 마르크스-엥겔스의 텍스트를 이해하는 데 〔필요한〕 모든 정보의

---

65) Dlubek, 앞의 글, S. 88~90. 이들 자료는 MEGA-Archiv A, Bd. 5, H. 2, Nr. 1 und 2; Bd. 5, H. 3, Nr. 10; Bd. 5, H. 4, Nr. 3, S. 6 등에 의존하고 있다.
66) 같은 글, S. 93.
67) 이 책 p. 461 항목 4)를 보라.

제공에 기여하는 것"이라는 결론을 도출하게 된다. 그리고 이러한 결정에 따라 사항 색인과 인물 색인은 물론 문헌 색인에 정기간행물까지 첨가함으로써 신MEGA의 특징인 완전성, 오리지널에 대한 최대의 충실성, 저작의 발전 과정의 문서화Dokumentation에 이어 텍스트에 대한 풍부한 주석의 제공이라는 또 하나의 특징을 첨가하게 된 것이다.[68]

그리고 여기서 우리가 마지막으로 언급해야 할 사항은 MEGA의 각 권에 게재된 마르크스-엥겔스의 저작이 아닌 서문Vorwort과 서론Einleitung의 문제이다.[69] 서론은 각 권에 수록된 저작과 서간의 역사, 즉 저작의 역사Werkgeschichte와 전거의 비판Quellenkritik에 바쳐져야 하는데 그렇지 못한 경우가 오히려 많았던 것이다. 이 때문에 서독의 역사학자 히르쉬Helmut Hirsch는 신문에 공개된 신MEGA 시쇄판에 대한 의견서에서 MEGA 각 권에 게재될 서문은 발행 기관의 연구소만이 아니라 다른 견해를 가진 기관이나 인물도 집필할 수 있어야 한다면서 당시 서독의 수상이던 브란트Willy Brandt에게 MEGA 1개 권의 서문 집필을 의뢰할 수 없느냐고 꼬집기도 했다.[70] 서론의 경우에도 중요한 대목에서는 꼭 레닌을 인용하는 견강부회도 결국 MEGA가 소련의 공산당이나 동독의 사회주의통일당 산하의 연구

---

68) Dlubek, 앞의 글, S. 92~93.
69) MEGA의 경우 Vorwort에 해당하는 것은 신MEGA의 첫째 권[MEGA² I/1(1975)], 19*~52*에 게재된 "Vorwort zur Gesamtsausgabe"뿐이고 시쇄판[MEGA² *Probeband*, (1972)]을 포함한 모든 MEGA 권에는 "Einleitung"만 있을 뿐이다. 따라서 서문이나 서론으로 구분되는 표현은 특별한 경우가 아닐 때는 Einleitung으로 간주해도 큰 문제가 없는 것으로 보인다.
70) Helmut Hirsch, "Ein Brief nach Ostberlin. Glückwunsch zum Start eines großen Projekts: Die zweite MEGA," *Die Zeit*, 29. September 1972. S. 23. Dlubek, 앞의 글, S. 94에서 재인용. 히르쉬는 여기서 "Vorwort"를 지칭하고 있으나 1972년에 출판된 시쇄판에는 Vorwort는 없고, "Einleitung"만 수록되어 있다.

소에 의해 발행된다는 태생적 한계를 벗어나기 어려운 경우라고 하겠다.

### 3장
# 신MEGA 정규권의 출판과 성과

## 1. 신MEGA의 출판과 이를 지원하는 제도적 장치

　신MEGA의 시쇄판에 대한 전문가들의 긍정적인 평가에 고무된 베를린과 모스크바의 MEGA 편집자들이 제5차 양국 공동편집위원회를 개최한 것은 4차 회의가 있은 지 4년 반 만인 1973년 6월 12~13일 베를린에서였다. 이 시쇄판의 발행으로 신MEGA의 준비는 한 단계 더 진전되었다. 그리고 MEGA의 편찬 기준도 1976년까지 더 다듬어서 연구자들이 이용할 수 있게 하기로 했다.

　신MEGA 정규권(正規卷)의 편집 작업은 처음 몇 권을 중심으로 MEGA 시쇄판 작업보다 더 빠른 1960년대 말에 이미 시작되었다. 따라서 제5차 양국 공동편집위원회가 열릴 무렵의 베를린과 모스크바에는 MEGA 정규권 10권의 편집 작업이 상당한 진척을 이루고 있었다.[71] 이 회의에서는 인쇄를 포함한 제작을 라이프치히의 인터드루크GG

Interdruck Leipzig에 맡기고, MEGA 개개 권을 텍스트 부분과 아파라트 부분으로 분리하여 제책하도록 했다. 그리고 제책 기간은 원고 입고 후 책의 납품까지의 기간을 2년(뒤에는 3년)으로 정했다.[72]

1974년 11월 13~15일에 모스크바에서 개최된 제6차 양국 공동 편집위원회는 신MEGA의 처음 몇 권에 대한 최종적인 승인을 하고, MEGA 전체의 서문Vorwort도 완성했다. 그리고 서문과 서론에 대한 정치적 세계관이나 이데올로기적 노선 설정도 연구소장의 승인을 받도록 했다. 이후 공동편집위원회는 1989년의 제10차에 이르기까지 3년 내지 5년 간격으로 베를린과 모스크바에서 개최되었다. 그러나 MEGA 각 부문의 작업 조정은 1973/74년에 구성된 각 부문별 편집 위원회Abteilungsredaktionen가 맡게 되었다. IML의 연구원들로 구성된 이 부별 편집위원회는 담당 부문의 프로스펙트를 더욱 정교화하고, 자신들이 담당한 부문의 첫 몇 권의 편집 작업에 참여했다. 특히 베를린과 모스크바의 연구소가 공동으로 참여하는 제II부와 IV부의 부별 편집위원회는 기본적인 결정도 공동으로 처리해나갔다.[73]

한편 MEGA 개개 권의 작업, 즉 텍스트 부분, 아파라트 부분, 그리고 서론과 색인에 대한 검토는 각 권의 편집에 대해 책임을 지는 연구소의 책임자와 다른 연구소나 전문가들 가운데서 평가자를 선택하여 맡기게 된다. 이 경우 이들 평가자는 일반적으로 노련한 전문

---

71) 당시 준비 중인 MEGA는 베를린의 IML 측이 I/1, I/10, I/22, II/3.1, II/3.2를, 동독 과학아카데미의 고대사 및 고고학 중앙연구소가 IV/1을, 그리고 모스크바 IML이 II/1.1, II/2, III/1, IV/2로 모두 10권이었다. Dlubek, 앞의 글, S. 95 주 114).
72) 같은 글, S. 95~96.
73) 1973/74년에 구성된 이 부별 편집위원회의 위원장은 다음과 같다. 제I부(들루벡Rolf Dlubek), 제II부(말리쉬Alexandr Malysch), 제III부(레비오바Sofia Leviova), 제IV부(슈페를Richard Sperl). 이 가운데 제III부 위원장(모로초바Vera Morozova)은 1981년에, 제II부 위원장(비곳스키Vitalij Vygodskij)은 1988년에 교체되었다. Dlubek, 같은 글, S. 96 주 120).

가로서, 그들은 드물지 않게 열성적인 논의를 제기하고, 텍스트의 재현이나 주석에 대해 근본적인 수정을 제시하기도 했다. 그러나 이처럼 많은 시간을 요구하는 평가가 각 권 담당자들의 수정 동의를 받아내기란 쉽지 않은 실정이었다고 들루벡은 술회하고 있다.[74]

더불어 당초 MEGA 각 권의 작업을 하면서 얻은 경험과 문제들에 대한 정보 교환을 위해 베를린 마르크스-엥겔스 부의 부장실에 속해 있던 위원회가 1972년 MEGA의 편집 기준을 정교화하기 위한 위원회로 바뀌면서 이 위원회는 MEGA-콤미숀MEGA-Kommission으로 상설기구화하게 되었다. 이 MEGA-콤미숀은 1960년대에 MEGA의 출판을 위해 준비 작업을 하던 MEGA-콤미숀과는 구별되는 기구로서 MEGA 각 권의 책임자, 각 기관의 책임자, 그리고 평가자들로 구성되었다. 이는 나중에 과학아카데미와 각 대학의 MEGA 작업 그룹의 책임자까지 참여하는 회의로 확대되었다. 이 회의에서는 새로운 편집상의 문제를 제기하는 한편, 그것이 어떤 결정을 유도하기도 하는데, 이는 곧 다른 MEGA 작업팀에도 영향을 미치게 되었다. 모스크바의 경우 역시 MEGA의 연구자들이 구성한 상담 기구가 있어 이와 비슷한 기능을 수행했다.[75]

한편 MEGA판 전체의 통일성을 확보하기 위해 베를린 마르크스-엥겔스 부의 편집부Sektor Redaktion는 MEGA 전권에 대한 사전 교열Vorauskorrektur을 수행했는데, 작업의 원활화를 위해 수시로 편집 기준을 추가하고 이를 모든 MEGA-그룹에 적용하게 되었다. 따라서 편집 기준은 1976년까지 5차에 걸쳐 편집상의 현안 문제와 색인의 형태에 관한 특별 지침을 보충하고, 1982년에서 1984년까지만 해도

---

74) 같은 글, S. 97.
75) 같은 곳.

25항목의 추록(追錄)Nachträge을 부가하게 되었던 것이다.[76]

## 2. 신MEGA 정규권의 출판과 중단

신MEGA 최초의 정규권인 MEGA² I/1과 III/1이 출판된 것은 1975년 가을이었다. 곧이어 1976년에는 II/1.1과 IV/1이 간행되어 각 부의 첫 권이 모두 출판되었다(뒤의 〈표 5〉를 보라). 이후 MEGA는 가급적 각 부의 권호 순서에 따라 순차적으로 출판될 것으로 기대되었다. 그러나 들루벡의 회고에 따르면 당시로서는 마르크스와 엥겔스의 초기 저작에 대한 전문가가 적어 이 시기의 MEGA 작업에 투입할 연구원이 실제로 불충분했다고 한다. 게다가 MEGA에 대한 독자들의 관심을 높일 필요성이 있어 베를린 연구소는 이미 프로스펙트가 완성 단계에 있는 제I부의 경우 독자들이 흥미를 끌 수 있는 제재를 포함하는 MEGA 권을 먼저 출판하기로 했다는 것이다. 마르크스와 엥겔스의 혁명적 경험을 보편화시킨 1847년 7월 이후의 그들의 저작과 논설이 포함된 MEGA² I/10과 마르크스가 파리 코뮌을 분석한『프랑스의 내전』이 포함된 1871년 3월 이후의 글들이 수록된 MEGA² I/22를 앞당겨 출판한 것이 그 예라 하겠다.[77]

MEGA는 1975년 그 첫째 권이 출판된 이래 연간 두 권씩 출판되다가 1987년부터는 세 권, 1980년대 말에는 연간 네 권씩 출판하기

---

76) 같은 곳. 이들 추록의 내용은 1976년 베를린의 IML이 작성한 편집 기준과 더불어 1993년 IMES가 발간한 MEGA의 편집 기준에 부록 문건으로 게재되어 있다. Internationale Marx-Engels-Stiftung, Hrsg., *Editionsrichtlinien der MEGA*, Dietz Verlag, Berlin 1993, S. 121~239.
77) Dlubek, 앞의 책, S. 98.

로 했다. 이러한 속도가 지속될 경우 MEGA의 제I부와 II부는 2005년에서 2010년 사이에, 제III, IV부는 2020년에는 완간될 것으로 기대된다. 이는 MEGA 한 권이 시작부터 완간에 이르기까지 소요되는 기간을 5년으로 볼 때, 비록 작업 단계는 서로 다를지라도 약 20권의 MEGA가 동시에 작업을 진행 중이어야 함을 의미한다. 베를린 IML의 마르크스-엥겔스 부는 1980년대 말에는 8명의 교수를 포함하여 박사학위를 가진 연구원이 25명에 이르렀으나 그 정도의 인원으로는 MEGA 작업을 예정대로 수행할 수 없었다. 따라서 MEGA 작업을 가속화하기 위해서는 동독 내의 MEGA 작업 그룹을 확대하지 않을 수 없었으니, 다음과 같은 학술기관들이 참여했다. 즉 동독의 과학아카데미, 베를린의 훔볼트 대학, 할레/비텐베르크의 마르틴 루터 대학, 라이프치히의 칼 마르크스 대학, 예나의 프리드리히 실러 대학, 에어푸르트/뮐하우젠의 테오도르 노이바우어 교육대학이 편집에 참여했으며, 그들이 편집하는 MEGA 권수는 베를린 IML의 편집 권수에 필적했다. 한편 러시아의 경우 모스크바의 로모노소프 대학이 MEGA의 편집 작업에 참여했다. 그리고 이들 연구기관은 MEGA의 편집과 병행하여 수집된 자료와 그에 대한 정밀한 분석과 평가는 물론이요, 그들이 분담한 MEGA 각 권의 특정 주제를 심도 있게 논의하는 기관지를 발행함으로써 전체적으로 MEGA의 질을 높이는 데 기여했다.[78]

---

78) MEGA 편찬 작업과 연관된 기관이 발행한 연구기관지는 다음과 같다. ( ) 안은 창간 연도이다. IML/M und IML/B, *Marx-Engels-Jahrbuch*(1978); IML/M, *Nauceno-Informationii Bulletnii Sektora Proizbegenii K. Marksa i F. Engelsa*(1958, 특히 1978 이후); IML/B, Marx-Engels-Abteilung, *Beiträge zur Marx-Engels-Forschung* (1977); Martin-Luther Universität Halle-Wittemberg. Sektion Marxismus-Leninismus, *Arbeiterblätter zur Marx-Engels-Forschung*(1976); Karl-Marx Universität Leipzig, MEGA-Forschungsgruppe, *Marx-Engels-Forschungbericht*(1981). Erich Kundel/

그러나 1989년 11월 베를린 장벽의 붕괴는 2020년까지 MEGA를 완성하겠다던 베를린과 모스크바 IML의 꿈을 무산시켰다. 왜냐하면 베를린 장벽 붕괴 직후인 1989년 12월 1일 동독의 인민의회가 구동독의 헌법 제1조 가운데서 "마르크스-레닌주의당을 국가의 지도 정당Führung [……] ihrer marxistisch-leninistische Partei"으로 규정한 부분을 삭제키로 한 결의에 따라 베를린 IML의 모체요 동독의 유일당이었던 사회주의통일당이 군소정당으로 전락했기 때문이다. 신MEGA의 발간 사업은 앞에서도 살펴본 바와 같이 그 출발이 동독의 정체성DDR-Identität을 찾기 위한 국가적 사업으로 베를린의 IML이 주도해왔다. 그리고 IML에 대한 재정적 지원은 전적으로 사회주의통일당이 감당해왔다. 당시 연간 약 1000만 동독 마르크가 소요되는 엄청난 예산을 민주사회주의당Partei des Demokratische Sozilaismus, PDS이란 이름의 군소정당으로 전락한 이전의 사회주의통일당이 더 이상 감당할 수가 없음은 물론이요 MEGA의 공동 발행자인 소련의 공산당 중앙위원회에도 기대할 수가 없게 된 것이다. 따라서 1990년에 들어서면서 그들의 최대 관심사는 IML의 재정비를 통한 조직의 생존이었다. 여기서 베를린의 IML은 1990년 1월 5일 노동운동사연구소Institut für Geschichte der Arbeiterbewegung, IfGA로 명칭을 바꾸고 조직과 MEGA 사업을 지속시킬 수 있는 방법을 모색하기 시작했다.[79]

---

Alexandr Malysch, "Der Beitrag der Marx-Engels-Gesamtausgabe(MEGA) zur Entwicklung der Marx-Engels-Forchung," *Marx-Engels-Jahrbuch* 7(1984), S. 178, 195 주 6), 7), 8), 9). 정문길, 「미완의 꿈―『마르크스-엥겔스 전집』 출판」, p. 395도 보라.

79) 「Prof. Dr. Hannes Skambraks를圍む硏究會・メガ支援にかんする意見交流會について」, 『マルクス・エンゲルス・マルクス主義硏究』, 제10호, 1990.6, pp. 16~18. 정문길, 앞의 글, pp. 326~27을 보라. 한편 이 노동운동사연구소 마르크스-엥겔스 부의 부장인 훈트 교수는 1960년대 초의 신MEGA 작업 개시 이후 준비 작업에서부터 출판

## 3. 동독 시대에 발행된 MEGA와 그 학문적 성과

1989년 뜻하지 않은 베를린 장벽의 붕괴는 이제 막 본궤도에 오른 신MEGA의 편찬 작업을 일거에 궁지에 몰아버렸다. 따라서 MEGA의 편찬과 관련된 기관과 구성원들은 우선 MEGA의 속간을 위해 서방의 관련 연구소와 접촉을 시도하고, 한편으로는 당시 진행 중이던 MEGA 10여 권의 편찬 작업을 어떻게든 중단 없이 계속해나갔다.

그러나 베를린과 모스크바의 IML을 중심으로 한 신MEGA의 출판 작업은 1990년을 고비로 일단 중단되어 소강 상태에 들어갈 수밖에 없었다. 그러므로 여기에서는 1975년 이래 1990년에 이르는 기간 중에 발행된 MEGA와 그것이 성취한 학문적 성과를 살펴보고, MEGA의 발행권이 국제 마르크스-엥겔스 재단 Internationale Marx-Engels-Stiftung, IMES으로 넘어가는 과정과 그 이후의 IMES에 의한 MEGA의 발행 상황은 제8부에서 좀더 구체적으로 검토하고자 한다.

신MEGA는 1975년 첫 2권이 나온 이래 1990년까지 15년간 모두 43권(책)이 출판되었다. 이를 각 부별로 보면 제I부가 예정된 33권 중 14권으로 전체의 절반가량을 출판했으며, 제II부는 예정된 24권(책) 중 이미 15권이 발간되었다. 그런가 하면 진행 속도가 가장 느린 제III, IV부의 경우도 제III부가 8권, 제IV부가 6권이 출판되었다. 또한 1991년 현재 베를린의 디츠 출판사에 계류 중이거나 라이프치

---

보조금까지 포함하여 약 1억 마르크(1990년 엔화로 70~80억 엔 추산)를 MEGA에 투입한 것으로 개산하고 있다. マルティン・フント, 「『メガ』事業の現狀と今後の課題」, 『マルクス・エンゲルス・マルクス主義研究』, 제12호, 1991.2, p. 12.

히의 인쇄소에서 인쇄 중인 책이 4권이며, 편집 작업이 상당히 진척된 MEGA가 16권에 이른다고 보고되고 있다(제I부에 5권, 제II부에 3권, 제IV부에 8권).[80] 우리는 구동독 시대의 이 같은 출판 상황을 다음의 표를 통해 조망할 수 있다. 〈표 4〉는 각 부별 출판 상황으로 거기에는 기왕에 발행된 MEGA에다 인쇄에 계류 중이던 4개권이 1991/92년에 발간된 것을 합한 것이다.

〈표 4〉 신MEGA(1975~1992)의 각 부별 출판 상황

| 부Abteilung | 권Band | 발행 권수<br>[기간+*/예정 총 권수] |
|---|---|---|
| I부 | 1, 2, 3, 10, 11, 12, 13, 18, [20], 22, 24, 25, 26, 27, 29. | 14+1/33(Teil-)Bde. |
| II부 | 1.1, 1.2, 2, 3.1, 3.2, 3.3, 3.4, 3.5, 3.6, 4.1, [4.2], 5, 6, 7, 8, 9, [10]. | 15+2/24(Teil-)Bde. |
| III부 | 1, 2, 3, 4, 5, 6, 7, 8. | 8/45 |
| IV부 | 1, 2, 4, 5, 7, 8, [9]. | 6+1/40 |

*[ ] 안은 1991~1992년 발간된 MEGA. 〈표 5〉를 보라.

그리고 〈표 5〉는 구동독 시대에 출판된 MEGA 여러 권의 구체적 제목과 각 권의 편집자를 부기한 것이다.

우리는 여기서 1990년 이전에 간행된 MEGA의 학문적 성과를 베를린 IML 마르크스-엥겔스 부의 부장을 지낸 들루벡의 견해에 따라 정리해보고자 한다.[81] 우선 제I부의 경우 수록된 저작이 기왕에 단행

---

80) Dlubek, 앞의 글, S. 99. Jürgen Rojahn, "Und sie bewegt sich doch! Die Fortsetzung der Arbeit an der MEGA unter dem Schirm der IMES," *MEGA-Studien*, 1994/1, S. 10과 정문길, 「전환기의 풍경—공산권 붕괴 이후의 『마르크스-엥겔스 전집』 속간 사업」, 『마르크스의 초기 저작과 사상 형성』, 문학과지성사, 서울 1994, pp. 440~43도 보라.
81) Dlubek, 앞의 글, S. 103~104. 1992년 3월 23~28일 사이에 엑상프로방스에서 열린 신MEGA의 편집 기준을 수정하기 위한 IMES의 모임에서 발표된 이 글은 발표자의 입장이나 회의 자체의 성격으로 보아 상당한 객관성을 확보한 자료로서의 가치를 지니므로 그 개요를 인용하기로 한다.

⟨표 5⟩ 신MEGA(1975~1992)의 연도별 출판 상황

| 출판 연도 | 발행된 MEGA의 권호와 제목 | 편집자 |
|---|---|---|
| 1975 | I/1: 마르크스, 『저작·논설·초안—1843년 3월까지』<br>III/1: 마르크스/엥겔스, 『왕복서간—1846년 4월까지』 | IML/B<br>IML/M |
| 1976 | II/1.1: 마르크스, 『경제학 초고 1857/1858』<br>II/3.1: 마르크스, 『정치경제학 비판을 위하여』(1861~1863년의 초고)<br>IV/1: 마르크스, 『발췌 및 메모—1842년까지』 | IML/M<br>IML/B<br>AdW |
| 1977 | II/3.2: 마르크스, 『정치경제학 비판을 위하여』(1861~1863년의 초고)<br>I/10: 마르크스/엥겔스, 『저작·논설·초안—1849년 7월부터 1851년 6월까지』 | IML/B<br>IML/B |
| 1978 | I/22: 마르크스/엥겔스, 『저작·논설·초안—1871년 3월부터 11월까지』<br>II/3.3: 마르크스, 『정치경제학 비판을 위하여』(1861~1863년의 초고) | IML/B<br>Halle |
| 1979 | II/3.4: 마르크스, 『정치경제학 비판을 위하여』(1861~1863년의 초고)<br>III/2: 마르크스/엥겔스, 『왕복서간—1846년 5월부터 1848년 12월까지』 | Halle<br>IML/M |
| 1980 | II/2: 마르크스, 『경제학 초고 및 저작, 1858~1861』<br>II/3.5: 마르크스, 『정치경제학 비판을 위하여』(1861~1863년의 초고) | IML/M<br>IML/B |
| 1981 | II/1.2: 마르크스, 『경제학 초고 1857/1858』<br>III/3: 마르크스/엥겔스, 『왕복서간—1849년 1월부터 1850년 12월까지』<br>IV/2: 마르크스/엥겔스, 『발췌 및 메모—1843년부터 1845년 1월까지』 | IML/M<br>IML/M<br>IML/M |
| 1982 | I/2: 마르크스, 『저작·논설·초안—1843년 3월부터 1844년 8월까지』<br>II/3.6: 마르크스, 『정치경제학 비판을 위하여』(1861~1863년의 초고) | IML/B<br>IML/B |
| 1983 | II/5: 마르크스, 『자본론-정치경제학 비판』(제1권, 함부르크 1867, 제1판)<br>IV/6: 마르크스, 『발췌 및 메모—1846년 9월부터 1847년 12월까지』<br>IV/7: 마르크스/엥겔스, 『발췌 및 메모—1849년 9월부터 1851년 2월까지』 | Erfurt<br>AdW<br>Halle |
| 1984 | I/18: 마르크스/엥겔스, 『저작·논설·초안—1859년 10월부터 1860년 12월까지』<br>I/24: 마르크스/엥겔스, 『저작·논설·초안—1872년 12월부터 1875년 5월까지』<br>III/4: 마르크스/엥겔스, 『왕복서간—1851년 1월부터 12월까지』 | Halle<br>IML/B<br>IML/M |
| 1985 | I/3: 마르크스/엥겔스, 『저작·논설·초안—1844년 8월까지』<br>I/11: 마르크스/엥겔스, 『저작·논설·초안—1851년 7월부터 1852년 12월까지』<br>I/12: 마르크스/엥겔스, 『저작·논설·초안—1853년 1월부터 12월까지』<br>I/13: 마르크스/엥겔스, 『저작·논설·초안—1854년 1월부터 12월까지』<br>I/25: 마르크스/엥겔스, 『저작·논설·초안—1875년 5월부터 1883년 5월까지』<br>I/26: 엥겔스, 『자연변증법 1873~1882』 | IML/B<br>IML/B<br>IML/B<br>Leipzig<br>Jena<br>Berlin |
| 1986 | IV/8: 마르크스, 『발췌 및 메모—1851년 3월부터 6월까지』 | Halle |
| 1987 | II/6: 마르크스, 『자본론-정치경제학 비판』(제1권, 함부르크 1872, 제2판)<br>III/5: 마르크스/엥겔스, 『왕복서간—1852년 1월부터 8월까지』<br>III/6: 마르크스/엥겔스, 『왕복서간—1852년 9월부터 1853년 8월까지』 | IML/B<br>IML/M<br>IML/M |
| 1988 | I/27: 엥겔스, 『오이겐 뒤링의 과학변혁(반뒤링론)』<br>II/4.1: 마르크스, 『경제학 초고 1863~1867』<br>III/7: 마르크스/엥겔스, 『왕복서간—1853년 9월부터 1856년 3월까지』<br>IV/4: 마르크스/엥겔스, 『발췌 및 메모—1845년 7월부터 8월까지』 | IML/B<br>IML/M<br>IML/M<br>IML/M |

| 출판 연도 | 발행된 MEGA의 권호와 제목 | 편집자 |
|---|---|---|
| 1989 | II/7: 마르크스, 『자본론, 파리 1872~1875』(프랑스어판)<br>II/8: 마르크스, 『자본론-정치경제학 비판』(제1권, 함부르크 1883, 제3판) | AdW<br>Erfurt |
| 1990 | I/29: 엥겔스, 『가족, 사유재산 및 국가의 기원』<br>II/9: 마르크스, 『자본론-자본주의적 생산의 비판적 분석』(런던 1887, 영어판)<br>III/8: 마르크스/엥겔스, 『왕복서간—1856년 4월부터 1857년 12월까지』 | AdW<br>Berlin<br>IML/M |
| 1991 | II/10: 마르크스, 『자본론-정치경제학 비판』(제1권, 함부르크 1890, 제4판)<br>IV/9: 마르크스, 『발췌 및 메모—1851년 7월부터 9월까지』 | IMES<br>Halle |
| 1992 | I/20: 마르크스/엥겔스, 『저작·논설·초안—1864년 9월부터 1867년 9월까지』<br>II/4.2: 마르크스, 『경제학 초고 1863~1867』 | IMES<br>IMES |

  * MEGA의 발행권이 IMES로 넘어간 이후에 출판된 1991년과 1992년의 MEGA 4권은 편집자가 IMES로 되어 있으나 "이전의 편집위원회에 의해 편집"이 이루어졌음을 각 권의 판권 페이지에 명기하고 있다.
  ** MEGA² II/10, I/20은 베를린의 노동운동사연구소Forschungsgruppe des Instituts für Geschichte der Arbeiterbewegung Berlin, IfGA에 의해서, IV/9는 할레/비텐베르크 대학Martin-Luther-Universität Halle-Wittenberg 연구팀에 의해 편찬되었다.
  *** 편집자란의 범례: **AdW** = Akademie der Wissenschaften der DDR, Berlin. **Berlin** = Humboldt-Universitäten zu Berlin. **Erfurt** = Pädagogische Hochschule Erfurt-Mülhausen. **Halle** = Universität Halle-Wittenberg. **IMES** = Internationale Marx-Engels-Stiftung. **IML/B** = Institut für Marxismus-Leninismus beim Zentralkomitee der Sozialistischen Einheitspartei Deutschlands Berlin. **IML/M** = Institut für Marxismus-Leninismus beim Zentralkomitee der Kommunistischen Partei der Sowjetunion, Moskau. **Jena** = Universität Jena. **Leipzig** = Univerisität Leipzig.

본이나 선집의 형태로 출판되어 쉽사리 접근할 수 있는 글들임을 확인할 수 있다. 그러나 "역사적-비판적" 전집인 MEGA가 기왕에 출판된 판본과 다른 점은 이미 언급한 바와 같이 그 텍스트의 재현 방법이다. MEGA는 이문명세를 병렬적 방법으로 재현함으로써 복잡하게 뒤얽힌 마르크스의 이문들을 처음으로 파악할 수 있게 만들었다. 중요하면서도 매우 복잡한 『경제학·철학 초고』(1844)와 『프랑스의 내전』의 초안의 텍스트에서 그의 작업 과정을 읽을 수 있게 한 것이 그 예다. 그런가 하면 『프랑스의 내전』의 독일어판과 프랑스어판, 엥겔스의 『가족, 사유재산 및 국가의 기원』의 이탈리아어, 덴마크어, 스페인어 번역본을 동시에 수록함으로써 텍스트의 의미를 다양하게 음미할 수 있는 가능성을 제시한 것이 중요한 의미를 갖는다고 하겠다.

한편 제II부는 지금까지 발간되지 않은 방대한 경제학 초고들을 수록하고 있는데, 이미 1939년과 1941년에 간행된 1857~1858년의 『그룬트리세』를 포함하여 1861~1863년, 1863~1867년의 경제학 노트의 공간(公刊)이 그것이다. 게다가 마르크스의 주저인 『자본론』 제1권의 1, 2, 3, 4판과 프랑스어, 영어판까지를 MEGA에 포괄함으로써 그의 경제학 이론의 전체상을 조망할 수 있도록 했다.

모스크바 IML에 의해 편찬된 제III부의 서간집은 순차적으로 출판되었는데, 1990년에 발간된 III/8은 1857년 12월에 이르고 있다. 여기에서 1,000통이 넘는 편지가 처음으로 공개되었는데, 대부분은 마르크스와 엥겔스에게 "보낸" 편지들로서 각 권의 부록으로 수록되어 있다. 이들 마르크스와 엥겔스에게 "보낸" 편지들을 완전하게 출판하는 것은 그들의 편지를 이해하는 데 도움이 되는 것은 물론이요, 그들의 생애나 영향을 정확히 분석하는 데도 결정적인 공헌을 했다. 나아가 이들 편지는 19세기의 민주주의나 노동운동사의 유일한 원천적 자료이고, 당대의 진보적 사상을 이해하게 하는 문화사적 가치도 가지고 있다는 점이 지적되고 있다.

마지막으로 1991년까지 모두 7권이 출판된 제IV부의 발췌 부문은 모두 4,550페이지에 이르는데, 이의 87퍼센트에 이르는 3,950페이지가 처음으로 공개되고, 그 가운데 3퍼센트는 번역하지 않은 채 본래의 언어로 출판되었다. 구MEGA에서는 1840년대의 발췌노트를 무조건 재현한 것이 아니라 단지 서술한 데 불과했는데, 신MEGA에서는 이를 완전하게 재현하고 있다는 점이 주목된다. 아직 출판되지는 않았으나 준비 중인 그들의 발췌노트 중에는 MEGA² IV/7~11에 수록될 1849~1853년의 런던노트와 베를린의 훔볼트 대학팀이 편집 작업을 하고 있는 방대한 자연과학 연구노트가 주목을 받고 있다. 전자는 1848/49년 혁명 이후에 수행된 마르크스의 경제학 연구의 기록이고, 후자는 1870년대와 80년대의 자연과학의 발전을 연구한 방대한 기록이기 때문이다. 이러한 점에서 제IV부에 수록되는 마르크스와 엥겔스의 발췌노트와 장서의 난외방주는 형성 중인 저작das Werk im Werden의 불가결하면서도 아직도 개발 중인 구성 요소이기도 하다.[82]

### 4. 양날의 칼: 아카데미즘과 정치적 이데올로기의 갈등

모스크바와 베를린의 IML은 1975년부터 베를린 장벽이 무너지고 동구의 공산권이 무너지던 1990년까지 그들이 출판하기로 한 신MEGA 총 142권(책) 가운데 3분의 1에 못 미치는 43권(책)을 출판했다. 스탈린의 사후 정치적 해빙기에 태동한 신MEGA의 구상은 거의 20년에 걸치는 진통기를 거쳐 1972년에 시쇄판을, 그리고 1975년과 1976년에 4부로 구성된 신MEGA 각 부의 제1권을 출판하게 되었다. 이후 15년에 걸친 독일과 소련 두 연구소의 신MEGA 편집 작업은 더디지만 착실한 진척을 보여, 1980년대 후반에는 그 출판에 가속도가 붙기 시작했다. 그러나 30여 년에 걸친 신MEGA의 출판사(史)가 결코 순탄한 것만은 아니었다.

IML 시대의 신MEGA 편찬 작업은 사회주의 국가의 유일당인 소

---

82) Martin Hundt, "Einige Besonderheiten der Entwicklung des Begriffs 'Marxsches Werk'," *Beiträge zur Marx-Engels-Forschung*, N. F. 1993, S. 64~68. 발췌노트와 난외방주에 대한 이러한 규정은 특히 S. 67~68을 보라.

련공산당과 독일의 사회주의통일당의 승인과 보호 아래서 이루어졌기에 조직이나 재정적 측면에서는 안정을 확보할 수가 있었다. 그러나 "역사적-비판적" 전집의 완전성을 추구하는 MEGA의 편찬팀은 기획의 초기 단계에서부터 MEGA의 총 권수, 즉 규모를 두고 공산당의 지도부, 특히 소련공산당 중앙위원회의 간부들과 지속적인 긴장관계를 유지해왔다. 그런가 하면 MEGA의 학술적인 수준을 높이려는 편찬팀의 노력은 자주 공산당 지도부의 "턱없는" 출판 기간의 단축 요구에 당황하기도 했던 것이다. 그러나 MEGA 관련자들은 어떠한 경우에도 신MEGA가 설정한 높은 학문적 수준을 결코 포기하지 않았으니, 그들이 10여 년의 연구와 토론을 통해 성안(成案)한 편집 기준은 MEGA의 편집을 통해 구체화했다.

신MEGA는 정치적 이유로 그 타이틀 페이지에서 "역사적-비판적" 전집이란 표현을 삭제했지만, 1927년 이래 출판된 구MEGA와 동일한 타이틀을 갖고 "역사적-비판적 전집"임을 자임하고 있다. 따라서 신MEGA는 표면상으로 볼 때는 구MEGA의 전통을 잇는 것으로 여겨질 수도 있을 것이다. 그러나 우리가 주목해야 할 점은 신MEGA가 구MEGA와의 직접적인 고리를 단절하고 새로운 출발을 했다는 점이다.

구MEGA로부터 신MEGA의 단절이 가장 두드러지게 부각되는 부분은 1940년대 말 이래 발달한 새로운 편찬학Editionswissenschaft에 기초하여 편집 기준을 확정함으로써 고도의 학문적·문헌학적 수준을 확보한 점이다. 마르크스와 엥겔스의 발췌노트는 물론이요 그들에게 "보낸" 제3자의 서간까지도 포용하는 절대적인 완전성Vollständigkeit의 추구, 4개 부Abteilung별 텍스트의 연대기적 순서의 엄격한 적용, 근대화된 이문의 재현Variantendarbietung, 텍스트에 나타나는 원어의 채택Originalsprachlichkeit, 그리고 텍스트에 대한 풍부한 주석Kommentierung 등은 신MEGA의 특징으로 자리매김하고 있다.[83] 특히 편집된 텍스트der Edierte Text와 연대기적 순서에 따른 이문의 재현die Darbietung der Varianten은 역사적-비판적 전집에서 없어서는 안 될 한 쌍의 짝으로서 하나의 통일성을 형성하고, 또 상대를 보완하는 기능을 수행하게 된다.[84] 그러나 이 경우 중요한 것은 초고나 제1쇄Erstdruck, 최종본 Ausgabe letzter Hand 등 그 어느 단계의 작품에도 우선권이 부여되지 않은 채 개개 텍스트Fassung를 발전적 인식을 추적하는 하나의 전거로 간주한다는 점이다. 따라서 편집된 텍스트는 제1쇄나 초고의 최종본die Endfassung der Handschrift처럼 초기의 초고나 판본frühe Hand이 이용되고,[85] 나머지 판본은 아파라트의 이문명세 부분에서 텍스트의 발전 과정을 보이기 위해 연대순으로 병렬적으로 재현시켰다.[86]

물론 이상과 같은 편집 원칙이나 텍스트의 재현이 그 어떤 오류도 없다거나 비판의 여지가 없다는 것은 아니다. 그러나 모스크바나 베를린의 IML에 대해 아무런 공감도 가지지 않는 마르크스-엥겔스의 연구자요 편집자이기도 한 뤼벨이나 페처까지도 신MEGA는 "문헌학적 관점에서 볼 때 모범적"이라거나, 그들의 "편찬 작업이 전문가들의 세계에서 보편적으로 승인되고 있다"고 지적하고 있다. 그리고 MEGA의 편집 기준 성립에 영향을 미친 문헌학자 자이델Gerhard Seidel도 신MEGA가 다른 전집의 편찬에 하나의 본보기가 되고 있음

---

83) Martin Hundt, "Gedanken zur bisherigen Geschichte der MEGA," *Beiträge zur Marx-Engels-Forschung*, N. F. 1992, S. 64.
84) Richard Sperl, "Zu einigen theoretisch-methodischen Grundsatzfragen der MEGA-Editionsrichtlinien," *Beiträge zur Marx-Engels-Forschung*, N. F. 1991, S. 148.
85) 같은 글, S. 152~53.
86) 같은 글, S. 148~50.

을 확인하고 있다.[87]

　신MEGA는 이와 같은 편집 기준을 준용하기 위해 비교적 방만한 편집을 하고, 때에 따라서는 같은 텍스트를 중복 게재하는 사례도 적지 않았다. 마르크스의 『경제학·철학 초고』나 엥겔스의 『자연변증법』을 연대순과 체계적·논리적 순서로 중복 수록한 것이 그 대표적 예라 하겠다. 이들 저작의 중요성이나 그 같은 중복 수록의 타당성을 인정한다고 할지라도 이러한 중복 수록만이 유일·최선의 방법이었냐는 데는 여운이 남는다. 따라서 이러한 신MEGA 편찬의 방만함은 "사회주의적 국가에서 〔지배〕 정당 소속의 연구소가 마르크스-엥겔스 전집을 만들 때 나타나는 특권적 지위의 표현으로, 이 전집을 위해 지출한 경비는 장래의 어떤 경우에도 더 이상 있을 수 없을 것"이라는 들루벡의 술회를 되새겨보게 한다.[88] 모스크바와 베를린의 IML처럼 엄청난 인적·물적 자원을 요구하는 방대한 신MEGA의 출판에도 불구하고, 그들이 경제적 부담에서 전적으로 자유로울 수 있었다는 사실은 MEGA의 출판 자체가 언제나 정치적 지도자나 집단의 자의에 노출되어 있다는 점을 보여준다. MEGA의 출판이 당 소속 연구소에 의해서 수행된다는 사실은 출판 자체를 포함하여 출판과 관련되는 모든 사안이 정치적 이데올로기에 기속(羈束)되어 있음을 의미하는 것이다. 다시 말하면 MEGA의 출판이 정치적 이데올로기에 깊이 연결되어 있다는 사실은 신MEGA와 구MEGA가 시기적으로 30～40년의 거리가 있음에도 불구하고 이들 2종의 전집은 태생적으로 동일한 전통으로 연결되어 있다는 점을 확인하게 한다.[89] 1989년 베를린 장벽의 붕괴라는 정치적 사건으로 신MEGA 사

---

87) Dlubek, 앞의 글, S. 101～102를 보라.
88) 같은 글, S. 83.

업이 허무하게 중단된 것은 1930년대에 스탈린의 자의에 의해 구 MEGA의 출판이 어이없이 중단된 것과 별반 다르지 않다고 하겠다. 독재국가의 유일당 소속의 연구소가 수행하는 프로파간다 사업의 일환으로서 신구 MEGA의 출판은 전적으로 당이나 지도자의 자비나 호의, 또는 정치적 목적에의 기여도에 따라 가능했으니 소련의 레닌과 동독의 울브리히트를 비롯한 정치가들의 경우가 바로 그러하다. 그런가 하면 가끔은 구MEGA를 기획·출판한 리야자노프의 경우처럼 탁월한 개인의 능력이 MEGA 사업을 추진하는 동력이 될 수도 있지만, 그것은 정치적 지도자의 자의에 따라 하루아침에 무력화될 수 있는 것이다. 1930년대의 리야자노프의 실각과 구MEGA의 중단이 바로 그 대표적 예라 하겠다.

  MEGA에 대한 정치적 기속성의 문제는 크게는 MEGA 사업 자체의 존망과 관련된 것이기도 했지만, 설사 MEGA가 지속적으로 편집·출판되는 경우에도 정치적 이데올로기의 영향은 "역사적–비판적" 전집의 곳곳에서 산견(散見)되고 있다. 그 가운데서도 가장 주목되는 것은 신MEGA의 규모에 대한 정치적 결정의 우위성이다. 모스크바는 신MEGA의 총 권수가 레닌 전집의 그것을 능가할 수 없다는 고정관념 때문에 초창기에는 언제나 50여 권에 머물렀고, 따라서 발췌노트와 방주 부분을 수용할 신MEGA 제IV부의 확정은 상당 기간 유보된 상태에 머물고 있었다. 그리고 이 같은 신MEGA의 전체적 규모에 대한 제약은 결국 『자본론』과 그 준비노트를 포용하는 제II부의 각 권이 여러 개의 분책Teilband으로 나뉘고, 제IV부의 난외방주 부분이 오랫동안 확정되지 못하는 이상한 현상을 노출하기도 했

---

89) Martin Hundt, 앞의 글, S. 64를 보라.

던 것이다.

한편 신MEGA의 경우 그 편집 기준 중 가장 중요한 것의 하나는 오리지널에 충실한 것originaltreu이기에 일반적으로 편찬된 텍스트와 이문명세에 오류는 있을 수 있겠으나 편집자의 "의도적인 왜곡"은 없는 것으로 평가된다. 그러나 MEGA의 편집자들이 집필하고 모스크바와 베를린 IML의 소장이 최종적으로 승인하는 서문Vorwort zur Gesamtausgabe이나 각 권의 모두(冒頭)에 게재된 서론Einleitung과 같은 경우는 물론이요, 특정 저작의 형성이나 전승(傳承)Überlieferung의 역사(텍스트사)를 다룬 부분이나 주석과 색인에서 정치적 목표의 설정이나 이데올로기적 입장이 나타나기도 한다. 다시 말하면 마르크스의 당대사나 당대인에 대한 관계는 결과적으로 모든 사건이나 조직의 형성·운동이 모두 그에게 수렴·귀결된다는 마르크스 중심주의의 논리가 두드러지고 있다는 것이다. 그리고 이러한 주석에서 나타나는 정치적 가치관은 어쩌면 다양한 학문적 평가에 익숙하지 못한 신MEGA의 편집자들에게는 당연한 것인지도 모른다. 신MEGA 편집자들이 직면하는 이 같은 과오는 결국 그들이 직면한 아카데미즘과 정치적 기속성의 갈등 가운데서 치러야 할 값비싼 대가의 하나라고 하겠다. 그들은 신MEGA의 텍스트를 살리기 위해 아파라트 부분의 텍스트에 대한 주석과 교훈적 설명을 통해 정치적 이데올로기와 타협했던 것이다.[90]

베를린과 모스크바 IML 시대의 신MEGA 편찬 사업을 정리하면서 마지막으로 우리들이 언급해야 할 것은 이들 두 연구소 간의 긴밀한 협조 관계이다. 구MEGA는 리야자노프의 지휘 아래 모스크바의 마

---

[90] Sperl, 앞의 글, S. 161; Martin Hundt, 앞의 글, S. 59~60; Dlubek, 앞의 글, S. 93~94도 보라.

르크스-엥겔스 연구소가 단독으로 추진한 "역사적-비판적" 전집이었다. 따라서 구MEGA의 편찬 사업에는 독일, 영국, 프랑스, 헝가리 등의 학자들이 참여하긴 했으나 러시아 연구자들의 협력자에 불과했다.[91] 그러나 신MEGA의 경우에는 베를린의 IML과 모스크바의 IML이 대등한 자격으로 파트너 관계를 가졌다는 점이 구MEGA의 경우와 구별된다.

물론 MEGA의 기획 단계에서 이들 두 연구소 간의 관계는 베를린이 열세에 처해 있었던 것이 사실이다. 그들이 MEW의 편찬 과정을 통해 편집 기술의 노하우를 체득하고, 부족한 대로 모스크바의 당 중앙-아키브를 통해 마르크스와 엥겔스의 초고 포토코피를 축적해 갔으나 제1소치네니야와 구MEGA의 편찬 경험을 축적한 모스크바의 연구소에 필적할 수는 없었던 것이다. 더구나 종전 후 소련의 점령 지역에서 소련의 보호 아래 탄생한 독일민주주의공화국DDR의 정치적 위상이 소련에 종속적이었기에, 신MEGA와 관련된 모든 중요한 정책적 결정은 소련공산당 중앙위원회에 의해 이루어졌으며, 모스크바와 베를린 연구소 간의 위상도 전자가 우위를 차지했음은 당연한 일이라 하겠다. 그러나 신MEGA의 발행이 흐루시초프에 의해 두 연구소 간의 공동 사업으로 확정된 이후에는 이 사업이 동독 정부에 의해 그들의 정체성DDR-Identität을 찾는 사업으로 규정되었고, 이에 따라 베를린 연구소의 적극적인 노력이 표면화되었다. 특히 1967년 이래 소련 IML의 마르크스-엥겔스 부가 신MEGA의 편찬 준비보다는 제2소치네니야의 보권 편집에 주력하는 동안 베를린의 마르크스-엥겔스 부는 신MEGA의 준비에 진력함으로써 결과적으로

---

91) Stern und Wolf, 앞의 책, S. 94~105를 보라. 물론 이들 가운데는 헝가리인 초벨처럼 소장 대리 직을 맡은 경우도 있다.

1970년대에 들어와서는 베를린의 IML이 신MEGA의 편집에서 주도권을 행사하는 역전 현상을 보이기도 했던 것이다.

그러나 신MEGA의 편찬에서 보이는 베를린과 모스크바 연구소 간의 협력은 다양한 정치적 견해를 포용하는 폭넓은 학문적 이해를 전제로 하는 것이기보다는 동일한 이데올로기에 근거하는 "형제 연구소Bruderinstitut" 간의 협력 체제였다. 이러한 점은 양자의 관계가 거시적 의미의 국제적인 학문적 제휴로 이어질 수 없게 했다. 이는 편집이 완료된 신MEGA 개별 권에 대한 평가Gutachten가 주로 연구소 내에서 진행되고, 설사 진지한 비판에 근거한 평가자의 구체적 수정 지시가 제기될 때에도 그것이 각 권 연구팀Bandbrigade의 일치된 견해를 넘어서기 어려운 상황과 비교될 수 있을 것이다.[92] 다시 말하면 동일한 조직의 동료들 간의 비판과 평가는 그 조직의 기본적 전제나 한계를 능가하기가 쉽지 않다는 점이다. 이러한 사실은 기간의 MEGA에 대한 대부분의 서평이 신MEGA의 편찬자인 양국의 IML 소속 연구원들에 의해 행해졌다는 사실을 통해서도 새삼 확인된다.[93]

---

92) Dlubek, 앞의 글, S. 97.
93) Jürgen Rojahn, 앞의 글, S. 12.

제8부

국제 마르크스-엥겔스 재단의 창설과 신MEGA의 학술화와 국제화

## 1장
# 베를린 장벽의 붕괴와 국제 마르크스-엥겔스 재단의 결성

## 1. 공산권의 붕괴와 마르크스-레닌주의 연구소의 해체

1989년 11월 베를린 장벽 붕괴, 그에 이은 동독 민주화, 그리고 마침내 1990년 10월 3일 동서독의 공식적인 통합 선언에 이어 12월의 독일연방의회 선거를 통한 동서독의 통합은, 1975년 이래 순조롭게 진행되어오던 신MEGA의 출판 사업에도 결정적인 영향을 미쳤다. 신MEGA 출판에 중심적인 역할을 하던 베를린 IML의 마르크스-엥겔스 부가 동독의 지배 정당인 사회주의통일당Sozialistische Einheitspartei Deutschlands, SED 중앙위원회 산하에 소속되어 있었기 때문이다.

베를린 장벽이 붕괴된 지 채 한 달이 되기 전인 1989년 12월 1일, 동독의 인민의회Volkskammer가 "마르크스-레닌주의 정당을 국가의 지도 정당"으로 규정한 동독 헌법 제1조의 해당 부분을 삭제함에 따라 동독의 사회주의통일당은 같은 해 12월 16일부터 잠정적으로 사회주의통일당-민주사회주의당SED/PDS으로 불리다가 1990년 2월 1일부터는 민주사회주의당Partei des Demokratischen Sozialismus, PDS으로 개칭하여 3월에 실시된 인민의회 선거에 임하게 되었다. 그러나 민주사회주의당은 선거 결과 제3당으로 전락하고 그해 12월에 실시된 통일된 독일연방의회 선거에서도 이러한 상황은 개선되지 않았다.

동독의 정치 정세가 이렇게 변화됨에 따라 사회주의통일당 중앙위원회 소속의 베를린 IML은 변신을 피할 수 없게 되었다. 따라서 IML은 1990년 1월 5일 '노동운동사연구소Institut für Geschichte der Arbeiterbewegung, IfGA'(소장은 벤저Günter Benser)로 개편되고, 이후의 연구 방향은 자연 "마르크스주의나 마르크스-레닌주의당의 역사에만 그치지 않고 노동운동의 다양한 당파, 조직, 제조류(諸潮流)와 관련하여 독일을 포함한 국제적 노동운동사의 연구와 서술"로 확장되었다. 노동운동사연구소의 이 같은 변신은 더 이상 마르크스-레닌주의당의 지시나 금기가 존재하지 않는 상황에서 자립적으로 홀로서기할 가능성을 타진하는 것이기도 했다.[1]

그러나 이처럼 연구소가 자유롭게 노선을 선택하고 연구 과제를 선택함에 있어서도 더 이상 금기가 없어졌다는 사실이 그들의 향후 연구에 대한 무한한 가능성을 제시해주는 것은 아니었다. 특히 연구소의 개편이 그들의 자의에 의해서라기보다 외부의 정치적 정세에

---

[1] *Neues Deutschland*, 6. Januar, 1990. 베를린 IML의 마르크스-엥겔스 부의 마지막 부장이었던 훈트Martin Hundt 교수는 국제적이고 학술적인 마르크스-엥겔스 협회를 창설하여 MEGA의 출판권을 위양해야 한다는 베를린 IML 내부의 제안이 이미 1987년 가을에 제기된 바 있었으나 지도부가 이를 심각하게 고려하지 않았다고 술회하고 있다. マルティン・フント,「マルクス─エンゲルス研究の回顧と展望,『メガ』編集の若干の問題」,『マルクス・エンゲルス・マルクス主義研究』(マルクス-エンゲルス研究者の會), 제12호, 1991. 2, p. 5.

따라 이루어진 것이었기에, 연구 자금이 대폭 감소하자 즉각적으로 인원 감축이 뒤따랐음은 물론이요 연구 공간의 확보에도 어려움을 겪게 되었다. 그리고 이러한 변화의 여파는 곧장 MEGA 사업을 주관하던 베를린 IML의 마르크스-엥겔스 부Marx-Engels-Abteilung, MEA (부장은 훈트)에 미치게 되었다.[2]

당시 MEGA 간행 사업에 참여하고 있던 많은 학자들은 베를린 IML이 노동운동사연구소로 개편된 것에 맞추어 MEGA의 편집·간행 체제를 근본적으로 재편성할 계획을 세웠다. 즉 한편으로는 노동운동사연구소 산하의 마르크스-엥겔스 부를 동독의 과학아카데미 Akademie der Wissenschaften, DDR 산하에 부속시킴으로써 MEGA 간행을 정당으로부터 독립시켜 학술 사업화했고, 다른 한편으로는 미래의 MEGA 간행의 모체로 '국제 마르크스-엥겔스 협회Internationale Marx-Engels-Gesellschaft'를 창설하여 사업 자체를 국제화하려 했다.

이러한 와중에 노동운동사연구소는 사회주의통일당의 후신인 민주사회주의당의 정치적 입지가 좁아지고, 3월 18일의 동독 인민의회 선거에서 민주사회주의당이 다시금 군소야당으로 전락함에 따라 연구소의 규모를 축소할 수밖에 없었다. 그 결과 독일의 노동운동사와 관련된 몇 개 부문을 제외하고 모두 해체되어, 1990년 말 들어 잔존한 조직은 독일 노동사 부문과 도서관, 당 문서보관소에 불과했다. 그리고 도서관과 당 문서보관소는 서독사민당SPD의 에베르

---

2) 이하의 서술은 1991년과 1992년에 발표된 저자의 다음 두 편의 논문에 크게 의존하고 있다. 다만 당시에는 즉각적인 자료 확보가 어려워 확인되지 않은 사실과 숫자상의 불일치가 보이는데 이는 이 책에서 모두 수정했다. 정문길, 「미완의 꿈—『마르크스-엥겔스 전집』 출판」, 『문학과사회』 14호(1991년 여름), 15호(1991년 가을); 정문길, 「전환기의 풍경—공산권 붕괴 이후의 『마르크스-엥겔스 전집』 속간 사업」, 『문학과사회』 18호(1992년 여름). 앞의 논문들은 정문길, 『마르크스의 사상 형성과 초기 저작』, 문학과지성사, 서울 1994에 게재되어 있다.

트 재단Friedrich-Ebert Stiftung과 협력하여 하나의 독립된 단체를 결성할 예정이었다. 이러한 상황에서 노동운동사연구소는 어차피 1990년 말에 해체될 운명이었다. 이에 연구소에 소속되었던 마르크스-엥겔스 부 구성원들은 자진하여 마르크스-엥겔스 부를 해산시켰다. 그리고 해산 전 85명이었던 연구원 중 남아 있던 38명은 '베를린 MEGA 재단MEGA-Stiftung Berlin'과 새로운 노동협약을 맺게 되었다.[3]

우선 노동운동사연구소의 마르크스-엥겔스 부 구성원들은 1990년 3월 향후 당으로부터 독립된 학술적인 MEGA의 간행을 위해 아카데미 내에 MEGA-콤미숀을 창설했다. 원래 아카데미 내부의 이러한 콤미숀은 일반적인 학문 연구를 위해 연 2회 정도의 세미나를 개최하지만 독자적인 재원을 확보하고 있는 것은 아니었다. 따라서 그들이 아카데미에 이러한 콤미숀을 설치한 것은 구동독 지역의 MEGA 연구자들을 한데 묶을 수 있는, 일종의 법률적 피난처eine Art juristisches Dach를 만들려는 것이었다. 한편 이들은 아카데미 내부에 MEGA-콤미숀과 병행하여 MEGA 작업부서를 만들어 이전의 노동운동사연구소 마르크스-엥겔스 부의 연구원들로 하여금 MEGA 작업을 계속하게 만들려고 했다. 이러한 시도는 당시 동독의 드메지에르Lothar de Maizière 수상을 비롯하여 관계 장관의 호의적인 반응을 얻었다. 하지만 동서독의 통합이라는 격변하는 정국 속에서 마르크스나 마르크스주의에 대한 일반의 저항감이 예상외로 커서 연말의 총선거 이전에는 누구도 그 어떤 언질을 주기가 어려운 상태였다. 특히 동서독의 통일이 이루어진 이후에는 이러한 결정이 전 독일 정부와 새로이 통합된 베를린 시의회 모두에 책임이 있기에 그 결과를 가늠하기가 어려운 상

---

3) マルティン・フント, 「『メガ』事業の現狀と今後の課題」, 『マルクス・エンゲルス・マルクス主義硏究』, 제12호, 1991. 2, p. 13.

태였다. 이는 서독의 아카데미가 국가가 아닌 주정부의 관할 아래 있었기 때문이다.[4]

한편 '베를린 MEGA 재단'은 1990년 4월, 노동운동사연구소의 마르크스-엥겔스 부 구성원들이 연구소의 해체를 눈앞에 두고 부서를 해산하면서 신MEGA의 편찬 작업을 계속하기 위해 만든 조직이었다. 이 재단은 설립 당시 약 50명의 부원이 참여하고, 그들 외에도 구동독 지역에서 신MEGA 편찬에 참여했던 대학의 작업 그룹 대표들도 참가하여 모두 약 60명의 회원으로 구성되었다. 베를린 MEGA 재단은 사단법인으로 민주사회주의당을 비롯한 어느 당과도 연관이 없으며 지난날의 IML 마르크스-엥겔스 부의 법적 계승자도 아니었다. 다시 말하면 이 재단은 어떤 기관에도 종속되지 않은 조직으로서 MEGA의 출판 사업을 지속하는 것이 유일한 목적이었다. 이 같은 학술적 목적을 가진 베를린 MEGA 재단은 베를린 시 당국에 의해 공익 법인으로 자격을 인정받아 세금을 면제받게 되었다. 그러나 동독에는 원래 재단이란 것이 없었으며, 서독의 법률에 의하면 재단은 기초 연구를 하지 못하게 되어 있으므로 "재단"이란 명칭을 얻게 된 것은 전적으로 우연이었다.[5]

법적인 단체인 '베를린 MEGA 재단'은 정관에 의해 5명으로 이사회를 구성하고 회장으로 『자본론』 연구자인 폴그라프 Carl-Erich Vollgraf를 선출했다. 이 재단은 아카데미의 'MEGA-콤미숀'을 통해 대외적으로 '국제 마르크스-엥겔스 재단 Internationale Marx-Engels-Stiftung, IMES'과 관계를 맺고 있었다. 그리고 대내적으로 베를린 MEGA 재단은 1990년 6월 13일 구사회주의통일당SED의 후신인 민주사회주의당

---
4) 같은 글, pp. 13~14.
5) 같은 글, pp. 17~18.

PDS으로부터 학술 연구 조성금으로 5500만 (동독) 마르크를 받게 되었다(이 금액은 7월 1일의 통화동맹으로 2750만 서독 마르크로 환산된다). 이 금액은 당초 향후 수십 년간 MEGA가 완간될 때까지 재단의 기금으로 운용되도록 산정되었고, 재단은 이 기금의 이자로 직원의 급료를 포함한 경상비를 충당하도록 할 예정이었다.[6] 재단은 10월 1일 이 기금을 기반으로 노동운동사연구소 마르크스-엥겔스 부의 해체 이후 남아 있던 38명의 연구원으로 연구 부서를 조직해 이들과 새로운 노동협약을 맺었다.[7]

한편 베를린 장벽의 붕괴와 독일의 통일, 그리고 동구 사회주의 정권의 몰락은 모스크바에도 영향을 미쳤다. 우선 모스크바의 마르크스-레닌주의 연구소IML는 이미 고르바초프의 페레스트로이카 정책의 영향으로 수개월 전부터 동 연구소의 명칭을 노동운동사연구소나 그와 비슷한 이름으로 변경해줄 것을 소련공산당 중앙위원회에 요청한 바 있었다. 나아가 그들은 공산당 중앙위원회와의 연결고리를 완화시키기 위해 MEGA의 사업비용 일부를 특정한 국가위원회를 통해서 지원해줄 것을 제안한 바 있었다. 그러나 그들의 제안은 다른 중요한 제안들과 마찬가지로 묵살되었다. 어쨌든 모스크바에서도 이 시기에 정치적 사업과 학문적 사업 사이에 어떤 식으로든 분리가 필요하다는 점을 인식하고 있었음이 분명해 보인다.[8]

---

6) 이 금액은 전체 MEGA 130권 중 당시 41권이 출판되었으므로 매년 2~3권이 출판된다고 가정, 30년간 30명의 연구원이 지속적으로 6권의 MEGA 편집에 참여할 때 필요한 경비를 산정한 것이다. Carl-Erich Vollgraf, "Zuerst die Nr. 349 im Vereinsregister— dann unbekannt; zunächst wohlbetucht, dann auf Spenden aus: Das launische Schicksal des Vereins 'MEGA-STIFTUNG Berlin e.V.' Im deutschen Einigunsprozeß," *Beiträge zur Marx-Engels-Forschung*, Neue Folge 1991, S. 194.
7) マルティン・フント, 앞의 글, p. 18.
8) 같은 글, p. 12.

모스크바의 마르크스-레닌주의 연구소는 1991년 초 소련공산당 중앙위원회 부설 '사회주의 이론-역사연구소Institut für Theorie und Geschichte des Sozialismus: Institut teorii i istorii socializma CK KPSS, ITGS'로 개칭되었다. 같은 해 여름에는 대폭적인 인원 감축이 이루어졌는데, MEGA 그룹의 경우 다행히 28개의 자리가 확보되어 MEGA 작업을 계속할 수 있게 되었다. 그러나 1991년 8월의 정변August-Putsch 진압 이후 모스크바의 MEGA 편집자들은 상당한 곤경에 처하게 됐다. 그 결과 앞에서 언급한 '사회주의 이론-역사연구소'는 '사회-민족문제 러시아 독립연구소Russisches unabhängiges Institut für die Erforschung sozialer und nationaler Probleme: Rossijskij nezavisimyj institut social'nych i nacional'nych problem, RNI'로 다시 명칭을 바꾸면서 법적 이유로 3개의 후원단체와 설립 계약을 맺고, 이들 단체로부터 연구소의 사업 자금으로 연간 600만 루블을 지원받게 되었다. 한편 공산당 중앙-아키브는 연구소에서 분리되어 '현대사 제문서 관리-연구 러시아 센터Russisches Zentrum für die Bewahrung und das Studium von Dokumenten der neueren Geschichte: Rossijskij centr chranenija i izučenija dokumentova novejšej istorii, RC'로 바뀌게 되었다. 그러나 러시아의 인플레이션은 연구소의 자금 사정을 악화시켜 MEGA의 편찬 사업은 또다시 곤경에 처했다.[9] 게다가 러시아의 경제 사정이 이처럼 악화되자 구소련이 MEGA를 구입하던 관례를 없애버림으로써 MEGA의 발행부수는 1,000부나 감소되었다. 이는 독일 통일 과정에서 어려움을 겪고 있는 디츠 출판사를 곤경에

---

9) Jürgen Rojahn, "Und sie bewegt sich doch! Die Fortsetzung der Arbeit an der MEGA unter dem Schirm der IMES," *MEGA-Studien* 1994/1, S. 15~16; 宮川彰, 「メガをぬぐるベルリン・モスクワの最新動向」, 『マルクス・エンゲルス・マルクス主義研究』, 제15호, 1992. 6, pp. 5~6; 大村泉, 「MEGAをとりまく最近の狀況と課題」, 『マルクス・エンゲルス・マルクス主義研究』, 제18호, 1993. 9, p. 8.

빠트리고 앞으로의 MEGA 사업에도 부정적으로 작용했다.[10]

## 2. 국제 마르크스-엥겔스 재단의 설립

　동구 사태의 전개, 특히 동독에서의 정치적 변화가 『마르크스-엥겔스 전집MEGA』의 발간을 중단시킬 수도 있다는 가능성에 대해 당사자인 동독이나 소련의 IML 못지않게 지대한 관심이 있던 서구의 연구소는 네덜란드의 암스테르담에 있는 국제사회사연구소 Internationaal Instituut voor Sociale Geschiedenis, IISG였다. 마르크스와 엥겔스의 문서로 된 유산의 대부분을 보유하고 있기에 이들에 대한 "학술적 해명에 언제나 각별한 의무감을 느끼고 있는" 국제사회사연구소가 "최근의 객관적 사태와 별개로 아카데믹하고, 최고 수준의 요구에 부응할 수 있는 마르크스와 엥겔스의 저작 전집Gesamtausgabe der Schriften von Karl Marx und Friedrich Engels이 국제적인 연구에 있어서 절실하다"고 규정한 것은 당연한 일이었다.[11] 그러나 제2차 세계대전 이후의 이 연구소의 재정적 형편으로는 이처럼 방대한 출판 사업을 수행할 수가 없었기에 IISG는 1960년대 말 신MEGA의 출판을 계획하고 있던 모스크바와 베를린의 IML로 하여금 그들이 보유하고 있는 자료를 이용할 수 있도록 했던 것이다. 물론 IISG는 IML과 다른 각도에서 이러한 사업을 구상한 바 있었으나, 당시로서는 IML의 연구원들에게 마르크스와 엥겔스의 유고에 대한 자유로운 접근을 허용할

---

10) マルティン・フント, 앞의 글, p. 12.
11) IISG의 연구원이요 당시 새로이 결성된 국제 마르크스-엥겔스 재단IMES의 사무국장인 로얀Jürgen Rojahn이 저자에게 보낸 1990년 10월 5일자 편지.

수밖에 없었던 것이다. IISG의 이러한 결정은 자료에의 접근이 금지된 서방 측 연구자들의 불평을 사기도 했지만, IISG는 기간(旣刊)의 신MEGA가 만족할 만한 것은 아니지만 질적으로 높은 수준을 유지하고 있음에 내심 그들의 결정이 틀리지 않았음을 확인하고 있었다.[12]

바로 이러한 시점에서 그때까지 순조롭게 진행되던 MEGA의 출판이 구동독의 정치적 붕괴로 말미암아 중단될 위기에 직면하게 되었고, IISG로서는 신MEGA의 장래에 대해 결코 무심할 수 없었다. 신MEGA의 많은 부분이 베를린의 IML에 의해 발간되고 그 재정은 구동독의 사회주의통일당SED이 감당해왔는데, SED가 몰락한 마당에 MEGA 사업의 비용을 모스크바가 떠맡을 리 없으므로 MEGA는 SED와 운명을 같이할 수밖에 없는 상황에 직면했던 것이다. IISG는 구MEGA가 그렇듯이 신MEGA도 발행국의 정치적 상황의 변화에 따라 중단되었음을 인식하고, MEGA의 출판을 위한 유일한 대안이 종래와는 다른 광범한 국제적 협조 체제의 구축이란 점에 착안하게 되었다. 그리하여 IISG는 1)그 거주지가 어디이든 관심 있는 모든 전문가들이 참여해야만 최선의 결과를 얻을 수 있고, 2)이러한 방법을 통해야만 필요한 [재정적] 수단을 구할 수 있다는 입장을 분명히 정리했다. 다시 말하면 이 같은 광범한 국제적 협조 체제는 종래와 같은 당파정치의 제약으로부터 벗어나 객관화되고 제도화되어야만 유익하고 효율적일 수 있다고 보았던 것이다.[13]

---

12) Rojahn, "Die Marxschen Manuskripte aus dem Jahre 1844 in der neuen Marx-Engels-Gesamtausgabe(MEGA)" [Rezension], *Archiv für Sozialgeschichte*, Band XXV, 1985, S. 647~63. IISG의 마르크스와 엥겔스의 오리지널에 대한 자유로운 열람을 위한 IML과 IISG 측의 교섭 경과는 이 책 pp. 462, 470~72를 보라. 정문길, 「미완의 꿈」, 앞의 책, p. 329 및 정문길, 「전환기의 풍경」, 앞의 책, pp. 428~29도 보라.

IISG가 이와 같은 입장을 정리한 데다 구동독의 급격한 정치적 변화가 사회과학계 인력의 대량 실업사태[14]를 초래하면서, 베를린 IML의 후신인 노동운동사연구소IfGA는 MEGA의 정상적 출판이 불가능해졌다는 사실을 인식하고 1990년 1월 24일 IISG가 소재한 암스테르담에서 회동하여 '국제 마르크스-엥겔스 협회'를 결성하자는 데 합의를 보았다.[15] 그리고 IISG는 그 당시까지 MEGA의 발행기관이었던 모스크바와 베를린의 IML이 원한다면 MEGA 속간 사업의 이니셔티브를 받아들일 준비가 되어 있다는 입장을 밝혔다. 이 회의에는 모스크바와 베를린의 IML을 대표한 훈트, 서독의 칼-마르크스-하우스를 대표한 펠거, IISG를 대표한 로얀과 독일 브라운슈바이히 대학의 하르스틱이 참가했다. 곧이어 3월 11일과 12일에는 모스크바 IML의 초청으로 IISG의 소장 피셔와 로얀이 모스크바를 방문하여 MEGA 사업의 국제화 문제를 협의하여 기본적 합의에 이르고, 다음 회의는 5월 21/22일에 암스테르담에서 개최하기로 했다.[16]

　1990년 5월 21/22일의 암스테르담 회의는 IISG의 초청 형식으로 이루어졌으며 이는 연초부터 진행된 MEGA의 속간을 위한 협의를

---

13) 로얀이 저자에게 보낸 1990년 10월 5일자 편지.
14) 스캄브락스 교수는 1990년 초 구동독 지역에서의 실업자는 사회과학자들에 집중되었다고 보고했다. 물론 개중에는 상당수의 스탈린주의자도 있었지만 비스탈린주의자도 적지 않았는데, 당시 연구소, 대학, 당 학교 등에 소속된 약 6만 명의 사회과학자가 실직한 것으로 추산되고 있다. 「Prof. Dr. Hannes Skambraksを圍む研究會・メガ支援にかんする意見交流會について」, 『マルクス・エンゲルス・マルクス主義研究』, 제10호, 1990. 6, p. 16.
15) 이는 뒤에 협회라는 명칭보다 "재단Stiftung"이 유리하다는 판단에 따라 '국제 마르크스-엥겔스 재단Interntionale Marx-Engels-Stiftung, IMES'으로 바뀌었다. Rojahn, 앞의 편지.
16) 같은 편지.

계속하기 위한 것이었다. 소위 '국제 마르크스-엥겔스 재단'의 "4개 기간(基幹) 연구소"인 국제사회사연구소 재단(암스테르담), 소련공산당 중앙위원회 산하의 마르크스-레닌주의 연구소(모스크바), 동독의 과학아카데미(베를린), 서독 프리드리히-에베르트 재단 산하의 칼-마르크스-하우스(트리어)가 참가한 이 회의는 MEGA의 속간을 위한 '국제 마르크스-엥겔스 재단' 설립의 기초가 되는 의정서 Protokoll를 작성·서명했는데, 이는 속간될 MEGA의 성격과 편찬 방침을 이해하는 데 불가결한 문건이기에 그 전문을 소개하면 다음과 같다.

### 의정서

1990년 5월 21일과 22일, 연초 이래 진행되어온 『마르크스-엥겔스 전집_Marx-Engels-Gesamtausgabe_, MEGA』의 속간을 위한 협의가 암스테르담의 국제사회사연구소IISG에서 속개되었다.

이 협의에는 다음의 대표들이 참석했다.
- 암스테르담의 국제사회사연구소 재단을 대표하여 E. J. 피셔와 J. 로얀과 고문 자격으로 H.-P. 하르스틱(브라운슈바이히 공과대학).
- 모스크바의 소련공산당 중앙위원회 부설 마르크스-레닌주의 연구소를 대표하여 M. P. 므세들로프와 N. J. 콜핀스키.
- 베를린의 독일민주주의공화국 과학아카데미를 대표하여 W. 슈미트와 M. 훈트.
- 트리어의 칼-마르크스-하우스를 대표하여 H. 펠거와 고문의 자격으로 J. 그랑종(프로방스 대학).

칼 마르크스와 프리드리히 엥겔스의 사상이 갖는 학술사적 중요성과 역사적 유효성으로 보아 그들의 제간행물, 육필 원고와 서간들의 완벽한 역사적-비판적 판본으로의 간행이 국제적 연구에 있어서 절실히 요구되는 변함없는 사실이라는 데 의견의 일치를 보았다.

그리고 다음의 사항들에 합의했다.

1. 국제사회사연구소 재단, 소련공산당 중앙위원회 부설 마르크스-레닌주의 연구소, 독일민주주의공화국 과학아카데미 및 칼-마르크스-하우스(이하 '4개 기관'이라 칭함)는 공동으로 다음 사항을 위해 노력하기로 했다. 소련공산당 중앙위원회 부설 마르크스-레닌주의 연구소와 구독일 사회주의통일당 중앙위원회 부설 마르크스-레닌주의 연구소가 시작한 칼 마르크스와 프리드리히 엥겔스의 제간행물, 육필 원고 및 서간들을 완벽한 역사적-비판적 판본으로 간행하는『마르크스-엥겔스 전집MEGA』간행 사업을 더욱 확대된 국제적 규모로 계속한다.

2. 이러한 목적을 위하여 ― 네덜란드 법에 따라 ― 암스테르담을 소재지로 하는 '국제 마르크스-엥겔스 재단Internationale Marx-Engels-Stiftung'을 창설하고, 본 재단이 앞으로 MEGA의 발행자가 된다.

3. 본 재단은 이 같은 목적을 달성하기 위해 다음과 같은 사업을 시행한다.

 a) 칼 마르크스와 프리드리히 엥겔스의 생애와 사상 및 그 역사적 배경에 관한 연구를 장려하고, 이 분야에 대한 정보의 교환.

 b) 통일적인 자료 정비 체계의 구축.

 c) MEGA 각 권의 간행.

d) 유능한 편집자의 양성.

e) 필요한 재정 및 기타 국제적 원조의 획득.

f) 재단의 목적을 달성하기 위한 여타의 조치.

4. 창설되는 재단은 영리를 추구하지 않으며, 그 활동은 정치적으로 독립되지 않으면 안 된다.

5. 재단의 최고 책임자는 4명의 이사 가운데 1명을 임명해야 한다.

a) 4개 기관은 각각 4명의 이사 가운데 각 1명을 임명해야 한다.

b) 이사회의 이사장은 이사들에 의해 호선된다.

c) 이사회는 최소 연 1회의 회의를 개최하지 않으면 안 된다.

d) 이사회의 모든 이사는 의결권을 가진다.

e) 이사회의 의결은 가급적 전원일치일 것이 요구된다. 유효한 의결은 적어도 3명의 이사의 찬성을 필요로 한다.

6. 재단 사무국은 암스테르담을 그 소재지로 한다. 사무국장은 이사회에 의해 임명되고 파면된다. 그 이외의 협력자의 임명과 파면은 사무국장이 이사회와 특히 국제사회사연구소 재단에 의해 임명된 이사와의 협의 아래 행한다.

7. 이사회는 편집위원회를 설치해야 한다. 편집위원회는 MEGA의 구체화를 위한 모든 문제를 결정하며, MEGA의 작업을 조정하고, MEGA 각 권의 질과 통일성을 점검해야 한다.

a) 편집위원회에는 직무상 소련공산당 중앙위원회 부설 마르크스-레닌주의 연구소 MEGA 작업 그룹의 부장, 독일민주주의 공화국 과학아카데미 MEGA 부문의 부장 및 재단 사무국장이 소속된다. 그리고 이들이 공동으로 편집위원회의 사무국을 구성한다.

b) 편집위원회의 나머지 구성원은 반드시 저명한 전문학자여야

하고, 이들은 4개 기관의 제의에 따라 이사회에 의해 임명되어야 한다.

    c) 편집위원회는 최소 연 1회의 회의를 개최해야 한다.

    d) 〔편집위원회〕 사무국의 구성원은 그 직무상 이사회의 회의에 심의권을 가지고 참석해야 한다.

8. 이사회는 특히 학술자문위원회를 설치해야 한다. 이 위원회는 재단에 관련된 모든 문제에 대해 이사회에 조언해야 한다. 이 위원회의 구성원은 4개 기관의 제의에 따라 이사회에 의해 초빙된다.

9. 칼 마르크스와 프리드리히 엥겔스의 육필 유고 중 상대적으로 많은 부분을 소유하고 있는 국제사회사연구소는 물론 적은 양을 소유하고 있는 소련공산당 중앙위원회 부설 마르크스-레닌주의 연구소도 MEGA의 작업에 필요한 각종 자료를 제공할 준비가 되어 있다.

10. MEGA 작업을 계속함에 있어서 지금까지 간행된 여러 권의 MEGA는 모스크바와 독일민주주의공화국의 작업 그룹에 의해 완성되었다는 사실을 고려하지 않으면 안 된다. 이들 작업 그룹에 의해 축적된 경험과 지식은 될수록 광범위하게 활용되지 않으면 안 된다. 따라서 이들 작업 그룹은 간행 사업에 있어서 불가결하다. 동시에 합리적 분업 방식으로 각 권의 작업 기간을 단축하는 새로운 기술적 방법을 도입하지 않으면 안 된다.

11. MEGA의 국제적인 출판권은 베를린의 디츠 출판사 측이 상응하는 관심을 보이는 한 계속 유지할 수 있다.

12. 책의 속표지의 앞장에는 MEGA의 발행자로서 '국제 마르크스-엥겔스 재단'이란 이름을 기재한다. 그리고 속표지 표제면에는 해당하는 권의 편집자의 이름을 기재한다. 속표지 표제면의 뒷장에는 '국제 마르크스-엥겔스 재단: 창설자, 암스테르담의 국제사회사연구

소, 모스크바의 소련공산당 중앙위원회 부설 마르크스-레닌주의 연구소, 베를린의 독일민주주의공화국 과학아카데미, 트리어의 칼-마르크스-하우스'라고 기재하고 나아가 이사회의 이사, 편집위원회의 위원, 학술자문위원회의 위원의 명단도 기재한다.

13. 재단의 창설에 관해서는 신문에 공동의 성명을 발표한다.

암스테르담, 1990년 5월 22일.

서명:

국제사회사연구소 재단을 대표하여
J. Rojahn
E. J. Fischer
H.-P. Harstick

소련공산당 중앙위원회 부설
마르크스-레닌주의 연구소를 대표하여
M. P. Mcedlov
N. J. Kolpinsij

독일민주주의공화국
과학아카데미를 대표하여
W. Schmidt
M. Hundt

칼-마르크스-하우스를 대표하여
H. Pelger
J. Grandjonc

앞의 의정서에 의하면 MEGA의 속간을 위해 암스테르담을 소재지로 한 국제 마르크스-엥겔스 재단IMES을 설립키로 한 앞의 4개 연구소는 "칼 마르크스와 프리드리히 엥겔스의 사상이 갖는 학술사적 중요성과 역사적 유효성"을 인정하고 이들의 "완벽한 역사적-비판적 전집의 간행이 국제적 연구에 있어서 절실히 요구된다"는 사실에 우선 합의했다(전문). 그리고 이 합의에 근거하여 마르크스-엥겔스 전집MEGA의 속간을 국제적 규모로 확대한다고 규정하고 있다(제1항). 따라서 이 재단은 종래 모스크바와 베를린의 IML이 가지고 있던 MEGA의 발행권을 인수하지만(제2항), 전자와는 달리 비영리적이고 비정치적인 독립기관으로서(제4항), MEGA의 발간을 위해 마르크스와 엥겔스에 관한 연구의 장려와 정보의 교환을 촉진하고(제3항 a), 통일적인 자료 체계를 구축하며(동 b), MEGA 각 권의 간행과 이를 위한 편집자를 양성함과(동 c, d) 동시에 필요한 재정과 국제적 원조의 획득을 추진할 것(동 e)에 합의하고 있다.

앞에 열거한 사업들을 추진하기 위한 재단의 조직은 앞의 4개 연구소가 동일한 권리와 의무에 근거하여 최고의결기구로서 4명으로 구성된 이사회를 구성하고(제5항), 이사회에 의해 임면(任免)되는 사무국〔장〕을 암스테르담에 두게 했다(제6항). 나아가 MEGA의 구체적인 작업을 조정하고 각 권의 질적 수준과 통일성을 확보하기 위해 저명한 전문 학자들로 편집위원회를 구성하되, 모스크바 IML과 동독 아카데미의 MEGA 작업 그룹의 부장 및 재단사무국장을 편집위원회의 사무국에 포함시킬 것을 규정하고 있다(제7항). 한편 이 편집위원회와 별개로 재단과 관련된 문제들에 대해 이사회에 조언을 하는 학술자문위원회의 설치도 규정하고 있다(제9항).

마지막으로 9항에서 12항까지는 변화된 상황 하에서도 MEGA의 간행 사업을 효율적으로 추진하기 위한 사항들로, 먼저 기왕의 MEGA 작업에 관여한 모스크바와 동독의 방대한 인적자원과 IISG와 모스크바의 당 중앙-아키브가 소유했던 소재(素材, 유고 오리지널)가 MEGA 각 권의 작업 기간을 단축할 수 있도록 적절히 이용되어야 하며(제10항과 9항), MEGA의 출판권은 베를린의 디츠 출판사가 상응하는 관심을 가질 경우 이를 계속 보유할 수 있다는 점에도 합의했다(제11항).

당초 이 협의를 주도한 IISG는 이상의 내용을 가진 의정서가 참여

연구소 지도부의 최종적인 승인을 받으면 곧장 정식으로 재단 등록을 할 예정이었으나, 4개 기관 중 동독의 아카데미만이 즉각적인 승인을 통보해왔다. 모스크바와 칼-마르크스-하우스의 모재단인 본의 프리드리히-에베르트 재단으로부터의 승인 통보는 차일피일 미루어지다가, 모스크바로부터 통보가 오고 "마지막으로" 본으로부터 승인 통보가 온 것이 같은 해 9월 17일이었다.[17]

일단 4개 연구소의 최종 승인을 얻은 '국제 마르크스-엥겔스 재단(이하 IMES로 약칭)'은 1990년 10월 2일 네덜란드 법에 의해 정식으로 설립되어 암스테르담에 본부를 둔 "앞으로의 MEGA 발행자"로 등장하게 된 것이다. IMES는 같은 해 11월 2일 최초의 이사회를 암스테르담에서 개최하고 재단의 이사로 IISG의 소장인 피셔, 모스크바 IML의 부소장인 므세들로프, 칼-마르크스-하우스의 중앙연구소장인 펠거, 베를린 아카데미의 대표인 슈미트를 선임했다. 초대 이사장에는 IISG의 소장인 피셔가, 사무국장에는 역시 IISG의 로얀이 피선되었다. 나아가 향후 10~12명으로 확충될 편집위원회의 4명의 핵심위원Kern-Redaktion으로는 앞의 의정서 제7항 a)의 규정에 따라 사무국장인 로얀, 모스크바 IML의 바가투리야G. A. Bagaturija, 베를린 MEGA-콤미숀의 훈트, 그리고 칼-마르크스-하우스가 추천한 프랑스 엑상프로방스 대학의 그랑종Jacques Grandjonc이 선임되었다. 이들은 제1차 핵심편집위원회를 모스크바에서(1990년 12월 21~22일),

---

17) 재단 사무국장으로 예정된 로얀이 저자에게 보낸 1990년 10월 5일자 편지. 한편 본으로부터의 승인 통보가 늦어진 이유는 서독의 사민당계 학술재단으로 칼-마르크스-하우스의 모재단인 프리드리히-에베르트 재단Friedrich-Ebert-Stiftung의 결정이 늦어졌기 때문이다. 이 재단의 의사결정에 결정적인 영향을 미치는 사민당 내부에는 당시 MEGA에 대해서, 특히 구동독의 사회주의통일당 구성원들과 공동 작업을 하는 데 대해서 강한 반발이 존재했던 것으로 추측되고 있다. マルティン・フント,「『メガ』事業の現狀と今後の課題」, p. 13.

제2차 회의는 베를린에서(1991년 2월 1~2일), 3차 회의는 트리어에서(1991년 3월 10~11일) 개최했다. 특히 트리어의 3차 회의는 3월 11일 같은 장소에서 열린 제2차 이사회에 향후 편집위원회의 과제와 그 구성 문제를 보고했다. 그리고 우선 1차로 18명의 저명한 학자들을 학술자문위원으로 위촉했다.[18]

원래 국제적인 네트워크로 계획된 IMES는 MEGA 작업을 재정적으로 지원할 재원을 갖고 있지 못했다. 따라서 IMES는 MEGA 각 권을 간행하는 개개의 작업 그룹에게 국가나 주(州) 정부, 재단의 연구 조성금이나 각국의 학술 계획을 지원하는 유럽공동체 내의 여러 기관의 연구 조성금이 주어지는 경우 이들의 힘을 빌리도록 했다. 그러나 1990년대 초의 독일의 사정으로는 마르크스와 엥겔스의 이름으로 이들 조성금을 얻기란 매우 어려웠다. 이런 상황에서 IMES와 같은 국제적인 기관이 사무국 설치 이후 구동독의 관련 대학 총장에게 서신을 보내 해당 지역의 소규모 MEGA 작업 그룹이 앞으로도 이 작업을 계속할 수 있도록 요청하고, 그 결과 IMES가 MEGA 작업을 계속하기 위해 대학과 협정을 맺게 된 것도 IMES 설립의 긍정적인 결과로 볼 수 있다.[19]

IMES 설립을 통해 구체화된 MEGA 사업의 첫번째 혁신 과제는 정

---

18) 로얀이 저자에게 보낸 1991년 7월 3일자 편지. マルティン・フント, 앞의 글, p. 15. Rojahn, "Und sie bewegt sich doch! Die Fortsetzung der Arbeit an der MEGA unter dem Schirm der IMES," *MEGA-Studien*, 1994/1. S. 13. 이때 학술자문위원으로 위촉된 인사는 다음과 같다. S. Avineri, G. Callesen, R. E. Cazden, I. Fetscher, P. Friedenson, A. F. Grabski, C.B. Gutiérrez, H.-P. Harstick, E. J. Hobsbawm, E. Kamenka, J. Kocka, N. I. Lapin, H. Lübbe, J. I. Oizerman, W. Schieder, J. Stengers, F. Tókei, I. Wallerstein.

19) "Bericht über die Tätigkeit des Sekretariats der IMES in den Jahren 1990~1999," (Mschr.) 2.4.a) 및 マルティン・フント, 앞의 글, pp. 15~16.

치로부터 독립Entpolitisierung하는 것이었다. 이는 동구의 정치적 변동을 경험하면서 이미 모스크바와 베를린 IML의 조직상의 변화를 통해 명백해진 부분이었다. 앞으로의 MEGA 사업은 학술화Akademisierung와 국제화Internationalisierung를 통해야만 비로소 계속될 수 있는 것이기에 이 두 가지 원칙은 IMES의 형성을 통해 더욱 강화되었다.

먼저 국제화의 문제는 종래 모스크바와 베를린에 한정되어 수행되어오던 MEGA 사업이 IMES로 이양됨으로써 트리어와 암스테르담이 발행자로 참여하게 되고, 편집위원회와 학술자문위원회는 그 범위가 구미 지역에 머물지 않고 일본과 중국에까지 확대되는 방식으로 구체화되었다.[20] 나아가 앞으로의 MEGA 사업은 향후의 자금 조달에 있어서 국제화가 불가피한데, 이 경우 각국에 산재한 MEGA 작업 그룹이 모스크바나 베를린 MEGA 작업 그룹이 축적한 지식과 경험을 공유하려고 할 때 국제적 협조는 불가결한 전제가 된다. 이러한 사실은 1990년대 말에 MEGA 작업 그룹이 미국과 일본, 덴마크로까지 확대되면서 베를린이나 모스크바의 MEGA 작업팀이 이들 신생 MEGA 작업 그룹에 참여하는 경우를 통해서도 확인되고 있다.[21]

다음으로 IMES가 추구하는 또 하나의 원칙은 학술화의 문제이다. 이 학술화의 문제는 종래 MEGA 사업이 기본적으로 지배 정당과 연결되어왔었기 때문에 더욱 강조되는 원칙으로, 향후에는 이 같은 연

---

20) 편집위원회에는 1992년 7월, 일본의 Teinosuke Otani와 중국의 Wei Jianhua와 더불어 E. Aržanova, G. Golovina, M. Neuhaus, F. Schrader, V. Vygodskij가, 학술자문위원으로는 일본의 T. Ouchi, T. Sugimoto가 중국의 Zhou Liangxun과 더불어 F. Gori, H. Klenner, P. Ribas, M. Rubel이 추가로 초빙되었다. Rojahn, "Für die Fortführung der Marx-Engels-Gesamtausgabe: Entstehung und Tätigkeit der IMES"(Mschr.), §2를 보라.
21) マルティン・フント, 앞의 글, p. 16 및 "Bericht über die Tätigkeit des Sekretariats der IMES in den Jahren 1990~1999," 2.3.b). -(8), -(9), -(10).

결고리를 끊고 아카데미즘의 영역으로 옮겨가는 것이 당연한 수순이었다. 모스크바와 베를린의 MEGA 작업 그룹이 정치적 격변의 와중에서 그들의 소속을 지배 정당에서 이탈하여 소련의 아카데미나 동독 아카데미로 변경하려고 한 것은 학술적 중립성을 확보하려는 노력의 일단인 셈이다. 그러나 학술화의 요체는 조직상의 이동 문제라기보다는 작업의 스타일이나 과학적 객관성이 관건이다. 다시 말하면 지금까지의 MEGA에 나타나는 서론이나 서문의 당파성, 텍스트의 역사를 해설하는 과정의 정치적 판단이나 비학술적 정식화, 그리고 인명 색인에 나타나는 주석 등을 객관화하는 일이 MEGA의 학술화를 위해 가장 중요한 요건이다.[22]

베를린에서 동구 전역으로 파급된 현실사회주의의 붕괴라는 정치적 격변기에 중단 위기에 빠진 MEGA의 편찬 사업을 되살리기 위해 성립된 초창기의 IMES가 진선진미한 MEGA의 장래만을 논하기에는 MEGA 사업을 둘러싼 객관적 상황이 너무나 핍박했다. 다시 말하면 SED의 몰락으로 인한 재정적 기반의 상실은 물론이고 MEGA 편집자들이 실업 위기에 직면해 있는 상황에서, IMES가 해야 할 일은 기존 MEGA 작업 그룹이 편찬 작업을 계속할 수 있도록 하는 것이었다. 그리하여 한편으로는 기존 연구자들이 현재의 직업을 계속 유지하도록 하고, 다른 한편으로는 유능한 연구원들이 실직을 당했을 경우 지속적으로 MEGA의 편찬 작업에 몰두할 수 있도록 재정적으로 뒷받침하는 일이 중요한 과제로 떠올랐다. IMES가 국제적 네트워크의 개념으로 성립된 조직이기에 전자를 위해서는 국제적 학술기구로서의 영향력을 행사하고, 후자의 경우에는 국제적인 모금운동을 통

---

22) マルティン・フント, 앞의 글, pp. 16~17.

해 우선 당면한 위기를 헤쳐 나가야 했다. 이런 이유로 1990년 이래 전 세계적으로 광범하게 일어난 지식인들의 자발적인 MEGA 구출 작업을 조직화하는 일도 IMES가 당면한 중요 과제의 하나였다. 따라서 저자는 MEGA의 지속적인 발간을 지원하는 지식인들의 움직임을 다음 장에서 좀더 구체적으로 살펴보고자 한다.

### 2장
# MEGA의 지속적 발간을 촉구하는 국제적 호소와 지원

## 1. MEGA의 지속적 발간을 요구하는 국제 학계의 호소

1989년 가을 베를린 장벽이 붕괴된 이후, 동독이 민주화하는 과정에서, 그동안 신MEGA의 편찬에 주도적인 역할을 해온 베를린의 IML이 1990년 1월 노동운동사연구소로 바뀌었다. 같은 해 3월에는 이 연구소의 신MEGA 편집 전담부서인 마르크스-엥겔스 부가 스스로 연구소를 탈퇴하여, 한편으로는 동독 과학아카데미에 MEGA-콤미션을 창설하고, 다른 한편으로는 MEGA 편집의 실무를 담당할 베를린 MEGA 재단 Der Verein MEGA-Stiftung Berlin e.V.을 같은 해 4월에 창설했다. 그러면서 베를린 MEGA 재단은 이미 동독의 인민의회 선거에서 제3당으로 몰락한 사회주의통일당SED의 후신인 민주사회주의당PDS으로부터 장래의 MEGA 편찬 기금으로 5500만 동독 마르크를 기증받게 되고, 이 기금을 기반으로 그해 10월 1일 노동운동사연구소의 마르크스-엥겔스 부에서 탈퇴한 MEGA 편집진들과 노동협약을 맺어 MEGA 작업을 계속하기로 했다.[23]

이처럼 동독 내에서 MEGA를 계속 발간하기 위해 관련자들이 애쓰는 동안 통일 전의 동서독에서는 MEGA의 불투명한 장래에 대한 언론 보도가 이어졌다.[24] MEGA의 편집진들은 외국의 연구자들에게 이러한 우려를 서신으로 전달했고, MEGA 사업에 대한 그들의 지원 요청은 관심 있는 외국의 학자들로부터 크게 호응을 얻게 되었다. 이들 외국인 학자들은 학문적으로 높은 수준을 유지하고 있는 MEGA를 계속 편찬·발행할 것을 요구하는 서한을 연명으로 동독의 중요 기관들에 보냄으로써 MEGA에 대한 그들의 깊은 관심을 표현했다. 그러나 이들 학자들 가운데서도 가장 먼저, 그리고 가장 광범한 관심을 표명한 것은 일본의 연구자들이었다. 따라서 저자는 MEGA의 지속적인 발간을 지원하는 1990년 이래의 일본 학계의 동향을 우선 중점적으로 살펴보고자 한다.[25]

일본은 비서구 지역에서 가장 먼저 마르크스와 마르크스주의에 대한 지식인들의 관심과 연구가 보편화된 사회다. 그들은 이미 1920년대와 30년대의 구MEGA의 발간에도 깊은 관심을 가지고 일부 학자들은 모스크바 마르크스-엥겔스 연구소의 리야자노프와 서신 교환을 하기도 했다. 그 연장선에서 1920년대 말 이후에는 모스크바에서 발행되는 구MEGA를 저본으로 한 일본어판 『마르크스-엥겔스 전

---

23) Carl-Erich Vollgraf, "Zuerst die Nr. 349 im Vereinsregister—dann unbekannt; zunächst wohlbetucht, dann auf Spenden aus: Das launische Schicksal des Vereins 'MEGA-STIFTUNG Berlin e. V.' im deutschen Einigungsprozeß," *Beiträge zur Marx- Engels-Forschung*, Neue Folge 1991, S. 192~96.
24) 같은 글, S. 193~94.
25) 저자의 이러한 입장은 일본의 "MEGA 지원 사업"이 가장 적극적이고 규모가 크기도 했지만 또 다른 측면에서는 서구의 반응을 구체적으로 다룰 만한 자료의 결핍에도 연유한다.

집』을 경쟁적으로 발간하기도 했다.[26] 이러한 전통은 전후에도 이어져 구동독의 IML이 발간한 『마르크스-엥겔스 저작집MEW』을 저본으로 한 『마르크스-엥겔스 전집』(大月社版)을 완간하기도 했다. 게다가 1975년 신MEGA가 발간되기 시작하면서 일본은 MEGA 각 권의 전체 발행부수의 5분의 1을 소화하는 가장 중요한 고객이기도 했다.[27] 그런가 하면 일본은 『자본론』 연구를 통해 동독의 학계, 특히 MEGA의 편집진과 밀접한 학문적 유대를 형성하고 있었다. 그들은 신MEGA의 발간, 그 가운데서도 『자본론』과 그 준비 노작이 포함된 MEGA 제II부의 발간을 통해 암스테르담의 국제사회사연구소 IISG에까지 가지 않더라도 IISG는 물론이요, 그곳에도 없는 모스크바의 중앙당-아키브 소장의 『자본론』 초고에도 접할 수 있게 되었는데, MEGA의 중단으로 이런 기회조차 얻기 힘들어질 것이란 위기의식도 MEGA의 지원 운동을 시작하게 한 중요한 요인인 것으로 보인다.

---

26) 服部文男,「二つの邦譯『マルクス＝エンゲルス全集』の廣告競爭」,『マルクス・エンゲルス・マルクス主義研究』, 제18호, 1993. 9. pp. 90~94.

27) 신MEGA는 1975년에 처음으로 발간된 첫 2권이 7,000부 출판된 이후 1980년대까지 5,000부씩 발간되다가 1980년대 말에는 3,900부가 발간된 것으로 보고되었다. 모두 30여 개국에 발매된 MEGA 판매 부수 중 일본은 소련, 서독과 더불어 최대의 고객이었다. Die Berichte des Dietz Verlags über Auflagenhöhe und Vertrieb des MEGA-Bände 1975~1980, MEGA-Archiv Bd. 28, H. 4, und Günter Hennig, Bericht des Dietz Verlags auf der Tagung der MEGA-Redaktionskommission im Juni 1989, MEGA-Archiv, Bd., 17, H. 4, Nr. 4. Rolf Dlubek, "Die Entstehung der zweiten Marx-Engels-Gesamtausgabe in Spannungsfeld von legitimatorischem Auftrag und editorischer Sorgfalt," MEGA-Studien, 1994/1, S. 105에서 인용. 그러나 1990년 초 베를린의 MEGA 편집자들이 MEGA의 지속적 발간을 위해 국제적 협조와 이해를 얻으려고 할 때, 그 대상국의 선정 기준으로 마르크스-엥겔스에 대한 연구 성과와 MEGA 각 권의 판매 부수를 감안했다고 하면서, 훈트 교수는 MEGA의 발행부수가 1975년 4,000부에서 1989년에는 2,500부로 줄었으며 일본의 경우도 매 권 1,000부에서 700부로 줄었다고 지적하고 있다. 『마르크스·エンゲルス·マルクス主義研究』, 제11호, 1990. 9. pp. 2~19.

일본에서는 1990년 초부터 MEGA의 지속적인 발간을 지원하기 위해 "일본 마르크스-엥겔스 연구자 모임Arbeitergemeinschaft der Marx-Engels-Forscher in Japan," 일본경제이론학회, 사회사상사학회, 경제사학회 등이 개별적으로 활동하면서 그들의 당면 과제를 1) MEGA의 지속적 발간을 요청하는 서명을 받고, 2) 서명을 서신과 함께 동독의 여러 관계 기관에 발송하며, 3) 일본의 국내 학회 등에 MEGA 지원 활동을 촉구하는 것으로 잡았다. 그리고 동독에서의 MEGA 사업의 실상을 파악키 위해 대표를 베를린에 파견하기도 했다.[28]

한편 일본의 MEGA 지원 단체들은 1990년 4월 하순에서 5월에 걸쳐 동독의 아카데미를 포함한 학술단체, 수상, 교육부 장관, 여러 정당, 그리고 암스테르담의 IISG와 서독의 칼-마르크스-하우스 등에 "MEGA 사업을 계속해달라는 요청Bitte zur Fortführung der Arbeit an MEGA" 서한[29]을 서명과 함께 송부했다. 한편 MEGA 사업을 계속해 줄 것을 요구하는 일본 MEGA 위원회의 편지는 연구단체의 경우는 있을 수 있는 청원으로 수용되었지만, 정치인들의 경우는 의외의 사건으로 받아들여졌는데, 당시 동독의 교육부 장관, 민주사회주의당 PDS의 당의장인 기지Gregor Gysi의 경우 이 요구를 긍정적으로 수용하는 답신을 보내기도 했다. 특히 MEGA의 지속적인 발간을 요청하며 일본의 54개 대학에서 100명이 넘는 연구자들이 서명을 한 것은 (1990년 5월 초)[30] 서독을 비롯하여 프랑스, 영국, 이탈리아, 소련

---

28) 이하의 서술은 다음의 자료에 의거한 것이다. 『マルクス・エンゲルス・マルクス主義研究』, 제10호, 1990. 6, pp. 1~34; 제11호, 1990. 9, pp. 1~46; 제12호, 1991. 2, pp. 1~34; 제13호, 1991. 6, pp. 1~12; 제14호, 1991. 10, pp. 1~25; 제15호, 1992. 6, pp. 1~34; 제18호, 1993. 9, pp. 1~19의 "MEGA 지원" 항목.
29) 이 편지의 전문은 같은 잡지 제10호, p. 26에 게재되어 있다.
30) 일본은 이후 1990년 11월 이들 분산된 지원 운동을 결합하여 확대시키기 위해 "일본 MEGA 지원위원회"를 결성하여 MEGA의 지속적 출판을 호소하는 서명을 짧은 기간에

에서 비상한 반향을 일으켰다. 그리고 서독 지역에서는 같은 해 6월 페처Iring Fetscher(프랑크푸르트 대학), 알트파터Elmar Altvater(베를린자유대학), 라이헬트Helmut Reichelt(브레멘 대학) 등이 포함된 100여 명의 학자들이 "MEGA 사업의 지원 요청"과 "마르크스-엥겔스 저작의 학문적 편집을 지속하기를"이란 제하의 2개 호소문을 동독의 관련 기관에 송부했다(서명자의 숫자는 2개 문서 중복 서명자 및 당시 서독 체재의 외국인 학자도 포함).[31]

## 2. 베를린 MEGA 재단의 구좌 폐쇄에 반대하는 지식인의 호소

그러나 국제적 여론, 특히 독일 국내외의 학자·지식인들의 호소나 요청이 진면목을 발휘한 것은 베를린 MEGA 재단의 은행구좌가 독일의 신탁청에 의해 폐쇄되자 이의 해제를 요구하면서였다. 앞에서도 언급한 바와 같이 베를린 MEGA 재단은 1990년 6월 13일 민주사회주의당PDS으로부터 5500만 동독마르크(이는 같은 해 7월 1일의 통화동맹으로 인해 2분의 1로 감소)를 연구 조성금으로 기부받아 이를 기금으로 10월 1일부터 약 40명의 MEGA 편집자들과 노동협약을 맺고 MEGA의 편찬 작업을 진행해왔다. 그리고 구IML의 마르크스-엥겔스 부가 MEGA 발간의 동반지로 발행하던『마르크스-엥겔스

---

무려 1,521명에게 받아 관계기관에 송부했다. Rojahn, "Für die Fortführung der Marx-Engels-Gesamtausgabe—Entstehung und Tätigkeit der IMES"(로얀이 1994년 3월 저자에게 보낸 편지에 동봉한 Ms.), §3.3. Teinosuke Otani, "Über die gegenwärtigen Aufgaben der Japanischen MEGA-Arbeitsstelle," Internationales MEGA²-Symposium, Discussion Paper, No 42, November 2005, S. 1도 보라.

31) 앞의 잡지 제11호, p. 9.

연구 논집』을 계승한 신판(*Beiträge zur Marx-Engels-Forschung*, Neue Folge)도 1991년부터 발간을 계획하면서 MEGA의 편찬 작업을 본궤도에 진입시키려고 노력하고 있었다.

그러나 이처럼 일단 안정기에 접어들었다고 생각한 베를린 MEGA 재단은 동서독 통일 이후 이러저러한 행정적 난관에 봉착하게 되었다. 먼저 베를린 MEGA 재단은 동베를린의 다른 많은 단체들과 마찬가지로 통독 이후 법적·재정적 공백 상태에 빠지게 된다. 이는 샤롯텐부르크 지방재판소가 사전에 베를린중앙시구재판소 Stadtsbezirksgericht Berlin-Mitte에 단체 등록을 하지 않았다는 이유로 그들에게 발급된 설립증명서가 무효라고 통고해오면서 시작되었다. 이 통고는 베를린 MEGA 재단이 이후로는 등록단체로서의 칭호(Kürzel "e.V.")를 더 이상 사용할 수 없는 곤란한 상황에 빠지게 만든 것이다. 문제는 법적 자격이 없는 베를린 MEGA 재단이 어떻게 MEGA를 위한 상당액의 자산을 보유할 수 있느냐는 점이었다. 따라서 이후의 모든 결정은 재단의 전체 구성원이, 특히 이를 담당한 간부들이 책임을 질 수밖에 없었다. 더욱이 문제를 어렵게 만든 것은 그 무렵 소련공산당에 송금한 일과 연관된 스캔들(Putnik-Millionen)이 PDS의 자산을 둘러싼 새삼스러운 논쟁을 야기함으로써 도대체 누가 PDS의 자산 증여를 통해 재단을 설립하게 했느냐는 의혹이 제기된 일이었다.

사태가 이에 이르자 재단은 PDS 당 지도부에 MEGA를 위한 학술조성금 MEGA-Spende을 기부하던 당시의 상황을 진술하게 하고, 나아가 구좌를 관리하는 은행을 위해서도 확실한 증언을 해둘 필요가 있었다. 그러나 결과는 매우 참담했다. 기부금은 '동독의 정당 및 대중조직의 자산조사를 위한 독립위원회 Unabhängige Kommission zur Überprüfung des Vermögens der Parteien und Massenorganisationen der DDR'가 알지도 못한 상태에서 동의도 없이 부적절하게 사용되었다는 결론이 내려졌다. 게다가 기부금의 상황을 PDS의 당의장도 알지 못했다는 것이 밝혀졌다. 사태가 이에 이르자 PDS의 당의장은 즉각 독립위원회에 나가서 사과하고, 1990년 11월 중순에는 독일 문화재 중의 하나를 보존한다는 의미에서 MEGA 사업을 지속하기 위한 이 기부 행위를 사후에나마 승인해줄 것을 청원했던 것이다.[32]

이처럼 베를린 MEGA 재단의 기금 문제가 해결되자 MEGA의 편집자들은 지금까지 이런저런 제약으로 인해 서로 만나지 못했던 동료들을 방문하면서 학문적 유대를 다지기 시작했다. 그중 가장 두드러진 사건은 일본 연구단체들의 초청으로 MEGA 재단의 이사와 구성원들이 도쿄를 비롯한 일본의 대학 도시를 방문하여 MEGA가 직면한 편집상의 어려움을 호소할 기회를 갖게 된 것이다. 그러나 베를린의 MEGA 재단이 그들의 기금과 관련하여 당면한 난관은 1990년 11월의 조치로서 끝나지 않았다. 왜냐하면 MEGA 기금에 대한 독립위원회의 수개월간의 침묵은 1991년 2월 20일, 즉 2월분 급여가 지불되기 바로 전날에 재단의 구좌를 폐쇄함으로써 기금에 대한 법적 추궁을 더욱 강화하는 것으로 현실화했기 때문이다. 이 결정은 기부금이 독립위원회의 승인을 받지 않았기 때문에 PDS가 그 돈의 출처를 물질적–법치국가적 기준에 따른 화폐소득이라는 점을 증명할 경우에만 사용할 수 있다는 의미를 담고 있었다. 따라서 이 자금의 관리는 신탁청Treuhandanstalt이 인수하게 된다고 통고해왔다. 이 점에 있어서 독립위원회와 신탁청의 입장은 명백했다. 독립위원회는 재단이 처한 법률적 상황이 명백하고, 지난 6월 이래로 그들이 이러

---

32) Carl-Erich Vollgraf, 앞의 글, S. 197~98.

한 상황을 잘 알고 있음에도 불구하고 1991년 2월까지 기다려왔다는 것이다. 따라서 40명에 달하는 베를린 MEGA 재단 연구원들의 급료가 2월 이후로 동결되고, 동시에 그들이 영시간(零時間) 단축노동자Null-Studen-Kurzarbeiter(완전실업자)로 등록됨으로써 MEGA의 속간 사업은 다시 한 번 위기에 직면하였다.[33]

따라서 지금까지 구동독의 정치적 변화와 독일의 통일 과정에 주목하면서 MEGA의 속간에 관심을 가지고 있던 많은 학자·지식인들은 이 같은 자산조사독립위원회와 신탁청의 조치에 아연 자극되어 MEGA의 장래 문제를 우려하지 않을 수 없었다. 특히 동독의 급격한 정치적 변화에 직면하여 MEGA의 속간 사업을 염두에 두고 발족한 '국제 마르크스-엥겔스 재단'은 1990년 설립 이후 최대의 긴급 사태에 직면하여 이를 논의키 위한 이사회를 개최하고, 독일과 프랑스, 영국, 일본 등의 학자들은 자산조사독립위원회와 신탁청이 베를린 MEGA 재단에 대한 은행구좌 폐쇄 조치를 해제할 것을 요구하는 긴급청원과 요청서를 독일의 관계 기관에 제출하기에 이르렀다.

특히 그 가운데서도 일본의 연구자들은 구동독 지역 대학 제도의 개편과 베를린 MEGA 재단의 구좌 폐쇄라는 급격한 사태 변화에 직면하여 크게 긴장했다. 그리하여 일본 마르크스-엥겔스 연구자 모임은 우선 도쿄에서 집행부 확대회의를 통해 이를 해결하기 위한 요구서를 독일의 관계 기관에 보내기로 결의했다. 즉 동독 지역에서

---

[33] Vollgraf, 앞의 글, S. 198; "MEGA gestoppt: Treuhand blockiert PDS-Gelder für Marx-Engnels-Gesamtausgabe," *Frankfurter Rundschau*, 28. Februar 1991, Nr. 50, S. 22/III; "Treuhand wirft Marx-Engels auf den Misthaufen der Geschichte," *Tageszeitung Berlin*, 26. Februar 1991, S. 7/I~IV; "Arbeit am Mythos: Die Zukunft der kritischen Gesamtausgabe der Werke von Marx und Engels ist gefährt," *Frankfurter Allgemeine Zeitung*, 2. März 1991, Nr. 52, S. 27/I~IV.

는 종래 MEGA 작업의 3분의 1을 담당해온 대학과 또 다른 3분의 1을 수행해온 베를린 MEGA 재단이 중대한 위기에 처해 있으므로, MEGA 사업을 계속하기 위해 이들에 대한 선처를 요청하는 동 연구회 집행부 이름의 서한을 1991년 3월 8일자로 우선 송부하게 된 것이다.[34] 그리고 1990년 11월에 결성된 'MEGA 지원 일본위원회'도 440명의 일본의 사회과학·인문과학자가 서명한 서한을 자산조사독립위원회와 신탁청 및 관계 기관에 보내면서, 독립위원회와 신탁청의 봉쇄 결정에 대해 법적으로 이를 탓할 사람은 아무도 없으며, 다만 중요한 것은 MEGA의 속간을 위한 자금의 문제라는 점을 분명히 하고 있다. 그들은 "자국의 국가적 문화재에 대해 책임을 져야 할 자는 관대한 통일독일이므로 MEGA의 출판을 위해서는 자금의 출처를 조사하는 데 급급하기보다 그것이 좋은 목적에 쓰인다는 점에 유념하기 바란다"는 점을 강조하고 있다.[35]

그런가 하면 독일 내에서도 베를린을 중심으로 광범하게 조직된 'MEGA의 벗들의 모임Freundeskreis der MEGA'이 제창한 "MEGA를 구하자"라는 호소문이 독일사민당의 부의장인 티어제Wolfgang Thierse, 노르트라인-베스트팔렌 주지사 라우Johannes Rau(제8대 독일연방 대통령, 1999~2004)를 포함한 정치가, 볼프Christa Wolf, 하버마스Jürgen Habermas, 페처 등의 예술인, 학자 220여 명의 서명을 얻어 1991년 7월 5일 기자회견을 통해 공표되었다.[36] 따라서 정부 당국도 이처럼 비등하는 국

---

34) 『マルクス·エンゲルス·マルクス主義研究』, 제13호, 1991. 6, pp. 1~12, 서신의 독일어 원문은 순서대로 pp. 4~5와 8~9에 게재되어 있다; 같은 잡지, 제14호, 1991. 10, pp. 1~25.
35) Vollgraf, 앞의 글, S. 198. 앞의 잡지, 제15호, 1992. 6, pp. 1~2.
36) "Aufruf aus Politik, Kunst und Wissenschaft/Rettet die MEGA," *Neues Deutschland*, 6./7. Juli 1991, S. 1; "Unterzeichner des Aufrufs von Politikern, Künstlern und Wissenschaftlern zur Rettung der MEGA: Bundesregierung muß Handlungsspielraum

내외의 여론을 더 이상 방치할 수 없다는 판단 아래 독립위원회의 언론발표문을 통해 7월 24일 베를린 MEGA 재단에 대한 구좌 폐쇄 조치를 "임시적·한정적으로 해제für eine befristete und begrenzte Freigabe" 하게 되었던 것이다.37)

1991년 7월 24일자로 배포된 이 언론보도문은 "독립위원회가 MEGA의 학술적 내용을 판단한다는 것은 그들의 업무 범위를 초월하는 것이라는 점을 확인"하고 있다. 그러나 그들은 주어진 "권한의 범위 안에서 MEGA의 연구자들이 특별히 사회적 이익에 기여한다는 점을 고려하여 자금의 해제를 결정하는 데 동의한다"고 쓰고 있다. 이 결정에는 1991년 2월 PDS의 기부금이 신탁청으로 이전되기 이전의 신용을 보호하는 견지에서 배려되지 않으면 안 된다고 밝히고 있다. 독립위원회의 이러한 원칙적인 결정에 대해 연방정부의 재무장관은 이 동결 해제는 1991년 12월 31일까지의 사업을 위해 56만 960독일 마르크(당시의 일본 엔화로 환산하면 약 4500만 엔 상당)를 한도로 규정하고 있다. 그리고 독립위원회가 해산되는 1991년 12월 31일 이후에는 이전의 법률적 입장에 개의치 않는다는 점을 분명히 밝히고 있다. 그들의 이 같은 형식적인 법률적 엄격주의는 그들의 결정이 결코 국내외의 여론에 영향을 받은 것이 아니라는 점을 강조하는 데 이용되고 있을 뿐이었다.38)

---

nutzen," *Neues Deutschland*, 6./7. Juli 1991, S. 3/I~V. 앞의 잡지, 제15호, 1992. 6, pp. 3~4와 정문길, 「전환기의 풍경」, pp. 433~34를 보라.
37) 정당 자산에 대한 독립위원회Unabhängige Kommission Parteivermögen에 의해 발표된 이 언론보도문의 원문은 다음에 게재되어 있다. 앞의 잡지, 제15호, 1992. 6, p. 13. 이와 관련된 언론 보도는 1991년 7월 26일자의 다음 신문들에 게재되어 있다. *Frankfurter Allgemeine Zeitung, Junge Welt, Die Welt, Frankfurter Rundschau, Süddeutsche Zeitung*. 같은 잡지, p. 1.
38) 이 사건과 관련하여 독립위원회의 언론보도문과 더불어 연방내무장관과 독립위원회

독립위원회의 이러한 결정은 베를린 MEGA 재단의 후신인 '베를린 MEGA 간행 촉진재단'[39)]에 긍정적인 작용을 할 것처럼 보였으나 현장의 사정은 반드시 그런 것만은 아니었다. 특히 폐쇄된 은행구좌의 "임시적·한정적 해제"는 재단의 규모를 주어진 예산에 맞추도록 강요했다. 따라서 10월 14일까지 38명을 헤아리던 연구원을 15명으로 감축하고, 이들 잔류 연구원조차도 1991년 12월 31일부로 해고 통지를 받은 상태였다. 따라서 재단은 사무소의 폐쇄를 위한 잔무 정리를 해야 하는 실정이었다.[40)]

## 3. 통독 이후의 대학의 정리와 MEGA 사업의 축소 및 폐지

구동독의 MEGA 편찬 작업은 베를린의 IML에 의해 주도되었지만 그 방대한 계획 때문에 1970년대의 출발 당시부터 동독 지역의 여러 대학과 아카데미로부터 지원을 받았다. 다시 말하면 동독 지역의 몇 개 대학과 아카데미는 그들의 전문성과 특수성에 따라 MEGA의 편집에 참여했으니, 할레, 베를린, 라이프치히, 예나, 에어푸르트 대학과 동독 과학아카데미의 작업 그룹이 이들이다. 그리고 1989년까지의 이들 작업 그룹의 편찬 실적은 모스크바와 베를린 IML과 대등하게 기간(既刊) MEGA의 3분의 1에 이르고 있다. 그러나 이들 대학의 MEGA 작업 그룹들은 동독 정권의 붕괴나 통독 과정에서 베를린의

---

  책임자의 편지도 참조하라. 앞의 잡지, 제15호, pp. 2, 9~12.
39) '베를린 MEGA 재단'의 명칭은 1991년 3월 25일, '베를린 MEGA 간행 촉진재단Berliner Verein zur Förderung der MEGA-Edition e.V.'으로 바뀌었다.
40) Rojahn, "Und sie bewegt sich doch!," S. 15. 앞의 잡지, 제15호, 1992. 6, pp. 3~4도 보라.

노동운동사연구소나 베를린 MEGA 재단과 동일한 운명을 겪지 않을 수 없었다.

이미 앞에서도 언급한 바와 같이 1990년 초의 구동독 지역에서는 공산주의 정권의 붕괴와 통독 과정에서 광범한 실업이 발생했는데, 이들 실업은 구정권 아래서 이데올로그의 역할을 담당했던 사회과학자들에 집중되었다. 그들은 대학에서 마르크스나 레닌, 그리고 마르크스-레닌주의를 강의하거나 연구소 등에서 이데올로기를 형성하고 강화하는 과업에 종사했던 자들이다. 따라서 이 같은 대학의 정비 Abwicklung에 따른 실업의 위협은 각 대학에 분산된 MEGA 작업 그룹의 경우에도 예외가 아니었다. 이 시기의 대학별 MEGA 작업 그룹의 상태를 열거하면 다음과 같다(1991년 중반 현재).[41]

**할레/비텐베르크의 마르틴 루터 대학**: 경제학 관계 부문의 MEGA 편집 그룹에 대해서는 1992년 1월까지 4개의 편집자 포스트가 노동기준국의 실업자 고용촉진조치Arbeitsbeschaffungsmaßnahme, ABM의 적용을 받도록 승인되었다. 그러나 역사학부의 MEGA 작업 그룹은 1991년 말까지 활동을 중지하지 않으면 안 되었다. 편집 스태프들이 이 시점에서 전원 해고되었기 때문이다.

**라이프치히의 칼 마르크스 대학**: 라이프치히의 프로젝트 그룹은 편찬학의 세미나로서 역사학부와 협력하여 인문과학 및 사회과학도들에게 1992년 9월까지 편찬문헌학의 보완 과목을 제공키로 했다.

---

41) Jürgen Rojahn, "Marx-Engels-Gesamtausgabe(MEGA): Stand der Arbeit und geplante Fortführung"(Ms.), §3.1. 이 원고는 IMES의 사무국장이 '독일과학아카데미회의Konferenz der deutschen Akademie der Wissenschaften'의 사무국장인 브렌너Günther Brenner 박사의 요청으로 작성된 답변서(1991년 7월 31일)를 수정한 것으로, 1991년 11월 중순에 저자에게 보내진 원고이다.

작센공화국의 과학문화부 장관 마이어Hans Joachim Meyer 교수와 대학 지도부는 라이프치히 프로젝트 그룹의 존속에 적극적인 자세를 보였다. 그들은 이 그룹을 과학아카데미에 부속시키는 방안도 검토했었다.

**베를린의 훔볼트 대학**: 학술 이론 및 학술 조직학부의 MEGA 작업은 1992년 9월 30일까지 두 명의 스태프를 남겨두지만 후임은 보충하지 않는다고 했다. 그리고 철학연구소의 MEGA 작업 그룹 가운데 세 명의 편집 스태프가 무기한의 고용계약을 체결하고 나머지 스태프는 퇴직했다. 이 그룹의 장래는 아직 미정 상태였다.

**예나의 프리드리히 실러 대학**: 프로젝트 그룹 스태프의 고용계약은 1991년 9월 30일까지 지속된다. MEGA² I/32의 완성을 위해 실업자 고용촉진조치ABM에 의한 1년간의 포스트를 노동기준국에 신청했으나 아직 결정은 내려지지 않았다.

**에어푸르트/뮐하우젠의 교육대학**: 편집 작업부서는 여하한 재정적 수단도 갖지 못하고 있다. 편집 스태프는 실업자이거나 연금생활자가 되었다.

이들 대학이 이 무렵 진행 중이던 편찬 작업, 특히 그 편집이 상당한 수준으로 진행 중인 MEGA 각 권의 작업이 이 시점에서 중단된다면 이는 뒷날 새로운 편집자가 작업을 처음부터 다시 시작해야 할 정도로 그 손실이 큰 것이었다. 실제로 1991년 중반에 IMES가 조사한 바로는 편찬이 완료되어 인쇄 중에 있는 MEGA가 4권(I/20, II/4.2, IV/5, IV/26)이고, 1992년과 1993년 사이에 원고가 완성될 예정인 MEGA가 모두 16권에 이른다. 그중 절반인 8권이 대학에 소속된 MEGA 그룹이 편집을 담당하고 있다.[42]

이들 프로젝트 그룹의 해산을 막기 위한 IMES의 노력과 더불어 일본의 연구자들이 보낸 호소문도 상당한 반향을 불러일으킨 것으로 보인다. 특히 일본의 마르크스-엥겔스 연구자 모임은 앞에서 언급한 바와 같이 1990년 4~5월에 우선 동독의 아카데미를 포함한 학술단체와 수상 그리고 관계 장관에게 "MEGA 사업을 계속해달라는 요청" 서한을 보낸 데 이어 1991년 3~4월에는 "대학 '정리'에 의한 MEGA 사업의 후퇴를 우려하는 긴급 요청Dringende Bitte gegen den aus der Abwicklung der Univeristäten erfolgenden Rückschlag der MEGA-Arbeit"을 통일독일의 학술단체와 정치권에 발송했다.[43] 그들의 이러한 노력은 1990년의 경우 당시 동독의 교육부 장관인 마이어가 MEGA 작업이 이루어지고 있던 해당 대학 총장에게 보낸 서신을 통해 MEGA 그룹에 대한 배려를 부탁함으로써 소기의 성과를 얻었다.[44] 그러나 통독 후인 1991년의 사정은 이전과 같지 않았으니 이는 독일 정부의 기본적 입장이 MEGA 사업을 아카데미로 이관하려는 데 있었기 때문이다.

---

42) 1992년과 1993년에 원고가 완성될 예정인 MEGA 각 권을 작업 그룹별로 보면 다음과 같다〔( ) 안은 원고 완성 예정 연도이다. 그리고 MEGA의 권호(卷號)는 구IML의 프로스펙트에 의한 것으로, 1992년 이후 IMES가 편집 원칙을 개정하면서 1995년 새로 만든 프로스펙트의 권호와는 차이가 있을 수 있다〕.
베를린 MEGA 발간 촉진재단, I/14(1993), I/31(1993); 모스크바 사회주의 이론 및 역사 연구소, I/28(1993), II/4.3(1992), II/11(1992), III/9(1993), III/10(1993), IV/3 (1993); 할레 대학, IV/10(1993), IV/17(1992); 라이프치히 대학, I/16(1993), IV/12(1992); 훔볼트 대학, IV/31(1993), IV/39(1993); 예나 대학, I/32(1992); 에어푸르트/뮐하우젠 대학, II/16(1992). Jürgen Rojahn, "Marx-Engels-Gesamtausgabe (MEGA): Stand der Arbeit und geplante Fortführung,"(Ms.), §3.2.a)-c). 정문길, 「전환기의 풍경」, pp. 440~42도 보라.
43) 이 호소문의 전문은 『マルクス·エンゲルス·マルクス主義研究』, 제13호, 1991. 6, pp. 4~5를 보라.
44) 앞의 잡지, 제11호, 1990. 9, p. 18의 1990년 7월 15일자 해당 대학 총장에게 보낸 마이어 장관의 편지를 보라.

**3장**
# 변화된 환경에서의 새로운 편집 기준의 수립

## 1. MEGA 사업의 아카데미로의 편입

MEGA의 중요성과 MEGA 사업이 계속되기를 원하는 국내외의 여론에도 불구하고, 통일 후의 독일 연방정부는 우선 MEGA가 갖는 정치적-이데올로기적 요소가 제거되어야 MEGA에 대한 국가나 주 정부로부터의 지원이 가능하다고 여겼다. 따라서 1991년 상반기에는 MEGA 사업의 아카데미 프로그램das Bund-Länder-Akademienprogramm으로의 편입 가능성이 신중히 검토되었던 것으로 보인다.[45]

독일의 학술 정책을 자문하는 최고의 기관인 '학술평의회Wissenschaftsrat'는 이미 1991년 1월에 MEGA를 장기적인 아카데미 프로그

---

45) 연방 교육과학부 장관과 연방 연구기술부 장관이 일본의 MEGA 사업 지원 그룹에 보낸 1991년 4월 29일자 편지와 5월 8일자 편지에 이러한 가능성이 제시되고 있다. 『マルクス・エンゲルス・マルクス主義研究』, 제14호, 1991. 10, pp. 8~9, 11을 보라.

램으로 흡수하는 문제를 '독일과학아카데미회의Konferenz der deutschen Akademien der Wissenschaften'(사무국장은 귄터 브렌너Günther Brenner)가 검토하도록 의뢰했다. 그리고 이에 대한 결정은 지금까지 출판된 MEGA 제권(諸卷)에 대한 국제적 검토위원회의 조사 결과에 따르기로 했다.[46] 이에 따라 1991년 10월 2일에 개최된 '연방-제주(諸州) 콤미숀의 아카데미 계획위원회der Ausschuß Akademienvorhaben der Bund-Länder-Kommossion für Bildungsplanung und Forschungsförderung'에서 MEGA 사업을 잠정적으로 아카데미 프로그램으로 수용하기로 결정했다.[47]

독일의 과학아카데미는 라이프니츠, 칸트, 훔볼트 등 수십 종의 방대한 비판 전집을 편집·출판하고 있는데 MEGA도 이러한 아카데미 사업의 하나로 열거된 것이다. 따라서 1992년 1월부터는 MEGA를 위해 아카데미에 7명의 연구 포스트가 설치되어 각 주의 아카데미와 대학에 이들 포스트를 배분했는데, 베를린에 3명, 에어푸르트, 할레, 예나, 라이프치히에 각 1명씩이 배정되었다. 아카데미 프로젝트로 수행되고 있는 고전들에 각각 6~8명의 연구원들이 배치되어 있기에 인원 감축은 당연한 것이었다.[48]

한편 MEGA를 아카데미 프로그램으로 수용하기 위한 최종 결정은, 뮌헨 대학의 철학 교수 헨리히Dieter Henrich를 위원장으로 하는 국제 위원회가 이미 출판된 MEGA 제권에 대해 내리는 평가 결과에 달려 있었는데, 1992년 초 그 최종 평가서가 제출되었다. 이에 의하

---

[46] "Empfelung zu Akademienvorhaben in deutschen Ländern und in Berlin," 25. Januar 1991. Rojahn, "Für die Fortführung der Marx-Engels-Gesamtausgabe" (Ms.), §3.3.
[47] Rojahn, "Marx-Engels-Gesamtausgabe(MEGA): Stand der Arbeit und geplante Fortführung,"§4.2. 원래 이 보고서는 독일과학아카데미회의의 사무국장 브렌너 박사의 요청으로 이러한 목적을 위해 작성되었다. 앞의 잡지, 제15호, 1992. 6, p. 4도 보라.
[48] Rojahn, 앞의 글, 주 16)을 보라.

면 "이 판본[MEGA를 지칭]에 대한 검토 결과 이 판본이 높은 수준을 유지하고, 나아가 서방 측의 요구에도 조응하고 있다는 결론에 이르렀다"는 긍정적인 평가를 내리고 있다.[49] 따라서 IMES와 독일과학아카데미회의 간에는 1992년 2월 협조 계약을 체결하고 우선 하르스틱을 MEGA 프로젝트의 팀장으로 지명했다. 그리고 이들의 활동은 개개 직위에 대한 공시와 선발 및 후보자에 대한 검토를 거쳐 1992년 6월부터 개시된다고 합의했다.[50]

원래 IMES의 계획은 독일에서 MEGA 작업을 추진하기 위해 베를린 아카데미에 MEGA 작업장을 만들고, 나중에 작센 아카데미에 소규모의 작업장을 만들어 MEGA 작업을 집중시킨다는 것이었다. 그리고 베를린 작업장은 MEGA 사업의 거점으로서 완성된 원고의 최종 편집formale Schlußredaktion을 맡아보도록 되어 있었다. MEGA 사업을 아카데미 프로그램으로 수용하는 것은 MEGA 사업의 안정적 유지를 위해서는 더 없이 좋은 일이었지만, 아카데미가 마련한 7개의 포스트로서는 이미 작업이 상당히 진척된 MEGA 제권의 편집에 참여하고 있는 더 많은 유능한 연구원들을 수용할 수가 없었다. 이에 IMES는 이들을 확보하기 위해 국가나 대학이 아닌 사기업체나 독일연구재단Deutsche Forschungsgemeinschaft, DFG, 연방 교육 및 연구부Bundesministerium für Bildung und Forschung, BMBF를 통해 연구 조성금을

---

49) Dieter Henrich, "Die Marx-Engels-Gesamtausgabe in der Akademienforschung," *Akademie-Journal. Mitteilungsblatt der Konferenz der deutschen Akademien der Wissenschafen*, 2/93, S. 20. Rojahn, "Für die Fortführung der Marx-Engels-Gesamtausgabe"(Ms.), §3.3 Anm. 38에서 재인용.

50) 그러나 이 계약은 2년 동안만 유효한 것이었다. 이는 아카데미 프로그램으로서 MEGA를 관장할 베를린의 아카데미가 어떤 형태를 취할 것인지 아직도 명확하지 않았기 때문이다. Rojahn, 앞의 논문, §3.3. 이후 베를린 지역의 아카데미는 1993년 3월 '베를린 브란덴부르크·과학아카데미Berlin-Brandenburgische Akademie der Wissenschaften, BBAW'로 형태를 갖추게 되었다.

획득Drittmittel하거나 실업자 고용촉진조치ABM의 승인을 받도록 노력했다. 그러나 IMES는, 당장이라도 긴급 자금Notfond을 마련하여 이미 완성된 원고를 출판하기 위한 재정적 지원이나 해고된 연구원들의 급료 지급 등 우선 시급한 사안부터 해결해야 했기에, 재정 확보를 위한 좀더 구체적인 조치가 필요했다.[51]

이러한 상황에도 IMES의 핵심 편집위원인 그랑종은 프랑스의 연구-기술-교육부로부터 적지 않은 연구 조성금을 얻어냈을 뿐만 아니라, 1992년 초에는 트리어의 칼-마르크스-하우스, 프랑스의 독일문화연구단Equipe de recherche en civilisation allemande, ERCA, 그리고 엑상프로방스 대학의 그랑종과 펠거를 팀장으로 하는 '독일-프랑스 MEGA 작업 그룹'을 조직했다. 이들은 아카데미 작업장의 연구원들과는 달리 칼-마르크스-하우스, 엑상프로방스 대학, 파리 제10대학의 직원이기에 MEGA 작업은 그들의 일상적인 업무였다.

한편 알샤노바RNI와 바가투리야RC가 팀장으로 있는 러시아의 두 개 MEGA 그룹의 경우, IISG가 러시아의 연구 촉진을 위해 네덜란드 학술연구조직Nederlandse organisatie voor wetenschappelijk onderzoek, NWO 으로부터 1500만 굴덴NLG을 지원받아 20여 명의 연구원들로 하여금 편찬 작업을 수행하도록 했다. 그리고 칼-마르크스-하우스는 이들에게 현대화된 전산시스템을 지원하기로 했다. 그리고 1992년 중반에는 핵심 편집위원 이외에 8명의 새로운 편집위원을 위촉하여 모두 12명의 편집위원이 1992년 7월 첫 모임을 가졌다.[52]

---

51) Rojahn, "Marx-Engels-Gesamtausgabe(MEGA)," §4.2.
52) Rojahn, "Für die Fortführung der Marx-Engels-Gesamtausgabe"(Ms.), §3.3. 이때 편집위원으로 위촉된 인사는 Elena Aržanova, Robert A. Fennl, Galina Golovina, Manfred Neuhaus, Teinosuke Otani, Fred Schrader, Vitalij Vygodskij, Wei Jianhua다.

## 2. 국제 마르크스-엥겔스 재단의 새로운 편집 기준: 엑상 프로방스 회의

앞에서도 언급한 바와 같이 국제 마르크스-엥겔스 재단IMES은 자체 자산도 없이 국제적인 연구촉진재단의 재정적 지원을 염두에 두고 사업을 추진하고 있었다. 그러므로 국가의 재정적 지원을 바탕으로 방만하게 확장된 종래의 모스크바나 베를린 IML의 총체적 편찬 계획은 이처럼 근본적으로 변화된 조건 아래에서 재조정될 수밖에 없었다. IMES의 편찬 조정 작업은 두 가지 방향에서 진행되었는데, 하나는 모스크바와 베를린의 구IML이 MEGA의 편집에 준용하던 기존의 편집 기준을 개정하는 일이요, 다른 하나는 MEGA 계획을 전면적으로 수정하는 것이었다. 여기서는 우선 편집 기준의 개정 문제를 살펴보고 MEGA 계획의 수정은 다음 절에서 다루고자 한다.

IMES의 편집위원회는 이미 1990년 12월 모스크바 회의에서 IMES의 정관에 의해 위임받은 과제들을 점검하는 것으로 개정 작업을 시작했다. 그들은 "MEGA의 모든 작업을 조정Koordination"함과 동시에 "MEGA 제권의 통일성과 학문적 수준을 관리Kontrolle"하기로 했는데, 거기에는 "편집 기준을 준수했는지"를 관리하는 것뿐만 아니라 그 "검증과 필요할 경우 이를 개정"하는 것도 포함되어 있었다.[53] 새로이 구성된 편집위원회는 MEGA의 전체적 통일성과 학문적 수준을 높이기 위해 편집 기준을 개정하겠다고 예고했다.

---

53) Protokoll der Sitzung der Redaktionskommission("Kernkommission") am 21.~22. Dezember 1990 in Moskau: Punkt 4. Aufgaben der Redaktionskommission, IMES, Hrsg., *Editionsrichtlinien der Marx-Engels-Gesamtausgabe(MEGA)*, Dietz Velrag, Berlin 1993(이하 ER로 약칭), S. 11에서 재인용.

원래 "MEGA와 같은 규모를 가진 사업은 여러 곳에서 작업이〔동시에〕진행되므로 보편적인 기준이 불가결하다." 따라서 1990년 이전의 MEGA 발행자는 1968년에 작성된 이러한 기준의 원안을 근거로 하여 만들어진 잠정안을 1972년에 발간된 신MEGA 시쇄판에 수록·공포했다. 그리고 이 편집 기준은 앞에서도 언급한 바와 같이 국제적인 전문가들의 평가에 근거하여 보완된 『MEGA의 편집 기준』(Berlin 1976)으로 작성되고, 이후 보유(補遺)Nachträge(1982~1984)라는 형식으로 여러 차례 개정을 해가면서 MEGA 편집자들의 내부용 자료로 이용되어왔다.[54] 그러나 MEGA의 발행권을 인수한 IMES의 편집위원회는 1991년 3월 트리어에서 회의를 열고, 바로 이 편집 기준을 검증하고 마침내는 이를 개정하기로 결정했다. 이는 "역사적-비판적" 전집을 위해서는 정치적-이데올로기적 규제를 철폐하고, 나아가 MEGA 작업에서 시간 낭비 요소를 최대한 줄이며, 학문적 내실을 상실하지 않는 범위 내에서 아파라트를 단순화시킬 필요가 있었기 때문이다.[55]

MEGA의 편집 기준을 개정하기 위한 회의는 트리어 회의 이후 1년간의 준비를 거쳐 1992년 3월 23~28일 사이에 엑상프로방스에서 개최되었다. 참석자는 핵심 편집위원을 포함한 IMES 측 구성원 9명, 베를린 IML의 마르크스-엥겔스 부 부장을 지낸 들루벡을 비롯한 1990년 이전의 MEGA 편집자 8명, 각종 역사적-비판적 전집의 편집자와 편집학 전문가, 그리고 1992년 후반에 IMES의 편집위원으로 초빙될 예정이었던 일본의 오타니Teinosuke Otani, 프랑스의 슈라더

---

54) Institut für Marxismus-Leninismus beim ZK der KPdSU und Institut für Marxismus-Leninismus beim ZK der SED, Hrsg., *Editionsrichtlinien der Marx-Engels-Gesamtausgabe(MEGA)*, Berlin 1976, ER, S. 121~239에 게재. 인용은 ER, S. 11.
55) ER, S. 12.

Fred Schrader 등 모두 30명이었다.[56]

MEGA의 편집 기준을 개정하려는 엑상프로방스 회의는 편집 기준이 정치적-이데올로기적 배경과 동떨어진 것이 아니기에 새로운 상황에서의 개정 작업은 신구MEGA에 대한 전반적인 반성을 전제로 한다. 따라서 이 회의 초반에 발표된, 1950년대까지 소급되는 신MEGA의 형성 과정에 대한 들루벡의 보고는, MEGA 사업이 당시의 모스크바나 베를린의 정치적 상황과 얼마나 밀착되어 있었는지를 보여준다.[57] 특히 그는, MEGA를 10년 이내에 완성할 수 있는 연구용 판본으로 만들어 국제적으로 배포하자는 제안이나, 100권을 예상하는 MEGA가 레닌 전집의 2배가 될 수 없으므로 이를 50권으로 한정하자는 요구 등은 MEGA가 얼마나 심각한 정치적 영향권 아래 놓여 있었는지를 보여주는 대표적 사례라고 지적하고 있다. 그는 MEGA 사업이 소연방 아카데미의 부의장인 페도셰예프 Pjotr Fedoseev가 모스크바 IML의 소장이 되면서 급격한 진척을 보였다고 지적하면서, 1967년의 모스크바와 베를린 IML의 MEGA 발행 계약, 1968년의 디츠 출판사와의 출판 계약, 그리고 1969년 IISG와의 마르크스-엥겔스 유고 이용에 대한 합의를 그 예로 들고 있다. 그러나 동독의 경우 연구나 이론에 있어서 정치성을 띠는 일이 많아지고, 자질이 부족한 연구원들이 MEGA 작업에 참여하기도 했다고 지적하고 있다. 한편 MEGA의 편집 기준과 관련한 그의 보고에서 특히 주목되는 것

---

56) 참석자의 명단은 Rojahn, "Bericht über die Konferenz in Aix-en-Provence(23.~28. März 1992) zur Revision der Editionsrichtlinien der Marx-Engels-Gesamtausgabe (MEGA²)"(Mschr.). ER, S. 12의 주 10)도 보라.

57) 이 보고는 3월 23일의 전체회의에서 발표되고, 뒤에 약간의 수정을 거쳐 IMES가 발간하는 잡지(*MEGA-Studien*)의 창간호에 게재되었다. Dlubeck, "Die Entstehung der zweiten Marx-Engels-Gesamtausgabe im Spannungsfeld von legitimatorischem Auftrag und editorischer Sorgfalt," *MEGA-Studien*, 1994/1, S. 60~106.

은, MEGA 각 권의 서론은 각 권에 게재된 저작이 마르크스주의의 발달사에 맞추어짐에 따라 마르크스-레닌주의와의 통일성에 적합하도록 제작될 것을 요구하고 있다는 점이다. 결국 그는 기간(既刊)의 MEGA가 이데올로기적 입장을 나타낸 것은 분명한 사실이나, 적어도 텍스트의 재현에 있어서는 그 우수성을 인정받고 있음도 부인할 수 없다면서, 역사적-비판적 판본으로서의 MEGA 사업이 아카데미 프로젝트로 인정된 것은 하나의 새로운 학술사적 사건이라고 평가하고 있다.[58]

1990년 이전의 MEGA 사업에 대한 들루벡의 보고는 변화된 상황에서의 편집 기준의 개정 작업이 MEGA 사업에 대한 전반적인 반성을 전제로 한다는 점에서 중요한 의미를 갖는다. 엑상프로방스 회의가 편집 기준을 개정하면서 추구한 바는 1) 간행 목적의 명확화, 2) 아파라트의 간소화, 3) 컴퓨터화를 통한 작업의 현대화, 그리고 4) 인원, 시간, 경비의 절감을 위한 합리화였으며, 이는 단순한 기술적 개정만이 아니라 MEGA 편집자들이 비판적 자각을 통해 새로운 책임감을 갖도록 하겠다는 것이다.[59]

한편 제2일과 제3일(3월 24~25일)의 MEGA 각 부별 회의는 4개 부에서 각 두 편의 논문이 MEGA 각 부가 직면하는 특별한 주제를 다루었으나, 전체적으로 보편적 합의에 도달한 것은 "탈이데올로기화"였다. 이를 통해 마르크스-엥겔스의 저작이 더 이상 "마르크스-레닌주의의 고전주의자"의 저술이 아니라 "19세기 사상가"의 저술로 다루어져야 한다는 점이 강조되었다.

---

58) Rojahn, "Bericht über die Konferenz in Aix-en-Provence(23. ~ 28. März 1992)…"
59) 大谷楨之介, 「新メガの編集方針をめぐつて」, 『[ツンポジウム] これまでのメガとこれからのメガ-マルクス-エンゲルス全集(メガ)の編集・刊行方針をめぐつて(補足資料集, 改訂版)』, 經濟理論學會關東部會/メガ支援日本委員會, 1992. 2, p. 1.

그리고 향후의 편찬 작업은 편집위원회가 새로운 편집 이론에 근거하고, 경제적 현실을 배려하며, 컴퓨터 기술을 합리적으로 활용하여 분권화된 소규모의 통일성을 추구해야 할 뿐 아니라, 나아가 국세적 협력과 제약 없는 학술 교류 또한 필요함을 강조하고 있다. 다음으로 편집의 형태Gestaltung에서는 서론을 대폭 축소하고, 중복 게재를 피하며, 불확실한 문서Dubiosa나 수정 및 이문은 최소화하기로 의견이 모아졌다. 나아가 MEGA의 각 부 가운데서 제IV부에서 MEGA의 규모를 상당한 정도로 축소할 가능성이 제기되었으나, IV/26이 이미 인쇄에 들어갔고, IV/31과 IV/39가 편집 작업을 진행하고 있는 상황이라 새로운 권별 분할이 쉽지 않다는 점이 지적되었다.[60]

회의의 마지막 일정인 제5, 6, 7일(3월 26~28일)에는 소위원회(그랑종, 펠거, 슈페를, 타우베르트)가 작성한 편집 기준의 개정안이 제시되었다. 편집 전문가들이 집중적으로 참여한 개정안에 대한 토론 결과 다음과 같은 중요한 권고안이 제기되었다.

  1) 위임되지 않은 원고나 인쇄물, 불확실한 문서, 제3자의 기록과 번역은 특별한 경우의 처리kann-Bestimmung에만 한정한다(A.II.3).

  2) 제III부의 왕복서간은 모두를 연대기 순으로 배열한다.(마르크스와 엥겔스에게 "보낸 편지"는 작은 활자, 그리고 때에 따라서는 요약한 내용을 제시한다. 그리고 비록 남아 있지는 않지만 마르크스와 엥겔스가 받은 편지에 대해 증언하는 제3자간의 편지는 요약하여) 모두 연대기 순으로 배열한다. 헌사도 이 부문에 수용한다(ER, B.III.5).

  3) 제IV부의 발췌, 메모, 방주는 적절한 형식으로 출판하거나 기술

---

60) Rojahn, "Bericht über die Konferenz in Aix-en-Provence(23.~28. März 1992)…"

하되 근대화된 기술적 출판 방식을 채택하고, 발췌의 경우 이를 연대순으로 배열해야 한다(ER, B.II.4; I.5.2).

4) 지금까지 텍스트 편에 게재되었던 서론은 아파라트에 게재한다(ER, C.I).

5) 수고본 내의 텍스트 전개는 이문명세를 최소화하고, 편지와 발췌 가운데 나타나는 것은 무시한다(ER, C.IV).

6) 주석에는 이용한 원전, 전기적 자료, 잘 알려지지 않은 정기간행물을 다룬다(ER, C.VI).

7) 인명 색인에는 아파라트에 나오는 이름도 제시한다(ER, D.3).

신판Neufassung을 위한 이상의 상세한 권고안을 수용한 새로운 편집 기준은 독일과학아카데미회의와의 합의 아래 그동안 확대된 편집위원회에 의해 1992년 7월 2~3일 사이에 암스테르담에서 가결되었다. 그리고 1992년 11월 26~27일 사이에 트리어에서 개최된 편집회의에서는 편집 기준의 적용을 위한 지시서 Hinweise für die Anwendung der Editionsrichtlinien der MEGA가 편집 기준과는 별도로 채택되었다. 이처럼 완성된 편집 기준과 지시서는 1993년에 발효되었다.[61]

---

61) ER, S. 12~13. 편집 기준은 ER, S. 15~41에 적용을 위한 지시서는 ER, S. 43~112에 게재되어 있다.

## 4장
# MEGA 계획의 조정: 새로운 프로스펙트의 작성

1990년 암스테르담의 IMES가, 베를린과 모스크바의 구IML이 주관하던 이미 25년간 진행되어온 MEGA 프로젝트를 승계한 것은, 근본적으로 변화된 상황 하에서 그 과제를 수행하기 위해서였다. 따라서 IMES는 정관 2조 1항에서 "칼 마르크스와 프리드리히 엥겔스의 출판물, 수고본과 왕복서간을 완벽한 역사적-비판적 판본으로서의 '마르크스-엥겔스 전집MEGA'으로 작업하는 것"을 목적으로 한다고 규정하고 있다. 그러나 여기서 우리가 주목하는 것은 이 같은 그들의 목적이 "이전의 발행자들이 계획한 형태 그대로의 판본을 만든다"는 의미가 결코 아니라는 점이다.[62]

이미 언급한 바와 같이 그들은 IMES의 창설 과정에서 향후 어떠한 종류의 정당 정치적 목적 설정에도 반대한다는 점을 분명히 밝혔

---

62) Jacques Grandjonc und Jürgen Rojahn, "Der revidierte Plan der Marx-Engels-Gesamtausgabe," *MEGA-Studien*, 1995/2, S. 63.

다. 그리고 1992년 3월에는 1990년 이전에 MEGA의 편집에 적용되던 편집 기준을 객관적으로 명백하게 달라진 환경에서 어떻게 수정할 것이냐를 논의하는 회의를 프랑스의 엑상프로방스에서 개최했던 것이다. 1993년에 발효된 IMES의 새로운 '편집 기준Editionsrichtlinien'과 이의 구체적 적용을 위한 '지시서Hinweise'가 이 같은 그들의 의지를 반영하는 것이다.

그러나 재정적으로 독립하지 못한 상태에서 국내외의 연구촉진재단으로부터 지원을 받는 IMES로서는, MEGA의 학문적 수준을 유지하거나 제고하기 위해서는 편집 기준의 개정만이 아니라 프로젝트의 규모 자체를 축소해야만 했다. 이러한 의미에서 IMES로서는 MEGA의 규모를 재조정Redimensionierung해야 한다는 독일학술평의회의 요구를 외면하기는 어려웠던 것이다.[63]

그들은 편집 기준을 개정하는 엑상프로방스 회의에서 이미 "완전성의 원칙Vollständigkeitsprinzip"이 모든 문서로 된 유산을 무조건 책의 형태로 출판하는 것을 의미하지 않는다는 점을 분명히 한 바 있다. 다시 말하면 완전성이란 개념도 결국 판본의 목적에 상응하여 정의되는 상대적 개념이라는 데 의견의 일치를 보았던 것이다.[64] 따라서 1991년 3월 이사회로부터 MEGA 작업 전체를 조정하는 과제를 부여받은 편집위원회는, 1993년 11월 24/25일에 각 부별 소위원회로 하여금 MEGA 계획의 개정과 관련하여 의견을 제안하도록 결의했다. 그리고 이러한 편집위원회의 결정은 11월 26일 이사회에 제기되고, 1994년 6월 협의를 거친 뒤 같은 해 9월 16일 이를 명시적으로 승인하였다.[65]

---

63) 같은 곳.
64) Rojahn, "Bericht über die Konferenz in Aix-en-Provence(23.~28. März 1992)…"

MEGA 계획의 전면적 재조정을 위한 이들 소위원회는 1994년 11월 26/27일 트리어에서 제I, II, III부 회의가, 11월 28일 제IV부 회의가 열리고, 다음 해 2월 28일과 3월 1일 베를린에서 다시 회의가 속개되었다. 이들 회의에서는 각 소위원회별로 MEGA 계획과 관련된 현안들이 심도 있게 논의되었는데, 그중 중요한 것은 MEGA 제III부와 관련하여 바가투리야가 작성한 "유존하는 마르크스와 엥겔스의 발신 및 수신 편지의 총 목록Allgemeine Verzeichnis der überlieferten Briefe von und an Marx und Engels"과, 베를린의 과학아카데미BBAW가 모스크바와 베를린의 제IV부 편집자들의 협조를 얻어 작성한 제IV부 "13권부터 40권에 이르는 전체 프로스펙트Allgemeiner Prospekt der Bände 13 bis 40"가 토론의 근거가 되었다는 점이다.[66]

그랑종과 로얀은 이상과 같은 2차의 소위원회 결과를 요약하여 1995년 6월 말 학술자문위원회의 위원들과 외부의 전문가들에게 보내 평가를 구했다. 그리고 이들의 논평— 주로 제III부와 제IV부의 평가에 집중되었다 — 을 검토하여 작성된 새로운 MEGA 플랜이 1995년 9월 15일 이사회의 승인을 받아 시행되었다. 따라서 여기서는 IMES가 발표한 개정된 MEGA 플랜에 근거하여 이를 각 부별로 좀더 구체적으로 살펴보고자 한다.[67]

---

65) 이때 위촉된 소위원회의 명단은 다음과 같다. 제I부: Rolf Dlubek, Hans Pelger; 제II부: Teinosuke Otani, Ljudmila Vasina, Carl-Erich Vollgraf, Vitalij Vygodskij; 제III부: Elena Aržanova, Galina Golovina, Martin Hundt; 제IV부: Georgij Bagaturija, Hans-Peter Harstick, Richard Sperl. 그 외에 편집위원회 위원장인 그랑종과 사무국장인 로얀이 이들 4개 소위원회에 모두 참여했다.
66) Grandjonc und Rojahn, 앞의 글, S. 64 주 5)에 이때 발표된 발제문들의 제목이 나와 있다.
67) 같은 글, S. 65~78에 게재된 1.3 이하 5까지의 내용을 정리한다. 저자가 IMES의 MEGA 각 부의 규모 축소 계획을 개략적으로 서술하지 않고 이 계획서를 가급적 충실히 옮긴 것은 이 문건이 MEGA 편집의 세부적인 부분을 보여주기 때문이다.

## 1. MEGA 플랜의 개정을 위한 전제

　IMES의 편집위원회가 MEGA의 규모를 재조정하면서 내세운 전제는 축소를 위한 축소는 있을 수 없다는 것이었다. MEGA가 레닌 전집의 배가 될 수 없다는 논리와 마찬가지로 베버Max Weber나 슐라이어마허Friedrich D. E. Schleiermacher의 전집 규모를 넘어서는 안 된다는 논리 또한 있을 수 없다는 것이다. 특정한 학술적 전집의 바람직한 규모는 학술적 기준에 따라야 하며, 무엇보다도 편찬되는 저작의 규모나 특성에 의해 규정되어야 한다고 본 것이다. 특히 마르크스의 경우 많은 저작이 미완성으로 남아 있고, 마르크스에 대한 20세기의 논의가 『자본론』 제2, 3권의 초고, 『독일 이데올로기』『경제학·철학 초고』『그룬트리세』와 같이 사후에 출판된 미완성 초고에 집중되었다는 사실에도 주목할 필요가 있다고 개정된 계획은 지적하고 있다.

　개정된 편집 기준에서는, MEGA의 전체 규모를 축소하려는 노력이 서로 다른 부에서 텍스트를 여러 번 재현하는 것을 막도록 구체화되어 있다.[68] 그러나 축소를 위한 이러한 노력은 각 부별 구획이 일치하지 않기에 전체적 규모에서보다 각 부별 규모의 변경을 통해 이루어지고 있다.[69]

---

68) ER. S. 23, B.I.1. 그러나 1990년 이전의 편집 기준에서는 이러한 장치가 매우 느슨하게 규정되어 있다. ER. S. 129, B.I.1을 보라.
69) Grandjonc und Rojahn, 앞의 글, S. 65.

## 2. 제I부: 저서·논설·초안[70]

편집 기준에 의하면 제I부(『자본론』과 그 준비 초고를 제외)는 "마르크스-엥겔스의 모든 저서, 저작 및 논설, 연설과 더불어 유존하는 준비 단계의 글과 후에 가필한 것(마르크스-엥겔스 자신에 의해 완성된 번역을 포함)을 포함한다. 이들 텍스트가 완성되었는가, 또는 완전하게 유존하는가의 문제는 논외로 한다"(ER, A.III.1.1)고 규정하고 있다.

구IML에 의해 계획된 제I부는 33권(분책)이었는데 1994년 말 현재의 편집 상황은 다음과 같다.

기간본, 15권: 1~3, 10~13, 18, 20, 22, 24~27, 29,
작업중, 10권(책): 4~6, 14, 16, 21.1~2, 28, 31~32,
미착수, 8권: 7~9, 15, 17, 19, 23, 30.

이상과 같은 상황 하에서 긴축 가능성은 개별권의 규모를 축소하는 것 이외에는 달리 방도가 없었다. 그러나 새로운 편집 기준의 일관된 적용은 각 권의 규모를 현저하게 축소시켰다.

1) 이전의 MEGA 제권에서 채택되었던 텍스트의 중복 인쇄를 앞으로는 중단시켰다(ER, B.I.1).
2) 제I부의 텍스트 부분에 부록으로 게재되었던 노작Arbeiten은 확

---

70) 같은 글, S. 66~68.

실한 학문적 근거가 있을 때에는 이를 완전하게 인쇄한다. 그렇지 않을 경우 완전성의 원칙은 이를 초록(抄錄)의 형식으로 인쇄하거나 서술하게 되는데 이는 ER, A.Ⅱ.2.1~7에 준하는 것이다. 『신라인 신문』이 중심이 되는 I/7, I/8, I/9권, 제1인터내셔널기에 해당하는 I/21.1~2, 엥겔스의 말년의 저작을 포함하는 I/30, I/31(제2인터내셔널 창설기), I/32권이 이러한 범주에 든다.

  3) 장황한 서론Einleitung[I/26은 72페이지, I/27은 75페이지]은 짧은 도론(導論)Einführung으로 바꾼다(ER, A.Ⅲ.5.3.1, C.I.1).

  4) 이문명세Variantenverzeichnis는 가능한 한 축소한다(ER, C.Ⅳ.1.3). 1972년에 발행된 MEGA 시쇄판의 이문명세는 편찬된 텍스트와 그 규모가 거의 비슷하다.[71]

이러한 방식으로 하여 앞으로 출판될 제I부의 17권은 각 권별로 100페이지 정도가 축소된다. 특히 2책으로 된 I/21.1~2의 경우 그 규모가 500페이지 이상 축소되므로 이를 2책으로 나눌 필요가 없어진다. 따라서 I/21.1~2는 I/21로 축소되고, 제I부는 33권(분책)이 32권으로 줄어들게 된다.

### 3. 제Ⅱ부: 『자본론』과 그 준비 초고[72]

편집 기준에 의하면 제Ⅱ부는 "마르크스가 인정한 제판의 『자본론』(저자가 인정한 번역을 포함)과 거기에 직접적으로 속하는 준비

---

71) 이는 MEGA 시쇄판에 게재된 『독일 이데올로기』, 「I. 포이어바흐」 장의 경우를 말한다.
72) Grandjonc und Rojahn, 앞의 글, S. 68~69.

단계의 노작(1857~1858년의 경제학 초고부터)을 포함한다"(ER, A.Ⅲ.1.2).

MEGA 플랜이 개정되는 시점의 제Ⅱ부의 편집 상황은 다음과 같다.

기간본, 17권: 1.1~2, 2, 3.1~6, 4.1~2, 5~10,
작업중, 7권: 4.3, 11~16.

이상과 같은 상황에서 권별 구분의 변경이 가능한 것은 Ⅱ/11부터 Ⅱ/16까지이다. 이 경우 권수의 축소는 자료의 새로운 배치를 통해서만 달성될 수 있다.

1) 2권의 텍스트부와 1책의 아파라트로 구성된 Ⅱ/11과 Ⅱ/12권(『자본론』 제2권에 대한 마르크스의 초고, 1868~1878)을 한 권으로 결합할 수가 있다. 이는 물론 노동력을 감소시키기 위한 것은 아니다. 다만 아파라트에서의 수많은 반복(동일한 문헌 전거, 주석을 필요로 하는 사항 등)을 피할 수 있을 것이다.

2) Ⅱ/13권(『자본론』 제2권 판본을 위한 엥겔스의 초기 초고, 1883~1884)과 Ⅱ/14(인쇄 원고), Ⅱ/15(『자본론』 제3권을 위한 마르크스와 엥겔스의 초고)와 Ⅱ/16(인쇄 원고)은 결합시키기가 부적절하다. 『자본론』 제2권을 위한 엥겔스의 초기 초고와 인쇄용 원고는 서로 현저한 차이를 보인다. 엥겔스의 『자본론』 제2권과 제3권 판본은 독자적으로 출판해야 할 정도로 중요성을 갖는다. 따라서 제Ⅱ부에서는 종래의 Ⅱ/11~12를 Ⅱ/11.1~2로 하고, Ⅱ/13~16은 순차적으로 Ⅱ/12~15로 각 권의 번호를 앞당기게 되었다. 그리고 제Ⅱ부는 16권 24책에서 15권 24책으로 바뀌었다.

## 4. 제III부: 왕복서간[73]

편집 기준은 제III부가 "마르크스-엥겔스의 유존하는 모든 왕복서간과 그들의 위임에 의해 집필된 서간을 연대순으로 〔배열〕하고, 마르크스-엥겔스가 보내거나 받은 헌사(獻辭)를 포함한다"(ER, A.III.1.3). 그리고 ER, A.III.1.3.1의 보족적 규정에 의하면 각 권의 부록에는 생애와 관련된 전거 문서를 재현한다고 되어 있다. 종래 45권으로 예정되었던 제III부의 편집 상황은 다음과 같다.

기간본, 8권: 1~8.
작업중, 6권: 9~14.
미착수, 31권: 15~45.

아직도 전체적인 축소를 위해서는 여러 가지 옵션들이 고려될 수 있는데 이들을 구체적으로 보면 다음과 같다.

1) **받은 편지**An-Briefe**의 인쇄 포기**: 마르크스-엥겔스의 유존하는 편지가 약 4,000통인데 비해 그들이 받은 편지는 약 10,000통에 이른다. 현재 출판된 왕복서간이 8권이고(1835~1857), 3권(1858~1861년 5월)이 상당히 진척된 상태이므로 향후 받은 편지의 인쇄를 포기한다면 제III부는 4, 5권이면 종결된다.

그러나 이에 반대하는 측은 a)받은 편지를 같이 출판하는 것은 편

---

73) 같은 글, S. 69~73.

지가 갖는 대화적 성격만이 아니라 MEGA의 근본 원칙에 부합하는 것이기도 하다. b) 그들만의 편지는 지금까지의 다른 판본과 구별될 게 없다. c) 마르크스와 엥겔스의 편지 중 60퍼센트가 남아 있지 않은 상황에서 그들에게 보낸 편지는 상실된 편지에 대한 단서를 제공하고, 그들의 생애와 저작에 대한 중요한 정보를 제공한다. d) 그들의 편지를 이해하기 위해 아파라트에서 이들 보낸 편지가 인용되고, 설명된다. e) 왕복서간 전체가 19세기의 학문 및 사상사, 19세기의 독일과 국제적 민주주의와 노동운동사의 중요한 전거가 된다. f) 받은 편지를 제외하는 것은 다른 대등한 전집의 편찬 방향에 역행한다는 등의 이유를 들어 이에 반대했다.

2) **"흥미" 없는 시기의 편지의 생략**: 특정한 시기 전체를 건너뛰는 것은 MEGA의 권수를 줄이는 데는 현저히 공헌하지만 이 같은 선택은 결국 관심 주제나 인물을 좁히게 된다. 이러한 옵션은 다음과 같은 점을 고려해야 한다. a) 선집은 전집에 근거해서 만들어졌을 때 의미가 있다. 선행하는 전집이 없이는 문헌적 근거로서의 가치가 의문시된다. 분실되지 않은 편지의 우연성은 누군가의 선택이 갖는 자의적 성격에 의해 무책임한 방식으로 증대된다. b) 선택된 서간은 역사적-비판적 전집에서는 철저한 주석을 필요로 한다.

3) **왕복서간을 마르크스의 사망(1883)까지 한정하는 방법**: 1835~1883년 사이에는 약 10,000통의 편지가 남아 있으나 마르크스의 사후 12년간(1883~1895)은 약 4,000통의 편지가 남아 있으므로, 이러한 제한은 제III부의 규모를 3분의 1 감축시킨다. 그러나 a) MEGA는 마르크스의 전집일 뿐만 아니라 엥겔스의 전집이기도 하며(ER, A.I), b) 엥겔스 후기의 서신 왕래는 마르크스 이론의 수용(受容)Rezeption과 제2인터내셔널 성립기의 독일 및 국제 민주주의와 노동운동의 이해를

위해서는 불가결하다는 주장이다.

4) **편지를 요약하는 형태**Regestenform**로 제시하는 방법**: 편지를 요약하여 출판하는 것은 전체 왕복서간에 대한 전면적 조망을 부여하면서도 제III부의 권수를 현저히 줄이는 효과를 갖는다. 그러나 이러한 견해는 다음과 같은 이유에서 반박된다. a) 경험상으로 보아 이러한 방식은 작업 시간을 축소시키지 못한다. b) 요약 과정에서 정보의 손실이 불가피하고, 마르크스-엥겔스의 왕복서신의 특성상 요약된 형태로의 재현이 부적당하다. c) 이러한 방식은 방향을 잡는 데 도움을 주지만 연구자는 어차피 오리지널한 문헌을 찾아보게 된다. 그리고 이 같은 방식은 현대의 편찬학에서 더 이상 이용되지 않는다.

5) **부록**Beilagen**의 인쇄 포기**: 부록은 독자들이 접근하기 어려우므로 이를 언제나 수용해야 한다는 데는 의문이 제기된다. 관련된 편지와 더불어 남아 있고 또 체계적으로 정리되어 있을 때에만 이를 인쇄한다. 그 밖에 편지에 언급된 부록은 발표된 지면Fundort을 지시하면 된다.

6) **헌사(獻辭)**Widmung**의 생략**: 헌사는 제III부의 마지막 권에 수합될 예정이다. 따라서 이는 그때까지 IMES의 MEGA 동반지인 『MEGA 연구*MEGA-Studien*』에 발표하면 된다.

7) **주석의 포기**: 마르크스-엥겔스가 보내거나 받은 편지를 아무런 주석 없이 이해하기란 쉽지 않다. 따라서 이를 전적으로 포기하는 것은 "역사적-비판적" 전집에 대한 학술적 요구와 일치하지 않는다. 그러나 이들 주석은 아주 간명해야 한다.[74]

---

74) 1972년의 MEGA 시쇄본의 경우 일본의 무라타(村田洋一)가 주석 부분의 확대를 요구한 것과 같은 맥락에서, 1992년의 엑상프로방스 회의에서도 중국의 초Zhou Liangxun는 아시아적 문화의 특수성을 들어 주석 부분의 확대를 요구한 바 있다. Yoichi Murata an R. Dlubek, 5. Januar 1973, MEGA-Archiv, Bd. 7, H. 5, Nr. 11, S. 1 이하. Dlubek, "Die Entstehung der zweiten Marx-Engels-Gesamtausgabe," *MEGA-*

8) **아파라트의 간소화**: 국제적인 편집 수준에 값하는 아파라트의 간소화에 대한 가능성은 편집 기준에 이미 못 박아두었다. a)개별 권에 대한 도론Einführung은 포기한다(ER, C.I.1). b)전거(典據)의 기술, 텍스트의 역사는 반드시 필요한 서술에만 한정한다(ER, C.III.6). c)이문일람(異文一覽), 주석, 색인은 대폭 축소한다(ER, C.IV-VI, D).

9) **형식상의 변화**: a)서간은 연속하여 게재한다. 이는 개개의 편지가 새로운 페이지에서 시작하지 않는다는 것을 의미한다. 이로써 제III부 제권은 약 20퍼센트가 절감된다. b)III/11권부터 각 권의 편지는 일련번호가 매겨지고, 행(行)die Zeilen은 지금까지와는 달리 페이지가 아닌 편지별로 연번호가 매겨진다.

이상과 같은 과정을 거쳐, 특히 부록의 게재 포기(앞의 5항)와 형식의 변화(앞의 9항)를 통해 제III부의 권수는 45권에서 35권으로 축소되었다.

## 5. 제IV부: 발췌노트와 메모[75]

제IV부는 "마르크스-엥겔스에 의한 발췌노트와 개별적 발췌, 메모첩, 개별적 메모와 인쇄물이나 수고에 나타나는 난외방주와 획선을 현대의 기술적 출판 방법을 고려하여 적절한 형태로 망라한

---

*Studien* 1994/1, S. 92; Rojahn, "Bericht über die Konferenz in Aix-en-Provence..." 를 보라.
75) Grandjonc und Rojahn, 앞의 글, S. 73~77.

다"(ER, A.Ⅲ.1.4)는 편집 기준이 제시되었다. 제Ⅳ부의 제Ⅰ부문 erster Teil이 당초 40권으로 예정되었는데 이의 진행 상황은 다음과 같다.

기간본, 7권: 1~2, 4, 6~9.
작업중, 10권: 3, 5, 10~12, 17, 26~27, 31, 39.
미착수: 23권: 13~16, 18~25, 28~30, 32~38, 40.

한편 제Ⅳ부의 제Ⅱ부문(난외방주 Marginalien)이 어떻게 수용될 것인지의 문제는 1990년 MEGA의 발행권이 IMES로 이양될 때까지도 불투명했다. 이 점에 대해서는 1992년의 편집 기준에서도 난외방주는 "완전하게 망라되어 각 부의 아파라트에 이용될 것이다. 이들을 학문적으로 이용하기 위해서 어떻게 할 것인지는 적절한 시기에 결정될 것이다"(ER, A.Ⅲ.1.4.1)라고 규정하고 있을 뿐이다. 그러나 편집위원회는 1991년에 새로이 발견된 마르크스-엥겔스의 장서와 그에 포함된 독서의 흔적을 기술한 MEGA 1권이 이미 작업 중에 있으므로, 이를 앞의 편집 기준에 근거하여 제Ⅳ부 중의 1권으로 결정한 바 있다.[76]

번호 순서에 맞지 않은 권의 작업이 이미 착수되었거나, 번호가 늦은 권의 작업이 상당히 진척된 경우에 계획의 변경은 상당한 제약을 받게 된다. 그럼에도 불구하고 최초의 9권의 번호만 확정하고 그 이후의 권은 축소에 필요한 새로운 권별 분할 Bandeinteilung을 하기로 했다. 물론 이러한 축소 조치는 명백하게 출판을 지연시키지 않는

---

76) 같은 글, S. 74.

한 작업이 상당히 진척된 권에도 해당된다. 그러나 이런 경우에도 MEGA 권의 번호는 바뀔 수밖에 없다. 축소의 가능성이 검토되는 경우는 다음과 같다.

1) **이미 작업이 상당히 진척되었으나 출판을 중단하는 경우**: 특정한 계획이나 부분이 재조정되거나 갑자기 폐기될 수도 있다. 그러나 제 IV부에서의 이러한 중단은 실제로 정당화될 수 없다. 특히 a) 발췌, 메모, 난외방주, 장서의 명세 등은 상세한 문헌 정보, 텍스트 비판, 학술사, 저작사, 방법론, 전기(傳記), 심리학적 연구를 위해 폐기할 수 없으며, b) 이러한 종류의 자료는 초기 헤겔이나 후기 니체의 발췌본들처럼 점점 더 주목을 받고 있음도 고려해야 한다. c) 문제가 되는 자료들을 고려하지 않는 것은 마르크스-엥겔스의 작품이 갖는 특수성을 정확히 이해하는 것을 방해하며, 두 사람을 그 시대의 구체적이고 역사적인 문맥에서 이해하려는 노력에 반하는 것이다. 마르크스-엥겔스의 경우, 다른 어떤 저자들보다, 남아 있는 발췌 등이 그들의 작품과 일체를 이룬다. d) 남아 있는 마르크스-엥겔스의 발췌, 메모, 난외방주는 그들의 저작의 연원 ─ 초기 작업 단계에서의 중요한 지식의 획득에서 초안이나 첫 초고에 이르기까지 ─ 을 재구성하는 데 불가결한 구성 요소이다. 이들은 최초의 결과만이 아니라 그들의 오해나 실현되지 않은 계획을 해명해준다. e) 마르크스의 발췌는 19세기의 지성사를 해명해주는 유익한 원천이 된다.

2) **자료의 요약적 서술에 대한 제한**: 자료에 대한 요약적 서술은 그들이 포용하고 있는 정보를 적절하게 전달하지 못한다. 게다가 이 같은 서술은 그것이 무가치한 것이 아니라면 완전하게 재현하는 것과 비슷한 노동비용을 필요로 한다.

3) **선택된 자료의 편집에 대한 제한**: 선택적 인쇄, 즉 이들 자료의 일부를 폐기하는 것은 독자들에게는 만족스럽지 못하고, 전집이란 면에서는 오해를 낳게 한다. 선택에는 보편타당한 기준이란 있을 수 없다. 상이한 자료들은 서로 다양한 방법으로 얽혀 있으므로 한두 가지 요소라도 고려하지 않으면 전체적인 상호관계를 알 수 없게 된다.

4) **상이한 재현 형태의 결합**: 중요한 것은 발췌 등이 요구하는 바, 즉 이들 자료들이 충족시키는 다양한 기능을 수행하기에는 1990년 이전에 계획했던 완전한 인쇄만으로는 부족하다. 이에 대한 유일하고 적절한 해결책은 서로 다른 재현 형식을 결합시키는 것이다. 서로 다른 자료들은 자료의 특성에 맞게 1)완전히 인쇄하거나, 2)일부는 인쇄하고, 다른 일부는 서술하고, 또 3)단지 서술하기만 할 수 있을 것이다. 이들 중 어떤 형태를 택하느냐를 결정하는 데에는 자료와 전체적 콘텍스트에 대한 정확한 지식이 필요하며, 편집자는 편집위원회와의 긴밀한 협의를 통해 비판적 평가를 위한 검토를 해야 할 것이다.

여기에는 다음과 같은 몇 가지 기준을 공식화할 수 있을 것이다. a)우선 발췌노트는 학술사나 저작사적으로 볼 때 중요한 의미를 가지므로 일반적으로 완전하게 인쇄할 것을 권장한다. 드물게 원본을 그대로 베끼거나, 부분적으로 비판적이거나 동조하는 입장에서 주석을 달거나 그와 연결된 생각을 전개함으로써, 발췌는 새로운 지식의 획득만이 아니라 저술 그 자체의 최초의 단계를 문서로 증거한다. b)노트에 첨부된 신문 스크랩, 연대표, 저작으로부터의 발췌, 어학 공부를 위한 문법의 요약은 단순한 서술이나 서술과 인쇄를 결합하는 것을 고려할 수 있다. c)많은 발췌노트의 표지나 여백에서 발견되는 계산 혹은 계산 연습 흔적은 그 전거를 서술, 언급한다. d) 마르크스의 수첩이나 메모 쪽지(주로 엥겔스의 경우)는 그 다양성 때문에 편집상 많은 문제를 제기하고 있다. 이들에 대한 적절한 재현 형태는 텍스트가 갖는 개개의 내용에 따라 결정된다. e) 장서에 나타나는 독서의 흔적은 마르크스-엥겔스 장서의 주석 목록이 게재된 권에 체계적인 형태로 수록된다. "무언(無言)"의 방주(옆줄과 밑줄, 부호)는 서술되고, "유언(有言)"의 방주(난외방주, 느낌표, 물음표)는 문맥과 관련된 형태로 편집한다. f) 마르크스-엥겔스의 유고에는 출전에 대한 메모나 줄이 그어진 신문 조각들이 남아 있는데 이는 편집에서 무시한다. 마르크스-엥겔스가 이를 이용했다면 그것은 해당 저작의 아파라트에서 지적될 것이다.

5) **아파라트의 단순화**: a) 발췌의 원본과 차이를 보이는 일람표는 폐기된다. 그러나 실제로 주목할 만한 차이가 있을 때에는 주석에서 이를 지적한다. b) 괴리(乖離)일람은 강조부로 나타낸다. c) 수고본 내에서의 텍스트의 발전을 재현하는 것은 발췌에서는 포기한다. 이문(異文)일람은 마르크스가 삽입한 주에 한정한다. d) 기타의 아파라트 부분(도론, 주석, 전거의 원전, 문헌 및 사항 색인)은 편집 기준에 따라 합리적으로 다룬다.

이상에서 살펴본 바와 같이 상이한 재현 방식과 아파라트의 간소화를 통해 제IV부의 제1부문(발췌, 메모)은 40권에서 31권으로 감소되었다. 그리고 제2부문의 난외방주 약 30권은 MEGA² IV/32, 마르크스-엥겔스의 주석 장서 목록으로 축소되었다.

IMES는 모스크바와 베를린의 IML로부터 MEGA의 발행권을 인수하면서 우선 응급조치로 구IML에 의해 30권으로 예정되었던 제IV부 별권 난외방주본Marginalien-Bände의 발간 계획을 폐기하고, 특정 텍스트의 이중 게재를 금지하는 방침을 고려한 바 있다. 그리고 MEGA 각 권 간, 특히 제I부와 제IV부에 보이는 중복이나 불일치를 조정하여 전체적 일관성을 확보하고, 기술적 설비, 즉 전자자료처리die elektronische Datenverarbeitung, EDV나 정보교환의 개선을 통해 MEGA 작업의 질적 향상과 시간 단축을 구체적으로 검토하고,[77] 나아가 방만한 MEGA 작업의 효율화를 위해 1991년 후반에는 MEGA 각 권의 작업에 우선 순위를 부여하기도 했다.[78]

  1992년 엑상프로방스에서 편집 기준을 개정한 이후 IMES는, MEGA의 출판을 잠정적으로 중단하는 한이 있더라도 MEGA의 윤곽을 체계적으로 재조정할 필요가 있다는 사실을 확인하고, 한층 더 적극적인 자세로 1993년 이래 MEGA의 규모 축소를 위한 집중적인 논의를 진행해왔다. IMES로서는 시간과 인력, 그리고 재정적 긴축이 초미의 관심사임에도 불구하고, '축소를 위한 축소'가 아닌 합리적 근거를 통한 조정 노력의 결과로 1990년 이전에 난외방주본 30권을 포함하여 163권(172책)에 이르던 MEGA를 114권(123책)으로 감축하게 되었다. 그리고 새로이 조정된 MEGA 계획은 1995년 9월 이사회의 최종 승인을 받아 이후의 MEGA 편찬과 발행의 기본적 토대가 되었다.

---

77) Rojahn, "Für die Fortführung der Marx-Engels-Gesamtausgabe: Entstehung und Tätigkeit der IMES"(1994), §§4.3, 4.4 및 정문길,「전환기의 풍경: 공산권 붕괴 이후의『마르크스-엥겔스 전집』속간 사업」, pp. 444~45도 보라(제8부 2장 3도 참조).
78) a)1844~1849년의 저작(I/4~9); b)1855~1859(또는 1864)년의 저작(I/14~17, 또는 ~19); c)『자본론』제2, 3권의 초고(II/12~15); d)1850년대의 발췌(런던노트, IV/10 이하). Rojahn, "Marx-Engels-Gesamtausgabe(MEGA): Stand der Arbeit und geplante Fortführung"(1991), §4.3 및 정문길, 앞의 글, 같은 곳을 보라.

〈표 6〉은 앞에서 열거한 여러 가지 전제와 이유에 근거하여 1995년 IMES가 변경한 신MEGA의 권별 구성을, 그 이전의 MEGA 편찬 주체인 모스크바와 베를린의 IML이 편성한 MEGA의 프로스펙트와 대비하여 보여준다. 이 경우 우리들이 주목하는 것은 MEGA의 편찬 작업이 권호의 순서에 따르지 않은 채 편의적 우선순위에 따라 진행·출판된 제I부와, 전체적으로 편집 작업이 많은 진척을 보인 제II부는 기간본의 권호나 편성 내용을 변경하기 어렵기에, 신구 프로스펙트 간의 변화는 한정적이었다는 점이다. 그러나 편찬 및 출판 작업이 권호의 순서에 따라 진행되었지만 기간본의 숫자가 비교적 적었던 제III부와 제IV부의 경우는, 새로운 편집 기준의 준용과 전체적 규모의 축소라는 현실적 이유로 그 변경의 개연성이 상당히 높았다는 사실을 확인하게 된다(MEGA 제III, IV부의 경우 IMES의 변경된 프로스펙트가 IML의 그것과 일치하지 않는 것은 당연한 일이다. 그러나 이 표에서는 전체적 프로스펙트의 비교·조망에 편리하도록 IML과 IMES 권별 편성의 경계를 저자가 편의적으로 구분한 것이기에 작위성이 높다는 점을 밝혀둔다).

〈표 6〉 1995년 이전과 이후의 신MEGA 권별 편성의 변화

제I부 저작·논설·초안(32권 33책→ 32권)

| IML의 권별 구성(1995년 이전) | 출판연도/작업팀 | IMES의 개정된 권별 구성(1995년 이후) |
| --- | --- | --- |
| I/1 M: **저작·논설**·문학적 소품, ~1843/3 | 1975 | I/1 M: 저작·논설·문학적 소품, ~1843/3 |
| I/2 M: **저작·논설·초안**, 1843/3~1844/8 | 1982 | I/2 M: 저작·논설·초안, 1843/3~1844/8 |
| I/3 E: **저작·논설·초안**, 1843/3~1844/8 | 1985 | I/3 E: 저작·논설·초안, 1843/3~1844/8 |
| I/4 M/E: 저작·논설·초안, 1844/8~1845/12 | BBAW? | I/4 M/E: 저작·논설·초안, 1844/8~1845/12 |
| I/5 M/E: 『독일 이데올로기』 | BBAW | I/5 M/E: 『독일 이데올로기』 |
| I/6 M/E: 저작·논설·초안, 1846/1~1848/2 | BBAW? | I/6 M/E: 저작·논설·초안, 1846/1~1848/2 |

| IML의 권별 구성(1995년 이전) | 출판연도/ 작업팀 | IMES의 개정된 권별 구성(1995년 이후) |
|---|---|---|
| I/7 M/E: 저작·논설·초안, 1848/2~9 | BBAW | I/7 M/E: 저작·논설·초안, 1848/2~9 |
| I/8 M/E: 저작·논설·초안, 1848/10~1849/2 | BBAW | I/8 M/E: 저작·논설·초안, 1848/10~1849/2 |
| I/9 M/E: 저작·논설·초안, 1849/3~7 | BBAW | I/9 M/E: 저작·논설·초안, 1849/3~7 |
| **I/10 M/E: 저작·논설·초안, 1849/7~1851/6** | 1977 | I/10 M/E: 저작·논설·초안, 1849/7~1851/6 |
| **I/11 M/E: 저작·논설·초안, 1851/7~1852/12** | 1985 | I/11 M/E: 저작·논설·초안, 1851/7~1852/12 |
| **I/12 M/E: 저작·논설·초안, 1853/1~12** | 1984 | I/12 M/E: 저작·논설·초안, 1853/1~12 |
| **I/13 M/E: 저작·논설·초안, 1854/1~12** | 1985 | I/13 M/E: 저작·논설·초안, 1854/1~12 |
| I/14 M/E: 저작·논설·초안, 1855/1~12 | 2001 | I/14 M/E: **저작·논설·초안, 1855/1~12** |
| I/15 M/E: 저작·논설·초안, 1856/1~1857/10 | BBAW | I/15 M/E: 저작·논설·초안, 1856/1~1857/10 |
| I/16 M/E: 저작·논설·초안, 1857/10~1858/12 | BBAW | I/16 M/E: 저작·논설·초안, 1857/10~1858/12 |
| I/17 M/E: 저작·논설·초안, 1859/1~10 | BBAW? | I/17 M/E: 저작·논설·초안, 1859/1~10 |
| **I/18 M/E: 저작·논설·초안, 1859/10~1860/12** | 1984 | I/18M/E: 저작·논설·초안, 1859/10~1860/12 |
| I/19 M/E: 저작·논설·초안, 18611~1864/9 | BBAW? | I/19 M/E: 저작·논설·초안, 18611~1864/9 |
| **I/20 ME: 저작·논설·초안, 1864/9~1867/9 제1인터내셔널(IAA)** | 1992 | I/20 ME: 저작·논설·초안, 1864/9~1867/9 제1인터내셔널(IAA) |
| I/21.1 M/E: 저작·논설·초안, 1867/9~1869/9 IAA 관련 문건, 제1분책 | BBAW | I/21 M/E: 저작·논설·초안, 1867/9~1871/3 IAA 관련 문건 |
| I/21.2 M/E: 저작·논설·초안, 1869/9~1871/3 IAA 관련 문건, 제2분책 | BBAW | |
| **I/22 M/E: 저작·논설·초안, 1871/3~11 『프랑스의 내전』** | 1978 | I/22 M/E: 저작·논설·초안, 1871/3~11 『프랑스의 내전』 |
| I/23 M/E: 저작·논설·초안, 1871/11~1872/12 | BBAW? | I/23 M/E: 저작·논설·초안, 1871/11~1872/12 |
| **I/24 M/E: 저작·논설·초안, 1872/12~1875/5 『주택 문제』** | 1984 | I/24 M/E: 저작·논설·초안, 1872/12~1875/5 『주택 문제』 |
| **I/25 M/E: 저작·논설·초안, 1875/5~1883/5 『고타강령 비판』** | 1985 | I/25 M/E: 저작·논설·초안, 1875/5~1883/5 『고타강령 비판』 |
| **I/26 E: 『자연변증법』(1873~1882)** | 1985 | I/26 E: 『자연변증법』(1873~1882) |
| **I/27 E: 『오이겐 뒤링의 과학변혁』** | 1988 | I/27 E: 『오이겐 뒤링의 과학변혁』 |
| I/28 M: 수학 초고(1878~1881) | RGASPI/FR | I/28 M: 수학 초고(1878~1881) |
| **I/29 E: 『가족, 사유재산 및 국가의 기원』** | 1990 | I/29 E: 『가족, 사유재산 및 국가의 기원』 |
| I/30 M/E: 저작·논설·초안, 1883/3~1886/9 | BBAW | I/30 M/E: 저작·논설·초안, 1883/3~1886/9 |
| I/31 M/E: 저작·논설·초안, 1886/10~1891/2 | 2002 | **I/31 M/E: 저작·논설·초안, 1886/10~1891/2** |
| I/32 E: 저작·논설·초안, 1891/2~1895/8 | BBAW | I/32 E: 저작·논설·초안, 1891/2~1895/8 |

### 제II부: 『자본론』과 그 준비 초고(16권 24책 → 15권 24책)

| IML의 권별 구성(1995년 이전) | 출판연도/작업팀 | IMES의 개정된 권별 구성(1995년 이후) |
|---|---|---|
| II/1.1 M: 경제학 초고, 1857/58. 1분책 | 1976 | II/1.1 M: 경제학 초고, 1857/58. 1분책 |
| II/1.2 M: 경제학 초고, 1857/58. 2분책 | 1981 | II/1.2 M: 경제학 초고, 1857/58. 2분책 |
| II/2 M: 경제학 초고 및 저술, 1858/1961 | 1980 | II/2 M: 경제학 초고 및 저술, 1858/1961 |
| II/3.1 M: 정치경제학 비판(초고, 1861/1863) 1분책 | 1976 | II/3.1 M: 정치경제학 비판(초고, 1861/1863) 1분책 |
| II/3.2 M: 정치경제학 비판(초고, 1861/1863) 2분책 | 1977 | II/3.2 M: 정치경제학 비판(초고, 861/1863). 2분책 |
| II/3.3 M: 정치경제학 비판(초고, 1861/1863). 3분책 | 1978 | II/3.3 M: 정치경제학 비판(초고, 1861/1863). 3분책 |
| II/3.4 M: 정치경제학 비판(초고, 1861/1863). 4분책 | 1979 | II/3.4 M: 정치경제학 비판(초고, 1861/1863). 4분책 |
| II/3.5 M: 정치경제학 비판(초고, 1861/1863). 5분책 | 1980 | II/3.5 M: 정치경제학 비판(초고, 1861/1863). 5분책 |
| II/3.6 M: 정치경제학 비판(초고, 1861/1863). 6분책 | 1982 | II/3.6 M: 정치경제학 비판(초고, 1861/1863). 6분책 |
| II/4.1 M: 경제학 초고, 1863~1967. 1분책 | 1988 | II/4.1 M: 경제학 초고, 1863~1967. 1분책 |
| II/4.2 M: 경제학 초고, 1863~1967. 2분책 | 1992 | II/4.2 M: 경제학 초고, 1863~1967. 2분책 |
| II/4.3 M: 경제학 초고, 1863~1967. 3분책 | BBAW/RGASPI | II/4.3 M: 경제학 초고, 1863~1967. 3분책 |
| II/5 M: 『자본론』 제1권, 함부르크 1867(초판) | 1983 | II/5 M: 『자본론』 제1권, 함부르크 1867(초판) |
| II/6 M: 『자본론』 제1권, 함부르크 1872(제2판) | 1987 | II/6 M: 『자본론』 제1권, 함부르크 1872(제2판) |
| II/7 M: 『자본론』 파리 1872~1875(프랑스어판) | 1989 | II/7 M: 『자본론』 파리 1872~1875(프랑스어판) |
| II/8 M: 『자본론』 제1권, 함부르크 1883(제3판) | 1989 | II/8 M: 『자본론』 제1권, 함부르크 1883(제3판) |
| II/9 M: 『자본론』 런던 1887(영어판) | 1990 | II/9 M: 『자본론』 런던 1887(영어판) |
| II/10 M: 『자본론』 제1권, 함부르크 1890(제4판) | 1991 | I/10 M: 『자본론』 제1권, 함부르크 1890(제4판) |
| III/11 M: 『자본론』 제2권 초고 | 2008 | II/11 M: 『자본론』 제2권 초고 |
| II/12 M: 『자본론』 제2권 초고 | | |
| II/13 M: 『자본론』 제2권, 엥겔스의 편집 초고 1884/1885 | 2005 | II/12 M: 『자본론』 제2권, 엥겔스의 편집 초고 1884/1885 |
| II/14 M: 『자본론』 제2권, 엥겔스 편, 함부르크 1885 [JS/작업 중] | JS | II/13 M: 『자본론』 제2권, 엥겔스 편, 함부르크 1885[JS/작업 중] |
| II/15 M/E: 『자본론』 제3권 초고와 편집 텍스트, 1871~1895 | 2003 | II/14 M/E: 『자본론』 제3권 초고와 편집 텍스트, 1871~1895 |
| II/16 M: 『자본론』 제3권, 엥겔스 편, 함부르크 1894 | 2004 | II/15 M: 『자본론』 제3권, 엥겔스 편, 함부르크 1894 |

## 제III부: 마르크스-엥겔스의 왕복서간(45권 → 35권)

| IML의 권별 구성(1995년 이전) | 출판연도/작업팀 | IMES의 개정된 권별 구성(1995년 이후) |
|---|---|---|
| III/1 M/E: **왕복서간, 1846/4까지** | 1975 | III/1 M/E: 왕복서간, 1846/4까지 |
| III/2 M/E: **왕복서간, 1846/5~1848/12** | 1979 | III/2 M/E: 왕복서간, 1846/5~1848/12 |
| III/3 M/E: **왕복서간, 1849/1~1850/12** | 1981 | III/3 M/E: 왕복서간, 1849/1~1850/12 |
| III/4 M/E: **왕복서간, 1851/1~12** | 1984 | III/4 M/E: 왕복서간, 1851/1~12 |
| III/5 M/E: **왕복서간, 1852/1~8** | 1987 | III/5 M/E: 왕복서간, 1852/1~8 |
| III/6 M/E: **왕복서간, 1852/9~1853/8** | 1987 | III/6 M/E: 왕복서간, 1852/9~1853/8 |
| III/7 M/E: **왕복서간, 1853/9~1856/3** | 1989 | III/7 M/E: 왕복서간, 1853/9~1856/3 |
| III/8 M/E: **왕복서간, 1856/4~1857/12** | 1990 | III/8 M/E: 왕복서간, 1856/4~1857/12 |
| III/9 M/E: 왕복서간, 1858/1~1859/8 | 2003 | III/9 M/E: **왕복서간, 1858/1~1859/8** |
| III/10 M/E: 왕복서간, 1859/9~1860/5 | 2000 | III/10 M/E: **왕복서간, 1859/9~1860/5** |
| III/11 M/E: 왕복서간, 1860/6~1861/5 | 2005 | III/11 M/E: **왕복서간, 1860/6~1861/12** |
| III/12 M/E: 왕복서간, 1861/6~1862/12 | RGASPI | III/12 M/E: 왕복서간, 1862/1~1864/9 |
| III/13 M/E: 왕복서간, 1863/1~1864/9 | | |
| III/14 M/E: 왕복서간, 1864/10~1865/9 | 2002 | III/13 M/E: **왕복서간, 1864/10~1865/12** |
| III/15 M/E: 왕복서간, 1865/10~1867/9 | RGASPI | III/14 M/E: 왕복서간, 1866/1~1867/12 |
| III/16 M/E: 왕복서간, 1867/10~1868/8 | RGASPI | III/15 M/E: 왕복서간, 1868/1~1869/2 |
| III/17 M/E: 왕복서간, 1868/9~1869/6 | RGASPI? | III/16 M/E: 왕복서간, 1869/3~1870/5 |
| III/18 M/E: 왕복서간, 1869/7~1870/6 | | |
| III/19 M/E: 왕복서간, 1870/7~1871/5 | RGASPI? | III/17 M/E: 왕복서간, 1870/6~1871/6 |
| III/20 M/E: 왕복서간, 1871/6~1871/9 | RGASPI? | III/18 M/E: 왕복서간, 1871/7~11 |
| III/21 M/E: 왕복서간, 1871/10~1871/12 | | |
| III/22 M/E: 왕복서간, 1872/1~1872/4 | RGASPI? | III/19 M/E: 왕복서간, 1871/12~1872/5 |
| III/23 M/E: 왕복서간, 1872/5~1872/8 | RGASPI? | III/20 M/E: 왕복서간, 1872/6~1873/1 |
| III/24 M/E: 왕복서간, 1872/9~1873/1 | | |
| III/25 M/E: 왕복서간, 1873/2~1873/10 | | III/21 M/E: 왕복서간, 1873/2~1874/8 |
| III/26 M/E: 왕복서간, 1873/11~1875/7 | | III/22 M/E: 왕복서간, 1874/9~1876/12 |
| III/27 M/E: 왕복서간, 1875/8~1877/3 | | |
| III/28 M/E: 왕복서간, 1877/4~1878/12 | | III/23 M/E: 왕복서간, 1877/1~1879/5 |
| III/29 M/E: 왕복서간, 1879/1~1880/10 | | III/24 M/E: 왕복서간, 1879/6~1881/9 |
| III/30 M/E: 왕복서간, 1880/11~1882/1 | | |

| IML의 권별 구성(1995년 이전) | 출판연도/작업팀 | IMES의 개정된 권별 구성(1995년 이후) |
|---|---|---|
| III/31 M/E: 왕복서간, 1882/2~1883/3 | | III/25 M/E: 왕복서간, 1881/10~1883/3 |
| III/32 E: 왕복서간, 1883/4~1884/8 | | III/26 E: 왕복서간, 1883/4~1884/12 |
| III/33 E: 왕복서간, 1884/9~1885/12 | | III/27 E: 왕복서간, 1885/1~1886/8 |
| III/34 E: 왕복서간, 1886/1~1887/4 | | III/28 E: 왕복서간, 1886/9~1888/3 |
| III/35 E: 왕복서간, 1887/5~1888/9 | | |
| III/36 E: 왕복서간, 1888/10~1889/11 | D/I | III/29 E: 왕복서간, 1888/4~1889/9 |
| III/37 E: 왕복서간, 1889/12~1890/11 | DK/RGASPI | III/30 E: 왕복서간, 1889/10~1890/11 |
| III/38 E: 왕복서간, 1890/12~1891/8 | | III/31 E: 왕복서간, 1890/12~1891/10 |
| III/39 E: 왕복서간, 1891/9~1892/5 | | III/32 E: 왕복서간, 1891/11~1892/8 |
| III/40 E: 왕복서간, 1892/6~1892/12 | | III/33 E: 왕복서간, 1892/9~1893/6 |
| III/41 E: 왕복서간, 1893/1~1893/11 | | |
| III/42 E: 왕복서간, 1893/12~1894/11 | Bremen | III/34 E: 왕복서간, 1893/7~1894/8 |
| III/43 E: 왕복서간, 1894/12~1895/7 | Bremen | III/35 E: 왕복서간, 1894/9~1895/7 |
| III/44 M/E: 왕복서간(보유), 1837~1895 | | |
| III/45 M/E: 헌사(책, 기타) | | |

제IV부: 발췌, 메모, 방주(발췌, 메모 40권→31권; 방주 30권→1권 3책)

| IML의 권별 구성(1995년 이전) | 출판연도/작업팀 | IMES의 권별 구성(1995년 이후) |
|---|---|---|
| **IV/1 발췌, 1842년까지(철학, 예술, 종교)** | 1976 | IV/1 M/E: 발췌와 메모, 1842년까지 |
| **IV/2 1843~1845/1(역사저-정치적 메모, 정치경제학)** | | 1981 IV/2 M/E: 발췌와 메모, 1843~1845/1 |
| IV/3 1844/중반~1845중반(정치경제학) | 1998 | **IV/3 M: 발췌와 메모, 1844/여름~1847/초** |
| **IV/4 1845/7~8(정치경제학)** | 1988 | IV/4 M/E: 발췌와 메모, 1845/7~8 |
| IV/5 1845/8~12(정치경제학) | RGASPI | IV/5 M/E: 발췌와 메모, 1845/8~1850/12 |
| **IV/6 1846~1847(규리히 발췌)** | 1983 | IV/6 M/E: 발췌와 메모, 1846/9~1847/12 |
| **IV/7 런던노트, 제1분책(1849/9~1851/2)** | 1983 | IV/7 M/E: 발췌와 메모, 1849/9~1851/2 |
| **IV/8 런던노트, 제2분책(1851/3~1851/6)** | 1986 | IV/8 M: 발췌와 메모, 1851/3~6 |
| **IV/9 런던노트, 제3분책(1851/7~1851/9)** | 1991 | IV/9 M: 발췌와 메모, 1851/7~9 |
| IV/10 런던노트, 제4분책(1851/9~1852/6) | BBAW | IV/10 M/E: 발췌와 메모, 1851/9~1852/6 [런던노트, XV~XVIII] |

## 제IV부: 발췌, 메모, 방주(발췌, 메모 40권→31권; 방주 30권→1권 3책)

| IML의 권별 구성(1995년 이전) | 출판연도/작업팀 | IMES의 권별 구성(1995년 이후) |
|---|---|---|
| IV/11 런던노트, 제5분책(1852/7~1853/8) | BBAW | IV/11 M/E: 발췌와 메모, 1852/7~1853/8 [런던노트, XIX~XXIV(M)] |
| IV/12 1853/9~1854/11(스페인사 등) | 2007 | **IV/12 M/E: 발췌와 메모, 1853/9~1854/11 [외교사와 동방 문제, 그리스, 프랑스, 스페인사(M), 군사학(E)]** |
| IV/13 1854/12~1856/8(정치경제학, 비밀외교사) | BBAW? | IV/13 M/E: 발췌와 메모, 1854/11~1857/10 [정치경제학, 외교사(M), 크리미아 전쟁, 슬라비카(M/E), 군사학(E)] |
| IV/14 1856/5~1858/10(정치경제학, 미학 등) | | |
| IV/15 1857/6~1858/2(1857년 공황, 외교정책) | D/NL | IV/14 M/E: 발췌와 메모, 1857/10~1858/2 [1857년의 세계경제공황(M)] |
| IV/16 1858/1~1860/2(정치경제학, "인용노트," 군사학) | | IV/15 M/E: 발췌와 메모, 1858/1~1860/2 [경제학 비판, 특히 인용노트(제2단계)(M), 군사학(E)] |
| IV/17 1860/3~1863/12(포크트 씨, 폴란드 문제 등) | BBAW | IV/16 M/E: 발췌와 메모, 1860/2~1863/12 [Vogtiana, 폴란드 문제의 역사(M), 군사학(E)] |
| IV/18 1863/5~6(경제학, 부록) | JH/BBAW | IV/17 M/E: 발췌와 메모, 1863/5~6 [정치경제학 비판(M)] |
| IV/19 1864~1868(경제학, 농업, 국제노동자협회, 아일랜드) | JT/BBAW | IV/18 M/E: 발췌와 메모, 1864/2~1868/8 [정치경제학, 특히 농업경제(M)] |
| IV/20 1868/3~12(경제학, 공업, 재정) | JW/BBAW | IV/19 M/E: 발췌와 메모, 1868/9~1869/9 [정치경제학, 금융시장과 공황(M)] |
| IV/21 1869/1~8(경제학) | | IV/20 M/E: 발췌와 메모, 1868/4~1870/12 [아일랜드사, 정치적·경제적·사회적 관계(E)] |
| IV/22 1869/8~1870/12(경제학, 아일랜드, 생리학, 러시아) | | |
| IV/23 1868/4~1870/6(E: 아일랜드사에 관해) | | |
| IV/24 1869/10~1870/12(20권의 계속, 기타 여러 나라의 역사) | FR | IV/21 M/E: 발췌와 메모, 1869/9~1874/12 [아일랜드 문제(M), 국제노동조합의 활동(M/E) 1983] |
| IV/25 1871/2~1874/12(국제노동자협회, 경제학) | | |
| IV/26 1875/1~11(1891년 이래의 러시아, 바쿠닌의 국가론에 관하여) | RGASPI | IV/22 M/E: 발췌와 메모, 1875/1~1876/2 [개혁 이후의 러시아(M)] |
| IV/27 1875/12~1876/2(러시아, 경제학, 생리학) | | |
| IV/28 1876/3~5(생리학, 경제학, 러시아사) | | IV/23 M/E: 발췌와 메모, 1876/3~6 [생리학, 기술사(M), 러시아, 영국, 그리스사(M/E)] |
| IV/29 1876/5~12(마우러 발췌) | TUB? | IV/24 M/E: 발췌와 메모, 1876/5~12 [토지소유사, 법률 및 헌법사(M)] |
| IV/30 1877/1~1878/5(경제학, 은행제도, 오웬 등) | BBAW | IV/25 M/E: 발췌와 메모, 1877/1~1879/3 [정치경제학, 특히 은행 및 재정제도, 상업부기(M), 역사(M/E)] |

| IML의 권별 구성(1995년 이전) | 출판연도/ 작업팀 | IMES의 권별 구성(1995년 이후) |
|---|---|---|
| IV/31 1878/5~9(지질학, 농업) | BBAW | IV/26 M/E: 발췌와 메모, 1878/5~9 [광물학, 농학, 농업통계, 지질학, 세계무역사(M)] |
| IV/32 1878/10~1879/1(경제학, 재정) | | |
| IV/33 1879~1881(경제학, 독일사) | USA/ RGASPI/ NL | IV/27 M/E: 발췌와 메모, 1879~1881 [인종학, 원시시대, 토지소유사(M)] |
| IV/34 1879~1881(역사, 모르간) | | |
| IV/35 1880~1882(러시아사) | RGASPI | IV/28 M/E: 발췌와 메모, 1879~1882 [러시아 및 프랑스사, 특히 농업과 관련하여(M), 토지소유사(E)] |
| IV/36 1881/말~1882/말(세계사) | FR | IV/29 M/E: 발췌와 메모, 1881/말~1882/말 [세계사 연표(M)] |
| IV/37 1881/말~1882/말(세계사, 36권의 계속) | | |
| IV/38 1863·1878·1881(수학에 관한 발췌) | | IV/30 M: 1863, 1878 및 1881의 수학발췌 [수학, 특히 삼각함수, 대수, 미적분(M)] |
| IV/39 1882(화학 등) | 1999 | **IV/31 M/E: 자연과학적 발췌와 메모, 1877/ 중반~1883/초** |
| IV/40 1883~1895(E의 발췌노트, 특히 역사에 관해. 제IV부의 보유) | | |
| IV. Marginalien-Bände, 1~30 | 1999 | **IV/32 마르크스와 엥겔스의 장서, 확인된 장서의 주석 목록(선행판)** |

\* 좌란, IML의 MEGA 권별 구성은 IMES, "Marx-Engels-Gesamtausgabe(MEGA), Stand der Arbeit und geplante Fortführung," Oktober 1991, 부속 자료 1에 의존하고 우란, IMES의 개편된 MEGA의 권별 구성은 BBAW, Akademienvorhaben, "Marx-Engels-Gesamtausgabe," 2005에 의존했다.

\*\* 기간본은 볼드체로 표시하고 출판연도를, 미간본은 편집 중인 작업팀을, 작업팀 끝에 "?"로 표시된 경우는 가능성이 높은 작업팀을, 그리고 공란인 부분은 편집팀이 결정되지 않았음을 나타낸다.

5장
# IMES의 신MEGA 편집과 출판 현황

## 1. 편집 그룹의 국제적 확대

**베를린과 모스크바 중심의 편집 체제**

우리는 앞에서 IMES가 탈냉전기의 변화된 상황에서, 1990년 이전에 모스크바와 베를린의 IML이 작성한 MEGA의 편집 기준과 출판 규모를 전체적으로 재조정하는 과정을 구체적으로 검토해보았다. 이 과정을 통해 IMES는 구IML이 1975년 이래 그들이 작성한 편집 기준과 프로스펙트에 의해 이미 3분의 1에 가까운 MEGA를 출판했음에도 불구하고 그들이 준용하던 기본적 규준을 근본적으로 재검토하게 되었다. 이때 그들이 전면에 내세운 모토가 MEGA의 학술화, 탈정치화, 국제화였다는 점도 특기할 만하다.

그런데 1992년의 엑상프로방스 회의를 통해 구체화된 편집 기준의 개정이나 1995년부터 발효된 MEGA 규모의 재조정은 주로 학술화와 탈정치화에 그 초점이 맞추어져 있었을 뿐 국제화의 문제는 아직도 심각하게 대두되지 않고 있었다. 물론 우리는 IMES의 이러한 활동을 위해, 프랑스의 독일학 연구자 그랑종이 편집위원회의 위원장으로, 일본의 경제학자 오타니(大谷禎之介)가 편집위원으로 MEGA 제II부의 소위원회에 참여하고 있음을 확인할 수 있다. 그러나 MEGA 프로젝트의 진정한 국제화는 MEGA의 편찬 작업에 간접적으로 영향을 미치는 데 그치지 않고, MEGA의 편집에 직접적으로 참여하는 학자들의 작업이 국제화되어야 하는 것을 의미한다. 이러한 의미에서 1990년대 중반까지의 IMES의 MEGA 편찬 작업은 아직도 베를린과 모스크바 IML에서 MEGA 편집에 참여했던 연구자들에 한정되어 수행되었다.

앞에서도 살펴본 바와 같이 IMES의 설립 동기는 구동독과 소련의 붕괴로 MEGA의 발행이 지속될 수 없음이 명백하므로 이러한 상황을 타개하려는 데서 출발한 것이다. 따라서 초기의 IMES의 활동은 우선 모스크바와 베를린을 비롯한 구동독 지역에 집중되어 있던 기왕의 MEGA 편집진들이 정치적 변화에도 불구하고 안정적으로 MEGA의 편찬 작업에 종사할 수 있도록 하는 것이었다. 그리하여 IMES의 활동은 통일된 독일 정부와 학계의 지원을 받아 MEGA 프로젝트를 아카데미나 대학의 장기적 연구 프로젝트로 전환하도록 노력하는 한편, 러시아의 MEGA 편집자들에게는 유럽의 연구촉진기금을 획득하여 이들을 재정적으로 후원하는 데 집중되었다. 그러므로 초창기 IMES의 "국제화"의 개념은 학술적 연계를 통한 국제화보다 재정적 후원의 개념이 훨씬 강했던 것으로 보인다.

IMES의 첫 과업은 독일에서 MEGA 프로젝트를 아카데미의 MEGA 계획으로 전환하는 것이었다. 다행히 "독일의 아카데미 계획을 위한 연방-제주(諸州)-콤미숀Bund-Länder-Kommission für Akademienvorhaben"은 1991년 10월 초 MEGA를 위해 베를린에 7개 정원을 승인하고, 1992년 초부터는 우선 독일과학아카데미회의의 감독을 받도록 했다. 그러다가 1993년 베를린-브란덴부르크 과학아카데미BBAW가 새로이 출범하면서 하르스틱H.-P. Harstick이 이끄는 MEGA 편찬팀을 수용하게 된 것이다.[79] 이후 BBAW의 MEGA 편찬 그룹은 15권의 MEGA 편집 작업을 하거나, 다른 작업 그룹의 편찬 작업에 협력하고 있다. 이들을 열거하면 다음과 같다. I/14, I/15, I/16, I/21, I/31, II/14, II/15, IV/10, IV/11, IV/12, IV/16, **IV/17, IV/18, IV/19**, IV/32.[80]

한편 IMES가 베를린의 MEGA 작업 그룹과 동등한 무게를 두고 MEGA 편집 작업을 진행시키고자 한 것은 모스크바의 편집자들이었다. 이미 앞에서도 살펴본 바와 같이 모스크바 IML의 MEGA 편집자들은 새로이 개편된 사회-민족문제 러시아 독립연구소RNI에서 작업을 계속했으나, 상당수의 연구원들은 1992년 초 러시아 국립 사회 및 정치사 문서고RGASPI로 소속을 바꾸어 바가투리야를 팀장으로 한 MEGA 작업 그룹을 형성하여, 2000년 현재 13권의 MEGA 편집 작업을 하거나 다른 그룹의 MEGA 작업에 협력하고 있다. 이들이 작업에 참여하는 MEGA 제권은 다음과 같다. I/28, II/11, II/12, II/13, III/9, III/10, III/12, III/13, III/14, III/15, **III/30**, IV/3, IV/5, **IV/27**.[81]

---

79) 1998년부터 BBAW의 MEGA 작업팀은 노이하우스Manfred Neuhaus가 주도하게 되었다.
80) Rojahn, "Bericht über die Tätigkeit des Sekretärs der IMES in den Jahren 1990~1999"(2003.3.3) §2.3.(3). 한편 고딕체의 MEGA 권은 해당 작업 그룹이 다른 작업 그룹의 편집에 협력하고 있는 경우이다.
81) 앞의 보고서, §2.3.(1).

그리고 모스크바의 구IML이 RNI로 개편된 뒤 이 연구소에 그대로 남아 알샤노바Elena Arž̌anova의 주도 하에 MEGA 편찬 작업을 계속하는 소규모의 편집 그룹은 현재 MEGA의 II/4.3, III/11, IV/22, IV/28의 공동 편집 혹은 독자적인 편집 작업을 하고 있다.[82]

### MEGA 편집진의 최초의 국제화: 트리어의 독일-프랑스 작업 그룹

신MEGA의 편집 진용이 베를린과 모스크바 IML의 종래의 편집팀의 테두리를 벗어나 국제화된 것은, 트리어의 칼-마르크스-하우스를 중심으로 한 독일-프랑스 MEGA 작업 그룹의 창설이 그 효시라 하겠다. 칼-마르크스-하우스의 연구센터는 1990년 IMES를 창설한 4개 연구소 중의 하나로 연구소의 소장은 펠거였다. 그는 1992년 초, 프랑스 엑상프로방스 대학의 독일학 연구자 그랑종과 더불어 독일-프랑스 작업 그룹을 형성하고 MEGA² I/4, I/5, I/6, 즉 마르크스와 엥겔스의 『독일 이데올로기』를 포함하는 1844년에서 1848년 2월까지의 초기 저작집 세 권의 편집에 착수키로 했다. 그리고 이의 편집에 필요한 재정은 칼-마르크스-하우스와 엑상프로방스 대학, 그리고 프랑스의 연구-기술-교육부로부터의 연구 조성금 등을 통해 충당했다. 이렇게 볼 때 독일-프랑스 작업 그룹은 종래의 MEGA 작업팀으로 구성되지 않은 최초의 MEGA 작업 그룹이라고 하겠다. 이 독일-프랑스 그룹은 그들의 편집 작업을 MEGA² I/5, 『독일 이데올로기』에서 출발하면서 구동독 시대 IML 마르크스-엥겔스 부의 타우베르트를 공동 편집자로 초빙함으로써 종래의 MEGA 편집진과의 연계를 지속했다. MEGA 시쇄판의 『독일 이데올로기』, 「I. 포이어바

---

82) 앞의 보고서, §2.3.(2).

호」장의 편집자이기도 한 타우베르트는 통독 이후 연금생활자로 지내면서 독일-프랑스 그룹의 편집에 적극적으로 참여했으나, 이 그룹이 맡은 MEGA 제I부의 3개 권의 편집은 이렇다 할 구체적인 성과를 거두지 못한 채, 2000년대에 들어서 관련 자료와 그동안의 편집 문건을 IMES의 사무국이 있는 베를린의 BBAW에 반환했다.[83] 이는 이 그룹의 팀장이었던 그랑종이 사망하고, 펠거 역시 정년퇴직함으로써 더 이상의 편집 작업을 지속할 구심력을 상실했기 때문이라고 판단된다. 어쨌든 그들의 연구 성과는 2004년에 반포된 『마르크스-엥겔스 연지 2003』의 「독일 이데올로기: I. 포이어바흐와 II. 성 브루노에 대한 논설, 인쇄 원고, 초안, 정서고 단편 및 메모」라는 형태의 토르소로 남아 있다.[84]

한편 IMES가 정해진 기간 내에 MEGA를 완간하기 위해서는 광범한 국제적 협력이 불가피하다고 판단하고 국제적으로 소규모의 MEGA 작업 그룹을 본격적으로 형성하기 이전에, MEGA의 편집에 직접적으로 참여한 사람은 독일 브라운슈바이히 대학의 하르스틱과 일본 호세이(法政) 대학의 오타니였다. 하르스틱은 IISG의 고문 자격으로 IMES의 창설에 직접적으로 참여하였고, MEGA의 편집이 아카데미 프로그램으로 채택되면서 베를린 MEGA 작업 그룹의 팀장을 역임했으며, 1999년에 출판된 MEGA² IV/32, 『마르크스-엥겔스의 장서: 확인된 장서의 주석 목록』의 편집자로 참여하기도 했다.[85]

---

83) IMES의 사무국은 IMES의 설립 당초부터 암스테르담의 IISG에 있었으나 IISG의 로얀이 정년퇴임함으로써 2001년 이후 베를린의 BBAW에 자리 잡고 있으며, 사무국장은 노이하우스가 맡고 있다.
84) "Karl Marx, Friedrich Engels, Joseph Weydemeyer. DIE DEUTSCHE IDEOLOGIE: Artikel, Druckvorlage, Entwürfe, Reinschriftenfragmente und Notizen zu *I. Feuerbach und II. Sankt Bruno*," *Marx-Engels-Jahrbuch* 2003, Akademie Verlag, Berlin 2004.
85) MEGA² IV/32(Vorauspublikation), *Die Bibliotheken von Karl Marx und Friedrich*

그런가 하면 1990년 RC의 바가투리야로부터 MEGA² II/11.2(당시는 II/12)의 편집에 참여하도록 요청을 받은 오타니의 경우는 특별한 예라 하겠다. 그는 1980~1982년 사이에 암스테르담의 IISG에서 『자본론』제2, 3권의 초고를 검토하여 1981년 이래 그 성과를 호세이 대학에서 발간하는 『케이자이시린(經濟志林)』에 연속으로 발표했는데 이는 당시 MEGA² II/11, II/12(1995년 이후 II/11.1과 II/11.2)의 편집에 참여하고 있던 비곳스키Vitali Vygotski(1928~1998)를 비롯하여 미슈케비치Larisa Mis'kevič(1930~2004), 체르노프스키Michaik Černovski, 체프렌코Alexander Čeprenko의 연구 성과를 비판하는 것이었다. 이 연구 성과는 IISG가 발간하는 『국제사회사 평론』(1983)에 게재되어 모스크바 연구자들의 주목을 받게 되었다.[86] 그 결과 당시 MEGA² II/11과 II/12의 편집을 주관하던 비곳스키는 오타니에게 편집에 참여할 것을 제의하였고, RC의 팀장인 바가투리야는 1990년 11월, 『자본론』 제2권의 초고 VIII의 편집을 맡아줄 것을 정식으로 요청하게 되었다. 그러다가 1995년 9월 제II부의 권별 편성이 변경되면서 종전의 MEGA² II/11과 II/12가 1권 2책으로 바뀌었다. 그런데 바로 같은 해에 『자본론』 제2권의 초고 부분을 책임지고 있던 비곳스키가 와병으로 더 이상 편집 작업에 참여할 수 없게 되면서, IMES는 II/11.1(『자본론』 제2권의 초고 II)은 바시나Ljudmila Vasina에게, 그리고 II/11.2(『자본론』 제2권의 초고 V~VIII)는 오타니에게 맡기도록 결정했던 것이다. 바시나와 오타니가 편집하는 MEGA² II/11은 2006년 말 발

---

Engels, *Annotiertes Verzeichnis des ermittelten Bestandes*, Bearbeitet von Hans-Peter Harstick, Richard Sperl und Hanno Strauss, Hrsg. von IMES, Akademie Verlag, Berlin 1999.

86) Teinosuke Otani, "Zur Datierung der Arbeit von Karl Marx am II. und III. Buch des *Kapital*," *International Review of Social History*, XXVIII/1, 1983, S. 91~104.

행 예정이었으나 2007년 말 현재까지도 출간 소식이 전해지지 않는다. 아마도 2008년에는 제II부에서 아직도 미간인 II/4.3, II/13과 더불어 출간될 것으로 기대된다.[87]

### 최초의 소규모 MEGA 작업 그룹

앞에서도 언급한 바와 같이 MEGA의 편집 기준과 전체의 프로스펙트를 확정한 IMES는, 1995년 이후 MEGA의 편집을 소규모 작업 그룹별로 수행할 것을 염두에 두고 그 가능성을 국제적으로 탐색하기 시작했다. MEGA의 작업을 종래와 같이 큰 규모의 작업 그룹에 맡기는 경우 생기는 재정적 부담이나 인력의 낭비를 막기 위해 기동성이 높은 소규모의 작업 그룹을 만드는 것인데, 이 경우 중요한 것은 이들 소그룹이 작업을 수행할 능력을 갖추어야 함은 물론이고, 편찬 작업에 소요되는 모든 재정적 부담을 스스로가 감당해야 한다는 점이다. 그리고 전문적인 능력도 물론 중요하지만 무엇보다 독일어를 모국어로 하는 연구원들이 모인 팀을 선호할 수밖에 없다. 기술적인 면에서는 오랫동안 MEGA의 편집 경험을 축적한 BBAW와 모스크바의 사회-민족문제 러시아 독립연구소RNI와 러시아 국립 사회 및 정치사 문서고RGA 혹은 RGASPI의 편집진이 도움을 줄 수 있을 것이다. 한편 MEGA의 편집 과정에서 필요한 경비, 즉 복사비와 구성원들의 워크숍을 위한 운영비, 그리고 여행 경비 등을 IMES에 기대할 수 없는 상황이기에, 개개 작업 그룹은 모든 비용을 스스로 염출하지 않으면 안 된다. 따라서 각 작업 그룹은 작업의 순조로운 진

---

87) Teinosuke Otani, "Über die gegenwärtigen Aufgaben der Japanischen MEGA-Arbeitsstelle," §2. Discussion Paper No. 42, November 2005, Edited by Izumi Omura, Tohoku University. 〔베를린 MEGA촉진재단의 헥커 교수는 최근 MEGA² II/11이 2008년 5월에 출간되었다는 소식을 전해왔다.〕

진행을 위해 공적 기관으로부터 연구 조성금을 획득하는 노력이 필수적이다.

이상과 같은 여러 가지 상황을 고려할 때, IMES가 베를린 훔볼트 대학의 그리제Annelise Griese 교수와 MEGA² IV/31(1877년 중반부터 1883년 초까지 작성된 마르크스-엥겔스의 자연과학 발췌)의 편집에 대한 계약을 맺은 것은 매우 이상적인 경우라 하겠다. 이미 1985년 MEGA² I/26(엥겔스, 『자연변증법』, 1873~1882)의 편집을 주도하여 편찬, 발간한 바 있는 그리제는, 정년퇴임 후에도 편집이 진행 중이던 MEGA² IV/31(이전의 MEGA² IV/39)을 새로운 편집 기준과 프로스펙트에 맞추어 재편집하여 1999년에 발간한 사실이 있다.[88]

그리고 1997년 가을에는 헥커Rolf Hecker(베를린 MEGA 촉진재단), 하인리히Michael Heinrich(베를린자유대학), 크래트케Michael Krätke(암스테르담 대학)가 한 조가 된 작업 그룹이 MEGA² IV/14(1857년 10월부터 1858년 2월까지 작성된 마르크스의 세계 경제공황론을 포함한 발췌와 메모)를 편집하기 위해 IMES와 계약을 체결했다. 그리고 투루즈 대학의 알쿠프Alain Alcouffe, 야쿱손Jean-Claude Yacoubson은 러시아의 RGA가 시작한 MEGA² I/28(마르크스의 수학 초고, 1878~1881)을 완성하기 위한 작업 그룹을 구성했다. 한편 앤더슨Kevin Anderson과 스미스David Smith로 구성된 미국의 작업 그룹은 러시아 RGA의 작업 그룹과 협력하여 MEGA² IV/27(1879~1881년의 마르크스의 인종학, 원사(原史)시대, 토지 소유사를 포함하는 발췌와 메모)의 편집 작업을

---

88) MEGA² IV/31, Karl Marx/Friedrich Engels, *Naturwissenschftliche Exzerpte und Notizen. Mitte 1877 bis Anfang 1883*, Bearbeitet von Annelise Griese, Friederun Fessen, Peter Jäckel und Gerd Pawelzig, Akademie Verlag, Berlin 1999. 그리제 교수의 연구 업적과 생애에 대해서는 그녀의 70세를 기념하는 *Beiträge zur Marx-Engels-Forschung*, Neue Folge 2006의 특집호를 보라.

맡기로 했다.

### 일본의 MEGA 편집위원회 설립과 MEGA 6개 권의 편집

무엇보다 주목되는 것은 1998년 초, 오타니가 주도하는 일본 MEGA 편집위원회Japanische MEGA-Arbeitsstelle, JAMAS가 네 개의 작업 그룹을 만들어 모두 다섯 권의 MEGA를 편찬하기로 IMES와 계약을 체결했다는 점이다.[89] 이미 앞에서도 살펴본 바와 같이 1990년과 1991년에 걸쳐 일본의 학자, 지식인들은 일본 MEGA 지원위원회를 구성하여 MEGA의 지속적인 출판을 위한 광범한 서명운동을 전개하고, 이를 독일의 관계 기관에 호소문과 더불어 전달함으로써 당시의 MEGA 편집자들과 새로이 창설된 IMES에 깊은 인상을 남겼다. 그리고 비록 개인적 자격이긴 했지만, 1992년 오타니 교수가 IMES의 편집위원으로 초빙된 것은 일본의 마르크스 연구 성과를 객관적으로 인정받는 중요한 전환점이 되었다. 따라서 일본의 연구자들은 앞으로 MEGA 프로젝트가 국제화된다면 어떠한 방식으로든 MEGA 제권의 편집에 직접 참여하게 되리라 기대해왔다.

실제로 일본 측의 이러한 기대는 1997년 초 오무라(大村泉, 東北大學) 교수와 미야카와(宮川彰, 東京都立大學) 교수가 MEGA² II/12와 II/13(당시에는 아직도 MEGA² II/13, II/14로 불렸다)의 편집을 센다이(仙台)의 토호쿠 대학이 맡았으면 좋겠다는 의사를 표시함으로써 구체화되었다. 그러나 일본의 이 같은 제안은 우선 IMES의 이사회와 편집위원회에 의해 유보적으로 받아들여졌다. 게다가 당시 MEGA² II/13,

---

89) 이하의 일본에 관한 서술은 오타니 교수의 다음 논문에 근거한 것이다. 大谷禎之介, 「日本におけるMEGA編集の現狀と課題」, 『マルクス・エンゲルス・マルクス主義研究』, 35, 2001. 1, pp. 71~85. Teinosuke Otani, "Über die gegenwärtigen Aufgaben der Japanischen MEGA-Arbeitsstelle," §§1 u. 2..

II/14 (1995년의 개정 이후 II/12, II/13)의 편집을 진행 중이던 모스크바의 작업팀이 이러한 제의에 아무런 관심을 표명하지 않았던 것이다. 따라서 일본의 학자들이 MEGA의 편집에 직접 참여한다는 기대는 쉽사리 성취되기 어려운 것으로 보였다.

그러나 오무라는 1997년 8월 암스테르담에서 IMES의 편집위원인 오타니를 만나 센다이 그룹이 MEGA² II/12, II/13의 편집에 얼마나 진지하게 접근하는지 강조하는 한편, 초고 오리지널을 이용하기 위해 모스크바로 떠나는 오타니에게 그곳 RGA의 편집자들과 만나 센다이 그룹의 강력한 참여 의지를 전해줄 것을 부탁했다. 이 시점에서 일본의 연구자들은 모스크바의 연구자들이 무슨 이유로 일본이 MEGA² II/12와 II/13 편집에 참여하는 것을 기피하는지에 대해 궁금해했다.

1997년 가을 오타니 교수는 모스크바에 체류하면서 현대사 제문서 관리-연구 러시아 센터RC의 연구원들과 접촉하면서 센다이 그룹의 참여 의지를 설명했다. 이 과정에서 그는 모스크바의 연구자들이 일본 연구자의 참여를 달가워하지 않는 이유가, IML 마르크스-엥겔스 부의 옛 동료들이 장기간에 걸쳐 마르크스의 초고를 해독하여 얻은 연구 성과가 MEGA의 자료라는 형식으로 외부에 유출되어 연구 목적에 이용될 것이라는 데 대한 불만 때문임을 알게 되었다.

이에 오타니는 모스크바 동료들의 우려를 불식하기 위해, 일본에서는 모든 편집 작업에 대해 책임을 지는 완벽한 조직을 만들고, 이 조직이 편집을 위한 자료를 IMES로부터 넘겨받아 저작권을 존중하는 방식으로 처리하는 방안을 제시했다. 이는 IMES가 일본에 MEGA 편집위원회를 설립하고, 이 조직의 보호 아래 센다이 그룹이 두 권의 MEGA 편집 작업을 수행하는 구상으로, 모스크바의 편집자들로부터 호의적인 반응을 얻었다. 그리고 일본에서의 MEGA 편집 작업에 호의적인 입장을 가진 IMES의 사무국장 로얀이 마침 모스크바에 체재 중이라, 오타니는 그와 일본 MEGA 편집위원회의 설립안을 논의하게 되었다. 이상과 같은 과정을 거친 논의의 결과를 근거로 바가투리야, 바시나, 로얀, 그리고 오타니는 IMES의 회의에 제출할 결의문 초안을 작성하였다. 이 초안은 일본 측이 오타니를 대표로 하는 일본 MEGA 편집위원회Japanische MEGA-Arbeitsstelle, JAMAS를 설립하고, MEGA² II/12와 II/13의 편집을 이 조직의 산하에 있는 센다이 그룹에 위임한다는 내용으로, 편집위원회의 이 제안은 1997년 11월 마침내 이사회의 승인을 받았다.

 일본의 MEGA 편집위원회는 이와 같은 과정을 거쳐 1998년에 발족하게 되고, 곧이어 이 위원회 산하의 센다이 그룹과 IMES 사이에 MEGA² II/12와 II/13의 편찬에 관한 문서상의 계약이 체결되었다. 그리고 최종적으로 편집의 토대가 되는 오리지널의 포토코피, 초고의 해독문 등이 암스테르담과 모스크바로부터 이양됨으로써 센다이 그룹은 본격적으로 MEGA의 편집에 착수하게 된 것이다.[90]

 한편 이 무렵 IMES의 사무국장인 로얀은 오타니를 통해, 일본이 발췌노트를 수록키로 한 제IV부의 제17, 18, 19권을 편집할 수 있는지 그 가능성을 타진해왔다. 이에 오타니는 1998년 가을, 일본이 네 개의 작업 그룹을 구성할 수 있을 것으로 보고, IV/17권은 홋카이도 작업 그룹에게, IV/18권은 도쿄에, IV/19권은 서일본 작업 그룹에 각각 맡기기로 하되, 아직 미정인 나머지 작업 그룹은 IV/29권의 편집을 맡는다는 의향을 밝혔다. 그리고 세 개의 그룹은 베를린의 편

---

90) Mitteilungen, *MEGA-Studien*, 1998/1, S. 144.

집위원회와 아직 미정인 나머지 그룹은 모스크바 편집위원회와 공동 작업을 하기로 결정했다.[91]

이상과 같은 오타니의 전망에 근거하여 1998년 11월, IMES의 편집위원회는 앞에서 언급한 세 개 그룹의 발족을 승인하고 이를 곧장 개최된 이사회에 회부했다. 그러나 이사회는 베를린 편집위원회의 부담이 너무 크다는 이유로 이들 세 개 그룹의 승인을 보류했다. 베를린 편집위원회는 이미 그들이 담당한 MEGA 여러 권의 편집 작업 외에도 다른 여러 권의 최종적인 편집 작업에 대해 책임을 지고 있었기 때문이다. 그들은 외부의 작업 그룹에서 편집한 여러 권의 MEGA를 독일어로 수정·교정하며, 이들의 인쇄 준비까지 해야 했다. 그러나 소수의 인원으로 구성된 베를린 편집위원회로서는 외국에서 편집된 MEGA의 권수가 늘어나면 늘어날수록 임무가 더욱 가중되는 상황을 맞게 될 수밖에 없었다. IMES의 이사회가 우려한 것은 바로 이 같은 상황이었다. 그럼에도 불구하고 1998년 12월의 이사회는 제IV부 발췌 권을 담당할 일본의 세 개 작업 그룹의 발족을 승인했다.

이와 같은 과정을 거쳐 발족한 일본의 세 개 작업 그룹에, 암스테르담과 모스크바에서 일본의 MEGA 편집위원회를 거쳐 최초의 자료가 도착한 것이 1999년 봄이었고, 같은 해 11월에는 세 개 그룹의 구성원 전원과 IMES의 관계자들이 계약서에 서명하게 되었다. 그러나 앞에서 언급한 마르크스의 세계사 연표가 포함된 MEGA² IV/29권은 당시 독일인 편집자가 편집을 강력히 희망했기에 제4의 일본

---

91) 1997년 여름 저자는 IMES의 사무국장 로얀으로부터 사석에서 한국이 MEGA 한두 개 권의 편집을 담당할 수 있겠느냐는 질문을 받은 적이 있으나, 당시의 한국의 형편으로는 이것이 불가능하다고 판단하여 고사한 바 있다.

측 편집 그룹은 해산될 수밖에 없었다. MEGA² IV/29권의 편집은 2005년의 자료에 의하면 독일인 편집자가 아닌 프랑스 제8대학의 작업 그룹이 편집을 진행 중인 것으로 나타나고 있다.

일본의 MEGA 편집위원회는 오타니 교수의 주도 하에 제II부(『자본론』과 그 준비 노작) II/11.2와 II/12, II/13의 편집에 참여하여 센다이 그룹이 담당했던 II/12는 2005년 말에 출판되었고,[92] 오타니 교수가 담당한 II/11.2와 역시 센다이 그룹의 II/13은 편집의 최종 단계에 이르러 2008년에는 출판될 것으로 기대된다. 한편 홋카이도 그룹이 담당한 IV/17(1863년 5~7월 사이에 작성된 마르크스의 발췌 노트와 메모, 이의 중요 부분인 예비노트 A-H는 마르크스가 『1861~1863년의 초고』에 이용한 노트다), 도쿄 그룹이 담당한 IV/18(1864년 2월~1868년 9월의 마르크스-엥겔스의 발췌노트와 메모로 주로 경제학과 농업에 관한 것), 그리고 서일본 그룹이 담당한 IV/19(1868년 9월~1869년 9월의 마르크스의 노트와 메모로 여기에는 주로 금융시장과 공황에 관한 신문 잡지의 스크랩이 포함되어 있다) 3개 권은 편집 작업이 거의 같은 속도로 진행되고 있다고 전해진다. 이들은 2002년 가을에는 편집에 필요한 모든 해독문을 보유하게 되었고, 작업의 첫 단계인 텍스트를 컴퓨터에 입력하여 전자파일로 만드는 작업이 거의 완료된 상태라고 한다. 그리고 2005년 말 현재는 발췌노트에 발췌된 문헌의 소재를 파악하고 그 카피를 얻는 데 주력하고 있으며 일부 그룹은 이문목록 Variantenverzeichnis과 정정목록 Korrekturenverzeichnis

---

92) MEGA² II/12, Karl Marx, *Das Kapital. Kritik der politischen Ökonomie. Zweites Buch. Redaktionsmanuskript von Friedrich Engels 1844~1855*, Bearbeitet von Izumi Omura, Keizo Hayasaka, Rolf Hecker, Akira Miyakawa, Sadao Ohno, Shinya Shibata und Ryojiro Yatuyanagi. Unter Mitwirkung von Ljudmila Vasina, Kenji Itihara und Kenji Mori, Akademie Verlag, Berlin 2005.

의 작성 작업에 들어가기도 했다.

일본은 이와 같은 과정을 거쳐 이제 베를린과 모스크바에 이어 제 3의 MEGA 편집 센터로 부상하고 있다. 특히 2006년에는 센다이 그룹의 오무라 교수가 오타니 교수와 더불어 10여 명으로 구성된 IMES의 편집위원으로 초빙되고, 2007년 초에는 오무라 교수를 중심으로 한 센다이 그룹이 MEGA² I/5(『독일 이데올로기』)의 부록으로 삽입될 CD-ROM 편집을 IMES로부터 위임받아 현재 작업이 진행 중이다.[93]

### 소규모 MEGA 편집 그룹의 확산

일단 일본이 도쿄에 MEGA 편집위원회를 설립하여 일본 내에 3~4개의 MEGA 작업 그룹 형성에 성공하자, IMES는 이 같은 소규모 편집 그룹 시스템을 확장하는 쪽으로 방향을 잡은 것으로 보인다. 그리하여 IMES는 1998~1999년에도 3개의 소그룹을 구성하고 이들과 편집을 위한 계약을 체결했다.

IMES는 1998년 초 IMES의 학술자문위원인 덴마크의 저명한 마르크스 연구자 칼레센Gerd Callesen과 크리스찬센Nils Finn Christiansen을 한데 묶어 덴마크 작업 그룹을 구성했다. 이들은 RGA의 작업 그룹과

---

93) 2006년 11월 베를린의 BBAW에서 개최된 MEGA 편집을 위한 독일-일본 학자들의 워크숍에서 저자는 오무라 교수를 포함한 일본인 학자들과 더불어 『독일 이데올로기』의 편집에 참여하는 문제를 논의했다. 그러나 독일 측의 후브만Gerald Hubmann은 "『독일』 이데올로기』의 편집은 "독일인"이 한다는 입장을 분명히 한 데 반해 일본인 학자들은 「I. 포이어바흐」 장의 CD-ROM화를 통해 자유로운 편집의 가능성에 무게를 두고 부록Beilage으로서의 CD-ROM 작성에 만족하는 입장이었다. 2007년 1월에 열린 이사회는 편집위원 오무라와 MEGA² I/5의 편집 책임자 후브만의 이 같은 공동 제안을 승인하고 CD-ROM 제작에 필요한 디지털 데이터를 같은 해 3월에 센다이 그룹의 책임자 오무라에게 송부했다. 저자는 이 CD-ROM 편집에 참여할 것을 일본 측으로부터 제의받았으나 정년 이후의 개인적 사정을 고려하여 고사했다.

협력하여 MEGA² III/30(1889년 10월부터 1890년 11월까지의 엥겔스의 왕복서간)을 편집할 예정이다. 칼레센은 연금생활자로서 오스트리아의 빈에 체류하면서 이 작업을 수행하고 있다. 그리고 1999년 말에는 퓔베르트Georg Fülberth, 쉘Jürgen Scheel, 실버스Malcolm Sylvers로 구성된 독일-이탈리아 작업 그룹이 MEGA² III/29(1888년 4월부터 1889년 9월까지의 엥겔스의 왕복서간)를 편집하도록 IMES와 계약을 체결했다. 한편 이미 구동독 시대 이래 오랫동안 MEGA의 편집에 참여했던 에어푸르트의 코프Eike Kopf가 마르크스의 정치경제학, 특히 은행 및 금융제와 실업부기를 발췌, 메모한 MEGA² IV/25의 편집을 BBAW와 협력하여 독자적으로 편집하는 계약을 체결했다.[94]

이후에도 IMES는 계속하여 오스트리아와 스위스에 이러한 가능성을 타진하고 있으나 그 성과는 아직 구체화되지 않은 것으로 보인다. 그러나 재정적 압박을 최소화하면서 MEGA의 완간을 가시적인 사정권 안으로 끌어들이는 데에는 이 같은 소규모 작업 그룹의 확대가 의미 있는 것으로 보이기도 한다. 단지 문제는 MEGA 각 권에 대한 학문적인 책임을 일차적으로 각 권의 편집자에게 묻기 때문에, 이를 최종적으로 검토하는 편집위원회의 이차적 책임만으로 MEGA 각 권의 높은 질적 수준을 유지할 수 있느냐 하는 것인데, 이는 여전히 과제로 남아 있다.

---

94) Rojahn, "Bericht über die Tätigkeit des Sekretärs der IMES in den Jahren 1990~1999," §2.3.(10)-(13). 1994년 이래 IMES는 반연간으로 MEGA의 동반지 『MEGA 연구MEGA-Studien』를 발간하고 있는데, 이 잡지의 권말에 있는 "공시Mitteilungen"란에 이러한 사항이 부분적으로 보도되고 있다.

## 2. 신MEGA의 출판 현황

1998년 12월 18일 독일의 일간신문들은 일제히『마르크스-엥겔스 전집MEGA』의 속간을 알리는 기사를 게재했다. 이들 기사는 우선 IMES가 5년간의 휴지 기간을 보낸 뒤 마침내 48권째의『마르크스-엥겔스 전집』을 발간하게 되었으며, 당시에 발간된 전집의 제IV부 제3권(MEGA² IV/3)이 이전의 MEGA와 어떻게 다른가를 구체적으로 보도하고 있다. 특히 이들 기사에 따르면 MEGA² IV/3은『마르크스-엥겔스 전집』의 새로운 발행권자인 IMES가 외형적으로는 그 출판권을 구동독 사회주의통일당SED 산하에 있던 디츠 출판사Karl Dietz Verlag Berlin에서 아카데미 출판사Akademie Verlag로 이양했을 뿐만 아니라 그 내용도 새로운 편집 기준과 프로스펙트에 따라 편집되었기에 이제 MEGA는 새로운 출발을 하게 되었다는 것이다.[95]

앞에서도 살펴본 바와 같이 베를린 장벽 붕괴 이후 IMES가 MEGA

---

95) "Die MEGA geht weiter: der 48. Band liegt vor" "Neuer Band der Marx-Engels-Gesamtausgabe" "Erster MEGA-Band in neuer Bearbeitung" 등의 제목을 단 기사들이 12월 18일자에 발표된 뒤 연말과 연초에는 이에 대한 장문의 해설 기사가 이어졌다. *Frankfurter Rundschau*(18. 12. 1998, S. 10); *Leipziger Volkszeitung*(같은 날, S. 2); *Neues Deutschland*(같은 날, S. 4); *Sächsische Zeitung*(같은 날, S. 8); *Trierische Volksfreund*(같은 날); *Mitteldeutsche Zeitung*, Halle(같은 날); *Berlinenr Morgenpost*(같은 날); *Der Tagesspiegel*, Berlin(같은 날, S. 32); *Die Tageszeitung*. Berlin(같은 날, S. 20); *Die Welt*, Hamburg(19. 12. 1998); *Junge Welt*(19./20. 12. 1998.); *Neues Deutschland*(21. 12. 1998. S. 11); *Berliner Zeitung* (29. 12. 1998. S. 11~12); *Frankfurter Allgemeiner Zeitung*(30. 12. 1998. S. 31); *Frankfurter Rundschau*(2. 1. 1999. S. 6). 정문길,「새로이 출발하는『마르크스-엥겔스 전집』의 속간: 신MEGA IV/3(『마르크스, 발췌노트와 메모, 1844년 여름부터 1847년 초까지』)의 발간에 즈음하여」,『문학과사회』, 46호(1999년 여름), 정문길,『한국 마르크스학의 지평』, 문학과지성사, 서울 2004, pp. 177~204도 보라.

의 발행권을 인수하면서 MEGA 각 권의 준비 상황을 조사한 바에 의하면 1991년 현재 출판사에 계류 중이거나 인쇄 중인 MEGA가 4권이고 1992년이나 1993년에 초고가 완결될 예정인 MEGA가 모두 12권이다.[96] 그러나 1991년과 1992년에 실제로 출판된 MEGA는 다음의 〈표 8〉에서 보듯 단지 4권에 불과하다. 그리고 베를린 장벽이 붕괴되던 시기에 인쇄되어 1990년에 출판된 MEGA 3권을 포함하여 이들 4권의 경우도 발행자의 기명이 과도기적 성격을 보여주고 있다. 1990년에 출판된 3권의 MEGA 중 2권(I/29, II/9)은 그 발행자가 베를린의 '노동운동사연구소Institut für Arbeiterbewegung'와 '소련공산당 중앙위원회 산하의 마르크스-레닌주의 연구소'로 되어 있고, 다른 1권(III/8)은 발행자를 기록치 않은 채 출판되었던 것이다. 그런가 하면 1991년과 1992년에 출판된 4권의 MEGA에는 발행자가 '국제 마르크스-엥겔스 재단IMES'으로 되어 있으나 편집은 "여전히 이전의 편집위원회에 의해 수행되었다Der vorliegende Band wurde noch unter der frühere Redaktionskommission erarbeitet"고 명기하고 있다. 그리고 이 같은 기록은 앞으로 출판될 MEGA 각 권에도 필요할 경우 그대로 유효할 것이라고 밝히고 있다.[97]

이 같은 점을 고려할 때 IMES는 1991년만 하더라도 기왕의 MEGA 출판의 총체적 개혁을 염두에 둔 것으로는 보이지 않았다. 그러나 1992년 종래의 MEGA 편집 기준을 새로운 편집문헌학적 표준der editionsphilologische Kanon에 따라 개정하는 엑상프로방스 회의를 전후하여 MEGA 계획의 전면적인 조정이 불가피하다는 결론에 이른 것

---

96) Rojahn, "Marx-Engels-Gesamtausgbae(MEGA): Stand der Arbeit und geplante Fortführung"(Ms. 1991), §3.2.b). 정문길, 「전환기의 풍경」, 『마르크스의 사상 형성과 초기 저작』, pp. 440~42.
97) Rojahn, 앞의 글, §1.3 Anm. 11. 정문길, 앞의 글, pp. 438~39.

으로 보인다. 따라서 1992년에서 1994년 사이에 MEGA 각 부의 소위원회를 통한 집중적인 토론을 거쳐 MEGA 각 부, 특히 기간본의 숫자가 많지 않고 출판이 비교적 순차적으로 이루어진 제III부와 제IV부의 권별 편성을 대폭적으로 감소·재조정했던 것이다(〈표 7〉을 보라).[98] 그리고 이 같은 MEGA 규모의 감축·조정안은 1995년 9월 IMES의 이사회에 의해 최종적인 승인을 받게 되었으니 이 조정안을 1990년 이전의 계획안과 비교하면 다음 표와 같다.

〈표 7〉 MEGA의 출판 계획과 현황(2007년 말 현재)

| 부별 | 수록 내용 | 구IML MEGA 규모와 출판 현황 | | IMES의 MEGA 규모와 출판 현황 | |
|---|---|---|---|---|---|
| | | 1990년 이전의 예정 권수 | 1992년까지의 발행 권수 | 1995년에 개정된 IMES의 예정 권수 | 1998년 이후의 발행 권수 |
| I | 저작·논설·초안 | 32권 33책 | 15 | 32권 | 2 |
| II | 『자본론』과 준비 노작 | 16권 24책 | 17 | 15권 24책 | 3 |
| III | 왕복서간 | 45권 | 8 | 35권 | 4 |
| IV | 발췌 및 메모 | 40권 | 7 | 31권 | 3 |
| | 난외방주 | 30권 | 0 | 1권 | 1(선행판) |
| | 합계 | 163권 172책 | 47 | 114권 123책 | 13 |

여기서 우리가 주목하는 것은 IMES가 주관하는 MEGA가 5년의 휴지 기간이 지난 뒤에 처음으로 출판한 책이 "1844년 여름에서 1847년 초에 이르는 기간에 마르크스가 작성한 발췌노트와 메모"를 포용하는 MEGA² IV/3이라는 점이다. 우선 MEGA² IV/3은 구IML의

---

98) 이 표에 의하면 1992년까지의 출판 상황은 다음과 같다. 제I부는 33권(분책) 중 15권이, 제II부는 24권(분책) 중 17권이, 제III부는 45권 중 8권이, 제IV부는 40권 중 7권이 발행되었다.

프로스펙트에 의하면 "1844년 중반부터 1845년 중반 사이에 마르크스가 작성한 발췌노트와 메모"로 되어 있고, 1991년 IMES의 조사에 의하면 원고는 1993년에 완성될 예정으로 되어 있다.[99] 그리고 MEGA 제IV부는 1991년까지 IV/1~2, 4, 6~9권이 이미 출판되어 처음 9개 권 가운데 미완성으로 남아 있는 권은 IV/3, IV/5뿐이었다. 다시 말하면 바가투리야가 편집한 IV/3은 1844~1847년 사이에 사용된 메모첩을 제외하고는 1845년에 작성된 "브뤼셀 노트Brüsseler Hefte" 6권이 전부인 것이다. 이렇게 보면 MEGA² IV/3은 바가투리야에 의해 텍스트 부분의 작업은 비교적 일찍 끝났으나, 그가 네 명으로 구성된 IMES의 핵심 편집위원회의 구성원이었기에 새로운 편집기준에 의한 "표준적인" 아파라트의 작성에 시간이 걸렸을 것으로 추정할 수 있겠다. 어쨌든 IMES가 작성한 새로운 편집 기준에 의한 MEGA² IV/3의 출간은 이후 IMES가 출판할 제IV부의 전형으로 작용할 것으로 보인다.[100]

한편 1999년에 출판된 『마르크스-엥겔스의 1877년 중반부터 1883년 초까지의 자연과학적 발췌와 메모』는 1991년의 IMES의 조사에 의하면 훔볼트 대학의 그리제 교수에 의해 1993년경에 원고가 완성될 것으로 추정되었다.[101] 그러나 이 MEGA² IV/31(애초에는 IV/39로 예정) 역시 새 편집 기준에 맞추어 아파라트가 작성되고 재편집됨으로써 1999년에 출판된 것으로 보인다.[102] 그리고 2007년에

---

99) Rojahn, 앞의 글, §3.2.b). 정문길,「전환기의 풍경」, p. 442. 이 책 제8부 p. 553의 주 42)를 보라.
100) MEGA² IV/3, Karl Marx, *Exzerpte und Notizen. Sommer 1844 bis Anfang 1847*, Bearbeitet von Georgij Bagaturija, Lev Čurbanov, Ol'ga Koroleva und Ljudmila Vasina. Unter Mitwirkung von Jürgen Rojahn, Akademie Verlag, Berlin 1998.
101) Rojahn, 앞의 글, §3.2.b). 정문길,「전환기의 풍경」, p. 441. 이 책 제8부 p. 553의 주 42)도 보라.

출간된 1853년 9월부터 1855년 1월까지의 마르크스와 엥겔스의 외교사, 스페인사 등과 같은 역사 관련 노트가 수록된 MEGA² IV/12는 편자가 라이프치히 대학에 있는 동안 초기의 원고가 완성된 것으로 보인다.[103]

1999년에 출판된 MEGA² IV/32(마르크스-엥겔스의 확인된 장서와 그 주석 목록)는 원래 제IV부의 제2부문, 즉 30권으로 구성되는 난외방주 부분이 제IV부에 1권으로 편입된 것이다. 독일 학자로서 IISG의 고문 자격으로 IMES의 창립에 참여한 하르스틱이 주도한 MEGA² IV/32는, 통독 이전에 이미 장기간에 걸쳐 구동독과 모스크바의 MEGA 편집진에 의해 작업이 진행되어왔던 것으로, 1995년에 개정된 MEGA의 프로스펙트에 의해 난외방주 부문이 제IV부의 1권으로 결정됨에 따라 이에 맞추어 선행판Vorauspublikation으로 출판된 것이다.[104] 그러나 IV/32는 앞으로 "유언의 방주sprechende Marginalien"를 텍스트와 연계시키고, 장서에 대한 주석—개개 장서에 대한 설명과 거기에 기재된 독서 흔적—을 구체적으로 기술하는 부분이 확충되어야 할 것으로 보인다.[105]

---

102) MEGA² IV/31, Karl Marx/Friedrich Engels, *Naturwissenschftliche Exzerpte und Notizen. Mitte 1877 bis Anfang 1883*, Bearbeitet von Anneliese Griese, Friederun Fessen, Peter Jäckel und Gerd Pawelzig, Akademie Verlag, Berlin 1999.

103) MEGA² IV/12, Karl Marx/Friedrich Engels, *Exzerpte und Notizen. September 1853 bis Januar 1855*, Bearbeitet von Manfred Neuhaus und Claudia Reichel. Unter Mitwirkung von Karl-Frieder Grube, Giesela Neuhaus, Klaus-Dieter Neumann, Hanno Strauß und Christine Weckwerth, Akademie Verlag, Berlin 2007. Rojahn, 앞의 글, §3.2.b). 정문길, 「전환기의 풍경」, p. 441; 이 책의 제8부 p. 553의 주 42) 도 보라.

104) MEGA² IV/32(Vorauspublikation), *Die Bibliotheken von Karl Marx und Friedrich Engels. Annotiertes Verzeichnis des ermittelten Bestandes*, Bearbeitet von Hans-Peter Harstick, Richard Sperl und Hanno Strauss. Unter Mitwirkung von Gerald Hubmann, Karl Ludwig König, Larisa Mis'kevič und Ninel' Rumjanceva, Akademie

1998년과 1999년에 출판된 IMES의 MEGA가 제IV부에 집중된 데 비해, 2000년대에 들어서 제III부의 4권, 제I부의 2권, 그리고 제II부의 3권이 출판되었다. 우선 왕복서간을 다루는 제III부는 모스크바의 RGA 편집진이 집중적으로 담당하고 있는데, 이는 마르크스-엥겔스의 왕복서간 중 많은 부분이 모스크바에 집중되어 있고 이에 대한 해독 작업도 일찍부터 이루어져 있었기 때문이다. 게다가 MEGA² III/9(2003),[106] III/10(2000)[107]의 경우는 이미 1993년경에 원고의 집필이 완료될 것으로 예상되었다.[108] 그리고 MEGA² III/11(2001),[109] III/13(2002)[110]도 1991년 현재 초기 편집 단계에 놓여 있었다. 따라서 제III부의 경우 뒷부분에 해당하는 엥겔스 말년의 왕복서간집 4권이 1998년 이후 모스크바 이외의 세 개의 소규모 그룹에 편집이 이양되었을 뿐 아직도 대부분이 모스크바의 RGA에서 작

---

Verlag, Berlin 1999.
105) Moon-Gil Chung, "Marginalien und CD-ROM: Zur Veröffentlichung des Verzeichnisses der Bibliotheken von Marx und Engels in der Vorauspublikation zum Band IV/32 der MEGA²," *Beiträge zur Marx-Engels-Forschung*, Neue Folge 2004, S. 250. Siehe Moon-Gil Chung, *Die deutsche Ideologie und MEGA-Arbeit*, Moonji Publishing Co., Ltd., Seoul 2007, S. 172~73.
106) MEGA² III/9, Karl Marx/Friedrich Engels, *Briefwechsel. Januar 1858 bis August 1859*, Bearbeitet von Vera Morozova, Marina Uzar, Elenna Vaščenko und Jürgen Rojahn. Unter Mitwirkung von Ursula Balzer, Akademie Verlag, Berlin 2003.
107) MEGA² III/10, Karl Marx/Friedrich Engels, *Briefwechsel. September 1859 bis Mai 1860*, Bearbeitet von Galina Golovina, Tat'jana Gioeva, Jurij Vasin und Rolf Dlubek, Akademie Verlag, Berlin 2000.
108) Rojahn, 앞의 글, §3.2.b)-c). 정문길, 「전환기의 풍경」, p. 442. 이 책 제8부 p. 553의 주 42)도 보라.
109) MEGA² III/11, Karl Marx/Friedrich Engels, *Briefwechsel. Juni 1860 bis Dezember 1861*, Bearbeitet von Rolf Dlubek und Vera Morozova. Unter Mitwirkung von Galina Golovina und Elena Vaščenko, Akademie Verlag, Berlin 2005.
110) MEGA² III/13, Karl Marx/Friedrich Engels, *Briefwechsel. Oktober 1864 bis Dezember 1865*, Bearbeitet von Svetlana Gavril'čenko, Inna Osobova, Ol'ga Koroleva, Rolf Dluek, Akademie Verlag, Berlin 2002.

업이 진행, 또는 예정되고 있다〔1998년 이래 III/29: 엥겔스, 왕복서간(1888/4~1889/9)이 독일-이탈리아 작업 그룹에; III/30: 엥겔스, 왕복서간(1889/10~1890/11)이 덴마크 작업 그룹에; III/34: 엥겔스, 왕복서간(1893/7~1894/8)과 III/35: 엥겔스, 왕복서간(1894/9~1895/7)이 브레멘 대학의 작업 그룹에 그 편집권이 이양되었다〕.

2001년과 2002년에 출판된 제I부의 I/14(마르크스-엥겔스, 저작·논설·초안, 1855/1~12)[111]와 I/31(엥겔스, 저작·논설·초안, 1886/10~1891/2)[112]도 이미 1993년에 원고 완료가 예정될 정도로 작업이 진척되었던 MEGA 권이다.[113]

한편 제II부의 경우 마르크스의 『자본론』 제3권의 초고와 엥겔스의 편집 텍스트를 수록한 MEGA² II/14,[114] 그리고 엥겔스가 1894년에 출판한 『자본론』 제3권을 수록한 II/15[115]가 2003년과 2004년에 출판되었다. 그리고 일본의 센다이 그룹이 1998년 이래 편집을 진행해오던 II/12도 예상외로 작업 속도가 빨라 2005년 12월에 이를 출판하게 되었다. 1998년 초에 설립된 일본 MEGA 편집위원회 JAMAS

---

111) MEGA² I/14, Karl Marx/Friedrich Engels, *Werke·Artikel·Entwürfe. Januar bis Dezember 1855*, Bearbeitet von Hans-Jürgen Bochinski und Martin Hundt. Unter Mitwirkung von Ute Emmrich und Manfred Neuhaus, Akadmie Verlag, Berlin 2001.
112) MEGA² I/31, Friedrich Engels, *Werke·Artikel·Entwürfe. Oktober 1886 bis Februar 1891*, Bearbeitet von Renate Merkel-Melis, Akademie Verlag, Berlin 2002.
113) Rojahn, 앞의 글, §3.2.b). 정문길, 「전환기의 풍경」, p. 440. 이 책, 제8부 p. 553의 주 42)도 보라.
114) MEGA² II/14, Karl Marx/Friedrich Engels, *Manuskripte und redaktionelle Texte zum dritten Buch des "Kapitals" 1871 bis 1895*, Bearbeitet von Carl-Erich Vollgraf und Regina Roth. Unter Mitwirkung von Jürgen Jungnickel, Akademie Verlag, Berlin 2003.
115) MEGA² II/15, Karl Marx, *Das Kapital. Kritik der Politischen Ökonomie*, Drittes Buch, Hamburg 1894, Bearbeitet von Regina Roth, Eike Kopf und Carl-Erich Vollgraf. Unter Mitwirkung von Gerald Hubmann, Akademie Verlag, Berlin 2004.

산하의 센다이 그룹이 완성한 MEGA² II/12는 베를린과 모스크바 이외의 지역, 특히 아시아에서 편집한 최초의 MEGA 권으로 JAMAS와 센다이 그룹은 2005년 11월 21~26일 사이에 교토와 도쿄에서 축하를 겸한 대규모 국제학술회의를 개최하기도 했다.[116] 앞에서도 언급한 바와 같이 『자본론』 제2권을 위한 엥겔스의 편집 초고(1884~1885)[117]는 이미 모스크바의 구IML MEGA 편집진이 판독을 완료한 자료를 센다이 팀이 이용할 수 있었기에 그 작업 기간을 단축할 수 있었다.[118] 제II부의 경우 중요한 것은 이제 II/4.3과 II/11.1~2, 그리고 II/13 네 권이 출간되면 "『자본론』과 그 준비노트"가 모두 완결된다는 점이다. 최근의 전문에 의하면 일본인 학자들이 맡은 II/11.2와 II/13의 편집이 거의 완성 단계에 놓여 있으므로 2008년에는 그 출판을 기대할 만하고, II/4.3은 편집자 미슈케비치의 사망으로 지연되었으나 적어도 2010년 이전에는 완간될 것으로 전망된다.

다음의 표는 우리가 앞에서 살펴본 MEGA의 출판 상황을 IMES의 창설 이후의 그들의 활동과 더불어 개략적으로 정리한 것이다.

---

116) Internationale MEGA²-Kolloquium, "Die historisch-kritische Edition von Marx's 'Kapital' in deutsch-japanischer-russischer Forschungskooperation," 21~24. November 2005, Doshisha Biwako Retreat Center, Koyto/Japan; Internationale MEGA²-Symposium, "Die historisch-kritische Edition von Marx's 'Kapital' und ihre Bedeutung heute," 26. November 2005, Chuo University, Tokyo, Gorakuen Campus.
117) MEGA² II/12, Karl Marx, *Das Kapital. Kritik der politischen Ökonomie. Zweites Buch. Redaktionsmanuskripte von Friedrich Engels. 1884/1885*, Bearbeitet von Izumi Omura, Keizo Hayasaka, Rolf Hecker, Akira Miyakawa, Sadao Ohno, Shinya Shibata und Ryojiro Yatuyanagi. Unter Mitwirkung von Ljudmila Vasina, Kenji Itihara und Kenji Mori, Akademie Verlag, Berlin 2005. Izumi Omura/Rolf Hecker, "Der Band II/12, der erste in Asien edierte MEGA-Band," Diskussion Paper No. 16, November 2005도 참조.
118) Teinosuke Otani, "Über die gegenwärtigen Aufgaben der Japanischen MEGA-Arbeitsstelle," §1. MEGA² II/12, S. 526도 보라.

〈표 8〉 IMES 창설 이후의 MEGA의 발행 상황(2007년 말 현재)

| 연도 | 발행된 MEGA의 권호와 제목 | IMES의 활동 |
|---|---|---|
| 1990 | I/29 E:『가족, 사유재산 및 국가의 기원』 (AdW/Berlin)<br>II/9 M:『자본론』, 런던 1887(영어판) (Berlin)<br>III/8 M/E: 왕복서간, 1856/4~1957/12 (IML/M) | 10월: IMES 창설 |
| 1991 | II/10 M:『자본론』제1권, 함부르크 1890(4판) (IMES)<br>IV/9 M: 발췌와 메모, 1851/7~9 (Halle) | 10월: MEGA가 독일 아카데미 프로그램으로 잠정적으로 채택 |
| 1992 | I/20 M/E: 저작·논설·초안, 1864/9~1867/9 (IMES)<br>II/4.2 M: 경제학 초고, 1863~1867. 2분책 (IMES) | 3월: MEGA의 편집문헌학적 기준 개정을 위한 국제회의 |
| 1993 |  | IMES: 편집 기준 개정 |
| 1994 |  | MEGA가 독일의 아카데미 프로그램으로 정식 채택 (2015년까지)<br>IMES: *MEGA-Studien* 창간 |
| 1995 |  | IMES: MEGA 규모의 감축 |
| 1996 |  |  |
| 1997 |  |  |
| 1998 | IV/3 M: 발췌와 메모, 1844 여름~1847 초 (RGA/IISG) | 10월: 출판사 변경, Akademie Verlag<br>12월: 새로운 기준에 의한 첫 MEGA |
| 1999 | IV/31 M/E: 자연과학 발췌, 1877 중반~1883 초 (IMES)<br>IV/32 M/E: 확인된 장서의 주석 목록 (BBAW) |  |
| 2000 | III/10 M/E: 왕복서간, 1859/9~1860/5 (RGA) |  |
| 2001 | I/14 M/E: 저작·논설·초안, 1855/1~12 (BBAW) |  |
| 2002 | I/31 E: 저작·논설·초안, 1886/10~1891/2 (BBAW)<br>III/13 M/E: 왕복서간, 1864/10~1865/12 (RGA) |  |
| 2003 | II-14 M/E:『자본론』제3권, 초고와 편집 텍스트 1871~1895 (BBAW)<br>III/9 M/E: 왕복서간, 1858/1~1859/8 (RGA) |  |
| 2004 | II/15 M:『자본론』제3권. 함부르크. 1894 (BBAW) |  |
| 2005 | II/12 M:『자본론』제2권. 엥겔스의 편집 초고. 1884/85 (JS)<br>III/11 M/E: 왕복서간, 1860/6~1861/12 (RGA) |  |
| 2006 |  |  |
| 2007 | IV/12 M/E: 발췌와 메모, 1853/9~1855/1 (BBAW) |  |

**6장**

## 요약: 국제 마르크스-엥겔스 재단에 의한 신MEGA의 발행과 전망

우리는 지금까지 IMES가 베를린과 모스크바의 IML로부터 MEGA의 발행권을 이양받은 이후의 신MEGA의 편집 및 출판 상황을 살펴보았다. IMES는 MEGA의 발행권을 인수하면서 일차적으로는 기왕에 진행 중인 MEGA의 편찬 작업을 계속하도록 독려하면서 MEGA의 탈정치화를 시도했다. 그러나 이 같은 탈정치화는 외형적 형식이나 구호에 의해 이루어지는 것이 아니라, 조직상의 변화와 내적 규제 능력의 강화를 통해서만 가능하다는 사실을 확인하게 된다. 따라서 IMES는 구IML 하에서 관행적으로 지속되어온 MEGA의 편집에 만족하지 않고 새로운 체계 안에서 MEGA를 출판할 수 있는 방안을 모색하게 된 것이다. 그리하여 IMES는 이미 원고가 완료되어 인쇄 중에 있는 수권의 MEGA를 제외하고는 새로운 편집 기준이 마련될 때까지 MEGA의 발간을 중단하게 되었으니, 1990~1992년에 출판된 7권의 MEGA는 바로 이 과도기의 소산이다. 이러한 사실은 1990년에 발간된 3권의 MEGA는 당연한 것이지만, 발행권이 IMES로 이양되고 발행권자가 IMES로 명기된 1991년과 1992년에 발간된 4권의 MEGA에 대해서도 판권 페이지에 이들 MEGA가 이전의 편집자들에 의해 편찬되었다는 점을 분명히 밝힘으로써 일정한 거리를 유지하고 있음을 확인하게 한다.

이후 IMES는 1992년의 엑상프로방스 회의를 통해 MEGA의 새로운 편집 기준을 마련하고, 1995년에는 MEGA의 전체적인 규모를 재조정함으로써 탈정치화의 내적 규준을 확고히 구축했다. 그리고 조직상의 측면에서도 그들은 우선 구동독의 MEGA 프로젝트를 통일된 독일의 아카데미 프로그램으로 전환시키는 데 성공하고, 모스크바의 MEGA 작업팀도 정치적으로는 독립된 연구소에 소속되어 있으면서 재정적으로는 IMES의 직접적인 지원을 받게 됨으로써 그 객관적 위상을 강화시켰다. 그리하여 이들의 연구 성과는 5년간의 휴지 기간을 거친 뒤, 1998년 MEGA² IV/3을 시작으로 하여 2007년 말 현재 모두 13권의 MEGA를 출판하게 되었던 것이다.

물론 이 기간 중에 발행된 13권의 MEGA는 대부분 1992~1993년경에 그 최초의 원고가 준비된 상태에서 새로운 편집 기준과 권별 편성에 근거하여 재정리된 것이기도 하다. 그렇다고 하더라도 이러한 MEGA의 출판 속도는 적어도 기존의 베를린과 모스크바의 MEGA 편집진이 정상적인 페이스를 되찾은 결과로 평가할 수 있을 것이다. 1990년대 말 이래로 소규모의 편집 그룹이 유럽과 미국, 그리고 일본으로까지 확장되면서 MEGA의 발간 속도는 점차 가속화되리라는 기대를 갖게 하고 있다. 다시 말하면 IMES가 예상하고 있는 MEGA의 완간 연도, 즉 2020년까지 MEGA의 출판을 완료할 수 있느냐의 문제는 별개로 하더라도, 2007년 현재 IMES가 예정한 전체

MEGA 114권 123책 중 거의 절반에 이르는 60권(분책)이 출판되었으니 이의 완간은 '적어도' 가시권(可視圈)에 들어와 있다고 할 수 있다는 것이다. 특히 『자본론』과 그 준비 노작을 포용하는 MEGA의 제II부가 늦어도 2~3년 안에는 완간될 것이라는 사실이 거의 분명해지고 있으므로, 신MEGA가 구MEGA처럼 '토르소'로 남아 있지는 않으리라는 기대를 갖게 해준다.[119]

우리는 앞에서 베를린 장벽의 붕괴 이후 중단 위기에 처했던 신MEGA의 출판이 탈정치화, 국제화, 학술화를 기치로 내세운 국제적 학술기관인 국제 마르크스-엥겔스 재단 IMES에 그 발행권이 이양된 이후의 MEGA의 속간 사업을 개관해왔다. 특히 IMES는 MEGA의 발행권을 이양받은 후 자신들이 기치로 내세운 탈정치화, 국제화, 학술화를 심화시키기 위해 이전의 편집 기준을 변경하고, 방만한 MEGA의 프로스펙트를 재구성하면서 작업을 진행시켜왔다. 1975년 이래 1990년까지 모스크바와 베를린의 IML 그리고 1990년 이후의 IMES에 의한 신MEGA의 발행 성과를 다음의 표를 통해 조감하는 것으로 이 장을 마무리하고자 한다.

---

[119] 그러나 현재의 입장에서 볼 때 MEGA의 전 제작 과정에서 가장 어려운 문제는 독일어를 모국어로 구사하면서 MEGA의 최종적인 편집과 교열을 맡은 베를린-브란덴부르크 과학아카데미BBAW의 MEGA 플랜 담당자의 수가 7명으로 한정되어 있다는 점이다. 이는 베를린의 MEGA 작업팀이 그들 고유의 편찬 업무와 더불어 전 세계의 소규모 MEGA 작업 그룹으로부터 쇄도하는 완성된 원고의 최종 편집을 유연하게 처리할 수 있겠느냐 하는 의구심 때문이다. 따라서 BBAW가 이러한 MEGA 편집상의 딜레마, 즉 BBAW에 집중하는 편집 업무의 병목 현상을 막기 위해서는 그 정원을 확대하는 것이 무엇보다 급선무라 하겠다. 그러나 BBAW의 MEGA 플랜은 현재 2015년까지 존속되는 데다, 인원의 확대 역시 BBAW 내의 다른 전집 편찬 사업과의 형평성 문제로 인해 쉽지 않은 것으로 보인다.

〈표 9〉 신MEGA 각 부의 출판 현황(2007년 말 현재)

제I부 저작·논설·초안(32권 33책→32권)

| 권별 편성〔작업팀/발행연도〕 | | 비 고<br>(주요 내용 및 변경 사항) |
|---|---|---|
| I/1 M: **저작·논설·문학적 소품~, ~1843/3.** | [1975] | 학위논문 |
| I/2 M: **저작·논설·초안, 1843/3~1844/8.** | [1982] | 『경제학·철학 초고』 |
| I/3 E: **저작·논설·초안, 1843/3~1844/8.** | [1985] | |
| I/4 M/E: 저작·논설·초안, 1844/8~1845/12. | [BBAW?] | |
| I/5 M/E: 『독일 이데올로기』. | [BBAW/작업 중] | |
| I/6 M/E: 저작·논설·초안, 1846/1~1848/2. | [BBAW?] | |
| I/7 M/E: 저작·논설·초안, 1848/2~9. | [BBAW/작업 중] | 『신라인 신문』 |
| I/8 M/E: 저작·논설·초안, 1848/10~1849/2. | [BBAW/작업 중] | 『신라인 신문』 |
| I/9 M/E: 저작·논설·초안, 1849/3~7. | [BBAW/작업 중] | 『신라인 신문』 |
| I/10 M/E: **저작·논설·초안, 1849/7~1851/6.** | [1977] | 『프랑스에서의 계급투쟁』 |
| I/11 M/E: **저작·논설·초안, 1851/7~1852/12.** | [1985] | 『브뤼메르 18일』 |
| I/12 M/E: **저작·논설·초안, 1853/1~12.** | [1984] | 『뉴욕 데일리 트리뷴』 |
| I/13 M/E: **저작·논설·초안, 1854/1~12.** | [1985] | 『뉴욕 데일리 트리뷴』 |
| I/14 M/E: **저작·논설·초안, 1855/1~12.** | [BBAW/2001] | 『크리미아 전쟁』 |
| I/15 M/E: 저작·논설·초안, 1856/1~1857/10 | [BBAW/작업 중] | |
| I/16 M/E: 저작·논설·초안, 1857/10~1858/12. | [BBAW/작업 중] | |
| I/17 M/E: 저작·논설·초안, 1859/1~10. | [BBAW?] | |
| I/18 M/E: **저작·논설·초안, 1859/10~1860/12.** | [1984] | 『뉴욕 데일리 트리뷴』 |
| I/19 M/E: 저작·논설·초안, 18611~1864/9. | [BBAW?] | |
| I/20 ME: **저작·논설·초안, 1864/9~1867/9.** | [1992] | 제1인터내셔널IAA |
| I/21 M/E: 저작·논설·초안, 1867/9~1871/3. | [BBAW/작업 중] | IAA 관련 문건, 2분책→1권 |
| I/22 M/E: **저작·논설·초안, 1871/3~11.** | [1978] | 『프랑스의 내전』 |
| I/23 M/E: 저작·논설·초안, 1871/11~1872/12. | [BBAW?] | |
| I/24 M/E: **저작·논설·초안, 1872/12~1875/5.** | [1984] | 『주택 문제』 |
| I/25 M/E: **저작·논설·초안, 1875/5~1883/5.** | [1985] | 『고타강령 비판』 |
| I/26 E: 『자연변증법』(1873~1882). | [1985] | |
| I/27 E: 『오이겐 뒤링의 과학변혁』. | [1988] | |
| I/28 M: 수학 초고 (1878~1881). | [RGASPI/FR/작업 중] | |
| I/29 E: 『가족, 사유재산 및 국가의 기원』. | [1990] | |
| I/30 M/E: 저작·논설·초안, 1883/3~1886/9. | [BBAW/작업 중] | |
| I/31 M/E: **저작·논설·초안, 1886/10~1891/2.** | [BBAW/2002] | |
| I/32 E: 저작·논설·초안 저작·논설·초안, 1891/2~1895/8. | [BBAW/작업 중] | |

## 제II부: 『자본론』과 그 준비 초고(16권 24책→15권 24책)

| 권별 편성 [작업팀/발행연도] | | 비 고<br>(주요 내용 및 변경 사항) |
|---|---|---|
| II/1.1 M: 경제학 초고, 1857/58. 1분책. | [1976] | 『경제학 비판 강요』 1 |
| II/1.2 M: 경제학 초고, 1857/58. 2분책. | [1981] | 『경제학 비판 강요』 2 |
| II/2 M: 경제학 초고 및 저술, 1858/1961. | [1980] | 『경제학 비판』 등 |
| II/3.1 M: 정치경제학 비판(초고, 1861/1863). 1분책. | [1976] | 3장 자본 일반 1, 2, 3, 4 |
| II/3.2 M: 정치경제학 비판(초고, 1861/1863). 2분책. | [1977] | 5. 잉여가치 학설사 |
| II/3.3 M: 정치경제학 비판(초고, 1861/1863). 3분책. | [1978] | 5. 잉여가치 학설사 |
| II/3.4 M: 정치경제학 비판(초고, 1861/1863). 4분책. | [1979] | 5. 잉여가치 학설사 |
| II/3.5 M: 정치경제학 비판(초고, 1861/1863). 5분책. | [1980] | 3장 자본과 이윤 제학설(결) |
| II/3.6 M: 정치경제학 비판(초고, 1861/1863). 6분책. | [1982] | |
| II/4.1 M: 경제학 초고, 1863~1967. 1분책. | [1988] | 1863/1865의 제2권 초고(I) 등 |
| II/4.2 M: 경제학 초고, 1863~1967. 2분책. | [1992] | 1863/1865의 제3권 주요 초고 등 |
| II/4.3 M: 경제학 초고, 1863~1967. 3분책. [BBAW/RGA/작업 중] | | 1863/1867의 제2, 3권 초고 등 |
| II/5 M: 『자본론』 제1권, 함부르크 1867(초판). | [1983] | |
| II/6 M: 『자본론』 제1권, 함부르크 1872(제2판). | [1987] | |
| II/7 M: 『자본론』 파리 1872~1875(프랑스어판). | [1989] | |
| II/8 M: 『자본론』 제1권, 함부르크 1883(제3판). | [1989] | |
| II/9 M: 『자본론』 런던 1887(영어판). | [1990] | |
| II/10 M: 『자본론』 제1권, 함부르크 1890(제4판). | [1991] | |
| II/11.1 M: 『자본론』 제2권 초고. [RGA/JT/BBAW/작업 중] | | 1868/1870의 제2권 초고(II) |
| II/11.2 M: 『자본론』 제2권 초고. [RGA/JT/BBAW/작업 중] | | 1877/1880의 제2권 초고(V~VIII) 등 |
| II/12 M: 『자본론』 제2권. 엥겔스의 편집 초고 1884/1885. [JS/2005] | | |
| II/13 M: 『자본론』 제2권. 엥겔스 편, 함부르크 1885. [JS/작업 중] | | |
| II/14 M/E: 『자본론』 제3권 초고와 편집 텍스트. 1871~1895. [BBAW/2003] | | 제3권 단편 초고 |
| II/15 M: 『자본론』 제3권, 엥겔스 편, 함부르크 1894. [BBAW/2004] | | |

### 제Ⅲ부: 마르크스-엥겔스의 왕복서간(45권→35권)

| 권별 편성〔작업팀/발행연도〕 | | 비 고 |
|---|---|---|
| Ⅲ/1 M/E: 왕복서간, 1846년 4월까지 | [1975] | |
| Ⅲ/2 M/E: 왕복서간, 1846년 5월부터 1848년 12월까지 | [1979] | |
| Ⅲ/3 M/E: 왕복서간, 1849년 1월부터 1850년 12월까지 | [1981] | |
| Ⅲ/4 M/E: 왕복서간, 1851년 1월부터 12월까지 | [1984] | |
| Ⅲ/5 M/E: 왕복서간, 1852년 1월부터 8월까지 | [1987] | |
| Ⅲ/6 M/E: 왕복서간, 1852년 9월부터 1853년 8월까지 | [1987] | |
| Ⅲ/7 M/E: 왕복서간, 1853년 9월부터 1856년 3월까지 | [1989] | |
| Ⅲ/8 M/E: 왕복서간, 1856년 4월부터 1857년 12월까지 | [1990] | |
| Ⅲ/9 M/E: 왕복서간, 1858년 1월부터 1859년 8월까지 | [RGA/IISG/2003] | |
| Ⅲ/10 M/E: 왕복서간, 1859년 9월부터 1860년 5월까지 | [RGA/2000] | |
| Ⅲ/11 M/E: 왕복서간, 1860년 6월부터 1861년 12월까지 | [RGA/2005] | |
| Ⅲ/12 M/E: 왕복서간, 1862년 1월부터 1864년 9월까지 | [RGA/작업 중] | |
| Ⅲ/13 M/E: 왕복서간, 1864년 10월부터 1865년 12월까지 | [RGA/2002] | |
| Ⅲ/14 M/E: 왕복서간, 1866년 1월부터 1867년 12까지 | [RGA/작업 중] | |
| Ⅲ/15 M/E: 왕복서간, 1868년 1월부터 1869년 2월까지 | [RGA/작업 중] | |
| Ⅲ/16 M/E: 왕복서간, 1869년 3월부터 1870년 5월까지 | [RGA?] | |
| Ⅲ/17 M/E: 왕복서간, 1870년 6월부터 1871년 6월까지 | [RGA?] | |
| Ⅲ/18 M/E: 왕복서간, 1871년 7월부터 11월까지 | [RGA?] | |
| Ⅲ/19 M/E: 왕복서간, 1871년 12월부터 1872년 5월까지 | [RGA?] | |
| Ⅲ/20 M/E: 왕복서간, 1872년 6월부터 1873년 1월까지 | [RGA?] | |
| Ⅲ/21 M/E: 왕복서간, 1873년 2월부터 1874년 8월까지 | | |
| Ⅲ/22 M/E: 왕복서간, 1874년 9월부터 1876년 12월까지 | | |
| Ⅲ/23 M/E: 왕복서간, 1877년 1월부터 1879년 5월까지 | | |
| Ⅲ/24 M/E: 왕복서간, 1879년 6월부터 1881년 9월까지 | | |
| Ⅲ/25 M/E: 왕복서간, 1881년 10월부터 1883년 3월까지 | | |
| Ⅲ/26 E: 왕복서간, 1883년 4월부터 1884년 12월까지 | | |
| Ⅲ/27 E: 왕복서간, 1885년 1월부터 1886년 8월까지 | | |
| Ⅲ/28 E: 왕복서간, 1886년 9월부터 1888년 3월까지 | | |
| Ⅱ/29 E: 왕복서간, 1888년 4월부터 1889년 9월까지 | [D/I/작업 중] | |
| Ⅲ/30 E: 왕복서간, 1889년 10월부터 1890년 11월까지 | [DK/RGA/작업 중] | |

| 권별 편성〔작업팀/발행연도〕 | 비 고 |
|---|---|
| III/31 E: 왕복서간, 1890년 12월부터 1891년 10월까지 | |
| III/32 E: 왕복서간, 1891년 11월부터 1892년 8월까지 | |
| III/34 E: 왕복서간, 1893년 7월부터 1894년 8월까지　　〔Bremen/작업 중〕 | |
| III/35 E: 왕복서간, 1894년 9월부터 1895년 7월까지　　〔Bremen/작업 중〕 | |

### 제IV부: 발췌, 메모, 방주(발췌, 메모 40권→31권; 방주 30권→1권 3책)

| 권별 편성〔작업팀/발행연도〕 | 비 고 |
|---|---|
| IV/1 M/E: **발췌와 메모, 1842년까지**　　〔1976〕 | |
| IV/2 M/E: **발췌와 메모, 1843년부터 1845년 1월까지**　　〔1981〕 | |
| IV/3 M: **발췌와 메모, 1844년 여름부터 1847년 초까지**　〔RGA/IISG/1998〕 | |
| IV/4 M/E: **발췌와 메모, 1845년 7월부터 8월까지**　　〔1988〕 | |
| IV/5 M/E: 발췌와 메모, 1845년 8월부터 1850년 12월까지 〔RGASPI/작업 중〕 | |
| IV/6 M/E: **발췌와 메모, 1846년 9월부터 1847년 12월까지**　　〔1983〕 | |
| IV/7 M/E: **발췌와 메모, 1849년 9월부터 1851년 2월까지**　　〔1983〕 | |
| IV/8 M: **발췌와 메모, 1851년 3월부터 6월까지**　　〔1986〕 | |
| IV/9 M: **발췌와 메모, 1851년 7월부터 9월까지**　　〔1991〕 | |
| IV/10 M/E: 발췌와 메모, 1851년 9월부터 1852년 6월까지<br>　　〔런던노트, XV~XVIII〕　　〔BBAW/작업 중〕 | |
| IV/11 M/E: 발췌와 메모, 1852년 7월부터 1853년 8월까지<br>　　〔런던노트, XIX~XXIV(M)〕　　〔BBAW/작업 중〕 | |
| IV/12 M/E: **발췌와 메모, 1853년 9월부터 1854년 11월까지 〔외교사와 동방<br>　　문제, 그리스, 프랑스, 스페인사(M), 군사학(E)〕　　〔BBAW/2007〕** | |
| IV/13 M/E: 발췌와 메모, 1854년 11월부터 1857년 10월까지<br>　　〔정치경제학, 외교사(M), 크리미아 전쟁, 슬라비카(M/E), 군사학(E)〕 | |
| IV/14 M/E: 발췌와 메모, 1857년 10월부터 1858년 2월까지<br>　　〔1857년의 세계 경제공황(M)〕　　〔D/NL/작업 중〕 | |
| IV/15 M/E: 발췌와 메모, 1858년 1월부터 1860년 2월까지<br>　　〔경제학 비판, 특히 인용노트(제2단계)(M), 군사학(E)〕 | |
| IV/16 M/E: 발췌와 메모, 1860년 2월부터 1863년 12월까지<br>　　〔Vogtiana, 폴란드 문제의 역사(M), 군사학(E)〕　〔BBAW/작업 중〕 | |
| IV/17 M/E: 발췌와 메모, 1863년 5월부터 6월까지<br>　　〔정치경제학 비판(M)〕　　〔JH/BBAW/작업 중〕 | |
| IV/18 M/E: 발췌와 메모, 1864년 2월부터 1868년 8월까지<br>　　〔정치경제학, 특히 농업경제(M)〕　　〔JT/BBAW/작업 중〕 | |

| 권별 편성 [작업팀/발행연도] | 비 고 |
|---|---|
| IV/19 M/E: 발췌와 메모, 1868년 9월부터 1869년 9월까지<br>[정치경제학, 금융시장과 공황(M)]　　　　　　　　[JW/BBAW/작업 중] | |
| IV/20 M/E: 발췌와 메모, 1868년 4월부터 1870년 12월까지<br>[아일랜드사, 정치적, 경제적, 사회적 관계(E)] | |
| IV/21 M/E: 발췌와 메모, 1869년 9월부터 1874년 12월까지<br>[아일랜드 문제(M), 국제노동조합의 활동(M/E) 1983]　　　[FR/작업 중] | |
| IV/22 M/E: 발췌와 메모, 1875년 1월부터 1876년 2월까지<br>[개혁 이후의 러시아(M)] [RGASPI/작업 중] | |
| IV/23 M/E: 발췌와 메모, 1876년 3월부터 6월까지<br>[생리학, 기술사(N), 러시아, 영국, 그리스사(M/E)] | |
| IV/24 M/E: 발췌와 메모, 1876년 5월부터 12월까지<br>[토지소유사, 법률 및 헌법사(M)]　　　　　　　　　[TU Braunschweig?] | |
| IV/25 M/E: 발췌와 메모, 1877년 1월부터 1879년 3월까지<br>[정치경제학, 특히 은행 및 재정제도, 상업부기(M), 역사(M/E)][BBAW/작업 중] | |
| IV/26 M/E: 발췌와 메모, 1878년 5월부터 9월까지<br>[광물학, 농학, 농업통계, 지질학, 세계무역사(M)]　　　[BBAW/작업 중] | |
| IV/27 M/E: 발췌와 메모, 1879년부터 1881년까지<br>[인종학, 원시시대, 토지소유사(M)]　　　　　　　[USA/RGA/NL/작업 중] | |
| IV/28 M/E: 발췌와 메모, 1879년부터 1882년까지<br>[러시아 및 프랑스사, 특히 농업과 관련하여(M), 토지소유사(E)]　[RGA/작업 중] | |
| IV/29 M/E: 발췌와 메모, 1881년 말부터 1882년 말까지<br>[세계사 연표(M)]　　　　　　　　　　　　　　　　[FR/작업 중] | |
| IV/30 M: 1863, 1878 및 1881년의 수학 발췌<br>[수학, 특히 삼각함수, 대수, 미적분(M)] | |
| **IV/31 M/E: 자연과학적 발췌와 메모, 1877년 중반부터 1883년 초까지**　　[IMES/1999] | |
| **IV/32 마르크스와 엥겔스의 장서, 확인된 장서의 주석 목록**　　　　[BBAW/1999] | |

  * 굵은 활자로 표시된 부분은 기간본을(IMES에 의한 것은 고딕체), [ ] 안은 작업팀과 발행연도를 표시한 것이다. 작업팀의 약자는 다음의 보기를 참고하라. "?"는 해당 작업팀의 편집 참여 가능성을 보이는 것이다.
  ** 보기: **AdW Berlin**＝동독과학아카데미, 베를린. **BBAW**＝베를린-브란덴부르크 과학아카데미, MEGA 아카데미 플랜, 베를린. **Berlin**＝베를린 훔볼트 대학. **Bremen**＝브레멘 대학. **D/I**＝독일-이탈리아 편집 그룹, 마브르크/베니스. **DK/RGA**＝덴마크-러시아 편집 그룹, 코펜하겐/모스크바. **D/NL**＝독일-네덜란드 편집 그룹, 베를린/암스테르담. **Erfurt**＝에어푸르트-밀하우젠 교육대학. **FR**＝파리 8대학 프랑스 편집 그룹. **Halle**＝할레-비텐베르크 대학. **IMLB**＝베를린 마르크스-레닌주의 연구소. **IMLM**＝모스크바 마르크스-레닌주의 연구소. **JH**＝일본 홋카이도 편집 그룹. **JS**＝일본 센다이 편집 그룹. **JT**＝일본 도쿄 편집 그룹. **JW**＝서일본 편집 그룹. **Jena**＝예나 대학. **Leipzig**＝라이프치히 대학. **RGA**＝러시아 국립 사회 및 정치사 문서고, 모스크바. **RGASPI/FR**＝러시아-프랑스 편집 그룹, 모스크바/툴루즈. **TUB**＝브라운슈바이히 기술대학. **USA/RGASPI/NL**＝미국-러시아-네덜란드 편집 그룹, 뉴욕/모스크바/암스테르담.

# 에필로그

### 마르크스-엥겔스의 문서로 된 유산의 전승과 유전(流轉)

독일사민당의 대표적 이론가인 칼 카우츠키Karl Kautsky(1854~1938)는 말년에 「엥겔스의 유고Engels' Nachlaß」라는 회고적 글의 초안에서, 마르크스와 엥겔스의 유고를 '니벨룽의 보물Hort der Nibelungen'에 비유한 적이 있다. 그는 30대에 엥겔스로부터 마르크스의 상형문자 해독법을 배웠고, 사후에는 마르크스의 유고를 근거로 『잉여가치 학설사』를 편집·출판했다. 사회주의자 단속법이 해제된 이후 독일사민당의 기관지 『노이에 차이트』의 주간이었으며, 1930년대 중반에는 마르크스-엥겔스의 유고의 임대와 매각 교섭 과정을 지켜본 바 있는 그는 "이미 사망한 바그너가 니벨룽의 보물을 둘러싼 사건들을 중심으로 일련의 드라마를 만들었듯이, 제2의 바그너는 아마 마르크스-엥겔스의 유고가 겪는 운명을 보면서 새로운 드라마를 쓰게 될 것"이라고 예언한 바 있다.[1] 다시 말하면 그는 니벨룽의 보물이 그러했듯이 마르크스-엥겔스의 문서로 된 유산을, 그 소유자를 불행하게 하거나 그것을 소유한 자들 사이에 불화를 일으키는 비극의 증표로 간주했던 것이다.

물론 카우츠키의 이러한 예언은 마르크스의 유고와 관련된 자신의 개인적 경험 모두가 반드시 유쾌한 것은 아니었기에 부정적 측면이 부각된 것이 사실이다. 그러나 우리가 마르크스와 엥겔스의 문서로 된 유산의 드라마틱한 전승과 출판 과정을 되돌아본다면, 그의 이 같은 예언이 마냥 편견에 치우친 것이라고 치부할 수만은 없다.

1867년 마르크스는 필생의 대작인 『자본론』의 제1권을 출판했다. 이후 그는 생애 마지막 순간까지 나머지 제2, 3권의 속간을 위해 노력했으나, 만년의 악화된 건강과 완벽을 추구하는 지적 성실성으로 말미암아 『자본론』은 결국 미완성의 유작으로 남게 된다.

마르크스 사후 그의 지적 동반자였던 엥겔스는 마르크스의 유지에 따라 그가 남긴 "유고"를 근거로 하여 『자본론』의 완성에 매진하게 된다. 엥겔스는 마르크스의 서재를 정리하던 중 방대한 유고 더미 속에서 『자본론』 제2, 3권의 준비노트를 발견하고, 이를 바탕으로 한 『자본론』의 완성에 그의 생애 마지막 10여 년을 헌신했다.

그런데 엥겔스의 『자본론』 완성 과정에서 우리가 주목하는 것은 마르크스의 『자본론』 준비노트를 포함한 유고의 중요성이다. 그리고 이들 유고와 더불어 그들 두 사람의 왕복서간은, 국제적 노동운동과 사회주의 운동의 선구자이자 지도자가 이 운동과 관련된 통찰을 보여주는 문건으로서 일찍부터 관심 있는 자들의 수집 대상이 되어왔

---

1) Karl Kautsky, "Engels' Nachlaß," *Friedrig Engels' Briefwechsel mit Karl Kautsky*, Hrsg. von Benedikt Kautsky, Danubia-Verlag, Wien 1955, S. 457.

다. 그 결과 엥겔스의 말년에는 마르크스와 엥겔스의 유고와 서간문, 그리고 그들 두 사람이 소장하던 장서까지도 포함한 문서로 된 유산을 선점(先占), 혹은 독점하려는 이해 당사자들의 암묵적 갈등이 그의 주변에서 벌어지고 있었다. 마르크스와 엥겔스의 정치적 이념을 계승하고 있다고 자임하는 독일사민당의 베벨과 마르크스의 법정상속자인 막내딸 엘리노 사이의 유고를 둘러싼 암투가 그것이고, 이는 종국에 사민당의 이해를 대변하는 루이제 프라이베르거와 엘리노 간의 감정적 싸움으로 표면화하게 된다.

엥겔스의 사후, 그들의 문서로 된 유산은 엥겔스의 유언서에 따라 마르크스의 유고와 사적인 서간은 그의 법정상속자인 엘리노에게, 마르크스-엥겔스의 왕복서간과 그들의 장서, 그리고 엥겔스의 유고는 베벨과 베른슈타인을 거쳐 독일의 사민당-아키브에 유증된다.[2] 따라서 마르크스-엥겔스의 문서로 된 유산은 마르크스 사후 엥겔스에게 통합되었으나, 엥겔스의 사후에는 다시 엘리노와 독일의 사민당-아키브로 양분되었다.

마르크스-엥겔스의 문서로 된 유산의 가치는 1920년대 들어 리야자노프의 모스크바 마르크스-엥겔스 연구소가 마르크스-엥겔스의 러시아어판 전집과 더불어 원어로 된 "역사적-비판적" 전집MEGA을 기획하면서 괄목하게 달라졌다. 다시 말하면 모스크바의 마르크스-엥겔스 연구소는 MEGA의 출판을 위해 독일의 사민당-아키브가 소장하고 있는 마르크스-엥겔스의 모든 유고와 장서를 복사하거나 목

---

[2] 엥겔스의 유언서 집행에 동석했던 카우츠키는 엥겔스의 문서로 된 유산의 상속자로 베벨과 베른슈타인만 거명된 데 대해 크게 실망한 것으로 보인다. 왜냐하면 그는 베른슈타인과 더불어 엥겔스로부터 마르크스의 문자 해독 방법을 전수받았고, 엥겔스의 생존시에 그 자신이 부분적으로 『잉여가치 학설사』를 정리한 바 있기에 당연히 이 상속인에 포함될 것으로 믿었기 때문이다. 앞의 글, S. 447, 450(Entwurf)을 보라.

록화함으로써 그들의 문서로 된 모든 유산이 갖는 중요성을 새삼 확인하게 했다. 1910년대와 20년대의 독일사민당은 당면한 정치적 투쟁에 골몰하느라 마르크스-엥겔스의 문서로 된 유산을 돌볼 여유가 없었다. 이에 반해 혁명에 성공한 소련은 그들의 혁명적 열기로 마르크스-엥겔스의 전집 출간을 기획함으로써 문서로 된 유산의 이용에 기선을 잡게 되었다.

그러나 1933년 나치스의 집권은 독일사민당으로 하여금 어렵게 획득한 마르크스-엥겔스의 문서로 된 유산을 어떻게 하면 온전히 보존할 수 있을 것이냐 하는 가장 기초적인 질문에 직면하게 했다. 그들은 나치스의 폭력을 피해 해외에 사민당 망명 지도부SOPADE를 구성하기도 전에 가장 먼저 마르크스-엥겔스의 유고를 당-아키브로부터 반출하여 소개시키고, 나머지의 유고와 장서도 곧이어 소개했으니, 전자는 덴마크 코펜하겐에, 후자는 프랑스 파리에 임시 피난처를 찾게 된 것이다. 그리고 적지 않은 유고와 장서들이 베를린을 떠나지 못한 채 나치의 수색과 압수의 대상으로 남게 되었다.

나치스의 폭압을 피해 체코의 프라하에 둥지를 튼 독일의 사민당 망명 지도부는 독일 내의 지하운동을 조직·지휘하고 해외로 망명한 난민을 지원하기에도 힘에 겨웠다. 따라서 그들이 망명길에 베를린에서 가져온 마르크스-엥겔스의 문서로 된 유산을 포함한 당-아키브——특히 파리로 소개된 부분——는 전시 중의 핍박한 상황 아래서는 커다란 짐이 아닐 수 없었다. 그러므로 이의 보관이나 임대를 희망하는 해외의 기관이나 연구소의 존재는 망명 사민당 지도부에게는 위안이요 유혹이기도 했다. 그 가운데서도 1934년 이래의 네덜란드 연구소(1935년에 설립된 국제사회사연구소IISG의 전신)의 집요한 임대 교섭은 SOPADE의 자긍심을 보증해주는 것이었다.

이러한 와중에 1935년 8월, 마르크스-엥겔스 아키브를 "아무리 높은 값이라도" 구입하겠다는 러시아의 특사가 파리에 도착하면서 마르크스-엥겔스의 유고를 포함한 사민당-아키브의 매각이나 임대 교섭은 새로운 국면을 맞이하게 된다. 사민당 망명 지도부는 우선 예기치 않은 원매자가 예상 밖의 매입가를 제시한 데 놀라면서, 마르크스-엥겔스의 문서로 된 유산이 갖는 엄청난 가치를 새삼 확인하게 된다. 그리고 이처럼 엄청난 "보물"을 이념적으로 대립되는 국가에 매각, 또는 임대하는 데 대한 도덕적 책임 문제를 희석하기 위해 교섭의 주체를 사회주의 노동자 인터내셔널SAI로 대체하기까지 했다. 그러나 소련 내의 정치적 정세의 변화와 임대 교섭 자체를 정치적으로 이용하려는 그들의 농간에 의해 2년여에 걸친 임대 교섭은 결국 SAI나 SOPADE 측의 치부만 노출시킨 채 무산되고 말았다.

독일의 사민당 망명 지도부가 소련과의 마르크스-엥겔스 아키브 임대 교섭이 완전히 결렬된 것을 확인한 1937년 10월은 SOPADE로서는 정치적으로나 재정적으로 가장 어려운 시기였다. 그들은 체코 정부에 대한 나치스의 간섭으로 기관지의 판매 금지는 물론이요 SOPADE까지도 파리로 이전해야만 했다. 따라서 이렇다 할 재정적 수입도 없이 4년 이상의 망명 기간을 지탱해온 SOPADE로서는 1937년 말이 재정적으로 가장 어려운 시기였다.

SOPADE는 이처럼 당면한 재정적 위기를 극복하기 위해 이미 소련 이외의 제2, 제3의 원매자를 물색했으나 그것도 여의치 않자, 1936년 8월 이래 사민당-아키브를 임대해준 바 있는 국제사회사연구소와 마르크스-엥겔스의 유고를 포함한 사민당-아키브의 매각 교섭을 벌여 1938년 5월 이를 매각하게 된다. 물론 이때의 매각 조건은 이전의 그 어떤 매각이나 임대 교섭의 경우보다 불리한 조건이었음에도, 사민당 망명 지도부의 파리 이전을 위해서는 불가피한 선택이었다고 그들은 스스로를 위안했다. 그러나 이 과정에서 우리가 놓칠 수 없는 중요한 사실은, 독일사민당이 종전 후 합법적인 정당으로 활동하더라도 마르크스-엥겔스의 유고를 포함한 사민당-아카이브의 재매입 권리Rückkaufsrecht를 배제한다는 계약 조건이다.[3]

### 모스크바 연구소의 자료 수집 노력

한편 1935년 8월 이래 독일사민당 망명 지도부와 마르크스-엥겔스 유고의 매입 또는 임대 교섭을 진행하던 소련의 마르크스-엥겔스-레닌 연구소는, 1936년 4월 부하린을 포함한 소련의 교섭대표를 소환함으로써 마르크스-엥겔스의 문서로 된 유산 중 가장 방대하고 핵심적인 부분의 획득을 실질적으로 포기했다. 그러나 그들의 이 같은 정치적 결정이 이들 유고에 대한 그들의 탐욕적 수집 욕구를 차단한 것은 아니었다.

마르크스-엥겔스 연구에 있어 후발주자인 모스크바의 연구소는 레닌의 전폭적인 지원을 배경으로 하여 1920년대 이래 마르크스-엥겔스 저작의 초간본, 서간문, 유고, 관련 문건을 정력적으로 수집했다. 그들은 독일 곳곳에 흩어져 있는 마르크스와 엥겔스의 연고지를 찾아 관련된 문건을 발굴하고, 유명한 마우트너/파펜하임과 그륀베르크 등의 개인 장서를 매입하는가 하면, 골동상으로 흘러나온 마르크스-엥겔스의 유고와 서간을 골드루블을 투입하여 거침없이 사들이는 당대 최대·유일의 고객으로 등장했다. 그들은 또한 1924년부터는 독일의 사민당-아카이브가 소장하고 있는 마르크스-엥겔스의

---

[3] Bungert, 앞의 책, S. 79~81; Mayer, 앞의 글, S. 140. 이 책 제5부 p. 356~58, 특히 p. 358을 보라.

유고를 비롯한 각종 문서들을 복사했다. 그 결과 이 무렵의 마르크스-엥겔스 연구소는 그들 두 사람의 서간문에 관한 한 오리지널과 포토코피를 합하여 90퍼센트를 이미 확보한 상태였다.[4]

1930년대 중반, 망명 중인 독일사민당 지도부와 사민당-아키브의 임대 교섭을 벌이는 과정에서도 소련이 그 출처가 사민당-아키브임이 분명한 『그룬트리세』와 『잉여가치 학설사』가 포함된 1861~1863년의 경제학 노트를 거금을 주고 사들인 것은, 마르크스-엥겔스의 문서로 된 유산에 대한 그들의 집착이 조금도 줄어들지 않았음을 말해 주고 있다. 나아가 그들은 코민테른의 종주국으로서 전 세계 공산주의자들로부터 마르크스-엥겔스와 관련이 있는 희귀본, 귀중품들을 기증받고, 종전 후에는 점령군으로서 동독 지역을 관할하면서 이 지역에 산재해 있던 마르크스-엥겔스를 포함하여 노동운동사와 관련된 장서와 문건들을 체계적으로 광범하게 수색·징발하여 소련으로 반출하는 등 자료 수집에 강한 집념을 보였다.

**제2차 세계대전의 종언: 새로운 둥지를 찾은 마르크스-엥겔스의 문서로 된 유산**

당초 마르크스의 문서로 된 유산인 유고와 장서는 그의 사후 엥겔스에게 승계되고, 엥겔스의 사후에는 마르크스의 유고와 개인적 서간문은 딸 엘리노에게, 그들 두 사람의 왕복서간과 공동 저작, 그리고 장서를 포함한 엥겔스의 문서로 된 유산은 독일의 사민당-아키브에 유증되었다. 그리고 엘리노에게 유증되었던 마르크스의 유고는

---

4) D. Rjasanoff, "Neueste Mitteilungen über den literarischen Nachlaß von Karl Marx und Friedrich Engels," *Archiv für die Geschichte des Sozialismus und der Arbeiterbewegung*, XI, 1925, S. 397.

1898년 그녀의 사후 프랑스에 살던 언니 라우라 라파르그에게 위탁되었고, 이들 유고는 카우츠키와 메링에 의해 1900년대와 1910년대 초에 출판된『잉여가치 학설사』와『유고집』의 편찬에 이용되었다. 그러나 1911년 라우라 라파르그 부부가 사망하자 그들이 소유하던 유물은 마르크스의 맏딸 예니 롱게의 자식들에게 넘어갔다. 그러나 카우츠키와 메링이 라우라에게서 빌렸던 마르크스의 유고와 베른슈타인이 보관하던『독일 이데올로기』의 초고는 사민당-아키브에 반환됨으로써, 1920년대는 실제적으로 마르크스와 엥겔스의 문서로 된 모든 유산이 사민당-아키브에 집중되었다. 이러한 의미에서 1924~1928년 사이에 모스크바 마르크스-엥겔스 연구소가 베를린 사민당-아키브의 유고를 복사한 것은, 그들 두 사람의 문서로 된 유산이 거의 한 곳에 집중된 가장 이상적인 시기에 이루어진 체계적인 학술 사업의 하나이기도 했다.

그러나 1933년 나치스의 압수와 훼손을 피해 해외로 소개했던 마르크스-엥겔스의 유고를 포함한 사민당-아키브는, 10여 년의 망명 기간 중에 매각되고 산실되어 종전 후에는 결코 베를린으로 다시 귀환하지 못했다. 1938년 사민당 망명 지도부에 의해 국제사회사연구소에 매각된 독일의 사민당-아키브는 임박한 전쟁의 위협을 피해 1939년 그 중요 구성 부분을 영국으로 소개하고, 파리에 잔류하던 나머지 문건과 장서는 프랑스 투렌 지방의 암브와즈에 은닉했다. 그런가 하면 모스크바 연구소는 1941년 독일이 소련을 침공하자 가장 먼저 연구소의 방대한 소장 자료를 우랄산맥의 남쪽에 위치한 우파로 소개했다. 종전 후 이들 자료는 모두 원상으로 복귀했으나 마르크스-엥겔스의 문서로 된 유산을 포함한 사민당-아키브의 문서는 베를린이 아닌 네덜란드의 암스테르담으로 그 소재지를 바꾸게 되었고,

소련 측에 수집된 자료들은 전전의 소재지인 모스크바로 복귀했다.

### 마르크스-엥겔스 저작의 출판

마르크스-엥겔스의 문서로 된 유산은 그것을 성물(聖物)로 간주하여 소유 자체에 의미를 부여하는 경우도 없지 않다. 엥겔스로부터 그들의 유고와 장서를 유증받은 독일사민당이 초기에는 이들의 유고를 격리·보관하면서 핵심 당원이나 제한된 연구자에게만 열람케 한 사실이나, 사민당-아키브의 복사를 통해 이미 그 포토코피를 확보한 소련이 1930년대 중반 SOPADE로부터 마르크스-엥겔스의 유고를 매입 혹은 임대하고자 한 것은, 사회주의 종주국으로서의 소련이 성물로서의 유고를 확보하고 있음을 보여주려는 의도에서 출발한 것으로 보인다.

그러나 사상가로서의 마르크스와 엥겔스의 문서로 된 유산은 그것이 체계적으로 출판되었을 때만 그 진가를 발휘한다. 니벨룽의 신화에 기댈 경우, 이들 보물이 용의 보호를 받으며 은닉되어 있다면, 그것은 살아 있는 인간의 접근이 불가능한 사장된 보물에 불과할 뿐인 것이다. 그렇지만 마르크스-엥겔스의 문서로 된 유산은 엥겔스 사후 1890년대 말 마르크스의 딸 엘리노에 의해 영어로 발표된 글들이 출판되고, 20세기의 첫 20년간 메링의 『마르크스-엥겔스 유고집』(1902), 카우츠키의 『잉여가치 학설사』(1905~1910), 베벨과 베른슈타인의 『마르크스-엥겔스 왕복서간집』(1913), 리야자노프의 『마르크스-엥겔스 저작집 1852~1862』(1917)이 출판되었다. 그러나 20세기 초반 마르크스와 엥겔스의 유고를 근거로 한 이들 출판물은 그 불완전하고 비체계적인 편찬으로 말미암아 당대에 이미 많은 논쟁과 불화를 일으키고, 편자를 포함한 관련자들이 갖가지 불행한 사태를 겪

기도 했다.[5]

　마르크스-엥겔스의 문서로 된 유산이 본격적으로 체계화되어 출판되기 시작한 것은, 리야자노프가 설립한 모스크바의 마르크스-엥겔스 연구소에 의한 역사적-비판적 전집MEGA이 그 효시이다. 1910년 오스트리아-마르크스주의자들이 제안한 "빈의 마르크스-엥겔스 전집 계획"에 참여한 바 있는 리야자노프는, 당초 연구소의 당면과제로서 러시아어판 저작집을 출판하고자 했다. 그러나 이를 준비하는 과정에서 너무나도 새롭고 방대한 자료에 직면하자, 이를 러시아어판 저작집과 병행하여 원어로 된 "역사적-비판적" 전집MEGA¹(1927~1935)을 출판하기로 했던 것이다. 그러나 1930년 이래 스탈린 치하에서 리야자노프를 비롯한 수많은 편집자들이 정치적 이유로 숙청되면서, 이 최초의 전집은 1935년에 미완성인 채 중단되었다.

　제2차 세계대전이 끝난 뒤, 마르크스-엥겔스의 유고를 포함한 그들의 문서로 된 유산은 격화된 동서 냉전기에 그들의 이론을 교조화한 마르크스-레닌주의자들에 의해 집중적으로 출판되었다. 특히 전후 세계의 재편 과정에서 공산주의의 종주국이요 코민테른의 지도국인 소련은 그들 이데올로기의 정식화와 확장을 위해 일차적으로 제1러시아어판 전집을 대신하는 새로운 저작집 Sočinenija²(1954~1974)을 출판하고, 그들의 영향권 아래 있는 동독의 지배 정당으로 하여금 이에 근거한 독일어 저작집 MEW(1956~1967)을 출판하게 한다.

　그러나 제2 소치네니야나 그것에 근거한 MEW의 왜곡과 불완전함에 불만을 가진 소련과 동독의 저작집 편찬자와 연구자들은, 1920년대에 시작하여 미완성으로 끝난 "역사적-비판적" 전집인 구MEGA

---

5) Kautsky, 앞의 글, S. 454~57.

의 전통에 따른 새로운 MEGA의 편집을 기획하게 된다. 그들은 마르크스-엥겔스의 저작집이나 전집을 이데올로기적 선전·선동의 수단으로 간주하는 공산당 간부들의 편견과 정치적 리얼리즘을 객관적인 상황이 허용하는 한계 내에서 피해가며, 1975년 이래 신MEGA를 출판하게 된다. 특히 그들은 1920년대 이래 마르크스-엥겔스 연구소와 그 전통을 잇는 모스크바의 연구소가 정력적으로 수집한 그들 두 사람의 유고, 저작, 문건 등 문서로 된 유산을 근거로 이를 모두 포괄하는 완전성Vollständigkeit과 더불어 그것들이 쓰인 원래의 언어로 재현Originaltreu하려고 노력했다. 이 경우 그들이 채택한 전집의 편찬 방법은 구MEGA와는 차원을 달리하는, 이른바 최근의 독일학Germanistik에서 개발된 문헌학과 편찬학적 지식에 근거한 것이었다. 신MEGA에 게재된 텍스트는 아파라트에 게재된 이문명세(異文明細)의 도움을 받아 저작의 발전 과정을 보여주는 최초 텍스트의 초안에서부터 결정본Fassung letzter Hand에 이르는 전체상을 조망할 수 있게 하고, 저작과 관련된 모든 정보와 포괄적 주석을 덧붙이게 했던 것이다.

한편 정치적 상황이나 재정적 형편으로 이처럼 방대한 전집 출판 사업을 선도하거나 참여할 수 없는 서방의 연구소들은, 무임 승차자free rider로서 소련과 동독 마르크스-레닌주의 연구소의 MEGA 출판 사업을 지켜볼 수밖에 없는 입장이었다. 이러한 사정은 특히 마르크스-엥겔스의 중심적인 유고를 포함한 그들의 문서로 된 유산 3분의 2를 확보하고 있는 암스테르담의 국제사회사연구소조차도, 필요한 경우 오리지널의 열람을 허용하는 범위에서 소련과 동독의 마르크스-레닌주의 연구소의 MEGA 출판 사업을 지켜보는 것이 고작이었다.

그러나 앞에서도 살펴본 바와 같이 1989년 베를린 장벽의 붕괴와 동구 "현존사회주의"의 몰락으로 그때까지 소련과 동독의 마르크스-레닌주의 연구소가 주관하던 신MEGA 출판 사업이 구MEGA의 그것처럼 하나의 토르소로 방치될 개연성이 분명해졌다. 바로 이러한 시점에서 그때까지 방관자로서, 또는 무임승차자로서 MEGA를 이용하고, 이의 출판 경과를 유심히 지켜보던 서방의 관심 있는 학자와 지식인들은 이 사업의 중단을 그냥 방관만 할 수 없는 입장에 이르게 되었다. 그리하여 1990년 암스테르담의 국제사회사연구소와 동독 및 구소련의 IML, 그리고 서독 에베르트 재단의 칼-마르크스-하우스KMH-Trier가 4개 구성기관이 되어 탈정치화, 학술화, 국제화를 표방한 새로운 차원의 MEGA 사업을 시작하기로 한 것이 국제 마르크스-엥겔스 재단IMES의 출발이다.

MEGA의 발행권을 이양받은 IMES는 1992년 이래 탈정치화, 학술화, 국제화를 구체화할 신MEGA의 편집 기준과 거기에 준하는 새로운 MEGA의 프로스펙트를 마련하고, 이에 근거한 최초의 신MEGA 속권(續卷)을 1998년부터 발간하기 시작한다. 출범 이래 암스테르담에 사무국을 둔 IMES는 무엇보다 먼저 1989년 이전에 소련과 동독의 IML에 소속되었던 MEGA 편집자들의 경험과 기술을 활용하기 위해 그들을 재정적으로 지원하는 데 주안점을 두었다. 그러나 시간이 경과하면서 IMES의 직접적 재정 지원은 모스크바의 편찬자들에게 집중되고 구동독 지역의 편집자들은 MEGA 사업 자체가 통일독일의 아카데미 프로젝트로 편입됨으로써 조직상의 안정성을 획득하게 되었다.[6)]

그런데 이 과정에서 우리가 주목하는 것은 1993년 베를린 지역에

---

6) 그러나 독일의 아카데미 프로젝트Akademievorhaben로서의 MEGA 사업은 2015년까지로 한정되어 있다.

베를린-브란덴부르크 과학아카데미BBAW가 설립되면서 BBAW가 구 동독의 과학아카데미AdW def DDR를 대신하여 IMES의 4개 구성기관의 하나가 되고, 특히 2000년 9월부터는 IMES의 이사장으로 IISG의 클로스터만Jaap Kloosterman을 대신하여 BBAW의 뮝클러Herfried Münkler가, 사무국장에는 IISG의 로얀을 대신하여 노이하우스Manfred Neuhaus로 바뀜으로써 사무국 역시 이전의 암스테르담에서 베를린으로 이전되었다는 점이다.[7] 이는 2000년까지 IMES의 중심으로 활동하던 암스테르담의 IISG가 MEGA 출판 사업의 중심에서 소원해지고 있음을 의미한다. 나아가 트리어의 칼-마르크스-하우스는 그들이 기왕에 편집을 맡았던 MEGA 3개 권(I/4, 5, 6)의 편찬을 IMES에 반납하고 IMES의 구성기관으로서의 기능 자체를 KMH의 모기관인 에베르트 재단으로 변경했다. 따라서 현재의 MEGA 사업은 일본을 비롯한 소규모의 작업 그룹을 제외한다면 결과적으로 베를린과 모스크바에 집중되고, 특히 사무국이 위치한 베를린 BBAW의 MEGA 편집위원회에 의해 주도되고 있는 셈이다.[8]

BBAW의 MEGA 프로젝트는 원래 7명의 구성원이 수 권의 MEGA 편집에 참여하도록 되어 있었다. 그러나 2000년 9월 이후의 BBAW의 MEGA 편집위원회는 IMES 사무국의 기능은 물론이요, 소규모의 편집 그룹이 국제적으로 확대됨에 따라 네이티브 스피커로서 독일 이외의 해외의 MEGA 작업 그룹이 작성한 원고의 윤문과 최종적 교

---

7) 1990년 이래 암스테르담의 IISG에 소재했던 IMES 사무국은 동구의 공산권 붕괴 이후 MEGA의 속간을 위해 중추적인 기능을 수행했다. IMES 발족 이후 10년간 암스테르담 IMES의 사무국장을 역임한 로얀은 자신의 직무가 그의 고유한 연구 시간을 소진시킨다고 자주 언급한 바 있다. 그러나 이 말을 듣는 저자로서는 MEGA의 속간이 그의 고유한 연구에 못지않게 중요하다는 점을 들어 그를 위로하곤 했다.
8) 大谷禎之介, 「日本におけるMEGA編集の現狀と課題」, 『マルクス・エンゲルス・マルクス主義研究』, 35호, 2001.4, p. 78.

정까지 수행해야 하는 엄청난 작업상의 부담을 안게 되었다.[9] 따라서 베를린의 편집위원회는 어떠한 형식으로든 그 구성원의 확대가 필수적이나 BBAW 내의 다른 프로젝트와의 균형 때문에 그것이 쉽지 않은 것으로 보인다. 그럼에도 불구하고 베를린 MEGA 프로젝트팀의 작업은 오늘날 MEGA의 완간을 위해 가장 중요한 지렛대의 역할을 수행한다고 하겠다.

베를린은 나치스가 집권하기 이전만 하더라도 마르크스와 엥겔스의 문서로 된 유산이 집중된 독일의 사민당-아키브가 소재했던 곳이다. 따라서 베를린은 마르크스, 엥겔스와 독일 및 국제노동운동의 세계적인 연구센터로서의 기능을 수행해야 할 개연성이 가장 높았던 곳이었다. 그러나 독일사민당은 1920년대에 마르크스-엥겔스 저작의 출판에 있어서 그들의 "역사적-비판적" 전집MEGA을 기획한 모스크바의 마르크스-엥겔스 연구소에 기선을 빼앗기고, 1930년대 말에는 마르크스-엥겔스의 유고를 포함한 사민당-아키브마저도 암스테르담의 국제사회사연구소에 매각하였다. 따라서 전후의 독일, 특히 베를린에는 마르크스와 엥겔스, 그리고 국제노동운동의 연구를 위한 원자료와 인력은 오유(烏有)와 다름이 없었다. 따라서 이러한 주제의 연구를 위해서는 모스크바와 암스테르담이 베를린을 대체한 것은 당연한 일이다.

종전 후 [동]베를린은 역설적이게도 모스크바의 마르크스-레닌주의 연구소IML를 통해 마르크스-엥겔스 저작집MEW의 편집과 출판에 참여하게 된다. 그리고 MEW의 편집·출판 과정에서 획득한 노하우와 근소한 자료를 바탕으로 모스크바의 IML과 신MEGA의 기

---

9) 같은 곳.

획·출판에 임하게 된다. 이 과정에서 베를린의 IML은 처음에는 열등한 파트너로 참여했으나, 신MEGA 사업 자체를 동독의 정체성 DDR-Identität과 연계시키는 사회주의통일당SED 지도부의 적극적 후원과 연구원의 자질 향상을 통해 대등한 파트너로 성장하고, 1980년대 말에는 실질적으로 모스크바를 능가하는 MEGA의 편찬 실적을 보였던 것이다.

물론 베를린의 IML을 중심으로 한 MEGA의 편집은 베를린 장벽의 붕괴로 일단 침체기로 들어갔으나 1993년 이래 BBAW에 둥지를 튼 독일의 MEGA 편집위원회는 2000년 이후 IMES 사무국의 베를린 이전으로 MEGA의 편집·출판에 있어서 실질적 중심으로 자리잡게 되었다. 따라서 우리는 종전 이후 연구 자료나 인력 면에서 거의 무에서 출발한 분단 독일의 마르크스-엥겔스 저작의 연구와 편찬 사업이, 동독 시절의 보호된 성장기를 거쳐 통일 이후의 21세기에는 어떻게 전개될 것인가에 자못 기대를 걸게 된다.

신MEGA는 2007년 현재 전체 예정 권수의 절반이 출판되었다. 그리고 총 15권 24책의 제II부는 2~3년 내에 완간될 것으로 기대된다. 따라서 우리는 신MEGA가 IMES가 예정하고 있는 2020년까지 완간되어 마르크스-엥겔스의 문서로 된 유산들이 더 이상 니벨하임의 동굴이나 라인의 하상(河床)에 사장된 보물이 아니라, 잘 단련된 보검이나 저주가 풀린 반지로서 재현될 것을 기대한다. 베를린의 MEGA 편집위원회는 바로 이 같은 대장간의 중심에 위치해 있으며, 그들이 추구하는 MEGA의 완성은 마르크스-엥겔스의 유고가 불행과 불화의 원천이라는 주문(呪文)을 푸는 열쇠가 될 것이다.

**참고문헌**

김학준, 『러시아 혁명사』(수정/증보판), 문학과지성사, 서울 1999.
정문길, 「국제사회사연구소와 소장 콜렉션 — 마르크스-엥겔스 아키브와 네틀라우 콜렉션」, 『한국정치학회보』 제20권 1호, 1986. 정문길, 『에피고넨의 시대: 청년헤겔파와 칼 마르크스』, 문학과지성사, 서울 1987, pp. 267~94.
———, 「마르크스, 『경제학·철학 초고』의 텍스트 비판 — 집필 순서와 일부 문제에 대한 최근의 논쟁을 중심으로」, 『에피고넨의 시대: 청년헤겔파와 칼 마르크스』, pp. 191~266.
———, 「마르크스 아닌 포이어바흐: '슈트라우스와 포이어바흐의 중재자로서의 루터'의 필자를 둘러싼 최근의 논쟁과 그 귀결」(1988), 정문길, 『마르크스의 사상 형성과 초기 저작: "독일 이데올로기"와 "마르크스-엥겔스 전집" 연구』, 문학과지성사, 서울 1994, pp. 48~67.
———, 「편찬사를 통해서 본 『독일 이데올로기』」, 『문학과사회』 11호(1990년 가을), 정문길, 『마르크스의 사상 형성과 초기 저작』, pp. 71~126.
———, 「미완의 꿈 — 『마르크스-엥겔스 전집』 출판」, 『문학과사회』 14, 15호(1991년 여름, 가을). 정문길, 『마르크스의 사상 형성과 초기 저작』, pp. 323~420.
———, 「전환기의 풍경 — 공산권 붕괴 이후의 『마르크스-엥겔스 전집』 속간 사업」, 『문학과사회』 18호(1992년 여름). 정문길, 『마르크스의 사상 형성과 초기 저작』, pp. 421~56.
———, 「연구노트 — 서울, 보훔, 암스테르담, 그리고 센다이」, 『사회비평』 제10호(1993). 정문길, 『마르크스의 사상 형성과 초기 저작』, pp. 469~509.
———, 「『독일 이데올로기』 연구에 있어서 텍스트 편찬의 문제」, 『문학과사회』 33호(1996년 봄). 정문길, 『한국 마르크스학의 지평: 마르크스-엥겔스 텍스트의 편

찬과 연구』, 문학과지성사, 서울 2004, pp. 63~102.

─── , 「마르크스-엥겔스의 장서에 쓰인 난외방주의 의의와 출판 문제─마르크스-엥겔스 전집, 제Ⅳ부/32권(선행판)의 발간에 즈음하여」, 『현상과인식』제27권 1/2호, 통권 89호(2003년 봄/여름호), pp. 143~59. 정문길, 『한국 마르크스학의 지평』, pp. 155~76.

정문길, 『소외론 연구』, 문학과 지성사, 서울 1978.

─── , 『에피고넨의 시대: 청년헤겔파와 칼 마르크스』, 문학과지성사, 서울 1987.

─── , 『마르크스의 사상 형성과 초기 저작─"독일 이데올로기"와 "마르크스-엥겔스 전집" 연구』, 문학과지성사, 서울 1994.

─── , 『한국 마르크스학의 지평: 마르크스-엥겔스 텍스트의 편찬과 연구』, 문학과지성사, 서울 2004.

大谷禎之介, 「新メガの編集方針をめぐつて」, 『〔シソポジウム〕これまでのメガとこれからのメガ─マルクス-エンゲルス全集(メガ)の編集・刊行方針をめぐつて(補足資料集, 改訂版)』, 經濟理論學會關東部會/メガ支援日本委員會(1992. 2), pp. 1~4.

─── , 「日本におけるMEGA編集の現狀と課題」, 『マルクス・エンゲルス・マルクス主義研究』, 35(2001. 1), pp. 71~85.

大村泉, 「Prof. Dr. Hannes Skambraksを圍む研究會・メガ支援にかんする意見交流會について」, 『マルクス・エンゲルス・マルクス主義研究』第10호(1990. 6), pp. 14~18.

─── , 「MEGAをとりまく最近の狀況と課題」, 『マルクス・エンゲルス・マルクス主義研究』 제18호(1993. 9), pp. 1~19.

─── 等, 「日本人研究者によるMEGA²編集」, 『研究年報:經濟學』(東北大學), 64/4(2003), pp. 99~135.

大村泉/窪俊一/V.フォミチョフ/R.ヘッカー 編集, 『ポートレートで讀むマルクス─寫眞帖と告白錄にみるカール・マルクスとその家族』(日本語版), 極東書店, 東京 2005.

─── , /宮川彰 編, 『マルクス/エンゲルス著作邦譯史集成』(八朔社, 東京 1999).

佐藤金三郎, 『マルクス遺稿物語』, 岩波書店, 東京 1989.

服部文男, 「二つの邦譯『マルクス=エンゲルス全集』の廣告競爭」, 『マルクス・エンゲルス・マルクス主義研究』제18호(1993. 9), pp. 90~94.

マルテイン・フント, 「『メガ』事業の現狀と今後の課題」, 『マルクス・エンゲルス・マルクス主義研究』제12호(1991. 2), pp. 12~20.

─── , 「マルクス-エンゲルス研究の回顧と展望. 『メガ』編集の若干の問題」, 『マルクス・エンゲルス・マルクス主義研究』(マルクス-エンゲルス研究者の會), 제12호(1991. 2), pp. 2~11.

宮川彰,「メガをめぐるベルリン・モスクワの最新動向」,『マルクス・エンゲルス・マルクス主義研究』제15호(1992. 6), pp. 1~8.

Adoratskij, Vladimir Viktorovidč, "Bericht von Vladimir Viktorovič Adoratskij über das Lenin-Institut und das Marx-Engels-Institut an das Plenum des EKKI vom 1. April 1831(Quelle: RGA, f. 71, op. 3, d. 41): Mitteilungen über das Lenin-Institut und das Marx und Engels-Institut," *Beiträge zur Marx-Engels-Forschung*, Neue Folge, Sonderband 3, *Stalinismus und das Ende der ersten Marx-Engels-Gesamtausgabe(1931~1941)*, Argument Verlag, 2001, S. 107~19.

Bahne, Siegfried, "Zur Geschichte der ersten Marx-Engels-Gesamtausgabe," *Arbeiterbewegung und Geschichte. Festschrift für Shlomo Na'aman zum 70. Geburtstag*, hrsg. von Hans-Peter Harstick, Arno Herzig und Hans Pelger, Trier 1983, S. 146~65.

*Beiträge zur Marx-Engels-Forschung*, Neue Folge, Sonderband 1, *David Borisovic Rjazanov und die erste MEGA*, Argument Verlag, Berlin-Hamburg 1997.

*Beiträge zur Marx-Engels-Forschung*, Neue Folge, Sonderband 2, *Erfolgreiche Kooperation: Das Frankfurter Institut für Sozialforschung und das Moskauer Marx-Engels-Institut(1924~1928)*, Argument Verlag, Berlin-Hamburg 2000.

*Beiträge zur Marx-Engels-Forschung*, Neue Folge, Sonderband 3, *Stalainismus und das Ende der ersten Marx-Engels-Gesamtausgabe(1931~1941)*, Argument Verlag, Berlin-Hamburg 2001.

*Beiträge zur Marx-Engels-Forschung*, Neue Folge, Sonderband 5, *Marx-Engels-Werkausgaben in der UdSSR und DDR(1945~1968)*, Argument Verlag, Hamburg 2006.

Benser, Günter, "Als das Tor aufgestoßen wurde. Vorleistungen und Schranken für die Marx-Engels-Edition der Nachkriegsjahre," *Beiträge zur Marx-Engels-Forschung*, Neue Folge, Sonderband 5, 2006, S. 57~82.

Blumenberg, Werner, *Karl Marx. In Selbstzeugnissen und Bilddokumenten*, Rowohlt Taschenbuch Verlag GmbH, Reinbeck bei Hamburg 1962.

Brecht, Arnold, *Prelude to Silence: The End of the German Republic*, Oxford University Press, New York 1944.

Bungert, Gerhard und Marlene Grund, Hrsg., *Karl Marx, Lenchen Demuth und die Saar*, Queißer Verlag, Dillingen/Saar 1983.

Bungert, Mario, *"Zu retten, was sonst unwiederbringlich verloren geht": Die Archiv der deutschen Sozialdemokratie und ihre Geschichte*, Friedrich-

Ebert-Stiftung, Bonn 2002.

Bürgi, Markus, "Friedrich Engels' Aufenthalt in der Schweiz 1893," *Marx-Engels-Jahrbuch* 2004, S. 176~204.

Carr, E. H., *The Bolshevik Revolution, 1917~1923*, Vol. 1, The MacMillan Press, Ltd., London 1950.

Chung, Moon-Gil, "Marginalien und CD-ROM: Zur Veröffentlichung des Verzeichnisses der Bibliotheken von Marx und Engels in der Vorabpublikation zum Band IV/32 der MEGA²," *Beiträge zur Marx-Engels-Forschung*, Neue Folge 2004, S. 240~54.

─────, *Die deutsche Ideologie und MEGA-Arbeit*, Moonji Publishing Co., Ltd., Seoul 2007.

Craig, Gordon A., *Germany, 1866~1945*, Oxford University Press, New York 1980.

Czóbel, Ersnst, "Stand und Perspektiven der Herausgabe der MEGA(März/April 1931)," *Beiträge zur Marx-Engels-Forschung*, Neue Folge, Sonderband 1, S. 132~14.

─────, "Allgemeine Plan der MEGA(1931)," *Beiträge zur Marx-Engels-Forschung*, Neue Folge, Sonderband 3, S. 270~71.

Dalmas, Martine/Rolf Hecker, "Marx-Dokumente aus dem Longuet-Nachlass in Moskau," *Beiträge zur Marx-Engels-Forschung*, Neue Folge, Sonderband 5, 2006, S. 171~204.

Deutscher, Isaac, "The Moscow Trial," Isaac Deutscher, *Marxism, Wars and Revolutions. Essays from Four Decades*, edited and introduced by Tamara Deutscher with a preface by Perry Anderson, Verso, London 1984, pp. 3~17.

Dlubek, Rolf, "Frühe Initiativen zur Vorbereitung einer neuen MEGA(1955~1958)," *Beiträge zur Marx-Engels-Forschung*, Neue Folge 1992, S. 43~52.

─────, "Tatsachen und Dokumente aus einem unbekannten Abschnitt der Vorgeschichte der MEGA²(1961~1965)," *Beiträge zur Marx-Engels-Forschung*, Neue Folge 1993, S. 41~63.

─────, "Die Entstehung der zweiten MEGA im Spannungsfeld von legitimatorischem Auftrag und editorischer Sorgfalt," *MEGA-Studien*, 1994/1, S. 60~106.

─────, "Auf dem Weg zur MEGA². Die internationale Zusammenarbeit zum 100.

Gründungstag der Internationalen Arbeiterassoziation(1964)," *Beiträge zur Marx-Engels-Forschung*, Neue Folge, Sonderband 5, 2006, S. 429~62.

Dülffe, Jost, "Deutschland als Kaiserreich(1871~1918)," *Deutsche Geschichte. Von den Anfängen bis zur Wiedervereinigung*, hrsg. von Martin Vogt, Zweite Aufl., J. B. Metzlersche Verlagsbuchhandlung, Stuttgart 1991. S. 469~567.

Dvorkina, Maja Davydovna, "Zum Erwerb der Bibliotheken von Mauthner, Pappenheim und Grünberg durch Rjazanov," *David Borisovič Rjazanov und die erste MEGA(Beiträge zur Marx-Engels-Forschung*, Neue Folge, Sonderband 1, 1997), S. 42~45.

Engels, Friedrich, *Friedrich Engels. Schriften der Frühzeit, Aufsätze, Korrespondenzen, Briefe, Dichtungen aus dem Jahre 1838~1844 nebst einigen Karikaturen und einem unbekannten Jugendbildnis des Verfassers*, Springer, Berlin 1920. Ergänzungsband zum G. Mayer, *Friedrich Engels. Eine Biographie*, Erster Band: *Friedrich Engels in seiner Frühzeit*, 1820~1851.

Fetscher, Iring, "*Karl Marx, Friedrich Engels: Studienausgabe*. Überlegungen, die zur Zusammensetzung der Texte zur Studienausgabe in vier Bänden," *Beiträge zur Marx-Engels-Forschung*, Neue Folge, Sonderband, 5, 2006, S. 463~69.

Gemkow, Heinrich, "Vergessen wir die Alten nicht! Pioniere der ostdeutschen Marx-Engels-Edition," *Beiträge zur Marx-Engels-Forschung*, Neue Folge, Sonderband 5, 2006, S. 271~82.

Grandjonc, Jacques und Jürgen Rojahn, "Der revidierte Plan der Marx-Engels-Gesamtausgabe," *MEGA-Studien*, 1995/2, S. 62~89.

Harstick, Hans-Peter, "Zum Schicksal der Marxchen Privatbibliothek," *International Review of Social History*, XVIII, 1973, S. 202~22.

Hayasaka, Keizo, " Oscar Eisengarten—Eine Lebensskizze. Sein Beitrag zur Redaktionen von Band II des Kapitals," *Beitäge zur Marx-Engels-Forschung*, Neue Folge 2001, S. 83~110.

Hecker, Rolf, "Hans Stein—Wissenschaftlicher Mitarbeiter und Korrespondent des Moskauer Marx-Engels-Instituts(1925~1929)," Teil I: "Zur Mitarbeit an der MEGA[1]," *Beiträge zur Marx-Engels-Forschung*, Neue Folge 1993, S. 17~40; Teil II: "Die Entdeckung von unbekannten Marx-Dokumenten,"

　　　　 *Beiträge zur Marx-Engels-Forschung*, Neue Folge 1994, S. 150~73.

――, Hrsg., "Aus dem Briefwechsel Nikolaevskijs mit dem Moskauer Marx-Engels-Institut(1924/26)," *Beiträge zur Marx-Engels-Forschung*, Neue Folge, Sonderband 1, 1997, S. 55~73.

――, "Erfolgreiche Kooperation: Das Frankfurter Institut für Sozialforschung und das Moskauer Marx-Engels-Institut(1924~1928)," *Beiträge zur Marx-Engels-Forschung*, Neue Folge, Sonderband 2, Argument Verlag, Berlin-Hamburg 2000, S. 7~121.

――, "Ein 'wackerer Kampfgenosse' —Ferdinand Domela Nieuwenhuis. Marx' Marginalien in *Kapitaal en Arbeid*," *Beiträge zur Marx-Engels-Forschung*, Neue Folge 2001, S. 251~62.

――, "Fortsetzung und Ende der ersten MEGA zwischen Nationalsozialismus und Stalinismus(1931~1942)," *Beiträge zur Marx-Engels-Forschug*, Neue Folge, Sonderband 3, 2001, S. 181~269.

――, "Die Verhandlungen über den Marx-Engels-Nachlaß 1935~36. Bisher unbekannte Dokumente aus Moskauer Archiven," *MEGA-Studien*, 1995/2, S. 3~25.

――, "Die Herausgabe von Marx/Engels-Schriften zwischen erster MEGA und MEW(1945~1953)," *Beiträge zur Marx-Engels-Forschung*, Neue Folge, Sonderband 5, 2006, S. 13~55.

Hedeler, Wladislaw, "'Auf Kampfposten' —Rjazanov und Bucharin," *Beiträge zur Marx-Engels-Forschung*, Neue Folge, Sonderband 1, S. 193~207.

――, "Zwischen Wissenschaft und Stalinschen Machtanspruch: Schicksal der Mitarbeiter des Marx-Engels-Lenin-Instituts(1931 bis 1938)," *Beiträge zur Marx-Engels-Forschung*, Neue Folge, Sonderband 3, *Stalinismus und das Ende der ersten Marx-Engels-Gesamtausgabe(1931~1941)*, Argument Verlag, 2001, S. 121~79.

――, Rolf Hecker und Bernd Florath, "Vladimir Viktorvič Adoratskij—Leben und Werk. 7. (19.) August 1878~5. Juni 1945," *Beiträge zur Marx-Engels-Forschung*, Neue Folge, Sonderband 3, S. 312~28.

Henrich, Dieter, "Die Marx-Engels-Gesamtausgabe in der Akademienforschung," *Akademie-Journal. Mitteilungsblatt der Konferenz der deutschen Akademien der Wissenschaften*, 2/[19]93.

Hirsch, Helmut, *Friedrich Engels in Selbstzeugnis und Bilddokumenten*, Rowohlt,

Hamburg 1968.

Hubmann, Gerald, "Marx/Engels, *Ausgewählte Werke, CD-ROM*, hrsg. von Mathias Bertram, Digitale Bibliothek 11(Berlin: Directmedia Publishing, 1998)," (Rezension), *MEGA-Studien*, 1999, S. 147~50.

Hundt, Martin, "Gedanken zur bisherigen Geschichte der MEGA," *Beiträge zur Marx-Engels-Forschung*, Neue Folge 1992, S. 56~66.

―――, "Einige Besondertheiten der Entwicklung des Begriffs 'Marxsches Werk'," *Beiträge zur Marx-Engels-Forschung*, Neue Folge 1993, S. 64~68.

Institut für Marxismus-Leninismus beim ZK der SED, Hrsg., *Mohr und General. Erinnerungen an Marx und Engels*, Dietz Verlag, Berlin 1964.

―――, Hrsg., *Ex Libris. Karl Marx und Friedrich Engels. Schicksal und Verzeichnis einer Bibliothek*, Einleitung und Redaktion: Bruno Kaiser, Katalog und wissenschaftlicher Apparat: Inge Werchan, Dietz Verlag, Berlin 1967.

Internationale Marx-Engels-Stiftung, Hrsg., *Editionsrichtlinien der MEGA*, Dietz Verlag, Berlin 1993.

―――, "Bericht über die Tätigkeit des Sekretariats der IMES in den Jahren 1990~1999."

Kaiser, Bruno, "Unbekannte Dokumente von Marx und Engels. Neuentdeckungen zum Leben und Werk der Begründer des wissenschaftlichen Sozialismus (1952)," *Beiträge zur Marx-Engels-Forschung*, Neue Folge, Sonderband 5, 2006, S. 259~62.

Kautsky, Karl, "Engels' Nachlass," *Friedrich Engels' Briefwechsel mit Karl Kautsky*, Zweite, durch die Briefe Karl Kautskys vollständigte Ausgabe von "Aus der Frühzeit des Marxismus," Herausgaben und bearbeitet von Benedikt Kautsky, Danubia-Verlag, Universitätsbuchhandlung Wilhelm Braumüller & Sohn, Wien 1955, S. 445~57.

Kotova, Swetlana Michailovna und Lev Nikolaevič Vladimirov, "Die Gründung des Marx-Engels-Museums in Moskau durch Rjazanov," *David Borisovič Rjazanov und die erste MEGA, Beiträge zur Marx-Engels-Forschung*, Neue Folge, Sonderband 1, 1997, S. 28~32.

Krylov, Vjačeslav Viktorovič, "D. B. Rjazanov und B. I. Nikolaevskij," *Beiträge zur Marx-Engels-Forschung*, Neue Folge, Sonderband 1, Argument Verlag, Berlin-Hamburg 1997, S. 50~54.

Külow, Volker und André Jaroslawski, Hrsg., *David Rjasanow: Marx-Engels-*

*Forscher, Humanist, Dissident*, Dietz Verlag, Berlin 1993.

Kundel, Erich und Alexander Malysch, "Der Beitrag der Marx-Engels-Gesamtausgabe (MEGA) zur Entwicklung der Marx-Engels-Forschung," *Marx-Engels-Jahrbuch*, 7, 1984, S. 171~200.

Langkau, Götz, "Marx-Gesamtausgabe—Dringendes Parteiinteresse oder dekorativer Zweck? Ein Wiener Editionsplan zum 30. Todestag. Briefe und Briefauszüge," *International Review of Social History*, XXVIII/1, 1983, S. 105~42.

Leonhard, Wolfgang, "November 1945: Das Schulungsheft über Friedrich Engels," *Beiträge zur Marx-Engels-Forschung*, Neue Folge, Sonderband 5, 2006, S. 83~94.

L'vova, Lija Ivanovna, "Rjazanov und die Bibliothek des Marx-Engels-Instituts," *David Borisovič Rjazanov und die erste MEGA(Beiträge zur Marx-Engels-Forschung*, Neue Folge, Sonderband 1, 1997), S. 36~41.

Malysch, A. I., "Die Herausgabe der Werke von Marx und Engels in der UdSSR während der zwanziger Jahre und zu Beginn der dreißiger Jahre," *Beiträge zur Geschichte der Deutschen Arbeiterbewegung(BZG)*, 8. Jg., H. 1, 1966, S. 117~24.

Marx, Karl, *Gesammelte Aufsätze von Karl Marx*, hrsg. von Hermann Becker. 1. Heft(Im Selbstverlage des Heausgebers, Köln 1851/Reprinted Carl Slienger, London 1976 as Volume 1 of History of Marxism Series), 80 S.

―――, *Theorien über den Mehrwert*, hrsg. von Karl Kautsky. 3Bände in 4Teilen (J. H. W. Dietz Nachf. GmbH., Stuttgart 1905~1910).

―――, *Grundrisse der Kritik der politischen Ökonomie(Rohentwurf)*, 1857~1858, hrsg. von Marx-Engels-Lenin Institut, 2. Bde., Verlag für fremdsprachliche Literatur, Moskau 1939, 1941.

―――, *Werke, Schriften, Briefe*, hrsg. von Hans-Joachim Lieber, 7 Bde.(Cotta Verlag, Stuttgart 1960~1971)[Karl Marx: *Werke, Schriften in sechs Bänden*(Band III in zwei Teilbänden), hrsg. von Hans-Joachim Lieber(u. Peter Furth), (Cotta-Verlag, Stuttgart 1971)].

Marx, Karl /Friedrich Engels, *Der Briefwechsel zwischen Friedrich Engels und Karl Marx, 1844~1883*, hrsg. von August Bebel und Eduard Bernstein, 4Bände(J. H. W. Dietz Nachf. GmbH, Stuttgart 1913).

―――, *Gesammelte Schriften von K. Marx und F. Engels: 1852~1862*, hrsg. von D. Rjasanoff. Die Übersetzung aus dem Englischen von L. Kautsky,

2Bände(J. H. W. Dietz Nachf. GmbH., Stuttgart 1917).

——, *Marx/Engels, Historisch-kritische Gesamtausgabe. Werke/Schriften/Briefe*, Im Auftrag des Marx-Engels-Instituts, Moskau. Herausgegeben von D. Rjazanov, 1927~1935[MEGA¹].

——, *Marx/Engels, Werke*, Dietz Verlag, Berlin 1956~1983[MEW]

——, *Marx/Engels, Gesamtausgabe(MEGA), Probeband, Editionsgrundsätze und Probestücke*, Dietz Verlag, Berlin 1972.

——, *Marx/Engels, Gesamtausgabe(MEGA), Vierte Abteilung. Probeheft: Karl Marx/Friedrich Engels, Marginalien. Probestücke. Text und Apparat*, Redaktion: Richard Sperl(Leitung), Georgi Bagaturija, Boris Rudjak, Nelly Rumjanzewa, Arthur Schnickmann und Günter Wisotzki, Dietz Verlag, Berlin 1983.

——, *Marx/Engels, Gesamtausgabe(MEGA)*. Herausgegeben vom Institut für Marxismus-Leninismus beim Zentralkomitee der Kommunistischen Partei der Sowjetunion und vom Institut für Marxismus-Leninismus beim Zentralkomitee der Sozialistischen Einheitspartei Deutschlands, Dietz Verlag, Berlin 1975~1990 und Herausgegeben von der Internationalen Marx-Engels-Stiftung, Amsterdam, Dietz Verlag, Berlin 1975~1992/Akademie Verlag, Berlin 1998~[MEGA²].

——, *Marx/Engels, Studienausgabe*, hrsg. von Iring Fetscher, 4 Bde., Fischer Taschenbuch Verlag, Frankfurt/M. 1988.

——, und Ferdinand Lassale, *Aus dem Literarischen Nachlaß von Karl Marx, Friedrich Engels und Ferdinand Lassalle*, hrsg. von Franz Mehring, 4Bände, J. H. W. Dietz Nachf. GmbH., Stuttgart 1902.

——, und Joseph Weydemeyer. "DIE DEUTSCHE IDEOLOGIE: Artikel, Druckvorlage, Entwürfe," Reinschriftenfragmente und Notizen zu *I. Feuerbach und II. Sankt Bruno. Marx-Engels-Jahrbuch* 2003, Akademie Verlag, Berlin 2004.

Marx-Engels-Institut, Hrsg., "Das Marx-Engels-Institut," *Marx-Engels-Archiv*, Bd. 1, 1926, S. 448~60.

Marx-Engels-Lenin-Institut, *Karl Marx. Chronik seines Lebens in Einzeldaten*, Zusammengestellt vom Marx-Engels-Lenin-Institut Moskau, Marx-Engels-Verlag, Moskau 1934.

Mayer, Gustav, *Friedrich Engels. Eine Biographie*, Erster Band: *Friedrich Engels in seiner Frühzeit. 1820 bis 1851*, Springer, Berlin 1920/2. verbesserte Aufl.

Martinus Nijhoff, The Hague 1934; Zweiter Band: *Engels und der Aufstieg der Arbeiterbewegung in Europa*, Martinus Nijhoff, The Haag 1934.

──. "Die 'Entdeckung' des Manuskripts der 'Deutschen Ideologie'," *Archiv für die Geschichte des Sozialismus und der Arbeiterbewegung*, XII. Jahrgang, 1926, S. 284~87.

──. *Erinnerungen. Vom Journalisten zum Historiker der deutschen Arbeiterbewegung*, Europa Verlag, Zürich/Wien 1949.

Mayer, Paul, "Die Geschichte des sozialdemokratischen Parteiarchivs und das Schicksal des Marx-Engels-Nachlasses," *Archiv für Sozialgeschichte*, VI./VII. Band, 1966/67, S. 5~198.

Mehring, Franz, *Karl Marx. Geschichte seines Lebens*, Verlag der Leipziger Buchdruckrei A.G., Leipzig 1918/ Dietz Verlag, Berlin 1964.

Melis, François, "Redaktionsexemplar der *Neuen Rheinischen Zeitung* gefunden," *MEGA-Studien*, 1977/2, S. 188~90.

──. *Neue Rheinische Zeitung. Organ der Demokratie: Edition unbekannter Nummern, Flugblätter, Druckvarianten und Separatdrucke*, Dortmunder Beiträge zur Zeitungsforschung, Bd. 57, K. G. Sauer, München 2000.

──. "Eine Zeitung geht um in Europa. Das marxsche Exemplar der *Neuen Rheinischen Zeitung*," *Beiträge zur Marx-Engels-Forschung*, Neue Folge 2003, S. 171~75.

──. "Die Geschichte des Marxschen 'Redaktionsexemplars' der *Neuen Rheinischen Zeitung*," *Marx-Engels-Jahrbuch* 2004, S. 79~117.

──. "Auf der Suche nach der SPD-Bibliothek 1945/46. Eine späte Würdigung von Paul Neumann," *Beiträge zur Marx-Engels-Forschung*, Neue Folge, Sonderband 5, 2006, S. 95~140.

Merkel-Melis, Renate, "Zur Editionsgeschichte von Friedrich Engels' Schrift *Die auswärtige Politik des russischen Zarentums*," *Beiträge zur Marx-Engels-Forschung*, Neue Folge, Sonderband 5, 2006, S. 263~69.

Michalka, Wolfgang, "Das Dritte Reich," Martin Vogt, Hrsg., *Deutsche Geschichte*, 2. Aufl., Metzler, Stuttgart 1991, S. 646~727.

Miller, Susanne und Heinrich Potthoff, *Kleine Geschichte der SPD. Darstellung und Dokumentation. 1848~1980*, Verlag Neue Gesellschaft GmbH., Bonn 1981.

Mis'kevič, Larisa Romanovna, "Die zweite russische Marx-Engels-Werkausgabe

(Sočinenija). Ihre Prinzipien und Besonderheiten," *Beiträge zur Marx-Engels-Forschung*, Neue Folge, Sonderband 5, 2005, S. 141～58.

―――. "Zur Überlieferungsgeschichte ökonomischer Manuskripte von Marx in Moskau"(unveröffentl. Ms.).

[Müller, Kurt], *Die systematische Entzifferung von schwerlesbaren Handschriften unter besonderer Berücksichtigung der Handschriften von Karl Marx und Friedrich Engels*, Ausarbeitung von Kurt Müller, I. Teil(Mschr., Berlin 1967), II. Teil(Ergänzung) (Mschr., Berlin 1977). 철저히 연구소 내부용으로 만들어진 이 교본의 제I부는 1997년 일본어로 번역되었다. クルト・ミユラー, "マルクス/エンゲルス手稿の體系的解讀"(小黒正夫譯), 『マルクス・エンゲルス・マルクス主義研究』, 第30號(1997. 4), pp. 30～83.

Niedhart, Gottfried, "Gustav Mayer und Rjazanov," *Beiträge zur Marx-Engels-Forschung*, Neue Folge, Sonderband 1, S. 77～84.

[Nikolaevskij, Boris I.], *Spisok knig biblioteki K. Marksa i F. Ēngel'sa*(Berlin-Brandenburgische Akademie der Wissenschaften. Akademienvorhaben MEGA, MEGA¹-Archiv), Mschr., 1929.

Otani, Teinosuke, "Zur Datierung der Arbeit von Karl Marx am II. und III. Buch des *Kapital*," *International Review of Social History*, XXVIII/1, 1983, S. 91～104.

―――. "Über die gegenwärtigen Aufgaben der Japanischen MEGA-Arbeitsstelle," Discussion Paper, No 42, Internationales MEGA²-Kolloquium, und -Symposium, 21.～26. November 2005.

Rabehl, Bernd, "Über den Marxisten und Marxismusforscher Rjazanov," D. Rjazanov, *Marx und Engels nicht nur für Anfänger*, Berlin, 1973, S. 181～90.

Retzlaff, Bruno, "Tagebuch unserer Moskau-Reise(13. Februar～16. März 1960)," *Beiträge zur Marx-Engels-Forschung*, Neue Folge, Sonderband 5, S. 292～98.

Riazanov, D., [Rjasanoff], "Vorwort des Herausgebers," *Gesammelte Shriften von K. Marx und F. Engels 1852～1862*, hrsg. von N. Rjasanoff, die Übers. aus dem Engl. von L. Kautsky, Bd. 1-2, Stuttgart 1917, Külow und Jaroslawski(1993), S. 54～63.

―――, *Karl Marx and Friedrich Engels*, International Publishers, New York 1927.

―――[Rjasanoff], "Neueste Mitteilungen über den literarischen Nachlaß von Karl Marx und Friedrich Engles," *Archiv für die Geschichte des Sozialismus und der Arbeiterbewegung*, 11, 1925, S. 384～400.

──────, "Zur Geschichte der ersten Internationale. I. Die Entstehung der Internationalen Arbeiterassoziation," *Marx-Engels-Archiv*, Bd. I, 1926, S. 119~202.

──────, "Referats Rjanzanovs über die Aufgaben des Marx-Engels-Instituts 1930/1931," *Beiträge zur Marx-Engels-Forschug*, Neue Folge, Sonderband 1, S. 108~24.

Rojahn, Jürgen, "Marxismus-Marx-Geschichtswissenschaft. Der Fall der sog. 'ökonomisch-philosophischen Manuskripte aus dem Jahre 1844'," *International Review of Social History*, XXVIII/1, 1983, S. 2~49.

──────, "Die Marxschen Manuskripte aus dem Jahre 1844 in der neuen Marx-Engels-Gesamtausgabe(MEGA)" [Rezension], *Archiv für Sozialgeschichte*, Band XXV, 1985, S. 647~63.

──────, "Marx-Engels-Gesamtausgabe(MEGA): Stand der Arbeit und geplante Fortführung"(Mschr.)[1991].

──────, "Bericht über die Konferenz in Aix-en-Provence(23.~28. März 1992) zur Revision der Editionsrichtlinien der Marx-Engels-Gesamtausgabe(MEGA²)" (Mschr.).

──────, "Für die Fortführung der Marx-Engels-Gesamtausgabe: Entstehung und Tätigkeit der IMES"(Mschr.)[1994].

──────, "Und sie bewegt sich doch! Die Fortsetzung der Arbeit an der MEGA unter dem Schirm der IMES," *MEGA-Studien*, 1994/1, S. 5~31.

──────, "Aus der Frühzeit der Marx-Engels-Forschung: Rjazanovs Studien in den Jahren 1907~1917 im Licht seiner Briefwechsel im IISG," *MEGA-Studien*, 1996/1, S. 3~65.

──────, "Bericht über die Tätigkeit des Sekretariats der IMES in den Jahren 1990~1999"(Mschr.)[2000].

Rokitjanskij, Jakov Gregor'evič, "Das tragische Schicksal von David Borisovič Rjazanov," *Beiträge zur Marx-Engels-Forschung*, Neue Folge 1993, S. 3~16.

──────, "Die 'Säuberung' —Übernahme des Rjazanov-Instituts durch Adoratskij," *Stalinismus und das Ende der ersten Marx-Engels-Gesamtausgabe (1931~1941)*, *Beiträge zur Marx-Engels-Forschung*, Neue Folge, Sonderband 3, 2001, S. 13~22.

Rosdolsky, Roman, *The Making of Marx's 'Capital'*, tr. by Peter Burgess, Pluto Press, London 1977.

Ross, Ian Simpson, *The Life of Adam Smith*, Clarendon Press, Oxford 1995.

Ruschinski, Heinz, "Meine Lehrjahre in der Marx-Engels-Abteilung," *Beiträge zur Marx-Engels-Forschung*, Neue Folge, Sonderband 5, 2006, S. 299~300.

Rüter, A. J. C., "Professor Mr. N. W. Posthumus," *Bulletin of the International Institute for Social History*, Vol. VIII, 1953, S. 1~5.

Schiller, Franz, "Das Marx-Engels-Institut in Moskau," *Archiv für die Geschichte des Sozialismus und der Arbeiterbewegung*, 15. Jahrg., 1930, S. 416~35.

Schöncke, Manfred und Rolf Hecker, "Eine Fotographie von Helena Demuth? Zu Engels' Reise nach Heidelberg 1875," *Marx-Engels-Jahrbuch* 2004, S. 205~18.

Schorske, Carl E., *German Social Democracy. 1905~1917, The Development of the Great Schism*, Harvard University Press, Cambridge, Mass. 1955.

Schrader, Fred E., "Abstraktion und Geschichte. Bemerkungen zur Arbeitsweise von Karl Marx anhand einiger Motive in seinen Nachgelassenen Hefte," *IWK(Internationale wissenschaftliche Korrespondenz zur Geschichte der Deutschen Arbeiterbewegung)*, 19. Jahrg., Heft 4, Dezember 1983, S. 501~17.

Sperl, Richard, "Die Wiedergabe der autorisierten Textentwicklung in den Werken von Marx und Engels im Variantenapparat der MEGA," *Marx-Engels-Jahrbuch* 5, 1982, S. 157~214.

―――, "Zu einigen theoretisch-methodischen Grundsatzfragen der MEGA-Editionsrichtlinien," *Beiträgäe zur Marx-Engels-Forschung*, Neue Folge 1991, S. 144~65.

―――, "Das Vollständigkeitsprinzipien der Marx-Engels-Gesamtausgabe― editorischer Gigantismus?(1992)," In: Sperl, *Edition auf hohem Niveau*, Berlin/Hamburg, 2004, 5. 34~52.

―――, "Die Marginalien in den Büchern aus den persönlichen Bibliotheken von Marx und Engels: ihr Stellenwert für biographische und wissenschaftgeschichtliche Forschungen―Möglichkeiten und Grenzen ihrer Edition (1994)," In: Sperl, *Edition auf hohem Niveau*, Berlin/Hamburg, 2004, S. 185~215.

―――, "Die Marx-Engels-Gesamtausgabe: Editorische Konsequenzen literarischer Zusammenarbeit zweier Autoren(1999)," In: Sperl, *Edition auf hohem*

*Niveau*, Berlin/Hamburg, 2004, S. 13~33.

―――, "*Edition auf hohem Niveau.*" *Zu den Grundsätzen der Marx-Engels-Gesamtausgabe(MEGA)*, Berliner Verein zur Förderund der MEGA-Edition e. X. Wissenschaftliche Argument Verlag, 2004.

―――, "Die Marx-Engels-Werkausgabe in deutscher Sprache(MEW): Eine editorische Standortbestimmung," *Beiträge zur Marx-Engels-Forschung*, Neue Folge, Sonderband 5, 2006, S. 207~58.

Stern, Heinz und Dieter Wolf, *Das große Erbe. Eine historische Reportage um den literarischen Nachlaß von Karl Marx und Friedrich Engels*, Dietz Verlag, Berlin 1972.

Struik, Dirk J., "Introduction," David Riazanov, *Karl Marx and Friedrich Engels. An Introducction to Their Lives and Work*, New York 1973, pp. 3~10.

Tsuzuki, Chushichi, *The Life of Eleanor Marx, 1855~1898: A Socialist Tragedy*, Clarendon Press, Oxford 1967.

van Scheltema-Kleefstra, Annie Adama, "Erinnerungen der Bibliothekarin des IISG Amsterdam," *Mitteilungsblatt des Instituts zur Geschichte der Arbeiterbewegung*, Heft 4/1979, S. 7~44.

Vollgraf, Carl-Erich, "Zuerst die Nr. 349 im Vereinsregister―dann unbekannt; zunächst wohlbetucht, dann auf Spenden aus: Das launische Schicksal des Vereins 'MEGA-STIFTUNG Berlin e.V.' Im deutschen Einigunsprozeß," *Beiträge zur Marx-Engels-Forschung*, Neue Folge 1991, S. 192~99.

Weller, Paul, "Zur Edition der Exzerpte in der MEGA[1](1935)," *Beiträge zur Marx-Engels-Forschung*, Neue Folge 1994, S. 200~207.

Wulf, Peter, "Deutschland nach 1945," *Deutsche Geschichte: Von den Anfängen bis zur Wiedervereinigung*, hrsg. von Martin Vogt, 2. Auflage, J. B. Metzler, Stuttgart 1991, S. 728~839.

Zimmermann, Rüdiger, *Das grdruckte Gedächtnis der Arbeiterbewegung bewahren: Die Geschichte der Bibliotheken der deutschen Sozialdemokratie*, Veröffentlichungen der Bibliothek der Friedrich-Ebert-Stiftung, Bd. 11, Bonn 2001.

**감사의 말**

저자는 이 책의 집필 과정에서 저자를 도와준 기관과 개인에게 고마움을 표하는 것이 당연한 예의라고 생각한다. 특히 이 책의 경우처럼 오랜 기간에 걸쳐 자료나 정보를 축적해야 할 때에는 여러 기관과 많은 동료들의 도움이 불가결하기 때문이다.

먼저 저자가 독일, 네덜란드, 일본에 체재하며 연구할 수 있도록 해준 독일의 훔볼트재단Alexander von Humbodt-Stiftung과 일본의 국제교류기금Japan Foundation의 재정적 후원에 감사드린다. 다음으로는 자료 수집에 도움을 준 암스테르담의 국제사회사연구소Internationaal Instituut voor Sociale Geschiedenis, 보쿰의 루어 대학Ruhr-Universität Bochum, 센다이의 토호쿠 대학, 도쿄의 와세다 대학, 그리고 서울의 고려대학 도서관과 관계자들에게 그동안의 협조에 진심으로 감사드린다.

여러 재단과 도서관의 협조에 못지않게 저자의 연구를 지원하고 지속적인 서신 교환을 통해 여러 가지 정보와 자료를 제공해준 동료 연구자들에 대한 고마움은 결코 잊을 수 없다. 보쿰 대학의 자스Hans-Martin Saß와 홀렌슈타인Elmar Holenstein 교수, 국제사회사연구소의 로얀Jürgen Rojahn, 랑카우Götz Lankau 박사와 아이젤만Mieke IJermans 사서,

칼-마르크스-하우스의 펠거Hans Pelger 박사, 엑상프로방스 대학의 그랑종Jacques Grandjonc 교수, 토호쿠 대학의 하토리Fumio Hattori, 오무라Izumi Omura, 미야기 가쿠인 대학의 쿠로다키Masaaki Kurotaki 교수, 토우쿄도리츠 대학의 미야카와Akira Miyakawa, 와세다 대학의 이이지마Shozo Iijima, 추오 대학의 토리이Nobuyoshi Torii 교수, 베를린 MEGA 촉진재단과 『마르크스-엥겔스 연구 논집』(신판)의 훈트Martin Jundt, 헥커Rolf Hecker 교수, 폴그라프Carl-Erich Vollgraf 박사, 슈페를Richard Sperl 씨, 베를린-브란덴부르크 과학아카데미BBAW의 노이하우스Manfred Neuhaus 교수 등이 그들이다. 이들 중 상당수는 저자와 마찬가지로 이미 정년을 맞아 퇴직했거나 유명을 달리하기도 했으나, 많은 사람들이 50대의 동료들과 더불어 연구에 매진하고 있다. 그들의 지속적인 연구 성과를 기대하며 건강을 기원하는 바이다.

　마지막으로 저자는 이 책을 탈고한 뒤의 출판 과정에서 윤문과 교정, 그리고 찾아보기의 작성을 도와준 김경수 박사와 이병량 교수, 문학과지성사의 박지현, 이근혜 씨와 김정선 씨에게 감사드린다. 별로 두드러지지 않은 듯한 그들의 정성이 이 책을 이처럼 깔끔하게 만들었다. 문학과지성사의 발전에 대한 기대와 더불어 그 구성원들에게도 진심으로 감사의 뜻을 전한다.

2008년 5월
정문길

## 찾아보기

### ㄱ

『가족, 사유재산 및 국가의 기원 Der Ursprung der Familie, des Privateigentums und des Staats』 45, 506, 581

『가치, 가격 및 이윤 Value, Price, and Profit』(또는 『임금, 가격 및 이윤』) 97, 135

게드, 쥘 Jules Geusde 38

『게젤샤프트 Gesellschaft』 211~12, 216~17

겔라크 Kurt Albert Gerlach 195

겜코브 Heinrich Gemkow 426, 463

경매 카탈로그 184

『계급투쟁』 222

경제학 연구노트(마르크스) 507
　—대시리즈(『경제학 초고 1861~1863』 또는 『잉여가치 학설사』) 40, 120, 122~24, 265, 269, 298, 328, 332~34, 336~37, 374~76, 430, 432
　—소시리즈(『그룬트리세』 또는 1857~1858년의 경제학 노트) 40, 242, 246, 265, 269, 275, 298, 333~34, 336~37, 374~76, 405, 432, 479, 507, 567, 625

『경제학·철학 초고』 21, 28, 40, 435, 506, 511, 567

고르바초프 524

『고타강령 비판 Kritik des Gothaer Programms』 32, 103, 136, 404, 614

고타회의 103

곡 M. R. Goc 115, 396

골동품상(또는 고서점) 290, 328, 337, 373

골드루블 Goldrubel 180, 184, 372, 624

공동 저작(집)(→MEGA¹과 MEGA² 항목 참조.) 131, 168, 170, 173, 180, 233
　—대중적 보급판 217, 261
　—의 저작권 199
　—의 초간본 287, 302, 306
　—출판권 199

공동 전집(→MEGA¹과 MEGA² 항목 참조.) 144, 179, 189, 191~92, 194, 231, 233~35, 438

공산권의 붕괴 519

650

『공산당 선언』 27, 137, 171, 198, 209, 240, 403~404
공산주의 171, 239, 259, 281
공산주의 인터내셔널(→코민테른)
공산주의자 151, 175, 283, 321, 378, 402
공산주의자 교수단Institut der Roten Professur, IKP(러) 253, 255
공산주의자 동맹Bund der Kommunisten, Kommunistenbund 127, 166, 171, 240, 335~36, 362
공산주의자들의 협회Vereinigung der Kommunisten(→공산주의자 동맹)
『공산주의자 신조 고백 초안Entwurf des Kommunistischen Glaubensbekenntnisses』 491
공산주의자 아카데미(러) 256
공포정치 153, 279, 281
과제 중심의 도서 배치Kabinettsystem (또는 연구실 중심의 도서 배치) 177~79, 186, 261, 412~13
과학아카데미(러) 256
과학적 공산주의 138
과학적 사회주의 230, 232
 ─연구소(동독) 383, 406
괴테 458, 464
교수자격시험Habilitation 195
구MEGA(→MEGA¹)
구(舊)인터내셔널(→제1인터내셔널)
『국가로서의 지위와 아나키』(바쿠닌) 493
국가사회주의의 세계관과 교육을 위한 중앙연구소 368
국가 이데올로기 245~46, 373
「국민경제학 비판 강요Umrisse zu Kritik der Nationalökonomie」 43

국제노동운동 60, 105, 140, 160, 260, 620
 ─의 유산 325
국제노동운동사 122, 152, 154~55, 165, 520
국제노동자연맹International Working Men's Association(→제1인터내셔널)
국제노동자 인터내셔널(→제1인터내셔널)
국제노동조합연맹Internationaler Gewerkschaftsbund, IGB 본부 304~305, 309
국제 마르크스-엥겔스 재단Internationale Marx-Engels-Stiftung, IMES 396, 449, 503, 523, 529~30, 533, 535~39, 547, 552, 587~88, 596, 600~602, 611, 613, 630
 ─국제화 537, 587, 613, 630
 ─MEGA 계획의 재조정 564~86
 ─부별 소위원회 565~66
 ─설립과 초기 활동 526~39
 ─소위원회 565~66
 ─엑상프로방스 회의(새로운 편집 기준) 558~63, 565, 603, 612
 ─이사회 534, 565
 ─장서 프로젝트 396~97
 ─탈정치화 537, 587, 611~13, 630
 ─편집위원회 531, 534~35, 537, 558, 565
 ─편집진의 국제화 590~601
 ─편찬 조정 작업 558
 ─학술자문위원회 532, 534, 537
 ─학술화 537~38, 587, 613, 630
국제 마르크스-엥겔스 협회 521, 528
국제사회사연구소 IISG 21~24, 152, 307, 313, 315, 323, 367~69, 373, 381, 462, 464, 526~29, 534, 623,

찾아보기 651

629~30, 632
— 독일사민당-아키브의 매입 380
신MEGA를 위한 —자료 이용 합의 470~
72, 560
—자료의 복사 388, 453
—자료의 영국 소개 361, 367
—종전 후 자료의 수복 367, 369~70
—파리 지부 349, 361~62, 367
국제사회사연구소 재단 529~30
『국제사회사 평론』592
국제사회주의노동자회의(→ 제2인터내셔널)
그라봅스키A. Grabowsky 141
그라스빙켈 D. P. M. Graswinckel 369
그라우뷘덴 68~69
그랑종 Jacques Grandjonc 529, 533, 535, 557, 562, 566, 588, 590
그로닝겐 369
그로테볼 Otto Grotewohl 401~402, 407
『그룬트리세 Grundrisse der Kritik der politischen Ökonomie 1857~1858』(→ 경제학 연구노트)
그륀베르크 Carl Grünberg 159, 184, 186, 195~96, 203, 209~10, 223
— 장서 183, 186, 372, 624
『그륀베르크-아키브』(→『사회주의 및 노동운동사 아키브』)
그리제 Annelise Griese 594, 605
글라이샬퉁 Gleichschaltung 283
기독교민주당 402
기독교사회주의 402~403
기회주의(자) 51, 121, 276

ㄴ

나우 Alfred Nau 385, 387
나폴레옹 대군의 아키브 317~18
나폴레옹의 편지 317
나치스(나치 독일) 280~87, 291, 300~301, 309, 348, 351, 365~66, 381, 622~23, 626
— 돌격대SA 282, 287~89, 303
—의 대중운동 280
—의 잔재 소탕 399
—의 통제정책 285
—의 프로파간다 368
—의 항복 366
— 친위대SS 282, 288
난외방주(欄外傍註) Marginalien, Randglossen 39, 41, 111, 114, 118, 389, 391, 393, 397, 417, 465, 467, 482~84, 508, 563
날조주의자 276
네덜란드경제사도서관 NEHA 307, 312~14
네폼냐스차야 Nina Il'inična Nepomnjaščaja 428
노동 대중 189, 259~60
『노동 문제 Die Arbeitfrage』 141
노동운동 98, 166, 170, 184, 274, 282, 299, 475
— 과 관련된 정기간행물 306
19세기의 — 471
—에 관한 경찰 조서 378
—의 분열 400
노동운동사 105, 189, 195, 201, 324, 572, 625
— 관련 장서와 문건들의 수색·징발 625

노동운동사연구소IfGA 502, 520~22, 524, 528, 540, 551, 603
노동자총평의회(러시아) 176
노이라트Wilhelm Neurath 185
노이만Paul Neumann 380~82, 393
『노이어 포아베르츠Neuer Vorwärts』 310, 351, 360
『노이에 차이트Neue Zeit』 53, 59, 62, 95, 97~98, 117, 155, 157, 167, 170~71,
노이하우스Manfred Neuhaus 631
농민전쟁사 72
『노이에스 도이칠란트Neues Deutschland』 285
뉴욕 공립도서관 187
『뉴욕 데일리 트리뷴』 27, 39, 95~96, 135, 149, 157~58, 168, 171~72, 264~65, 268
— 발췌록 157~58
니미Nimmy(또는 님, 헬레네 데무트) 33, 36, 55, 63~65, 74~75, 82~84, 90, 119
니벤후이스F. Domela Nieuwenhuis 394
니벨룽의 보물 146, 619
니체 576
니콜라예프스키Boris Ivanovič Nikola-evskij 112~16, 197, 199~204, 211, 214, 217~18, 287, 289, 293, 299~307, 311, 313, 315~21, 323~27, 329, 332, 338, 340~41, 343~44, 349~50, 356, 359, 361~62, 367, 392
— 의 마르크스-엥겔스 장서 목록화 작업 391~93
『니콜라예프스키 리스트』 115~16, 202, 392

니콜라이-온Nikolai-on 242

ㄷ

다나Charles Dana 96
다니엘손Nikolai Franzewitsch Danielson 57~59
다니엘스Roland Daniels 188
단Fedor Dan 326, 342
당세포들Parteizelle 254
대영박물관 156~59, 187, 323
대중판 421, 433
대학의 정비 550~53
더빌Gabriel Deville 35
데무트, 프레디Freddy(Frederick) Demuth 83~85, 99
데무트, 헬레네Helene[a] Lenchen Demuth (→니미)
데보린Abram Moiseevič Deborin 254~55
덴마크 123, 291, 537, 622
덴마크 노동자은행 298
덴마크 사민당 292, 296, 359
덴마크 작업 그룹 600, 608
도이처Isaac Deutscher 345
도쿄 그룹 597, 599
『독불 연지Deutsch-Französische Jahrbücher』 39, 128, 239
독서의 흔적 42, 115, 389
『독일: 겨울동화Deutschland: Wintermärchen』 95
독일 공산당 KPD 219, 225, 281~82, 284, 377, 380, 399
『독일과 프로이센 역사에 관한 마르크스-엥겔스 논집』 409

찾아보기 653

독일과학아카데미회의Konferenz der deutschen Akademien der Wissenschaften 555, 563, 589
독일국립도서관 394
독일노동총연맹 378
『독일 노동조합 총평의회 통신』 161
독일 MEGA 편집위원회 633
독일민주주의공화국DDR 383, 401, 514
  ―과학아카데미Akademie der Wissenschaft der DDR 488, 498~99, 522, 529~33, 553
  ―의 정체성DDR-Identität 451, 456, 502, 514, 633
독일민족인민당DNVP 280
독일민주사회주의당PDS 520~21, 523
『독일-브뤼셀 신문』 416
『독일사 1866~1945』 365
독일사민당SPD (또는 독일사회민주당) 52~53, 60, 63~67, 73, 78, 80~81, 84~86, 89, 91~93, 97, 102, 105, 107~109, 113, 116~18, 120~21, 131~32, 141~43, 145, 149~51, 165, 186, 194, 196, 203, 207, 213~14, 221, 223, 225, 281~82, 288, 311, 320, 323, 325, 355~57, 366, 372~73, 380~81, 621~22
  ―지도부 150, 162, 167~69, 187~88, 190, 193, 195~96, 198, 202~205, 214, 217, 221, 223~25, 233, 282, 285~86, 288, 294, 301, 306, 310~14, 325, 350~51, 359, 381
독일사민당과 공산당의 공동회의 400
독일사민당 망명 지도부Exilvorstand der SPD, SOPADE 284~85, 293~97, 304~306, 309, 311~40, 342~47, 348~60, 366, 380, 386, 622~24
  ―의 기록 문서 387
독일사민당-아카이브(또는 사민당-아카이브, 당-아카이브) 40, 101~102, 105~12, 114~16, 118, 121~24, 146, 152, 156, 162, 167, 170, 187~90, 192, 198~206, 211, 213~18, 223~24, 229, 234, 249, 285~88, 295~96, 298~301, 305~15, 323, 328, 335~36, 342, 352, 358, 366, 380~82, 384~86, 391, 621, 625~27, 632
  ―대여 교섭 318, 325
  러시아의 ― 매입 제의 316~22
  러시아와의 ― 대여(임대) 교섭 322~47, 623
  ―매각(IISG로의)314, 318, 352~61, 366, 623
  ―서독 지역에서의 재건 385~89
  ―소개 288~98(덴마크), 299~305(파리), 305~308(제3경로), 361(영국), 361~62(암브와즈), 380
  ―자료의 복사MEI 200~202, 205, 323
  ―재매입 권리의 배제 358, 624
  ―재매입 시도SPD 387
독일사회민주주의노동자당SDAP(1969년 8월 창립) 102~103
독일 사회운동사 352, 388
독일사회주의노동자당SAPD(ADAV와 SDAP가 1875년 5월 고타에서 합병/1890년 10월 이전 독일사민당SPD의 전신) 54, 58, 60~61, 103
독일사회주의통일당SED 285, 383, 385, 400~401, 502, 519, 521, 523, 527,

538, 633
　—정치국 451
　—중앙비서국 409
　—중앙위원회 426
독일의 소련군정청SMAD(→ 소련군정청)
독일어 정서법 427
독일연구재단DFG 556
독일연방 교육 및 연구부BMBF 556
독일의 무조건 항복 365
독일의 통일(1989년) 449, 519, 524
『독일 이데올로기』 36, 40, 192, 206~15, 240, 264, 268, 416, 423~24, 491, 567, 590, 600, 626
　랴자노프와 G. 마이어의 —논쟁 206~11
　MEW의 — 423~24
　—복사 및 출판권 계약 210~11, 222
　J. P. 마이어의 —초고 논쟁 211~15
「독일 이데올로기: I. 포이어바흐와 II. 성 브루노에 대한 논설, 인쇄 원고, 초안, 정서고 단편 및 메모」 590~91
독일-이탈리아 작업 그룹 601, 607
독일인민위원회(평의회)Rat der Volksbeauftragten in Deutschland 355, 358
독일 인민의 위대한 자손 452
독일 제국 60, 365
독일-프랑스 MEGA 작업 그룹 557, 590~91
돌고루키 후작의 궁전das Palais der Fürsten Dolgoruki 178
돔Bernhard Dohm 393, 412, 428, 458
동독의 과학아카데미AdW DDR 477, 501, 521, 529, 540, 543, 550, 552, 631
　—소속 고대사 및 고고학 중앙연구소 477
동독의 정당과 대중조직 아키브SAPMO 395
동독의 정당 및 대중조직의 자산조사를 위한 독립위원회 545, 547
동독 지역당 400
동맹의 노동자 교육협회 166
『동방 문제 The Eastern Question』 96, 135, 149, 157~60, 168~69, 173, 233
동서독의 통합(→ 독일의 통일)
되셔Helmut Döcher 394
뒤셀도르프 281
드라베이유 101, 157~58, 165~67, 200
드레스덴 378
드 리메Nehemia de Lieme 349, 353~60
드 메지에르Lothar de Maizière 522
드 몽치Anatole de Monzie 300~301, 303~304, 312,
드 종Frits de Jong Edz. 471
들루벡Rolf Dlubek 448, 453, 459, 463, 471, 478, 485, 494, 499, 500, 504, 511, 559~61
디츠Karl Dietz 405
디츠Johann Heinrich Wilhelm Dietz 118, 145, 158~59, 165, 168~69, 172~73, 233~34, 405
디츠 나흐폴거 출판사 405
디츠 출판사Dietz Verlag 59, 98, 117, 132, 168, 198~99, 245, 405, 470, 503, 525, 532, 534, 560, 602
디킨스Charles Dickens 85
디트만Wilhelm Friedrich Carl Dittmann 195, 204~206, 213, 215~20, 222~25
　—아키브 329

『디 프레세Die Presse』 27

## ㄹ

라덱Karl Radeck 345
라두스-첸코비치 Viktor Alekseevič Radus-Zen'kovič 378
라브로프Pjotr Lawrowitsch Lawrow(또는 Pjotr Lavrovič Lavrov) 35~36, 44, 47, 108, 115, 392
—도서관 115
라브로프-곡의 장서 115, 396
라살레Ferdinand Lassalle 102~103, 105~106, 130, 135~36, 242, 378~79
『라살레 전집』 132
라살레주의자(파) 103, 174
라우Johannes Rau 548
라우라(→라파르그)
라이프니츠 458, 464
—비판 전집 555
라이프치히 103, 118, 378
라이프치히 대학 550
『라이프치히의 폴크스 차이퉁』 222
라이헬트Helmut Reichelt 544
『라인 신문』 39, 128~29, 134, 491
라자레프E. E. Lazarev 115
라티보르 369
라파르그, 라우라Laura Marx-Lafargue 31, 37~38, 55, 61, 73, 75~77, 79~83, 89~90, 92~94, 100, 108, 117~19, 121~23, 157, 165, 167, 183, 319, 373~74, 626
라파르그, 폴Paul Lafargue 31, 33, 38, 41, 58~59, 73, 89, 165

—부부 100~101, 108, 123, 135, 167
란다우어Carl Landauer 351~52
랄로프Karl L. Raloff, 294~95, 297~99, 327, 332
랑게Friedrich Albert Lange 141
러시아공산당(볼셰비키) 151~53, 177~80, 182, 191, 203, 205, 214, 219, 221, 225, 230, 245, 300, 316, 320, 330, 342, 344~46
—중앙위원회 184, 251, 254, 256~58, 261
러시아 국립 사회 및 정치사 문서고RGASPI (또는 RGA) 388, 589, 593, 607
러시아어로 된 문헌 106, 172
러시아어 부문의 카탈로그 작성 115
러시아어 장서 108, 111
러시아 혁명 151
런던 31, 33~34, 52, 54~57, 59, 62, 65, 73~74, 77~78, 84, 89, 98, 106~108, 117, 123, 129, 157, 165~66, 180, 183~84, 317
레닌 122, 124, 146, 151, 154, 175~76, 179~84, 189, 248, 250, 255~56, 259, 261, 272, 274, 279, 283, 332, 371, 403~404, 415, 420, 436, 438, 447, 495, 512, 624
—사피스키 179~83, 372
—연구소 258~59
—의 번역어 420
—의 편지 370
—전집 467, 512, 560, 567
—주의적 단계 255
레닌그라드(→페테르부르크)
레닝Arthur Lehning 361

레마르크Eric Maria Remarque 283
레베초프 제독Admiral a. D. von Levetzov 303
레스너Friedrich Lessner 74~75
렌너Karl Renner 140
로모노소프 대학(모스크바) 501
로베스피에르 185
로셔Percy Rosher 55
로얀Jürgen Rojahn 152~74, 528~29, 533, 535, 566, 597, 631
로잔느 총회 168
로젠베르크Alfred Rosenberg 368~70
로젠베르크Arthur Rosenberg 358
로키챤스키Jakov Rokitjanskij 236
로테Rudolf Rothe 386
로테르담 항 370
롤랭Henri Rollin 317~18, 341~44, 346
롱게, 예니Jenny Longuet 31, 33, 75, 81, 90, 101, 373~74
　―의 자손들 123, 626
롱게, 장Jean Longuet 304, 309, 326, 343
롱게, 샤를Charles Longuet 31
루게Arnold Ruge 128, 183, 302, 379
루다스Ladislaus Rudač 267, 271
『루드비히 포이어바흐와 독일 고전철학의 종언』 207
루드약Boris Rudjak 395~96
루빈Isaak Il'ič Rubin 254, 256, 272
루신스키Heinz Ruschinski 458
『루이 보나파르트의 브뤼메르 18일』 28, 130, 264, 268
루카치 246
루터 458, 464
룩셈부르크Rosa Luxemburg 283

　―주의 276
뤼벨Maximilien Rubel 475, 510
　―100주년 기념판Marx-Jubiläumsausgabe 475
뤼터Adolf Rüter 387
류코프Aleksej Ivanovič Rykov 345, 347
리메Nehemia de Lieme(→드 리메)
리버Hans-Joachim Lieber 474
리야자노프David Borisovič Rjazanov(본명은 다비드 보리소비치 골덴다흐) 40, 113~16, 120~21, 124, 126~27, 130, 132, 138~39, 141, 144~46, 149, 151~53, 155~73, 175~79, 181~82, 184, 186~93, 195~96, 200, 203~206, 208~14, 216~18, 220, 225, 229~30, 232, 244~45, 247, 272~73, 316, 319, 372, 413~14, 438, 448, 458, 464, 512, 513, 541, 621, 627~28
　―G. 마이어와의 『독일 이데올로기』 논쟁 206~11, 413
　―베른슈타인 소장 유고의 저작권 교섭 189~200, 216~25
　―사민당-아키브 문서 복사 186~88
　―상(賞) 251
　―숙청 250~58, 260~63, 269~71, 276, 279, 512
　―의 마르크스 전기 집필 계획 170~71
　―의 환상 210
　―장서 매입 184~86
리용 신용은행Crédit Lyonnais(파리) 350, 359
리프크네히트Wilhelm Liebknecht 66, 73, 78, 102, 132, 172, 242, 283, 370
린너Erich Rinner 321

립벤트로프의 외무부 382, 395

■

마돌Hans Roger Madol(→ 잘로몬, 게르하르트)
마르쿠제Herbert Marcuse 435
마르크스Karl Marx(또는 모올, 윌리엄스) 27~41, 43~47, 50~54, 58~61, 63~64, 72, 80~86, 90~97, 99, 106~109, 114, 117, 119, 120~21, 123, 127~35, 139, 141~43, 149, 157~60, 164~66, 169, 172, 181, 183, 187~89, 202, 206~207, 209, 240~41, 244, 247, 255~56, 259, 261, 274, 283, 307, 309, 371, 374, 379, 403, 447, 452, 530, 541
진짜 —179, 189
—에 대한 전기적 서론 144
—[에]의 조사(弔辭) 295, 297
—의 러시아어 책 392
—의 보급판 전집 출판 131
—의 소론집 132
—의 아카이브 325
—의 유고 35, 37, 39, 42, 67, 75, 77~79, 81~83, 90~91, 93~94, 97~100, 102, 119, 134, 150, 165, 167, 200, 218, 219, 224, 353, 373, 620
—의 유언 37
—의 장서 35, 41, 80~81, 93, 111, 202, 328, 373
—의 전기 72, 93, 95, 142~43, 119, 133, 170~71

—의 초고 39~40, 46, 91, 167
—저작의 출판권 195
—저작집 134
—저작집의 편집 계획 141
—전집에 대한 요구 132
—학술적인 저작 전집 144~45
—학위논문 40, 119, 124, 135~36
마르크스-에이블링, 엘리노Eleanor Marx-Aveling (또는 투시) 33, 35~38, 54~55, 64, 67, 73~85, 89~100, 108, 117~20, 122, 134~35, 149, 165, 167, 373~74, 621, 625, 627
—부부 157, 159
마르크스, 예니Jenny Marx 32, 34, 44, 63, 95
『마르크스 논설집Gesammelte Aufsätze von Karl Marx』 128~30
『마르크스: 저서, 저작, 서간Marx, Werke, Schriften, Briefe』 474
『마르크스 전기』 137, 207
마르크스-라파르그 유고의 내용 목록 167
마르크스-레닌주의 259, 274, 494, 561
—고전주의자 273, 408, 561
—자 628
마르크스-레닌주의 연구소IML 40, 120, 122~23, 383, 447, 629~30
모스크바의 — 493, 507, 510~11, 513~14, 524, 528~30, 589
모스크바 —의 마르크스-엥겔스 부MES/M 261, 263, 371, 490
베를린의 — 502, 510~11, 527~28, 550
베를린 —의 마르크스-엥겔스 부MEA/B 412, 477, 490, 501, 521
—시대 508

마르크스-레닌주의 정당 519~20
「마르크스에 관한 단편적 노트」 93
『마르크스 연구Marx-Studien』 140
『마르크스 연대기Karl Marx. Chronik seines Lebens in Einzeldaten』 319
『마르크스의 단편과 논설들Kleine Schriften und Aufsätzen von Marx』 132
「마르크스의 러시아인 친구」 169
「마르크스의 죽음에 관하여」 37
마르크스-엥겔스
  러시아어로 된 —의 발췌집 172
  —사전Marx-Engels-Lexikon 237
  —연구 155, 170, 175, 261
  —연구사 136
  —유고집 122, 143
  —육필 원고 296, 320, 353
  —의 문서로 된 유산 92, 122~24, 126, 155
  —의 문헌 171, 173, 359
  —의 미발간 초고 136~37
  —의 세계관 398
  —의 왕복서간 84, 92~93, 96, 102, 116~17, 121, 162, 165, 168~69, 180, 187~88, 198, 225, 237, 242, 248, 335, 417, 625
  —의 러시아어 장서 390
  —의 발췌 417
  —의 장서 86, 102, 107~16, 390~97
  —의 장서 목록 112~16, 391, 397
  —의 장서 복원 381, 384, 397, 461
  —의 저작·논설·초안 581
  —의 저작을 공동으로 발행 142
  —의 저작 출판 120
  —의 전집 구상 165
  —의 정치적 이용 337
  —의 초고 207, 350, 353, 417
  —의 초안 417
  —의 출판권 197~98
  —의 텍스트 203
  —의 후기 저작 260
  —이론 346
  —일체설 438
  —전집의 출판 (계획) 131~33, 150~51, 164, 172, 182, 193~94, 196
『마르크스-엥겔스 독일어 저작집Marx-Engels-Werkausgabe, MEW』 384, 406, 413~14, 422~40, 447, 458, 464, 473~74, 484, 542, 628
  —각 권별 팀장회의 425
  —원고 교정 427
  —유능한 교정팀의 운용 427
  —자료 복사를 위한 여행 428
  —제작 자문회의의 정례화 426
  —편찬 과정 514
  —최종 편집 427
『마르크스-엥겔스[-라살레] 유고집Aus dem literarischen Nachlass von Karl Marx, und Friedrich Engels [und Ferdinand Lassalle]』(또는 『유고집』) 119, 122~23, 135~38, 143, 156, 166, 170, 172, 232, 626
『마르크스-엥겔스-마르크스주의』(레닌) 404
마르크스-엥겔스 박물관 346
마르크스-엥겔스 부Marx-Engels-Abteilung, MEA/B(→마르크스-레닌주의 연구소)
마르크스-엥겔스 부Marx-Engels-Sektor, MES/M(→마르크스-레닌주의 연구소)

마르크스-엥겔스 아키브 319, 322, 339
—의 매각 352~59
—의 매입 대금 조정 331
—의 매입 준비 316, 330
—의 문서 목록 332
—의 임대 교섭 330
『마르크스-엥겔스의 러시아어 책 *Russkie knigi v bibliotekach K. Marksa i F. Engel'sa*』 115~16, 392~93
마르크스-엥겔스-레닌
—관련 문건의 수집 376~77
—의 이론 255
마르크스-엥겔스-레닌 연구소 IMEL 258, 261, 263~64, 269~75, 298, 316~17, 332~36, 339, 346, 353, 370~71, 374, 377, 381, 383, 405, 407, 417, 624
—의 우파 소개 371~72, 417
마르크스-엥겔스-레닌-스탈린 연구소 MELSI 410
『마르크스-엥겔스 아키브 *Marx-Engels-Archiv*』 211, 231, 239, 244
마르크스-엥겔스 아키브 출판사 MEAV 192, 194~98, 200, 210, 218, 220, 234, 249
『마르크스-엥겔스 연구 논집 *Beiträge zur Marx-Engels-Forschung. Neue Folge*』 178, 544~45
마르크스-엥겔스 연구소 Marx-Engels-Institut, MEI 40, 112~13, 115, 120, 124, 139, 146, 152~53, 173, 178, 182~83, 185~86, 188~90, 192, 194, 196, 198, 201~206, 211~17, 219~21, 223, 225, 229, 234, 238~39, 244~46, 249~50, 252~54, 258~62, 272, 298~300, 316, 323, 326, 329, 372, 391, 541, 621, 628~29, 632
『마르크스-엥겔스 연지 *Marx-Engels-Jahrbuch*』 591
마르크스-엥겔스의 유고 86, 96, 113, 117~21, 123~25, 135, 146, 152, 156, 159, 161~62, 166, 170, 190, 192, 197~98, 201, 205, 209~10, 220, 249, 285~99, 302, 305, 316~17, 323~24, 328, 351~52, 366~67, 372~73, 382, 464, 619, 622~23, 625, 627
—오리지널의 분실 328~29, 337, 374
—의 러시아어판 출판권 190
—의 매각 219, 624
—의 목록화 621~22
—의 문서 목록 297~98
—의 복사 211, 216, 229, 388, 621
—의 오리지널 346
—의 유전(流轉) 127, 286~312, 352~62, 366~70
—의 임대협상 343, 624
—의 저작권(또는 출판권) 매각 190, 192, 197, 219, 223, 623~24
—의 총목록 작성 112
—의 출판 149, 196, 211, 627
—의 출판권 197
—의 코펜하겐 소개 288~98
—중요성에 대한 인식 622
『마르크스-엥겔스 선집』 405
『마르크스-엥겔스 왕복서간집』 95, 120~22, 135, 138, 143, 145, 149, 169, 172, 232, 242~43, 248, 405, 416, 627
『마르크스-엥겔스의 장서 *Ex Libris. Karl Marx und Friedrich Engels*』 394

『마르크스-엥겔스 장서의 러시아어 도서 목록*Russkie knigi v bibliothekach K. Marksa I F. Ėngel'sa*』 395
『마르크스-엥겔스의 장서: 확인된 장서의 주석 목록』(MEGA² IV/32) 591
마르크스-엥겔스의 정치적 이념 621
『마르크스-엥겔스 저작집 1852~1862 *Gesammelte Schriften von K. Marx und F. Engels, 1852~1862*』 138, 149, 232, 627
『마르크스-엥겔스 전집MEGA』 126, 146, 173, 211, 225, 230~31, 274, 439, 564, 622(→MEGA¹과 MEGA² 항목 참조.)
『마르크스-엥겔스 전집』(大月社版) 542
마르크스-엥겔스 출판사MEV(MEAV의 후신) 214~15, 221~23, 225, 249
마르크스-엥겔스 카비넷Marx-Engels-Kabinett 412
마르크스주의 160, 177, 196, 244, 253, 255, 260, 281, 288, 291, 398, 402, 541
마르크스주의 박물관 153, 178, 372
마르크스주의 연구센터Zentrum zum Studium des Marxismus(→사회주의-아키브 및 출판사 항목 참조.) 329
＝마르크스주의 연구 실행위원회Komitee für die Durchführung marxistischer Forschungen 331, 333~37, 342~43, 348
＝마르크스주의 연구촉진위원회Komitee zur Förderung Marxistischer Forschung 324, 326
마우트너Theodor Mauthner 183
마우트너/파펜하임 장서 183, 186, 372, 624
마이스너Otto Karl Meissner 130
마이스너 출판사 47, 72, 98

마이어Gustav Mayer 37, 74, 138~39, 195, 207~10
—의 『엥겔스 전기』 207~208, 210
마이어Jacob Peter Mayer 211~14, 216~17
마이어Paul Mayer 121, 284~85, 287, 299, 303, 308, 333, 346, 366, 386
마이어Hermann Meyer(1821~1875, 미) 157~58
마이어Rudolph Hermann Meyer(1839~1899, 독) 132
마인츠 68
만Heinrich Mann 283
만하임 161
말렌코프Georgij Maksimilianovič Malenkov 376~77
말리쉬Alexandr Malysch 180~82, 455, 463~64, 471, 476
맥케이Henry Mackay 185
—장서 185, 372
맨체스터 31
MEGA¹(또는 구MEGA) 126~27, 153, 157, 234, 413, 432, 438, 448, 455, 460, 464~65, 481 484, 507, 509, 629,
—권별 구성 244, 252
—발간 246~49, 250~51
—발간 작업의 중단 275
—편집(편찬) 원칙 236, 244
—편찬 작업 238
국제판— 191, 229~30, 231, 234, 263, 274~75
리야자노프의 기여 152~53
빈의 전집 구상(계획) 139~46, 151, 165, 233, 628

찾아보기 661

역사적-비판적 ―(MEGA) 113, 126, 139, 194, 244, 276, 421, 564, 572~73, 621
유고 오리지널의 복사/출판권 획득 196~97
프로스펙트(선전용 팸플릿) 211
MEGA²(또는 신MEGA) 388, 397, 432, 449, 450~57, 523, 527, 529~30, 560, 602, 629~30, 632
― 계획의 구체화 448, 450~57(제1단계, 1955~1994), 449, 457~72(제2단계, 1964~1968), 449, 485~89(제3단계, 1969~1973), 449, 497~500(제4단계, 1973~1980), 558~63, 567(1990년 이후)
― 공동편집위원회(RK, 소련과 동독 IML) 449, 456, 457, 462~70, 478, 484, 486, 497~98; 464~67, 478, 486(제1차), 467~68, 486(제2차), 469, 486(제3차), 469~70, 486(제4차), 497~98(제5차), 498(제6~10차)
― 발행국의 정치적 상황의 변화 527
― 발행자 530~31
― 부문별 편집위원회 Abteilungs-redaktionen 498
역사적-비판적 전집 628, 632
― 연구용 판본 560
완성된 원고의 최종 편집 556
― 의 국제화 537, 587, 595, 613, 630
― 의 완간 633
― 작업 분담 469~70
― 제IV부 신설 469
주석의 특징 494~95
초안 작성 451

― 출판, 판매권 479
탈정치화 537, 587, 611~13, 630
― 편집원칙의 상세화(구체화) 466, 468, 485~89
― 편찬기관의 기관지 501
― 프로스펙트의 구체화 449, 455, 466, 468~69, 478~85
학술화 537~38, 587, 613, 630
MEGA 방주본 시쇄판, 483~84
MEGA 시쇄판 449, 461, 464, 469, 483, 486~87, 489~95, 497, 508, 590
MEGA 지원 일본위원회 548
MEGA-콤미숀 458~464, 499(베를린, 1964~); 499, 553~54(베를린, 1972~1989); 522~23, 540(동독 아카데미 1990~1993)
메링 Franz Mehring 29, 119, 121~24, 134~37, 143, 145, 149, 156, 166, 170, 172, 174, 187, 207, 247, 626~27
메어바흐 Horst Mehrbach 455
멘셰비키 112, 154, 255~57, 272, 279, 299~300, 304, 326, 341
멘셰비키적 경향 153, 255
멩거 Anton Menger 159
안톤―서고 159
멩거재단 159, 162~63, 168
모딜리아니 Emanuele Modigliani 326, 342~43
모로코 32,
모스크바 40, 112~14, 122, 124, 139, 146, 152, 173, 175, 193~94, 196~97, 203, 206, 211, 213, 215~16, 219, 225, 229, 234, 247, 249, 316~17, 322, 324, 326, 329, 340~41, 344, 378, 396, 537,

596~97, 630
　―의 특사(또는 러시아의 특사) 319~21, 325~26
모스크바 연구소 326, 345, 348, 352~53(MEI, IMEL/M, IML/M도 보라)
모스크바 연구소의 우선적 자료 징발 393
모틀러Julius Motteler 94, 106~107, 117, 119, 123, 165
　―의 유고 362
몰로토프Molotov 256
몰트케Moltke 291
무어Samuel Moor 75, 84~86, 89~90, 108
무언의 방주 578
무정부주의(자) 164, 174, 183, 262
문자 판독사eingeschulter Entzifferer 188
문헌학 111, 126, 629
뮌헨 68, 382
뮌헨협정 361
뮐러Herman Müller 308
뮐러Kurt Müller 429, 472
　―교본Fibel 429, 472
뮝클러Herfried Münkler 631
므세들로프M. P. Mcedlov 529, 533
미국 537
미국 의회도서관 362
미슈케비치Larisa Romanovna Mis'kevič 298, 337, 346, 592
미야카와Akira Miyakawa 宮川彰 595
미틴Mark Borisovič Mitin 270~71, 416
미하일로프Michailov 317

ㅂ

바가냔V. A. Vaganjan 255
바가투리야Georgij A. Bagaturija 535, 557, 566, 597, 605
바그너Richard Wagner 619
바네Siegfried Bahne 462
『바스티아와 캐리Bastiat und Carey』 492
바시나Ljudmila Vasina 566, 597
바실레프스키B. Basilevskij 255
바우어Bruno Bauer 209, 302
바우어Otto Bauer 140
바이데마이어Joseph Weydemeyer 242, 328, 336
바이마르 시대 283~84
바이틀링Wilhelm Weitling 302, 328
바일Felix Weil 195~98, 203, 222~23, 346, 347
바쿠닌Michail Alexandrovič Bakunin 106, 174
바쿠닌 문서Bakunin-Dokumente 186
『반뒤링론』 32, 131, 198, 247, 265, 268, 270, 405, 581
반마르크스주의적 콤플렉스 286
반전 마르크스주의자 운동 176
반지성적 테러리즘 283
발췌 465, 467, 563
발췌노트부(또는 발췌집, 발췌록) 33, 40~41, 111, 114, 126, 137, 266, 389, 464~65, 482~84, 489, 507~509, 512, 574~78
　―의 신설 확정 469
　―의 필요성 460, 464~67
『방주본 시험판 MEGA』 483~84
버클리 대학 351~52

찾아보기　663

범슬라브주의 436
법정 상속자 92
베르사유 궁전 365
베르사유 조약국 280
베르톨트Lothar Berthold 463
베르트Georg Weerth 437~38
베르한Inge Werchan 394~95
베른 176
베른슈타인Eduard Bernstein(또는 에데 Ede) 47, 52~54, 57~58, 61~62, 64, 73~75, 84, 86, 89~92, 94, 96~97, 102, 105~107, 109, 116~18, 121, 132, 137, 143, 149, 162, 166~67, 172, 174, 180, 186, 188, 190, 192, 196, 198~200, 206~208, 210~15, 218~25, 237, 243, 248, 252, 379, 388, 409, 416, 621, 626~27
　—의 장서 356
　—의 진술서 198~200, 214~15, 218~24, 229
『베를리너 폴크스블라트Berliner Volksblatt』 107
베를린 68, 107, 109, 112, 116~18, 132, 134, 141, 154~55, 163, 165, 167, 184, 186, 198~201, 204~205, 208, 211, 216~18, 221~22, 247, 249, 282~84, 287, 290, 292, 294~95, 298~300, 302, 305, 308, 312, 314, 317, 366, 536~37, 622, 626
베를린-달렘 396
베를린 대학 195, 550
　—의 국가연구소 382
베를린 MEGA 재단 MEGA-Stiftung Berlin 522~23, 540, 544~50, 551

베를린-브란덴부르크 (과학)아카데미 BBAW 115, 392, 589, 601, 631
　—MEGA 편찬그룹 589, 631~32
베를린 시립도서관 377
베를린 아카데미 556
베를린 연구소의 단기간의 성장 439
베를린 장벽의 붕괴 502~503, 511, 519, 524, 602
베를린 통신원 299
베를린 편집위원회 598
베름바흐Adolph Bermbach 130
베리아Laventi Beria 271
베버Max Weber 567
베벨August Bebel 43, 45, 49, 53, 60, 66~68, 73, 78~80, 82~86, 89~94, 97, 100, 102~105, 108, 116~19, 121~23, 143, 145, 149, 156, 158~62, 165, 169, 174, 187, 207, 214, 219, 237, 242~43, 248, 252, 283, 370, 379, 388, 390, 416, 621, 627
베부토프David Bebutoff(Bebutov) 301
　—아키브(컬렉션) 112, 287, 300~302
『베스트팔렌 증기선Westfälisches Dampfboot』 128
베일랑Marie-Edouard Vaillant 171~72
베토벤Ludwig van Beethoven 85
벡 커Hermann Heinrich Becker 127~30, 165, 336, 388
벡커Johann Philipp Becker 44, 46, 103, 105
벤저Günter Benser 520
벨 러Pavel Lazarevič Veller 262, 266, 275, 428
벨레Charles Vellay 185

벨스Otto Wels 281, 284, 288~90, 301~302, 304, 306, 320~21, 324, 326~28, 350, 360
보낸 편지an-Briefe 507, 509, 571~72
보르크하임Sigismund Borkheim 138
보불전쟁 171, 268
복본위제(複本位制) 57
보코프Fjodor Jefimovič Bokov 377
본 396
볼셰비즘의 역사에 대한 몇 가지 문제(스탈린의 편지) 275~76
볼셰비키 혁명 245, 248
볼셰비키화 253
볼프Christa Wolf 548
볼프, 빌헬름 34~35
부별편집위원회Abteilungsredaktionen 508
부하린Nikolai Ivanovič Bucharin 184, 253, 331~32, 334, 337, 339~41, 345~47, 624,
분서(焚書) 행위 282, 403
『붉은 악마 Der Rothe Teufel』 106
붕게르트Mario Bungert 285~86, 292, 329, 349~50
브라우네 하우스Braune Haus in München 382
브라운Adolf Braun 109, 140, 159~60, 162, 191~93, 197, 200~202, 204, 210, 218, 220~21, 224
브라운슈바이히 대학(독일) 528
브라이트샤이트Gerhard Breitscheid 287, 289~97, 305
브라이트샤이트Rudolf Breitscheid 312
브라케Alexander Bracke 326

브란트Willy Brandt 495
브레멘 대학의 작업 그룹 608
브레스라우 131
브레즈네프Leonid Il'ič Brežsnev 463
브레히트Arnold Brecht 281
브레히트Bertold Brecht 283
브렌너Günther Brenner 551, 555
브룩커de Bruckere 344
브뤼셀 157, 165, 351, 312
브뤼셀 노트 605
블로흐Camille Bloch 303
블루멘베르크Werner Blumenberg 30, 64, 85, 369
블룸Léon Blum 305, 326~27, 329~30, 332, 338
비곳스키Vitalij Solomonovič Vygodskij 430, 592
비밀국가문서철 378
비스마르크Otto von Bismarck 60~61, 104~105, 107, 131', 284, 288, 365
비판적 평주 241
빈 52, 55, 64~66, 68, 73~75, 78, 140, 143~45, 154, 159, 162~63, 165~66, 184~86, 195~96, 222, 326, 362
빈델반트Wilhelm Windelband 185, 372
빈처Otto Winzer 377
빈터니츠Joseph Winternitz 406, 408
빈터투르 104
빈트하임 369
빌헬름 I세 60
빌헬름 II세 60~61
빌헬름 황제Kaiser Wilhelm 291

ㅅ

4개 기간 연구소(IMES) 529~30
사라토브 256.
사민주의자 260, 279, 321, 337, 344, 378
　국제(적) —155, 176
　독일의 —161
　서구의 —157, 176, 345
　오스트리아—176
『사보이엔』 265
사상적 전체상 235
사피스키(레닌의) 179~83, 372
사회-민족문제 러시아 독립연구소RNI 525, 593
사회민주주의 총서 132
사회사 관련 자료 307
『사회의 거울 Gesellschaftsspiegel』 128
사회주의 183, 189, 195, 299, 398, 402
　—관련 문헌 306
　—의 고전적 문헌 286
　—의 고전적 창시자 447
　—이론 300
　진정 —240
　—파시즘 225
사회주의 노동자 인터내셔널(→제2인터내셔널)
사회주의 대학의 사강사들 143
『사회주의 및 노동운동사 아카브』(또는 『그륀베르크-아카브』) 190, 195, 209~10, 221
사회주의 아카데미(모스크바) 165, 177, 188, 190
사회주의-아카브 및 출판사SAPUG(또는 마르크스주의 연구촉진위원회, 마르크스주의 연구 실행위원회, 마르크스주의 연구센터 항목 참조.) 323~24, 326~29, 331
『사회주의의 전제와 사회민주주의의 과제』 121
사회주의 이론-역사연구소ITGS(1991년 이후 모스크바의 마르크스-레닌주의 연구소의 개칭) 525
사회주의자 단속법Sozialistengesetz 32, 53, 61~62, 67, 104~105, 107, 117, 131~32, 284, 288, 302, 619
사회주의 청년 인터내셔널 367
사회혁명당 262
산업자본가 클럽 281
3월 혁명 128, 394
3인 왕의 해Dreikaiserjahr 60
상형문자 44, 54, 57~58, 61, 97, 429
생쥐스트 St. Just 185
생트 갈렌 106
샤이데만Philipp Scheidemann 181, 252
　—과 그의 동료들, 181, 252
　—주의자 260
샤퍼Karl Schapper 379
「서간과 회고 Briefe und Erinnerungen」 105
서독의 아카데미 523
『서독일 신문 Westdeutsche Zeitung』 127
서일본 작업 그룹 597, 599
선전·선동 254
성 막스Sankt Max 209
〔팔크-〕세갈Lev Chanonovič Falk-Segal 267, 271
세계관적 가치관 381
세계대전(제1차) 151, 170~71, 176, 218, 319

666

세계대전(제2차) 115~16
세네키나Olga Konstantinova Senekina 450, 463
센다이 그룹 595~99, 608~609
셸트마Annie Adama van Scheltema 359, 362, 369~70
소규모 편집 그룹 612
소련공산당 217, 245, 261, 271, 273
　—인민위원회 371
　—정치국 332
　—중앙위원회 217, 272~73, 275, 371, 377, 405, 451, 466
　—중앙당-아키브 454, 534
소련공산당사 274
『소련공산당사 교정Kurzer Lehrgang der Geschichte der KPdSU』 404
소련군정청SMAD(동독) 377, 399, 404~405
　—에 의한 동독 지역 자료의 징발 377~80, 393
　—전리품위원회 383
소치네니야(또는 마르크스-엥겔스의 러시아어판 전집) 151, 414, 621, 628
　제1—(1928~1947) 179, 190, 229, 267, 252, 273~74, 319, 376, 408, 413~17, 430, 447, 514, 628
　제2—(1954~1978) 376, 412~14, 417~21, 422~23, 425, 430~31, 436, 438~40, 447, 451, 456~57, 473, 476, 514, 628
『소치알데모크라트Der Sozialdemokrat』 37, 53~54, 59, 62, 104~108, 117, 132, 377
쇠네벡 378,

쇠트베어Adolf Soetbeer 185
수권법Ermähtigungsgesetz 280~81
수바린Boris Souvarine 300~301
수정주의 논쟁 118, 121, 124, 136, 141, 143, 150, 162
수즈달 256
수학적 저작 38
수학 초고(마르크스) 40, 594
쉘Jürgen Scheel 601
쉬펠Max Schippel 110, 390
슈라더Fred Schrader 559
슈마허Kurt Schumacher 385, 400, 402, 405
슈미트Conrad Schmidt 59, 242
슈미트Karl Schmidt 271
슈미트W. Schmidt 529, 533, 535
슈멜Wilhelm Schmehl 293
슈베르트Bert Schubert 394
슈타인Hans Stein 246
슈탐퍼Friedrich Stampfer 212~13, 284, 321
슈탈Emil Stahl 321
슈테른/볼프Heinz Stern/Dieter Wolf 285, 290, 299
슈톨츠Ruth Stolz 428
슈투트가르트 59, 62, 117~18, 132, 171
슈툼프Paul Stumpf 72, 133
「슈트라우스와 포이어바흐의 중재자로서의 루터」 437
슈트라이잔트 고서점Antiquariat von Hugo Streisand 184
슈트뢰히Jürgen Stroech 394
슈티르너Max Stirner 185, 209, 372
슈파이어 396

슈파이어 행정대학 396
슈페를Richard Sperl 116, 392, 422, 462, 562
슐라이어마허Friedrich D. E. Schleiermacher 전집 567
슐레스비히-홀슈타인 292
슐뤼터Hermann Schlüter 49, 104~107, 132
슐츠Walter Schulz 427, 458
스-그라펜하게 's-Gravenhage 354, 357
스미스Adam Smith 125~26
스미스Caroline Smith 95
스미스David Smith 594
스웨덴 사민당 348, 350
스위스 104, 176, 329
스타스푸르트의 소금 갱 378
스타줄레비치M. M. Stasjulevič 169
스탈린 153, 225, 250, 253~54, 256, 271~72, 274, 276, 279, 319, 324, 329~31, 336~37, 341, 345, 401, 403~404, 415, 420, 447~48, 450, 508, 528
스탠퍼드 대학 361
스테파노바Evgenija Akimovna Stepanova 450
스텐J. E. Sten 255
스톨리야로프Alexandr Michajilovič Stoljarov 377~79
스트라스부르 68
10월 혁명 153
『시카고 트리뷴』 492
『신라인 신문』 27, 39, 96, 129~30, 134, 171, 264, 268, 377, 416
  편집자용—철 108, 374~75
『신라인 신문 리뷰』 134, 264, 268

신MEGA(→MEGA²)
『신미국 백과사전New American Cyclopaedia』 158, 268
『신성가족』 27, 131, 239, 264, 267
『신오데르 신문』 265, 416
신탁청 546~47
실러Franč Šiller(또는 Franz Schiller) 159, 166, 174, 179, 185, 187~88, 262
실버스Malcolm Sylvers 601
실업자 고용촉진조치ABM 551~52, 557
『18세기의 외교 비사 Secret Diplomatic History of Eighteenth Century』 97, 135, 437


ㅇ

『아넥도타Anekdota』 128~29
아놀드Ludwig Arnold 412, 428
아데나우어Konrad Adenauer 402
아도라츠키Vladimir Victorvič Adortski 180, 247~48, 259, 260~61, 269, 272~74, 317, 330~32, 334, 340~44
아들러Friedrich Adler 56, 64~67, 73, 78~79, 86, 91~92, 99~100, 132, 139, 200, 222, 242, 320, 323, 325~27, 329~330, 337~40, 342~45, 352, 367
아들러Georg Adler 139
아들러Max Adler 140
아들러Victor Adler 56, 66, 79, 176
아로세프Alexandr Jakovlevič Arosev 316~17, 322, 324, 327~31, 334, 336, 338
『아르바이터 차이퉁』 222

아베르나에스 294, 297
아베르나에스 성 291, 295
『아벤트』 210, 220
아우리히Günter Aurich 394
아이제나흐파Eisenachern 103
아이젠가르텐Oscar Eisengarten 46~47, 52
아카데미즘 260, 263, 273, 494, 508, 513, 538
아카데미 출판사 602
아카데미 프로그램 555, 561, 612
아키브 매입 대금의 조정(러시아) 330~31
악셀로드Pavel Borisovič Axelrod 131, 156, 300
　―/베부토프 아키브 302
안넨코프Pavel Vasil'evič Annenkov 166, 169
안데르센Uwe Andersen 293
안드레프Andreev 330~31
알렉산드로스 I세 318
알바르다Johan Willem Albarda 312
알샤노바Elena Aržanova 557, 566
알쿠프Alain Alcouffe 594
알트파터Elmar Altvater 544
암브와즈 362, 367, 626
암스테르담 115, 122, 314, 355~59, 361, 369~70, 387, 528~31, 535, 537, 542~43, 626, 630~31
앤더슨Kevin Anderson 594
야고다Jagoda 347
야쿱손Jean-Claude Yacoubson 594
얄타회담 399
에어푸르트/뮐하우젠 교육대학 477, 501, 550, 552

에이블링Edward B. Aveling 36, 55, 76~77, 82, 89, 96, 99~100
에조프Nikolai Ivanovič Ežov 322
에크슈타인Gustav Eckstein 168, 218
「에피쿠로스의 철학노트」 477
엑상프로방스 504, 559, 565, 579
엑상프로방스 대학 557, 590
엑상프로방스회의 587, 558~63
엘름Adolf Elm 161
엠덴 하구 369
엥겔스(또는 장군) 30~33, 35~38, 40, 43~86, 89~102, 106~109, 114~20, 122, 126~27, 130~36, 138, 143, 149, 158, 162, 164, 166, 174, 181, 187, 189, 192, 202, 207, 209, 214, 219~20, 237, 239~41, 244, 247, 252, 259, 261, 270, 274, 283, 307, 366, 371, 379, 389~90, 403, 447, 452, 530, 620~21
　―의 군사학 관련 수집 도서 395
　―의 (문서로 된) 유산 207, 221
　―의 유고 67, 94, 116~17, 161, 164~67, 208, 221, 224
　―의 유고 상자 187
　―의 유언서 75, 77, 80, 82~83, 86, 91, 621
　―의 유언(서) 집행 89, 102, 117
　―의 일요 저녁 집회 55
「엥겔스 유언의 정신과 그 실천」 220
『엥겔스 전기』 138, 195, 207~208, 210
엥겔스키르헨 187
『여성과 사회주의』 159~60
역사 아키브(쾰른) 187
연구실 중심의 도서 배치Kabinettsystem
　(→과제 중심의 도서 배치)

연구 조성금 536, 544, 556
연구촉진기금 588
연대기적 발전 과정 113
연대기적 순서 238~39 242~43, 249, 415, 434, 455, 459~60, 479, 482, 509~10, 562.
영국 38~39, 83, 98
「영국 노동계급과 반(反)자코뱅 전쟁」 171
『영국 노동계급의 상태Die Lage der arbeitenden Klasse in England』 43, 131, 239, 264, 267, 405, 415, 433
영시간 단축노동자(완전실업자) 547
예거Hans Jäger 214, 222
예나 대학 550
예나 대학 아키브 187
오데사 153
오무라Izumi Omura 大村泉 595~96, 600
오비츠킨Gennaidi Običkin 463
오사카 184
오스트리아 176
오스트리아-마르크스주의자Austromarxisten 139~42, 145, 165, 179, 182, 233, 236, 245, 438, 473, 628
—의 전집(저작집) 출판 계획 139~40, 438, 628
오스트리아 사민당 306
『오스트리아의 노동자 연보Österreichische Arbeiter-Kalender』 93
오스트리아-헝가리 185
오시에츠키Carl von Ossietzky 283
오시포프Michail Vasilevič Osipov 378~79
『오이겐 뒤링의 과학변혁』(→ 반뒤링론)
오타니 테이노수케Otani Teinosuke(大谷禎之介) 559, 588, 591~92, 595~600

오프레히트Emil Oprecht 312
오하라(大原) 연구소Ohara-Institut 184
옥스퍼드 대학 361
올렌하우어Erich Ollenhauer 284, 321, 360, 385
완전성(의 원칙) 459~60, 485, 487, 495, 509, 565, 629
욀스너Fred Oelßner 401
우덴베르크Woudenberg 353
우익 트로츠키 257
우파Ufa 371, 626
울브리히트Walter Ulbricht 377, 401, 451~55, 512
원고 검열팀 424
원자료의 왜곡 323
원초고Urtext 40
『위대한 인간』 264, 268
유고(마르크스-엥겔스)의 복사 186~88, 189~206
유고의 정치적 이용 배제 327~28, 338~39
『유럽에서의 러시아의 헤게모니의 기원에 대한 칼 마르크스의 견해: 비판적 검토』 157
유럽의 혁명운동 379
유물주의적 역사관(유물사관) 27, 144, 402
"유명한 아키브"Ruhmesarchiv der SPD (→ 독일 사민당-아키브)
유언보족서(엥겔스) 73, 84, 86, 90, 92
유언의 방주 578
유언집행자 38, 75, 89, 91~92
『유일자와 그의 소유Der Einzige und sein Eigentum』 209
유토피아 관련 문헌 184
『유토피아에서 과학으로의 사회주의의 발

전』 404, 414
융Hermann Jung 165, 362
의회 방화 사건 281~82, 288
이념상의 해빙기 450
이본(異本)Varianten 237
『이즈베스차 Izvestija』 332
『이스크라 Iskra』 154
이스트본 73~74, 76~77, 84, 89
『인민보 People's Paper』 158
인민전선 282, 321, 344, 347
인터내셔널 160~62, 164, 166, 168~69, 171, 186
 제1―(국제노동자인터내셔널 Internationale Arbeiterassoziation, IAA) 27, 97, 133, 160~64, 166, 169, 171, 233, 241, 260, 265, 268, 328, 379, 457, 462, 491, 569
 ―관련 문건 168, 287, 336, 362
 ―관련 문서집(리야자노프) 159~64, 166~68, 170, 172~73, 319
 ―의사록(의정서) 163, 302, 328, 355, 362
 ―창립 100주년 462
 제2―(사회주의 노동자 인터내셔널 Sozialistische Arbeiter-Internationale, SAI 또는 국제사회주의 노동자회의, 국제사회주의 운동) 51~52, 68, 131, 140, 143, 276, 293, 312, 321~31, 344, 347~48, 352, 367, 373, 569, 623
『일반군사신문』 265
일본 432, 537
일본경제사학회 543
일본경제이론학회 543

일본 마르크스-엥겔스 연구자 모임 543
일본 MEGA 지원위원회 543, 548, 561, 595
일본 MEGA 편집위원회 543, 595~97, 608
일본사회사상사학회 543
일본의 MEGA 사업 지원 그룹 554
『임금, 가격 및 이윤 Lohn, Preis und Profit』(→『가치, 가격 및 이윤』)
『임노동과 자본』 198, 374, 404
『잉여가치 학설사 Theorien über den Mehrwert』(→ 경제학 연구노트) 30~31, 40, 48, 52, 54, 58~59, 97~98, 118~ 20, 122, 124, 138, 149, 180, 332~33, 336~37, 374~76, 413, 415, 430~31, 621, 625~27
 ―독일어판 376

ㅈ

『자본론』 27~32, 35~40, 43~54, 56~59, 62~63, 70~72, 81, 83, 97~98, 120, 130, 132~33, 144, 151, 171, 237, 241, 246, 263, 265~69, 272, 328, 404~405, 455, 478~79, 492, 507, 512, 567, 569~70, 582, 609, 613, 620
 ―권별 구성 47
 ―르와 Joseph Roy의 프랑스어판 480
 ―무어와 에이블링 Samuel Moore & Edward Aveling의 영어판 480
 ―보급판 169~70
 ―연구 542
 ―을 위한 준비노트 241, 246, 263, 478, 613

―초고 542
『'자본론' 관련 서한집Briefe über das 'Kapital'』 412
자본주의적 생산 원리 28
자수리치Vera Zasulic 131
자알브뤽켄 284, 302
자연과학 발췌(마르크스-엥겔스의) 594, 605
자연과학 연구노트 508
『자연변증법』 265, 268, 270, 511, 581, 594
자용본(自用本) 39
자우어-아우베르만 고서점(프랑크푸르트) 396
『자유신문』 265
자이델Gerhard Seidel 510
자이페르트Hans Werner Seiffert 488
작센 아카데미 556
잘로몬Albert Salomon 211~13
잘로몬David Salomon 290~91, 294
잘로몬Gerhard Salomon(또는 로게어 마돌) 290~91
잘츠부르크 68
재소 외국인 노동자 출판조합 249
저자의 결정본 433
저작권 소멸 141~42, 150, 165
적기훈장 251
전독일노동자연맹Allgemeine Deutsche Arbeiter-Verein, ADAV, 102
정의자 동맹Bund der Gerechten 166
『정치경제학 비판을 위하여Zur Kritik der politischen Ökonomie』 28~29, 40, 48, 206~207, 268, 480, 492
정치 재판(모스크바) 256, 271, 279, 344~45, 347
정치적 해빙 448, 508
제국의회 60~61, 86, 90
제네바 105, 154, 166, 312, 321
제1바이올린 주자 45, 317
제2바이올린 주자 45
제3제국 280, 282, 381
조르게Friedrich Adolph Sorge 32, 45~46, 48~49, 64, 69, 71, 242
좌파연합 282
주데텐 지역의 할양 361
주석적 메모41
중국 537
『중국론Über China』 412
중앙노동자통상-예금은행 355
징거Paul Singer 66, 73, 78, 90~91, 132

ㅊ

차르주의의 외교정책 409
차티스트 158
챔벌레인Neville Chamberlain 361
1991년 8월의 정변August-Putsch 525
『1844년의 경제학·철학 초고』(→『경제학·철학 초고』)
『철학의 빈곤Misère de la philosophie』 27, 128, 131, 137
청년헤겔파 27, 31, 73
청서Blue Books 108
체르노프스키Michaik Černovski 592
체코(슬로바키아) 284, 359, 369, 622
체코의 사회민주노동당 359
체프렌코Alexander Čeprenko 592
초고 판독법 428

초벨Ernst Czóbel 114, 201, 204, 222, 245, 262~63, 267, 270~71, 316
총서기(당) 253, 255
최종본(저자의) 237, 241
최종 원고 433
취리히 53, 68, 104~106, 117, 132, 154, 165~66, 184, 326~27
즈다노프Andrei Alexandrovič Ždanov 272
츠비카우 222
치노비에프Zinov'ev 344
침머발트 176
침머발트 운동 176

## ㅋ

카레프N. A. Karev 255
카메네프Kamenev 344
카비넷 시스템Kabinettsystem (→ 과제 중심의 도서 배치)
카우츠키Karl Kautsky(또는 바론Baron) 31, 46, 52~59, 61~64, 86, 95~98, 100~101, 104, 106~107, 117~24, 136, 138, 143, 145, 149, 152, 154~58, 160, 163, 167~68, 170~74, 186, 193, 200, 208, 252, 298, 326, 367, 370, 409, 619, 621, 626~27
　―아키브 362, 367
　―의 유고 152
　―주의자 260
　―판본 180, 376
카우츠키Louise Kautsky(→ 프라이베르거Louise Freyberger)
카우츠키Luise Kautsky(또는 칼 카우츠키의 부인) 59, 86, 157~58, 218, 222
카이저Bruno Kaiser 393, 395, 407, 428, 461, 463, 468, 486
카이저Jakob Kaiser 402
카이저 빌헬름 대학(베를린) 283
카한Vilêm Káhan 396
칸델Efim Pavlovič Kandel 371
칸트의 비판 전집 555
칼레센Gerd Callesen 600~601
『칼 마르크스』 85
칼 마르크스 대학(라이프치히) 501, 551
『칼 마르크스, 자본과 노동Karl Marx. Kapitaal en arbeid』 394
칼-마르크스-하우스(트리어) 378, 528~30, 535, 543, 557, 590, 630~31
칼-마르크스의 해Karl-Marx-Jahr 411~12
캄프마이어Paul Kampffmeyer 187, 306, 308, 380, 386
캐스트너Erich Kästner 283
캘리포니아 대학 351
캥Julien Cain 300~301
케겔Max Kegel 104
『케이자이시린(經濟志林)』 592
코민테른Comintern(또는 공산주의 인터내셔널) 191, 203, 217, 245, 257, 261, 273, 282, 322, 325, 344, 373, 625, 628
　제5차 ―대회 220, 230
코발레브스키Maxim Maximowitsche Kovalevskij 166
코즐로프F. F. Kozlov 254
코타판Cotta-Verlag Ausgabe 474
코펜하겐 123, 131, 287, 292~98, 306, 308~309, 332, 355~58, 622

—노동자은행 359
　　—의 문건 327
　　—의 유고 실사 332~33
코프Eike Kopf 601
콜G. D. H. Cole 361
콜코브D. Kol'cov(또는 Boris Abramovič Ginzburg) 156
콜핀스키N. J. Kolpinsij 529, 533
『콤소몰 프라우다Komsomol'skaja pravda』 254~55, 317
쾰른 68, 107, 127, 129
　　—대학 129
　　—시립도서관 129
「쾰른에서의 공산주의자 재판The Late Trial at Cologne」 96
쾰른 지방의 공산주의자 소송 129, 268, 328
쿠겔만Ludwig Kugelmann 242
쿠노브Heinrich Wilhelm Karl Cunow 145
퀴스나흐트(스위스) 118, 123
크라카우 대학 370
크래트케Michael Krätke 594
크레스틴스키Krestinsky 347
크레이그Gordon A. Craig 365
『크로이츠나흐 노트』 493
크루머넬Siegmund Crummenerl 284, 290, 294, 311~13, 320~21, 326~27, 340, 345~46, 349~50, 353, 355~58, 360
크루츠코프Vladimir Semenovič Kružkov 376~77, 379, 407
크리거Marek Krieger 298, 328~29, 337, 375
크리드만Herbert Kriedman 385

크리스찬센Nils Finn Christiansen 600
크리스파이엔Artur Chrispeien 195
크리커Michael Krieger 346
클랴첸코S. Kljatschenko 185
클라켄푸르트 369
클렌너Hermann Klenner 435
클로스터만Jaap Kloosterman 631
클뤼버C. Klüwer 298
키엔탈 176
키일 292


# ㅌ

타브리스키Jane Tabrisky 263
타우베르트 562, 590~91
타우셔Leonhard Tauscher 106
탄네브V. I. Taneev 183
탈이데올로기화 561
탈하이머August Thalheimer 401
텍스트의 재현 235, 241
텍스트-생성사적 방식 488
토브스투카Ivan Pavlovič Tovstucha 258
통신원 152
통일전선 325
투루즈 대학 594
투시(→마르크스-에이블링, 엘리노)
『투쟁Der Kampf』 140
『투쟁의 초소에서, 리야자노프 60회 생일 기념 논집Auf Kampfposten. Sammelband zum 60. Jubiläum D. B. Riazanous』 251
투지스 68
투홀스키Kurt Tucholsky 283
트로츠키(파) 262, 279
트로츠키-아키브Trotzki-Archiv 350

트로츠키주의자 276, 279, 347
트리어 187, 380, 536~37, 559, 563
티어제Wolfgang Thierse 548
티코미르노프German Alexandrovič Tichomirnov 316~19, 321, 324, 331

## ㅍ

파리 38, 61, 73, 100, 115, 154, 157, 165~67, 184, 287, 300, 303~304, 306, 308~309, 312, 317, 319, 321~22, 326, 329~31, 339~41, 351, 355~59, 367, 396, 622, 626
— 점령 362
파리 고등사범학교 305, 309, 311, 349
파리 제10대학 557
파리 코뮌 60
『파머스톤의 생애The Story of the Life of Palmerston』 97, 135
파트너 관계 514
파펜Franz von Papen 280
파펜하임Wilhelm Pappenheim 183
판독 원고Abschrift 406, 410
『퍼트남 리뷰Putnam's Review』 158, 265
펌프스Pumps(또는 메리 엘런 로셔Mary Ellen Rosher) 55, 66, 74~75, 84, 86, 90
페도셰예프Pjotr Fedoseev(또는 P. N. Feodossejew) 469~70, 560
페레스트로이카 524
페르너스토르프Engelbert Pernerstorf 68
페처Iring Fetscher 474, 510, 544, 548
— 의 연구용 판본Studienausgabe 474~75

페테르부르크 155, 176, 247, 249
펠거Hans Pelger 528~29, 533, 535, 562, 590
편찬학 459, 509, 629
포겔Hans Vogel 284, 305, 321
포괄상속인 75, 90
포스크레비세프Alekandr N. Poskrevyčev 341
포스트후무스Nicolaas Wilhelmus Posthumus 307~308, 312~15, 317, 319~20, 324, 349~50, 353, 359, 361, 370, 380
포스펠로프P. N. Pospelov 418, 463~64, 466~67, 469
포아링크Koos Vorrink 353
『포아베르츠Vorwärts』 81, 103, 107, 109, 111, 154, 210, 212, 220, 282, 302~303, 308, 355, 359, 378, 381, 394
『포아베르츠Vorwärts』(러시아) 154
『포와 라인』 265
포이어바흐 209, 240, 437
포이어바흐주의자 239
『포크트 씨Herr Vogt』 265, 374
폭스Ralph Fox 262
폰 슈타인 부인Frau von Stein 291
폴그라프Carl-Erich Vollgraf 523
폴란드 대사관 370
폴란드 문제 436
『폴크Volk』(런던의 독일어 신문) 158, 265
표제어 243
퓌넨(덴마크) 291
퓔베르트Georg Fülberth 601
『프라우다』 254, 255, 317
프라이리그라트Ferdinand Freiligrath 242
프라이베르거Louise Freyberger(또는 카

우츠키Louise Kautsky) 54, 56, 59, 63~68, 72~79, 82~86, 89~92, 94~98, 119, 621
프라이베르거Ludwig Freyberger 68, 72~73, 75~77, 86
—부부 55, 79, 81
프라하 68, 115, 284, 296~97, 302, 309, 314~15, 320~21, 326~27, 348, 351, 353, 359, 396, 622
프랑수아-퐁세André François-Poncet 299~301, 303
프랑스 622
프랑스 국립도서관 300, 317
『프랑스에서의 계급투쟁 1848~1850』 28, 491
『프랑스의 내전』 28, 268, 491~92, 500, 506
프랑스의 독일문화연구단ERCA 557
프랑스 제8대학 작업 그룹 599
프랑스 혁명 28
프랑크푸르트 183, 190, 197~98, 200~201, 214, 218, 221, 249
—대학 195
—사회조사연구소 113, 190, 194~96, 200~201, 215, 219, 223, 234, 249, 313
프러시아 60, 118, 129, 286
프러시아 국립도서관 187, 381~82, 393
프러시아 비밀국가문서고 377, 381~82, 393~94
『프러시아 알게마이네 차이퉁』 377
『프레세』 265
『프로그레스Progress』 36
프로이트Sigmund Freud 283

프롤레타리아 대중 144
—혁명 128, 259~60
—해방 투쟁 232, 259, 287
프롤레타리아트 259~60, 273, 345
—독재 255
프뢸리히Horst Fröhlich 271
프루동Pierre-Joseph Proudhon 27, 169, 240
프리드리히 III세 60
프리드리히-빌헬름 대학의 국가학-통계 세미나 382
프리드리히 실러 대학(예나) 501, 552
프리드리히-에베르트 재단 350, 521~22, 529, 535, 630~31
『프리드리히 엥겔스: 초기 저작 1838~1844』 138
「프리드리히 엥겔스의 유언: 그 의미와 운명Friedrich Engels' Testaments: Seine Bedeutung und sein Schicksal」 220
플라타우Alfred Flatau 308
플레하노프Georgij Plechanov 131
플렌스부르크 292
피야타코프Georgij Leonidovič Pjatakov 345
피셔Richard Fischer 73, 134
피셔E. J. Fischer 528~29, 533, 535
피크Wilhelm Pieck 377
피히테 장서Fichte-Bibliothek 185, 372

# ㅎ

하거Kurt Hager 476
하그 353, 370
하노버 385

하니Julian Harney 36
하르스틱Hans-Peter Harstick 40, 396, 528~29, 533, 556, 589, 591, 606
하르트만Ludo M. Hartmann 159~60
하리슬레펠트(오늘날의 하리슬레) 293
하버마스Jürgen Habermas 548
하이네Fritz Heine 385, 387
하이네Heinrich Heine 95, 283, 379
하이델베르크 107
하이든Günter Heyden 470
하이만Hugo Heimann 110
— 도서관 110~11
하인리히Michael Heinrich 594
한센Hans Hansen(또는 Hedtoft-Hansen) 292, 294~96, 359
한센Richard Hansen 292
할레 대학(→ 할레/비텐베르크의 마르틴 루터 대학)
할레/비텐베르크의 마르틴 루터 대학 477, 501, 550~51
함부르크 72, 98, 161
해니쉬Walter Haenisch 246, 271
해로게이트 361
헐 항 361
헤거룬드Zeth Höglund 350
헤겔Georg Wilhelm Friedrich Hegel 27, 209, 240, 255, 576
헤겔주의자 260
『헤겔 법철학 비판』 209
『헤겔 법철학 비판 서설』 27
헤르만Hermann Engels sen. 68, 90, 342~44
헤르베크Georg Herwegh 187
헤르츠Paul Hertz 284, 293~95, 305, 307, 312, 314~16, 319~21, 324, 326, 346, 353

헤프너Adolf Hepner 131
헥커Rolf Hecker 113, 298, 342, 594
헨리히Dieter Henrich 555
헬첸Alexander Iwanowitsch Herzen 166
헬퍼트Joseph Alexander von Helfert 185
— 문고 185
『혁명과 반혁명Revolution and Counter-Revolution or Germany in 1848』 95, 120, 135, 264, 268
현대사 제문서 관리-연구 러시아 센터RC 123, 453, 525, 559, 592, 596
현실사회주의의 붕괴 538
형제 연구소 515
호르크하이머Max Horkheimer 223
홋카이도 작업 그룹 597, 599
후겐베르크Alfred Hugenberg 280
후닝크Maria Hunink 345
후브만Gerald Hubmann 600
후퍼트Hugo Huppert 263
훈트Martin Hundt 151, 276, 458, 520~21, 529, 535,
훔볼트 대학(베를린) 501, 552
훔볼트 비판 전집 555
흐루시초프Nikita Chruschtschow 449~50, 452~55, 463, 514
히르쉬Helmut Hirsch 495
히르쉬펠트Evgenij Hirschfeld 342, 344
히틀러Adolf Hitler 249, 279~82, 284, 288, 299, 309, 324, 328, 339, 348, 351, 361, 365~66, 368, 373, 380
— 의 채무계정 366
힌덴부르크Paul von Beneckendorff und von Hindenburg 280

힌릭센 Jonny Hinrichsen 187, 203~204, 212, 217, 222, 288~89, 295, 302, 306~308, 314, 380, 389

힐퍼딩 Rudolf Hilferding 140, 145, 193, 198, 211, 218, 305, 326, 328

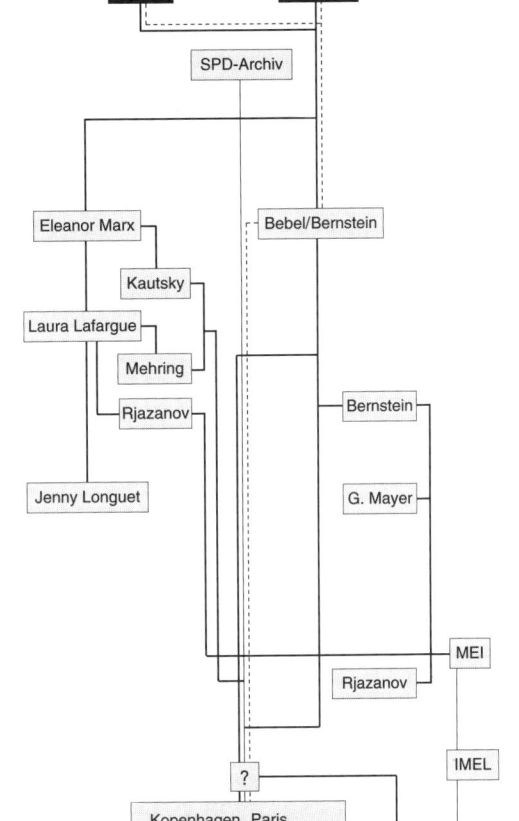